시인 고형렬의
장자 <제물론>

바람을 사유한다

희래출판사

바람을 사유한다

시인 고형렬의
장자莊子 제물론齊物論

바람을 사유한다

희래출판사

머리말

남곽자기에서 시작하여 왕예, 장오자를 거쳐 망량(罔兩) 그리고 나비 이야기까지 오는 수년의 장자 여행은 경탄과 치유의 시간이었다. 「제물론」을 손에서 마지막 떼던 날, 가장 먼저 도착한 감정은 아쉬움이었다. 지평에 내려와 살면서 이 「제물론」을 읽는 기쁨으로 시간 가는 줄 몰랐다.

「제물론」에 대해 한마디를 해야겠지만 사정은 그렇지 못하다. 「제물론」 중심에 항상 부지(不知)가 있기 때문만이 아니다. 솔직히 「제물론」을 읽고 앎을 지우고 만물이 숨기고 있는 혼돈에 빠졌다고 하는 것이 옳을 것이다. 정말 모른다고 하면 천예(天倪)를 얻은 것이 되는데 그게 가당한 말이겠는가.

이렇게 말해서 앎을 면피하고 어리석음을 얻으려는 것도 아니다. 정말 모른다는 느낌만 남았다. 부지(不知)도 물화(物化)도 천예(天倪)도 자연의 것이니 인간이 알 수 있는 영역이 아니다. 다만 앎과 부지를 의심하면서 낡아버린 언어가 새로워지고 심리가 치유된 것은 사실인 것 같다.

제물(齊物)의 주체는 자연이다. 자연 속의 인간은 하나의 물(物)이며 객(客)이다. 만물은 부지와 혼돈, 천예를 떠나지 않고 그것으로 소요(逍遙)한다. 그 소요로 부서진 언어가 회복되고 만물제동(萬物齊同)의 경지를 장자는 치열하게 노래했지만 그 내용은 아주 난해하다. 그래서 바람이 되고 상아(喪我)한다. 나는 장자의 언어를 따라 흉내를 내고 소요하려 노력한다. 물속에서 처음 헤엄을 배우는 것처럼.

만물은 말하지 않고 침묵한다. 미시유물(未始有物)의 그 너머나 이 현재의 유무(有無)는 동일하다. 그 우주의 법칙과 근원을 알 수 없다. 또 우리가 쓰지 않은 시간들이 저 자연 속에 무수하게 지나간다. 마음은 그것들을 편집하고 경영하고 통치할 필요가 없다. 자연이 시연(是然)으로서 스스로 제물(齊物)하기 때문이다. 인간이 할 일은 없다. 장자의 이 시연(是然)의 사상은 종신무역(終身無役)이라도 결코 허무 자체는 아니다. 기일월(騎日月)과 협우주(挾宇宙)의 소요이며 상온(相蘊)의 철학이다.

일야상대(日夜相代), 백해구규육장(百骸九竅六藏), 이예상존(以隸相尊) 등은 장자의 위대한 스승이다. 그들을 멀리 가까이 느끼는 것만으로 할 일을 다한다. 이것을 발견하는 게 제물(齊物)이다. 또 형개(形開)한 내 앞에 지나가는 저들을 언어로 혹은 마음으로 다 쓴다. 이것이 제물의 우제용(寓諸庸)이다. 넘치고 부족함이 없는 보광(葆光, 지혜의 곳간)에서 부지(不知)는 천예(天倪)를 이끌어냈으며 그 속에서 소요하는 것이 장자의 제물이다. 인간이 앞에 나서서 걱정하고 해결할 일이 아니다. 순수자연과 인간관계 속에서 인간은 사실 아무런 책무가 없다.

임의로 구분한 서른 세 장의 글 속에서 함께한 우둔하기 그지없는 한 위대한 자연주의자와의 여행은 잊을 수 없을 것이다. 다른 세상이 있는 것처럼 나는 그의 언어를 빌려 타고 만물을 여행했다. 2,400년 전의 고대(古代) 장자는 흥미로운 도인이다. 그는 현대인보다 미래적이고 태고적이다. 장자 언어에 대한 갈증과 그리움의 흰구름이 피어오른다. 그를 대적하고 비견(比肩)할 자는 이 세상에 없는 것 같다.

이 글 안에 그때 그때 나의 생각이 묻어 있지 않을 수 없다. 과도하게 장자를 보았는지 모르지만 천하 도적들을 칭하는 성인이라고 부르진 못하겠고 만물제동(萬物齊同)의 범부와 진인의 아버지라고 부르고 싶다. 그 이상은 그가 허락하지 않을 것이다. 왜냐하면 숭배와 우상은 금물이며 서로에게 모욕이 되기 때문이다.

그 무엇을 위하여 살지 않을 때 인과 의도 세월도 잊을 것이다. 오직 만물과 더불어 누릴 뿐이다. 자, 도시 속에서 자고 깨고 먹고 사는 익명의 그대에게 꼭 이 책을 선물하고 싶다. 다른 세상에서 살았다는 것을 알게 되길 바란다. 또 아름답고 슬픈 몽음주자(夢飮酒者)시절을 꿈이라고 말할 수 있길 바란다. 장자의 글에서 문명이 밟지 못한 저 너머에 있는 자연의 길을 걸어가기 바란다.

너무나 비좁은 외곽의, 현대라고 하는 문명의 현실 속에서 버티고 있는 나는 모든 변명과 명분, 이유와 목적을 접어두고 나에게 이 한 마디를 해야겠다. 장자의 자연이 품은 능선 위에서 정말 행복했다. 남곽자기의 삼뢰(三籟)와 장주의 호접몽까지는 시비 생사를 초월하는 멀고 먼 언어의 소요였고 바람과 날개의 꿈길이었다.

2013년 2월

지평(砥平) 송현리(松峴里)에서

고형렬

바람을 사유한다

차 례

1. 길게 내쉬는 남곽자기의 숨소리

남곽자기(南郭子綦)가, 궤에 기대 앉아 있다, 하늘을 우러른 채. 숨을 길게 내쉬는데, 멍하니, 자신을 잊어버린 것 같다.

앞에 모시고 서 있는, 안성자유(顔成子遊)가 물었다.

무슨 일이십니까. 몸은, 움직이지 않는 고목(槁木)처럼 되고, 마음은, 굳어 죽은 재처럼 되시니. 지금, 궤(几)에 기대고 계신 분은, 옛날에, 궤에 기대고 있던 분이, 아닙니다.

원문(原文)

南郭子綦隱几而坐 仰天而嘘 嗒焉似喪其耦 顔成子游立侍乎前 曰 何居乎 形固可使如槁木 而心固可使如死灰乎 今之隱几者 非昔之隱几者也

* 南郭子綦 남쪽 성(城)에 살았다는 이 도인. 배다른 초소왕(楚昭王)의 아우. **궤**几 궤, 책상. 궤机를 쓰기도 함. **하**何 어찌. **은**隱은 빙憑, 기대다. 우러를 **앙**仰. 내쉴, 내불 **허**嘘 해체하는 모습. 짝 **우**耦. **안성자유**顔成子游 남곽자기의 제자. 멍할 **탑**嗒. **입시**立侍 모시고 서 있다. **하**何 무엇, 어찌. **하거호**何居乎 무슨 일입니까. **형고**形固 움직이지 않는 몸. '고'를 '진실로' '본래'로 보지 않음. **고목**槁木 '말라 죽은 나무'. **심고**心固 굳은 마음. **사여**使如 …처럼 되다.

삼뢰(三籟)에서 시작하는 〈제물론〉

언어는 만물을 언어화하려 한다. 이 언어의 꿈이 만물을 가지런히 해서 거울처럼 비춘다. 소요는 마음이 하는 것이며 이 마음은 언어의 하늘이다. 만물을 언어 속에 넣고 초월하는 것이 인간이 지닌 궁극의 꿈이다.

이 소요의 마음은 승물(乘物)을 한다. 승물은 언어로 한다. 제물이 되고 언어가 된 다음에 가능한 일로서 사물에 대해 마음의 시계를 넓혀간다. 언어는 사물을 직접 사용하지 않는다. 언어가 만물을 마음으로 호명하고 사용할 수 있을 때 제물의 길이 자유로워진다.

〈제물론〉은 남곽자기(南郭子綦)의 천뢰(天籟)로 개창(開創)한다. 이 시작은 언어 저 안쪽을 보고 경청하길 바라는 장자의 또 다른 언어의 거울이다. 그 안에 가지 못하고 그 안을 우리는 알지 못한다. 그곳은 소리의 무하유지향(無何有之鄕)인가. 그 아래 이 지상을 언어의 공간으로 삼고자 하는 꿈이 있다. 소리는 말하지 않는 말이며 형상이 없는 그림자이다.

만물은 스스로 제물한다.

그것이 의심없는 자연이다. 그 다음 그것을 발견하고 그것과 함께 숨쉬는 자연의 길이 인간의 길〔도(道)〕이다. 그 길 위에 언어들이 있다. 그 언어는 도를 그려낸 규구(規矩, 자, 척도)와 그림자들이다.

인간은 위대하고 위험하다. 수많은 지혜 때문이다. 만물의 정적에 깃든 침묵을 보아야 한다. 제물론은 무용(無用)을 발견하고 시간과 만물과 몸을 살아내는, 불출(不出)의 길이다. 제물은 인간의 지고한 꿈이며 자연에 대한 무위의 자기 정치(定置)이다.

진인(眞人)은 자연의 주인이 되지 않고 자연을 따라가는 슬프고 비정상적인 망량(魍魎)이 된다.

허(嘘)의 소리와 상아(喪我)

〈제물론〉 서두에 등장하는 첫 인물은 남곽자기이다.

단순한 등장이 아니라 장자의 의지를 보인 인물이다. 이 도인의 말은 온몸으로 살아낸 진심(眞心)을 보인다. 장자 독자들은 이 도인의 이름을 잊은 적이 없다. 이렇게 깨닫고 가길 바란다.

물화(物化)되기 전의 남곽자기의 우주에 대한 인식은 언제나 새롭다. 늙어서 피어나는 인식의 진지(眞知)가 새싹이다. 〈제물론〉 마지막의 주몽(周夢)과 관련이 있다. 슬픈 일 같지만 다행이다. 귀신이나 뱀이나 공포가 되지 않고 하나의 개물(個物)로서 마지막까지 남아 있는 한 인간으로서의 노옹(老翁)을 본다.

하늘 아래 있는 이 쓸데없는 한 인간의 모습엔 경이로움이 있다. 생명을 다 사용한, 이제 사용할 기름이 고갈된 한 늙은이가 주체할 수 없는 자신을 겨우 지탱하며 자신을 잊어가는 순간을 보여주고 있는 극적인 모습이 〈제물론〉의 첫 장면이다.

후우. 자기(子綦)가 내쉬는 긴 숨소리가 들린다. 그 숨소리는 답답하지 않다. 오히려 시원한 느낌을 준다. 다시 듣고 싶은 노인의 숨소리. 깊은 폐부에서 천천히 나오는 한 노옹의 망아(忘我)의 순간. 차등이 없는 무등의 몸이 있다. 자연에 항복하고 순응하는 인간이 만물에 귀속되기 직전의 백골(白骨)의 모습이 보인다.

그 깊고 높고 먼 숨소리 '허(嘘)'에서 자연의 노동을 듣는 편안한 염간(恬簡)을 느낀다. 그것은 〈소요유〉에서 보여준 막고야산의 신인(神人)의 숨소리를 잇는다. 오곡을 열게 하고 살을 여물게 하는 햇살소리들이 온 자연 속에서 태양의 굉음처럼 들려온다. 거추장스런 보조와 도구들이 사라진 어느 날의 남곽자기의 '궤(机)'는 곧 자연이며 그의 전단나무 같은 육신이며 숨길 수 없는 영혼이다. 이 세상의 한 권의 고서(古書) 같다.

지치고 늙은 몸을 겨우 궤에 의지하여 멍하니 자신을 잃고 먼 하늘을 쳐다보는 남곽자기를 장자는 이렇게 만물을 다루는 〈제물론〉의 서두에 불러냈다. 이미 여기서부터 〈제물론〉의 모든 서사에는 그 자체를 잃는 상아(喪我)가 있게 된다. 신인의 눈에 만물이 동시에 보이듯 만물의 최종(最終) 앞에 한 인간이 당도했다.

그러고 나서 만물의 천리(天理)를 논하기 시작한다. 일붕(一鵬) 다음의 천하제이의(天下第二義)의 '천뢰(天籟)'가 나오기 시작한다. 고대의 이 위대한 도의 말은 앞에 대령해 있던 제자 자유에게 들려주는 남곽자기의 대언(大言)이다.

어느 날 자유는 변해 있는 스승을 보고 깜짝 놀란다. 마치 응제왕 편에서 호자〔壺子, 『열자(列子)』〈황제편(皇帝篇)〉에도 나오는 정(鄭)나라 사람. 열자의 스승. 이름은 임(林), 호구자(壺丘子) 혹은 호자는 호〕가 무녀 계함〔季咸, 정나라에 와서 사는 제(齊)나라 사람〕에게 보여준 습회(濕灰)의 모습과 비슷하다. 스승이 대언을 전하는 순간 하늘을 우러른다. 만물의 고향이여, 청천은 텅 빈 하늘이 아니면서 소요가 이루어진다.

남곽자기는 하늘에 무엇인가 와 있다는 것을 느끼며 또 자신이 하늘의 어디엔가 와 있는 느낌이 든다. 애타는 기대와 놀라움은 그야말로 가슴 떨리는 음악이며 도의 소리이다. 세상의 시비와 물아를 버려둔 천지의 드높은 음악이 들려오는 곳이 이 〈제물론〉의 전체 배경이 될 것이다.

만물은 지난날 대체 몰록 무슨 까닭과 의미로 존재했던 것일까. 만물은 홀로 무용으로 빛날 뿐인가. 세상과 천공이 나의 한 의식체와 마음의 눈 속에 함께 있다.

죽음의 소리를 듣다

남곽자기와 자유의 만남은 처음이 아닌 듯하다. 그런데 대번에 〈제물론〉 초입에서 대반전을 일으킨다. 그 기상은 〈소요유〉의 초입과 같은 고준(高峻)이다. 사회(死灰)와 고목(槁木). 대번에 이야기가 본론에 들어간다. 무언가를 논하고 있던 자리가 아니었기에 그럴까. 문득이며 돌연이며 어느덧이다.

제자가 스승의 이상한 증상을 눈치 채고 깜짝 놀라, 무슨 일이 있습니까, 왜 그러세요? 하고 다급하게 묻는 순간이다. 줄곧 그 자리에 함께 있었음을 알 수 있다. 제자 자유의, 스승인 자기의 변화에 대한 놀라움이 읽힌다. 심신의 변화에 대한 관찰력은 놀라움의 의문사로 나타났다. 처음 이런 일을 당한 모양이다.

남곽자기는 이미 굳은 몸, 텅 빈 몸, 생령이 빠져나간 노구(老軀)이다. 생명을 다 썼다. 늙어 쓸데없는 한 형해의 낡은 문짝과 같다. 이 형고(形固)의 몸이 〈제물론〉 서막을 연 것은 악기(樂器)와 허실생백(虛室生白)과 연통되는 장치이기도 하다.

광막지야가 방황의 허공을 겨냥했다면 형고는 만물의 귀결을 겨냥한다. 만물은 그 언어 속에 기이하게 망각되어 있다. 이미 이 남곽자기의 모습은 〈제물론〉의 총론적 형상화이다.

세상의 만물을 관찰해보면 살아 움직이는 것들은 동물과 식물, 인간이다. 무정물의 강물과 구름, 바람은 움직이지만 대부분의 자연물은 죽어 있는 것처럼 정지해 있다. 특히 지구에서 가장 거대한 산이 그렇다. 그 사이사이에 인간은 거주한다.

소하천에서부터 얼어붙은 길, 새도 와서 울지 않는 나뭇가지, 남해가의 먼우물, 우두커니 도시를 내려다보는 산, 그 위를 넘어가는 철탑, 산사, 나무, 달, 바람, 해…… 만물이 침묵하고 있다.

이 침묵의 주변을 서성이는 자들이 인간이다. 무언가를 생각해내고 생산하고 사용하고 파괴하고 떠난다. 지혜와 과학, 정치, 욕망은 만물의 질서를 파괴하고, 인간은 다시 그것을 가지런히 하려 꿈꾼다. 이것이 현대적 의미의 제물(齊物)이다. 지혜와 문명은 하나하나를 해결하는 것 같지만 더 많은 문제를 낳는다. 통치와 제물이 가능할까.

어떤 동물들은 겨울잠을 잔다. 겨울잠이란 말은 자연을 따라 살던 시절의 생명다운 귀휴의 풍경이다. 문명사회라고 해서 인간의 삶과 생존방식이 자연 속에서 크게 벗어날 순 없다. 인간도 긴 잠을 자고 싶을 때가 있다.

한겨울 심야에 불을 밝힌 고층빌딩은 그야말로 도시의 공룡(恐龍)이다. 밤이 찾아와 태허의 정적이 마천루의 머리 위에 잠들어 있다. 새벽까지 소란한 빛이 꺼져가는 도시를 빠져나올 때 나는 한 사람의 장님이 아니었던가. 자신과 만물을 잊고 개구리들처럼 겨울잠에 들고 싶다.

휴면기 속에서 죽음의 의식은 없다. 선한 짐승은 죽음을 두려워하지 않고 잠자듯 고요하다. 유언도 기척도 없다. 교외에 잠들어 있는 나무들의 모습엔 마치 어디론가 모두 가버리고 헌 가지들만 걸려 있는 것 같다. 정지한 가옥들, 소리가 들리지 않는 자동차의 행렬들, 그 주변의 산성, 산자락의 사찰, 다 깎여나간 개발택지는 적막하다.

나의 낯선 지구적 착시(錯視)와 거리감 때문일까. 이때 그 휴면 같은 것은 무섭다기보다 한없는 평화와 충만의 시간을 느끼게 해준다. 꿈을 의식하며 잠든 먼 지구가 보고 싶고 불을 끈 조용한 도시의 밤을 지나가고 싶다.

잠을 자듯이 자연과 자아의 모든 것을 망각하며 온 마음과 백해(百骸)와 내장, 사지를 버려두고 꿈도 기억도 노동도 육신도 잊고 욕망하지 않는 혼돈에 도달하고 싶다. 눈에 덮인 산, 얼음이 얼어붙은 호수. 처음부터 인간에게 휴면기가 있었다면 지금처럼 황폐하진 않았을 것. 영혼도 너덜너덜해지지 않았을 것.

새된 목소리와 같은 인간의 모습은 새로운 얼굴로 어느 봄날에 나타났을 것이다. 작고 이상하고 낯선 혼돈과 영혼의 모습들. 은방울을 흔들며 지나가는, 보이지 않는 영혼들의 장난을 엿볼 수 있을까. 그것은 죽음이 부르는 죽음의 노래는 아닐 것이다.

인간은 근본적으로 불행한 존재이다. 일상의 작은 지혜와 공포를 자아내는 거대한 지혜로 광막한 우주 속에서 살아간다. 새것이 찾아오지만 결국 문명의 발상지는 폐허와 껍데기만 남았다. 아무도 살아 있는 자는 없다. 우리는 그 무덤 위에서 태어나 살아가고 있다.

과거가 그랬고 미래는 더 심각한 고갈 속에서 연명할 것이다. 자신과 타자와 고투한 것에 비하면 얻은 것이 너무나 적을 것이다. 이것이 지구와 인생의 모습이다. 영혼 없는 내부를 들여다보며 늙어가는 한 인간의 모습은 뱀 비늘〔사부(蛇蚹)〕과 매미의 날개〔조익(蜩翼)〕와 다를 바 없다.

지구의 '그곳'에 있던 지혜의 존재들이 사라진 그 자리에 현대의 선사(先史)만이 그 만물 속에, 저 달의 분화구처럼 무적(無籍)으로 있었을 것이다. 세상은 발전하고 바꾸고 완성된다고 한다. 무엇이 불행이며 미결이며 불가며 우려일 것인가. 아무도 속지 않을 것이지만 누구나 그렇게 살아갈 것이다.

비록 그가 심야에 어떤 책을 읽고 있다 할지라도 측은하긴 마찬가지이다. 하지만 그 누군가는 먼 시골의 밤에 혼자 잃어버린 지혜의 근원을 찾아 아득해질지는 모르는 일. 진인이 없는 이 지구는 철없는 어른 아이들로 넘쳐났다. 모두가 노회한 철학자들이 되었다. 천예(天倪)한 아이들은 없다.

없어진 인간의 얼굴

문명인들은 영혼의 냄새만 겨우 가지고 있다. 언제나 철썩이고 소란하게 흘러가면서도 멈추어 있는 바다의 지수(止水)가 아니다. 항상 그들은 자신들을 들볶으며 세상을 깨워둔 채 정신없이 싸운다. 불을 끄지 못하는, 혼돈을 잃어버린 존재들이다. 그들은 무용한 시간을 경험한 적이 없다.

고진인(古眞人)이 보고 싶다. 지수(止水)를 보고 싶은 것처럼 인간(人間)의 옛 얼굴과 말소리와 행동거지를 보고 싶다. 미래의 인간은 궁금하지 않다. 지나친 혐오와 염세일까. 본성을 망가뜨리고 험해지고 타락하고 모질어진 감각과 신경만 남아 있는 인간의 모습은 상상조차 하기 두렵다.

현대인의 자손이며 미래의 지구인이라는 것은 자랑스러울 게 없다. 그저 아주 낯선 이상한 존재들이 지구의 시간 끝에 붙어 살아가고 있을 뿐인가. 그들이 백 수십년을 산들 무슨 소용이 되며 이익이 되는 걸까. 나 자신도 알 수 없는 말을 나는 하고 있다.

장자의 정신적 스승인 남곽자기가 궤에 앉아 후우, 내쉬는 숨과 그 소리의 안타까운 종막은 아름답기만 하다. 사휴(死休)라고 할까. 아주 낮은 인간의 허무와 무의식의 혼돈된 무용의 순간이 와 있다. 이 순간은 모든 것을 아주 망각한 것도 아니요 모두를 기억하고 있는 것도 아니다.

자기가 자신의 종말을 예견하는 이 자리는 숭엄하지만 축복하고 싶은 종언 같은 것이 소리 없이 울린다. 온 하늘의 소리를 불러, 자신의 하늘로 지나가게 하는 것일까. 외롭지 않다. 오히려 모든 것과 친화된 마음 하나가 이곳에 있다. 아 내가 여기까지 왔구나. 가까스로 한 인간의 인간다운 호흡을 듣는다.

얼마나 오랜 세월 동안 그 소리를 기다려 왔을까. 세상에 이름이 높은 유명한 도인들이 많았지만 이름이 알려지지 않은 은자들은 더 많았을 것이다. 장자는 노자도 공자도 비판하지만 이 남곽자기와 포정(庖丁), 왕태(王駘), 자여(子輿), 애태타(哀駘它), 지리소(支離疏) 등의 인물은 멀리 그들의 자연 속에 남겨둔다. 그리운 사람들이다. 그러니 이 장자의 글은 전부가 아니고 빙산의 일각에 불과한 것이 된다.

진정한 장자의 세계는 자신이 한 말의 영역에 있지 않다. 하늘과 만물과 인간이 연연(連延)하게 존재함을 장자는 말한다. 잊을 수 없는 이들의 생애와 하늘과 도의 바람을 찾아가야 하지만 장자는 정작 그것들을 제물하지 않고 남겨두었다.

그러니 『장자』를 읽을 때는 다른 쪽을 기억하고 상상해야 한다. 그것이 저 대수(大樹)의 무용한 존재 때문이기도 하다. 어떻게 인생이 고목이 되며 사회(死灰)가 되는가. 죽은 나무에 애착이나, 유언이나, 분노와, 섭섭함이 있을 수 없다.

불을 질러도 모르고 부러뜨려도 모른다. 변화된 물자체가 된다. 그것을 거부하지 않는다. 이 망아의 경지에 이제 남곽자기가 와 있고, 그 스스로가 그것을 두려워하지 않고 천예(天倪, 진정한 생사의 해학적 의미)로 여기고 있다.

이보다 더 큰 생의 보람은 없는지 모른다. 영구히 잠들 수 있기 때문이다. 허무가 되면서 완전히 허무를 읽기 때문이다. 깨어날 일도 없고 약속할 것도 없고 기다릴 일도 없다. 꿈도 고통도 애석함도 베풂도 없다. 그 어떤 예외도 없다. 장자의 위대한 제물(齊物)의 숙제는 여기서 이미 끝난 것인지도 모른다.

나는 간혹 이 부분에서 해구름을 쳐다보며 장자가 자신의 최후의 모습을 본 것이 아닌가 생각해본 적도 있었다. 바로 얼굴 앞이지만 까마득한 높이이고 창공이다.

허(噓)는 남곽자기의 의지가 행하는 것이 아니고 그 안의 자연이 밖으로 나온 쇠잔한 기운(氣運)이다. 그럴 때 이 망연(茫然)한 노경의 모습은 흥미롭고 심오하다. 누구나 한 번 쉬어보아야 할 마지막이기 때문이다.

남곽자기 역시 그러한 자신을 흥미롭게 생각하다가 곧 잊고 만다. 그래야 잊음 자체가 된다. 무엇을 이루려 하지 않을 때, 목표와 집착을 버릴 때 완전한 귀휴(歸休)가 이루어질 것이다. 그것은 망량이 어느 지점을 지나가며 이어져 있는 시간과 같다. 만물을 의지의 대상으로 보지 않고 무위의 대상으로 남곽자기는 보았다. 죽음 역시 생(生)에 붙어 있던 그림자이다.

시(時)와 명(命)을 모르고 그때 그때 태어난 것처럼 알 수 없는 시간 속에서 우리 모두는 떠난다. 분명한 것은 모든 생명은 쓰르라미이든 인간이든 족제비이든 남는 것은 없다는 사실이다.

존재는 지워진다. 책 속에 이름이 남고 족보에 계보가 남는다고 하지만 그것은 하나의 장치와 수작에 불과하다. 죽음의 숙업 속에서 허덕이는 모습은 망각하고 싶은 안쓰러움 그 자체이다. 쓰르라미와 족제비는 이름을 남기지 않는다.

장자의 말을 비틀어 해석하자면 망각 앞의 모든 이루어진 삶들은 자연의 것이므로 저 자연 속에 모두 있다. 천체의 운행조차 우주적 침묵 속에 진행되고 있는 것에 비하면 아무것도 아니다.

짝 우(耦)에 대하여

여기 짝 우(耦)는 흥미로운 글자이다. 이것은 정신적인 자아이며 외형의 남곽자기의 신체로 보인다. 다른 자아를 잃어버린 것인가. 진성(眞性)을 잃어버린 것인가. 남은 것은 허무뿐인데. 그러면 곁에 남아 있는 멍하니 하늘을 우러르는 은궤(隱几)의 남자는 대체 무엇인가. 무엇의 짝인가. 여기서 중요한 것은 '누구인가'가 아니라 '무엇인가'가 된다. 죽음의 물화라는 첫 단계에 들어섰다. 아침과 저녁은 어느 금석(今昔)에나 같은데 지금 남곽자기는 다른 남곽자기가 되어 있다. 후우, 한숨을 내쉬는 허(噓)와 본래의 생기 넘치는 자아의 생(生)은 우(耦)이다. 곧 허무로 들어가기 직전의 짝이다.

돌아가고 싶다. 그 말은 이 뜻이 아닐까. 너의 짝은 어디 있는가. 살아 있을 때와 죽은 다음. 살아 숨쉬는 인생의 짝은? 관은 며칠 이 지상에 있다가 땅속에 묻히거나 불길에 깨어지고 타버린다. 그는 없다. 그러나 유족들은 놀라지 않고 일상을 이어간다. 기이한 일이다.

진아(眞我)는 어디 있고 가아(假我)는 어디 있나. 한 쪽만을 잃는 것이 아니다. 여기 나오는 상우(喪耦)라면 온전히 두 쪽을 잃는 것. 즉 상아(喪我)이다. 남는 것이 없는 전체 상아로 인하여 이 지구상의 삶을 영위한 '나'는 가장 쓸데없는 유해(遺骸)로 남을 것이다.

이름이나 공적은 우스운 것에 불과하다. 그것으로 죽음을 포장하고 위로하고 이용하는 것은 어둠 속에서 가면을 쓰는 일이다. 그것은 도끼를 피해가는 산목(算木)도 아니다. 삶은 정확하게 말해서 버려진 고목이며 자귀밥이다. 하지만 이것이 장자의 숙명을 구해주는 하나뿐인 도(道)의 언어이다.

유머, 모방, 대행(代行), 의상, 위계, 수사 등등의 명목으로 위장된 문화란 것도 장자 앞에서는 맥을 출 수 없다. 근본적으로 무용한 것들이다. 하지만 남곽자기의 풍모에서 유머를 전혀 찾아볼 수 없는 것은 또 아닐 것이다.

문화와 가치의 척도를 과감히 버리고 나면 궁극의 한 생각 속에는 그 상아가 있다. 이것만 거기 있다. 없는, 죽은 나. 그 '나'가 거기 우두커니 서 있다는 말은 이상한 말의 속임수 같고 속삭임 같다. 그 말을 따지는 것이 아니라 실로 그렇다면 하고 생각하면 거기는 정말 아무것도 없다는 것이다.

상아 즉 무아를 얻는 것을 인간적인 지혜의 말로는 설명할 수 없다. 그러나 그 초극적인 사유에서 존재와 삶 전체가 완성된다. 그런데 나 하나의 잊음과 없어짐과 죽음이 아니라 함께 사라져야 하는 대상인 '짝'이 있다. 이 짝이 우(耦)로서 나의 해골이며 갈비뼈이자 척추이며 대퇴골과 족골(足骨)이다. 그리고 장자가 쓰고 있는 언어이다.

어찌하여 있게 된 짝일까. 근본부터가 의문이지만 불가피한 숙명의 조건이다. 이놈의 짝이 만물의 문제를 일으켰다. 일은 무죄이다. 그 다음의 이(二)부터가 말과 친해져 삼(三)이 되었다면 그 짝은 헤아릴 수 없는 무한수로 이어져갈 것이다.

나 하나의 상대방은 누구일까. 사람들은 자기의 몸이라고 한다. 자신을 잃어버리는 것. 이것이 망각이며 분열이고 해체 직전의 조우(遭遇)이다. 생과의 마지막 만남. 이 우(耦)는 포정(庖丁)이 해체한 소의 과거인지 모른다. 소는 있되 그 이름은 없다. 이름은 떠돌아다니고 무용은 발견되지 않는다. 무용의 이매망량. 거기 가면 냄새와 기척을 느낄 수 있다.

허실생백(虛室生白)의 허무로 돌아간다. 육체는 태허(太虛)에 내주는 작은 거푸집이다. 긴 한숨과 하늘을 한 단어로 묶은 이 '허우(噓耦)'는 동양의 첫번째 낙천주의적 허무가 탄생한 지점이 아닐까. 허무해서 아름답다. 한바탕 웃음이 아니고 무엇일까. 〈제물론〉 첫 마당에서 생사가 한바탕 꿈이라고 말 못할 것도 없을 것 같다.

이제 태허의 모기(母氣)가 작은 육체의 소기(小氣)를 받아들이고 또 소기는 대기(大氣) 속으로 들어가려 한다. 이때 모든 사물과의 관계나 의도를 버리고 넋을 놓고 멍하니 자아를 잃는다. 다행스럽고 무난한 일이다. 이 배는 중도에서 파산하거나 요절하지 않고 걱정 없는 경지의 귀항지에 도착할 것이다.

긴 한숨 속의 깊은 안도 속에서 잃은 것은 가까이 있는 짝이었다. 아무것도 아니었다. 태허를 마지막 폐부 속에 안착시킨다. 그대의 죽음 저쪽에 남아 있게 되는 이 짝은 그러나 아직도 슬프다. 이 허우로 우리는 잠시 아득한 상실감을 맛보게 된다. 음각이 도드라진다.

모든 것을 버린 자의 '탑(嗒, 답荅을 쓰기도 함)'은 모든 것과의 대립적 관계를 청산한다. 장자의 괴연독(塊然獨)이 보인다. 최후의 모습이 산처럼 아름답진 않아도 한없는 평화로움을 선물한다. 죽음은 저 고즈넉한 하늘의 한 조각 흰구름과 같다. 조금씩, 천천히, 움직여 가고 있는 하늘의 흰구름! 그 사이의 파아란 하늘. 할 말이 없다.

청천을 즐겨 찾던 눈은 어디서 썩었을까. 그들의 시장(詩章)과 미학의 눈썹은 어디 있을까. 고목(槁木)이 되어가는 한줌 살과 뼈를 만져보는 것이 한 인간이 얻을 수 있는 유일한 깨우침일지 모른다.

모든 것은 풍뢰(風籟)처럼 사라진다. 쓸쓸함조차 없다면 아무것도 남는 것이 없을 뻔했다. 대체 누가 일도창해의 길을 막고 인간세상의 체제를 구축했을까. 훗날 말하게 되겠지만 제도(制度)의 길을 선택한 의도를 모르진 않았을 것. 하나를 믿으면 수많은 자성의 만물을 잃게 되는 줄 몰랐을 것.

제물론의 수미상접(首尾相接)

허망한 존재들이 '말'을 하고 있다. 이 말은 그러나 장자의 대언이다. 균제(均齊)하고 있던 한쪽 짝이 무너지고 있는 형국(形局)이며 망아할 때가 다가오고 있는 동안, 잠시 지키고 있는 형해(形骸)들의 말. 또 얼마나 많은 뼈와 살이 지탱하고 있는가. 가련한 형국에 처해 있는 팔과 다리와 눈과 귀의 육체들.

도의 세무(世務)에 매진해오던 어느 날, 남곽자기는 하늘을 쳐다보며 대언을 말하게 된다. 그곳이 천양(天壤)일까. 무한히 편안한 휴식이 백골의 형해에 아늑히 스며드는 햇살은 무엇일까. 다리뼈가 아파오는 이 감각은 무엇일까.

그 햇살들이 이 뼈가 아니었던가. 누구에게 전해줄 수 없는 물건 같은 우주의 언어와 도의 마음을 사무치게 느낀 순간이었을 것. 상아(喪我)여, 슬퍼할 일이 아니다. 무단(無端)히 자아를 찾지 말고 답연(荅然)히 몸을 잃으라. 자연으로서 살아간다면 이미 그것은 사생을 넘어선 다른 길이다.

내외(內外)를 잃어버리라. 저 자연에게 목숨을 내주어라. 생명의 반환은 지당한 일이다. 그것으로 죽음을 죽일 수 있다. 그러지 않고선 길이 없는 무도(無道). 이것이 글을 쓰는 장자의 말이며 은궤(隱几)한 남곽자기의 무언(無言)으로 들린다. 그 은궤가 남곽자기의 마지막 무언의 '짝'이었을 것.

자신의 짝을 잃은 상우(喪耦)가 죽음이다. 죽음도 생을 잃는다. 장주의 꿈으로 끝나는 〈제물론〉이 한 노인의 대도로 시작한다. 수미쌍관(首尾雙關)이다. 남곽자기가 나비가 되어 장주의 꿈속을 날아갈 것인가. 붕새가 되어 천지로 날아간 미래일까. 날개와 깃을 달고 조두(鳥頭)한 한 마리 인간처럼.

장자는 남곽자기의 허심염담(虛心恬淡)과 청고(淸高)를 흠모했다고 한다. 안성자유는 스승의 천뢰사상을 유도했다. 남곽자기의 기(綦)는 초록빛이며 이 빛은 옛날 중국에서 처녀가 입던 복색(服色)이기도 하며 신발을 들메는 끈이기도 하다.

이 남곽자기의 천뢰는 저 끝의 장주의 호접몽을 마주보는 시작이다.

2. 언아, 너는 천뢰(天籟)를 아는가

자기(子綦)가, 대답했다. 언(偃)아, 무례하게도 네가, 그것을 묻느냐.

지금 나는, 나를 잃어버렸다. 네가, 그것을 알겠느냐.

네가, 인뢰(人籟)는 들었을지라도, 지뢰(地籟)는 아직 듣지 못했을 것이다. 네가, 지뢰를 들을 순 있을지라도, 천뢰는 들을 수 없을 것이다!

자유(子游)가 말했다. 감히, 그 이치를 묻사옵니다.

자기가 말했다. 대저 우주는 숨을 내뿜는다. 그 이름을, 바람이라 한다. 여기 비록, 기미가 없을지라도, 일어났다 하면 즉시, 온갖 구멍은 커다란 소리로 분노한다.

너는 홀로, 요요(翏翏)한 바람소리를, 듣지 못했느냐.

원문(原文)

子綦曰 偃 不亦善乎而問之也 今者吾喪我 汝知之乎 女聞人籟而未聞地籟 女聞地籟而未聞天籟夫 子游曰 敢問其方 子綦曰 夫大塊噫氣其名爲風 是唯無作 作則萬竅怒呺 而獨不聞之翏翏乎

* 실 **언**偃, 안성자유의 이름. **불역선**不亦善 여전히 대단치 않느냐. 너 **이**而. **지**之 자유가 물은 내용. **상아**喪我 나를 잃다. 너 **여**汝. **여지지호**汝知之乎의 지之는 스승이 자신을 잃은 것. 통소소리 **뢰**籟 만뢰(萬籟) 중뢰(衆籟)

송뢰(松籟) 청뢰(淸籟) 등. **인뢰**人籟 퉁소소리, 사람의 소리. **지뢰**地籟 지상의 구멍에서 나오는 소리. **천뢰**天籟 하늘 소리. **천뢰부**天籟夫의 부(夫)는 감탄어미. **감**敢 감히. **방**方 도리, 이치. **대괴**大塊 대지, 자연. 트림할 **애**噫. 여기 **시**是. 오직, 비록 **유**唯. 구멍 **규**竅. 성낼 **노**怒. 텅 비고 클 **효**呺. 이 **지**之 시是와 같은 뜻. **요요**翏翏 먼데서 바람이 세게 불어오는 모양이나 소리. 유流의 뜻.

천뢰(天籟), 먼 하늘에서 바람 부는 소리

자신을 잃어버림으로써 제대로 들을 수 있는 소리가 있다. 삼뢰(三籟)의 음악이 그것이다. 장자는 〈소요유〉에서도 바람을 처음에 등장시켰지만 〈제물론〉에서도 바람을 등장시킨다. 장자는 바람의 시인이다.

부대괴애기(夫大塊噫氣) 기명위풍(其名爲風)이 그 최초의 명명(命名)이다. 대괴(大塊)의 쉼쉬는 소리가 바람이다. 구멍들이 울부짖는 지구와 우주의 애기(噫氣)를 장자는 바람이라고 명한다. 이 바람의 명명과 출현이 〈제물론〉의 시작이다. 세상의 바람이 여기서부터 불기 시작한 셈이다. 만물이 눈을 깜박이며 의미를 찾기 시작하는 곳이다.

먼데서 세게 불어오는 요요(翏翏)의 장풍(長風) 앞에 텅 빈 세계를 그린 이 바람의 장은 도를 기다리는 장자의 모습이 비추는 최고의 경지이다. 정적감이 감돈다. 천뢰(天籟)와 상아(喪我)가 나오는 이곳엔 〈제물론〉의 높은 경지가 이미 은유로 담겨 있다.

〈제물론〉의 물화의 끝은 반드시 시작의 이곳으로 다시 돌아올 것이다. 그리고 다시 되돌아온 이곳에서 바람은 예전처럼 불기 시작한다. 바람이 시작하는 곳에 인간의 지난한 꿈들이 싹을 틔우고 말없는 초목들도 꽃을 피우기 시작한다. 인간과 도는 처음의 '이곳'을 잊지 못할 것이다.

대괴(大塊)는 조물주 혹은 대지, 천지자연, 우주이다. 태고부터 여기에서 바람이 일어나고 그 바람이 모든 사물의 구멍에 닿으면 풍성(風聲)이 생긴다. 자기는 지상의 모든 사물엔 구멍이 있다고 한다. 그래서 울지 않는 물건이 없다. 존재하는 것은 운다. 스스로 무언가를 향하여 자신을 울린다.

장자는 이 소리에 민감했던 것 같다. 특히 장자는 자전하는 지구의 땅이 숨을 쉬는 이것의 우주적 심리적 청각을 돋아세울 것을 우리에게 요청하였다. 이 소리에서 제물의 도가 시작한다는 것은 의미심장하다.

그러므로 이 울음은 하늘과 바람에 대한 지상적 존재들의 조건이고 성품이며 언어이다. 마치 어미와 조물주를 찾는 지상의 크고 작은 물건들의 호명과 울부짖음과 생명들의 울음소리 같다. 그 소리를 듣고 있으면 침묵하게 되고 정처 없이 떠도는 만물들의 정적과 운행이 슬퍼진다.

모든 생명체와 무정물들이 하늘 아래의 존재이기 때문이다. 이 뇌(籟)사상도 붕(鵬)사상과 같이 하늘의 사상이라 할 수 있다. 물론 바람이 사라지는 곳이 어디인지 모르지만 바람이 일어나는 곳도 정해져 있지 않다. 알려고 한다면 그건 어리석은 짓.

한없는 고적감을 불러일으키는 바람소리를 도시에 살면서 들어본 지도 참 오래되었다. 바람소리에 귀를 기울이며 하루 종일 아무것도 하지 못하고 생각에 잠겼던 어린 시절이 생각난다. 참 많이 들려오던 주변의 낮고 높은 바람소리. 그 바람 속에서 우리가 살았다.

가물어 절규하는 생명들이 아우성치는 것 같은, 형언할 수 없는 어떤 광기와 자유가 난무하는 것 같은 바람의 움직임. 갈매기들이 날개를 반짝이며 몸을 뒤집어 날아가던 그 이상한 역비상도 기억난다. 또 검고 희고 작은 날개의 제비가 망막 뒤로 사라지는 것도 보았다. 티끌이 일어나고 바람꽃이 온 산을 뒤덮기도 했다.

그들이 사라진 큰바람 속에는 소란하지만 가까운 곳을 지나가는 몸이 느껴진다. 그가 다가오면 수백리 산 너머 수천리의 낮은 곳에 사는 작은 풀과 벌레 한 마리까지 흔들리고 있는 것 같다. 모두가 그 소리에 귀를 세우고 자신을 응시한다. 마치 형언할 수 없는 거대한 무엇이 지나가고 있는 것을 느낀다.

장풍성(長風聲)이 그립다. 큰바람 소리를 다시 들어보고 싶다. 가슴을 땅바닥에 대고서 한없이 울고 싶게. 저 큰 바람소리를 네가 다 알고 있으며, 가슴에 품고 태어나지 않았을까. 그 소리를 듣는 네 몸이 내 가슴에 적막하지 않을까. 인간의 참회와 순수를 회복하는 길은 어쩌면 이 바람 소리 '요(翏)'를 듣는 일이 아닐까. 인간은 바람을 잃어버린 존재이다.

바람은 아무런 색이 없지만 그 음악은 형상 없이 존재한다. 가지를 흔들고 옷자락을 흔들고 시장 입구의 낙엽을 들고 일어났다 가뭇없이 사라진다. 태양에 들키지도 않고 그림자도 없이 자재하며 공간을 지나간다. 바람을 뭐라고 말할 수 있을까. 그것은 조물주의 것으로서 가장 인간 가까이에 지나가는 어떤 기호이며 외계적 언어와 풍경에 해당되는 것이 아닌지. 눈뜨고 코를 벌름거리며 나는 바람 속에 서 있다, 혼자. 아무것도 원하지 않으면서.

온갖 바람소리에서 자연의 침묵과 의도를 함께 듣지 못한다면 아무것도 위하지 않는 저 하늘의 음악을 들을 수 없다. 산과 구름과 물과 바다, 그 속에는 까닭 없는 근원적 근심들이 흔들리고 있다. 그 근심들은 우리가 우려하는 것들이니 그것이 넘치면 더 무엇을 원해야 할까. 끝이 없다.

현재의 자연에 자족하며 자신을 즐기는 하늘의 사람들, 즉 지구인들에게 천뢰를 듣게 하는 마음은 한 그루 나무 밑에서 꿈꾸던 무하유지향(無何有之鄕, 한없이 지속되는 편한 잠과 같은 것, 〈소요유〉)의 하늘을 보는 것과 같다.

아무 소용이 없으면서 아무것에 대해서도 소용되기를 거부하고 있는 하늘. 바람은 그 하늘 어느 층위에서 문득 생겨나는 것일까. 누구의 생각처럼. 과연 어떤 생명의 음악들이 가득한 것일까. 노래와 길을 찾는 사람들이 어느 도시에 있는 것일까. 하늘에서 바다가 출렁이는 것처럼 무엇인가를 흘러들게 하고 날아가게 하고 있다.

지상의 바닥에서 위로 텅 터져 있는 불가사의한 하늘을 본다.

먼 바람소리 요요(翏翏)

자기는 좌망(坐忘) 삼매의 경지에서 천뢰를 듣고 있다. 그 곁에서 맨 정신으로 스승을 걱정하는 현실 속의 자유의 모습은 천진하다. 그 소리가 얼마나 아름답고 멀고 높으면 그가 우두망찰했을까. 제자는 스승의 얼굴만 쳐다보았을 것이다.

망아(忘我)의 상태와 은궤(隱几)는 동일하다. 상상을 초월하는 천상의 음악만 들린다. 문득 이 소리를 들으면 인간이 원하는 제물은 불가능한 것이 아니라 존재하지 않는 것만 같다. 그 소리를 듣지 못하면 천하를 다스려 무엇에 쓸 것인가. 이렇게 자기가 말하고 있는 것 같다.

그러니 어떻게 중물(衆物)을 제물할 것인가. 그것이 과연 다스려질 수 있는 대상들인가. 바깥을 다스리는 것이 아니라 안으로 돌아와 마음을 제심(齊心)해야만 하지 않을까. 천하를 내 것으로 삼고 산 요(堯)는 마음 저쪽을 보지 못함을 서러워했다. 만물과 천하를 다스리는 몫은 인간이 할 일이 아니다.

'자연'은 자연이 할 '일'이다. 자연이 하는 일을 빼앗은 인간은 그 모두를 되돌려주어야 할 것이다. 미래의 문명은 그 일로 벅찰 것이다. 텅 빈 지구의 인간으로 돌아갈 수 있을까. 넋두리에 불과한 것 같지만 종말이 있고 시비가 있어서 그 비극의 씨앗은 아주 단단하고 점점 커진다. 참혹한 필연을 간직한 지구 미래를 위해 새로운 제물의 소요가 필요하지 않을까.

사실 눈이 있어도 보지 못하고 귀가 있어도 듣지 못한다. 상아(喪我)

는 무아이고 사라진 자신의 이름이다. 아상(我相)이 한 곳에 있지 않아 자신을 볼 수 없지만 대신에 모두를 볼 수 있을 것이다. 대상의 물(物)이 없으면 시비가 없고 시비가 없으면 물론(物論)이 없어질 것이다.

제물이란 말 자체가 자연에는 없다. 그러나 여기 의심할 수 없는 '나'가 있으니 '제물론'이 발생하기 시작한다. 나 바깥의 모든 문제가 발생하고 자연, 정치, 이념, 시비로 나아간다. 상아 속에서 보는 세상은 만화경이다. 꿈의 발견은 상아 속에서 천뢰를 듣는 귀와 마음을 얻는 일이기도 하다.

젊은 제자가 스승의 몸으로부터 한 터럭의 생기와 기멸(起滅)이 없는 고목과 재를 보긴 했다. 그 안의 비결(秘訣)은 보지 못했다. 육안(肉眼)과 육이(肉耳)로만 보고 들었다. 스승은 만들어지지 않은 하늘의 음악을 들을 줄 알라고 가르치고 있다. 지상의 들리는 소리만 듣지 말고 보이는 것만 보지 말라는 뜻. 이것은 무용을 살피고 즐기라는 말이기도 하다.

볼 수 없는 것이지만 공기를 지나가는 소리는 신묘한 것. 이것이 대체 무엇일까. 바람의 아이들일까, 도의 의상(衣裳)일까. 사람의 몸에서 사람이 몸으로 태어나면서 가지고 온 음률이 저 천공에서 리듬을 치는 것일까. 천뢰는 소리 없는 소리이다. 인간은 그 소리를 듣고자 한다. 아무 때나 들려오는 소리가 아니다.

심오한 영지(靈芝)의 이치를 '희이(希夷, 심오한 도의 이치, 도의 본체)'라 한다. 또 백시(白視, 실명失明)는 희어지고 없어지면서 어둠의 구멍이 희광(曦光, 빛)처럼 밝아지는데, 이것이 희이의 현상이다. 모든 시비가 사라지고 망각의 자유가 지금 일어나고 있다. 대저 그 소리는 어디서 시작한 것일까.

송나라의 장자는 초나라의 남곽자기의 도를 찬찬히 마치 하늘의 구름과 백시처럼 묘사하고 있다. 나는 2,300년 후 지금 이 삭막한 문명의 상도(喪道) 시대에 장자의 그 문장을 읽으며 불가한 기억의 상상을 시작한다. 그것들은 모두 존재했던 것들이며 지금은 사라지고 없다. 나는 그것을 간절히 인지하고 싶어한다. 여기서 저기 있는 나의 뼈가 무지근히 아파온다. 2월 땅 밑의 새싹들의 선단(先端)처럼.

여든 셋(기원전 369-286, 혹자는 기원전 368-268로 보는데, 그럴 경우 일백세)까지 장수한 장자도 분명 만물을 가지런히 하고 백시와 희이를 누렸을 것이다. 인생은 바람 속에서 와서 바람 속으로 걸어가고, 마침내 존재의 명이 다하면 지괴의 숨소리 속으로 상승하며 사라져 간다.

바람만이 불어 오가고 있다. 옛날처럼 지금도 변함없다. 도시의 가로수 머리 위에도 유원지의 물가에도 문명의 쓰레기장에도 그 알 길 없는 바람들은 돌아다닌다. 그 무엇도 사라져 간다고 못할 것이 없지만, 이 바람을 만나 바람 속으로 사라져 간 문장도 수없이 많을 것이다.

또 저 외풍(外風)들이 바로 우리를 이곳으로 끌어내고 일평생을 마구 불어대고 떠돌게 한 장본인들이다. 덧없고 슬프게 나도 한자락 누군가의 바람의 욕망이었다.

나를 스쳐가는 바람의 노래

〈제물론〉은 바람 속에 노니는 담론이다. 바람이여, 남곽자기는 지금 당신을 말하고 있다. 그대는 누구인가. 북명의 바람에서부터 미리 짐작은 했지만, 모든 속된 인간들도 대풍(大風)처럼 천뢰처럼 부요(扶搖)처럼 불어갈 것이다.

그것이 지금까지 나에게 묻고 있는 이 책이 던져주는 위대한 메타포이다. 그래서 언제나 바람 앞에 나와 선다. 수많은 바람들이 내 앞에 지나갔고 지금도 책 앞을 지나간다. 나도 또 누군가의 앞을 지나가는 바람이 될 것이다.

혼자 멀리서 불어와 혼자 먼 곳으로 가는 그 큰 바람 소리를 홀로 들어본 적이 있다. 선친이 멀리 집을 나간 어느 봄, 햇살이 하늘에서 광란

하는 정오. 그날 그 바람이 불어가는 바람의 뒤에서 바라보았다. 그것이 아버지의 바람이라고 느꼈다.

바람을 닮은 사람을 본 지가 오래되었다. 바람을 꿈꾼 지도 너무 오래되었다. 바람을 맞은 지, 바람 속에 있어본 지도 오래돼 기억이 가물거린다. 한번 말해보자. 모든 것을 흔들 수 있는, 실로 흔들고 가버리는 바람이고 싶다고. 자신의 나무를 의지하며 혼자 어느 하루의 정오에 도착하던 너. 그 나무 밑의 그날이 분명 지나가고 있었다면 나는 지금 어디서 어디로 불어가고 있는 시간일까.

그는 어찌 바람의 요요(翏翏)를 보고 들을 수 있었을까. 다른 귀와 눈이 저 천뢰 속에 가 있었던 것일까. 아주 먼데서 바람이 불어오고 있는 소리와 모양을 요요라고 했지만 누군들 그 아득한 바람소리를 듣고 또 알고 있지 않을까. 말년에 혹은 이른 봄날, 아직 귀를 내밀지 않은 뒤뜰에서 혼자 아무것도 기다리는 것 없이 바람은 자신도 모르게 혼자 들어와 무언가를 그리고 흔들면서 놀고 있었을 것이다. 그러고서 어떻게 수염뿌리의 복수초처럼 혼자 피어날 수 있었을까.

장자는 그것을 어렵게 표현한다. 시유무작(是唯無作). 이것을 어떻게 번역해야 할까. 시(是)를 여기로 보고 유(唯)를 비록으로 작(作)을 바람의 기미로 무(無)를 없는 것으로 보고 '여기 비록 기미가 없더라도'로 해야 할까. 편하게 번역할 수 있을 것 같지만 막상 문장을 만들려고 보니 애매하다.

이 무작(無作)의 세계는 다시 바람이 빠져나가고 아주 조용해진 숲속을 상상하게 한다. 무위와 같다. 수런거린다. 숲속에서 하염없이 혹은 일없음〔무사(無事)의 숲〕의 뜻이 되는 무작은 부러 일하지 않는 바람이 된다. 잔가지들만 바람의 여풍(餘風)에 흔들리고 햇살만 수직으로 내려오다 가지에 걸린다. 무인지경(無人之境)의 숲속.

그러다 가뭇없이 햇살은 서쪽으로 기울어질 것. 햇살이 자빠진 숲속의 정적을 들어본 적이 없다. 그들이 다 떠난 뒤, 다른 평화와 빛이 몸

없는 다른 생명체들처럼 숲을 어슬렁거린다. 공중을 건너가며 너 뭐라고, 너 뭐라고 말을 거는 듯. 나는 오직 듣고 걷기만 하면 된다

풍광이 아름다운 바람이 빠져나간 숲속에 있는 침묵의 흐름이 그대가 좋아하는 천진(天眞)의 풍경이다. 소요의 주인공은 무궁자이며 이는 바람을 벗 삼고 그 바람소리를 즐겨 듣는다. 바람과 함께 가지 못한 것들만 숲속에 남아 있다. 떠나지 못한 것들만 심심하고 무료하지만 여기가 좋다. 그들이 바로 우리이며 우리 속에 나는 있다.

그곳이 마음의 거처인 숲이 아닐까. 그러므로 나는 언제나 떠나고자 한다. 이곳에 계속 머무를 생각이 없다. 바람이기 때문이다. 바람은 늘 저 바깥을 내다본다. 바람은 개의 머리처럼 자꾸 먼 앞을 내다보려 한다. 바람을 따라간다.

아무튼 이 바람은 장자에게 있어서 생명이 시작하는 기류(氣流)이며 기운의 구멍이다. 이 바람이 없다면 장자의 도와 유(遊)는 존재하기 어렵다. 세상에는 아늑한 어둠이 파괴되고 대낮은 너무 밝아졌다. 장자의 친구와 의복은 이 바람이다. 언제나 처처에서 반짝이고 사라져간다.

아쉬워할 틈도 없이 새로운 얼굴들이 나타난다. 이것 속에서 노는 것이 지구에서 누릴 수 있는 최고의 작은 춤이다. 이 만연의 바람으로 현실세계의 벽으로부터 망망하고 낯선 무경(無境)으로 나아갈 수 있다.

불역선(不亦善)의 최초 질문

수많은 구멍과 기괴한 소리들은 그 흉중(胸中)을 들여다보는 듯하다. 소름이 오싹 끼치지만 낯선 세계가 이입되는 숨소리들이다. 낯선 이방의 피가 수혈될 때 양생(養生)의 육체를 얻어 새로운 삶을 구가할 수 있다.

이제 가까스로 다 살아낸 마음과 헌 육체 위에 하늘이 보인다. 여기서 장자는 요절을 거부하고 바람의 장수를 선언한다. 후우, 내 쉬는 허(噓)의 소리와 함께 저 먼 하늘 속에서 남곽자기를 진실로 다시 눈뜨게

한다. 요료(翏翏)한 천뢰(天籟)의 화풍(和風)과 풍설이 불어오고 있다.

광야와 도회로 불어온 바람을 거슬러 올라가 보면 아마도 너무나 초라하고 작은 구름이나 외최한 산의 어느 작은 구멍이 나올 것. 그곳의 바람이 시원일 게다. 세상의 꿈과 대지와 바람이 소임을 다하고 쓰러지는 곳에선 이 작은 바람의 고향이 그리워질 것이다.

여기서 남곽자기의 허(噓)는 천뢰에 비해 너무나 왜소한 한숨이라 슬프기까지 하다. 하늘이 푸르고 무궁하기 때문일까. 남는 것은 당대 최고의 도인인 남곽자기의 흔적 없음과 그리고 완전히 사라짐 뿐. 남곽자기의 시신이 있고 갑자기 초라해진 유택(遺澤)과 그 가족의 통곡이 들렸겠지만 우리에게 무슨 상관이랴. 태탕한 삶의 종결이며 바람이 왔다 가는 풍경인 것을.

하지만 남곽자기는 제자를 잘 두어 천뢰를 전할 기회를 마련했다. 제자에 대한 이해와 배려 또한 장자는 잊지 않았다. 그것은 독자적 경지를 숨겨둔 부탁의 말이기도 하다. 제자 언은 천뢰라는 정치공동체적 가치의 진지(眞知)에 생각이 닿고자 하며 또 그 먼 하늘의 아득한 풍경을 직접 보는 것은 결코 아니다. 도에서 언제나 집단과 정치적 요구는 위험한 것으로 멀리 피해야 마땅하겠지만 이 바람의 언어는 멀리 나가 있는 자가 일상에 선물하는 해방의 언어이다.

불역선(不亦善)의 불선(不善)은 착하지 않음, 잘하지 않음, 옳지 않음이 아니다. 자기가 평생 이루어온 만고의 진리에 대한 반어이다. 설결이 네 번 질문에 왕예가 네 번 다 모른다고 한 부지(不知, 23장 참조)와 상통하는 말. 여기 역(亦)은 역시로 보고 '역시 대단치도 않군' 하고 감탄하는 뜻으로 보면 된다.

'언(偃)아, 훌륭하구나' '언아, 착하다'고 한 것은 사실 잘못된 번역일 수 있다. 앞에서 자유가 물은 질문이 감히 누가 알만한 진리가 아닌 도, 즉 불문(不問) 사항이기 때문이다. 만년에나 알아야 할 것을 젊어서 알 경우 해악이 될 가능성이 높다. 제자의 질문에 경탄하거나 칭찬할 노인은 아닐 것이다.

놀라운 구절은 이것이다. 지금 나는, 나를 잃어버렸다. 네가 그것을 알겠느냐는 문장을 보면 결코 상아하지 않고선 진지에 들어갈 수가 없다는 것이다. 완전히 늙지 않고선 형고심고(形固心固, 〈응제왕〉편에 나오는 호자가 보인 죽음에 가까운 습회(濕灰))와 성휴(成虧, 16장에 나오는 소씨(昭氏)의 고금(鼓琴) 비유)의 진리를 알 수 없을 것이기 때문이다. 자연을 완전히 알아도 그 앎이 전해지지 않을 것. 지자는 죽기 때문이다.

어쨌든 자유(子游)가 몸이 불편한 스승에게 간곡하게 천뢰를 청해 들은 것은 기이하다. 수신과 치국, 처세와 통치, 병법을 묻거나 교화의 이름으로 성정(性情)을 바로잡으려는 공맹 논리와는 커다란 차이를 보인다.

장자는 인성과 우주의 음악에 감흥하고 탕(蕩)의 기쁨을 소요하는 것에 인간의 최고 가치를 두었다. 죽어가는 자가 삶 바깥의 천뢰를 들려준 것은 도회 속에선 특이한 일이다. 기산(箕山)의 허유와 비견되는 도성의 남곽(南郭)이다.

요요한 바람소리 홀로 듣다

몸을 여의어야 그 소리를 들을 수 있는가. 이독불문지요요호(而獨不聞之翏翏乎)의 '이독(而獨)'은 '너는 홀로'로 하는 것이 좋을 것이다. 그 소리는 혼자 가만히 듣는 소리이다. 이 '독'자엔 집단이나 국가나 동료가 있을 필요가 없다.

장자에서 이 독(獨)은 늘 진리의 자리와 함께하는 문자이다. 가만히 그 '독'자를 들여다볼 필요가 있다. 장자식의 화두법이고 궁구법이고 소요법이다. 왜 듣지 못하느냐는 안타까움과 타이름이 있는 면유(面諭)를 보여주고 있다.

이독불문지요요호(而獨不聞之翏翏)를 너는 홀로, 요요(翏翏)한 바람소리를, 듣지 못했느냐 아니면 듣지 않느냐는 두 가지로 이해할 수 있다. 전자는 무능에 대한 안타까움으로, 후자는 부정의지에 대한 힐문(詰問)으로 읽을 수 있다. 왜냐하면 지금 허허한 죽음 앞에 있는 자기가 저 멀리 아득한 곳에서 들려오는 장풍성(長風聲)을 듣고 있기 때문이다.

물론 상우(喪耦)의 조짐을 제자가 발견하긴 했지만 젊은 자유가 노경의 앎을 알 리 없다. 남곽자기도 이제야 겨우 자신도 모르던 텅 빈 허(嘘)의 소리를 내지르고 있었으니까. 천뢰는 아무나 들을 수 있는 소리가 아닌 모양이다.

언이 인뢰를 자주 들었기에 지뢰까지는 들을 수 있다고 보았다. 그러나 천뢰는 들을 수 없다고 못을 박는다. 자기는 그 소리를 아무도 들을 수 없다는 확신을 가지고 있는 듯하다. 아무도 들을 수 없는 소리란 또 하나의 조궤(弔詭)이다. 아마도 죽는 사람만이 마지막으로 듣는 음악 아닐까.

그것은 대체 누구의 음악일까. 이 하늘의 음악은 정말 무엇일까? 아니 먼저 사람의 음악은 무엇이며 땅의 음악은 무엇일까. 그것은 생명의 숨소리일까. 아니면 말일까. 육체일까, 마음일까. 분노일까.

그 소리 혹은 음악은 서로 내통하는 것이 분명한 것 같다. 그것을 장자는 저 바닥 없는 하늘에 펼쳐놓았다. 〈제물론〉에서는 언제나 선율의 음악이 유자(遊子)의 음표처럼 떠돌아다닌다. 승물유심의 경지이고 언어 전후(前後)의 본향이다.

이 '요요'엔 그 먼 곳이란 뜻이 숨어 있다. 즉 구만리 하늘의 장풍이 대지를 바닥에 두고 불어가는 지고한 경지의 바람과 소리이다. 둥근 지구의 허리를 넘어간다. 허(虛)하지만 하늘을 가득 채운 바람이다. 그 바람은 만규(萬竅)를 의식하는 듯 망각했을 것. 자기는 그 태허의 바람을 원했을 터. 그래야 하늘을 날 수 있을 것.

그 바람 아래 흔들리지 않는 것이라곤 없을 것이다. 한없이 넓고 부드럽고 먼 바람결을 그리고 그 들리지 않는 소리를 요요라고 말하고 있으니 기막힌 표현이다. 이 천뢰는 〈소요유〉에서 요(堯)가 본 그 요연(窅

然)의 모습이 아닐까. 그만 아득해지고 마는 우주의 풍경 속에 천뢰는 울릴 법하다. 앞의 노효(怒呺)의 '효'가 바로 대풍(大風)의 풍모이기도 할 것.

비록 그의 삶과 우주의 시간은 느리지만, 이미 세상을 가려버린 그 캄캄한 풍광을 남곽자기는 원했을 터이다. 즉 양명하고 총명하고 분명하고 또 기획, 편집된 세계가 아닌 혼돈의 대 소용돌이 그 양각(羊角, 붕새가 날아오르는 바람의 형상)의 바람을 원했을 것이다. 그렇게 가고 싶었을 것이다.

장자는 찰나처럼 오래 된 노구(老軀)를 이끌고 나온 남곽자기와, 같은 하늘 아래에 앉아 있었을 것이 분명하다. 진인의 죽음과 자신의 죽음을 중첩시켰을 것. 마치 천뢰의 바람을 기다리고 있는 노옹(老翁)들을 피 묻은 가을 수숫대처럼 깡마른 하나의 껍데기로 불러냈을 터이다.

황해로 바람 불어가는 산동반도 너머 장자 벌판의 노장들은 팔다리도 제대로 구부릴 수 없는 고목과 사회(死灰)의 경지에 온 것을 노래 불러야 했으리라. 그래야만이 그들이 아무런 정치적 공적도 이루어 놓은 것이 없는 일이 되는 것이리라. 다행히 그 곁에 한 제자가 있고 백 여년 뒤 장자가 그것을 기록하고 있다.

이제 정말 영원으로 나아갈 길엔 무위(無爲)와 무용(無用)의 들판만이 나의 친구가 되는 것일까. 정말 과분하게 그럴 수 있을까. 저 먼 곳에서 불어와 내 앞을 불어가며 안달하고 다그치는 '요요'의 광경을 본다. 그 마음이 또 어떠한가. 홀로 어느 날 너 자신도 이미 그 바람 속에 불어가고 있을 것이다.

하늘의 길에 웬 지상의 만물이랴. 만물 중에 하나라도 가져가야 할 것이 없다. 나여, 부디 쓸데없이 부산한 중심을 기웃거리지 말고 멀리서 불어오는 바람소리를 들어라. 저 멀리 밖으로 시선을 돌려버려라. 내 앞에 불어가는 그 바람소리를 아쉬워하며 저 멀리 사라져가는 바람소리를 손으로 한번 잡아보라.

그리고 모든 바람은 현재의 바람 속의 네가 될 것이다. 낯선 나그네가 이제 막 도착한 저 먼 라싸에서 다시 불고 있는 바람으로 가고 있을 것이다. 그 이름을 부르고 싶지 않다. 의미도 부여하고 싶지 않다. 바람이 가져갈 것은 아무것도 없다. 그 모든 것은 이 초라한 지상에 남은 것들, 만물이다.

인간의 고향, 구멍〔규(竅)〕

저 구멍들이 나의 몸의 구멍이 아닐까. 저 구멍들에서 내가 온 게 아닐까. 그 속에서만 나는 위로가 되고 치유되고 잠들 수 있을까. 그 구멍 안엔 무엇이 있는가. 왜 구멍이 있는가. 언제나 존재는 다치기 때문인가. 구멍은 무엇을 육체로 옷 입고 있는가. 한 사람 한 사람의 인간은 욕망을 다 채울 수 없는, 그 구멍이 있는 중규(衆竅, 지상에 있는 모든 중생과 사물들의 구멍)의 개물(個物)인가.

구멍에 들어가 소리를 들어본다면 내가 꼭 사람일 근거와 필요는 없을 것 같다. 얼마든지 다른 무엇일 수 있지 않을까. 소리였을까. 귀로 들을 수 없는 천뢰, 기로 들어야 하는 천뢰를 듣는 요요함이 없다면 이 세계는 무통(無通)의 절벽.

그러니 나는 그저 바람이길 바란다. 바람이길 바라는 나는 저 지나가는 바람소리를 들을 수 있을 뿐이다. 여기서 인간이 예뻐질 수 있지 않을까. 무엇이든 할 수 있는 사람을 떠나 아무것도 할 수 없는 자의 곁에 따라가고 싶다. 요요한 바람소리를 듣는 무궁한 상아(喪我)여 네 안에 무엇이 있을까.

애(噫)는 우주의 호흡이 대풍으로 붕새를 하늘에 올린 바람이다. 하늘을 발견하고 그 안에 아무것도 없다는 것을 보여주는 기(氣) 사상의 시작이기도 하다. 남곽자기의 허(噓)와 이 애는 상통한다. 통달하고 상통하는 관계이다. 우주가 자신을 잊고 있음과 남곽자기가 자신을 잊고 있음의 경지는 동일하다. 하나의 몸이고 집이다.

그러므로 〈제물론〉의 시작은 바로 이 자신을 잊은 상아에서 시작하여 저 끝의 나비의 물화에서 끝나게 된다. 이 상아는 오묘한, 짝이 되는 〈제물론〉의 수미(首尾)의 수(首) 부분. 하지만 그 애와 허가 갈증이며 구멍이며 상처이며 또 아픔이며 소리라는 사실을 망각할 수는 없는 노릇이다.

태양과 바람과 지구의 자연과 인간, 그리고 방황소요, 적막황홀 이 모든 것이 바로 망각에서 시작된다는 사실조차 잊는다. 소요와 제물은 물화(物化) 속에 있다. 물(物)은 자아를 잊는 '나'이다. 상아 속에 존속의 자아가 물화된 대상들의 바깥. 언어와 마음으로도 소통될 수 없는 세계.

즉 유정무정의 만물이 상아한 자아들의 방황. 어찌 나를 찾을 수 있다고 말하려 하는가. '나'를 찾지 말고 '나'를 잊어라. 그것은 아무것도 없는 인아(人我)이다.

놀라운 사실이다. 만물의 침묵 속에 나는 있다. 나는 만물 속의 한 개개(箇箇)이다. 나는 장자의 그 독(獨)으로서 바람소리를 들으면 요요가 되고 슬퍼진다. 고향이 지나가고 있기 때문이다. 고향의 그 구멍에서만 바람소리는 나오고 우리도 그 소리를 배워 그렇게 우는 존재들이다.

3. 조조(調調)하고 조조(刁刁)하다

산림(山林)의 무서운 산봉우리와, 백 아름 되는 큰 나무의 구멍은, 코와 같고 입과 같고 귀와 같으며, 기둥 위 서까래 같고, 나무를 휘어서 만든 그릇 같고 절구 같으며, 구불구불한 웅덩이 같고, 작은 웅덩이 같다.

거센 물결소리, 화살 날아가는 소리, 꾸짖는 소리, 숨 들이쉬는 소리, 울부짖는 소리, 부르짖는 소리, 동굴에서 울리는 소리, 새들이 지저귀는 소리……

앞에 가는 바람이, 큰 소리로 노래하면, 뒤따르는 바람은, 화답하여 노래한다. 작은 바람엔, 곧장 작게 조화하고, 회오리바람엔, 곧장 크게 조화한다.

사나운 바람이 멎으면, 즉시, 모든 구멍은 조용해진다. 너는 홀로, 보지 않았느냐. 크게 너울거리다가, 작게 살랑이는 것을.

원문(原文)

山林之畏佳 大木百圍之竅穴 似鼻 似口 似耳 似枅 似圈 似臼 似洼者 似污者 激者 謞者 叱者 吸者 叫者 譹者 宎者 咬者 前者唱于而隨者唱喁 冷風則小和 飄風則大和 厲風濟則衆竅爲虛 而獨不見之調調之刁刁乎

* 두려워할, 무서워할 **외**畏 높을 **최**隹 최(崔)와 통용. **백위**百圍 백 아름. **규혈**竅穴 구멍. **사**似 …같다. **비鼻** 양공兩孔 두 콧구멍. 두공, 기둥 위의 서까래 **계**枅. 나무를 휘어 만든 그릇(바리) **권**圈. 절구, 확 **구**臼. 구불구불한 웅덩이 **와**洼 와곡洼曲. 작은 웅덩이 **오**汚. 거센 물결소리 **격**激. 부를, 화살 나는 소리 **효**謞. 꾸짖을 **질**叱. 들이쉴 **흡**吸. 울부짖을 **규**叫. 부르짖을 **호**譹. 굴속의 침침할 **요**宎 굴속에서 울리는 이중 음(요성宎聲). 새가 지저귈 **교**咬. 광대한 소리 우于. 따를 수隨. 화답할 **우**喁. **냉풍**冷風 작은 바람. **표풍**飄風 회오리바람. 응할 **화**和. **여풍**厲風 사나운 바람, 서북풍. **허**虛 나무들이 조용해지다. **조조**調調 크게 너울거리다. **조조**刁刁 작게 살랑이다. 잔질할 작(勺)으로 읽지 않는다.

제물소요(齊物逍遙)의 길을 열다

이 부분은 자기가 외는 듯도 하며 노래하는 듯도 하다. 마치 판소리 한 대목을 듣는 듯한 경쾌함이 있다. 저 홀로 흥얼거리는 바람의 노래. 멀리 산림(山林)의 두렵고 가파른 산봉우리. 하늘 아래 괴연히 서 있다. 하나의 영험한 존재이며 모든 지혜와 숭앙의 대상이며 표상이다. 실재이면서 상징이다.

이곳에 백위(百圍)의 대목(大木)이 있다. 비록 백 아름의 큰 나무이긴 하지만 거대한 고목일지도 모른다. 아마 그 거대한 고목은 노옹(老翁)인 남곽자기를 뜻하는 것이 아닐까. 그 커다란 구멍은 자연의 생것들처럼 살아있을 것 같지 않다. 죽어서 살아있는 이 영목(靈木)의 존재에 대해 신비감을 가지지 않는다면 〈제물론〉의 머리는 재미가 없다.

이 거목의 존재는 상상의 붕새와 비슷한 면이 없지 않다. 몰론 붕새는 분노하며 파도 삼천리, 회오리바람으로 하늘로 날아올랐지만 이 대목은 산봉우리에 겨우 그 형해를 간직한 채 서 있을 뿐이다. 죽어서 살아있는 기이한 나무이다.

장자는 늘 백위의 규혈(竅穴)에서 나는 소리를 중시하고 경청했다. 그 안에 인간의 감정이 실뿌리처럼 곳곳에 뻗어 있는 것이 느껴진다. 『남화경직해』에선 '산림지외최(山林之畏佳)'를 풀기를, '산이 험하고 울퉁불퉁한 모양을 외(嵔)라 하고 나무들이 마구 뒤섞여 있는 모양을 외(猥)라' 했다. 이 '외'자는 날카롭고 불규칙하며 잡다한 모양이란 뜻이다. 즉 장자가 그리는 도의 모양을 보인 글자이다.

장자는 자연을 인간의 심리, 이성, 감정으로 정리한 반사적 거울의 대상으로 보지 않고 무궁한 규칙과 변화의 가능성을 계속 열어가는 광막한 세계로 보았다. 그럴 때 인간도 깊어가고 다소 난해질 것이다. 숙명적 존재이지만 인간이 정수(定數)적 존재가 아니기 때문이다. 무한한 깊이의 암흑이 내재된 인간의 존재를 정치나 도덕, 교화, 언어로 다스릴 수 없다는 것이 장자 사상의 근간이다.

자연 속에 두는 것은 언뜻 보기에 방치 같지만 오히려 인간의 숭엄함을 지키고 찾는 길을 연다. 문명의 이매가 되느니 자연 속에서 거센 바람과 싸우며 우주적 상상과 접하고 신인(神人)의 꿈과 고독을 그리는 것이 장자의 이상적 인간이다. 이것이 방결(方潔)을 넘어 혼돈으로 나가는 출구이고 비밀이 숨겨진 은약(隱約)의 문자이다. 체제와 편집으로 단을 묶는 길이 아니라 망각의 물화(物化)로 가는 길목이다.

이 길이 제물소요의 길이다. 이 길을 다니는 바람들은 인간의 사상이나 말, 시비, 집단, 이해, 이욕(利慾) 들처럼 서로 기다리지 않는다(화성지불상대化聲之不相待, 31장). 지뢰와 천뢰는 장자의 위대한 우주적 풍경이다. 유(游)의 자연이다. 이것이 자연의 만부동(萬不同)이다. 서로 관통하고 상관하는데 『남화경직해』에선 이것을 상관(相貫)이라 하였다.

괴이한 구멍의 장자 귀

여기서 장자의 구멍에 대한 관찰은 인간으로부터 시작한다.

코는 두 콧구멍의 양공(兩孔)이며 하나의 입은 일공(一孔)이고 귀는 기울어진 사공(斜孔)이며 기둥 위의 방목에 난 구멍은 방공(方孔)이고 나무그릇의 구멍인 권(圈)은 원공(圓孔)이다. 인간의 이목구비의 구멍은 숙명적 형상이다.

장자는 비구이계권구와오(鼻口耳枅圈臼洼污) 여덟 가지로 나무의 구멍을 그리고, 격효질흡규호요교(激謞叱吸叫譹宎咬) 여덟 가지로 구멍에서 일어나는 풍성(風聲)을 그렸다. 장자 이전에 바람을 문자로 그린 자는 없었다. 이 열여섯 가지 형상과 소리는 비정상적 사유와 탈중심적 삶, 방외적 세계관을 향한 장자의 독특한 언어이다.

이 구멍의 형태와 내부의 소리들은 한 인간이 내고 듣는 존재의 울음소리이다. 산림의 외최(畏佳)는 남곽자기의 정신이다. 그 규혈이 단순한 한 커다란 구멍만은 아니다. 그 구멍에서 무겁고 간사하고 두렵고 간절한 소리가 울려 나온다는 것에서 인간의 온갖 고통과 갈망을 연상하게 한다.

소리는 육체를 휘돌아서 밖으로 울려나온다. 마치 나이테처럼. 잎을 피우고 인간이 모르는 말을 한다. 하나의 대목과 노구(老軀) 속에 그토록 복잡한 소리가 있다는 것은 놀라운 일이다. 그래서 장자 사유의 정부는 자연이다. 인간으로 하여금 일성순(一成純)의 성심(成心)을 보존하게 하는 곳이 장자의 자연이다.

산림이 우거진 깊은 산에는 바람이 일어난다. 그것은 머나먼 미지의 나라로 불어간다. 묘사하기 어려운 낯설고 거친 소리를 내며. 장자는 칠원리(옻나무 관리 말단공무원)로 있으면서 나무가 우는 소리에 귀를 기울였을 것이다. 장자는 이처럼 나무의 구멍에서 일어나는 소리를 통해 인간에 대한 특별한 관심과 의미를 부여하고 언어에 낯선 상상을 제공하였다.

바위와 삼림이 있고 짐승들이 살고 언제나 물이 흘러내리고 구름이 일어나는 산은 인간 세상과는 다른 공간이다. 장자는 항상 인간 속에 거하면서 그들을 소요하는 벗으로 삼으면서도 자연을 낯설어했다. 특히 나뭇가지나 구멍에서 여러 소리가 들려온다는 것을 장자는 간과하지 않고 커다란 매력으로 여겼다.

밤은 말할 것도 없고 고독한 한낮에도 인간의 두 귀가 갑자기 솟아오른다. 소리는 그곳에 사색과 성찰, 상상과 두려움, 불안과 공포 같은 것을 제공했을 것이다. 장자는 그 구멍의 소리를 인간의 소리로 본 것 같다. 나로선 전율적이다.

그렇다면 인간이란 소리를 듣는 구멍의 존재이다. 모든 소리는 작은 귓구멍으로 들어간다. 그 소리들은 버려지거나 사라지거나 무언가를 꿈꾼다. 인간은 그 소리를 내는 산봉우리이기도 하다. 장자는 늘 산과 하늘을 보고 살았을 것이다.

그 너머에서 불어오는 바람에 자신의 마음을 맡기고 망연히 선 채 바람 냄새를 맡았을 것이며 거기에 의탁했을 것이다. 장자의 이 청각은 하나의 표피적 감각을 넘어 심연의 세계를 들여다보는 하나의 정신이며 지수(止水)가 되었을 것이다.

그 소리는 장자에게 두려움과 경이로움을 선물했다. 그가 고독하지 않았다면 이 소리를 그토록 오래 들을 수는 없었을 것. 이 바람에 대한 사유가 부지의 진지(眞知)가 의탁할 수밖에 없는 혼돈과 근원으로 향하는 인간의 지고한 마음일 것이다.

이곳의 장자의 귀는 또한 괴이한 구멍이다.

언어의 아버지, 소리를 찾다

태초부터 인간은 비어 있는 것에 대해 두려움을 느꼈을 것이다. 인간은 어디에서부턴가 시원(始原)한 특이한 불구적 존재이기 때문이다. 자연과 같은 존재라면 그들이 불안해하고 무언가를 갈구하지 않을 것이다. 하지만 인간은 끝없는 모순과 불안, 기대 속에서 분파와 시비, 경쟁, 지배, 착취 속에 생존한다.

인간은 어쩌면 이 소리에서 소리로 온 소리의 존재인지 모른다. 이것은 근본부터 인간에게 있는 결함이기도 하고 허무(虛無)이기도 하다. 태허로 돌아가는 것에 대한 두려움을 지우기 위해 온갖 언어장치로 방어하고 위장하며 살아왔는지 모른다. 악출허(樂出虛, 텅 빈 곳에서 음악이 나오는 것.)를 상기할 필요가 있지만 인간이 찾아가는 유용이란 것이 소용없는 것임을 알려면 얼마나 먼 여행을 하고 돌아와야 할까.

그릇(바리) 권(圈) 자나 확 구(臼) 자를 보면 장자 시대에는 나무를 강제로 휘어서 만든 그릇이나 괴어 있는 물을 괴이한 것으로 보았던 것 같다. 그것들은 조물주가 기이하게 만들어낸 인간의 이목구비와 다를 것이 없다. 사람들이 나무를 비틀어 무언가를 만든다는 것에 대해 장자는 몹시 불편해하지 않았을까 싶기도 하다.

깊은 곳, 구불구불한 웅덩이, 서까래 안쪽의 어둠, 동굴 속에서 울리는 소리, 평평하지 않은 곳들은 꺼림칙했을 것이다. 장자는 바로 그 이상한 것들을 간과하지 않고 중요한 마디로 받아들였다. 이 관점은 인간을 바라볼 때도 적용된다. 반듯하고 영리한 사람보다는 숙명을 지닌 자들과 만나는 계기를 만들게 된다.

장자는 난세 속에서 정상(頂上)들이 판을 치는 것을 혐오했을 것이다. 정상적이고 반듯한 것들로부터 떠났다. 의심, 불안, 외최, 괴연독함, 고독이 있는 것들로 이동하면서 더 넓은 영역의 이방적 감정을 경험했다. 처절한 자기 소외의 결단이었을 것. 친숙하지 않은 것들의 이름을 호명하면서 독특한 언어와 사상을 형성했다. 이것이 소요이며 제물이다.

〈제물론〉에서 '소리'를 향해 나아가는 것은 모험이다. 소리가 있는 곳은 사람들이 모여드는 공간이다. 시비와 정치, 논란이 난무하는 곳이다. 기이한 인식이며 앙관(仰觀)이다. 이는 일방통행적인 길에 대한 나그네의 부정이다. 무용한 것과 친해지려는 동심(動心)이다.

장자는 어찌하여 이 규혈과 소리에 관심을 가지게 된 것일까. 그는 분명 소리에 민감한 반응을 나타냈으며 그래서 함께 뒤섞여 울고 소리치며 가는 기이한 영혼이 된다. 최초의 한 '다른' 인간이 탄생한 지점이 이 문단이다.

이것은 중국이 세상의 중심이라는 중화와 상반되는 사상이다. 초라하고 낯선 것에 위대한 정신이 깃들어 있다. 장자는 그 소리 속에서 실로 기이한 소리를 듣는다. 그 소리를 찾아가는 장자는 존재의 나그네이고 소리의 주인이 되려 한다. 무용한 것들, 소외된 것들, 멀리 있는 것들을 찾아가는 사람이 된다.

소리 속에 존재들이 있다는 것을 그는 알았다. 그리고 그 소리 속에서 무한의 경청과 위로를 받았을 것이다. 인간의 눈은 처음에 귀였을지 모른다. 이 소리야말로 지상에서 가장 신비하고 친숙한 현상이다. 우리의 원래의 영혼이 즐겨 들었던 것은 소리이지 빛이 아니었을 것이다.

쓸모없는 사물과 시간을 주위에 가득 모셔놓고 살아가는 한 진인의 자연 풍경이 보인다. 참말로 쓸 곳이 없는 인간이 된 한 진인의 모습이다.

바람을 만지고 냄새 맡은 사람

장자는 바람 부는 날, 산 밑 어느 조용한 곳에 가서 바람소리를 하루 종일 듣다가 집으로 돌아왔을 것이다. 작은 집은 하나의 작은 악기였다. 장자는 적막한 시간을 자신의 영부에 넣으며 '이 순간, 이 순간' 읊조리고 가장 중요한 것은 무엇인가 하고 사위를 살피고 그 바람소리에 사로잡혀 꼼짝 못했을 것 같다.

하늘바람 소리 밑에 엎드린 장자의 등은 인기지리무신(闉跂支離無脹, 『장자』에 등장하는 가장 기형적인 인물.)의 등뼈가 되고, 마음은 바람 부는 하늘 속에서 떠가는 구름처럼 방황(彷徨)하며, 삼월 땅속의 생쥐가 두 발을 얌전히 오그리고 있는 것처럼 두 손을 모아 쥐고 있지 않았을까.

이 바람은 장자의 차단된 모든 꿈과 먼지들을 함께 불어낸다. 그의 영혼에 어떤 기미가 나타나기 시작한 것은 마음속에 움직이는 미미한 언어를 맞이하며 숨죽였을 때였다. 마음의 밑바닥에서 대체 어떤 소리가 일어나고 있었는지. 심안과 심이(心耳)를 조용히 열어놓고 기다리며 그 소리를 경청한다.

매일 전쟁이 벌어지는 세상에서 수없는 날밤을 장자는 이 바람소리를 들으며 마음의 행로를 찾아갔을 것이다. 이렇게 또 그는 태풍이 지나간 다음 날, 몰란결에 바람을 찾아 먼 길을 떠났을 것이 분명하다. 이토록 바람을 좋아한 사람이 멈출 리가 없다.

바람을 얼마나 좋아했으면 조조(刁刁)(바람이 그칠 무렵 조금 움직이는 모양)라든가 응답의 소화(小和)와 대화(大和)를 말할 수 있었을까. 이 바람은 기상학적 바람이 아니다. 영혼과 육체의 또 다른 구멍을 울리고 지나가는 메신저 같은 존재로 인식된다. 이 바람이 불어올 때에만 장자는 신바람이 났고 그 속에서 세상이 부풀어오르는 것을 느꼈다.

세상은 바람으로 가득한 공간이다. 이 바람이 불어오지 않으면 세상은 지루하고 심부는 부패한다. 불어와야 할 때 바람이 불어오지 않는 날, 장자는 먼 들판에 나가 하늘과 먼 지평선 너머를 내다보며 상상했다.

이는 대화의 바람을 기다리는 대지의 마음이다. 바람도 비도 오지 않는 대지와 집은 죽은 것. 모든 길이 막힌 세상. 마음은 삭막해지고 우울해지고 하늘은 건조하고 연못은 말라가고 산은 까칠해지고 집안과 뜰은 윤색이 사라졌을 것.

바람은 수많은 빗방울을 데리고 어디쯤 오고 있을까. 천지가 캄캄해지는 한낮, 어둑한 문창(門窓)을 대면하고 오도카니 앉는 자아. 저 끝에서 비 떨어지는 소리나 비를 나르는 바람소리를 들으며 그는 긴 신음(呻吟)을 내쉬는 집의 내부에서 천천히 다리를 펴고 일어났을 것이다. 그리곤 뜰에 나가 땅바닥에 무릎을 꿇고 앉아 지나가는 비를 모두 맞았을 법하다. 그 모든 비가 바람이었을 테니까.

마음의 구멍에서 불어나오는 숨은 가느다란 메마른 입술 사이에서 비바람을 맞고 함께 울며 들판으로 뛰쳐나간다. 이웃사람들이 장(莊)씨가 미쳤다고 쑥덕거린다. 이런 기록은 그 어디에도 없지만, 장자는 몰아쳐오는 검은 비바람 속에 서서 그 비바람이 되고 싶었으리라.

세상에 무언가 전하고 싶은 바람의 말을 찾아 우리는 모두 바람의 길을 떠난다.

조조(調調)와 조조(刁刁)

냉풍즉소화(冷風則小和) 표풍즉대화(飄風則大和).

『장자』에는 늘 태탕한 폭풍만 지나가지 않는다. 덕의 수지(水止)와 봄의 화사로움〔춘화(春和)〕이라는 아름다운 경지와 곱고도 고요한 세계도 존재한다. 이것은 천뢰와 표풍의 요료(翏翏) 속에 숨어 있는 도은(道隱)처럼 감추어져 있다.

그래서 이곳의 즉(則)자는 참으로 섬세하게 감상하고 싶은 글자이다. 곧장 이어서 응하고 화답하고 싶다. 서둘러 달라는 의표가 느껴진다. 장자의 감정을 이심전심으로 읽어야 하는 인간적인 표현이다. 나뭇잎이 바람에 살랑이는 이심전심. 냉풍이 불면 냉풍을 따라 곧장, 표풍이 불면 그 표풍에 곧장 감응하여 같이 움직이고 따라가는 것. 자연과 인간의 마음의 깊은 곳을 보여주는 이끌림이다.

그것은 아름다움을 따라가는 아름다움들이다. 이 빠르고 긴박한 바람들의 동행은 전사적(轉徙的)이다. 떨어져 따로 있을 수가 없는 조화. 모양이 다 다른 자락이며 한 이름이며 같은 발자국이다. 얼마나 거대한 자연이며 미소일까.

은근하고 철저한 만물제동 사상은 여기에도 있다. 인간 본연의 모습이라 해도 좋다. 그 뒤에 꼭 언어가 따라간다. 나 자신도 표풍이 불면 표풍을 따라 티끌의 비산(飛散)으로 사라지고 싶다. 냉풍이 불면 그 바람과 놀다 어느덧 없어질 것이다.

인간에게 바람보다 더 가벼운 무상감은 없다. 응무궁(應無窮, 무궁에 조응하고 화답하고 따르는 인시의 마음)의 무형상이다. 〈소요유〉의 자시(自視)와 비슷하지만 그것은 더 깊은 경지로 표현한 소요의 우주적 거울이다. 거울을 들여다보는 작은 맨 얼굴 같다.

외돌토리로 있고 늘 외최한 세계 속에서 혼자 수런거리는 소리로 존재하는 나. 그리고 저쪽의 숲에서도 나는 여전히 깊은 심경(心鏡)을 발견한다. 우주의 바람을 발견하는 무궁자(無窮者, 바람)의 소요이다. 〈소요유〉에서 열자를 비판한 그 자유의 바람이다.

바람은 영혼의 옷이다. 바람도 자신을 잊은 현재의 바람이길 바란다. 윙, 하고 바람소리가 자신을 흩어놓는다. 이는 오직 자연을 기다리고 의지하며 따르며 사랑하는 진인의 언어이다. 멋지고도 섬세하고 아름다운 눈으로 잡아낸 바람이 지나가는 숲의 동정(動靜). 이 풍경에 대한 설렘과 두려움이 느껴지는 이곳의 최고 묘사를 보자. 청신과 청각이 느껴진다.

살랑이는 잎사귀들이 바쁘게 떨고 있는 가지들, 똑똑 땅에 떨어지는 바람이 남기고 간 빗방울 소리, 그리고 조금 전 대지와 나무와 허공을 휘몰아쳤던 쏴, 쏴 바람소리, 이 대화(大化)적 화음의 연속성과 사라짐은 장자를 전율케 했을 것이다.

특히 끝의 감지(感知)는 감응의 임계점에 육박한다. 그 바람은 청뢰(淸籟)한 날의 바람소리만도 아니다. 우뢰(雨籟)가 그것일 터. 온갖 나무들 잔가지와 잎사귀들의 살랑임과 그 잦아짐. 숲을 빠져나가는 바람의 흔적. 상쾌함과 사라짐의 여운이 고풍스럽고 새롭고 신선하다. 그곳엔 미래의 기운이 와 있는 듯. 왔다 갔으니 쓸쓸함이고, 모두 데리고 어디론가 사라졌으니, 마음은 향기롭고 깨끗하다.

장자는 날렵하고 둔중하다. 바람 속에 날아가는 화살처럼, 한줄기 빛처럼. 천년 고목의 나이테들이 사방에서 우는 메마른 경륜의 울음도 듣지 않았을까. 습한 바람 한 줄기 쐬고 싶어지는 숲. 국군(國君)을 만나서 인륜과 정치가 어쩌고저쩌고 하며 떠돌아다니는 자의 모습은 이곳에 없다. 역시 바람과 숲을 사랑한 한 인간의 지극한 마음만 이곳에 있다. 칠원리의 철학이며 시이다. 책 없는 숲이고 바람이다.

이제 바람이 사라진 숲과 산은 아무 일도 없었던 듯 조용하다. 새들이 집에서 날아와 가지에 앉는다. 작고 딱딱한 부리로 나뭇잎 밑에서 노래한다. 끝은 항상 독주(獨奏) 같고 협주곡 같다. 언제나 숲가의 바람은 그랬다. 소년 시절에도 젊은 날에도 노경(老境)에도 변함이 없다. 그 숲의 조율이 그리워서 나는 이 숲을 '장자의 숲'이라고 명했다.

물기 머금은 영풍(泠風)이 물방울을 떨구며 어디론가 영원히 숲을 빠져나가는 무언(無言)의 미량(微凉)한 오후. 찾아왔다 가는, 가고마는 나는 그 숲의 머리 위의 새파란 잎이 되고 싶었다.

다시 큰바람이 며칠씩 부는 곳으로 가고 싶어 안달한다. 거기서 풍장(風葬)처럼 날아가버리고 싶다. 아니 나를, 바람을, 돌에 새기고도 싶다. 아니 바람 속에 새기고 싶다. 유해도 집도 책도 없다. 나 아닌 나를 종일 지나가며 옥수숫단과 볏짚가리, 고드름이 얼어붙은 추녀, 눈의 나라로 가는 그 해의 저 통화에서의 장춘 길. 그 전주의 줄을 울리던 끝없는 바람의 기억.

조조(調調)와 조조(刁刁)가 있으니 외로울 리 없다. 그 쓸쓸한 무정의 바람으로 옷 한 벌 해 입고 바람소리의 발자국 소리로 제법 앞날을 멀리까지 내다보면서 길을 떠난다. 매일 아득한 곳에서 오던 요료한 바람이 가는 소리처럼 그 먼 곳으로.

한 남자의 쓸쓸하고 퀴퀴한

혼자서 보지 않았느냐는 '이독불견(而獨不見)'엔 심중소회(心中所懷)의 향기가 피어난다. 가물어 갈라질 듯 심장 밖에서 불어간 그 바람을 혼자 보고 있다. 이것이 장자가 그린 남곽자기의 바람의 숲이다. 제이의 진경(眞境)이다. 그러므로 장자 붕새의 고비가 제일의 진경이다. 이 놀라운 차경들은 장자의 내부를 우주화했다. 이 마음의 가닥이 바로 제물일 것.

조조(刁刁)는 지엽(枝葉)이 흔들리는 모양이고 조조(調調)는 크게 흔들리는 모양. 이 문장에선 지엽(枝葉)이 생략되어 있다. 만약 바람의 강약을 보여주는 것이 지엽 말고 다른 것이 있다면 꼭 지엽만은 아닐 것이다. 그러나 여기선 시적인 표현으로서, 장자의 섬세한 관찰력과 묘사력을 보여주는 대목으로 보고, 수많은 나뭇가지와 잎이 살랑인다고 보았다.

또 인간의 가장 섬세한, 바깥에 거미줄처럼 나와 묻어 있는 살갗의 감각들이 느껴진다. 장자는 온몸의 엽맥(葉脈)을 보았을 것. 시적 승언〔乘言, 승물(乘物) 다음의 경지〕의 경지이다. 23세기 전 장자의 언어 사색의 숲속이 지금의 나의 감각보다 더 생생하게 감지된다.

너는 '홀로'가 필요하다. 그래야만 시비이해가 없다는 것은 말할 것도 없는 일. 둘도 아니고 여럿도 아니다. 독견(獨見)이다. 오직 혼자 나뭇가지와 잎들이 강하게 흔들리는 것을 본다. 바람의 세기가 잦아지고 이윽고 숲의 모든 나뭇잎들의 흔들림이 멈추어간다. 가끔 살랑이고, 고요해지는 숲의 촉촉한 고적.

이곳엔 고매한 시적 눈매와 율조(律調)가 있다. 그는 늘 어디서건 조용히 나를 향해 '너는 혼자 보지 않았느냐'고 은유적으로 나에게 물어온다. 내 전신을 자신에게 집어넣는 바람처럼. 나는 저쪽에 눈을 떼지 않은 채 고개를 끄덕인다.

사실 안성자유는 수도 없이 바람 부는 길을 걸어왔으며 그 속에서 바람의 모습과 행방에 의문을 가진 적이 없지 않았을 것이다. 그 바람들이 작은 나뭇가지와 잎을 흔들다 태풍 속에 갇히고 마는 광풍의 숲을 보지 않았을 리 없다. 이는 젊은 날 남곽자기도 그러했음을 시사하는 것. 젊은 날에 대한 사제 간의 경외(敬畏)이다.

왜 장자는 나뭇가지에서 떨어지는 숲속의 물방울 소리와 반짝이는 빛을 묘사하지 않았을까. 사유는 바람의 짓들이 남긴 것을 잡고 싶어한다. 바람의 소요가 가지들에 남아 있던 그 물방울이 떨어지는 속도는 얼마였을까. 뚝, 뚝, 뚝 물방울이 젖는다. 어느 것은 얼마나 빠르고 어느 것은 얼마나 느렸을까. 그러니 누가 그 숲을 사유하다가 갔는지 알 수 없다. 문장에 없는 기척을 이미 듣고 있었다.

바람이 지나간 다음에 비는 장자의 집에 들이쳤을 것. 남새바람이 불면 비가 온다. 먼저 미풍들이 앞서 오다가 앞서 사라지곤 했을 것. 대풍이 불어오지만 잔바람 뒤에는 반드시 비를 동반한 구름이 불어오고 그리고 비가 아름다운 티끌처럼 거대한 보자기에 담겨져 장자의 하늘에 떨어졌을 것.

당대 가장 행복한 시간 속에 젖어 있었을 한 남자의 쓸쓸하고 퀴퀴한 작은 복벽(複壁)의 골방이 떠오른다. 나는 피 냄새가 나는 제후들의 방에 가고 싶지 않다. 작고 퀴퀴하며 모든 소리를 듣는 그 작고 어두운 골방을 찾아간다. 내가 그 냄새이며 그 코이며 바람이다. 습한 벽이고 시간이며 삶인 골방.

그 방에 너무나 아름답고 아득한 영원의 상온(相蘊)과 골의지요(滑疑之耀)가 있다. 그 방이 소리가 살고 있는 그 구멍이 아닐까. 거기서 혼자 자고 온다.

너의 마음의 꿈, 바람의 꿈

장자의 바람은 올 때도 좋았지만 갈 때도 좋다. 생이 올 때도 좋았고 갈 때도 좋듯이 사랑이 올 때도 좋고 갈 때도 좋아야 한다. 어떻게 그것의 사라지는 의미를 보았으며 알았을까.

이런 것은 다 유위할 때 오는 것이 아니다. 무위할 때 즉 아무 소용 없는 것을 맞을 때 그 마음에 나타난다. 비 오는 날의 거울과 같다. 심상(心喪)이다. 그 거울은 그러나 떠나더라도 상처가 되지 않으며 조용하다. 주인이 안에서 마음을 조율하고 있기 때문이다.

바람은 인간의 축복이며 자연의 선물이다. 저 무용한 바람은 시비도 재화도 명예도 이름도 아니다. 멀리 들여다보이는 숲의 머리채를 보고 상쾌한 공기를 타고 그 밖으로 날아오르지 않았느냐 물으면 침묵해야 할 터. 이미 공기 속에 젖어 있는, 마치 목욕한 듯 상쾌한 파랑새의 두 날개는 숲속 허공을 날아 일지(一枝)의 산으로 귀산(歸山)할 테니, 질문은 이미 늦었다.

여기선 영풍(泠風)을 버리고 『남화경직해』의 냉풍(冷風)을 취했다. 냉(冷)의 뜻을 영(零, 잔여의 소수)의 의미로 푼 것이라 본다. 영풍은 온화한 바람, 찬바람, 싸늘한 바람이다. 냉풍(冷風)도 찬바람이지만 작은 바람이며 희미한 바람이고 비가 올 바람이다. 오히려 비가 올 것 같은 냉풍이 조조의 의미와도 어울린다.

또 작은 소리 우(于)와 큰 소리 우(喁)는 무한한 상상을 제공한다. 냉풍은 작은 조화〔소화(小和)〕이고 표풍(飄風)은 큰 조화〔대화(大和)〕인데 화(和)자를 붙였다. 소(小)는 작다, 조금의 뜻, 화(和)는 온화하고 고르고 화목하다는 뜻. 광활한 장자의 사유 속에서 이 화(和)는 부드러움과 순함을 보여주는 특별한 언어이다. 쉬운 것 같지만 우리말로 옮기기 여간 난감하지 않다.

이 조화(調和)는 <소요유>의 대붕의 비상과 뒤의 만물제동(萬物齊同)

과 연관된다. 장자 사상에 숨어 있는 가장 핵심적 언어는 화풍(和風)이다. 만물에서 이 바람이 중요한 시동(始動)이 되고 계기가 되고 기미가 되고 어풍(御風)이 되고 끝이 된다. 그러나 바람에게 천리의 취량(聚糧, 먼 길을 가는 데 필요한 양식)은 필요하지 않다.

바람이 없는 세상, 인생, 무용과 용, 시비 등의 관찰은 협애하고 무의미하다. 바람이 없는 세계는 여분과 여지가 없다. 옹색하다. 이것이 없는 곳이 삭막한 저 도시문명의 내부이다. 그곳엔 내연기관만 불탄다. 모든 것은 바람이 데리고 오고, 데리고 놀다가, 데리고 간다. 바람은 책임이 없다.

마지막의 중규위허(衆竅爲虛)의 허(虛)자는 나무들이 조용해지다, 쉰다는 뜻이다. 한바탕 바람이 지나가고 난 다음의 숲속과 외최한 산봉우리는 고요하기 이를 데 없다. 그들은 문득 무엇이 왔다가 자신을 뒤흔들고 가버린 것인지 알지 못한 채 그 자리에 서 있다. 장자가 중시하는 망각이다. 다시 바람을 기다릴 뿐이다. 가버린 바람은 돌아오지 않는다.

하지만 그토록 세차게 뒤흔들던 것들은 다 어디로 간 것일까. 나의 모든 것을 흔들던 그것들이 문득 몰록 그리워진다. 어느 날은 이곳을 찾아와 모든 것을 뒤흔들고 가버린 그들이 나라는 것을 알 때도 있을까. 이것이 바람과 세상의 그리움일까. 다시 일진광풍(一陣狂風)이 올 것이다.

홀로, 고요, 숲, 인간

내 얼굴 옆에 달린 귀야말로 기이한 환(幻)이다. 의심할 수 없는 소리와 청각이지만 환이 분명하다. 그런데 이렇게 환이라고 여기는 이것 또한 환(幻)이다. 그런데 지상의 모든 의식의 구멍 속에서 나오는 소리와 달리 저 천공에서 들려오는 소리는 무슨 소리일까. 장자는 인간에게 없는 다른 청각을 열어젖혔다.

이것은 영원을 꿈꾸지 않은 인간에겐 필요없는 화두이다. 만인이 이 소리를 다 듣는데 자유만이 듣지 못했단 말일까〔독불문(獨不聞)〕. 제자만 이 소리를 못 듣는다는 뜻은 아니다. 사람이라면 천뢰(天籟)를 들을 수 있어야 한다는 뜻. 인간은 결국 모든 것을 여의고〔상우(喪耦)〕 상아(喪我)한 다음, 그 소리를 듣게 된다는 말이 아닐까.

이 지상에 최초로 나타난 무상(無相)의 극치가 이 천뢰이다. 인간은 최종적으로 무엇을 가지고 갈 수 있을까. 이렇게 묻는다면 저 소리밖에 다른 것이 없다. 무상감만 가지고 떠나는 것이 인생이다. 만약에 가는 곳이라도 있고 어디론가 갈 수 있는 존재라면 이렇게 말하진 않았을 것. 어쩜 나는 그런 것도 없는 환의 존재일지 모른다.

장자의 바람과 음악은 부지(不知)의 대상이다. 하늘에 가득 찬 바람의 기(氣), 현대는 그 자체와 언어도 사라져가고 있는 것 같다. 경험할 수 없는 먼 바람의 실체. 하늘을 지나가는 바람. 지상의 전율적 고요. 모든 것은 옛 것이 아니다. 옛 것이 낡은 것이 아니라 새로운 것들이 더 낡았다.

툭 건들면 태초의 의식이 발생한 생물의 감각이 손바닥처럼 펼쳐질 것 같은 시간. 영혼 자체였을 그 감각들. 영혼과 감각의 소용돌이와 바람의 상상. 장자는 태초 이후, 처음으로 소화와 대화의 바람을 보았고, 그것의 혼돈적 풍무(風舞)를 통해 몸부림치는 세상이 이곳임을 알았을 것이다.

우주의 풍구질은 그러나 영원치 못할 것이다. 장자는 이 우주와 인간의 존재를 오히려 혼연(渾然)하고도 장엄한, 돌연한 공간 형성으로 본 것이 분명하다. 낮고 부드럽고 작은 조조의 바람 속에 선다. 나는 어디로 향해 가는 걸까. 길 없음의 미로와 방황을 스스로 영혼이 알아서 가지 않을까마는.

모든 것을 버리고 바람은 사라져간다. 지구엔 특히 현대에는 너무 많은 바람이 죽은 것 같다. 버려진 내가 나를 찾지 않고 상아(喪我, 죽은 나)가 나를 부르지 않는다. 어디선가 소멸했다. 그것엔 타자도 나도 없다. 하지만 아직 장자가 해야 할 말은 남아 있다. 그 수많은 소리를 거쳐야 하고 복장(服裝)에 그 존재를 담아야 한다. 한 권의 신비한 책처럼.

무단히 불어와서 소란하게 흩트려놓고 떠난 뒤에는 조용히 침묵을 그 자리에 남겨두는 바람의 뒤뜰은 조용하고 깨끗하다. 온 세상의 산과 나무와 사람과 길의 만물이 얼굴을 씻고 나오길 바란다. 하지만 장자 해석은 아직도 미완이다.

대화와 소화는 천변만화와 만경창파이고 끝없는 뒤집기의 생성이며 변증법이다. 바람은 어떤 법과 체제도 보장하지 않는다. 파도치는 물결과 흔들리는 풀의 춤〔제미파류(弟靡波流)〕이다. 혼돈의 힘은 편집을 거부하는 자유와 은유의 노래이다.

4. 소리 내어 우는 한 줄기 바람의 비밀

자유가 말했다.

지뢰(地籟)는, 수많은 구멍에서 나는, 바로 이 소리이고, 인뢰(人籟)는, 비죽(比竹)의 구멍에서 나는, 바로 이 소리군요. 그럼, 천뢰(天籟)에 대해서 감히 묻습니다.

자기가 말했다.

대저, 모든 숨기운이, 같지가 않다. 각기, 자기 소리를 낸다. 모두, 그 자기 소리를 취하겠지만, 분노하는 자는 그 누구인가.

원문(原文)

子游曰 地籟則衆竅是已 人籟則比竹是已 敢問天籟 子綦曰 夫吹萬不同 而使其自已也 咸其自取 怒者其誰邪

* **지뢰**地籟 땅의 바람소리. **시이**是已 이것뿐, 바로 이(소리)것. **인뢰**人籟 퉁소 소리. 조릿대 **소**簫(죽관을 나란히 묶은 취주악기의 하나). **비죽**比竹 대나무를 두 개 겹쳐서 묶어 만든 피리. 무릇. 대저 **부**夫. 숨기운을 내보낼, 불 **취**吹. **자이야**自已也 스스로. 모두 **함**咸. 취할, 행할 **취**取. 화낼 **노**怒. 누구 **수**誰.

울음과 소리가 가득한 지구

남곽자기의 의문은 죽음 앞에서 분명해진다. 분노하는 자〔노자(怒者)〕는 누구인가. 이것에 대한 앎의 주제는 평생 그가 미룬 미확정의 '그 무엇'이다. 그는 의문 자체로서 매력 있는 인간으로 비춰진다. 평생 앎을 궁구해온 스승조차 모른다는 앎의 정지(停止, 이 선언은 뒤에 가서 더 강조된다)는 이 〈제물론〉의 핵심 주제로서 인간이 포함된 우주에 대한 한 지인의 외경심의 발로이다.

대체 인간이 무엇을 안다고 말할 수 있을까. 중규(衆竅)는 땅, 산, 나무, 바위, 웅덩이 등에 나 있는 수많은 구멍이다. 장자는 시이(是已, '바로 이것')라는 말로써 바람을 시(是, 이것, 장자가 도달하고자 하는 이 시(是)자는 뒤에 여러 차례 등장한다)라 한다. 이 바람의 청진(聽診)은 〈제물론〉에서 중요한 의미로 계속 남는다. 사물의 소리이기도 하지만 생명들의 반응이며 꿈이며 절규이다. 자기 존재를 알리는 소리이다.

그러나 어찌하여 그런 것들이 있게 되었는지 그 근원은 알 수 없다. 그렇다면 본래부터 이 지구는 각양각색의 울음과 소리가 가득한 곳이었다고 말할 수밖에 없다. 이 울음소리가 지구의 본질이다. 지구는 울음으로 가득한 세상이다. 소리는 대체 어디서 오는 것일까. 듣지 않을 수 없는 저 소리들.

소리를 지르고 있는 저들의 주인은 누구일까. 소리로 위안을 찾는 걸까 불안을 찾는 걸까. 왜 저렇게 소리를 지르는 것일까. 소요를 불러일으켰을 북명의 바다가 우리의 뇌와 언어 속에 수수께끼로 갇혀 있는 것처럼 이 풍음(風音)도 해마나 R영역(인간의 뇌의 중심. 해독되지 않는 곳.) 어딘가에 갇혀 있는 기이(奇異)이다. 그것의 일차적 소리는 저 하늘에서가 아니라 죽규(竹竅) 즉 인간 세상과 그 주변에서 들려온다.

장자는 소리에 귀를 기울인다. 홀로의 소요만을 위함이 아니라 만물의 소리에 대응하기 위한 광대한 소요를 꿈꾼다. 수많은 소리를 듣는다. 그곳에 존재들이 있다. 인간의 조건이다. 장자는 조급하게 그 소리의 근원과 현상을 강조하지 않는다.

우리는 그것이 바로 '이곳'의 혹은 존재와 당대의 소리라는 것을 간파한다. 소리가 있는 곳엔 이충(二蟲, 쓰르라미와 비둘기, 〈소요유〉)이든 신인(神人)이든 인간이든 반드시 무엇이 존재한다는 것을 알게 된다. 인간은 그 소리가 오는 곳으로 귀를 모으며 관심을 갖는다.

장자는 이 소리 안의 숙명에 처해 있는 인간을 발견한다. 만물은 소리의 존재들이다. 죽은 것들의 소리도 들어야 하지만 살아있는 것들의 소리도 들어야 할 것은 말할 나위가 없다. 살아있는 것이 죽은 것들의 소외된 바깥 존재라고 한다면 항상 무용한 것을 기억해야 하는 장자로선 난감한 일이었을 것이다. 또 소리를 내지 못하는 소리의 존재도 알 수 있어야 했을 것이다.

장자에게 소리는 고도의 은유이다. 울부짖는 소리, 아주 빨리 우짖는 새들의 소리, 분노하는 소리 등 여러 소리가 이곳에 등장하지만 인간의 소리가 빠져 있다는 것은 의문이다. 장자가 인간의 아우성과 비통과 신음을 외면한 것은 아니다. 비유적으로 산림(山林)을 통하여 간접 조명한 것으로 보인다.

이것은 조금 성급한 예측일 수 있다. 만물을 찾아가는 길이기 때문이다. 장자는 인간을 말할 때도 인간을 중심에 두고 싶지 않았을 것이다.

지구인 장자

나는 개인적으로 장자를 공자보다 위에 둔다. 『춘추』를 산정〔刪定, 산수(刪修), 불필요한 문장이나 자구를 지우고 고침〕했다고 하지만 많은 제자들의 기억의 대필인 『논어』에다가 고이불견(觚而不堅, 고는 물건의 뾰족하게 나온 앞부분. 자신을 손톱에 비유하여 손톱이지만 딱딱하지 않다고 말함)으로 써내려간 『장자』를 비길 순 없는 노릇이다.

세월이 많이 흘러 유교도 파괴되고 만물평등의 경지에 도달한 미래에서 볼 때 장자는 중니(공자의 자)보다 매력적이다. 미래가 보이지 않는 겸병전쟁과 사상투쟁 속에서 중니도 글을 쓸 사이 없이 분주했을 것이다. 오히려 광기의 역사에서 벗어나 자연으로 향하는 장자의 고독한 사상이 매력 있었다.

『장자』에는 제자가 등장하지 않는다. 일상의 규율이나 덕담을 나누는 글엔 관심이 없었다. 우주의 만부동(萬不同) 속에서 개개(箇箇)를 찾는다 하더라도 장자는 인간을 중심에 두지 않으려 한 흔적이 곳곳에 보인다. 지략가들과 사상가들이 오직 살길을 찾을 때 장자는 탈인간중심, 탈체제적 사유로 나아갔다. 조직과 신도(信徒)와 우상이 없는 독자적 행보이다.

그의 지혜는 아직도 다 밝혀지지 않았다. 장자는 국가나 종교로 나아가지 않았다. 사상의 목표가 종교와 국가의 낚시가 되길 원치 않았다. 오직 소요와 방황만이 그의 사생(死生)의 주제였다. 장자는 매일 남명의 하늘을 내다보며 긴 한숨을 쉬었을 것이다. 무엇이 무엇을 해결한단 말인가. 무엇을 알아야 한단 말인가.

이 종교적 주제가 되는 끔찍한 고통의 아이콘은 승화와 현실 망각의 대체로서의 문자와 희망의 암기라는 엉뚱한 신앙을 창조했을 것이다. 다른 길을 열 수도 있었지만 장자는 그것을 거부하고, 구원이 없는 무하유지향의 방황을 선택한 지구인이었다.

바로 '이것'은

소리를 듣지 못한다는 것은 보지 못하는 것만큼 불행하다. 남의 고통과 기쁨을 듣지 못한다는 것은 불행이다. 소리를 듣지 못하면 세계와 만물은 정적 속에 갇힌다. 지옥은 별이 없는 하늘이 아니라 소리 없는 지구이다. 지구는 상취(相吹)의 숨소리와 언어적 기표의 소리로 소란한 음양(陰陽, 지구 그늘 밖으로 나가면 어둠은 없다. 밤은 지구가 구체이기 때문에 있는 조건이다)의 타원체상(橢圓體狀)이다.

산림의 그림자가 다람쥐의 발자국 소리를 듣고 마음의 소요를 시작한다. 인간도 마찬가지. 준령과 나뭇가지와 벼랑과 구멍을 흔들고 가는 바람소리를 마음에 새기려 한다. 눈동자에 비치는 상의 명도(明度)의 움직임만큼 기묘한 소리의 파동과 의미는 마음과 외물의 상우(相耦, 서로 짝이 되는 것) 관계에 있다. 생명체가 지닌 수정체와 고막이 같이 작용한다.

이 소리에 대한 주의와 관심에서부터 모든 철학과 정치, 문학이 시작되었다. 자연의 소리를 들으면서 인간이 성숙되고 고독해지고 내외의 교통을 발견한다. 말없는 사물이 있다는 것을 알면서 어디론가 향하게 된다. 〈소요유〉에서 붕새와 부요(扶搖)의 바람처럼 〈제물론〉에서도 이 지뢰가 인간세상을 둘러싼 중요한 감각과 영혼의 한 척도로 작용한다.

'바로 이것인' '시이(是已)'는 장자의 그 '무엇'이며 그 자체이다. 바로 이것이다. '시이(是已)'라고 썼지만 자연처럼 의문할 수 없는 바로 이것의 '시(是)'이다. 이것이 이러한 것은 장자 도의 뼈대는 아니라 할지라도 그것의 주변을 에둘러 친 거대한 자연 현상이다. 뼈도 중요하지만 그 주변을 둘러싼 살과 그림자와 망량도 중요하다. 모두가 하나이다.

지뢰(地籟)는 이유가 없는 근원이다. 여기서 존재가 본질과 함께한다는 인식이 시작됐을까. 만질 수 없지만 들린다는 것에 대해 인간은 놀랍게도 놀라지 않았다는 사실을 장자는 인식했던 것 같다. 모든 인간은 시비(是非)와 차별의 갈등과 분노로 자연을 탈출하여 문명화하고 권력화하면서 쓰디쓴 좌절을 맛보게 되지만 말이다.

지뢰를 땅의 퉁소소리 정도로 해석하는 것은 아쉽다. 뇌(籟)라고 하지만 비유할 만한 말이 없다. 바람과 소리와 도는 불문(不文)이기에 그렇다. 뇌는 바람의 도를 이르는 이름일까. 도는 문자의 이름을 거부하며 또 그리 되지 않을 것. 음성은 들려주어도 그녀는 얼굴은 보여주지 않을 것이다.

본래의 뇌는 구멍이 세 개 밖에 없는 미흡한 통소이지만 그것이 만물의 시작이기도 하다. 둘에 말이 붙어서 셋이 되었다. 그 구멍은 일(一) 이(二) 삼(三)이다. 또 만물이 분화되기 전의 하나, 둘 다음의 그 셋이다. 이 셋은 첫번째 말이자 지시된 사물이며 끔찍한 만물의 시작이 된다.

백위지규(百圍之竅)에서 나오는 소리가 구멍 세 개로 가능하지 않다. 백 개의 소리가 나야 하며 그 백 개가 미분(微分)되고 조합되면 수많은 소리가 일어난다. 과연 그럴까. 모든 소리를 하나로 묶은 것이 '천뢰'일지 모른다. 소리가 근원이고 태허가 아닐까.

모든 소리는 구멍에서 나온다. 구멍이 있는 것은 원과 한과 뜻과 꿈이 있다. 현재의 생 속에 과거와 미래가 있다. 그리고 모든 소리는 난해하게도 사라진다. 바로 이것〔시(是)〕이 되고 싶다.

인뢰(人籟)의 탄생과 슬픔

인간은 소리에 민감하며 그것을 감지한다. 형상으로 듣지 않고 사유적으로 듣는다. 바람소리는 일정한 음률이 없다. 주인도 없다. 그 소리는 마음속을 지나간다. 바닥을 기어가고 공중을 만진다. 그 안에서 의문과 불안과 그리움이 작용한다. 무질서한 소리들은 일정한 음율 속에 들어가려 한다. 자연의 음률은 그러한 인간의 인위적 조율을 닮지 않는다.

장구, 징, 편경 등 악기가 많지만 입술로 부는 비죽은 특별하다. 호흡과 관련하기 때문이다. 이 취만부동(吹萬不同, 모든 바람과 숨소리는 같지 않다)의 이질적 동행을 시작하는 것도 까닭이 있다. 수많은 구멍이 다른 소리를 각각 내지만 그 소리는 바로 자기 자신이 내는 소리이다. 소리가 복장과 심부에서 나온다면 이는 보통 일이 아니다. 소리를 낼만한 사람이 소리를 낼 것이다.

장고. 소의 가죽을 말려서 사방으로 당겨 묶은 장고는 수많은 구멍이 붙어 있다. 그런 사연으로 말하자면 편경과 징도 마찬가지일 것이다. 그것들은 인간의 구련(拘攣)과 같다. 말리고 축이고 비틀어 때려 다시 얇게 넓혀서 찢어 묶어 장고의 양쪽 마구리를 막으면 장고가 되지만 그것은 조물이며 조작이다. 그렇더라도 그 안에도 막을 수 없는 숙명이 있다.

어떤 단 하나의 고유한 소리와 절규도 우주 안에서만 살아있을 수 있다. 마음과 우주는 거대한 음악당과 같다. 작지만 자신의 소리를 내고 살아가는 개성적 공간을 가진다. 모든 것이 같은 것 같지만 그 안에 들어가 보면 모두가 다른 입장으로 서 있다. 그들은 하나의 우주〔宇宙, 일(一)〕 안에 있다.

잘못 듣고 판단하면 자신의 목소리가 들리지 않는다고 생각할 수 있다. 우주의 화음 안에서 자신의 소리를 들어야 한다. 그러나 진인은 목소리를 높여 존재를 알리지 않고 만물의 소리를 듣는다. 울 밖 저 하늘 한쪽에 붙어 있는 달처럼, 그 달빛이 들어가지 못하는 숲속 어둠처럼.

자연의 바람은 사람과 내통을 도모하지 않는다. 이익을 남기려고 마음고생하며 머리를 쥐어짜지 않는다. 장자는 신인을 통해 인간을 도주(陶鑄)하는 것 자체가 불요(不要)한 것이며 수고로울 뿐이라고 일축한 바 있다. 이 도주가 인간의 제작 가운데 가장 어려운 것이지만 그저 최소한의 소리를 내며 살아가는 것이 자연 속에서는 무책(無策)의 상수이다.

창랑 위를 떠가는 배를 보고 슬퍼할 것인가 기뻐할 것인가. 말할 수 없다. 그것을 따라가는 것이 바람이고 배이고 물결이고 자연이다. 존재하는 것들에게만 그것은 존재하고 작용할 뿐이다. 소요의 권리는 만물에게 있다. 소요를 간섭할 수 없다.

무슨 연유에서인가. 인간은 소란한 지구에 던져졌지만 어떤 부류의 인간은 그것을 발견하여 커다란 숙명을 면피하고 작은 행복을 얻는다. 그것이 진지(眞知)의 유존(遊存, 최고의 노니는 소요)이다. 돌이 돌로 있는 것처럼, 바람이 바람으로 왔다 가듯이, 사시사철 주야가 바뀌듯, 눈비가 이 문 앞에 들이치듯 만물은 정동(靜動) 속에 자신의 자리를 지킨다.

물은 물대로 낮게 흘러가고 개밥바라기는 금성의 궤도에서 벗어나지 않고 태양은 항상 다음날 아침 동산에 돌아오고 씨앗은 흙속에 암호로 숨어 있는 자기 형상을 풀어낸다. 이런 것이 취만부동(吹萬不同)과 사기자이(使其自已)이다. 스스로의 목소리로 존재하고 스스로 운다. 이구동성이다. 장자는 이 모든 것을 껴안되 그 무엇으론가 넘어가길 원하는 것 같다.

장자는 비죽의 탄생을 노래한다. 입술이 터지도록 노래하면서 자연 속을 오간다. 적멸하지 않고 멈추지 않는다. 그 소리를 처음 듣고 발견한 자는 세계의 비밀을 들은 자. 소리를 정말 듣는 자는 소름이 돋을 것.

화성(化聲)의 현상에 불가사의함을 느낀다. 나에게 장자는 '그것(기其)'을 강조한다. 나는 그것을 모른다. 사기자이(使其自已)는 스스로 그러한 것이니 자연(自然)이고 시연(是然)이다. 장자의 진지(眞知)는 그것〔기(其)〕의 언어이며 이것〔시(是)〕의 무위이며 무차(無遮, 막지 않음)이고 무용이다.

인간 존재와 비죽(比竹)의 비밀

난해하고 기이한 일이다. 남곽자기는 소리 중에서 분노하고 있는 노자(怒者) 즉 노풍(怒風)에 대해 의문한다. 격자(激者) 효자(謞者) 질자(叱者) 흡자(吸者) 규자(叫者) 호자(譹者) 요자(宎者) 교자(咬者)가 그것들. 이 전체를 통괄하는 내용이 노(怒)와 관련이 있다.

장자에겐 기형적인 소리들이 존재가 된다. 어떤 미지(未知)의 혼돈에서 온다. 소리의 형틀을 모른다. 이것들의 존재와 비밀을 알 수 없다. 숙명이라 하면 될까. 이곳에 장자 사상의 열쇠가 있는 것 같다. 다 들을 수 없고 다 찾을 수 없는 소리들! 돌 속에 숨어 있는, 물속에 흘러가는, 바람 속에 감추어진 모든 것의 혐의와 원한(怨恨)과 숙제를 알 수 없다.

그런데 왜 저토록 슬프고 고통스럽게 절규할까. 왜 모두 갇혀 있는 것일까. 소리들이 만물 속에 감금된 것인가. 억울하게 피를 토하는 소리로 들리다가 귀곡성으로 울리다가 다시 교교한 숨소리를 내는 저 간사한 것들은 대체 무엇일까. 치명적 결함을 가진, 인간의 유래와 깊은 관련이 있는가.

인간은 소리의 종자(種子)들인가. 세계는 그 수많은 소리들로 이루어져 있다. 장자가 저 여덟 가지의 괴상망측한 소리로 대체 무엇을 말하려 한 것일까. 인뢰가 처처의 무수한 인간의 마음의 눈, 귀, 코, 입에서 나오는 소리들이라면 그것은 창생(蒼生)의 소리들일 텐데. 소리의 어리석음과 소란에 휘말려야 하는가.

칠원리나 재상이나 농민이나 긴팔원숭이나 모두 이 소리를 듣는다. 들리는 소리는 두려운 현상이다. 그 소리를 듣는 생명은 더 두려운 존재들이다. 콧구멍과 인중과 이마, 귀와 눈과 목과 머리털, 모두가 다르지만 비슷한 인간의 얼굴들은 더 두렵다. 그 모든 감정의 소리가 귓구멍으로 들어간다는 사실은 더 놀랍다.

장자는 인간의 소리가 나오는 곳을 비죽(比竹)으로 본다. 비죽 속에는 혀와 구강과 치아, 성대 등이 작용한다. 복잡한 인간의 발성 구조이다. 장자는 상면(相面)하는 분명한 말보다 이 비죽을 통하여 다른 상징과 분노와 음률을 보이고 싶었던 것 같다. 언어가 아니라 음율인 것은 직유가 아니고 암유이다.

바람을 그린 장자의 분노

『남화경직해(南華經直解)』에선 붓으로 불을 그린 자〔화화자(畵火者)〕가 좌씨〔左氏, 노(魯)의 좌구명左丘明(생몰연대 미상)으로 보임. 왼쪽 눈을 실명하여 맹좌(盲左) 혹은 좌구실명(左丘失明)이라 불렸다. 노나라 소공(昭公)

18년 즉 기원전 524년으로 추정되며 좌씨(左氏)가 화화(畵火)를 그렸다고 함)라고 전해진다. 200여 년 뒤, 장자를 대목에 부는 바람을 언어로 그린 화풍자(畵風者)라 칭하고 그 경지를 선화여공시(善畵如工詩)라 했다. 후대 사람들은 이것을 '장자언풍(莊子言風)'이라 불렀다.

불의 눈보다 바람의 눈이 깊고 근원적이다. 불은 불가피하게 바람에 의해 움직인다. 바람이 없이 불은 타오를 수 없다. 붕새의 날개도 마찬가지이다. 바람 없이 날아오를 수 없다. 장자 전에 이미 불을 보았지만 그것을 움직이는 바람은 장자가 처음 보았다.

불은 분노이다. 그것은 구멍에서 시작된다. 중규(衆竅)의 중(衆)은 사람과 만물이다. 몸은 마음의 구멍이다. 규(竅)는 숭숭 뚫린 그것들의 구멍이다. 수많은 군주, 제후, 대부, 성인, 책사, 사상가들의 구멍이 시대와 인간을 구한다고 말했지만 모두 사지(死地)로 굴러 떨어졌다. 어느 군주에게도 조언한 적이 없는 장자는 여기서 가없는 비애와 분노를 감내했을 것이다.

취만부동의 시대와 집단, 개인과 사회 속에서 그 '나'는 인간을 지배하는 정치를 넘어선 곳에서 진인을 만나고 싶었을 것이다. 인간을 잠시 놓아두고 자연에 따르도록 하고 다른 짝(상우相耦)을 기억하고자 했다. 어떤 정치가 인간을 구제한다는 것은 어불성설이다. 요임금을 비롯하여 어떤 정치인도 세상을 다 다스릴 순 없다. 오히려 수많은 문제를 발생시키는 것이 정치이다.

주체적인 한 개인이 각자 스스로에게 필요하다. 인간을 보호하지 않는 것이 반인간적인 것은 아니다. 반인간적이라고 해서 정말 모두가 반인간적인 것은 아니다. 국가가 인격체를 형성시키는 것은 아니다. 인간을 체제로부터 자연으로 되돌려주는 것이 최상의 정치일 수 있다.

장자는 인간을 자연 속에 두는 것이 그 어떤 체제 속에 두는 것(안전하다는 것이란 있을 수 없는 것이지만)보다 아름답다고 보았던 것 같다. 그래서 장자는 스스로 자연 속에서 무리 짓는 권력사회로 나아가길 원치 않았다.

인간은 과도하게 탈자연화했고 마을은 너무나 문명화했다. 장자는 수많은 소리를 듣지만 독립적이길 바라는 것 같다. 〈소요유〉의 대수(大樹)와 그 주변 풍우, 먼 바람과 하늘이길 바란 것이 아닐까. 혼자 자연 속에서 부대끼고 시련에 처하더라도 함께 숨쉬고 한없이 깊어져 홀로 서서 묘연해지는 것이 아름답다고 장자는 본 것 같다.

이것이 시비를 넘어서는 자연의 길일까. 한 인간이 그 무엇의 것이 아니기 때문이다. 이 기괴한 백위(百圍) 대목(大木)은 미어(謎語)의 존재이다. 처참한 형국에 내몰린 지구는 다시 잡다한 소리가 뒤섞인 구조물로 바라보인다. 그 어느 쪽이 되어도 그 소리는 끊이지 않을 것이다.

이 '노(怒)'자는 의미심장하다. 통쾌한 선탈(蟬脫)이다. 〈소요유〉의 붕비(鵬飛)에서 사용한 '노'자는 두 번째 나오는 특이한 언어이다. 바다를 뚫고 날아오르는 붕새의 분노는 인간 내부와 세상에 대한 무엇이다. 이 조릿대의 구멍 같은 인간의 마음과 또 하늘의 거대한 구멍을 통하여 나오는 이 분노는 대체 무엇일까.

규정할 수 없는 존재와 구련(拘攣)한 숙명에 대한 외침이며 절규일까. 정말일까. 이 '노'자는 장자의 풀지 못한 조궤이다. 이 지상의 노(怒)와 화(火)는 끊어지지 않을 것이다. 화산 속에서 인간이 시작했다면 화산으로 세상이 끝날 때까지 그것은 사라지지 않을 것이다.

선탈(蟬脫)의 노자(怒字)

도대체 인간은 왜 불평등한 것일까. 지혜의 차이에서 온 것일까. 크게 기뻐한 적도 없고 화를 크게 낸 적도 없는 사회적 약자가 서 있는 도시는 시장과 집과 법원이 있는 거대한 병원이다. 의사들은 그들을 놓아주지 않을 것이다.

장자는 인간을 반듯하게 만들고 하나로 묶으려 하지 않는다. 통일을 위한 어떤 규범적 자유도 진보도 사상도 거부한다. 울퉁불퉁한 외최와 거대한 구멍들이 뚫려 있는 대목(大木)에서 발견하는 장자의 한 전경(全景)이며 통찰이다. 이 '노'자는 인간을 묶고 가르치려는 그 어떤 사상도 제도도 허락하지 않는다는 간접 선언이다.

대개 인간을 하나의 유형으로 만들려는 자들은 세계기획자들이다. 획일성과 편리성을 위해, 같은 사상을 가르쳐 일목요연하게 만들려 한다. 이것은 지배자와 독재자들의 욕망의 반영이다. 장자의 혼성(混聲) 발견은 세계를 달리 보는 눈만큼 중요한 혁명적 청각이다.

이 귀의 세계는 장자가 펼치고자 하는 만물이 지니고 있는 그대로의 의지이다. 바람이 소리를 일으키고 무언가를 전해준다는 사실은 어느 외딴방에서도 요긴하고 은밀하다. 만물을 해방하는 것은 자신의 언어와 마음을 해방하는 일이기도 하다. 이것이 장자로 하여금 당대의 다른 사상가들을 훌쩍 뛰어넘게 한 요체이다.

왕이 있는 쪽을 향해 조배(朝拜)하거나 머리를 왕궁을 향해 두고 잠드는 사람이 사는 나라에서 장자는 자신을 단단히 묶고 세태와 풍경을 바라보았다. 장자는 난처했을 것이다. 어떻게 그러한 말에 세상이 빠져버리고 말았을까. 인(仁), 효, 군신 사상이 사람을 어떻게 지배하게 됐을까. 이것은 장자의 입장에선 반인간이고 반자연이었다.

『장자』에서 효(孝)자를 본 적이 없다. 부모의 그림자를 밟지 않았으며 부모상을 입고 삼 년간 웃지 않았다는 고시(高柴)나 부모가 죽자 너무나 슬프게 울었다는 고어(皐魚)를 부추기고 경계시키는 주례(周禮)를 강요하지 않았다. 고육지책이지만 이 바람과 천뢰의 변주 속에 인의는 존재하지 않는다.

지쳐버린 낡은 체제의 말로는 진실에 닿을 수 없다. 장자는 그 말들을 죽이고자 비죽을 불려 한 게 아니었을까. 인간의 언어를 버리고 자연의 풍음으로 돌아가길 바랐을까. 그 비죽(比竹)엔 영원히 지워지지 않을 인간의 입술의 피가 묻어 있을 것 같다.

그 입술이 거짓의 소리를 낼 필요가 없지 않은가. 권력중심의 시비와 이해가 팽배한 시대 속에서 장자는 작은 언어와 도가 살아있는 자연으로 향하는 길을 여기서 열었을 법하다.

초록 숲속, 지저귀는 새들, 천공에서 들려오는 반들대는 햇살, 그리고 귀를 세우는 기이한 소리들이 가득한, 고요해져버린 자연의 길로 나서는 한 자연중독자의 길이 눈물빛처럼 비칠 것이다.

그는 누구인가? 어디 있는가?

〈소요유〉에도 등장하는 이 노(怒)가 당대의 시대 상황과 감정일 수 있다. 가지런히할 수 없는 질풍노도 속에서 시대 전체가 분노하는 말일 수 있다. 그야말로 장자 같은 사람은 화산처럼 길을 버리고 하늘로 터져 올라가고 싶지 않았을까.

그래서 〈소요유〉에서 장자는 화산의 용암과 화산재의 진구비강(塵垢粃糠)으로도 성인을 만들지 않는다 했을까. 장자는 분노를 억누르면서 대침(大浸)과 대한(大旱), 금석(金石)이 녹아 흐르는 시대 속에서 초인을 꿈꾸었던 것일까.

중규에 분노와 열망을 담은 것일까. 하지만 장자는 혁명과 반란의 괴수를 부추기지 않았다. 그 괴수는 또 다른 폭력의 성인과 군주가 되기 때문이다. 장자는 인간의 숙명을 온전히 받아서 그것을 살려내는 것을 궁극의 목적으로 삼았다. 숙명의 난바다에서 장자는 단순한 은둔주의자가 아니었다. 장자는 노자(怒者)의 시대에 처절한 자기 투쟁을 벌인 사람이었다.

이 중(衆)자엔 상처투성이의 비밀이 있고 그것의 발성이 분노인 것 같다. 저 하늘도 상처 구멍이 있어서 천뢰가 궁륭에서 울리는 것일까. 하늘에도 웬 구멍이 있는가. 둔천(遁天, 하늘로부터 도망쳐 온 것)이란 말이 떠오른다. 인간이 태허에 육체의 형상을 입고 지금으로 온 경과보다

거꾸로 유전된 현재의 육체에서 태허로 돌아가는 일이 더 난해한 것인지 모른다. 어느 쪽이나 사유가 불가한 일이다.

그러나 언제나 문제와 갈등이 있는 곳은 이 세상의 개인과 집단이다. 시대는 숙폐(宿弊)를 깨부수지 못하고 개인은 훈습(薰習)에서 벗어나기 어렵다. 이제 곧 시비의 문제가 나올 것이지만 그 무엇을, 누군가를 기다릴 수 있는 것인가.

기수야(其誰耶, 그 누구인가)의 '수(誰)'는 어떤 존재일까. 마음의 절대존재를 향해 묻는 장자의 첫번째 질문이다. 즉 인식과 지혜 밖의 어떤 존재에 대한 의문이다. 사실 장자를 계속 읽게 되는 매력이 이런 부분에 있지만 쓸모 있는 것들이 무용해지고 어느날은 무용한 것이 가까이 다가오는 풍경들로 행복해질 때가 있다. 장자로부터 어떤 분열된 정신을 느낄 때가 이럴 때이다.

나의 육체는 백위의 나무이며 그 구멍은 불가사의한 당신의 마음이다. 육체는 숙명을 가졌으며 구멍을 가졌다. 이 중규(衆竅)는 마음이며 염색체의 무늬이며 불가사의하다. 알 길이 없다. 그 구멍 속에 사라진 우리들이 있었고 현재의 우리가 있고 미래의 그들도 그 구멍으로 나올 것이다. 미래의 우리가 그 구멍의 시간 저쪽에 있다. 분노할 일인가.

그 육체는 절규하며 욕망한다. 그 구멍에서 나는 소리는 언어이며 음악이며 아직 형상이 없다. 형상을 입은 것들은 곧 사라지고 소리는 돌아오지 않는다. 누가 있는 것일까. 그러나 아무도 없다. 질문만 있다. 내 안에는 무엇이 있는가. 장기만 가득할 뿐이다. 그나마 내 안에 무엇인가 있다고 여겼던 것은 인아(人我)이다. 내 안엔 장기 외에 내가 기대하는 그 무엇이 있지 않다.

그 텅 빈 곳이 저 하늘이다. 인간은 하늘과 같다. 인간은 장기로 가득한 채 텅 비어 있지만 하늘은 텅 빈 채 비어 있다. 기이하다. 천뢰는 마음과 이어져 있다고 믿는다. 인뢰와 지뢰는 천뢰에서 온다. 하늘에서 한 줄기 바람이 내려온다. 그것들은 어둑한 구멍으로 쏟아져 들어간다.

인간의 소리이며 언어가 된다.

이 형상 없는 난해한 소리들은 대체 무엇일까. 알 수 없으므로 그것은 존재한다. 소리들이 지상을 뒤덮고 있다. 이제 중요한 것은 지상의 구멍들. 이 구멍들이 인간의 모습을 하고 있다. 장자의 길은 하늘로 가지 않고 험난한 지상의 가시밭길로 들어선다. 복잡한 인간만큼 달리 문제를 삼아 논할 것이 이 지상엔 없다.

이것이 〈제물론〉이다. 〈제물론〉의 결론은 저 끝에 있다. 그 전도 그 후도 소리들만 하늘에 가득할 뿐이다. 우리는 존재하지 않고 소리들만 존재하고 살아있다고 말하고 싶어진다. 이 삼뢰는 하늘과 땅과 인간의 신명(神明) 신노(神怒)일지 모른다.

5. 늙은 자들, 함정에 빠진 자들

대지(大智)는, 한가롭고 소지(小智)는, 부산하다. 대언(大言)은, 아름답고 소언(小言)은, 수다스럽다.

잠이 들면 꿈을 꾸고, 잠을 깨는 즉시, 의식이 열린다. 외부와 접촉하고 소란해져, 매일 마음은 싸운다. 관대하기도 하고, 음흉하기도 하고, 빈틈없기도 하다. 작은 두려움엔 조마조마하고, 큰 두려움엔 정신을 잃는다.

화살 끝의 깃털이, 활시위를 떠나는 것과 같다. 그 시비를 가릴 때의 발설(發說)이란, 작고 큰 서약을, 유지만 하려는 것과 같다. 말의 승리를 지키려고만 하는 것은, 조락(凋落)하는 가을과 겨울 같다. 언쟁(言爭)으로 나날이 쇠해지는 것은, 그렇게 시비에 길들어져 빠지면, 먼저 있던 곳으로 돌아갈 수 없다. 그 침닉(沈溺)은 봉해지는 것과 같고, 그것은 늙어서 참람하게 된다는 말과 같다.

죽음에 가까워진 마음은, 양기(陽氣)를 회복할 수 없다.

원문(原文)

大智閑閑小智閒閒 大言炎炎小言詹詹 其寐也魂交 其覺也形開 與接爲搆 日以心鬪 縵者窖者密者 小恐惴惴 大恐縵縵 其發若機栝 其司是非之謂也 其留如詛盟 其守勝之謂也 其殺如秋冬 以言其日消也 其

溺之所爲之 不可使復之也 其厭也如緘 以言其老洫也 近死之心 莫使復陽也

* **한한**閒閒 한가롭다. **간간**間間 부산하다. **담담**炎炎 아름답다. **첨첨**詹詹 수다스럽다. **혼교**魂交 꿈꾸다. **형개**形開 의식활동의 시작. 잠 깰 각覺. **여접위구**與接爲搆 외부와 접촉하여 소란하다. 관대할 **만**縵. 음흉할 **교**窖. 꼼꼼할 **밀**密. **췌췌**惴惴 조마조마하다. **만만**縵縵 생사(生死)를 같이하는 모습. 쏠 **발**發. **기**機 화살 쏘는 기계(쇠노). **괄**栝 화살촉의 반대쪽 깃털 달린 곳. 가를 **사**司. 비평할 **위**謂. 지킬 **유**留. 크고 작은 서약 **조맹**詛盟. 조락할 **쇄**殺. 멸망할 **소**消. 빠질 **닉**溺. **소위지**所爲之 위爲는 길들여짐. **지**之는 시비, 공포, 조맹, 맹신, 아집, 탐욕 등. 회복할, 돌아갈 **복**復. 가위눌릴, 무서운 꿈을 꾸고 놀랄 **염**厭의 뜻도 있지만 여기선 빠질 **암**厭 침닉(沈溺) 맹신, 아집의 뜻. 봉할, 틀어막을 **함**緘. 참람할 **혁**洫. 없을 **막**莫.

온통 소리로 가득한 세상

하늘과 땅과 사람에게서 천뢰가 울고 지뢰가 울고 인뢰가 운다. 온통 소리의 세상이다. 마음을 열고 귀를 기울이면 세상은 시비와 풍문, 비난과 옹호의 소리로 가득하다.

이 활기 넘치는 소리의 세상으로 인하여 자연의 대기는 출렁이고 시정은 또 다른 천면(千面)의 얼굴을 내민다. 대기는 소리의 이동으로 가득하다. 조용히 있는 공기는 없다. 문득 푸드득 푸드득 번연개오(幡然開悟)한 세상이다.

큰 말은 큰 바람 같고 작은 말은 작은 바람 같다. 커다란 바람이 일어날 때는 대지(大知)가 천천히 움직이는 것 같고 잔바람이 불면 소지(小

知)가 소란하게 반응하는 것 같다. 꼭 대지를 거창하고 훌륭한 지혜로, 소지를 옹졸하고 하잘것없는 잔꾀로 해석하는 것은 협애(狹隘)한 해석이다. 소 안에 대가 있고 대 안에 소가 있다.

장자는 큰 사람과 작은 사람을 대비하고자 한 것 같다. 못난 자 잘난 자의 구분이 아니라 일반인의 상정(常情)과 한계를 지적하고 그 위에 존재하는 인간을 대지자(大知者)로 본다. 그 대지자는 모든 인간의 내부에 있기도 하다. 또 모든 인간은 답답하고 비극적이고 어리석다.

인간은 사물에 붙잡혀 있으며 거기서 벗어나지 못한다. 욕망과 미련, 소성(小成), 어리석음 때문이다. 또 인간은 꿈을 꾸면서도 그걸 차단하지 못한다. 꿈속에서는 꿈의 시녀가 되고 현실 속에서는 사물의 노예가 된다. 장자는 마음의 〈제물론〉을 이 먼 곳에서 펼친다.

대지(大知)와 소언(小言) 등은 사람의 모습을 그린 것이다. 사람의 거동이나 말이 성하고 아름다운 것을 한(閒)이라 하고 옹졸하고 다급한 것을 간(間)이라고 했다. 앞의 한(閒)이 한(閑)으로 되어 있고 뒤의 간(間)이 한(閒)으로 되어 있는 곳도 있지만 나는 『남화경직해』를 따랐다.

대지는 대인의 것이며 소언은 소인의 것이다. 그러나 소인이 저 기산(箕山)의 한 가지에만 몸을 의지하고 산다고 하면 잘못이다. 소인이 대인이 되고 대인이 소인이 될 수도 있다.

그 일지(一枝)의 새는 만물을 여읜 존재〔상물(喪物), 혹은 만상(萬喪), 상아(喪我)의 저쪽)〕의 생의 공간이다. 장자는 그 소지자들을 비난하지 않는다. 어쩌면 대지자라고 자찬하는 자들, 성인이라고 추앙되는 자들이 소지자인지 모른다.

그들은 대부분 만교밀자일 가능성이 높다. 매우 심리적인 시비와 갈등에 묶여 있는 자들일 수 있다. 장자의 이 말은 항간의 소인을 비판한 것이라기보다 오히려 위선자와 위정자들을 겨냥한 것일 수 있다. 물론 항간에 소인들이 없을 리 없다.

큰 바람만 자상하고 한가롭고, 꼭 작은 바람이라고 해서 아름답지 않고 자유롭지 못한 것이 아니다. 아무리 작은 것이라도 무시되어선 안되고 꼭 큰 것이라고 해서 대단한 것은 결코 아니다. 장자는 바로 이 실언이나 소언을 경계하고 있다. 장자는 거대한 바람의 느린 이동 속에 실려 가는 생각과 인생을 꿈꾸는 것이 아닐까.

역시 천뢰로의 소요가 최고이다. 그 안에 시비가 있을 리 없다. 대풍은 대풍이며 대언은 대언이고 대지는 대지일 뿐이다. 커다란 지혜로 보면 소지가 또 필요할지도 모르며 그것들이 잔 기쁨이 되고 슬픔이 되고 노래가 될 것이다.

대가 있는 것은 소가 있기에 있는 것이다. 꽃대는 잔바람이 흔들어준다.

자동개폐기 같은 형개(形開)

혼교(魂交)는 잠속에서 의식이 뒤얽힌 덩굴 즉 망교(妄交)이다. 형개(形開)는 잠을 깨고 비록 꿈밖의 현실세계에 나와 있지만 그 안의 자신의 육체와 현실 사물들에 또 순식간에 갇히는 것을 말한다.

열렸지만 다시 그 열림 속에 갇히는 형국. 사실 형개(形開)는 번역하기 어려운 말이다. 어쩌면 꿈속에 갇혀 있는 어둠이 혼몽의 세계 밖으로 열려 나오면서 정신을 차리지만 또 다른 현실의 사물과 시비, 장벽에 가로막히는 형틀이다. 꿈에서 깨어 꿈속으로 돌아온다.

사지육신과 정신활동이 정상인 것 같지만 육체와 현실의 구조 안에 다시 갇힌다. 조금 전의 꿈을 까마득히 잊고 다시 현실의 꿈인 시각, 청각, 후각, 촉각 등을 활발히 움직이기 시작하는 '나'는 기이한 존재이다. 뜯어고칠 수 없는, 피골이 상접하고 광휘가 사라진 얼굴엔 늘 우울과 피곤의 그림자가 와서 놀고 있다.

도시와 지구는 소음으로 가득 차 있다. 그는 생시에도 수많은 정보와 자극에 의해 혼교하고 착각하고 환에 빠져 있다. 음양과 사생의 경계를 구분하지 못하고 떠돌아다닌다. 이 삶들은 진정한 무하유지향의 소요와는 다른 혼몽(昏懞)과 백일몽이다. 나는 아무렇지 않게 다시 나로 돌아온다.

이 피곤하고 번잡하고 소란한 세계를 천뢰의 고요한 대언과 대지의 세계로 전환하는 것은 불가능해 보인다. 너무 멀리 와버렸고 숙업의 몸을 너무 오랫동안 걸쳐 입었다. 이 형개는 거대한 인체의 세포 구조를 심리적으로 단박에 확대하여 열어젖힌 위대한 발견이다. 이 말을 가만히 느끼면 몸이 거대한 숨구멍처럼 확장된다.

하지만 나는 동시에 그 형개로 바람소리와 드높은 하늘과 취량(驟涼)한 가을의 음악을 듣는다. 오관을 다 움직이지 않고도 조용히 안에다 감각의 촉수를 들여놓고 충만된다. 장자가 발견한 최초의 인식망이다.

그는 다행히 자신의 영혼과 몸을 뚫고 나오는 사지심(死之心)을 발견했다. 가만히 숨 쉬면서 이 형개를 느낄 때 존재의 전율을 경험한다. 내 안의 수많은 구멍들이 움직이고 공기가 안팎으로 드나드는 것은 어쩐 일인가. 여기서 타자와 사회를 망각한 채 나는 무지로 굴러 떨어진다. 이 태허로의 추락 혹은 탈문명적 허무로 진입하는 순간이 오히려 행복하다.

자연 속에서 발견한 대지자(大知者)

장자는 대지와 대언을 중시한다. 자잘하고 긴박하고 번잡한 것들을 멀리하고 낯선 의식과 문자를 유도한다. 하나의 형식에 갇혀 있지 않는다. 억압하는 교훈과 말들을 거부하고 참람한 경직성을 자아에게 고발한다. 바람을 타고 갈망정 정신을 한 굴레의 구습에 묶어두지 않는다.

장자에게 인간의 국가는 존재하지 않는다. 거울에 비추는 얼굴처럼 인간을 파악하면서 어둠속에 숨는다. 인간은 어떤 무엇으로부터도 구속되어서는 안 되지만 세상은 욕망과 말의 바다를 이룬다. 말의 바다는 파도치고 언제나 파선(破船)으로 넘쳐난다. 부서진 인간들이 쓰레기처럼 해상에 둥둥 떠 있다.

장자 언어의 형개가 없으면 우주도 없다. 형개는 말이 들어오는 구멍이다. 형개가 없는 세계는 죽음의 세계이다. 생명의 현상은 소란하다. 생과 사는 반대쪽에 있지만 가까운 경계면에 접해 있다. 쉼 없이 움직이고 비추는 만물의 꿈은 인간의 형개 없이 불가능하다. 형개는 한낮의 망념(妄念)이다.

인간은 자연의 한 존재물이다. 분리된 존재가 아니다. 문명 속에서 분열된 자의식은 인간의 존엄성을 욕망과 물건 쪽으로 이동시켰다. 만물은 고요하다. 근원에 대한 그리움은 가시지 않는다. 그럼에도 자연에 대한 신비감과 경외심은 희미해졌다. 과학정보는 인간의 심부를 제거하고 그 형해(形骸)는 한줌 뼈로 드러났다.

기형이 되어 있는 지구의 미래인을 본다. 내일보다 오늘, 오늘보다 어제, 어제보다 그제의 인간이 보고 싶다. 고진인(古眞人)들은 망각 속에 살다 갔다. 저 도시의 거리에 진인들이 있는 것처럼 착각한다. 고진인을 기억하는 현존자들은 없다.

장자는 하늘로 열려 있는 산을 바라보며 고이불견(觚而不堅)의 길을 걸어갔다. 한없는 태허의 하늘처럼 부드러워지면서 존재의 고독을 풀지 않는 것은 무슨 까닭일까. 망각의 시간이 천뢰를 치고 있을까. 묘연(渺然)하다. 장자는 인류의 역사가 다른 곳으로 가버린 것을 알고 있었을까.

그런데 다른 문명을 상상할 수 있을까. 그 천양(天壤, 부드러운 흙살의 하늘 즉 장자의 이상향)의 세계는 오지 않을 것이다. 그곳은 인류가 가지 못한, 잃어버린 세계. 그 잃어버린 세계는 인간의 마음속에 남아 있다. 그 마음속의 퇴적물은 모두 씻겨갔을 것이다.

장자 시대의 상천(喪天)과 상물(喪物)과 상아(喪我)를 그려본다. 대지(大知)와 대언(大言)이 천뢰였을까. 믿을 수 없을 것이다. 알아들을 수 없는 하늘의 소리가 그 천뢰라는 언어였다면. 그것은 대단한 상상이다.

그러나 하늘의 언어는 사라졌고 하늘의 음악을 기억하는 자들도 없다. 나는 상상조차 하지 못한다. 신인이 있었던 것처럼 저 하늘에 말과 소리가 있었다는 것을 의심치 않는다. 저 하늘은 그 옛날의 그 하늘일까. 다른 하늘일까.

잠시 한한(閒閒)에 들러

대부분의 책은 대지한한(大知閑閑) 소지한한(小知閒閒) 혹은 대지한한(大知閑閑) 소지간간(小知間間)으로 되어 있는데 『남화경직해』에는 대지한한(大知閒閒) 소지간간(小知間間)으로 되어 있다. 곽상(郭象, 252?-312 서진(西晉) 사람)이 정리한 것을 정본으로 삼는다지만 장자가 쓴 원고가 없는 이상 정본은 사실 알 길이 없다.

한(閒)은 조용한, 한가한, 휴식, 안정, 놀고 있음의 뜻이다. 한(閑) 역시 한가할, 등한히 할, 닫을, 막을 뜻에 마굿간의 뜻도 있다. 간(間)은 사이, 이간할, 염탐군의 뜻이 있다. 장자는 그 당시 이 글자들을 어떤 의미로 사용했을까.

장자의 중심 언어인 묘망, 보광(葆光), 무정, 적막황홀, 천양(天壤), 혼돈과 연관이 되는 의미와 차이를 찾아야 할 것이다. 즉 장자는 빛 속에서 있지 않고 어둠속에 서 있다고 본다면 이해가 될까. 나는 달 월(月)자가 문 안에 있는 이 한(閒)자가 대지자의 집이며 그의 마음이며 여운이라고 보았다.

날 일자가 있는 간(間)의 문은 시끄럽고 눈이 부신 소지자의 집이다. 똑똑하고 민첩한 자의 입이 보이는 순간, 실소했다. 달빛은 경계 없음으로 움직이면서 희미한 경계를 보이며 구분을 지운다. 햇빛은 눈이 부시고 투쟁적이고 시비가 요란하고 끝없는 구분을 짓는다. 한(閒)이 장자의 글자라는 생각이 든다.

장자는 직광과 총명함과 머리빠름과 발빠름을 좋아하지 않는다. 오히려 차광이 쳐진 흐릿한 공간의 사유를 좋아했다. 앞에 나오는 골의지요와 보광이 그것을 증명한다. 장자는 도소(道昭, 밖으로 비추어 도가 드러나는 것)를 싫어하고 도은(道隱)을 지향한다.

장자는 바깥과 작음 속에서도 크고 오연(傲然)한 세계를 지향했다. 비록 죽음이 있는 곳이라도 그 영원한 시간 쪽에 서 있다. 죽음의 시간이 생명의 시간이 아니라고 해서 진지가 아닌 것은 아닐 것이다. 생명이 우주 진리의 전부는 아니다.

장자는 그 한(閒)의 공간에서만 마음이 편했고 은밀(隱密)했을 것이다. 천뢰가 지나온 하늘이 펼쳐지고 그것이 왔다 간 문(門)이 떠오른다. 대언은 사람 귀에 잘 들리지 않을 것이다. 대문 밖에 쏟아지는 달빛처럼, 강 건너의 산과 숲처럼 지나갔을 것이다.

발기괄(發機栝)

시비가 발전하여 논쟁이 된다. 서로 배척한다. 장자는 다른 '나'의 염함(厭緘, 독단, 고집)이 되고 분파와 파당을 짓는 광경을 목격한 모양이다. 그러니까 '기발(其發)'도 단순한 '그 발동'이라기보다 '그 발작' 혹은 '폭발적인 발언, 폭언'이다. 미친 듯한 시비의 광기가 극에 달한 상태의 풍자적 표현이다.

이 발(發)은 그 앞에 소공(小恐) 대공(大恐)이 있으므로 공포에 의한 발작적 폭언이 맞다. 참을 수 없는 억압 상태에서 시비의 감정은 폭발한다. 감정과 두려움이 격양되어 폭발하면 말은 상대방에게 화살처럼 날아간다. '화살 끝의 깃털이, 활시위를 떠나는 것과 같다, 그 시비를 가릴 때의 발설〔기발약기괄(其發若機栝) 기사시비지위야(其司是非之謂也)〕이란' 말은 장자 전편에서 가장 살벌한 표현이다.

두려움의 감정이 폭발하여 입에서 터져나가는 말이 화살이라니. 마치 활이 쉴새없이 활시위에 걸려 날아가는 것과 같다니. 시비논쟁이 살생과 전쟁을 일으킨다. 활 쏘는 쇠노에서 화살이 계속 상대방으로 날아가 온 얼굴과 몸에 명중시킨다. 시비를 적나라하게 묘사했다.

공포의 두려움은 어디서 오는 걸까. 자신이 손해를 보거나 음해 당했다고 판단될 때 공포는 극에 달한다. 급기야 화살을 당기고 놓는다. 이것이 발기괄(發機栝)이다. 화살 끝에 달린 깃털이 활시위를 떠나는 순간, 활을 거두어들일 수 없다. 입에서 수천 개의 화살이 쏟아져나간다. 놀라운 표현이다.

시비에 길들어져 빠지면, 먼저 있던 곳으로 돌아갈 수 없다〔기약지소위지(其溺之所爲之) 불가사복지야(不可使復之也)〕. 논변의 습벽이다. 지나친 신의, 사상에 대한 광신, 권력에 대한 맹신은 언제나 인간을 유혹한다. 당파적이고 적대적인 논변, 심투(心鬪), 시비, 발설만큼 무서운 것이 없다.

막고야산의 신인(神人)이 사람을 만나러 돌아다녔다는 말은 없다. 국군(國君)과 제국(諸國)을 주유하는 일은 그에게 있을 수 없다. 사람을 만나러 돌아다닐 일도 인을 강조할 일도 아니다. 《외편, 추수(秋水)》에서 중니가 인을 말하여 박식해진 것은 한낱 자랑이며 이것은 하백(河伯)이 아직 북해(北海)를 보지 않았을 때와 같은 소지라고 했다.

맞지 않는 약속을 지키려 애쓰는 것도 안타까운 일이다. 공자가 육십이 되도록 육십 번이나 생각을 바꾸었다(『장자』《잡편》)고 평했다. 논리를 발전시키고 현실에 부합하려 했지만 도추(道樞)의 회전이 없는 사상은 궁핍했다. 혼란의 쇠세(衰世)에 도추를 어디에다 맞추어야 했을까. 한 사람은 권력을 찾아갔고 한 사람은 자연으로 들어갔다.

장자의 언어는 오늘뿐 아니라 미래적 숙제를 내포하고 있다. 도래되지 않고 나타나지 않은 대언은 만물의 영장의 내부에 있는 중심 사유를 소외하는 어떤 힘과 비밀이 있는 듯하다. 그 주제가 실용과 중심이 아니고 무용과 방외이기 때문에 우리를 계속 매혹시킨다.

인간은 가능성의 존재이지만 장자는 인간과 세계가 시비, 논쟁, 심투

(心鬪), 당쟁으로 나날이 멸망해간다고 보았다. 말의 중심엔 도적(盜賊)의 성인들이 거하기 쉽다. 도적을 기르고 도적을 찾아다니는 광기의 설전 속에서 그러나 말의 진실은 지워지고 아늑한 어둠조차 멀어져갔다.

그 후 강대한 통일제국이 지평선에 깃발을 나부끼며 일어나지만 곧 신기루처럼 무너지고 사라지고 말았다.

염함(厭緘), 노혁(老洫), 그리고 만교밀자(縵窖密者)

장자가 두려워한 것은 만교밀(縵窖密)이다. 관대하기도 하고 음흉하기도 하고 빈틈없기도 한 삼중성 인간의 모습이 만교밀이다.

장자는 심투(心鬪)를 걱정한다. 자신의 마음을 다치고 남과 싸우는 것은 어리석은 짓이다. 홀로 가만히 있으면 족하다. 만나고 다투면서 물건과 사람을 탐하고 일을 도모하며 마음을 쓰고 갈라서게 된다. 원래부터 혼자 있었음을 잊은 마음들이다. 세상은 음해, 권모술수, 관료들의 정도 싸움, 토후들의 복마전이었다.

만교밀(縵窖密)은 독점 심리이다. 그 만교밀자들은 누구일까. 그 무시무시한 곳엔 무서운 눈들만 열려 있고 번쩍인다. 이들은 주위를 끝없이 살피는 너구리와 족제비들이다(〈소요유〉). 몸을 땅에 납작 붙여 날뛰는 놈들을 염탐하는, 교활한 것들이다. 장자는 그들은 결국 덫에 빠지고 그물에 걸려 죽는다고 했다.

인간들 속에 숨어 있는 만교밀자들. 그 어디에나 있는 만교밀자들. 이들은 자신을 자연과 권력의 중심에 둔다. 무시무시한 얼굴들을 하고 있다. 복잡한 심리의 뿌리와 이해(利害)의 줄기를 가진 자들. 풍문에 귀를 쫑긋거리고 냄새를 맡고 쫓아다닌다. 사상과 말의 볼모가 되고 서로 만교밀자가 된다.

사상가와 논객들의 시비와 논쟁, 파벌을 장자는 가혹하게 비판한다. 그들은 겨울을 넘지 못하는 조락한 가을이다. 당대의 모든 지식과 사상은 진지(眞知)가 아니라고 본 것 같다. 장자는 최고의 궤변가 혜자(惠子)의 무덤을 지나치면서 그를 그리워한 적이 있다. 그는 만교밀자는 아니었을 것이다.

삭풍 속에서 강고한 사조는 쓰러진다. 아집의 사상적 줄기들은 곧 닥칠 추위 속에서 큰소리치지만 옹색하고 처참하다. 화려한 영화는 더 가혹하게 쓰러진다. 장자는 부드럽고 환하고 자연스러운, 만교밀자 반대편에 소요의 봄날이 있다는 것을 말한다. 그러나 그런 봄이 지상에 찾아온 적이 있을까.

결국 어떤 인간들은 기익(其溺, 공포의 발동, 고집, 언쟁에 빠진다)하고 만다. 언쟁을 위해 그곳에 빠지면 돌아오지 못한다. 그를 빠트린 물이 그를 잡고 놓아주지 않는다. 익사(溺死)란 물에 빠져 숨을 쉬지 못해 죽는 것. 모든 '나'의 주변 여기저기엔 빠져죽은 물귀신들이 한둘이 아닐 것이다.

한번 떠났던 그곳은 어디일까. 우리가 와서 살고 있는 곳은 어디일까. 이곳은 다시 돌아가기 위한 임시거처일까. 장자의 말을 빌려 다른 까닭을 찾아보지만 알 길이 없다. 앎이 막혀 있다. 기익지소위지(其溺之所爲之) 불가사복지야(不可使復之也)는 단순히 시비에 얽힌 감정의 문제만 나타낸 것은 아니다.

두려움과 고집과 논쟁에 빠진 자는 나날이 낡아가고 늙어간다. 다시는 하늘을 쳐다보지 못하게 될 것이다. 불복(不復, 돌아가지 못함)은 남명의 하늘을 상면광경(上面光景)하는 동시에 능공하시(凌空下視)하는 붕비와 함께 장자의 멋진 화두이다. 짐승만도 못한 인간으로 전락할까 두렵기만 하다.

노혁(老洫)은 의미심장하다. 스스로 포박된 늙음의 참람함. 뼈만 남은 노욕. 늙어서까지 논쟁을 하고 고집을 부린다. 그런 나머지 벗을 수 없는 공포를 가진다면 이것처럼 난감한 일이 있을까. 젊어선 고칠 수 있는 것이지만 늙어버리면 수정이 불가하다. 늙으면 참회가 어려워진다.

그는 인간이 얻을 수 있는 모든 불행을 모두 싸 짊어진 노인이다. 이러한 나의 노인은 함제(緘制)된 자, 구제될 길이 없는 자의 다른 이름이다. 늙어서 말이 많고 노욕을 부리는 자는 죄 지은 자처럼 쓸데없고 누추하고 고루한 자가 되기 쉽다.

불가사복(不可使復)의 주인공. 늙어서 정말 무서운 것은 염(厭)자와 함(緘)자와 혁(洫)자이다. 약속과 탐욕으로 가위눌려 자기 안에 갇힌 근사지심(近死之心)의 노인이 나에게도 찾아올까. 이런 자들은 스스로 양생(養生)으로 돌아오지 못한다는 것이 장자의 슬픈 번가(繁苛)이다. 단호한 말이다.

강하고 고집스런 것은 부서지고 쉽게 붕괴한다. 부드럽고 희미하고 연약한 것들이 자연 속에 남아서 겨울을 넘기고 봄이 된다. 한없이 여리고 작은 싹들이 흙속에서 돋아난다. 나는 그것을 거울로 삼는다. 얼음과 삭풍, 침묵은 때가 되면 사라진다.

지난날을 망각하는 것이 맹춘(孟春)이다. 약한 것들이 세상을 다 차지하는 대지와 대언의 아름다운 세계를 장자는 보았다. 그래서 '그 잠이 들면 꿈을 꾸고, 잠을 깨는 즉시 의식이 열린다'〔(기침야혼교(其寐也魂交 기교야형개(其覺也形開)〕. 작은 것이 작지 않다.

자연의 대지와 대언들은 어디에선가 어린 눈을 틔우고 키워내 잎과 줄기를 올려서 꽃을 피우게 한다. 그것은 자연에 반하는 약속이 아니다. 그 자리에 열매를 열도록 한다. 대언은 들리지 않는다.

반사하고 내장하고 지나갈 뿐

불안한 사람의 심계(心悸)는 점점 높아간다. 작은 공포와 큰 공포에 붙잡혀 의지한다. 염함과 노역의 인간들은 마음이 죽어서 양생으로 돌아올 수 없다. 나는 만자인가 교자인가 밀자인가.

인간은 아집과 욕망에 빠지고 자기 지식과 사상의 훈습과 감옥에 갇히기 쉬운 염함(厭緘)의 존재이다. 입을 다물고 있는 그 얼굴은 다시 열리지 않을 것 같다. 그렇게 죽을 것이다. 그들은 날아가지 못하고 유칩(幽縶)의 조롱(操弄) 안에 있다.

이 염함과 노혁은 군주와 그 측근에 있는 관료들과 고루하기 짝이 없는 황로(黃老)와 노장(老壯) 들의 고지식함을 비판한 것으로 보인다. 꽉 막힌 자들의 모습이다. 또 장자가 진절머리쳤을 시비와 유묵논쟁, 견백론 등에 대한 비판에 앞서 띄운 운이다.

그런데 어린 자들이 또 거기에 합류하여 이해를 따지고 고집불통이 되고 파당을 짓는다. 절망 그 자체이다. 그러한 자들은 어느 시대에나 있었다. 권력의 하수인들이 청춘을 마구잡이로 불러 모아 완장을 채워주고 반대파를 척결하는 앞잡이로 삼았다. 노장들에게만 노혁이 있는 것이 아니다. 젊음엔 맹신과 장님들이 많다.

장자는 가끔 무서운 말을 서슴없이 한다. 죽음에 가까워진 마음은 양기(陽氣)를 회복할 수 없다〔근사지심(近死之心) 막사복양(莫使復陽)〕. 이 불통은 죽음이다. 태충과 천양(天壤)으로의 불귀는 무서운 말이다. 그림자가 없는 새싹을 보는 봄의 정오처럼 불안하다.

장자 최후의 진리인 '분이봉재(紛而封哉)'가 성급하게 떠오른다. 내부가 어둑하니 잠겨 있는 달통(達通)의 경지는 기가 막힌 경지가 아닐 수 없다. 만물이 분분히 움직이며 사라지는 것을 내다보는 일심의 경계 안쪽에는 기이한 인간의 황홀지경이 있을 것.

장자의 심부(心府)는 외물의 천변만화보다 더 빨리 움직이며 말하고 사라지고 나타날 것이다. 그러나 동시에 너무나 느리고 너무나 우둔하여 모든 것의 그림자와 표정을 다 읽으며 웃고 있을 것이다. 나는 그 자연 이상의 것으로 그 무엇에도 동요하지 않는 장자의 심부에 닿고 싶다. 그 심부를 거울이라 해도 좋을까.

거울은 반사하고 내장하고 지나갈 뿐이다. 천예한 유심(遊心)의 하늘처럼 대정(大情, 진리)이고 무정(無情, 인간의 본성품)이다. 태양은 아침

바다를 찾아와 정수리를 비추고 서쪽 하늘로 건너간다. 지구는 계속 동쪽으로 곤두박질치며 허공을 달려간다. 그것만 사유해도 더없는 소요는 이루어진다.

장자는 늙은이들을 동정하고 이해하고 편들지 않았던 것 같다. 시대가 노인중심사회였기에 그랬을까. 사실은 당대 사회와 권력의 구조를 간접적으로 비판한 것 같다. 기득권 세력들의 탐욕과 고집이 하늘을 찌르고도 남았을 것.

장자는 노장(老將) 사회를 부정하고 젊은이가 중심이 되는 발랄한 사회를 꿈꾼 것이 분명하다. 늙으면 참람하게 억눌려 봉해지는 것일까. 노구(老軀)는 악몽일 수밖에 없는 것일까. 왜 지덕(至德)한 노장(老壯)들이 없을까 그들도 이리떼처럼 권력을 장악하기 위해 피터지게 싸워야만 했을까.

다 살아버린 인생이 어찌 참회하고 갱생(更生)하여 다른 길을 갈 수 있을까. 참혹하다. 일생에 청춘도 반성도 한번 뿐. 인생이 잠시라는 말을 속된 말로 이해할 이유가 없다. 생이 쇠락(衰落)하면 죽을 일밖에 없다. 늘 자신의 맹(萌)을 볼 일이다. 풀 밑에 밝음이 있는 이 '맹'은 뿌리이다.

이 장자의 양(陽)은 혼돈 속에 있는 한 줄기 인생의 빛이고 자시이다. 눈물겨운 한 줄기의 생명이다. 가녀린 자아이다. 돌보고 싶지만 장자는 지나쳐 간다. 그것이 자연의 길이다. 동양의 시원(始原)으로 가다가 나는 대로가 놓인 그의 집으로 가지 않고 길도 희미한 몇 평 빛이 내리는 장자의 집으로 향한다.

'문득'해진다. 〈양생주〉에서 대곡(大斛)을 스쳐 지나가는 소리가 들린다. 가만히 들어보니 칼날이 지나가며 뼈와 살을 갈라놓는 저 바깥의 소리이다. 포정의 칼이다.

6. 악출허(樂出虛), 음악은 텅 빈 곳에서부터

희로애락(喜怒哀樂) 여탄변접慮嘆變慹) 요일계태(妖佚啓態)여, 텅 빈 곳에서 음악이 나오고, 습기에서 버섯이 생긴다.

낮과 밤이 서로, 교대해 앞에 나타나지만, 그 무엇으로 말미암아 싹이 트는지는, 알 수가 없다.

버려두어라, 버려두어라.

아침과 저녁에, 그 무엇으로 말미암아, 생기는 것인지를, 깨닫게 될 것이다.

그대가 아니면, 나는 없다. 내가 아니면, 받을 수가 없다. 이것이 바로, 본연(本然)에 가깝다. 하지만, 그 무엇으로 말미암아 그렇게 되는지는, 알 수가 없다.

필시, 진재(眞宰)가 있는 것 같은데, 그 조짐을, 깨달을 수가 없다. 실로 움직임은 분명한데, 그 형체를 볼 수가 없고, 실정은 있지만, 형적(形迹)은 없다.

원문(原文)

喜怒哀樂 慮歎變慹 姚佚啟態 樂出虛 蒸成菌 日夜相代乎前 而莫知其所萌 已乎已乎 旦暮得此 其所由以生乎 非彼無我 非我無所取 是亦近矣 而不知其所爲使 必有真宰 而特不得其眹 可行已信 而不見其

形 有情而無形

* **희로애락**喜怒哀樂 기쁨, 노여움, 슬픔, 즐거움. **여탄변접**慮嘆變慹 걱정, 탄식, 변심, 고집. **요일계태**姚佚啓態 간사, 방만, 위세, 위장. **악출허**樂出虛 빈 곳에서 음악이 나옴. **기소**其所 그 까닭. 무엇으로 말미암는지. 싹틀 **맹**萌. **막지**莫知 알 수 없다. **이호**已乎 그만 멈춰라. 버려둘, 그칠 **이**已. **단모**旦暮 아침 저녁. 저, 그대, 당신 **피**彼. **무아**無我 나는 없다. **무소취**無所取 취할 것이 없다. **취**取 받다, 품수(稟受). **시역근의**是亦近矣 이것이 바로 진리에 가깝다. 의矣 진체, 본연(本然). **기소위사**其所爲使 그 무엇으로 말미암아 일어나는지. 소所는 바, 까닭. **진재**眞宰 조물주, 본체, 천기(天機). 조짐 **짐**朕. **가행이신**可行已信 실로 움직임은 분명한데. 실로 **가**可. **유정이무형** 실정(實情, 현상)은 있지만 형적(形迹)은 없다.

수많은 구멍 속에서 왔다

장자를 읽어가면서 점두(點頭)를 계속한다.

자꾸 깊어지고 높아져서 어디서 고갯길이 없어질까. 그저 바람에 끄덕이고만 있는 풀대와 산과(山果)인가. 잘 익은 가을날의 하늘에 와 있는 흰 구름인가. 바빠지기 시작하는 이월 저 산의 음기이며 골방의 냉기인가. 자연의 책으로 책의 자연으로『장자』를 읽는다.

여기 열두 감정과 악출허(樂出虛), 그리고 단모(旦暮, 아침과 저녁)가 등장한다. 전율을 경험하고 구리심(究理心)을 받는다. 경계가 사라진 자연을 느끼고 호흡(呼吸)을 통해 지괴의 한쪽에서 흙이 되고 공기가 된다. 문장들이 불쑥불쑥 눈앞에 솟구친다.

매일 북명에서 솟아오르는 거대한 조두(鳥頭)와 같다. 혼란스럽고 크고 황홀하다. 그 어디서든 나를 데리고 조용히 혼자 살아갈 수 있을 것 같다. 장자가 손에 중추(中樞)를 쥐어주는 느낌이다. 저릿하다.

희노애락(喜怒哀樂)은 어디서 오는 걸까. 여탄변접(慮嘆變慹)은 누굴 향하는가. 요일계태(妖佚啓態)는 왜 작동하는가. 장자는 만물 정리에 앞서서 인간에게 있는 커다란 구멍들을 보여준다. 구멍에서 말과 풍음이 그치지 않는다. 심리학의 원조(元祖)가 이 구멍 속에 있다. 이 열두 구멍을 아는 자는 없다.

한한(閒閒), 간간(間間), 담담(炎炎), 첨첨(詹詹), 혼교(魂交), 형개(形開), 위구(爲搆), 심투(心鬥) 그리고 만자(縵者), 교자(窖者), 밀자(密者), 소공췌췌(小恐惴惴), 대공만만(大恐縵縵) 또 시비(是非), 수승(守勝), 언쟁(言爭), 기익(其溺), 위지(爲之) 그 외에 복(復), 암(厭), 함(緘), 노(老), 혁(洫), 사심(死心), 양(陽) 스물다섯에 열둘을 더하면 서른일곱이 된다.

여기에 악출허(樂出虛)와 증기(蒸氣), 맹(萌), 단모(旦暮)와 그것들의 비밀, 무위, 피아(彼我), 무아(無我), 진재(真宰)를 더한다. 그것에 대한 부지와 보이는 것과 보이지 않는 것의 형(形)과 정(情), 밤낮의 변화와 그림자, 허무의 형적(形迹)이 있다. 이 관계를 상상하면 만물의 심연과 파생(派生)을 헤아릴 수 없다.

게다가 인간에게 팔만사천 감정이 있다고 하지만 저 들판에 지나가는 바람의 크기와 그 입자의 모양과 숫자를 산출한다면 무한의 감정을 가진 얼굴이 숨어 있을 것이다. 그것들이 우리의 얼굴이기도 하다. 만물의 얼굴은 그 어느 구멍에서 나왔다.

구멍을 뒤집어쓴 자들의 거동. 저 만연한 자연 속에 만교밀자의 얼굴은 보이지 않는다. 그런데 그들을 떠올리면 공포를 느끼지 않을 수가 없다. '나'와 '너'의 얼굴이 그토록 친밀하고 교활하고 잔인했을까. 이 만교밀의 언어는 경악을 금치 못하게 하는 장자의 날카로운 시선이다.

우주 속의 관조, 전율의 일야(日夜)를 보다

자연은 자신을 폐기하고 망각하지만 다시 돌아온다.

장자의 묘연(渺然)한 비밀, 기막힌 일야(日夜)의 순간들. 어떻게 해가 떠오르고 저녁이 오는 걸까. 생각하면 아득하다. 장자는 무한세월의 일야를 상상했을 터이다. 꼭두새벽에 음양이 움직이며 지나가는 그 기미에 심기(心氣)를 맞추다 자신을 잃어버렸을 것이다.

헐거운 여름옷을 입고 그 태동(胎動)에 순응하며 한없는 느림의 속도로 그것을 따라 자신의 아침으로 돌아왔을 것. 형개(形開)하더라도 잠들기 전의 마음으로 깨어나고 자신과 아침을 맞았을 것. 해가 가뭇없이 지고 땅거미가 드는 어둠속으로 던져진 몸과 어스름한 정신을 그대로 두었을 것. 장자의 백해(百骸) 구규(九竅) 육장(六藏)은 이미 인(人)의 것이 아닌 하나의 물의 상태로 움직였을 터.

이 지상의 어느 잎 하나의 작용도 나는 상상할 수 없다. 나는 그것들을 안다고 결코 말할 수 없다. 수많은 미지(未知)의 연결자들이 매달려 가고 있는 동시작용을 어떻게 알 수 있는가. 자연엔 옳고 그름이란 없다. 음악은 우주의 공간에 운행한다. 그것을 안다고 하는 마음은 인(人)의 마음이 아니다.

여기 '일야(日夜)'가 나오는 최고의 문장이 등장한다. 인물보다 이 언어의 등장이 나를 긴장시킨다. 주야가 맞물려 까닭없이 만물이 오고 간다. 거대한 시공이 서로 교대해 앞에 나타난다. 나는 이 신비만을 느끼면서 살아갈 수 있어야 한다.

일출 속에 지난밤의 허망한 혼교를 창공 속에 내쫓고 아침빛과 함께 부산하게 만물의 상을 받아들인다. 찰나에 모든 기억을 되찾아 정신을 차리며 일상을 더듬어 살아나온다. 불가사의하다. 무엇이 우리를 운전하는 것일까.

이 거대한 지구의 일상적 자동화는 상상을 넘어서는 우주 운행의 일

환이다. 그 속의 자신과 그 사태를 흥미롭게 바라볼 수 있는 것이 소요(逍遙)이다. 인간에게 부여된 까닭 모를 권한이다. 조물자가 그것을 허용하고 인간이 그것을 거울처럼 바라보고 행한다. 음양이 순차적으로 돌면서 교체되는 광경은 신비하다.

한쪽 기운은 어디로 가는 것인가. 또 어제로 돌려보내고 앞으로 나아가 내일을 맞게 하는 그 기운은 무엇일까. 서쪽의 누구에게 그 기운은 미래와 꿈이 될까. 저쪽에서 우리의 아침을 받는 그들은 또 누구일까. 그 저녁이 다시 아침을 보내고 있으니 알기 이전에 감탄할 뿐이다.

경천지동이 매일 일어나는 셈이다. 게다가 감각과 신경의 촉수들이 살아 움직이는 인간의 내분비계통은 무섭고도 괴괴한 통로 속에서 작용한다. 거대한 살점과 팔다리, 혈관과 숨관을 가진 신경다발의 뒤엉킴, 그 실타래를 풀 수 없는 존재들이 그 주야 속에 존재한다.

자시를 떠난 뒤 상아를 지나 곧 무아(無我)에 도착하겠지만 만물도 맞물려가는 그 자체를, 스스로를 모른다는 뜻이 포함되어 있다. 만물과 함께 부지(不知)로 전환하는 길이 어쩌면 우주의 형적(形迹)일지 모른다. 하늘이 하늘을 모르고 산이 산을 모르고 바다가 바다를 모르는 운행. 진정한 제물의 꿈은 그곳에 있을까.

다만 저 위대한 대언(大言, 우주의 노래 혹은 행적 없음)들은 그저 가만히 우둔하게 떠 있거나 서 있거나 바닥에 앉아 있다. 어슬렁거리는 조용한 이매와 혼돈처럼. '나'는 천기(天機)가 스스로 책임이 되지 않고 소요하는 자연임을 알게 된다. 아침과 저녁에 그것이 어디서 유래되어 생기는지를 체득하게 할 것이라는 장자의 말은 아침저녁으로 사유하는 것이라는 비법을 알려준 것 같다.

조용히 자전하는 황홀지경의 소요. 음양이 교차되는 경계의 순간. 내가 사라지고 다른 내가 나타나는 시간. 물질로 기억하는 존재라는 '나'를 느낀다. 다른 자아가 거기 조용히 앉아 있다.

그 순간, 자신을 발견하고 그 자아가 저쪽이 없이는 '무아'라는 비피무아(非彼無我)를 깨닫는다. 즉 아침이 '어디서' 오는 곳이 없다는 것, 내가 남이라는 것, 너는 저쪽 어둠속에 있다는 것, 이것들은 이곳이 그 어느 한 쪽이 아니라는 것을 알게 한다.

음양의 시종(始終). 기괴(氣塊)를 만지고 몸속으로 넣으며 안거(安倨)하는 저녁 속에서도 기를 느낀다. 그 날쌍한 물활(物活)을 내가 어찌 알까. 따라갈 뿐이다. 그 음양의 기준선이나 시간표가 별도로 있지 않다. 서로 앞서고 뒤서고 다시 뒤서고 앞서는 이 체대(遞代, 교대)의 광경은 우주소요이다.

악출허(樂出虛)

욕망에 사로잡힌 인간은 만물에 갇혀 외물을 상용하며 늙어간다. 물건들이 의심의 여지없이 심부를 흔들고 작동한다. 그것들이 어디서 싹터 나오는 걸까. 인간의 다른 우주이고 뜻하지 않은 빛의 작란(作亂)인 것 같다.

악출허. 빈 곳에서 나온다. 처음 존재한 것은 사물이 아니라 음악이다. 이 역시 바람의 아이이며 소리이다. 그 음악이 우리를 탄생시켰고 유혹한다. 유전학자들은 생명체가 모두 지놈의 작용을 한다고 한다. 세포질이 스스로 까닭없이 반짝이고 움직인다. 지놈의 소요라 할까.

이 악출허는 모든 만물의 어머니이다. 언어의 시원이 되는 최초의 열쇠가 들어가는 자물쇠의 구멍이다. 그 구멍은 어머니란 말처럼 슬픈 모양을 하고 있는 것 같다. 인간은 그 소리를 따라 움직인다. 존재의 어머니들은 그 구멍의 몸이다.

실상은 있지만 눈에 보이지 않는다. 천뢰의 소리는 들려도 모양은 볼 수 없다. 그 소리가 되고 싶은 자가 장자이다. 아침이 오지만 그 실체를 볼 수 없다. 수많은 감정이 일어나지만 모습을 볼 수 없다. 진재(眞宰, 우주 진리의 주체. 개별의 영혼과 관련된다)도 마찬가지. 그 이름은 없다.

있을 필요가 없다. 칭명(稱名)할 수 없는 것을 장자가 그렇게 명명했을 뿐, 본명은 아니다.

그러나 이 진재는 '나'가 있는 실존이며 숙명의 본체이다. 진재 부재와 감정의 발단, 상상과 현상이 이 세계의 모습이다. 세계의 구멍은 모순 같지만 그것이 정상이다. 이 숙명에 항상 비극성만 있는 것은 아니다. 근원을 지닌 현존의 상황이다.

우주적 경이로움의 일야상대를 먼 소요의 순수경지로 장자는 보여준다. 감정은 있지만 형체는 없다는 말을 뒤집으면, 형체는 볼 수 없지만 형체는 있고, 형체는 없지만 감정은 나타난다는 말이 된다. 그러므로 희로애락, 여탄변접, 요일계태 들이 아침저녁처럼 생긴다는 이 말은 본래부터 있는 것에 대한 장자의 무궁한 경외심의 발로이다.

또 그것들은 그림자이며 망량이며 이매이며 몽음주자의 길이다. 그 그림자와 꿈의 주체를 장자는 바람과 기(氣)로 본다. 그것들의 무궁한 소요를 보면서 자신도 그곳에 함께 숨어들어 놀기를 바랄 뿐이다. 그 외의 어떤 구속도 책무도 체제도 사실은 없다. 이것은 양(陽, 생명)이 있는 동안만 가능하다. 장자 언어의 선물이다.

열두 개 구멍은 있지만 그 안에서 생기는 소리는 보이지 않는다. 소리와 인간의 모습은 기괴한 범물(凡物)이다. 12자(字)의 인간 감정과 심리가 없다면 그것이 생기는 빈 마음(구멍)도 없다. 언어가 없으면 구멍에 따르는 수많은 감정도 없다. '텅빔'이 있음은 그 빈 곳을 에두르거나 떠받치고 있는 경계나 바닥이 있기 때문이다. 소리가 그, 사이에서 태어난다.

악출허는 소리와 언어가 '현재의 태허(太虛, 훼손되지 않는 않은 구멍의 언어)'에서 시작되고 있는 증거이다. 증성균(蒸成菌)은 만물에게 자기 생성의 자리가 있음을 뜻한다. 모순과 갈등이 있고 괴이하고 무용한 것이라도 태허부터 있어온 존재임을 부정할 수 없다.

모순과 갈등이 존재의 근본이다. 아니 모순과 갈등이 실은 모순과 갈등이 아니다. 인간의 모든 감정은 우주 속에 잉태되었던 것들이 특별히 인간이라는 존재를 통하여 표출되는 것뿐이다. 장자는 그 수많은 감정을 제거하는 일에 시간을 허비하지 않는다.

이 허(虛)는『장자』에서 처음 나오는 말이다. 허는 저 규혈(竅穴)과 곧 나오는 무아(無我)와 관련이 있다. 우주의 모기(母氣)이며 일야(日夜)의 소맹(所萌)의 발생처 즉 음양의 태동과 발단이 무작(無作, 만들지 않고 원래부터 있음 즉 자연)하는 매력적인 시공이 이 우주이다. 즉 장자의 허무이다. 이 허무의 상취와 뼈, 핏줄, 장기의 구멍이 인뢰를 만들어낸다.

점점 높은 경지로 나아가는 〈제물론〉은 이 '허(虛)'자 안에서 날갯짓한다. 허(虛)는 고갯마루이며 초월의 하늘이다. 무용한 것을 말하고 써서 확장하는 자에겐 더할 나위 없는 문자이다. 허는 골혼, 광막지야, 무하유지향 안에서 음악이 사는 존재들의 주소지가 된다.

그러나 그 음악에 도달하고자 하지만 그럴수록 인간은 미도착증에 시달린다. 차라리 잊었을 때 문득 그곳에 당도해 있는 자신의 말을 발견하게 될 것이다. 허는 개울을 건너뛰는 징검돌이며 허공을 통과하는 구멍이다. 붕새가 어떤 도구를 만들어 하늘로 날아오르지 않은 것을 다시 기억하고 상상할 필요가 있다.

그러므로 허는 단순한 구멍이나 동굴이나 하늘이 아니라 소리가 있는 공간이다. 희노애락, 여탄변접, 요일계태와 연결시킨다면 소리, 음악과 생기가 나오는 구멍이다. 이것이 인간과 우주의 본질을 말한 것이 아닐까. 감히 말하건대 인간이 바로 그 악출허가 아닐까.

모든 존재의 고향. 돌아갈 수 없는 고향이다. 파괴되고 없어진 고향이다. 길이 없어진 고향이다. 장자의 허(虛)자 속에 비밀이 있지만 그곳을 알지 못한다. 그러나 그러기에 모든 '나'는 장자의 부지(不知)와 해체〔포정의 해우(解牛)〕와 기쁨, 무아, 우제용(寓諸庸, 만물을 쓰지 않으면서 '쓰는' 삶)에 도달할 수 있을지 모른다.

다시 찾아오는 아침 속에서

장자는 여기서 또 다른 상상의 세계를 열어준다.

수많은 세월이 흘러갔지만 어제의 동이나 노을이 오늘의 노을과 동보다 내게 가깝고 생생하다. 마치 현재의 인식이 흐릿하고 과거의 것이 더 분명한 것 같다. 언어화하고 과거화해서 그런 것일까.

과거로의 형개일까. 상상과 기억은 지난번 그 숲속을 들어와 빗방울을 흔들어 몇 알 떨어트리고 마지막까지 여리고 푸른 작은 잎까지 살랑살랑 흔들고 나가는 무욕의 바람 같다. 가히 상시(上詩)의 눈이라고 할 수 있지 않을까.

이 어둠과 빛, 저녁과 아침, 밤과 낮의 대비를 위해 장자는 맹(萌)자를 차용했다. '맹'자가 위대하고 아름답다. 장자가 맨 처음에 하늘에 올라가 창창(蒼蒼, 새가 파란 하늘을 등에 지고 떠 있는 불공(不恐)과 천양(天壤)의 푸르름)과 야마(野馬, 아지랑이)를 본 지극함을 지녔던 그 첫 시하(視下, 소요유)가 낳은 생명의 눈이다. 어떻게 된 것이기에 그 '맹'자로 밝음이 터오며 어둠이 오고 있는 것일까.

그런가 하면 아침 속에 벌써 어둠별이 지상을 내려다보고 있다. 어둠별이 샛별에 앞서 있어 내일 아침을 바라볼 수 있다. 어제의 어둠별이 과거의 미래로 가버려도 된다. 오는 별보다 기억이 된 별이 더 그리울 수 있다. 산과 마을을 지나가는 태양의 속도로 함께 걸어간 적이 있었을까. 그 해는 얼굴 앞에 계속 떠 있을 것이다.

나날의 반복과 새로운 경험 속에서 장자는 벌써 과거와 미래를 하나의 시간 속에 넣을 수 있었던 것일까. 이미 해가 지는 뒤쪽의 저녁이며 이미 해가 뜨는 앞쪽의 아침이다. 아침이 저녁이고 저녁이 아침이 된다.

어둠에 숨었기에 자신을 보일 수 있는 밤별, 태양이 쨍쨍 빛나는 한낮의 헐떡거림. 우리가 모르는 것은 무엇일까. 저 동쪽의 아침과 저 서쪽의 저녁이 한 단어로 '단모(旦暮)'가 되었다. 생사가 분리되지 않은 하나이다. 그러나 그것을 알 수가 없다〔이막지기소맹(而莫知其所萌)〕.

두 눈으로 보면서도 모른다. 언어가 없기 때문이다. 언어로 보아야 한다. 그러나 언어로 볼 수가 없다. 빛은 한낮의 시간 속으로, 어둠은 한밤으로 향해 가는 것. 하지만 장자가 일야(日夜)의 비밀을 다 알았다고 한다면 잘못이다. 장자는 그것이 앎이 아니라는 것을 체득하고 있는 것 같다.

동서(東西) 시종(始終)의 양쪽 거울과 창 안팎에서 장자는 개동(開東)과 일몰을 동시에 열고 있다. 서로 반대편에서 자신을 보게 될 것이다. 아니면 계속해서 태양의 속도와 같은 속도로 태양을 따라 걸어야 할 것이다.

여기서 음양이 없는 방일월(旁日月)과 협우주(挾宇宙)의 상상이 탄생한 것이 아닐까. 아마도 수도 없이 오랜 세월 동안 동과 노을을 바라보았을 장자의 눈은 그 빛 속으로 사라져버렸을 만큼 깊어졌다. 과연 어떤 음양과 사물의 초극(超克)적 음악이 있었을까. 나로선 이것들이 몸서리치도록 그립고 궁금하다.

쾅 소리가 장자의 집에서

중야(中夜)에 가만히 우주의 기척을 들으려 한다. 현상은 있지만 모습이 없다. 기이하다. 우주의 하늘이 완벽하게 만들어졌다.

그 소리의 하나가 그대의 이쪽의 '나'이다. 그대가 아니면, 나는 없다. 내가 아니면, 받을 수가 없다〔비피무아(非彼無我 비아무소취(非我無所取). 피(彼)는 그대, 저쪽, 타자, 자연)〕. '나'가 바로 만물과 인간을 체득해야 할 대상이다. 그 안의 대지와 대언, 미지의 언어도단은 무엇일까.

너 없이 나는 없지만 또 '나' 없이 우주를 얻을 수 없다. 단모(旦暮)는 무엇으로 말미암아 어디서 생길까. 만물 앞에 있는 '나'라는 자아를 인식하고 버리는 최고의 경지를 보여준 말이 아닌가. 쾅 하는 소리는 작아지면서 아주 멀리 사라져간다. 뜻이 희미해진 한 권의 책과 같다.

소리를 내는 존재는 인식할 수 있다. 그러나 그 소리의 얼굴은 없다. 만물을 상대하는 독존(獨存)이 있게 되고 상물적 '너'가 그러나 저기 수 없이 존재한다. 모두 '너'와 '나'의 관계이다. 이 괴연독과 부지에서 복잡한 혼돈의 우주와 그 만물의 배치는 무한한 무위의 정신과 소요의 언어를 제공한다. 〈제물론〉의 비밀이 여기 있을 것이다.

그의 문장은 이 '숙명의 피(彼, 그대)'가 있을 때 아름다워진다. 어리석음과 침묵의 자시 속에서 문장은 희열의 글을 쓴다. 그 피(彼)가 희노애락, 여탄변접, 요일계태의 못난 딸들이다. 그러니 그 소리가 어디서 나오는지를 상상도 할 수 없다.

악출허는 가득 찬 줄 알았던 텅 빈 인간의 육체에서 나오는 음악이었다. 『남화경직해』에서는 이 희로애락을 제외한 여탄변접과 요일계태의 팔자(八字)를 다른 책에는 없는 최초의 말이라고 했다. 이런 면에서 장자는 인간을 광막한 들판에 넘겨주려는 어둠 같다.

그가 있는 곳은 사회와 권력 구조의 중심이 아니라 대소 자연물들의 방외가 중심이 되는 곳이다. 이 방외의 중심 확장과 착종이 장자의 나라이다. 이 장면은 만물의 거울 속에서 한 인간을 발견하는 것으로서 다시 열리는 개기월식과 같다.

고독한 장자의 집에서 쾅! 소리가 들려온다.

그대가 아니고는 없는 나

장자가 처음 사용하는 이 무아(無我)의 글자는 오롯하다. 동(東)을 열고 오는 그대가 없다면 내가 없고 그 동을 보는 내가 없이는 얻을 것이 없다. 이 말은 인간 존재의 천혜를 노래한 대목이다. 다만 인간이 앎을 깨우쳐 무용을 사용할 때에만이 그럴 것이. 저 동은 사용할 수가 없기 때문이다. 인간도 마찬가지이다.

이 아름다운 상대성의 공존은 '존재의 양행(兩行)'이다. 그 무엇도 홀로 존재할 수가 없다. 나는 이것을 장자의 '숙명'으로 이해한다. 홀로가 아니므로 만물이 주변에 있고 경계와 시비가 발생한다. 하지만 장자는 짝〔우(偶)〕을 경계한다. 도를 무너뜨리는 소성(小成)과 편애의 발단이기 때문이다. 너와 나는 서로를 사용하려 하고 죽이려 한다.

'피' 없이 '나'는 없다. 이 머나먼 일몰(日沒)의 비유 속에서 아득해진다. 사라짐으로써 나는 있고 다가옴으로써 나는 없어진다. 먼 곳에서 '피'와 '나'는 서로 앞에 있다. 교대로 나타나는 상대호전(相對乎前). 이 발견에 탄복하지만 '나'가 없으면 '우주'가 없다는 대언(大言)은 우둔한 표현이다. 대뇌피질(大腦皮質)이 다 닳도록 아득한 태초와 말세의 말이다.

그 무엇으로 말미암아 그렇게 되는지 알 수가 없다. 즉 무엇이 시켜서〔위사(僞使)〕 그렇게 해가 떠오르고 바람이 불고 밤이 오고 마음은 걱정이 되고 혼자 골똘히 상상하는가. 그 까닭〔기소(其所)〕을 알 수가 없다는 말은 부지(不知)의 경계이다.

기소(其所)란 말이 여기 세 번이 나온다. 무엇으로 말미암아 일어나는지 즉 무엇이 시켜서 그렇게 되는지 알 수가 없다. 부지는 장자의 대종(大宗, 마루)의 자리이다. 이 부지로 소요가 계속되고 바람은 계속 불어온다.

장자는 인간과 만물의 작용을 영부(靈府)가 함께하는 동류(同流)적 입장에 둔다. 그는 인간을 굳이 망각하지 않으면서 인간을 만물에 소외시켜 편입시키려는 만물제동의 유물론자이다. 장자는 언어가 없고 생각이 되지 않는 궁극의 경지로 나아가길 바란다. 거기서 자연과 인간을 보고 있다.

작은 거울이라는 생각

무형(無形)이란 말이 나온다. 우주의 현상과 형적(形迹)이 없는 것처럼 '나'는 여기 있는 것 같지만 또 없다. 쉽게 말하자면 한 곳에만 있기 때문이다. 저쪽에는 있을 수가 없다. 또 사물과 자아를 완전히 인식하지 못한다. 게다가 그 인식을 언어로 나타내지 못한다. 인간도 우주의 무형, 유정(有情)과 똑같다.

'나'는 너구리와 족제비이다. 촌음을 폴짝폴짝 건너뛰지만 그 촌음에 갇힌다. 스스로를 움켜잡고 공고히 하며 나와 타인을 비교하고 인사(人事)하며 '제물'하느라 자연이 준 시간의 무위를 느끼지 못한다. 이것은 일단 소요의 불가(不可)를 나타내는 말이다. 만물의 영장으로서 만물의 중심에 있지만 가장 불행한 존재가 인간이다.

인간의 가장 큰 비극은 무유(無遊)와 비한(非閒)에 있다. 외물에 닳고 닳은 인간은 천예(天倪, 자연과 하나 된 천진성)를 잃은 자이다. 딱딱한 고관절이 되어 삶은 공포심에 둘러싸이고 노혁(老洫)의 고집에 갇힌다. 무위는 없고 유위만 떠돈다. 장자는 그러한 삶에서 벗어나 '다른 것'을 가지고 놀고 있다.

장자는 말한다. 천지운행은 의심할 여지가 없다. 눈으론 그 실체를 볼 수 없다. 이게 무슨 말인가. 보고 있으면서 모른다. 완전히 안 것이 아니기 때문이다. 그래도 이상하다. 인간은 조물주의 형상을 볼 수 없다. 이상한 문장이다. 장자의 필생의 탄식은 어쩌면 여기에 있는지 모른다. 그러나 장자가 그런 곳을 소요했다는 것은 흥미로운 일이다. 그 비밀이 '불견기형(不見其形)'이다.

그림자는 있되 그 실체는 없다. 저 우주와 자연과 사유의 본체는 무엇일까. 자연과 정신조차 언어의 감옥과 불완전한 구조 속에 갇혀 있는 것 같은 착각을 불러일으킨다. 그래도 지구는 매일 한 바퀴씩 돌며 십만 팔천 킬로미터 속도로 허공을 달려간다. 그 언어의 옷을 벗어도 그것의 이름은 없다.

존재에 대해 말할 수 있지만 그 존재는 자신을 보여줄 수 없고 보여주지 않는다. 아마 그에겐 보여줄 거울이 없거나 인간의 거울이 너무

작아서 그 존재를 비출 수 없다고 하면 어떨까. 이것은 언어와 인간의 한계이자 본체를 보여주지 않는 자연 저 안쪽의 어떤 은약(隱約)처럼 여겨진다. 불견이란 말이 돌연 인간의 불구(不具)의 형해와 같고 벗을 수 없는 탐구욕에 대한 천형 같기도 하다.

고작 그러나 대단하다. 인간의 무소취(無所取)의 취(取)는 외물로 열려 있는, 보고 느끼고 사유하는 인간의 그릇이다. 눈의 마음과 마음의 귀로 일야(日夜)의 변화를 깨닫고 보지만 아는 것은 아니다. 아는 것의 장치가 인간에겐 없는 것이 아닐까. 손과 발밖에 없는 심각한 결핍일 수 있다. 그것은 인간에게 없는 거울과 같은 것이 아닐까.

지정지밀(至精至密)해도 아무 경계가 없는 자연이고 생사무변(生死無變)한, 인지 불가한 세계이다. 이 정도가 '나'가 볼 수 있는 조물주의 작은 거울이라는 생각을 해 본다. 이런 부지가 없이 문명과 과학은 오만의 머리 위에 올라 앉아 있다.

〈응왕제〉편을 기억한다. "반사는 하지만 안에 감추지는 않는다. 그러므로 실컷 사물과 함께 뛰어놀아도 다치지는 않는다.〔응이부장(應而不藏 고능승물이불상(故能勝物而不傷)〕" 거울은 원래 만물을 담을 필요가 없다. 거울 밖이 있으니 그것들을 비출 뿐이다. 없으면 안 비춘다.

인간은 무정(無情)의 존재이다. 만물이 상물적 관계에 있는 조건 속에서 인간은 그 만물을 상대한다. 인간은 취〔取, 앞의 형개(形開)와 반대되는 작용〕의 존재이다. 끝없이 반응하는 거울의 유기체적 비밀을 간직한 존재. 마치 그 거울은 살아있는 섬유질의 잎과 같다. 그러나 인간은 작은 감각으로 무한 속에 상반되어 있는 유정(有情)의 만물계를 본다. 작은 눈들이다.

그래서 만물과 일야의 운행이 없다면 내 마음이 비출 것도 없다. 나 없는 우주는 내게 무용도 소용도 없다. 그 경계까지 장자는 나아가고 있다는 생각에 나는 소름이 돋는다. 이 소름은 그러나 번연한 삶 속에선 만나기 힘든 또 다른 경계 저쪽이다. 생사가 하나가 되는 것을 느낀다.

이호(已乎), 이호(已乎)

어리석은 천하 통치의 꿈을 포함하여 만물에 대한 제물을 포기하고 자연으로 돌아가라는 부탁이 〈소요유〉에서 허유가 요에게 말한 귀휴(歸休)였다.

'이호'는 다급한 말이다. 이(已)자는 버려두라는 뜻. 이 말은 그러니까 멈추란 말이 아니라 저 홀로 운행하는 자연의 소요와 음악과 체대를 내버려 두라는 말이었다. 자연을 인간과 같은 생명체로 보고 그 안에서 명상하고 대경(對境)하고 즐기는 것이 진인의 일이다.

한한(閒閒)과 담담(淡淡)을 견지한 인간은 자연을 좌지우지하거나 파괴하지 않는다. 소요와 제물이 같은 말이다. 지구는 혼돈의 생명 그 자체이다. 그 지구 위에서 살아가는 인간이 자연을 통치하거나 변화시킨다는 것은 반인간적 행위이다.

품도 비용도 고생도 없이 바라볼 때 비로소 어떻게 일모(日暮)가 사라지고 나타나는지를 느낄 수 있다. 일야의 자연을 저 서산과 동녘에 가만히 버려둘 때 우리는 본래의 인간이 될 수 있을 것이다. 만물과 감정이 서로 상면하는 것은 이윤이 되고 소용이 되는 일은 아니다. 심장은 한 덩이의 석류처럼 터질 것 같다.

장자는 그 광경(光景)과 그 반사적 내경〔內景, 응(應)〕을 보는 자를 또 한쪽에서 보고 있다. 비켜서야만 볼 수 있다. 결국, 이 '이호'의 외침 속에서 지구는 돌이킬 수 없는 예언의 종말을 감지한 게 아닐까. 시간이 절규하고 있는 것 같기 때문이다. 모든 불행은 '불이(不已)' 즉 놔두지 못하는 데에서부터 시작된 것일 수 있다.

이 '이호'를 고대의 복잡한 전국시대와 정치적 심리와 군사적 광기를 비판한 말로 볼 수 있다. 장자의 글은 그 속에서 분출한 또 다른 절박한 숙명극복의 꿈을 담은 언어적 표출이다. '이호'는 모든 사상가와 군주와 명예, 욕망에게 일체의 중지(中止)를 명하는 내부의 고통스런 절규일 수 있다.

오직 저 신성한 지구의 일야만이 변함이 없다. 한 점 티끌과 노고가 없는 순환을 뼛속 깊이 직시하며 모든 제도와 지혜와 진보의 중지를 요구하는 천명일 수 있다. 장자의 이 '소리'는 일야상대의 들리지 않는 외침이며 백위대목의 구멍에서 터져나오는 풍음이다.

위대한 자연의 순환을 버려두라는 말, 인위의 모든 행위를 중지하라는 이중적 항명으로 본다면 위대한 한 진인과 진재의 심중에 가닿을 노래이다. 이는 장자가 개인의 자시(自視)와 시대의 함정을 동시에 보고 있는 자휴(恣睢, 깜짝 놀라 눈을 휘동그렇게 하고 보다. 장자의 말)의 호통이다.

'이호'는 그 까닭을 알 수 없는 막지〔莫知, 막지기소맹(而莫知其所萌)〕이며 능견난사(能見難思)이다. 장자는 광막지야, 무하유(가이 없음)의 만물 앞에서 한 치의 틈 없이 막지를 심찰하는 진인의 모습을 보여주었다. 그러나 장자의 시간 외에 멈추는 시간은 없다. 모두 앞서가고 있다.

인간은 자연의 중심 존재가 아니다. 〈추수(秋水)〉편의 인처일언〔人處一焉, 만물 가운데 하나일 뿐인 인간, 개개(箇箇)〕은 인간이 두려움과 의심으로 가득 찬 존재임을 말한다. 인간을 특별난 존재로 보지 않는다. 이 말이 위안이 되는 것은 왜일까. 문명의 중심에서 멀리 벗어날 때 비로소 한 인간의 모습을 만날 수 있는 것이다.

본래 인간은 순응하는 자연의 존재이지 않았을까. 꼭 인간을 선하게 보기 위해서가 아니라 자연적으로 차별되지 않았던 만물제동의 본심이 그 안에 있었던 것 같다. 이 지상에 다시 바람이 불어오길 아무도 갈망하지 않는 것인가.

막고야산의 신인은 어떤 육체의 음악을 연주했을까. 만물은 언제까지나 입을 다물고 있고 지상의 인간들은 지나치게 시끄럽다. 여기서 또 하나의 부지를 발견한다. 지나간 모든 영겁의 낮과 밤은 알겠는데 아무것도 없는 텅 빈 저 허공에서 오는 우리의 아침과 저녁은 무엇인가.

7. 백구륙(百九六)의 몸의 발견

백 개의 뼈와, 아홉 개의 구멍과, 여섯 개의 장이 갖추어져, 존재하는 나는 누구와 가까운가. 그대는, 모두를 좋아하는가. 거기에 불공평이 있는가.

이처럼 모두를, 부하와 종으로 삼을 수 있는가. 그 부하와 종들은, 서로 다스리는 것이 부족한가. 서로 주인과 부하가, 그 교대를 할 수 있는가.

그 조물주는 존재하는가. 혹여 그 이치를, 알건 알지 못하건, 그 진(眞)은 더하지도 덜하지도 않는다.

원문(原文)

百骸九竅六藏 賅而存焉 吾誰與爲親 汝皆悅之乎 其有私焉 如是皆有爲臣妾乎 其臣妾不足以相治乎 其遞相爲君臣乎 其有真君存焉 如求得其情與不得 無益損乎其真

* 뼈 **해**骸. 구멍 **규**竅. 눈, 귀, 코와 입과 아래 배설의 두 구멍. 오장 **장**藏 심, 간, 비脾, 폐, 신腎. 신의 명문命門은 남녀의 성기. 갖출 **해**賅. 나 **오**吾. 편들 **여**與. 누구, 어느 것(의문사) **수**誰. 그대, 너 **여**汝. 좋아할 **열**悅 말씀, 기뻐할, 좋아할 **열**說자를 쓴 곳도 있음. **지**之 백해구규육장. **기**其 그것에 거기에(백해구규육장). 사곡된, 불공평할 **사**私. **신**臣 신하. **첩**妾 여자 종. 다스릴 **치**治. 교대로 **체**遞.

진군眞君 조물주. 진재(眞宰). 혹여, 만일 **여**如. 알, 얻을 **득**得. 이치 **정**情. **무익손호기진**無益損乎其眞 진리 그 자체는 늘지도 줄지도 않는다.

나에게 신첩(臣妾)이 몇인가

장자는 인간을 백해(百骸) 구규(九竅) 육장(六藏)으로 묘사했다. 백해구규육장을 장자는 물(物, 무엇)로 보지 않고 수(誰, 누구)로 보았다. 놀랍게도 인간의 내부 구조물들을 의인화했다. 고대의 한 철학자가 육체 내부를 사람의 관계로 본 것은 특이한 발상이다. 몸 안의 뼈와 구멍과 장기들을 인간으로 묘사한 건 내 안에 여러 자아가 있다는 것을 인정한 것이 된다.

신체를 육자(六字)로 규정한 것은 명쾌하다. 심리나 정신활동을 뺀 나머지의 인간 구조는 이것밖에 없다. 백 개의 뼈와 아홉 구멍과 여섯 장기로 인간을 꿰뚫어본 것. 즉 물(物)로 보았다. 여기서 인간을 다른 존재로 바라보는 출발이 가능해진다. 인간은 육체의 내부와 형해(形骸)를 가진 형개적 존재이다.

각루자(殼漏子, 자루, 포대)란 말이 있지만 장자는 인간을 뼈와 장과 구멍을 통하여 즉물화했다. 인간을 일단 조물주(진재, 진군)의 한 조물로 보는 것은 흥미롭다. 나중엔 이 물론적 형해만 남을 것이다. 때론 인간이 그 이상의 존재가 아니라는 생각을 할 때가 많다.

인간이 그리 복잡한 존재가 아니라 너무나 단순한 존재처럼 보이기 때문이다. 살 속에 길고도 많은 구멍의 줄이 밧줄과 실처럼 이어져 있다. 그 구멍 밖에 살로 가득 차 있는 하나의 통과 자루가 인간이며 그 안에 커다란 기둥 모양의 뼈들이 산재한 것이 인간이다.

때로는 이 구조만을 볼 때 인간의 실상을 가장 여실하게 통찰할 수 있다. 뼈의 산재는 어떤 알 길 없는 뿌리들이 흩어져 짜여 있는 화석 같다. 인간은 너무나 분명하게 백 개의 뼈와 아홉 개의 구멍과 여섯 개의 장으로 존명(存命)해 간다. 인간을 규명하기 어려울 때 나는 이 백구육(百九六)으로 돌아온다. 그러면 욕망은 사라지고 마음도 몸도 편해진다.

때론 '너는 그 이상이 아니다'는 소리가 몸에서 들려온다. 이것들이 없으면 걸을 수도 설 수도 없고 보고 듣고 말하고 먹고 버릴 수가 없고 숨 쉴 수가 없다. 인간은 사실 이것만을 믿고 살아가는 어떤 틀이다. 대체적으로 다른 많은 것들을 찾아 헤매지만 백구륙을 거의 인식하지 못하고 살아간다.

해존(賅存)은 이미 존재하는 것 즉 몸 자체이다. 자체가 자체를 인식할 때는 언어의 도구가 있고 사유가 작용해야 하는데 이 지체 자체들은 사유하지 못하는 물건들이다. 신과 첩을 떼어놓고 생각해야 하지만 묶어서 부하와 종으로 보아도 된다. 제도나 운명과 조건 속에서 노예가 된 자들이다. 숙명의 형틀에 놓인 자아와 물건들이 백 개의 뼈와 아홉 구멍, 여섯 장기이다.

아무리 천하고 맘대로 부릴 수 있는 자라 할지라도 그들을 몸속의 장기 따위로 비유한 것은 망칙하다. 그러나 달리 생각해보면 기막히다. 장기와 구멍과 뼈 그 어느 것이나 중요하지 않은 것이 없다. 이 지체 평등에서 저 만물제동의 진리를 찾은 것일까. 해괴한 인식이다. 고대에 이와 같은 시선이 있었다는 게 놀랍다.

문득 나는 그 장기와 뼈와 구멍의 노예가 아닌가. 자신의 몸으로 사회와 인간을 말한 것은 놀랍다. 이들이 아프면 내가 아프다. 이들이 다치고 절규하면 내가 다친 것이고 절규한 것이 된다. 그것은 곧 '나'이지만 다른 '나'들이다. 그렇게 생각하고 내 몸속을 만져보면 신첩(臣妾)이 몇인가. 웃음이 나온다.

또 이들은 어찌 해야 좋은가 하는 고민을 하지 않을 수 없다. 뭐니 뭐니 해도 잘 데리고 즐거이 살아야 한다. 이것들이 내 몸 속에 있는 식물적 자율적 타자적 존재이기도 하다. 우선 음식을 고루고루 잘 씹어 먹어야 하고 적당한 산보와 운동을 시켜주어야 한다.

이것들을 별도로 생각할 수가 없다. 왜냐하면 그것들은 몸속에 숨어 갖추어져 있는 바로 '나'이기 때문이다. 그러나 그들은 가끔 말할 수 없이 고독하고 병이 들어 혼자 거대한 병원에 입원하여 앓아누울 때도 있다.

복잡하고 난해하고 슬픈 인간의 몸

백해구규육장은 마음대로 할 수 있는 것이 아니다. 어쩌면 이것들이야말로 저 혼돈의 실체인지 모른다. 인간의 몸에 구멍을 내자 칠일 만에 죽어버린 혼돈(渾沌)의 작은 모형들.

인간은 크고 작은 뼈를 몸속에 가득 담고 있으며 수많은 핏줄과 신경배돌기들 그리고 망치 같고 숟가락 같고 나무토막 같은 뼈가 있다. 그 연결된 장기와 더불어 넓고 좁고 괴이한 밧줄 모양의 구멍들이 연결되어 있다. 하찮고 부끄럽고 불편하고 귀찮은 구조이다.

인간의 몸은 난해하고 슬프다. 몸을 가만히 생각해보고 만져보면 이런 말이 절로 나온다. 어찌하여 이것들이 만들어져 나왔는가. 이에 대한 부지와 혼돈이 모든 철학과 과학의 오만으로부터 나를 통쾌하게 열어준다. 내가 누구인지 이 한 몸을 이고 들고 끌고 데리고 붙이며 살아간다. 그러다 어디선가 어느 시점에서 내려놓고 죽게 된다면 이것은 분명 짐이다.

나라고 하는 존재가 짊어지고 다니는 이 육체는 무엇이고 누구며 그 육체의 뼈와 장기를 넣고 다니던 힘겨운 '나'는 또 누구인가. 나의 구조는 생성의 맹아(萌芽) 이전부터 있었으며 혹은 준비되어 있었고 자연의 생멸의 허무(虛無)한 법칙 속에 존재하기 시작했다. 너무나 작고 희미한 것으로서 출발하여 지금 있을 뿐이다.

나는 백구육(百九六)을 바라본다. 욕망과 심리, 신진대사와 의문, 사유와 한계, 전위와 심연, 지배와 재략(才略), 유전과 성욕 그리고 명예욕까지. 복잡한 인간의 조건과 구조는 바로 사회이며 국가이기도 하지만 먼저 철저한 개체이다. 복잡한 덩어리이다. DNA로부터 백조의 세포로 이루어진 백구육의 구조는 하나의 절대 설정이다.

몸의 지체 중 어느 하나 소중하지 않은 것이 없다. 따로 놀지 않기에 특별히 아낄 곳도 없다. 멀고 가까운 것이 없다. 자신의 몸을 외물의 자연과 동일시한다. 이것은 장자가 발견한 최초의 위대한 범물(凡物) 사상이다. 특별하고 예외적인 사항이나 존재를 부정한다. 소성과 편애를 거부한다.

과거에 왕은 신을, 주인은 첩을 마음대로 움직였다. 신하와 첩은 다른 것을 다스릴 수 없다. 그들은 전체가 아니고 지체이고 종속이다. 모든 지체는 왕과 주인의 것이다. 각기 자기의 직분만 다할 뿐이지 육체 전체를 움직이진 못한다. 육체의 중앙에 의식의 마음이 있어 한 인간으로 작동한다. 기막힌 육체이다. 원래 없었던 것이 생겨났다.

지체가 서로 다스릴 수 없다는 말은 서로 관여할 수 없는 영역이 있음을 뜻한다. 간장이 팔에 대해 간섭한다는 것은 있을 수 없다. 팔이 간장의 일을 할 수 없다. 팔이 걸어가지 못하고 눈은 말하지 못한다. 그러나 같이 있다.

오직 전체의 구조 안에서 지체들이 같이 움직인다. 그 주인인 '나'는 지체의 일부를 사사로이 편애할 수 없다. 전체의 하나인 '그것'을 뭐라고 말할 것인가. 의식의 맹(萌)이며 진재의 조각들이다. 그 일체감을 생각하면 끔찍하기도 하다.

여기 진군(眞君)이란 나의 진짜 주인이다. 진지(眞知)를 가진 '나'이다. 도교의 조물주이기도 하다. 군주나 제상, 지방관 들이 인간의 주인이 아니라는 풍자가 섞인 말이기도 하다. 불평등과 간섭이 없는 나라의 이상적 존재자를 말한 것으로 보인다. 그는 막고야산의 신인(神人) 같은 인간이다.

상치(相治)여, 저 하늘에서 퍼져 나와 대지 위에 가득한 햇살을 본다. 나는 오늘 너의 말을 주문으로 되뇌며 하루를 덧없이 보낸다. 덧없는 북서쪽 하늘만이 나의 하늘이고 무량한 너의 시간인가.

나의 것으로 만든 것들은 다 망가지고 사라져버린다. 덧없는 시간만 자연의 시간이며 쓰지 않은 시간만 영원한 것 같다. 그러나 그 시간을 찾기도 잊기도 어렵다.

아름답고 위대한 자연의 인간

군자라고 하는 자들은 대개 야망을 가진 자들이다. 언제든지 중앙을 향하여 시골과 벗을 떠나 출향할 사람들이다. 지식인들의 권력에 대한 탐욕과 아첨은 하늘을 찔렀다. 장자는 초연하게 상인자연(常因自然, 항상 자연을 따름.〈덕충부〉편)하고 주도획연(奏刀騞然, 칼이 살을 베는 소리가 삭둑삭둑 울림.〈양생주〉 편)한 잠시의 삶을 꿈꾸었다. 내 마음의 자연 속에서 살고자 했다.

그들은 늘 수신하면서 군주의 초치(招致)를 기다리고 준비한다. 장자의 진인은 그와 정반대에 있다. 권력으로부터 더 먼 곳으로 여행을 떠난다. 대지의 끝으로부터 중앙권력으로 향하는 길의 단순화를 꾀하지 않고 더 멀고 복잡한 뿌리 끝의 대지로 뻗어 나아간다. 그 끝에 눈물겨운 언어의 끝자락들이 살기 때문이다.

장자는 제국의 일상적 폭력을 풍자하기 위해 백해구규육장의 비유를 들었을까. 군과 신을 '나'와 손가락, 다리, 얼굴 등의 관계로 보면 '나'는 그것들의 자신이다. 어찌 나의 손가락이 '나'가 되지 못할까. 손이 타자의 것이 될 수 있다는 것에 어떤 분노가 숨어 있는 것이 아닐까.

이 풍자는 엇박자를 친다. 인간 자체를 관찰하고 양생의 의미를 심화하기 위한 복선적 비유이다. 그래서 다른 비유의 가치가 보인다. 벼슬을 받는 신하나 섬겨야 하는 첩(妾) 들은 왕과 주인이나 권력 앞에서 서로 잘 보이려 다툰다. 지체들이 서로 나를 위하니 내가 나설 일이 아닐까.

이 지체의 비유를 잘못 읽으면 그 지체들이 중심체를 지향하는 것으로 보일 수 있다. 장자는 그와 반대의 길을 걸어갔다. '나'가 지체들을 위해야 한다는 모순 같은 진실에 맞닥뜨린다. 심장으로 향하지 않고 지체를 넘어 먼 곳으로 나간다. 그곳이 백해구규육장의 물들이 있는 곳이 아닐까. 천진과 우둔이 있는 곳.

장자의 대지자(大知者)들은 한담인(閒炎人)들이고 방외자들이다. 권력의 반대편에서 체제와 신의, 약속을 버리는 삶을 선택한다. 정치적 도모나 목표를 멀리하고 바람을 쫓아 무위를 사랑한 무궁자(바람)들이다. 이들은 구름이 가려주고 바람이 데려간 언어라 할 수 있다.

중앙의 권력은 모든 현상과 자연까지도 흡수하길 강요한다. 잔인한 '나'이다. 가혹한 중앙이다. 모든 지체가 '나'의 종이고 신이길 바란다. 이런 자아의 지체는 병들고 지체의 자아는 파국으로 치닫는다. 그 중앙이 내편 마지막에서 칠일 만에 처참하게 죽는 참변을 당하게 되는 것일까. 그것이 '나'이고 국가인가.

진인은 그 반대로 나아간다. 만물을 자연 속에 놓아두고 소요하게 한다. 즉 이호(已乎)라는 절대 방임의 자연소요이다. 여기서 그들은 태어나고 자라고 살다가 죽는다. 자연에게 과거와 미래가 따로 없듯이 이에 대해 그들은 아무런 여한과 희망이 없다. 그러고 보면 장자의 글은 인간 전체의 욕망에 저항한다.

그것이 어떤 사상과 체제이든 한 인간을 중심으로만 움직인다면 그것은 죄악이다. 이래 가지고선 한 사회도 하나의 육체도 온전할 수 없다. 다리는 다리로서 숨고 머리는 머리로 숨고 발가락은 발가락으로 저 아래쪽에 숨을 때 한 인간의 전체는 조화롭다. 서로 머리를 내밀면 파국이다.

'신첩'은 음모의 정치를 바라본 자만이, 몸이 아파본 자만이, 비참한 몸종의 사연을 아는 자만이 표현할 수 있는 기막힌 언어가 아닐까.

나를 찾지 말라, 나를 잊어라

지체와 개체의 존중은 어디서나 필요하다.

교대로 주인이 됐다가 종이 됐다가 할 수 있는가 하는 말은 육체의 구조물들이 그렇게 될 수 없다는 부정적 의문형이다. 사유 불가한 것을 장자는 뒤에서도 꿈꾼다. 이예상존(以隸相尊)이 그것.

다시 떠오르는 말이 있다. 상아(喪我). 나를 잊어라. 나를 찾지 말라. 중앙이 되려는, 나가 되려는 나를 찾지 말라. 그것이 좋은 자연의 형적의 본체이다. 눈이 눈을 찾고 심장이 심장을 찾고 다리가 다리를 찾는다면 기이한 인간이 될 것이다.

혼돈으로 가득한 백해구규육장의 인간을 너무 인식해서도 안된다. 그 혼돈을 죽여선 더욱 안된다. 소성과 편애를 넘어선 무심한 방일월의 사랑이 장자 사상 속에 숨어 있는 줄 어떻게 알았을까. 목적 없이 사랑하는 것이 사라져버린 시대에 나는 제대로 있는지 내 다리를 만져볼 뿐이다.

골의적이기도 한 이 진군은 〈응제왕〉편의 명왕(明王)과 같은 존재이기도 하다. 명왕이란 자기 안의 왕이다. 장자가 어떤 부류의 타인들과 집단의 왕을 오용(誤用)하고 마음속에 불러들였을까. 그것은 노나라 사람 절반의 지지를 얻고도 숨어 지낸 저 왕태(王駘)에게도 없는 반도(反道)일 것이다.

진군은 제물하는 자. 백해구규육장을 편케 하는 자. '이호'하는 자. 생사까지도 관여하지 않는 자. 형개한 정신과 꿈꾸는 백구륙이 저 자연과 똑같은 것. 권력과 빛으로부터 탈출하여 혼돈의 덩어리로 돌아오고, 그 안에서 내다보는 세상은 꿈같은 일. 그 꿈을 만져보는 것이 백해구규육장의 비밀이다.

작은 진군은 지배자로서의 군(君)이 아니다. 한 개인으로서 완성된 주체성과 자유로움을 가진 자이다. 그는 미수(未樹, 홀로 서지 못한 자)가 아닌 바람을 데리고 다니는 어풍(御風) 행자(行者)의 대수(大樹)이다. 백해구규육장의 어느 편도 들지 않고 오롯이 몸 자체를 쓰고 살아온 망아한 삶이 거기 보인다. 이것이 제물이다.

여기서 군신첩(君臣妾)을 나태하고 탐욕만 일삼던 군주들로 못 볼 것도 없다. 자연에서 볼 때 군주들은 추종자들을 하나로 묶으려 하지만 진재(眞宰)의 대언은 하나로 돌아가더라도 그런 권력과는 무관한 귀일(歸一)을 좇는다. 그것은 자연의 일이다.

자연을 닮아보려 했지만 모두 패망(敗亡)했다. 서로가 주인이 아니라고 다투어 숨어들 때에만 몸은 온전한 전체가 되고 모두가 각자의 중심이 된다. 그 안에 진재의 조각들은 반짝이고 바깥의 누군가 자신의 진군임을 잊는다. 그 외의 모든 현상은 반장자적인 것들이 된다.

진군의 주인은 상대와 만물을 다스리거나 교화하거나 간섭하지 않는다. 장자는 많은 것을 다스리지 않고 자연의 우제용의 제물을 따른다. 자연만이 진인의 정부이며 명왕이다. 삶을 단순하게 두고 제물하지만 마음을 두지 않는다. 이것을 소요의 다른 말인 이호제물(已乎齊物)이라 해도 좋을 것이다.

새로운 상위(相爲)와 상치(相治)에 대해

백해구규육장의 숙명적 육체 속에 있는 인간의 구련을 바라본다. 장자의 고독은 여기서 한번 또 파고(波高)를 이룬다.

장자는 말한다. 서로 교대로 그 주인이 됐다 그 부하가 됐다 할 수 있는가(기체상위군신호其遞相爲君臣乎). 이는 앞의 일야상대호전(日夜相代乎前)과 같은 말이다. 사람은 서로가 낮과 밤이 교체하는 것처럼 입장과 몸을 바꿀 수는 없는가 하는 장자의 희원을 담았다.

장자는 이곳에 깊은 마음을 묻었다. 구분 지을 수밖에 없는 조건에 대한 강력한 발언이다. 당대의 가뭄과 흉년, 경쟁과 암투, 지나친 상례(喪禮), 억눌린 인의(仁義) 그리고 전쟁과 굶주림, 차별, 헐벗음, 병의 창궐과 죽음의 세월은 감히 상상도 못할 참혹(慘酷)이다. 시비는 그치지 않고 궁궐은 소란하고 민중은 불안했을 것.

그래서 상위(相爲)는 상치(相治)처럼 아픔이 배어 있는 말이다. 저 앞의 상대(相代, 서로 마주함)도 이곳의 상체(相遞, 서로 교대로)도 장자의 마음이 실린 언어이다. 처절한 역사의 수레바퀴 밑에 깔린 삶에 대한 장자의 핏빛 희원이 비친다.

일야상대의 자연스러운 교체처럼 서로가 상치하기를 바라는 장자의 마음은 뒤에 나오는 이예상존(以隸常尊, 서로 항상 사랑함)과 상온(相蘊, 완전한 우주와 인간의 조화. 장자 도의 최고 경지)에 상통한다. 모두 허공하늘로 둥개둥개 구름과 바람처럼 날아가길 바란다. 이 기막힌 치유코자 하는 아픔을 당대에 누가 노래했을까.

사실 〈제물론〉에선 제물의 논의 핵심은 가려져 있다. 〈제물론〉이라 했지만 물론(物論) 자체는 시원하게 표출되지 않는다. 장자의 말을 빌리면 이런 수사를 도소법(道昭法- 도가 비추어 밖으로 투영되지 않는 것), 골의법(밝게 하지 않고 희미하게 빛나는 것)이라 할 수 있다. 장자는 늘 본질과 본의를 감추는 문장을 구사했다. 동시대의 맹자와는 전적으로 차원이 다른 문장이다.

본말이 전도된 듯하지만 진리를 말하는 방외식의 장자 화법이다. 이는 중심에 서지 않으려는 장자의 의지이다. 즉 뿌리를 강하게 땅속에 내린 거목의 노래이다. 그래서 그의 노래는 난해하고 심오하다. 이 지체의 비유는 눈물겨운 바가 없지 않다. 이 부분에서 절치부심한 장자가 느껴져야 마땅할 것이다. 그러나 장자는 특별히 이 대목을 강조하지 않았다. 편애를 버리고 넘어서기 위해서였다.

모두 내 몸이고 내 지체들이다. 이것이 본격적인 제물의 시작이다.

저 깊은 가을에서 겨울눈이 움직이고 있는 것에 열락(悅樂)을 느끼는 느낌. 한 번도 가보지 못한 다른 나라의 언어로 수런거리는 송뢰(松籟)가 들리는 듯. 양 속에서 음이 음 속에서 양이 서로 움직여준다. 그러나 '내 지체들'이라고 '말'하지 않는다. '말'하지 않아도 내 지체들이다.

이래서 장자의 글은 기괴(氣塊, 공기방울)를 만지는 듯한 느낌이 아련히 들 뿐, 구체적으로 만져지지 않는다. 이것이 장자의 희미하고 까마득한 길이다. 이 상치(相治)는 제물의 다른 말이기도 하다. 그것은 또한 상처(傷處)이기도 하다.

오수여위친(吾誰與爲親)이란

'내'가 어떤 것과 가깝고 어떤 것과 먼 것인가. 우문이다. 어느 것 하나와 가깝고 멀고가 없다. 독맥(督脈)의 척추라 해서 나에게 가깝고, 일체감을 주는 연맥의 복부라 해서 먼 것이 아니다. 손가락뼈라고 해서 항상 가깝고 등이라고 해서 먼 것이 아닌 숙명적 '한 육체'이다. 구별할 수 없는 혼연일체의 몸이다.

《내편(內篇)》 끝에 친소(親疎)가 없어졌다는 열자의 '무여친(無與親)'이 있다. 이미 내 몸의 지체인 걸 너무 애지중지하는 것은 좋아 보이지 않는다. 깃털을 다듬는 짐승이나 새들도 가끔 자신을 가꾼다. 자아와 사물에 대해 일정한 '거리'를 가지게 된다.

장자는 자기 몸 안 혹은 자연 속에 구별이 없음을 깨달았다. 인간에게 뼈와 구멍과 장기 그 어느 것이 내게 더 가깝고 중하다고 말할 수 없다는 경지를 보여주었다. 엉뚱하고 재미있다. 천진하고 심오하다. 결국 어느 하나를 편애하지 말라는 말. 만물을 동시에 통찰해야 한다, 하나만 보지 말라는 말.

즉 장기를 느끼지 않지만 나와 이미 일체가 된 그 자체인 것을. 내 몸 속에 뼈가 서 있는지를 모르게 그것이 살 속에서 아프지 않다는 것을.

구멍이 자기 물질을 통과시키지만 그 일을 하는 줄 모른다는 것을. 나는 알면서 잊는다. 실제로 그들은 그렇게 하고 있고 나 역시 그러하다.

나는 상아의 존재이다. 사실 나는 나를 찾지 않는다. 사실 서로를 찾지 않고 서로를 의식하지 않는다. 무궁자는 숙명적으로 지상에 살지만 지상에 집착하지 않는 것처럼 자신의 몸 전체에 대해서도 지체들에 대해서 궁상스럽게 애착하지 않는다. 지체들이 나 전체를 지나치게 애착하지 않듯이 말이다.

장자는 인간을 타자와 의사소통하고 관계하려는 유기체로만 보지 않는다. 비언어적 존재로서의 우주적 가치를 담은 소우주로 보고자 한다. '나'는 무위의 나그네이며 바람이다. 그대 아니고도 있는 나를 찾고자 한다. 짝이 없는 나이다. 거기에 통치와 소유는 불가하다. 이 의문은 『장자』 전편의 활구(活句)이다.

이 뼈와 구멍과 장이 소통하는 역사 속에는 바람이 불고 있다. 지상의 모든 존재의 구멍에서 소리가 난다. 그 소리를 듣지 못한다면 주인도 신하도 나도 지체도 서로 상대가 아니다. 단지 부속품일 따름이다. 장자는 어느 구멍에서 홀로 그 소리를 듣는다.

그래서 나는 기유사언(其有私焉)을 '거기에 불공평이 있는가'로 해석했다. 사심(私心)과 사곡(邪曲)이 있는가 해도 좋지만 불공평의 의미를 붙였다. 내 몸을 말하면서 사사로움이란 말이 맞지 않는다고 보았다. 자신의 몸이면서도 어느 장기나 뼈를 편애한다면 그것은 속일 수 없는 자신에 대한 간사함이자 불평등일 것이다.

몸과 지체의 문장이 잘되지 않는다. 팔은 팔이고 몸은 몸이기 때문일까. 팔이 몸의 팔이 아니고 몸이 팔의 몸이 아니기 때문일까. 비유할 수 없는 것들이 비유물이 되어 문장을 만들려고 한다. 그러나 모든 것이 문장이 되는 것은 아니다. 장자의 비유는 뱀이 머리를 발라먹는 지네와 같다고 하겠다. 결국 지체에 대한 차별이란 있을 수 없다.

그러나 그 지체와 나라고 생각하는 내가 모두 모이면 진짜 '나'일 수

밖에 없다. 그 외의 나란 없기 때문이다. 이렇게 장자의 글은 허상을 붙잡게 한다. 그런데 놀라운 것은 장자가 이런 것을 움직이는 장본인이 진군(眞君)이라고 명명한 점이다.

장자는 육체와 만물의 대응으로 나타나는 현상을 보고자 하였다. 그것뿐이지만 그것이 전부이다. 이것이 생의 최고 가치를 부여하는 소요와 제물의 행(行)이다. '바람의 사유'는 육체와 마음에 한정된 것이 아니다. 그 이상의 무엇이 '작용'한다는 것을 알기에 부지라고 말한다. 별외의 이 공간을 알아낸 자는 아직 없는 것 같다.

백해(百骸)는 삼백육십여 골절을 총괄한 말이고 구규는 이목구비의 구멍과 항문, 요도를 말한다. 이것들이 서로 가까이 있다 함은 뼈는 바깥으로 얽혀 있고 그 안에 장기가 들어 있다는 뜻. 이것들은 구멍으로 서로 내통한다. 이것만 명상해도 우리는 잠시 육체로부터 기이한 여행을 지속할 수 있다. 여기서 비유물은 비유를 넘어 소요한다.

육체에 대한 망각이 인간의 조건이다. 이 망각이 없다면 인간은 만물과 세계와 자아를 감당할 수 없다. 이 망각이 우리를 숨 쉬고 살아가게 한다. 그 육체는 무아로서 각각 작용하는 장기이며 뼈이며 구멍이다. 그것들을 우리가 어떻게 모두 다 인식하랴. 또 다 알 필요가 있으랴. 그것은 인식의 지옥이 되고 바람의 감옥이 되기 쉽다.

장자가 좌망(坐忘)을 찾은 것도 그와 같은 까닭이 있었을 것. 인간은 불행하고도 다행스럽게 망각의 존재이다. 최후엔 모두 각자가 죽음의 좌망으로 화들짝 돌아갈 것이다. 제물이 소요로 전환하는 곡절이며 생이 다른 물(物)로 이동하는 천변만화(千變萬化)의 일물일화(一物一化)이다.

본체의 진(眞)은 늘지도 줄지도 않는다

여기 나오는 무익손(無益損)은 특이하다. 뒤에 나오는 무익생(無益生)과 통한다.

필시 진재가 있는 것 같은데, 그 조짐을 알 수 없다. 실로 움직임은 분명한데 그 형체를 볼 수 없고, 실정은 있지만 형적(形迹)은 없다.〔필유진재(必有真宰) 이특부득기짐(而特不得其朕) 가행기신(可行已信) 이불견기형(而不見其形) 유정이무형(有情而無形)〕. 진(眞)이 그러하다. 오히려 허(虛)는 보인다. 미생물의 울음과 지구의 자전 음악을 들을 수 없는 것과 같다.

그런데 이 기유진군존언(其有真君存焉) 여구득기정여부득(如求得其情與不得) 무익손호기진(無益損乎其真)은 무엇일까. 고타마 싯다르타보다 200여년 뒤, 장자가 발견한 진지이다. 장자는 그림자를 보고 진군이 있다고 보았다. 이치를 알건 알지 못하건 본체는 늘지도 않고 줄지도 않는다. 장자의 이 '진(眞)'은 불생불멸(不生不滅), 부증불감(不增不減)과 같다.

장자는 진재 혹은 진군, 조물주의 존재를 부정하지 않는다. 유물론자인 것 같지만 장자는 만물 속에 깃든 비밀에 대해 부정하지 않는다. 장자는 그 '진'의 존재'와 초월적 무궁자를 인정하는 것 같다. 정말 조물주는 있는 것인가.

어린 날의 간절한 그 의문을 육십에 들썩이는 어리석음엔 변함이 없다. 이 의문으로 날을 새던 천예의 시절이 그립다. 만연하지만 조물주가 있다는 것은 놀라운 일이 아닌가. 우주는 텅 비어 있다는 과학의 말을 믿지 않지만 그 텅 빈 곳에 무엇이 있다는 장자의 말은 믿어진다.

진리 자체는 변함이 없다. 무한의 시간이 가도 그 본체는 불변한다. 진(眞)은 초를 백만분의 일로 갈라놓아도 변할 수가 없다. 너무나 큰 것은 훔쳐갈 수 없다. 인간의 백해구규육장은 우주의 백해구규육장이다. 우주의 무익손(無益損)은 불상(不傷)의 거울과 같고 무궁소요의 광막지야이다.

백구육(百九六)은 진이다. 지체의 입장에서 볼 때, 인간 전체가 '진'이다. 그 진지의 눈은 결코 밝거나 빠르지 않다. 우둔하고 한한(閒閒)하다. 자연의 밤을 지나가는 달빛이 광속처럼 빠를 리가 없다. 그렇게 해서 생명들을 놀라게 할 이유가 없다. 품에 안고 잠들게 하는 것이 자연이다. 느리지만 다 지나갔다 온 시간이다.

이 진(眞)의 의미는 처음이고 새롭다. 가없는 무위의 존재로 등장해서 어둠의 옷을 걸치고 있어서 잘 보이지 않는다. 그 곁에서 무수한 세월을 견디며 시간은 즐기고 있다. 흰 흙벽에 정지한 달빛은 얼마나 빠르게 가면서 정지해 있는가. 사용할 수 없고 말할 수 없는 것들이다. 어떤 그것〔기(其)〕을 느끼겐 하지만 알진 못한다.

이름을 짓고 소유하는 것은 아름답지 않다. 진이 아닌 것은 진을 가질 수 없고 품을 수 없다. 그 진에 가까이 가본 적이 있었을까. 그것을 느껴본 적이 있었을까. 도대체 얼마나 멀리 떠나와서 만났을까. 만물 중에서 어떻게 인간으로 탄생하게 됐을까. 나는 죽음 쪽에서 건너와서 그것을 기억하지 못하는 것일까.

여구득기정여부득(如求得其情與不得, 혹여 그 이치를 알건 알지 못하건)의 정(情)은 앞의 부득기짐(不得其朕, 그 조짐을 깨달을 수 없음)과 불견기형(不見其形, 그 형체를 볼 수 없음)의 상황이다. 그 '정(情, 현실의 사물의 실정과 존재상황)'을 느꼈지만 그것은 완전히 알 순 없다. 지뢰는 들을 수 있지만 천뢰를 들을 수 없는 것과 같다.

하나의 물조차 얻기 어려운데 조물주 찾기란 불가하다. 그러나 내가 어디 와 있는지는 몰라도 진재(眞宰)는 느끼길 바란다. 또 그것이 어디 있는지는 알 수 없지만 내가 진군을 느끼길 바란다. 방황과 부지의 인간은 잃어버린 것을 또 잃을지라도 찾을 때도 있을 것이다. 바람이 아니라면 헤어지는 일이 있을 리 없다.

인간에게 죽음이 있다. 삶이 채워놓고 가야 하는 구멍이다. 천기(天氣)를 받아 백해구규육장의 형해(形骸)를 가지고 살다가 때가 되면 그 생명을 자연에게 돌려주어야 한다. 사람들은 헛된 인생의 길 위에 있다고 한다. 허무하지 않고 손해를 보지 않는 인생이 있을까.

『남화경직해』에 진군(眞君) 속엔 친절(親切)이 있다고 했다. 백해구규육장에 대해 친절해야 한다는 말은 웃음이 나오지만 귀가 솔깃하다. 삶도 죽음도 마찬가지이다. 서로 친절하고 의지해야 한다. 먼 과거에 읽은 글이지만 해학이 넘치고 지금껏 새롭다.

다만 인간의 폐란 것은 저 대기와 창공에 비해 너무나 작은 공기주머니이다. 허나 그 주머니로 인간의 생명은 유지된다. 그리고 괴이하게도 두 다리의 커다란 뼈로 걷는다.

8. 뛰어가는 말 등에서 사는 진치(盡馳)의 삶

한번 그 몸을 받으면, 죽지 않고, 천명(天命)이 다하길 기다린다.

사물과 함께 서로, 역행하고 순응하는 그 소진(消盡)한 행함이, 그 말 달리는 것처럼, 쉬이 멈추질 못하니, 또한 슬프다. 그러한가.

종신토록 골몰해도, 그 성공을 볼 수 없으며, 고달픔의 끝에서도, 그 돌아갈 곳을 알지 못하니, 가히 서럽다. 그러한가.

사람이 죽지 않았다 한들, 무슨 소용이 있겠는가. 그 몸이 변하면, 그 마음도 따라 함께 변하니, 가히 슬픔이 크다. 그러한가. 사람의 생이란, 실로 이렇게 캄캄하다. 그러하다.

그 나만 혼자 어둡고, 같은 사람으로서, 어둡지 않은 자가 있다. 그러한가.

원문(原文)

一受其成形 不亡以待盡 與物相刃相靡 其行盡如馳 而莫之能止 不亦悲乎 終身役役 而不見其成功 薾然疲役 而不知其所歸 可不哀邪 人謂之不死 奚益 其形化 其心與之然 可不謂大哀乎 人之生也 固若是芒乎 其我獨芒 而人亦有不芒者乎

* **성형**成形 사람으로 받은 몸. **불망**不亡 쉽게 죽지 않다. 다 써 없앨 **진**盡 자연

사. 칼날, 벨 **인**刃 역행하다. 갈 **마**靡 순응하다. 달릴 **치**馳. **종신**終身 죽을 때까지. **역역**役役 골몰함. **이연피역**薾然疲役 고달픔의 끝, 꽃 필 이薾는 빨리 흐를 황湟의 의미. **부지기소귀**不知其所歸 돌아갈 곳을 알지 못하니. **가불애야**可不哀耶 슬프지 않은가. 어찌, (무슨) **해**奚. 서러울 **애**哀. **화**化 노쇠의 뜻. 실로 **고**固. 어두울 **망**芒. 역시, 같은 **역**亦.

장자만이 독망(獨茫)인가

받은 몸〔성형(成形)〕은 죽은 다음에 끝난다. 장자는 이 한번 받은 몸이 유일한 것이므로 만물진연의 삶을 살 것을 당부한다. 요절과 자살을 거부한다. 자연에 위배된 생사를 가지지 말고 받은 생명의 천수를 다하길 바란다.

몸의 생명은 진재(眞宰)이다. 천명은 일수(一受)이다. 생은 단 한번뿐이다. 사실 생이 죽음만 못하다거나 삶이 소용될 것이 없다는 의문은 커다란 장애이다. 하지만 일수는 소중하다. 인간은 이 성형을 받아야 한다. 일수는 인간 존재의 조건이다.

인간은 말을 타고 달리는 형국에 처해 있다. 나날이 더 많은 일을 해야 하고 몸의 고달픔은 가중된다. 세월과 약속, 체제, 욕망을 멈출 수 없으니 슬프다. 형해는 자연 속에 한 덩이 흙처럼 버려지고 그 안의 숭엄한 존재는 어디에도 없다. 뭐라고 해야 할까. 권력을 잡고 명령에 복종하고 의를 목숨보다 중히 여기는 자들. 몸 안의 진재를 잊고 산다.

내가 죽으면 몸에 있던 우주의 정기(진재)도 내 몸과 함께 파멸한다. 진(眞)의 순장이다. 그 소멸이 한 방울의 아침 이슬보다 더 찬란하고 슬프지 않게 여겨지는 것은 왜일까. 장자는 여기서 기묘한 물음을 던졌다. 이연피역해서 슬프고 종신무성해서 허무할까. 정말 그럴까. 죽음이 오히려 다행인 것이 아닐까.

장자는 삶 자체를 부정한 것이 아닐까. 생사를 하나로 본다면 삶이 무슨 의미가 있을까. 정말 나도 자신 있게 말할 수가 없다. 그런데 자꾸 자꾸 그 말이 진리로 다가온다. 이상한 일이다. 이렇게 말해준 사람이 또 있었던가. 고통스러워도 살아야 한다고 말한다. 모두 인간 편에 서서 위로한다. 인간 중심의 말만 했다.

사실 인간은 무정하다. 무정엔 무익손과 무익생이란 말조차 없다. 만물의 입장에선 슬픈 말이 될 것도 없다. 그런데 저 자연 속에서 인간을 편들지 않는 말을 듣고 싶을 때가 없지 않다. 방외자들의 반인간적 발언은 인간적인 것에 대해 오해를 받기 쉽다. 그들의 반인간적 반윤리적 발언은 진인을 발견하기 위한 방편이다.

진재는 저 우주의 하늘에 가득하고 진군은 내 안에 있다. 늘어나지도 줄어들지도 않는다고 앞에서 말했으니 슬퍼할 일이 정말 아니다. 무엇이 슬픈가. 가까운 지인이 죽으면 슬퍼하지만 알지 못하는 사람의 죽음은 전혀 슬프지 않다. 바로 그것이 자연의 마음이 아닐까.

슬픔의 감정과 언어도 만들어진 것. 인간은 무정(無情) 하다는 장자의 말 때문이 아니다. 죽음이 생의 끝이므로 깊이 생각해야 할 일대사(一大事)의 주제인 건 분명하지만 장자의 만술(漫述)에서는 그것이 또 전부는 아닌 것 같다. 목숨에 무슨 슬픔이란 단어가 있을 수 있을까.

반인간적인 혹은 반인(反仁, 장자가 거부한 인)적 장자는 매력이 있다. 누가 어느 인간의 죽음 앞에서 울 수 있을까. 그는 결코 어떤 죽음 앞에서 울 수 없다고 생각한다. 죽은 노자(老子)가 문상객에게 곡하게 만든 것을 장자는 비판했다. 살아있는 것들은 잔인하다. 살아있는 자들 앞에 누워 있는 저 죽음은 무엇일까. 퍼뜩 생명체가 무서워질 때가 있다.

여치(如馳)에 대한 장자의 풍유(諷諭)

여치(如馳). '치(馳)'자엔 전국시대와 현대의 속성이 있다. 무시무시한 문자이다. 아, 나는 수레를 달고 돌길을 달려가는 의문의 말이고 인간이다. 나무바퀴는 돌부리에 부닥쳐 깨어지고 몸은 정신없이 흔들린다. 말갈기는 백발이 되었다.

가장 오래된 인간의 모습 속에 감금된 치(馳). 뒤엔 뿌연 흙먼지만 일 뿐. 아무것도 남는 것이 없다. 어디서 다 부서진 마차를 달고 앞만 보고 달려가는 말은 알 길 없는 존재이다. 자갈을 문 말대가리와 등에 올라탄 한 인간의 질주 풍경은 희극적이다. 모든 인간은 달리는 그 말 잔등에 있다.

그는 허무를 보지 못한다. 현실의 유용과 목표만 향해 달려간다. 죽음의 복과 즐거움 그리고 고요여, 미련과 원망과 후회 없이 눈 감는 완성이 있을까. 죽음이라는 인생의 최후 모습. 너무나 추레하고 보잘것 없는 죽음. 남긴 것이 무엇인가. 사실 생이 아무것도 아님을 말하지 않을 뿐이다. 생은 없는 것 같다.

죽음 앞의 허상들. 내가 그의 무엇을 그립게 하고 존경해서 따르게 할 것인가. 시간이여, 이 말을 죽이라고 해야만 하는가. 달려가게 하는 저 속도의 도구(욕망, 수레, 발굽, 말)를 생략하고 경계와 시간을 넘어서서 온갖 욕망을 멈추게 하고 자타의 손익(損益)을 없애려 한다면. 나의 말은 수많은 사람들을 치면서 달려가는 치(馳)이다. 그러므로 나는 '치인(馳人)'의 존재이다.

달리는 말고삐를 당기며 한가하게 산보할 수 없는 고약한 사회의 인생들. 낙상하고 누워 앓거나 그 자리에서 즉사한다. 나를 하나의 짐으로서 태(駄)자를 사랑하고 그것과 함께 달리는 치(馳)자를 나는 몸으로 삼는다. 잠에서 깨어난 형개(形開)가 눈부시다. 그대를 덥석 받아들인다. 끔찍한 일이다. 죽었다 깨어나도 그 꿈을 깰 순 없을 듯. 삶에 다른 길은 없다.

귀(歸)는 『장자』에서 중요한 언어이다. 되돌아간다는 반(返)의 의미가 있다. 허유가 순에게 말한 귀휴(歸休)도 단순한 돌아감이 아니다. 영원소요, 광막지야, 무하유지향에 닿는다. 우리는 그 돌아감의 도상에 있는 만물의 하나이다. 어디론가 아주 돌아간다는 말은 두렵고 새롭다. 청치천하(請致天下)가 무슨 개소리인가.

장자는 경쟁이 쉬지 못하고 달려가는 것을 탄식한다. 어찌하여 멈추지 못하는가. 왜 헐떡이며 뛰어만 가는가. 무엇을 얻자고. 불가사의하다. 권력과 조직, 욕망과 통치가 병고를 만들었다. 대체 어디로 가는가. 그것은 시체가 말을 타고 달려가는 형국이다. 멈추게 할 수 없는 이 말을 어찌해야 할까.

세상의 진풍경이다. 그 누구도 책임질 수 없는 인간과 사회이다. 나중엔 덩그마니 늙은 말 한 마리로 남는 자신을 보게 될까. 사회의 한 구석에서 그는 볼품없는 물건으로 남을 것이다. 그때 비로소 자신이 늙은 한 마리의 염함(厭緘)과 노혁(老洫)의 말대가리였다는 것을 알게 될 것이다.

장자는 자연의 변화에 몸을 맡기고 방황한다. 방황은 어느 한 곳에 머물지 않는다. 무궁한 시간이 다하도록〔진년(盡年)〕 몸을 맡기는 일은 망각소요뿐이다. 아무것도 위하지 않고 기다리지 않는 마음과 언어의 소요는 만물을 다치게 하지 않는다. 모든 죽음이 그럴 것이다. 삶은 살아있기에 모든 삶을 다치게 할 것이다.

치축(馳逐, 달려가서 좇음) 치경(馳競, 뒤떨어지지 않으려는 치열한 경쟁) 치무(馳騖, 분주하게 돌아다니며 일함) 치사(馳射, 수레를 달리며 활을 쏨) 이것들이 바로 사회이며 나의 삶이다.

진재의 침묵, 대언(大言)

혼돈으로 돌아가는 진심은 어리석지 않다. 빛과 지혜가 인간을 분별과 함정에 빠트린다. 장자의 지혜는 혼돈으로 돌아가고 싶어한다. 빛은 인간을 장님으로 만들고 가시적인 문명의 옷을 걸쳐주며 감각화한다. 한쪽 손을 잃어버린 인간의 고장난명(孤掌難鳴)은 공허하다.

질서화된 세계에서 벗어나 혼돈의 만물 속으로 나와 소요하며 무하유지향을 그리워한다. 꿈은 지혜의 대언과 진인의 침묵으로 응결된 신인(神人)을 만나고 싶다. 신인은 만물의 기를 응결(凝結)한다. 사지와 이목구비와 해장규(骸藏竅)를 한덩이 유리구슬로 만든다. 그 응결의 마음은 몸의 해장규의 숙명 속에 있지만 신인은 그것을 장애로 여기지 않는다.

편을 가르고 서로 해치고 다투는 상인상마(相刃相靡)는 동물들에게 있다. 이것은 자연의 소성(小成, 잔 지혜, 꼼수, 계산)이다. 대지(大知)가 아닌 소지(小知)들은 이것을 변별하고 이해를 따지고 싸운다. 인간이 싸우는 모습처럼 우스꽝스런 것은 이 지구상에 없다. 그럴듯해 보이지만 비참하다.

주재자가 대지나 소지로부터 찬사를 받는 일은 없다. 그러한 진재는 없다. 아무리 퍼 써도 줄지 않고 아무리 쓰지 않아도 늘지 않는 진재. 인간은 거기서 노는 법을 잃었고 그 놀이터를 자본과 욕망에게 빼앗겼다. 진재의 한 조각인 인간의 마음은 명예와 업적과 손익을 필요로 하지 않는다.

진재와 인간의 관계는 방임적이다. 두 관계는 그러나 무관하진 않다. 하나의 조각거울로 진재를 발견하는 일이 최고의 소통이다. 그 소통길이 소로일지라도 조각 외의 것으로 진재에 도달할 수 있는 것은 없다. 조각거울만이 그를 비출 수 있다. 지금 그 조각거울은 없거나 손상되어 있다.

말이 정신없이 달려가지만 그도 바람을 타며 심장에 순응하는 바가 없지 않았다. 죽는 날까지 한 몸을 이끌고 허덕이며 발버둥쳤지만 종국엔 아무것도 이룬 것 없다. 끝내 허탈하고 기진하여 어디로 가야 할 바를 모른다. 장자가 발견한 인생의 절대허무의 장이다. 고타마 싯다르타 외 한 인간으로선 장자가 가장 깊은 곳에 도달한 최초의 통찰자이다. 그는 허무를 보고 만졌다.

둔천자(遁天者, 하늘에서 도망 온 자)들에게 종신(終身)의 예외란 없다. 모든 인간은 이 진년(盡年) 진생(盡生)의 경지에 도달한다. 나달거리는 한 자락의 옷깃만 만져볼 수 있을까. 초라하고 피곤이 역력한 한 인간의 종생(終生). 그러나 그 주검에 가까이 가는 모습은 꼭 자연을 빼닮기도 했다. 자연이 주는 노경의 선물일까. 인간의 말년은 누구나 비참해 보인다.

인간의 덕이라 할 오온(五蘊)이 희미해지는 최후의 모습은 가련하다. 아무리 뛰어난 사람도 못난 사람도 또 아무리 보람 있게 산 사람도 노쇠와 소멸 앞에서는 무릎을 꿇는다. 고통과 죽음을 피해갈 수 없다. 이 예외 없는 종막이 인간에게 준 조물주의 마지막 선물인지 모른다. 허무를 가지고 갈 수 있을지 그것조차 의문이다.

이익 될 것이 없는 생의 마지막 득(得, 도라고도 함)은 자기 죽음을 가지는 것. 자신의 죽음을 아귀아귀 먹는 것. 허무가 그의 주검을 움켜쥔다. 참혹하고 모질다. 하나의 물(物)이 된다. 종생(終生)의 굴종은 비참하고 종신(終身)은 잔혹하다. 검은 장막이 온 몸에 퍼졌다.

한 집단이 나라를 세우고 몇이 동인을 만들고 부부가 가정을 꾸리지만 그 끝은 조금도 다르지 않다. 그 안에서 외치고 속삭이고 무언가를 이루었지만 숙명에 갇힌 조롱(鳥籠)의 새들이다. 장자가 아니고 누가 이것을 말할 수 있을까. 모를 수가 없고 모를 리가 없다. 나는 아침마다 우짖는 새의 나를 본다.

무익손(無益損) 생(生)이란

장자는 인지생(人之生)이라 하였다. 인생이다. 오래된 말이다. 이 인의 생이 본질적으로 어두운 것(망茫)이냐고 묻는다. 장자는 결론을 내리지 못하고 질문하면서 자신은 어둠속에 있다고 고백한다. 이때 고독과 어둠, 허무 속에 서 있는 장자는 고목 같다. 만물을 따라 흘러온 세파 속에서 장자는 우주적 질문을 지키고 물러서지 않고 있다.

장자는 정치적 타협을 거부한 불출(不出, 밖에 나가지 않는, 어리석은 사람)의 인물이다. 숙명에 순응하고 외도(外道)하지 않은 '독망(獨茫, 홀로 어리석은 자)'이다. 장자는 세속적 성공을 꿈꾼 자가 아니었다. 모두가 빛의 소리로 뛰어나갈 때 광야(廣野, 〈소요유〉의 광막지야, 깨달음의 구멍 밖)에서 자신을 위로하고 새로운 미래 언어를 찾아 미명(未明)을 나섰다. 제국(諸國)의 모든 사상이 제시한 언어와 도모는 절망이었다.

여기서 해익(奚益)을 본다. 생이 대체 무슨 소용이 되고 이익이 있는가 하는 의문이다. 무엇들이 이와 같은 질문을 던지게 했을까. 놀랍다. 나는 있음이 없음만 못하다는 말을 들었지만 이처럼 분명하게 삶의 근간을 뿌리째 흔드는 문장은 처음 읽는다. 『장자』에서만 읽을 수 있는 전율이다.

모든 있는 것이 없는 것만 못하다면 생 역시 아무리 잘나고 멋진 생이라도 모두 손해이다. 잘 산 삶이란 존재할 수가 없다. 어떤 삶도 그림자와 가짜의 삶이다. 산다는 것 자체가 이미 허무(虛無)의 손실이다. 즉 생을 사용하고 있으니 헛된 것이고 수고롭다. 삶이 죽음과 허무만 못하다. 뜻밖일지 모르지만 이 말만큼 나를 위로해준 말은 없었다.

인간은 소귀(所歸, 돌아갈 곳)를 잃어버린 새들이다. 떠나왔던 곳을 잃어버린 존재들이다. 아마도 다 써버리고 돌아갈 날개도 없이 그곳에 떨어져 죽는 것이 인생의 새일 것이다. 벌써 모든 날개는 사라졌다. 어쩔 수 없이 바람과 물처럼 지구 공간 어딘가를 떠돌고 있을 뿐이다. 그것으로 위로를 삼고 본향으로 삼는다.

그들이 문명을 의지하고 자긍하며 살아간들 별것이 아니다. 하물며 사람이 죽지 않고 '있다' 한들 소용이 없다. 이 소용없음의 말은 허무의 제단에 바쳐진다. 이 해익(奚益)은 나중에 무익생(無益生)의 뜻이 된다. 진정한 무익생이라도 보상은 없다. 소요에 이윤이 없듯이. 자연은 그렇다. 당연하고 흥미롭다.

장자가 선택해 가는 길은 광막지야이다. 바름을 찾는 인간에게 맞는 길이 아니라 험한 길이다. 이 생사관은 모험적인 경험의 미래이자 도전적 발언이다. 한번 떠난다는 결의가 새벽 하늘을 파랗게 물들인다. 죽음을 두려워하지 않고 백해구규육장과 사유를 걸고 소요하고 실험하는 전격적 생이다.

아독망(我獨芒). 나만 홀로 어둠속에 있다. 이것이 독(獨)이며 장자의 길이다. 이 어둠을 껴안고 완전하게 느끼는 전율적 자아가 장자이다. 이 자아와 자연의 혼연일체가 자연이며 망아이고 소요이다. '그 나만이'란 말은 아득하다. 그 '나'는 장자이기도 하고 익명자의 꿈이다.

독망(獨芒), 모두가 밝은 곳에 있고 기아독(其我獨), 혼자 어두운 곳에 갇혀 있는 그. 그는 바로 그의 '나'이다. 이 나는 사실 만날 수 없지만 그 어딘가에서 엄존(儼存)한다. 이 단독적 자아인식은 우주 속의 고립이다. 그 곁엔 아무도 없다. 때로는 그가 궁구하는 바람조차 안부도 기척도 없이 불어갈 뿐이다.

하늘의 고아(孤兒)가 하는 이 발언은 아버지가 없다는 말이 아닐까. 그런데 아버지가 없는 존재가 있을 수 있을까. 나 역시 독망이 된다.

옛 사람들은 생을 절대가 아닌 것으로 알고 살았던 것 같다. 자기를 아끼고 중심에 둘수록 어리석어지고 만연(漫然)의 자연으로부터 멀어지는 것을 깨달았을 것이다. 그렇다면 더 커다란 보람과 이익의 시간과 삶은 어디 있을까.

사람들이 죽지 않았다고 하더라도 무슨 유익함이 있을까. 죽었다고 그럼 무슨 유익함이 있을까. 무엇이 소용됨이며 유익함일까. 무용(無用)의 삶을 산다면 그 무용을 이기고 무심하게 살 수 있을까. 나 역시 나의 생을 절대 놓을 수가 없다. 그러나 사라짐의 슬픔을 아는 길이 마지막 길이다.

그 무엇도 마뜩잖다. 적합한 것이 없다. 내 마음과 언어를 끼워넣을 적합한 구멍이 없다. 헐벗은 세상이다. 만물의 요철(凹凸)과 불구의 세계이다. 이 근거 위에서 장자의 〈제물론〉은 유심으로도 가지 않고 유물로도 가지 않는다. 우주의 고독이 느껴지는 독망일 뿐이다.

후회한 지 수십 년이 지났지만 쉬지 않고 나는 질주한다. 장자는 이러는 '나'를 위로하기 위하여 천명을 끝까지 가지고 가라 한다. 내 몸을 너덜거리는 '일수(一受)의 존재'로 보아준다. 숙명 앞에 도착하길 바란다. 잔인한 지혜가 아닐까. 오히려 나는 장자의 말에 위로를 받는다. 인간은 모두 둔천자이며 숙명자들이다.

나는 오늘도 도회 한쪽의 잠에서 깨어나 필수품을 사기 위해 도로변으로 나온다. 먹고 입고 보고 자고 일어나고 다시 왔던 길을 돌아 걸어간다. 돌아와 먹고 잠들고 다시 일어나 그 일로 향한다. 이 모든 것이 꿈이다. 인간이라는 물체의 이동이 삶이다. 달리 해줄 말이 없다.

무용과 무위를 누려도 가지고 갈 것이 없다. 깨달은 것도 가지고 갈 수가 없다. 옮길 배도 물길도 없다. 끝이다. 만물의 포로가 되어 만물을 쓰고 살아야 이신역물(以身役物, 몸이 물에 붙잡힌 것)의 존재이다. 이 말을 놓고 점두(點頭)한다. 마지막 죽은 나를 보고 떠나는 다른 나처럼.

살아있다고 무슨 소용이 있는 건 아니다

처절한 숙명의 울음이다. 장자가 측은한 마음을 이렇게 낸 적은 없다. 핍진하고 너덜대는 마음을 어루만진다. 불역비호(不亦悲乎) 가불애야(可不哀邪) 가불위대애호(可不謂大哀乎). 간곡한 부정적 의문의 한탄.

세 번이나 이곳에서 슬픔을 표현했다.

여기서 장자의 다른 시선과 말법이 보인다. 의문사 하나가 지금까지의 번역과는 다른 문장을 보게 한다. 슬픔이 크다거나 역시 서럽다는 말을 전적으로 긍정하지 않는 의미로 받아들여지기 때문이다. 그러니 꼭 슬픈 일이기만 할까. 꼭 슬프다고 말하고 싶지 않은 느낌을 받는다. 시를 낭송한다.

"그 말 달리는 것처럼, 쉬이 멈추질 못하니, 또한 슬프다. 그러한가. 고달픔의 끝에서도, 그 돌아갈 곳을 알지 못하니, 가히 서럽다. 그러한가. 사람이 죽지 않았다 한들, 무슨 소용이 있겠는가. 그 몸이 변하면, 그 마음도 따라 함께 변하니, 가히 슬픔이 크다. 그러한가. 사람의 생이란, 실로 이렇게 캄캄하다. 그러한가. 그 나만 혼자 어둡고, 같은 사람으로서, 어둡지 않은 자가 있다. 그러한가."

장자의 탄식은 이 '그러한가(호乎, 야邪, 야耶)'를 앞의 문장과 끊어 읽으면서 강해진다. 단순히 "또한 슬프다. 그러한가."를 '또한 슬프지 않는가'로 하는 것과는 다른 것 같다. 대번에 "또한 슬프지 않는가"란 말은 단순하다. 하나의 문장과 두 개의 문장의 거리는 다른 것 같다.

모든 인간이 종신토록 이룬 것도 없는데 돌아갈 곳조차 없다. 여기서 그 누구도 터져나오는 맹(萌)을 알 수 없다. 무엇을 위하는 것인지 또한 어떤 조짐(兆朕)조차 알 수 없게 되어 있다. 학이 울고 원숭이가 울어도 그 돌아갈 곳을 알지 못한다.

떠도는 둔천의 존재에게 주는 장자의 유정한 말이다. 온 곳도 잊고 갈 곳도 잊은 자들이 된다. 인색한 것 같지만 통쾌하다. 삶과 죽음에 대해 무여친 하고 편애하지 않는다. 『남화경직해』에서는 모든 울부짖는 울음마다 마음에 구멍을 내고야 만다〔성성규입심감(聲聲叫入心坎)〕고 했다.

모든 사람들이 어둠속에 있고 자신만 빛 속에 있다고 말하지 않는다. '그 나만 혼자 어둡고(기아독망其我獨芒)'라 한다. 처연한 마음을 표현하고 치유한다. 자연소외가 얻은 고독의 일탈된 고백이다. 춘추전국시대를 통틀어 내겐 장자만한 인물이 없다. 모든 사람이 길〔도(道)〕을 찾은 것처럼 말했지만 자신은 정작 그러지 못하다고 말함으로써 자시(自視)를 주고 위로를 준다.

다시 '그 말 달리는 것처럼 쉬이 멈추질 못한다'는 치(馳)는 두고두고 나를 뒤쫓는다. 삶을 살고 있다고 자랑할 게 없다. 생은 걱정이며 위험이다. 반드시 넘어야 할 산이다. 거대한 흉터와 함정과 허구의 생. 상인상마(相刃相靡)의 칼날 인(刃) 자가 얼굴을 스친다. 칼날이 지나간 백해구규육장이 생인지도 모른다.

어떤 수모와 치욕과 고난이 있어도 참고 이겨내야 하는 길밖에 없는 것이 인생이다. 〈양생주〉의 포정이 잡는 소의 입장에서 비대각 도대관(批大郤導大窾, 칼이 뼈와 살의 큰 틈새를 치고, 골절 사이의 빈 곳에 넣는 것)의 해체는 자유를 얻는 길이라고 말할 수 있을까. 게다가 이연피역(薾然疲役)이란 무언가〔다른 본에는 날연피역(苶然疲役)으로 되어 있지만 『남화경직해』의 이연피역(薾然疲役)을 차용했다. 이(薾)는 꽃이 한창 피어날 성할 '이'이다. 날(苶)은 고달플 '이'이나 이(薾)로도 읽는다. 하지만 뒤에 고달픈 역(役)이 있기에 이(薾)를 씀. 앞에 고달픈 뜻의 날(苶)을 또 쓸 필요가 없다고 봄〕 고달픔의 반복이고 끝이 아닌가.

이부지기소귀(而不知其所歸). 그 돌아갈 곳을 알지 못함이니 귀환(歸還)은 불가하다. 하늘로부터 버려지거나 도로부터 던져진 존재들이며 그곳에서 죽게 되어 있는 숙명의 존재들. 돌아갈 곳이 없다고 해도 장자가 좋다. 이것이 절망의 선물이다. 이것이 지상과 인간의 진실이다. 인간은 자기 자신을 알고 있다.

상인(相刃) 상마(相靡)의 커다란 수수께끼

살아있다고 행복하고 완전한 것은 결코 아니다. 연명하고 있음은 존재 현황과 조건일 뿐이다. 나는 생의 사실확인 그것 자체로 족하다. 허무가 이렇게 큰 대지와 산과 하늘과 같다. 거짓으로 위장된 거대한 문화의 감옥과 포장은 이로부터 철거된다.

인간은 자신의 삶을 모른다. 다른 생을 살고 있는 것 같다. 살아있어도 무익하다 함은 죽어서도 무익하단 말은 아니다. 살아있음의 노고와 고달픔으로 무익하다. 태어나도 안되고 태어나지 않아도 안되는, 태어나서 살아도 안되는 일이 있는 것일까. 처음 들어보는 말이다. 또 고쳐줄 수 없는 무엇이 있는가. 그것은 무엇일까.

불가능한 것(생을 가지지 않은 것, 망각의 시간 등.)을 움켜쥐고 있는 것이 육체며 인생이다. '소요유(逍遙遊)'의 날개여, 우리는 어디 있는가. 화자(話者)는 나만이 이렇게 혼미 속에 있는 것일까. 자문한다. 우리의 본(本)은 어디 있는가. 아무리 알려 해도 이치와 모순을 알 수 없다. 세상에서 그런 것을 껴안고 고민하는 자가 장자이다.

정말 나(장자)만이 어둠속에 처해 있을까. 버려진 책상처럼. 쓸모없는 것을 얻어 입고 평생을 걸어가는가. 사용할 수 없는 무엇을 가지고 싶었던 숙명을 느끼고 삶을 가시(歌詩, 장자의 말. 자상이 궁핍을 한탄하며 지어 부른 시(詩). 〈대종사(大宗師)〉에는 또 죽은 자상호(子桑戶)의 시신 곁에서 친구 맹자반(孟子反)과 자금장(子琴張) 둘이 편곡(編曲)까지 해서 고금(鼓琴)을 켜기도 했다)한다. 죽어 있는 것은 죽어 있으므로 살아 있는 것보다는 덜 허무하다. 손익을 굳이 따지자면 그렇다.

하지만 누구나 장자가 그 허무를 주무르고 즐기며 소요한다는 사실을 이미 알고 있다. 만물의 노예로부터 해방되는 것이 제물의 끝이다. 죽음이 있어 하는 말이다.

아직도 나는 자문한다

묻는다, 내 손에게. 지금 살아있음이 무슨 유익과 가치가 있는가. 나는 깨닫는 것 같다. 죽음 바깥 즉 생이나 생 바깥 즉 죽음의 넓은 자연물과 침묵과 공간을 바라보거나 걸어보면 내가 할 일이란 사실 아무것도 없다. 내가 자연의 일을 앗아 오거나 무슨 일을 도모하여 추진하고자 하지만 소용없는 일이다.

나는 잊지 말아야 한다. 무사(無事)와 침묵이 불안해서 견디지 못하는 자아를. 불행한 역사의 시작은 나도 모르는 나와 지체들에 의한 투쟁으로 시작된 사실을. 어느 노고추(老古錐, 오래된 송곳)가 땅에 꽂을 땅 한 곳이 없다고 했던가. 장자의 마음이 그러했을 것이다.

육체에 백조 세포의 생멸이 바글거리고 있다. 세포마다 미토콘드리아가 할딱이며 숨을 쉰다. 그 숨으로 인간은 숨을 쉰다. 육체가 사대(四大)가 되고 그 방박(磅礴)을 상상해도 더 슬플 것은 없다. 인생은 소용없는 장보(章甫)를 팔러 길을 떠난 사람들. 인생은 숨이 끊어지는 순간부터 장보만도 못하다. 그 다음은 무의 연속. 바람은 얼음장 위에 낙장거리하고 누워 바람에게 전하리. 나를 다 가져가시게.

이것은 숙명적 자아 인식을 보여주는 대문(大文, 진리)이다. 전국시대에 이와 같은 사유를 가진 자는 장자뿐이었다. 모두 경황이 없는 망쇄(忙殺)와 치마(馳馬), 분란(紛亂) 속을 주마등처럼 책을 들고 뛰어갔지만 인간의 모습을 여실하게 바라본 자는 장자뿐이었다. 그는 당대의 모든 출사(出仕)와 맹세, 확신, 인의, 제도를 거부한 최고의 사유를 보여주었다.

기형화기심여지연(其形化其心與之然, 그 몸이 변하면, 그 마음도 따라 함께 변하니)과 이인역유 불망자호(而人亦有不芒者乎, 같은 사람으로서, 어둡지 않은 자가 있다. 그러한가)는 슬픈 말이다. 어느 시대 누구에게나 새롭고 숙명적인 말이다. 죽음이 진리의 거울이다. 죽음이 진리를 증거한다. 하지만 정말 몸이 변하면 마음도 다 변하는가. 어둠이 없는 자는 없는가. 나는 〈양생주〉와 〈덕충부〉와 〈대종사〉를 계속 읽어야 할 것이다.

이 절이(絕異)의 문장은 수천지운(垂天之雲)이다. 나를 상아(喪我)하게 하고 무아로 돌아가게 하는 장자는 편하다. 형개의 인식을 열어주는 문장들은 지금도 나의 심부로 불어오는 영선(泠善, 바람이 시원해 기분이 좋은 것, 〈소요유〉)이다. 다시 한번 '사람의 생이란 실로 캄캄한 것인가(인생고망人生固芒)' 이 먼 곳에서 읊어본다.

그대가 없이 나는 존재하지 않는다는 비피무아(非彼無我)와 죽음의 생이라는 짝 우(遇)의 비극을 실감한다. 나라는 그대는 당신의 백해구규육장의 슬픈 꿈의 형상이다. 이렇게 생사의 진재(眞宰)가 알 길 없는 '당신'에게 있다. 인간의 절망만이 나의 희망일까.

9. '무(無) 속에서' 인간은 숙명적 존재

대저 그 생겨난 마음을 따라, 선생으로 삼는다면, 또 누군들 선생이 없는, 외톨이겠는가. 꼭 변화를 알아서 마음에, 스스로 얻은 자에게만 어찌, 선생이 있겠는가. 어리석은 사람에게도, 선생은 함께 있다.

마음을 이루기 전에, 시비를 하면, 이는 오늘 월(越)나라로 떠나면서, 어제 그곳에 도착했다는 것과 같다. 이것은, 있지 않은 것을 가지고, 있다고 하는 것과 같다. 있지 않은 것을 있다고 하면, 비록 귀신같은 우(禹) 임금이 있다 해도, 역시 쉬이 알지 못할 것이다. 나 혼자, 또 어찌하랴.

원문(原文)

夫隨其成心而師之 誰獨且無師乎 奚必知代而心自取者有之 愚者與有焉 未成乎心而有是非 是今日適越而昔至也 是以無有爲有 無有爲有 雖有神禹 且不能知 吾獨且奈何哉

* 무릇, 대저 **부**夫. 따를 **수**隨. **성심**成心 본심, 생겨난 마음. 스승 **사**師. 또 **차**且. **지대**知代 대(代)는 일야상대와 사변(事變), 스승이나 자연의 조화로부터 받는 깨달음. **자취자유지**自取者有之 스스로 깨달은 자, 지之는 사師, 진재. 여유언與有焉의 언焉 앞의 지之와 같은 뜻의 스승. **적월이**適越而의 이而는 그러면서의

뜻. 이무유以無有의 **이**以는 …로써, 삼아서, 가지고. 같을 **사**以. 비록 **수**雖. 어찌 **나**奈.

마음은 진재(眞宰, 진리)와 동격

진재진군 인인구유(眞宰眞君人人具有). 진재(眞宰)와 진군(眞君)의 성심(成心)은 사람마다 가지고 있는 천부의 재능이다. 이 재능의 마음은 거울이다. 진리의 선생인 대종사와 동격이다. 이 품수(稟受)는 불교의 일체중생실유불성(一體衆生悉有佛性)의 성품론과 비슷하다.

『남화경직해』에서는 이 인간의 진재와 진군이 있음은 불가조작(不可造作)이라 하였다. 닦거나 수련해서 가질 수 있는 것이 아니다.〔무사수위(無事脩爲)〕 사람들이 혹시 이것을 안다고 한다면, 또 인간의 뇌 속에 그 잔상이 남아 있다면 거대한 착각이거나 위대한 기억이다. 없는 것이 아니라 알 수가 없다고 하는 말법은 장자 철학의 요체이다. 알 수 없을 뿐 그 대상은 있다.

이 부지의 성심(成心)이 천진이고 자연이며 선사(善師)이다. 인간은 성심의 존재다. 장자의 도는 마음의 꿈을 찾고 지극하게 그것을 망각하는 일과 별개가 아니다. 마음의 자취자(自取者, 스스로 얻은 자)가 저 자연의 대리 선생이고 장자가 꿈꾸는 언어의 무궁자(無窮者)이다. 주고받는 것 없이 무위로 오가는 일야상대(日夜相代). 그 누구도 지나가고 지나오는 '나'를 모른다.

마음의 세계가 장자의 진수(眞髓)가 있는 곳이다. 《내편》의 최종 언어는 괴연독(塊然獨)의 일심(一心)이다. 꿈속의 꿈, 보이지 않는 마음. 지구에서 마음을 본 적이 없다. 이 신묘한 마음의 작용을 장자는 선생으로 삼는다. 그는 이 하늘에서 혼자 태어나지 않았기에 혼자 가는 길이 아니라는 것을 알고 있다.

유(有)와 무(無)는 서로 모른다. 서로 모르며, 모르는 것이 좋다. 만물이며 망각이다. 알 수 없게 되어 있다. 장자는 이것을 신우(神禹, 우임금) 같은 자가 나타나도 알지 못할 것이라고 천명했다. 천리를 알아낸 자취자를 드높인 말일까.

우(禹)는 고대 하(夏)의 시조이다. 성명은 사문명(姒文命). 전욱(顓頊)의 손이며 곤(鯀, 큰물고기 곤어의 이름)의 아들이고 계(啓)의 아버지이다. 13년의 치수 역사(役事)를 통해 천하를 구주(九州)로 나누고 공부(貢賦, 공물과 세금)를 정했다. 장강(長江) 즉 양쯔강과 황허(黃河)의 물길을 터서 사방의 오랑캐와 구주를 통하게 했다.

그가 다스린 물줄기가 삼천(三千)이라고 한다. 자연의 수로를 인간편으로 돌려놓은 이 인간은 직접 전대와 보습〔탁사(橐耜)〕을 들고 하천을 이었다고 한다. 강우(降雨)로 목욕하고 모진 바람으로 머리카락을 빗으면서 역사를 멈추지 않았다. 절제와 광기의 초인이다.

장자는 말한다. 천변만화에 반응하는 마음거울을 내치지 말고 만물의 화광응적(和光應迹) 속에 뒹굴고 즐길 것을. 우(禹)의 마른 얼굴이 아침 햇살에 반들거린다. 그는 정말 우둔한 자이다.

상상(想像), 태허의 마음

까마득한 상고, 우주의 놀라운 창세와, 사변과 명행(命行)이 동시에 일어나던 그때. 지금은 상상할 수 없는 조물주의 천변만화가 응결과 분화를 계속했을 것. 그때 자연은 스스로 뜻하는 바의 형태를 시작했고 그 후 시간은 한 공간 속에서 계속되어 왔을 것이다. 우주와 자연의 그림자를 기억하고 싶지만 인간은 그러한 경지를 가지고 있지 않다. 기억상상할 뿐이다.

가장 놀랍고 궁금한 것은 인간 존재의 시작이다. 어떤 과정을 통해

다리와 눈, 뼈와 오장, 머리카락, 내분비선 등이 만들어졌을까. 가끔 무료할 때, 그 대광경을 상상하곤 하지만 인간의 존재는 잘 보이지 않는다. 인간은 어디에 숨어 있었을까. 언어도단의 황량한 풍경, 어떤 정신의 바깥, 태허(太虛)와 괴상(怪狀)의 혼돈뿐이다.

불타는 지구. 미친 듯 헛돌면서 돌진해가는 한 덩이 구름과 불의 지구이다. 먼 미래에 만물은 침묵 속에 가라앉았을 것이다. 이 허공 지구의 현장을 추억한다는 것은 불가능하다. 그러나 분명한 것은 그것이 지금도 운행하고 있고 인간의 생사(生死)는 지속되고 있다는 점이다.

아무튼 그 후, 인간은 지금과 비슷했을 것이다. 심장과 청각, 그리고 배고픔의 반응, 주변 산의 낯선 풍경- 아니 낯설지 않았다고 말해야 할까- 왜냐하면 그것은 그 유기체 속에 이미 약속된 것들로서의 탄생이었을 테니까- 밤하늘 혹성들 그 이동, 꼼짝 않는 별, 나뭇잎, 동물들의 무리와 이동과 울음, 그리고 바람소리…… 꿈을 꾸듯 눈의 반응은 쉴새없이 깜박였을 것이다.

골짜기로 들어간 빛과 형상들은 파광이 되어 사라졌을 것. 이때 자신과 사물의 인식이 시작되었을 터. 물과 바람, 별, 어둠 등의 언어가 있었을 리 없지만 그 머리 안 저 깊은 미래의 예정 속엔 있었을 것. 또 신비한 녹색 잎을 피우는 나무, 그리고 하늘과 땅속에서 들리는 굉음과 쏟아지는 눈과 비, 하늘을 지나가는 해, 여자, 남자…… 그 빛이 들어와 출렁이는 그들은 서로 눈동자를 들여다보았을 것이다.

이미 괴토(塊土) 위를 걸어가고 있는, 무한히, 이미 그 순간부터 수수께끼가 되어버린 인간 자신, 그리고 사라지는 사람들. 아침과 저녁, 죽음. 이 불가사의한 일치와 부조화는 경악이 아닐 수 없었을 것이다.

나는 이 태초의 시작을 모르는 미궁이다. 한 조상의 몸속에 어떤 그림 한 장이 숨어 있었던 것일까. 그것을 무엇이라고 표현할 언어가 없다. 인간의 몸에는 이때부터 이미 거대한 유리체가 몸 안에 굴러다녔을 것. 그것은 인간의 눈동자만한 수정체가 아니었다. 그것은 도무지 속일 수 없는 괴상한 심체(心體)로서 우주의 축소된 렌즈 같은 것이 아닐까. 장자는 그 마음을 말하는 것일까.

장자가 어떻게 이 마음을 인간으로부터 발견할 수 있었을까. 응결의 결정체로서, 저 하늘의 반사경으로서, 스스로 자반(自反)의 존재로서 가장 분명한 것은 그 대공간이 그 유리체에게 알 길 없는 고독을 선물했을 것이라는 불가능하지 않은 상상이다. 인간과 지구, 존재와 언어, 사유의 미궁 속에서 태허의 마음은 아직도 다행히 혹은 불행하게 존재하고 운행되고 있다. 그 후 지구는 영원한 의문에 갇히기 시작했을 것이다.

그러나 머리 위에 이미 조그만 날개로 날고 있는 새들을 보며 문득 꿈을 발견하고 소요를 생각했을지 모른다. 아마도 그곳은 우리가 모르는 공간이 아닐까. 이러한 막연한 질문보다는 그 당시의 창조된 순간의 인간의 모습을 떠올려보면 세계는 온통 충동적이고 생생하게 살아있었음을 감지할 수 있다.

때론 생각이 장난스러울 때가 있다. 인간이 영아(嬰兒)나 계란으로 시작했을 리는 없다. 아기가 먼저 있었을 리도 없다. 불타 죽거나 생존할 수 없을 테니까. 한 존재는 생존해갈 수 있는 다리와 뼈, 내장, 그리고 꼭 필요한 판단 능력을 가져야 한다. 처음엔 기이하고 조금 불편한 어떤 형해(形骸)의 존재로 시작했을 것. 돌발적인 태초의 상황 속에서 존속하려면 보호체가 있지 않곤 불가능한 일이다.

그 생명의 시작을 상상할 수가 없다. 어쩌면 인간은 갑자기 우스꽝스런 형태로 와당탕 조합되어 생겨났는지 모른다. 다만 가까운 자연과 먼 우주의 만물과 내가 저 조물의 시작으로부터 이 현재 속에 와 있다는 것만은 사실이다. 그래도 이 사유와 생사가 의문으로 남는 건 어쩔 수 없다. 차라리 지구와 생명들이 하나의 꿈이라 하면 될까.

그 꿈의 유전자가 다소 훼손됐지만 아직은 천진스럽다. 하지만 어떤 그림을 마지막에 남길지는 아무도 모른다. 내 몸에까지 온 그 시작에 내장됐던 종말의 시간과 현상, 연속성은 어떨까. 만물의 종말은 만물들이 알고 있다. 그러나 그들은 말을 하지 않는다. 점점 멀어져가는 근원이 남긴 희미한 꿈의 유전은 잡히지 않는다. 지구는 고독해 보인다.

그것은 어리석은 자에게 있다

인간은 마음의 존재이고 육체는 그 마음의 옷이다. 태허에 주어진, 각자 자기 안에 있는 그 생으로 삼는 마음(기심 其心). 그것이 첫 구에 박혀 있는 '심사(心師, 마음의 선생)'이다. 한 조각의 마음, 그 유기체의 해존(該存)들이 스스로 선생이다.

근원이 없는 존재는 없다. 앎의 통로가 분명하지 않은 진재와 만물 사이의 침묵은 장자의 화두이다. 다만 진재 혹은 일야(日夜)를 직접 알아서 우주 원리와 신명을 깨닫는 것과 그것을 이미 알고 있는 지혜자를 스승으로 삼는다는 것의 관계를 장자는 구분하고 싶어 하지 않는다.

마음에 스스로 얻은 자에게만 선생이 있는 것은 아니다. 어리석은 사람에게도 스승은 함께 있다[우자여유언(愚者與有焉)]. 이는 지식이 어느 특정한 자들의 특권이나 전유물이 아니라는 뜻. 자연에 대한 앎과 관찰 그것의 즐거움 즉 만물에 대한 제물 혹은 소요는 누구나 할 수 있다는 뜻. 공부와 깨달음의 평등함이다. 선생과 서책만이 선생이 아니다.

노나라의 왕태는 숨어 살았다. 그를 따르는 자가 노나라의 절반이 되었다고 한다. 공자는 쉼없이 가르치고 사람을 보았지만 그의 지지자가 절반을 넘지 못했다. 왕태가 승리한 셈이다. 스승이 멀리 있기 때문에 방황하고 깨닫는 것일까. 자신의 나무를 기르고 관리하는 자가 자기 철학을 가진다. 장자는 그 나무를 바라보며 천기를 알고 지수(止水)를 보았을 것이다.

자취(自取)가 없는 자는 다른 사람의 거울로 만물을 본다. 대여(貸與)는 곧 돌려주어야 한다. 자신의 것을 찾아나서야 한다. 시련이 없는 전달식 수수(授受)의 지식은 계파를 만들고 파당을 짓게 마련이다. 그러나 꼭 자연의 변화를 겪어서 그 이치를 안 다음에 스스로 얻게 되는 사람에게만 자연이 있겠는가.

자연은 어리석은 사람을 좋아한다. 진인은 이 품수(稟受)의 마음이 있어서 이 마음을 선생으로 삼는다. 그러니 누구에게나 선생이 있고 어느 만물도 선생이 된다. 나의 어리석은 마음이 나의 선생이다. 지식을 이용하여 음모를 도모하고 경쟁하고 시비하는 것은 실은 앎이 아니다. 여기 처음으로 시비(是非)란 말이 나왔지만 이제부터 〈제물론〉은 시비의 파도 속에 들어가게 된다.

우자(愚者)에겐 선생뿐 아니라 자연의 변화와 아름다움, 순환과 침묵, 희노애락, 여탄변집, 요일계태 등이 있다. 지루하지만 반드시 변화하는 만연의 자연 속에서 어찌 선생이 하나뿐일까. 선생이 하나라면 그는 독재자가 될 가능성이 높다. 아무리 진리라 하더라도 어떤 단어 하나만 진리일 순 없다.

거울은 만물을 비춰준다. 거울 앞에 없는 것은 비추지 않는다. 그러나 거울 앞에 없다고 없는 것은 아니다. 저 자연의 숲속 가시덤불도 아름답고 그 작은 꽃 총상들을 들어올린 여름도 아름답다. 어느 하나를 강조하고 노래할 때 다른 것들이 소외된다. 소용없는 듯했던 것들, 멀리 소외된 것들, 잊혀진 것들에게 아름다운 무늬와 영혼과 바람이 들어있다.

자연을 따라 발현된 감정을 따라 언어를 얻는다. 그것이 없으면 나와 나의 앎은 없다. 만물이 진리이다. 그러나 잘못된 선생이 있으면 자칫 시비에 휘말리게 된다. 그러니 장자는 선생을 조심하라는 말이기도 한 것 같다. 선생을 따르는 자들은 반드시 선생의 사상과 감정의 옷을 입기 마련이다.

장자의 한탄, 오독차나하재(吾獨且奈何哉)

침묵과 고독 속에서 존재의 유무(有無)가 시작한다. 있지 않은 것을 있다고 믿는 것에 대한 심각한 우려가 있다. 없는 것은 누구도 알지 못하는 것인데 어쩌란 말인가. 이는 앎의 한계를 고백한 것.

있는 것을 있는 것으로 말하는 것도 쉬운 일이 아니라고 말할 수 있겠지만 여기서 장자가 사실 없는 것이 있으며 없는 것을 말하지 못함을 괴로워한 것이기도 하다. 이것은 본격적인 시비론이 아니라 만물과 천변을 비출 수 있는 거울의 마음이 먼저 갖추어져야 함을 은유한 것이다. 자신만이 '오독차' 하다는 말, 자신만이 괴로워한다는 말. 아무도 없다는 뜻. 여기에 오독이라는 진짜 고독이 있었다.

그래서 장자는 홀로 가공인물을 창조하여 대화하고 중얼거린다. 장자의 말은 새파란 하늘가에 겨우 한 팔 밖의 허공으로 뻗어 있는 나뭇가지의 잎과 같다. 찬란한 조화와 시간과 존재를 감지하는 순간들이다. 저 문장들이 먼 미래에 있는 지식에 대한 우려와 걱정일 순 있다. 속수무책이며 아득하다.

그런데 오독차나하재(吾獨且奈何哉)는 그 어조가 자신의 깨달음을 전할 사람이 없음을 한탄하는 소리이다. 자신의 논리를 변론하고 받아줄 사람이 없다. 사실 일야를 깨달은 사람의 앎과 일야 자체가 장자를 한탄하는 듯하다. 앞서 기아독망(其我獨芒, 혼자 어둠속에 있음)을 고백했던 장자는 언제나 홀로 있었던 모양이다. 인간적 사회적 정치적 소외를 이기고 근본 의문에서 이탈하지 않았다.

자연과 우주의 골혼은 인위적으로 해석되고 만들어지지 않았다. 이것이 장자의 숙명적인 고독이다. 칠현과 삼천 제자를 거느리며 군주보다 더 큰 인문의 권력을 가졌던 공자도 나름의 고독이 있었겠지만 장자에 비견할 건 아닌 것 같다. 특별한 제자도 없이 오직 '혼자' 자신의 삶을 살아갔다. 만물 속의 가장 높은 고독 속에 가 있는 자가 장자가 아닐까.

더 깊은 곳은 어디일까. 넓죽한 입술 사이로 오독차나하재(吾獨且奈何哉)란 말이 난초 잎처럼 터져나오는 피의 절규가 아닐까. 절대 절명의 한계, 인식의 불가(不可) 속에서 장자는 무한소요를 갈망하고 '모름'의 세계로 여행을 떠난 우주의 나그네였다. 비록 남루한 가옥의 문지방에 의탁해 살았지만 그는 자연의 아무것도 가지지 않은 한 위대한 인간이었다.

내가 어찌 하늘에서 몸부림치는 한 빗방울의 행적을 알 수 있을까. 그것을 생각하지 않고 그것을 모르는 자가 어떻게 자신의 행방을 알 수 있을까. 모든 사람들이 다 알고 있다고 생각하는 앎의 세계가 아닌 무지와 혼돈의 세계를 어떻게 소요할까. 까마득히 잊은 채 그 속을 거닐 뿐이다. 제물하지 않은 채 자연에게 제물이 될 뿐이다. 인간은 기막힌 하나의 물(物)이다.

바보 바람, 바보 나뭇가지

장자는 한탄을 괴로움으로 전락시키지 않는다. 하늘로 승화시킨다. 오히려 즐거이 자연과 동화되어 바람과 날개, 기와 흐린 빛으로 돌아다니고자 한다. 생전의 영혼도 마찬가지. 죽어 있는 육체의 영혼도 마찬가지. 물(物)이 되는 것. 그 안에서 어찌 분별되고 분리되어 나로만 있을 수 있을까.

장자는 그가 살아있을 때 지금, 뼈 백 개와 아홉 구멍과 여섯 장으로 이루어진 괴이하고 볼품없는 한 인간의 몸으로 그 자리에 갇혀 있었다. 하나의 몸으로 습회(濕灰)하며 천양(天壤)했던 장자는 그것을 즐겨 의심하고 소요한다. 즉 물아의 상망(相望)이란 어리석음을 얻고 세속을 버리고 자연의 품에 안겨 살아간다. 모진 비가 때리고 마른 햇살이 내린다.

여기 해필지대(奚必知代)의 대(代)는 어려운 말이다. 일야상대와 거의 같은 지혜라고 본다. 사변적(思辨的) 이치를 꼭 알아야만 되는가. 이 부정적 의문은 체제와 지식을 부정하려는 의도로 보인다. 자연엔 지식 체계란 것이 있지 않다. 장자는 그 안으로 들어가 사라지고자 한다. 얼크러지고 혼란스런 듯한 방면의 그곳이 그의 영혼의 처소였을 것이다.

자연은 스스로 발가벗은 앎 자체이다. 이 대(代)자는 일종의 자연을 대신하는 대명사라 할 수 있다. 슬픈 앎의 거울이고 대리자이다. 일야상대가 앎과 의도로 이루어지는 것이 아니라는 것은 스승이 없어도, 지식이 없어도 이미 알고 있고 이루어진다는 뜻. 조여학구의 두 이충들도 알고 있는 것. 교육이나 수신, 언어, 예의 따위가 필요하지 않다. 불인(不仁)까지 내포하는 적극적 해방의 사유가 여기 근거한다.

바보바람이 바보나뭇가지를 흔들며 좋아라 불고 있다. 아무리 오래 두고 보아도 천진하다. 겨울이 가면 역시 기다려지지만, 다시 그곳에서 그것들은 천진하게 또 흔들린다. 그 무아(無我)들, 우둔한 것들만 천진할 수 있다.

바보나뭇가지에 핏방울처럼 피어나는 싹과 꽃들을 쳐다보면서 '옳지, 그렇지!' '옳지, 그렇지!' 혀를 찬다. 춤을 추고 싶다. 눈물겨운 봄바람이 불고 있다.

자연에 그 얼굴과 몸과 언어가

자신의 마음을 자연의 조화와 변화 속에 맡긴다.

이 마음이 선생이고 자연의 책이다. 원숭이 얼굴만한 내 얼굴을 자연의 거울에 비춰본다. 도추(道樞)의 문은 거울처럼 번쩍이며 돌아가고 닫히고 사라지고 다른 것을 내보인다. 그 자연의 섭리에 대응하여 소요하는 진생(眞生, 진인의 삶. 저자의 조어임)이다. 나는 쉼없이 노닐고 있지만 아직 내 언어와 생을 다 쓰지 못했다.

자연은 하늘을 뒤덮는 폭풍을 데려 오기도 하고 폭우를 쏟아 붓기도 한다. 또 한없이 고요하여 벌의 날갯소리를 들려주고 그 아래 아카시아 꽃들의 웃음소리가 하얗게 터진다. 멀리 밤하늘에 북두칠성이 절그렁거리며 흔들리고 깊은 밤의 읽히는 책은 신비하다.

그래서 그 심사(心師)께서 '그것'을 전혀 모른다고 말하지 않는다. 모른다고 말해서 모르는 것이 되는 것이 아니다. 가슴이 베어지는 앎이 지나가야 할 것이다. 모든 것을 가만히 응시하고 유예해서 기억하며 상상하고 추념하고 마음으로 만물을 가지고 놀 줄 안다. 그 기쁨을 다 알 수가 없다. 오히려 이것이 닿을 길 없는 절망이다.

무언가 하나에 빠져 있거나 알고 있는 것은 아주 모르는 것만 못하다. 하나를 완전히 안다는 것은 다른 것들을 많이 잃는 길이다. 무념으로만 만물 속에 함께 어두커니 들어앉아 있는 것이 진인의 모습이다. 그 형개가 우주의 장님이다. 어서 허무로 돌아가길 바라지 않았을까.

작고도 위대한 선생은 다름 아닌 자연 자체와 자기 마음이다. 내 눈에 보이지 않는 한 마리의 자벌레이고 그것의 언어이다. 마음은 상을 받는 눈을 가지지 않는다. 눈이 없는 마음에 눈을 만들어 달지 않는다. 그저 어둠으로 어둠을 보고 있을 뿐. 그것이 '너'의 마음속이고 신비한 내벽(內壁)이다. 나의 종복(從僕)과 숭앙이 되기도 하는 것이 나의 마음이며 자연의 나이다.

그는 나를 집어삼키려 하며 나를 저 별하늘 위에 올려 세우기도 한다. 이것이 아심(我心)이다. 보라, 이 〈제물론〉이 따로 놀 수 있는가. 한 줄기의, 한 덩이의 눈먼 금강석의 마음. 이것이 후일에 만나게 되는 장자 최종의 일이시종(一以是終)의 그 마음 아닐까. 일심이 조용히 눈을 감는 나를 내다보고 웃을 것이다. 그곳이 생의 대미(大尾)이다. 이 끝이 그토록 아리고 미혹한 것일까.

자연은 결코 만만치 않으며 죽음 또한 단순하지 않다. 과연 끔찍한 죽음의 통로를 무사히 뚫고 갈 수 있을까. 죽는 순간, 이것이 죽음이다, 라고 외칠 수 있을까. 그리고 정말 무언가의 그 '말'을 확연히 만날 수 있을까. 커다란 바람처럼 어마어마한 소리의 대반(大盤)과 아득한 천양의 천뢰처럼.

그래서 『장자』는 재미있다. 수사적이고 양행적이다. 여기 무유위유(無有爲有, 있지 않은 것을 있다고 하는 것)도 그렇다. 언뜻 보면 의심할 수 없는 말이다. 있지 않은 것과 있는 것은 어떻게 구분되나. 단순한 부정이다. 전사(轉徙)한 면모로 자연을 따를 뿐이다. 앎이 우둔을 보이고 있는 문장이다.

그러면서 무궁한 변화를 노래한다. 이 대화(大化)는 인간의 변심과 의리, 동맹, 계약 같은 것과는 거리가 멀다. 천변만화가 없다면 소요가 있을 수 없다. 양행과 그 무익손(無益損)에 의해 노래가 되고 조율과 난조가 파동을 치고 간섭을 받는다.

사실 제물의 근간은 유물이지만 그는 그 안의 마음과 언어를 찾아 도의 여행을 한다. 그것으로 이 지상의 짧은 경유(經由)를 마치려 한다.

한 마리의 생쥐

'성심'을 들여다본다. 나는 지금도 하늘이 선물한 자신의 본마음을 선생으로 삼아야 한다고 생각한다. 그 마음의 종사(宗師)는 자연을 배우고 따라간다. 내아(內我)의 밖을 내다보면 거기 있는 그가 '나'이다. 이 스스로 생긴 고유한 마음이 거울이다. 그 품수(稟受)를 만나 찾아지는 길에 '성심(成心)'이 있다.

거울은 무엇을 배우고 나서 사물을 비추는 것이 아니다. 있는 것을 있음으로만 삼지 않고 있지 않은 것을 있지 않음으로만 삼지 않는다. 하지만 골육(骨肉)과 구멍(竅)의 존재는 나약하고 덧없다. 이 육체의 궤변을 틀어막아야 하지만 간지(奸智)로 보지 말고 '성심(成心)'으로 본다. 숭엄한 혼돈의 마음만 아슬아슬하게 태허와 통하는 그 거울 속에 있다.

육체의 구멍과 지체들이 붙어 있는 구멍의 마음. 문득 수미산과 같은 거대한 자본의 신구(神丘) 밑에서 아무런 기본권도 없는 가족과 함께 살아가는 혜서(鼷鼠, 장석과 역(櫟, 상수리나무)의 비유에 나옴. 쥐 중에서 가장 작은 쥐)의 '나'를 본다. 오히려 그들을 인간보다 흥미롭고 영민한 존재로 생각할 수 있다. 다른 마음과 통로의 세계이다.

위유(爲有, 있음의 입장, 존재론의 근거)의 입장에서 하는 말이 있다. 한비자 같은 사람도 혜시(惠施)의 말을 대쪽에 그린 화책(畵策)과 같다고 비판했다. 대나무쪽에 그림을 그려 그 위에 옻칠을 하면 선명하게 분별이 안된다. 또 장자를 가리켜 일신이구(一身二口)라고 비하했다. 한 몸에 두 개의 구멍을 가진 인간이란 뜻. 한비자는 하나의 뼈와 하나의 구멍과 하나의 장만 가진 자였다.

성심(成心)이란 말을 조물주의 손에 의해 만들어진 것이라는 뜻으로 해석하기가 어렵다. 쉬운 말이지만 풀기가 불가한 문자이다. 정말 그 생겨난 마음을 따라 선생으로 삼는다면, 또 누군들 선생이 없는 외톨이겠는가. 궁구의 기심(其心, 그 마음)이 있으면 모두가 선생을 가지게 된다.

그러니 없는 것을 말하는 것을 무시하는 것으로 읽는다면 착각이다. 그러면 일야상대의 내일은 오지 않을 것이다. 상상조차 하기 힘든 일야상대를 우리가 당연한 것으로 보는 것도 잘못된 것일 수 있다는 생각은 추호도 하지 못하기 때문이다.

그 한 마리 생쥐는 어디 있을까.

월나라는 무엇이고 있는 것은 무엇인가

나 홀로 어떻게 할 수 있단 말인가. 토로하는 장자의 마음은 적막하다. 12년간 재상을 지낸 혜자(惠子)의 궤변을 극복하고자 하는 장자의 모습이 보인다. 어떻게 있지 않은 것을 있는 것으로 말할 수 있느냐. 여기서 부지의 경지를 열었을 것.

만물이 존재하는 것도 의문의 대상이지만 그 만물의 근원과 의미와 종말을 찾고 싶었을 것이다. 이 마음의 선생은 가시적인 세계에 대한 유물과 현세적 긍정을 거친 부정정신이 더 먼 근원과 미래를 보는 눈을 장자에게 선물한 게 아닐까. 이 전개가 〈제물론〉의 핵심인 부지를 얻게 했을 것이다.

문제는 이것이다. 있지 않은 것을 있다고 말하는 것. 이 글은 그 논변이 얼마나 어려운가를 말하는 것으로 보았다. 우임금 같은 자가 나타나도 알지 못할 것이라고 했지 그 누구도 절대로 알지 못한다는 말은 아니다. 알 수 없고 말할 수 없을 뿐. 알 수 없고 말할 수 없는 것이 '없는 것'은 아니다.

고작 알고 있는 것만 알고 겨우 그런 것만 말할 수 있을 뿐이다. 조물주는 우리가 모르는 것을 만들어놓고 있다면 어쩔 것인가. 그것의 이름과 생김새를 알 수 있을까. 고향과 본상의 세계 속에 있는 것을 없다고 할 수 있을까. 알 수가 없다.

있지 않은 것이 없는 것은 아니다. 감각에 없는 것이 없는 것이라 하면 감각에 의한 것만 존재하게 된다. 이러면 진리의 말이 못된다. 보이지 않는 곳에 있는 것도 있고 들리지 않는 것도 있다. 이는 감각의 결핍과 언어의 한계이다. 감각과 언어에는 없는, 감각과 언어가 있을 것이다. 우리는 그것을 정확하게 알지 못한다.

여기서 장자가 말하는 것은 대체 무엇일까.

뒤에 유무(有無)가 등장하지만 형개의 인식과 만물은 일치한다. 나에게 의식이 있어야 감각의 저 존재들이 있다. 그러나 내가 또 없다고 해서 그 사물들이 없다고 할 순 없다. 타자들이 있기 때문이다. 그래서 절대 자아가 존재하지 않으며 고작 유전되면서 겨우 감각이 존재한다고 말할 수 있다.

또 알고 있는 것만 있다고 하면 그 말은 단순해지고 위험해질 수 있다. 있는 것만 있다고 하는 말도 사실은 위험하다. 없는 것을 있다고 하는 말에 대한 수정을 유보한 뒤에 다시 그 무시유를 논할 때 무가 나타날 수도 있다. 방일월을 말하고 소요하는 사람이 유무(有無)를 가지고 분별하고 시비할 일은 아니라고 본다.

석자(昔者)에 장주가 꿈꾼 호접지몽(胡蝶之夢)은 현재에서 과거로 간 것보다 더한 것을 상상한 것이 아닌가. 시공간만 아니라 몸과 마음이 바뀐 것이다. 그러나 우리는 거의 그것을 모른다. 이 기억은 모두 과거이니 생각과 언어가 과거로 간다는 것은 궤변이다. 이런 것을 장자가 몰랐을 리 없다.

마음에 시간이 없다는 것을 장자가 설명할 필요가 있을까. 언어는 현실에 없고 인간 속에 있다는 것을 몰랐을 리가 없다. 무하유지향과 광막지야엔 과거 미래 현재라는 시간의 경계가 없을 것이다.

비인(鄙人)들의 세상

낮과 밤이 교대하는 무극(無郤, 빈틈이 없는 지구 공전의 궤도 허공)의 운행 자체와 그것을 아는 것은 그럴듯한 변명이나 궤변으로 해명되는 대상이 아니다. 저 까마득한 천공 속의 일야상대와 그 상아한 순간은 앎의 경지가 아니다. 진인의 난처한 모습이 보인다. 여기서 만물과 함께 자연이 되는 것이 아닐까.

그것은 불가한 것인가. 금일석지(今日適越而昔至也, 오늘 월로 가면서 어제 도착함)의 궤변에 괘념할 일이 아니라 일야(日夜)의 기묘한 체대(遞代) 운행을 생각할 일이다. 일야상대에 나라와 어제가 있을 리 없다. 장자가 궤변을 궤변으로 흐려놓은 만어적 조궤를 잘 보아야 한다.

동이 터올 때 저녁이 물러가는 것인가, 낮이 어둠을 물리치는 것인가. 땅거미가 질 때 낮이 사라지는 것인가, 밤이 넘쳐나서 서쪽에서 밀려오는 것인가. 어느 시간이 주체인가. 시간은 과거로만 가고 우리는 미래로만 가는가. 시간은 미래로만 가고 우리는 현재 속에 남게 되는가. 그럼 일야의 주체는 어디로 가는가.

궤변의 시비를 훌쩍 벗어난다. 교대와 회귀는 인간의 일이 아니다. 흔적이 없는 무한소요. 우주의 일이다. 저것들이 이미 태허부터 음양소요를 하였을 것. 성훼(成毁)의 숙명을 품고 있지만 사유의 소요를 가능케 한 대공간이 저 머리 위에 있다.

이것은 해칠 수도 바꿀 수도 없다. 이 부분이 장자가 비극과 숙명의 구련(拘攣)을 순수소요의 대자유로 반전시킨 위대한 언어의 그림이다. 거괴(居魁)의 하수들이 당신에게 현실을 버리고 어디로 가느냐고 물어봐야 우문(愚問, 붕비를 보고 이충이 한 질문 같은 것)이다.

그 시간대에 아침이 돌아오고 그 시간대에 저녁이 찾아오는 자연의 순리 앞에 있는 한 한 인간은 그것의 숙명자(宿命者)들이다. 그러나 그 숙명으로 인하여 그에게 순간순간 순응하는 해와 달의 움직임조차 꿈 같아서 정말 현실 같다. 경이롭다. 모두 꿈의 언어 속에 있다. 감옥이 소요의 공간이 된다.

저 자연 속엔 수많은 죽음이 있다. 우리가 형개(形開)한 꿈의 공간 속에 있는 것만은 부정할 수 없다. 결국 자신의 본마음에 의존할 뿐이다. 뼈가 백 개요 구멍이 아홉이요 장이 여섯인 이 몸속의 마음에 귀를 기울일 수밖에. 그러니 만물을 성심(成心)으로 비추는 그가 '나'이다. 죽음은 다족류들의 숨구멍 같다.

무유위유(無有爲有)! 있지 않은 것을 있다고 하는 것을 그렇지 않다고 부정으로 읽으면 재미가 없다. 있는 것을 없는 것으로 할 수 없다는 말과는 다른 말이다. 나의 백해구규육장조차 보지 못하고 만져볼 뿐이다. 사물을 보고 말하지만 그것을 완전하게 인식할 수 없다.

나는 육체와 마음 사이에 언어가 있고 바람이 불고 있다고 말할 수 있을 뿐이다. 거기 무(無)가 서 있는 것 같다. 혼자 어쩌랴. 그 알 수 없음에 대한 갈망과 한계가 소요를 바람에 실어간다. 결국 그는 그 앎이 광막지야이며 골의라는 것을 안다. 혼돈과 부지가 사용하지 않는 최고의 지혜라는 것을 깨닫는다.

죽음까지 포괄한 상인자연(常因自然, 항상 자연를 따름)이 삶이고 만물이다. 백해구규육장이 자연 속에 돌아갈 것이다. 유무(有無)가 하나로 있고, 없음도 있다〔유무(有無)〕. 이것을 받는 것이 마음이다.

절대 무용의 조궤(弔詭)지만 숙궤(諔詭, 공자가 구루(丘陋)한 마음을 보인 세속적 계산의 명예심)는 아니다. 〈덕충부〉에서 말하는 불언교(不言教)의 심성자(心成者, 마음을 지키고 디스리는 자)이다. 자연은 평면거울이 아니다. 이 현실공간은 울퉁불퉁한 거울 속이다. 그 언어 너머에 꿈의 만물이 있다. 우리 몸도 거기 함께 있다.

궤변을 막으면서 그의 사유는 옹졸해지지 않았다.

10. 언어와 도의 관계

무릇 말은, 내쉬는 숨이 아니다. 말은, 말을 가지고 있다. 그 말이란 것은, 딱 정해져 있지 않다. 과연 말은, 있는가. 일찍이 그 말이, 있지 않았는가. 알에서 깨어나는, 그 새 새끼들의 울음은, 다르다. 역시 구별이 있는가, 그 구별이 없는가.

도가 무엇에 가려져 있기에, 진위(眞僞)가 있는가. 말은 무엇에 가려져 있기에, 시비(是非)가 있는가. 도는 어찌하여, 움직이면서 있지 않는가. 말은 어찌하여, 있으면서 바르지 못한가. 도는 잔꾀에 가려지고, 말은 화려한 겉치레로 가려진다. 그러므로 유가(儒家)와 묵가(墨家)가, 시비를 벌여 그르다고 하는 것을 옳다 하고, 옳다고 하는 것을 그르다고 한다.

그 그른 바를 옳다고 하려 들고, 그 옳은 바를 그르다 하려 들면, 차라리 이튿날 새벽〔명(明)〕만 못하다.

원문(原文)

夫言非吹也 言者有言 其所言者特未定也 果有言邪 其未嘗有言邪 其以爲異於鷇音 亦有辨乎 其無辨乎 道惡乎隱而有真偽 言惡乎隱而有是非 道惡乎往而不存 言惡乎存而不可 道隱於小成 言隱於榮華 故有儒墨之是非 以是其所非 而非其所是 欲是其所非 而非其所是 則莫若

以明

* **취**吹 숨 기운을 내보내다. **특미정**特未定 딱 정해져 있지 않다. **언자유언**言者有言 말하는 자는 말(뜻)을 가지다(품다). **기**其 인간의 말. 일찍이 **상**嘗. 새 새끼 울음 소리. 알에서 나올 때 우는 새 새끼 소리 **구**鷇. (반어사) 어찌, 어떻게 **오**惡. 가려질 **은**隱. 갈, (어떤 곳을 향하여) 움직일 **왕**往. **부존**不存 있지 않음. **소성**小成 잔꾀 등 작은 지혜. **영화**榮華 겉치레나 수식. **욕**欲 -하고자 하다, -하려 들다. 차라리, 즉 **즉**則. **명**明 밝은 천리天理, 이튿날 새벽, 일야상대하는 시간. 일월.

난해한 언어 존재의 비밀에 대해

〈제물론〉에서 언어의 문제로 들어섰다. 여기서 장자는 언어가 소리와 다르다는 것을 말하고 있다. 중규(衆竅)에서 나오는 소리는 자연의 음이고 하늘에서 나는 음악은 천뢰이다.

인간의 말은 복잡하고 시비를 발생시킨다. 〈소요유〉에서 지상의 생물들이 서로 숨을 내토하는 것을 상취(相吹)라 했다. 그 취(吹, 생각 없이 본능적으로 내토하는 숨)가 말을 하게 하는 동기이자 시작이다. 생물의 취가 가장 난해한 것 중 하나라고들 한다. 인간의 말(언言)은 말할 나위가 없다. 장자도 그 아득한 과거를 상상하기엔 벅찼을 것이다. 그러나 뭔가 전해오는 풍문은 있었을 것.

20만 년 전에 호모사피엔스(지혜의 존재, 즉 인간)가 아프리카에서 출현했다고 한다. 10만년 전에 아프리카를 떠나서 사하라사막을 건너 유럽과 유라시아 대륙으로 퍼져나아갔다. 그들이 그곳에 있던 네안데르탈인을 지배하고 식육으로 잡아먹었다고 한다. 화석과 DNA 연구에서 이 두 종은 유전적 관련이 없다고 하며 약 3만년 전에 네안데르탈인이 갑자가 사라져버렸다는 조사결과가 나왔다. 인류는 학살하고 식육을 한 존재론적 혐의가 있는 집단이다.

호모사피엔스는 자연현상에 대한 상상력과 적응력, 기억의 예술화, 죽음에 대한 공포와 종교 심리의 발현 그리고 특히 성대발성으로 언어가 없는 그들을 압도했을 것이다. 아무튼 언어란 것이 엄청난 힘을 가진 무기에 해당되었을 것이다. 원시 사회의 살벌함을 현대인은 상상하기 힘들 것이다. 모든 문명과 지혜의 어머니는 이 언어였다.

인간은 직립보행을 하고 얼굴과 머리가 상부에 있고 입이 앞으로 튀어나와 있다. 거기서 목과 구강이 기억자로 꺾여 있다. 여기서 언어의 성대가 형성되었으니 조화이다. 이 하나의 꺾어짐을 통해서 직립보행의 존재 즉 인간은 자기 존재의 수렁을 가지게 되었다.

이 말을 가두고 관리하는 자에게 태허의 기가 오고 쓰는 자에게는 재앙이 오는 것일까. 왜 그럴까. 얼굴에 붙어 있는 구강(口腔)의 말에 지혜의 열매가 수없이 열리고 그 말의 열매에 굶주린 사람들이 몰려든 것이 인간의 역사이다. 말은 인간이 지니고 있는 가장 신비한 비밀 중의 하나이다. 장자는 이 말에 주목한다.

신체구조상 어떻게 인간의 입이 저 꼭대기의 앞쪽에 있는 얼굴의 아래쪽에 길게 가로로 뚫려 있게 되었는지(혹은 누가 만들었는지)를 아는 자는 없다. 인간은 괴이한 공포의 말을 던져내고 거짓말을 하며 말을 물고 놓지 않기도 하고 교언을 짓고 속삭인다. 까마득한 조상의 원시인을 상상하면 슬프고 황당하다.

서로 비위를 맞추는 것은 지혜로부터 시작했다. 청각과 입이 동시에 움직이면서 움직이는 인간의 이 기묘한, 머리속의 구조와 지체들의 반사작용은 불가사의하다. 수많은 촉각의 섬모가 움직이는 해면 같다. 가만히 보고만 있어도 해괴하기만 한 존재이다. 저들은 저렇게 말로서 무언가를 주고받으며 화를 내고 웃고 동행하며 평생을 같이 살아간다.

이 성대와 목구멍과 혀가 자본주의 사회와 모든 문명사회의 핵(核)이다. 거대한 도시도 이것들을 향해 움직인다. 또 한 여자의 가장 작은 얼굴 속의 작은 입 속의 촉촉하고 미끄러운 혀를 위하여, 누군가는 같은 두개골에 붙어 있는 귀와 연결된 청각을 동시에 움직이게 하고자 말을 기묘하게 꾸며댈 것이다. 나는 그 작용을 감히 상상할 수가 없다.

말은 있는가

과연 말은 있는 것일까. 일찍이 그 말이 있지 않은 것인가. 이것은 말의 존재성에 대한 의문이다. 사실 너무나 엉뚱하고 해괴한 질문이다. 말이 어디서 나오는가 하고 물을 수 있는 것인가. 정말이지 이 말은 어디 있다가 나오는 것일까. 그 말의 앞에는 누가 있기라도 하는 걸까.

분명 이것은 우주, 사회, 존재, 인간, 만물 전체의 문제이다. 말이란 성심(成心)에서 나오는 것이겠지만 어찌 마음속에서만 나올까. 저 자연 만물이 다 혀이며 말이다. 그럼 말이란 대체 무엇인가. 우주 천기와 운행과 한 인간의 상통인가. 진재와 인간의 유기체적 발화인가. 역시 알 수가 없다.

갑자기 말이란 존재하는가 하고 묻는 본질적인 질문에는 우주만물의 거울인 마음이 움직이는 것 같다. 인간에 있는 말의 존재를 조심스럽게 노크하는 이 의문은 대단히 난해하다. 가만히 넋을 놓고 말하는 사람의 입을 보고 있으면 그의 눈과 귀가 동시에 움직이는 것을 볼 수 있다. 말을 하고 있지만 그 어디에도 말은 존재하지 않는 것 같다.

물론 마음도 함께 움직인다. 무언가 자동으로 함께 움직이고 있다. 온몸도 움직인다. 손끝도 움직인다. 말은 운전대인가. 바람과 나뭇잎과 먼지와 마음이 함께 움직인다. 장자는 훗날 마음으로 보지 말고 기(氣)로 보라고 말하지만 놀라운 사실을 말하고 있다.

이 언어야말로 무엇이라 말하기 어려운 말이다. 가정과 사회에서 존재하지 않는 것들이 오가는 그것이 '말'이라고 하면 놀라워진다. 앎에 대해 절망하고 인간의 말이란 실로 기묘하다는 말밖에 더 할 말이 없다. 그 안에 있는 것은 무엇일까. 무엇의 그림자일까. 즉각적인 반사작용일까. 뇌가 말하는 것일까.

그것이 기호인지 침묵인지 혼령인지 말이 무엇인지는 말해주지 못한다. 이 부지가 소요의 기막힌 단서(端緖)가 되는 걸까. 그 말이 나오는 곳에서 저 일야(日夜) 상대와 단모(旦暮)의 유생(由生, 스스로 유래되어 온 것 즉 자연)을 볼 수 있었을까. 말의 존재를 묻는 이 사유의 근저를 대부분의 해석은 쉽게 넘어가고 있다.

말은 존재하는가. 형상 없는 본질의 유정무형(有情無形), 유진부득(有眞不得)한 허공의 흔적〔짐朕)〕을 언어로 나타내려는 만물의 꿈이 아닐까. 바로 그것이 소요의 꿈과 구체화가 아닐까. 인간의 사유와 앎은 그림자 속에서만 존재할 수 있다는 말도 된다.

장자는 저 어둑하고 먼 곳, 그러나 어쩜 매우 가까이 있을 법한 어떤 경계의 안쪽을 감지한 것일까. 그 누구도 상상하지 못한 보광(희미한 빛)의 거처는 장자에 의해 규정할 수 없는 곳으로 남겨졌다. 정말 말이 무에서 나오는 것처럼 말이다.

말은 순식간에 공기 속으로 나아간다. 반향하고 금세 사라진다. 보이지도 만져지지도 않는다. 그것을 알아차리는 것은 입도 말도 눈도 아닌 저쪽 상대의 맞선 귀이다. 비논리적이다. 그러나 매우 완벽하다. 상대의 말과 상대의 혀가 하나인 것 같다. 입이 귀이고 귀가 혀였을까. 이 둘은 짝인 것 같다.

인간은 언어에 의지해서 상대에게 자신과 마음과 바람을 전한다. 장자는 천뢰를 말했지만 그보다 복잡한 것이 인간의 이 말이다. 하늘이 내는 음악보다 인간의 입에서 나오는 말이 난해하다. 일상 속에 자주 일어나는 꿈처럼 풀 수 없는 무엇들의 빠르고 분명한 언어의 이동과 귀의 관계.

음성학적으로 말이 매우 짧은 시간 속에서 공기 속으로 퍼져 지나가고 인간의 귀를 통해 머리속에 저장된다는 사실은 매우 슬프고도 아슬아슬한 일이다. 이럴 때 과연 말은 어디 존재하는가 하고 묻게 된다. 말은 마음과 말에서 나와서 귀와 머리로 들어간다.

그렇다면 입과 귀, 말과 경청은 원래 하나가 아니었을까. 상대방은 이 말을 즉발적으로 되받아 무언가의 마음을 입으로 내뱉으면 그 소리는 처음 말한 자의 귀로 건너간다. 즉 의사가 전달되고 판단하고 마음을 나누고 언어를 발생시키고 그 언어의 갈피를 즉각적으로 헤아린다.

그런데 가만히 보면 건너갔던 말이 돌아온다. 나의 말이 저쪽 상대방의 머리 속에 있었던 것 같다. 또 그의 말이 원래 이쪽 나에게 있었던 것 같은 착각이 든다. 만물이 쉴새없이 들락거린다. 그러나 직접적인 실물이 아니라 그것들의 '언어'이다.

저 사람이 무슨 말을 할지, 이런 생각을 하는 순간, 말의 존재는 위태위태하고 존재하지 않을 수도 있다는 생각을 이쪽에서 먼저 한다. 이때 심연 위에 움직이고 있는 물결 같은 마음을 읽는다.

마음속에 (혹은 육체라고 해도 합당하다.) 숨어 있는 기미와 뜻과 의지가 형상 없이 나타난 것이 말이다. 달리 이 말을 우주가 하는 말이라고 하면 어떨까. 놀라운 현상이지만 사람들은 아주 자연스럽게 행한다. 달리 말해서 인간인 '나'가 하는 말이 아닌 것 같다. 말이 사회적 관계가 아니라 어떤 우주사회적 소통작용 같다.

말의 귀휴

말의 고향은 어디일까.

인간은 아무렇지도 않게 말을 하고 있지만 그 말의 억양과 차별은 외형의 차이보다 훨씬 심오한 경계가 있다. 사실 자신이 하는 말 중에서 정말 자신의 말은 얼마나 될까. 본래 인간의 심부(心府)와 진언(眞言)에서 나오는 말은 있을까. 장자가 듣고 싶은 대지의 말〔대언(大言)〕은 어떤 것일까.

일야상대 속에 잠들 뿐인가. 일야상대는 일야상대를 아는가. 저 우주의 한낮은 한낮을 아는가. 그 속에 무슨 소리가 지나가는가. 아무 데도 쓸모 없는 말을 나는 듣고 싶어하는 것일까. 요원하다. 너무나도 빠르고 쉽게, 잠시 머무를 틈도 없이 입안에서 말들은 혀를 놀리다가 사라진다.

'나'는 우두커니 그 말들이 빠져나가는 공간 속에 서 있다. 그 말들이 마을 안을 지나가는 물소리나 맹아(萌芽)의 중얼거림 같다. '진짜 말〔진언眞言)'을 찾지만 그 말은 어디에도 없는 것 같다. 우주 자연이 모두 입 같다.

말은 만물에서 왔을까. 말은 본래 무용의 것이며 무위의 것일까. 그때에만 언어가 '귀휴(歸休)의 집'을 찾아갔을 것이다. 오랜 세월이 흐른 뒤 말은 집을 나온 새처럼 돌아갈 줄 모르고 떠들어대고 있는 것이 아닐까. 말의 고아여, 갑자기 숙연해지지만 그 고향은 모두 파괴되고 그 어디에도 말의 집은 없는 것일까.

뇌에서 입을 통해 나오는 말은 만물에 근거한다. 이 문장을 쪼개면 이렇다. 말은 만물에서 나온다. 뇌는 만물의 거울이다. 말은 만물의 현상이다. 만물의 건너뜀이며 퍼짐이며 기화(氣化)이고 무아(無我)이고 현몽이다. 만물은 언어를 닮았다. 언어도 만물의 침묵과 소리, 모양, 영혼을 닮았다.

차라리 말을 안에서 발생하지 못하게 하고 싶다. 말하지 않는 시간을 더 늘리고 싶다. 그래서 일야(日夜)의 한가운데 혹은 천공의 어둠속에 갇히고 싶다. 거기 이목구비가 없고 하나의 마음〔일심(一心), 일성순(一成純)의 마음〕만 있도록. 사용하지 않은 바람 속에서 무염(無染)의 달에서 인간세상의 말과 저쪽 존재들의 결(闋, 문 닫을, 비어 있을)이 기억나는 듯하다. 찢어진 입을 봉하고 싶다.

불가사의한 말

말은 일상에서 수없이 사용된다. 그 말은 현실적이지만 비존재적이다. 도가 가려져 있다(도은道隱)는 말처럼 이 언(言)도 철저하게 가려져 있는 '무엇'이다. 그 몸을 드러낸 적이 없다. 사람들이 하는 말은 말의 껍질이다. 그래서 장자는 만물과 천하의 맨 위에 도(道)를 두고 다음에 변(辯)을 인(仁) 앞에 두었다.

장자의 절망에서 뼈아픈 것은 '말은 어찌하여 있으면서 바르지 못한가' 라는 말에 있다. 시비의 능선을 넘어서고자 하는 장자가 바른 것 하나만을 찾았을까. 눈이 밝아지고 마음이 열리는 길은 위대한 것보다 작은 것들을 두려워하고 다스리는 데 있을 것이다.

말이 어디서 온 것인지 잘 모르겠다는 말은 지혜의 전달에 의해 현대문명이 파국에 이르렀다는데서 비롯된 것이 아닐까. 그 발단이 이미 그 말 속에 내재된 것임을 증명하는 길은 사회 속에서 파편화한 말을 찾는 일에서 시작될 것이다. 언제나 사물의 단초가 되는 제물의 시초가 이 말 속에 있기 때문이다.

장자가 말의 정반, 시비를 가르는 자는 아니다. 아마도 장자는 그런 말이 세상엔 없다고 보는지도 모른다. 그보다는 적극적으로 진인의 소요란 만물을 올라타고 노니는 데 목적 아닌 목적이 있음을 장자는 말하는 것이 아닐까. 그래서 대체 도와 말은 어디 숨어 있는가 하는 멈출 수 없는 질문 자체의 존속이 소요가 될 수도 있을 것이다.

즉막약이명(則莫若以明). 대부분 명(明)을 '천리'로 보지만 일야(日夜)의 거울이 떠오른다. 희미한 새벽. 혀가 닳도록 다툰 시비는 새벽이 붐히 터오는 것을 보고 부질없음을 깨닫는다. 일야의 명증함.

아무것도 묻지 않은 시간으로서 다시 돌아오는 신새벽 뜰을 걸어본다. 그때 모든 말이 새벽어둠 속의 사물이라는 것을 알게 될 것이다. 만물은 그 정적 속에 있고 거기 인간의 언어는 없다.

그 모습은 홀연하고 가볍다. 나무와 산과 어둠과 길과 집들, 공기와 하늘과 나. 아무것도 모른 채 지나가는 이 무구한 시간 속에서 시비는 겸허해지고 말 것이다. 아무도 서로 말하지 않고 새벽 단잠에 떨어져 있다. 이것이 새벽의 명(明)의 자시(自視)이다.

그때 새벽 지수(止水)처럼 거울 밖의 신춘처럼 맑은 정신은 시비 그 자체가 없으며 도도 말도 따로 있지 않다. 신성한 침묵의 말이 다가오고 지나가는 것과 건드릴 수 없는 말의 형적(形迹)이 사라지는 것을 느낄 뿐이다. 지치고 망가진 말을 버리는 것이 양기를 부생(復生)하는 일이다.

인간의 말은 집을 나와 길을 잃은 약상(弱喪) 같다.

먼 미래의 독자에게

〈제물론〉은 '언어론'이다.

혼란한 시절은 언제나 가지런한 말을 필요로 한다. 그에게 마음의 제물은 지고한 표상이었을 것. 장자는 권력의 문제와 국가 존립에 치중하지 않았다. 제물과 언어의 문제는 국가의 문제가 아니다. 이는 장자가 일원적 근본주의자로서 언어나 사물이 국가의 소유나 다스림의 대상이 아니라고 본 증좌이다.

그는 자연 속에 있고자 했다. 국가 속에 예속되지 않았다. 그의 글에 국가에 대한 언급이 거의 없다. 그는 자연과 자신하고만 주로 말했다. 그것은 자연보다는 작지만 국가보다 훨씬 큰 것이다. 국가는 영혼이 없다. 지금 장자는 홀로 일야(日夜)와 단모(旦暮)를 거쳐 이 도언(道言)과 마주하였다.

해가 뜨면 아침이요 해가 지면 저녁이다. 밤이 오면 어둡고 만물은 언어를 버리고 잠든다. 하늘엔 모든 언어가 귀의한 성운(星雲)이 빛나고 들판엔 아무도 나와 있는 자가 없다. 언어는 어디 있는가. 바람만 불어가고 언어는 잠들어 있다. 그리고 몇 시간 후, 다시 아침의 언어는 소란하게 돌아온다. 새 하루가 기지개를 켜며.

언자유언(言者有言)의 언자(言者)는 해석이 다 다르다. '말하는 자'로 보지 않고 "말은 말을 가지고 있다"고 했다. 말 자체가 말을 한다. 말은 인간의 마음속에 있는 존재이다. 인간이 중심이 아니고 말이 중심에 와 있다. 말이 인간을 지배한다. 말이 말을 한다. 진인은 가급적 사람을 만나지 않고 말을 하지 않았을 것이다.

여기서 인간을 좀 더 복잡한 존재로 보기 시작한다. 백해구규육장 정도가 아니다. 장자는 소리와 구분된 이 언이 단순히 내뿜는 숨기운과는 다른 것이라고 본다. 사견이 있고 조건이 있고 이해가 있고 다른 관계와 사물이 개입한다. 말들은 안에서부터 시작한다. 중심적이고 권력적이다.

심부는 만물을 보관하고 감정을 감추고 기억한다. 인간의 입은 만규(萬竅)의 일구(一口)이다. 온갖 판단과 지식이 입으로 쏟아져 나온다. 인간은 육체 안에 기괴한 감정과 의지, 충동, 욕망, 함정을 가지고 있는 복잡한 존재이다. 장자는 시비에 골머리를 앓으며 이 말을 커다란 문제로 인식했던 것 같다.

장자는 진정한 언어를 정치(政治)의 목적적 제물로 보지 않았다. 순수한 사유의 대상으로서의 만물을 대하고 제물하는 언어를 찾고자 했다. 그러니 시비로부터 벗어나는 것이 일야의 체대를 바라보는 일이 되는 것은 명약관화한 일이다.

제물은 언어와 마음과 자연의 무심한 소요이다. 만물에 대한 무목적 소요를 원하는 지극한 인간의 갈망이다. 장자는 '나'를 낳은 자연과 선생, 사물과 시간과 언어의 집에서 살아가고자 했다. 장자가 가장 순수한 영혼을 가진 진인이 아니면 누가 진인일까.

그러나 말이 바르지 못한 것은 시비와 이해에 의한다. 말이 천변만화의 자연을 닮은 것은 당연하다. 새들의 울음은 쉴새없이 자연의 변화에 조응한다. 새들이 어떤 사상에 고착되어 일관된 행동만 한다면 권력 밑에 모인 무리들과 다를 바가 없다. 새들이 무기를 들고 식량과 군사를 이끌고 다른 나라로 쳐들어가는 광경을 상상한다면 기가 막힌 일이 아니겠는가.

새들의 날개와 울음소리는 항상 변해야 한다. 옳은 것을 그르다 하고 그른 것을 옳다 하는 것은 반자연의 논변이다. 그것은 인위적인 인간의 언어와 사상의 탐욕에서 비롯된 고집이고 이해(利害)이다. 그 무엇도 자연을 탓할 수 없듯이 어떤 인간적인 유익과 의도도 자연에 앞설 순 없다.

언어를 찾는 절망과 희망의 투쟁기

창검(槍劍)과 변론의 혼란기에 장자가 언어의 문제를 다룬 것은 기이한 일이다. 아무도 관심을 가지지 않았지만 장자는 이미 파괴된 언어의 종말을 고한 시대의 고찰에 나섰던 것 같다. 결국은 말이 세상을 함정에 빠뜨렸다.

장자의 요법은 간단하다. 그는 소성(小成)의 지혜로부터 잃어버린 광막지야를, 태허와 무아를 통하여 언어와 위대한 도를 찾아야 한다고 본다. 그것은 일야의 발견이기도 하지만 모든 편집을 해체해야 할지 모르는 엄청난 발언이다. 그것은 실현불가능할 것이다. 『장자』는 그야말로 언어와 도의 회복을 소요에 두고자 한 정신사적 투쟁의 기록이라 할 수 있다. 편향된 인본주의자가 아니다.

언어의 존재에 대한 자문자답이 부서진 북명의 바다를 버리고 남명천지(天池)로 향하는 길이다. 이 길이 반지구적 상상이며 반문명적 방외이며 반사회적 초지혜라고 비판될까.

장자의 중얼거림은 고독하다. 실종된 도를 찾아 부서진 언어를 만지는 장자는 언어와 도가 고통스런 임계(臨界)에 도달한 것으로 본 것 같다. 문합과 분이봉재가 유효한 것은 장자의 사유가 칠일이혼돈사로 귀결하기 때문만도 아니다.

장자가 무서워한 것은 물(物)이 아니다. 물을 함부로 이용하여 인간을 유혹하는 정신과 언어의 편견(偏見)을 두려워했다. 장자의 적은 바로 이 편견과 시비이고 그것들의 파생들이다.

말은 말을 가지고 있다(언자유언言者有言). 인간의 문제를 다루더라도 새 새끼 울음이 언어가 아니라고 말하는 것은 위험한 발상이다. 왜 그들에게 언어와 소통이 없겠는가.

이 '이음(異音)'에서 그는 인간이 알아듣지 못하는 새들의 울음소리를 분별하고 싶지 않았을까. 단지 구음(鷇音- 공자의 제자 안회와 사위인 공야장이 새소리를 잘 들었다 하며, 훗날 말의 시비(是非)를 가르기 어려움을 이르는 의미로 변화됨. 새들이 무슨 말을 하는지 모르기 때문이다. 싸우는지 합창을 하는지 알 수가 없다) 은 새 새끼 울음소리이고 인간의 말은 인간의 말일 뿐이다. 장자가 인간이므로 인간의 말에 대해 말하는 것뿐이다.

구음(鷇音)은 알 속에서 깨어 나오려고 우는 새 새끼의 울음소리이다. 새가 알에서 나오려고 울 때 애달픈 소리를 내는데 이것은 이 세상의 새 울음소리는 아니다. 껍질을 벗지 못했으니 경계선에 있다. 하나의 온전한 존재로서의 울음이 아니다. 그 울음이야말로 가장 깨끗한 자연의 무지혜의 소리가 아닐까.

지혜가 담긴 의미의 울음은 공포와 제도를 만든다. 소리는 언어가 되고 언어는 의미와 지혜가 되고 의미와 지혜는 함정이 된다. 지금은 비록 작은 알 속의 울음이지만 그는 곧 저 하늘을 날아다니는 바람과 날개가 될 것이다. 인간의 영역이 아니다. 인간이 번역할 수 있는 언어가 아니다.

아무리 쳐다보아도 우리집 나무에 날아와 우짖는 산새들의 지저귐을 알아들을 수가 없다. 안회가 새들의 소리와 감정을 알아들었다는 것을 장자가 몰랐을 리 없다. 새 새끼들이 우는 소리를 어미 새의 눈과 귀로 또렷이 들었을 것이다. '나'의 눈과 귀는 알아듣지 못한 채 멍하니 서 있는 것일까.

여기서 말이 심중에서 나오려 할 때, 그 말이 과연 처음부터 있는 것이냐 없는 것이냐 하는 것이 의문의 본의이다. 기이한 비유이다. 또 그 울음이 사실은 태허의 소리인가. 태초의 소리가 우리 목소리에 묻어서 남아 있게 된 것인가. 그런데 그가 깨어 나와 자라 세상에 접하면서 그 본래의 울음소리를 잊게 된다면 어떻게 되는가.

어쩜 그 본래의 울음의 실성(失聲)은 그 알 속에서 울었던 기억이며, 그 기억은 간절한 태초의 자아의 본질일 것이다. 새는 바로 그 울음을 울고 싶지 않을까. 화학작용이 마구 일어나는 듯한 가슴으로 말이다. 태초에 모든 소리가 그곳에 있었을 것을 상상하면 가슴이 아파온다.

구음은 줄탁동시(啐啄同時)와 같다. 어미닭이 쯧쯧쯧 하고 껍질 속의 병아리에게 소리를 가르친다. 그 소리 바깥에 자신이 모르는 어미가 있을 것. 새 새끼는 그 소리를 귀의 몸으로 듣는다. 기이한 마음의 소통이며 정(情)이다.

귀여운 새 새끼는 바깥세상이 있다는 걸 상상도 못할 것이다. 그는 며칠 전까지만 해도 한 덩이의 단백질 덩어리였으니 말이다. 하지만 이미 그는 다 알고 있는지도 모른다. 소리는 마음의 지수(止水)에 미묘한 변화를 일으킨다. 빠르게 움직이고 있다.

소리를 따라 길을 찾는다. 소리가 나오는 곳은 무엇이 있는 곳이다. 생명은 본래의 울음을 울고 싶어한다. 그 소리가 기(氣)이다. 지극한 하루가 여기 있다. 소리가 나는 곳이 그의 하루이다.

말의 종말

너구리와 족제비들이 돌아다니는 무대 뒤에 방관하고 있는 권력의 실체는 사실 지혜이며 체제이다. 그들은 소성(小成)을 길러내고 보호한다.

강대할 줄 알았던 도는 바로 영화(榮華), 권력, 이해라는 소성의 굴속에서 죽었다. 도가 그렇게도 약한 것일까. 소성과 이해와 시비를 추종하는 인간에 의해 천고의 도는 죽은 것일까. 여기서 호방하고 태탕한 장자의 다른 면을 발견하게 된다. 조심스럽고 섬세한 심사와 필치가 있다.

그러나 장자는 천변만화의 말을 올라탄다. 자연의 천변만화를 올라타고 언어로서 소요한다. 일심(一心)의 천변만화가 제물이다. 여기서 장자가 시비의 종말을 고하고 소요가 도래한 것을 선언한 것이 아닐까.

대언(大言)은 저 하늘에 있는 뜬구름일까. 도는 어디 숨어 있는 걸까. 장자의 한탄이다. 세상에는 온통 말이 홍수를 이루었지만 장자에게 말은 보이지 않는다. 온통 진창이고 수렁이다. 학자와 지식인들이 서로 인간과 나라를 구제하겠다고 말을 다 더럽히고 있었다. 세상은 탐욕과 허위로 가려져 있는 것일까.

시비의 근원을 찾아가는 여행이 〈제물론〉이다. 하지만 이 문제는 모든 시대와 인류가 고통을 겪었던 함정이다. 장자가 세상을 구하러 그 불구덩이로 뛰어들어갔다면 그의 제물과 소요는 욕망으로 변질됐거나 파괴됐을 것이 분명하다. 그 속에서 지혜를 짜내지 않을 수 없었을 테니까.

심중에서 무엇이 이리 쏟아져나오는 것일까. 장자는 말의 본질을 끈질기게 묻고 있다. 이것을 해결하지 않는 이상 〈제물론〉은 진전을 보일 수가 없다. 그들이 들고 있는 거울은 반사를 하지 않는다. 그들의 거울은 시대와 함께 사라져버렸다. 아슬아슬한 경계선에서 태어나는 새 새끼의 울음소리가 도이다.

필요없는 것들 같지만 미물들의 아픔과 뜻과 호소가 음호(陰號)처럼 흔들린다. 인간의 진실과 거짓이란 말은 자음과 모음처럼 치아, 혀와 성대에서 출발한다. 장자는 인간의 입 안쪽에서 나오는 말을 놀라운 시선으로 보고 있었던 것 같다. 참으로 기이한 발견인데 저 안에 대체 무엇이 있는 것일까.

하지만 구음의 한 존재가 인간이 기억 못하는 슬픈 울음소리를 간직하고 있다. 적어도 인간의 말(一言)은 도(一道)를 닮아야 했다. 인간이 입으로 '말'을 한다는 것은 도의 일이며 인간이 도적(道的) 존재인 것은 이 '말'에서 비롯되었기 때문이다. 그러니까 본래의 말이 훼손되고 없어졌다는 것이 맞을 것이다.

장자는 그 말을 찾아간다. 도의 형상을 입은 말을 인식하고 이해의 시비 속에 빠지지 않는다. 저 일야상대처럼 인간이 어찌 할 수 없는 자연의 아름다움과 기묘함을 체득하고자 한다. 그러나 그 대언은 아무도 볼 수 없다.

만물은 제물할 수 없다. 제물의 마음을 버리는 것이 혹 제물이 아닐까. 분란한 말의 홍수 속에서 장자의 사유는 일야상대를 따라 소요할 뿐이다. 만물과 언어는 하나이다. 여기서 제물이 소요가 되기 시작한다.

말을 잘하는 인간보다 우우(迂遇)한 한 마리의 소 안에 인간이 잃어버린 말이 있을지 모른다. 인간은 너무나 많은 말을 우주의 지구에서 해버렸다. 인간은 불빛처럼 점점 밝아지고 분명한 말을 하기 시작했지만 껍데기가 되어가고 있다. 진리는 숙궤(諔詭)를 감추고 있다.

사실 유묵 시비와 대결은 피 터지는 사상투쟁이었다. 유교는 거대한 보수권력의 중심에 서게 되고 실사를 구했지만 진재(眞宰)와 근원을 잃었다. 언제나 시대의 중심에 섰지만 장구한 세월의 각성과 격파에 의해 근대에서 소멸되기 시작했다.

묵가는 진시황 이후 완전히 사라졌다. 여러 까닭이 있지만 반유적 시비에서 희생되었으며 천자와 군주들은 거자(巨子) 중심의 종교적 집단의 그들을 못마땅하게 여겼다. 또 조직 자체가 지나치게 협소한 인물과 경계 안에 갇혀 있었다.

장자는 조직화나 종교화로 나아가지 않고 한 인간 속에 남고자 했다. 천자(擅恣)한 진인을 창조하고자 했다. 장자는 유가와 묵가와 거리를 두고 비판했다. 인간은 권력의 노예와 같아서 그 맛을 한번 들이면 편리와 부림을 알게 되고 그로 인해 시비의 앞잡이가 되어 행세한다.

장자는 결국 『장자』를 통해 종말과 함께 새로운 인간형을 창조하였다. 장자에겐 거대 국가나 사회보다 한 인간이 중요하다. 이것 역시 장구한 세월의 싸움의 과녁이다. 유가(儒家)가 지배한 이천 년의 시대는 저물고 장자 사상이 한 인간의 중심에서 날아오르는 것을 예감한다. 『장자』는 참람한 세월을 내다본 장자의 유구한 침묵이며 활연이며 예언이다.

《외편》에 나오는 제왕과 성인들은 도적들이다. 이들은 훼도덕(毁道德, 도와 덕을 망침.)하면서 인의(仁義)를 가장한 자들의 과오〔성인지과(聖人之過), 성인들이 나타나자 사람들은 애써 거짓 인(仁)을 행하고 그로 인해 천지가 비로소 의혹에 휩싸이게 되었다〕를 저질렀다. 장자는 〈천운(天運)〉에서 인(仁)을 통치자들의 거려(蘧廬, 오두막의 주막집)라고 하였다.

장자는 '잡편(雜篇)'에서 묵자는 천하에서 참으로 아름다운 사람〔묵자진천하지호야(墨子眞天下之好也)〕이라 말하고 재사(才士)임을 인정했지만 공자에 대한 평가는 그보다 인색하다. 장자 사상이 공자 사상과 반대쪽에 있었던 것이 분명하다. 장자가 공자의 먼 제자라는 말은 어불성설이다.

다 잊고 명(明)을 쳐다보고 알다

본지(本旨)로 돌아온다. 서로 옳다고 하는 자들의 시비를 넘어 명(明)으로 돌아간다. 제물을 살피는 온몸이 자시하고 형개하는 새벽이다. 몸과 마음과 일월(日月, 明)이 같이 '말없이' 운행한다.

성심(成心)을 따르는 것은 위일두(爲一頭, 한 존재를 위함)의 길밖에 없다. 장자는 한번 노하여 천하를 편케 할〔일노이안천하(一怒而安天下)〕 수 있지만 그러지 않고 버려둔다. 대신 장자는 무궁과 무변의 하늘을 소요한다. 천지와 함께 저물고 그 먼 길을 돌아온다.

소성이나 영화에 방일월의 도가 개입할 수 없다. 잔두지련(棧豆之戀)의 사회적 개인적 훈습을 버린다. 시비의 악습을 머릿속에서 깨끗이 청소하고 지운 뒤 한적하게 소요하며 지낸다. 진경(眞境)이다.

무엇을 '이것이다' 주장하거나 강조하지 않는다. 오직 쉼없이 스스로를 소요한다. 그리고 순하게 닳아가고 버리고 또 늘 새로운 말을 맞는다. 들판의 새바람을 얼굴에 쐬듯이. 말은 비록 보이지 않지만 유정(有情)이고 그 말이 나오게 하는 것은 무형(無形)의 집이다. 만물에서 말이 나온다.

11. 방생지설(放生之說), 만물은 나와 함께

사물은, '저것' 아닌 것이 없다. 사물은, '이것' 아닌 것이 없다.

자신을 '저것'이라 하면, 즉각 볼 수 없고, 자신을 보면, 즉각 자신을 알 수 있다. 그러므로 '저것'은 '이것'에 의해 생겨나고, '이것' 역시 '저것'으로부터 비롯하는데, (이를) 저것과 이것의 방생설(方生說)이라 한다.

비록 그러하나, 이제 막 태어나고 이제 막 죽으며, 이제 막 죽고 이제 막 태어난다. 모두가 가능하며 모두가 불가하고, 모두가 불가하며 모두가 가능하다. 옳은 것을 좇으면 그른 것이 따르고, 그른 것을 좇으면 옳은 것이 따른다.

이로써 성인은, 연유(緣由)가 없으며, 그것을 하늘에 비추어보고, 당연히 '자연'을 따른다.

원문(原文)

物無非彼 物無非是 自彼則不見 自知則知之 故曰彼出於是 是亦因彼 彼是方生之說也 雖然 方生方死 方死方生 方可方不可 方不可方可 因是因非 因非因是 (故)是以聖人不由 而照之於天 亦因是也

* 저, **피**彼. 이, 옳을 **시**是. 나, 이쪽 **자**自. 즉시 **즉**則. **지**之 앞의 견(見)임. **피출어**

시彼出於是 '저것'은 '이것'에 의해 생겨나다. 이제 막, 방금 **방**方. **방생지설**方生之說 막 생기는 '말'. **수연**雖然 비록 그러하나. **방생방사 방사방생**方生方死 方死方生 생사반복. **불유**不由 연유가 없다. **조천**照天 하늘에 비추어봄. **시**是 앞은 '이로써' 뒤는 조천의 마음. **인시야**因是也의 인은 앞의 명(明), 일야상대에서 온 의미.

꿈으로의 장자 이동

이 지상의 처음 과거와 마지막 미래는 국가와 아무런 관련이 없다. 엄격하게 말해서 한 인간에게 국가는 존재하지 않는다. 나의 사람은 자연이 국가이다. 장자의 인간형은 인간을 통제하는 국경을 넘어서 계속 미래로 나아간다.

경계와 계급을 중시하는 체제를 걷어내고 민족과 분계선을 무화하는 것은 인간의 본능적 꿈이다. 장자는 지상의 상물관계를 초극하고 우주와의 영원한 동거를 꿈꾸기 위해 너와 나 그리고 하늘을 불러낸다.

공자는 주나라로의 회귀를 꿈꾸는 회고주의자이다. 장자는 너무나 먼 미래를 감히 꿈꾸고 있었다. 그는 자연 속에 있는 하나의 풀줄기 곁에 있더라도 권력의 중심으로 가진 않았다. 보이지 않는 것들의 이슬 노래는 들어도 권력과 칼이 서 있는 검은 악기들의 소리는 듣지 않았다. 그가 칠원리의 장자이다.

장자는 형명(刑名)이나 상례(喪禮), 상벌 등의 문화적 제도엔 관심이 없었다. 『장자』에는 해설하고 가르치는 식의 『논어』나 『맹자』 같은 기술방식도 없다. 예컨대 정치학 같은 것과는 전혀 상관이 없다. 눈앞에서 흔들리는 나뭇가지부터 시작하여 해와 달, 구름, 바람, 물결 그리고 광막한 우주까지를 하나의 언어로 이어주는 것이 장자의 꿈이었다. 그것이 장자의 제물이고 정치이다.

『장자』는 총명한 인간을 만들고 순화하기 위한 자기개발서 류의 책이 아니다. 장자는 인간을 결코 어리석게 보지 않았으며 가르치고 이끌어야 할 대상으로도 생각하지 않았다. 인격자와 숭배자로 교화한다는 말은 인간을 구부러뜨리는 것과 같다. 그는 정말 미래 어디선가 끝나버릴 지상의 허무한 꿈을 꾸고 있었을까.

모든 과거가 오염되고 허무했을지라도 시간의 회절(回折)을 미래 밖의 태고로 돌려놓지 않는 『장자』는 그래서 난해하다. 인간 바깥의 우주와 조우(遭遇)하는 그 첫 시간은 장자 사상에 숨어 있는 만날 수 없는 다른 짝이다. 즉 인류가 가지 못하는, 말하자면 존재하지 않는 다른 길의 저쪽의 탐색일지 모른다.

이는 매우 난감한 일이다. 역사의 시간을 넘어 '다른 시간'으로의 전환을 꿈꾸는 일이지만 현실역사에서는 불가한 일이다. 만물이 모두 함께 태모(胎母)의 뱃속에 있는 것처럼, 아직 깨어나지 않았고 분열되지 않은 혼몽(混懜)의 '얼룩'으로 존재하는 세계를 그리는 동적인 우주관이 그러나 그에게 있다.

이것도 우제용에선 위대한 선행 사상이다. 아무도 가지 않고 쓰지 않고 살지 않은 시간이 있다고 본다. 다 살고 죽은 한 인간을 생각하면 이런 꿈은 요원하기만 하다. 그러나 우리가 써보지 못한 시간에 대한 사유는 그립지 않을 수 없다. 그것을 바람의 사유라 할 수 있을 것이다.

이 시종회귀(始終回歸)는 이번이 처음이 아닐 수도 있다. 태양을 쳐다보면 왠지 그런 생각이 일어난다. 나는 그 시간을 '이 책'의 망원경으로 감지한다. 아주 느리게 혹은 너무나 빠르게. 그것이 비록 재생(再生)의 개념이 아니라도 우주 안에 들어가게 되는 것은 사실일 것. 존재하지 않는 모형적 실재론의 꿈으로서의 도는 슬프기도 하고 무정하기도 하다.

또 상징의 실체와 언어의 메커니즘을 파악하는 것은 거의 불가하지만 신비함의 온기는 이 책 속에 아직도 남아 있다. 파편의 마음 그 진인의 성심(成心)은 누구에게나 있을 터.

대상에 대한 철저한 인식과 거리

타자를 인식한다는 것은 쉬운 일이 아니다. 무비피(無非彼, 저것 아닌 것이 없음) 무비시(無非是, 이것 아닌 것이 없음)는 저것과 이것의 확고한 상대성과 존재성을 보인다. 있는 저것을 없다고 할 수 없고 여기 있는 이것을 없다고 할 수 없다.

저기 저것이 있다는 것은 이쪽에 이것이 있기 때문이다. 서로 '저것'이다〔물개상피(物皆相彼), 『남화경직해』〕. 이것은 자신만 옳은 줄 알고 자신만 있는 줄 아는〔물개자시(物皆自是), 상동)〕 나를 저쪽에 서 있게 하는 말의 거울이다. 좌망이나 죽음으로 이쪽이 없어지고 저쪽이 있을 수 있는 투명한 양면거울의 근원을 사모하는 원심(遠心)이 있기 때문일까. 물론 그것은 다음 사유의 문제이다.

자연현상을 편제화하는 문화권력 중심의 추동 속에서 장자가 만난 첫 번째 암초가 '피아' 혹은 '물아'의 인식이다. 치국으로 가는 수신(修身)이 우선이 아니다. 장자가 객관적인 피아(彼我)의 문제를 다루는 것도 그래서 특이한 관점이다. 그래서 거대한 조직체는 이 사유에서 제일 먼저 지워야 할 대상이다. 거대 구조와 체제부터 지워야 인간이 보이기 때문이다.

거욕(去欲)하고 망술(忘術)하여 '말'을 듣고 진지에 동의하고 거슬림 없는 삶을 사는 것. 독존(獨存)하는 언어의 전사(轉徙)적 삶의 이상을 실천하는 것. 이것이 개인이 자취(自取)할 수 있는 제일의 지고한 꿈이다. 고진인(古眞人)들의 삶이 여기 있다. 그것은 앎을 거부하고 파기하는 지지(知止)와 기지(棄智)로서 가능하다. 이 절복(折伏)이 없으면 인간은 말과 지혜의 노예가 되기 쉽다.

진인은 너와 나를 지워 없애지 않는다. 체제가 지워버린 너의 이름을 찾아 호명한다. 자의적 타율적 계약과 통제를 벗어나길 바란다. 차별이 없어진 사물 개개(箇箇)의 경지로부터 벗어난다. 징집되지 않으며 체제 반대 방향의 자연으로 들어간다. 감옥과 옥상에서 벗어난다. '나' 인간은 자유(自遊)하는 자이다.

즉 〈소요유〉에서 노래한 그 어풍자(御風者, 바람을 데리고 다니는 자)이며 무궁자(無窮者)이다. 마음이 다 분쇄(分碎)되고 광속으로 천지를 떠돌고 무속(無速)으로 대기에 정지해 있을 것이다. 그것이 저 방박(磅礴, 깨뜨려 뒤섞임. 기(氣)의 상대어)의 경지가 아닐까.

『장자』에 여러 번 나오지만 인간은 '불귀(不歸)의 존재'이다. 돌아가고자 하지만 길을 잃었다. 망각하고 있는 것 같지만 끊임없이 환기하고 추고된다. 이 영원상실 혹은 복락원(復樂園)의 꿈과 죽음으로의 회귀는 그나마 숙명자에게 남은 불실(不失)의 촛불일 것이다. 죽음과 인간에게 서로 불가피한 일이다.

시원(始原)에 대한 그리움은 도시에 사는 사람이 상수(上水)의 샘물을 맛보고 싶어하는 것과 같다. 미래문명의 통일장이 부럽거나 그립지가 않다. 아득한 상고의 신선한 바람과 하늘과 풀과 혼자 노니는 물결과 은결, 풀과 물고기들. 자연물이 함께 '가만히' 있는 경지란 회고주의가 아니다. 인류가 더럽히며 온 길이 아닌 다른 시간의 다른 꿈이다.

거울의 반가움

장자는 일단 오관에 의해 감각하는 것을 인정했다. 백해구규육장이나 형개가 그것이다. 이래야 현실과 허무의 기준이 사라지지 않는다. 자체와 상대를 철저하게 인정하는 것이 장자 사유의 기본이다. 자신과 서로가 거울이 된다.

여기 있는 나의 '나'가 비록 인아(人我, 텅 빈 나)라 할지라도 저쪽을 인정하는 것은 죽음보다 난제이다. 인간은 대개 자신의 저쪽을 소요하거나 관리하거나 지배하는 비아(非我)의 그림자로 착각한다. 어슬렁거리는 위험한 나를 항상 일상 속에서 관찰할 필요가 있다. 만물에 둘러싸인 나를 보는 것은 공포와 경이이다.

옳은 것을 좇으면 그른 것이 따르고, 그른 것을 좇으면 옳은 것이 따른다〔인시인비(因是因非 인비인시(因非因是)〕. '저것'은 '이것'에 의해 생겨나고 '이것' 역시 '저것'으로부터 비롯한다〔피출어시(彼出於是) 시역인피(是亦因彼)〕와 상통한다. 이매망량처럼 막 생겨나는 말 즉 방생설(方生說)이다.

이 시(是)를 '옳은 것'으로만 볼 필요는 없다. 이것에서 말미암으면 (그것 아닌) 저것이 말미암고 (이것) 아닌 것에서 말미암으면 (그것 아닌) 이것이 말미암는다고 해석해도 좋다. 쉬운 것 같지만 이 '피시'는 난감한 대상들이고 난해한 표현이다. 포괄적이고 매력 있는 언어이다.

어떻게 장자는 이런 심리와 거리를 보았까. 저것은 이쪽의 이것으로부터 존재하게 된다. 즉 서로의 나이다. 이 거리감이 기묘하다. 서로 보고 있거나 지나치기 때문이다. 이 말을 기억하고 거리에 나가면 너무나 놀랍고 흥미롭다. 서로가 수많은 상대에서 태어나고 출발한다. 존재와 말의 꼬리를 잡을 수 없는 다방생(多方生)이 된다.

결국 서로 상대하고 엇상대하고 뒷상대해서 태어난다. 동시대라도 인연이 달라서 다른 시간 같다. 너무 멀어서 알 수 없다. 낮이 밤에 의해 찾아오고 밤은 낮에 의해 잉태되는 것을 일야(日夜)가 알까. 거꾸로 저쪽의 주체가 이쪽의 '나'를 보면 이쪽은 저쪽이 된다. 나는 어디 있을까. 어느새 그들 속에 가 있다.

이 타자인식은 소요에서 온 산물이다. 내가 저쪽이 아닌데 어떻게 저쪽을 알 수 있을까. 저쪽에서 어떻게 나를 타자로 볼 수 있을까. 기이한 비약이고 인식이다. 그 저쪽에서 자신으로서 이쪽의 나를 보고 싶어진다. 자신을 반사하고 싶은 꿈의 작용일까. 그의 나는 지금 도심을 지나가고 있다. 얼른 나에게 돌아와 타자가 된다.

시비, 피아, 물아를 넘는 길은 소요밖에 없을까. 더 높고 우둔한 소요로만 상대적 방생〔方生, 지금 막 생김, 형개(形開, 모든 정신과 인식체과 감각기관의 열림)한 인식의 현상과 주변〕의 한계를 넘어설 수 있을까. 그때 시비, 이해, 자타(自他), 물아의 경계가 사라지고 자유로운 영혼의 '나'를 보게 될까. 붕새의 시하(視下)가 그것이었을까.

장자는 지수(止水)를 보면서 자신도 상대라는 것을 발견했을 것이다.

말을 보는 것

그러나 일차적인 인식은 피아를 알고 저 '말들의 발생'을 보는 일. 장자는 이 첫 탄생의 마음(말), 지금 방금 생긴 마음(그것이 비록 너와 나의 구별의 첫 시작이라 할지라도 일단은 놀라운 일)을 믿는다. 순수하고 천예한 마음이다. 이 거울마음이 장자가 하지 않은 말이다.

마지막의 역인시야〔亦因是也, 가장 중요한 인시(因是)가 여기 등장함)〕의 시(是)를 안동림은 '커다란 긍정'으로 번역했다. 하지만 성급하고 단순한 긍정보다는 바로 앞의 조천(照天)에서 뜻이 와야 하지 않을까. 시(是)는 하늘에 비춰 반사되는 그 태허의 한 파편인 성심(成心)이며 명(明)이다. 즉 현재 그 하늘을 보는 자의 '이(시是)' 마음이다. 하늘의 일편(一片) 즉 진재(眞宰).

타자를 아는 것이 나를 아는 길이라면 그리로 더 가까이 다가가는 것이 좋다. 하지만 인식은 가까이 다가간다고 좋은 것이 아니다. 적당한 거리나 아주 먼 거리가 필요하다. 천공 밖에서 나를 본다면 나는 보이지 않는다.

그러나 내 안에 들어오면 안에 있는 비교적 조용한 내가 느껴진다. 그곳은 불을 끄고 있는 보름달밤의 방 같은, 혹은 아주 캄캄한 육체의 내부 같다. 그 시야에 편애와 시비는 없다. 그래서 멀리 멀리 높이 높이 여행을 해야 한다. 그래야 잊을 수 있다.

무인지경의 하늘, 본마음의 조각인 사람의 마음. '저것'은 '이것'에 의해 생겨나고 '이것' 역시 '저것'으로부터 비롯하는 말. 피시(彼是 서로, '저것'과 '이것')란 것은 방생이라는 말〔(설(說)〕이다. 그러므로 앞의 명(明)은 이곳의 하늘〔천(天), 즉 조천(照天)〕이다. 말과 마음은 서로 주고받는 너와 나이다. 둥근 지구의 숙명 속에서 나누는. 그 하늘에 일월이 있고 인간은 이 둥근 지상에서 그것들을 감상하고 소요한다.

이 소요의 차경과 감상에 사회학적 책무나 논리의 억압은 필요하지 않다. 소요가 마음과 책의 진본(眞本)이기 때문. 이 방금 생긴 기막힌 존재와 인식과 언어를 통해 만물과 너와 나를 다시 들여다보게 된다. 이것이 소요와 제물이 아니고 무얼까. 이 거울의 '반가움'이 『장자』에 숨어 있다.

순간순간 나타나는 말의 신비함을 보고 싶다. 그래서 '자지즉지지(自知則知之)'의 '스스로'만이 거울이라고 말할 수 있길 바란다. 이 말은 타자를 아는 것이 어렵다는 뜻도 된다. 알고 있는 것 같지만 전혀 모른다는 말이 된다. 어째서 이럴 수 있는 것일까. 인간이 열려 있는 존재 같지만 무언가에 막혀 있는 존재이기 때문이다.

분명한 것은 저쪽의 피(彼)가 이쪽의 나가 아니라는 점이다. 저쪽의 '나'도 같은 생각을 할 것. 정말 나 '스스로'만 아는 것일까. 그러나 사실은 나 자신도 잘 모를 것이다. 그대가 아니고는 나는 존재하지 않는 것이 장자의 '비피무아(非彼無我)'이기 때문이다. 저쪽이란 것이 아무것도 아닌 것 같지만 이토록 중요한 대상이 된다. 나도 저쪽이기 때문이다. 멀리서 서로 가만히 생각하고 있는 것 같다.

그러나 불행하게도 내가 저쪽을 알았다고 믿는 행동과 지식은 이미 행동도 앎도 아니다. 오류(誤謬)이다. 도대체 너는 무엇인가. 나는 너를 멀찍이 떨어져서 바라보며 기억하고 상상한다. 만물이 모두 기이하고도 아름답고 낯선 얼굴이다. 난해한 존재의 이름들이다. 제물이 가당치 않다. 다시 캄캄해진다. 어찌 된 일일까.

게다가 시역인피(是亦因彼)를 볼 때 장자는 시(是)의 나보다 상대 저쪽의 피(彼)를 더 중시했다. 그대만 나의 거울인가. 불가피하게 내가 그렇다고 하거나 옳다고 하는 것도 저쪽에 의해서, 저쪽의 존재에 의해서, 저쪽의 주장이나 궁함에 따라, 그름에 의해서 시작되기 때문일까. 그쪽의 비위와 욕망을 채워주어야 하기 때문일까. 왜 그래야 하는 걸까.

아무 상관없는 듯한 저쪽의 그대 없이는 내가 얻을 수 없고 알 수 없고 소요할 수 없다. 모든 만물의 상대 저쪽은 나의 짝이며 소요의 대상이며 숙제(宿題)이다. 장자의 상존(相尊) 사상의 근거가 여기 있다.

자연과 도는 그 누구의 것이 아니다. 그러나 염함과 노혁, 믿음, 허영, 소성(小成), 이해가 진실을 가린다. 천양(天壤)과 천예(天倪)는 저 산너머에 있다.

방생(放生)의 비밀

방생지설(方生之說). 방(方)자엔 여러 척의 배를 나란히 세워둔다는 병렬〔竝列, 방주이제어하(方舟而濟於河)〕의 뜻이 있다. '방생'을 《잡편》〈천하〉에 나오는 혜시의 물방생방사(物方生方死, 사물이 생기는 것은 죽는 것이다.)를 그대로 받아들여 생이 있으면 반드시 죽음이 있다고 번역하기도 한다. 〈천하〉는 《내편》보다 뒤에 씌어졌으니 혜자의 말로 보는 것은 타당치 않다.

이곳의 주제는 죽음이 아니라 막 생겨나는 '말'의 존재에 있다. 죽음과 삶을 대비하는 자리가 아니다. 말의 시비와 대상이 쉼없이 가고 오는 것을 나타낸 것. 상대적 존재로서의 피시를 언어적 의미로 받아들이는 말로서 논쟁의 시대에 말 자체에 대한 인식의 말이다. 말에 대한 부정성이 배어 있다.

앞의 방생과 뒤의 방생이 다르다. 장자는 지금 이것저것 말하면서 만물의 근원인 소리와 언어에 대해 말하고 있다. 숨을 내쉬는 것이 말이 아니라는 말로 시작해서 계속 언어에 대해 말하고 있는데 이 쉴새없이 도처에서 탄생하는 말을 기억한다면 중요한 단서가 될 것이다. 저 뒤의 화성지상대(化聲之相待)와 비슷하다.

더구나 도가 소성(小成, 잔 생각, 잔꾀, 도모의 지혜들)에 가려진다고 하면서 장자는 옛사람의 말을 인용하여 방생을 말한다. 점멸하는 듯한 작은 지혜들과 소성들의 말을 나타낸 것으로서의 방생이다. 확신하는 건 아니지만 방생이 장자 계열의 도가에서 전해오는 설(說, 말)이라는 생각이 앞선다.

앞의 새 새끼 울음소리도 그래서 쉴새없는 소리의 발생과 전달과 소멸을 염두에 둔 전제가 된다. 우주 본체와 대언도 저 사소하고 작은 지저귐과 소성들이 있음으로 해서 존재한다. 그럴까. 우주 해존(該存, 본래부터 있음의 뜻)의 그 어떤 것도 없애려 해선 자연이 안될 것이므로.

방생은 찰나 속에 사라지는 시비의 음성을 즉발적으로 잡아낸 표현이 아닐까. 이 피시가 실제의 피와 시가 아니라 언어상의 피시라면 이 방생의 뜻은 찰나적 발생의 순간을 말하는 것이 된다. 그렇다면 장자의 이 생생한 표현은 오해와 난해를 불러일으키기에 충분하다.

대화법으로 글을 써나가는 장자는 현재 순간 자신이 지금 말하는 말이 사라지는 것을 보고 있는 것이기도 하다. 정말 우리가 그렇게 볼 수 있다면 이것은 아주 다른 표현이 되며 언어에 대한 인식의 순간을 찾는 흥미로운 지점이 될 것이다. 사라지는 날갯소리를 잡으려는 잠자리채 같다.

방생지설의 '설(說)'은 주장이나 이론의 설이 아니라 '지금 막 생긴 말'이라는 뜻이다. 설(說)은 베풀다, 늘어놓다, 만든다는 뜻. 이 생(生)은 실제의 삶이 아니라 생긴다는 뜻. 즉 죽음의 반대인 생(生)이 아니라 발생의 생이다. 방금 생겨나 날개를 단, 그러나 곧 사라지고 마는, 금방 앞에 나타날 다른 말의 무덤이 되는 말들이다. 장자의 촌철살인의 묘사가 놀랍다.

그러므로 '저것'은 '이것'에 의해 생겨나고 '이것' 역시 '저것'으로부터 비롯한다고 말하는 '저것과 이것'은 이제 막 생긴 '말(만물, 사물, 마음)'이 된다. 이것과 저것이 찰나에 불과하다는 뜻을 숨긴 것이 방생이다. 즉 말, 말의 존재, 울림, 고저, 색감, 그림자, 마음, 권력 등등이 그 안에 지나가고 사라진다. 지금 모든 그곳에서.

오해가 있을 수 있다. 잘못하면 복잡해진다. 이것은 마치 사물을 나란히 하는 제물과 같은 뜻으로 보고 해석할 수도 있다. 제물이란 말에선 왠지 사물 자체보다 언어 자체가 더 중요해지는 것 같다.

방생의 뜻은 사실 방생 앞의 문장이 뜻을 풀어준 말이다. 즉 '저것'은 '이것'에 의해 생겨나고 '이것' 역시 '저것'으로부터 비롯한다는 말이 방생지설의 뜻이다.

생이 곧 말이다

모두가 가능하며 모두가 불가하고, 모두가 불가하며 모두가 가능하다. 그것이 바로 말이다. 그렇다면 그 생(生)자는 말 언(言)이 된다. 기이하다. 그렇다면 소요는 언어에 의한 소요이다. 최고(最古)의 언희(言戲). 생이 말이라니 기이하다.

여기서 '이제'란 말은 초시간적 적시(適時)나 결정된 천시(天時)가 아니다. 마구잡이로 태어나고 전하고 죽는 그 망령된 말의 기준 없는 변화이다. 혼돈이며 광막이다. 바람처럼 그 무엇에 거슬리고 붙잡히지 않는다. 생사가 불변한 말의 법칙임을 암시한다.

방(方) 즉 잠깐의 일이며 서로의 일이다. 결국 모든 시비가 발생하는 근원지이다. 허무의 찰나를 발견한 표현. 장자가 이것을 가지고 나란히 한다거나 병생한다고 보는 것이 아니라 피시 자체와 피시라고 말하는 말 그것 자체가 잠시 대립한다는 뜻이며 곧 사라진다는 뜻으로 사용한 것이라 본다.

생 자체도 허무하지만 그 생의 말 자체는 더 허무하다. 매 순간 말이 죽고 있다. 생 자체와 '생'이란 언어가 태허의 본체와 일야상대의 단모(旦暮)와 명(明)의 깨달음을 얻는 하나의 방편일 뿐일까. 그래서 비밀을 아는 자는 '그 말'을 가슴 속에 담아두려 하고 그러지 못하면 입 안에 묶어두는가. 입 안에 만물이 있는가.

장자는 말을 하면서 말이 존재하는가 하고 묻는다. 그 말을 할 때에만 그 방생을 깨닫고 다른 말(대언)이 있음을 아는 걸까. 대언을 이루는 작은 말들은 우주의 본체를 담고 있을까. 대언은 세상 모든 말이 다 태어나서 다 죽은 다음에 올까.

궁극의 문제는 언어이다. 상보적이면서도 모순적인 피(疲)와 시(是)가 찰나 속에 소리로 존재한다는 것. 이것이 장자의 언어이다. 피와 시는 현실 속의 사물로서의 이것과 저것의 '말'인 '이것'과 '저것'이라고 소리를 내는 그 '말'이다. 전복과 환치의 귀환이다. 말은 떠돌이일 수밖에 없는 비존재이다.

이 '방생'은 제물해야 할 현실세계의 만물 피시의 개화(開花)이다. 그 안에 '말'과 '나'의 생과 죽음이 움직이는 것을 본다. 말의 죽음과 생김이 생사이다. 자연과 인간 육체의 틀 안에 생사의 배가 나란히 정박해 있다. 그 안엔 다른 수많은 것들이 움직이고 있는 모순의 조화를 방생으로 본다. 헤아릴 수 없는 꽃들이 진다.

장자는 말과 사물과 인간의 관계를 하나로 보여준다. 말과 사물과 인간의 생은 그것들의 생이며 그것들의 죽음은 말과 사물과 인간의 죽음이다. 이 방생은 장자가 본 허무의 그림자이며 각기 다른 삶들의 자아이다. 생의 실상은 방생 즉 허무이다. 장자의 허무가 비친다.

이 피시(彼是)는 망량과 경(景), 부딪쳐 울려 빠르게 이동하는 향질〔嚮疾, 소리. 〈응왕제〉편〕과 같다. 순식간에 왔다가 사라지는 말에 장자는 지대한 관심을 보인다. 현혹되면서 정지하는 우둔(愚鈍)을 보인다. 천변만화를 다 따를 필요는 없다. '소리'가 곳곳에 숨어 있다. 장자는 최초의 소리의 철학자이다.

장자의 방사방생은 금방 죽고 금방 태어나는 말의 숙명을 기린 것. 이것은 너무나 덧없는 일이다. 말하는 순간 그 말은 사라진다. 이러하니 생이 그러할 것은 말할 것도 없다. 말이 너무나 위험하고 허무했던 것일까. 피시가 말이 태어나는 것과 죽는 것과 같다는 말인가.

사생(死生)은 말의 덧없음을 말하려 한 것이 분명하다. 그는 앞에서나 홀로 어쩌란 말인가 하고 자탄했다. 아무튼 피시는 분이봉재의 바깥 그림자들이며 소란들이다. 만물과 중규와 인간이 소리와 말을 내는 주체들인 만큼 단순한 것이 아니다. 만물과 감정이 이 피시 사이에서 비롯되어 끝없이 나타나고 사라진다.

이 지구에 어리석음과 방생이 없을 수 없다. 그 안에서만 말이 알을 품고 그 슬픈 탄생의 구음(鷇音)이라도 낼 것이다. 진정 간절한, 그 말도 못된다고 말하는 그 새 새끼의 울음소리를 듣는다.

제물론의 꽃밭

『장자』에서 시차(是此) 피차(彼此)와 방생은 언어의 꽃밭이다.

재미가 없는 것 같지만 들여다보면 볼수록 시원하고 흰 깨꽃 송이 같은 심소(心笑)가 나온다. 말이 끊어지는 곳이다. 특히 이 방생지설의 비판은 2,300년을 순간에 넘어온 어떤 나에게 찾아온 새로운 통찰이다. 방생이 반짝이는 점멸(點滅)은 소요의 또 다른 변주이다.

〈소요유〉의 소요가 여기선 방생의 저 안쪽의 꿈이다. 이 방생은 만물귀일(萬物歸一)의 순간을 찾는다. 언어는 그 시비와 피차의 순간 속에 사라지는 말을 보았을 것이다. 말의 방생을 모든 인생의 삶으로 긍정하고 아쉬워하고 비판하지만 다시 시차와 피차의 구분과 방생을 넘어서는 초월을 장자는 얻고 싶었다.

중규의 소리들은 혼란스러울 수 있지만 통찰하면 하나의 '소리'이다.

장자는 이 소리를 잠재우고 소리없는 천뢰를 들었다. 그렇다고 세상의 소리를 듣지 않은 것은 아니다. 장자는 생과 사를 이분법으로 보지 않고 한덩이로 보고 '생사(生死)'라고 했다. 생 다음에 죽음이 있는 것이 아니라 그것은 동시에 일어난다. 그에게 그것은 끝나는 것이 아니라 영속한다.

하늘에서 보면 너와 나는 없다. 그러나 그 안에 생명들이 숨 쉬며 반짝인다. 이 반짝임의 말이 방생이며 〈제물론〉의 소요이다. 장자식의 새로운 방생 탈출의 새로운 세계 해석이다. 붕(鵬)의 시하에 의한 우주일원론으로 볼 때 그런 존재의 생과 사의 분명한 거리와 시간의 구분은 없다. 막막한 것 같아도 이것이 우주의 아침과 저녁 인사이다.

죽음과 생은 하나이다. 만물귀일하는 비밀의 일출이 오고 일몰이 저쪽에 이미 있다. 이것을 하나로 볼 때, 위대한 장자의 제물이 시작된다. 아무도 본 일 없는 나는 상처를 내지 않고 비밀의 시간 속에 있다. 이는 어둠과 구련과 반인간적 체제와 문명과 재화, 욕망과 역사적 사회적 숙명과 관련이 없다.

단지 만물은 아무것도 없는 하늘 아래 있다. 불꽃을 튀기며 세계의 사물을 새로운 언어의 자연 속으로 이동시키는 장자의 거울만이 어둑하다. 쳐다보면 천생 만생이 의지하는 눈물겨운 하늘이 아닌가. 아득하고도 두려운 경천(驚天)의 우주이다. 그리고 다시 지상을 내려다보면 이것 또한 두렵고 어둡기만 하다.

장자는 말년에 더 가끔 하늘을 쳐다보았을 것이다. 하늘을 그리워하면서 말하지 않고 마음속에 담아내기만 했을까. 『장자』를 수년 간 읽으면서 하늘 속이 의외로 가깝고 친밀한 느낌이 드는 것은 웬일일까.

장자의 저 하늘은 단순한 하늘이 아니다. 알 길 없는 궁륭(穹窿)이며 숨겨진 성심의 상부(上部)이다. 저 하늘은 『장자』 전체를 통해 가장 비밀스런 세계라고 생각한다. 뛰뛰기하면 손이 닿을 듯한 하늘은 그러나 무심하다. 그 무심천(無心天)이 나의 하늘이다.

하늘이 두 쪽이 나도 그 하늘을 말할 수 없으며 말해질 수 없다. 완전한 은유로 뒤덮여 있다. 뻥 뚫렸지만 아무것도 없다. 저자는 엉뚱한 말을 하며 다른 길을 가고 있는 것이 아닐까. 이 조천(照天) 역시 장자가 제물하는 방법 중 하나일 것이다.

인간은 표고(標高) 이 미터도 안되는 높이에 언어의 입을 가지고 있지만 그 하늘은 깊고 푸르고 높다. 어찌 언어와 자연의 사상을 자기 것으로 만들 수 있을까.

조천이여, 하늘을 본다. 장자가 보았던 그 하늘이다. 인간은 그 하늘 속에 있다. 하늘 속에서 소요하고 지상에서 제물의 언어를 쓴다. 그 제물은 소유가 아니고 자연이다. 나는 하나의 자연물의 인간이다.

마지막 구절

마지막 구절이다. 하늘에 비추어보고, 당연히 '자연〔시(是)〕'을 따른다(而照之於天 亦因是也). 이 말 속에 진인의 길이 있다. 《외편》에서 산무혜수(山無蹊隧, 산에는 인간의 길이 없다.)라 했듯이 저 하늘에서 언어와 길이 온 흔적은 없다.

나는 감히 장자의 글을 만질 수 없다. 우주 자연과 벗하고 그것을 따르는 나그네는 인시자(因是者)이길 바랄 뿐. 인시자는 천진하고 천진한 자는 하늘을 본다. 하늘은 끝없음이고 가없음이며 지척이며 망각이다. 그곳이 집이라는 생각이 든다.

생명의 시간보다 빠른 것이 없다. 방생(放生)은 선(禪)적으로 말해서 중생의 덧없는 말의 시간이다. 즉 잠시(暫時)이다. 선의 원래 땅을 판판하게 닦고 깨끗이 하여 산천의 신(神)에게 지내는 제사였다. 방생은 자연이 자신을 우주 속에 제사 지내는 심사(沈思)이기도 하다. 즉 망아와 망언(忘言)의 일이다.

이 방생지설의 사자(四字)를 한 글자로 만들 수 있을까. 이미 죽은 자들의 생사와 그 시간은 아예 존재하지 않으니 찰나생멸(刹那生滅)이 없다. 찰나는 0.013초, 또는 0.018초. 현재의 1찰나를 현재라 하고 전찰나(前刹那)를 과거라 하고 후찰나는 미래이다. 손가락 한번 튕기면 1탄지(彈指)라, 40념(念)이며 이는 곧 20순(瞬)이다. 감지할 수 없는 순간들이 가고 또 온다. 현재는 너무 짧다.

찰나의 연속 속에서 장자는 놀랍게도 너무나 흔한 나머지 발견하기 어려운 저것과 이것이라는 사물에서 '저것'과 '이것'이라는 말이 생기는 것을 보았다. 만물의 침묵 속에 있는 사물들과 그 사이에서 나오는 소리들과 인간의 말소리를 구분하면서 구분하지 않고 들은 최초의 사람이 장자였다. 그 당대 그 전 어느 누구도 그를 따라갈 수 없었을 것이다.

만물과 말의 주인공 즉 본질과 현상의 주체는 불도 물도 아닌 '소리'일지 모른다. 우주와 자연의 기(氣) 속에 그 소리들이 가득 차 있다. 인간의 고향은 아마도 인간이 사용하는 그 말 속에 있을 것이다. 어두운 미래도 마찬가지일 것이다.

인간과 모든 생명과 만물 사이에 오가는 소리가 바로 기(機)의 아이들이며 우주의 열락이다. 소리로 웅성거리는 지구는 우주의 생명들이 모여 사는 혹성이다. 소리와 말이 사라지면 고요해지고 생명도 가고 없는 텅 빈 자리만 남는다.

그 빈자리는 슬프다기보다 적요(寂寥)하다. 모든 것을 자연에 바친 엄숙함까지 감도는 자리. 『장자』의 이 방생의 찰나와 이것과 저것의 문제는 어디서나 계속될 것이다. 내가 여기 있는 한, 네가 거기 있는 한. 우리가 하나가 아닌 한.

장자는 여기서 상대성을 넘어 초월적 자아를 꿈꾼다. 하늘에 온몸을 비추어보는 것은 거울이 되는 일. 장자는 하늘을 제대로 보고자 하였지 사물을 창조하고자 하지 않았다. 거창한 인류 구원의 문제를 국가나 조직 안에서 찾지 않고 '자기의 하나 인간 안'에서 찾았다.

어떻게 내가 나를 넘어서서 저쪽에서 나를 볼 수 있을까. 이것이 가능한가. 나는 계속 나에게 갇히게 되지 않을까. 백해구규육장에서 어떻게 탈출할 수 있을까. 그러므로 이 방생을 경계해야 하고 소요해야 한다. 즉 언어 소요이다. 장자 속에서 기묘하게 소리의 시간 문제를 다룬 대목이 이 방생이기 때문이다. 순간순간 태어나고 죽는 일을 경계하는 마음이 보인다.

하늘에 비춰보는 조천(照天). 허무한 말의 방생방사. 말의 거울. 비춰보는 것은 간직하는 것이다. 장자가 가지고 있는 작은 거울의 이름을 '조천'이라 해도 무방할 것이다. 고요한 거울 안에 비치는 소란한 세상의 나는 누구일까. 그리고 하늘 아래 얼마나 쓸쓸한 사람의 존재일까. 그 요료한 쓸쓸함도 찾고 싶다.

그런데 이 세상 만물에 그 피(彼)와 시(是)는 얼마나 많은가. 방금 생긴 이 말들의 '방생지설'은 어느새 사라지고 모든 사물은 제각각 자기 자리에서 입을 다물고 있다. 이것이 문합(脗合, 두 입술을 포개어 다물음.)이다. 조천은 장자 사상 속 숨어 있는 또 하나의 비밀의 언어이며 문(門)이다.

12. 도추(道樞)여, 문 여닫는 소리 요란하다

이것 또한 저것이고, 저것 또한 이것이다. 그것 또한 하나의 시비(是非)이며, 이것 또한 하나의 시비이다.

과연, 저것과 이것이 있는가, 과연, 저것과 이것이 없는가. 저것과 이것이, 그 짝을 짓지 않는 것을, 도추(道樞)라고 한다.

문장부가, 그 환중(環中)을 잡기 시작하면, 응종(應從)은 끝이 없다. 옳다는 것도 역시, 한결같이 끝이 없으며 그르다는 것도 역시, 한결같이 끝이 없다. 그러므로, 이튿날 새벽〔(명明)〕만 못하다고 말한다.

원문(原文)

是亦彼也 彼亦是也 彼亦一是非 此亦一是非 果且有彼是乎哉 果且無彼是乎哉 彼是莫得其偶 謂之道樞 樞始得其環中 以應無窮 是亦一無窮 非亦一無窮也 故曰 莫若以明

* **시역피야**是亦彼也 이것 역시 저것이다. **시비**是非 옳고 그름. 이 시(是), 그렇지 아니할 비非. 가장 가까이 있는 사물이나 장소의 이 **차**此. **과차**果且 과연. **막우**莫偶 짝이 없음. **막득**莫得 까마득하다, 이룰 수 없다. 짝 偶. **도추**道樞 도의 지도리, 도의 회전축을 꽂는 구멍. 문의 지도리 **추**樞 문장부(문을 여닫게 고정시키는, 문짝 아래위에 꽂는 부분), 돌쩌귀(문짝을 문설주에 붙이는 암수 철판). **환**

중環中 회전축. 응할, 따를 **응**應. 같을 **약**若. 이튿날 새벽 **명**明. **막약이명**莫若以明 이튿날 새벽만 못하다.

장자 사상의 심장 속으로

이곳은 오래 머물고 싶은 곳이다.

같은 말을 반복하는 것 같지만 재미있다. 너와 나, 저것과 이것, 그 저것의 다른 저쪽이 보인다. 말의 눈이 복잡하게 열려간다. 앎이 흔들리고 멀리 수평선의 물결이 느껴진다.

이보다 재미있는 언어의 소요가 있을까. 장자가 인간에게 놀라운 천리를 선물하는 순간이다. 옷깃을 여미고 이 부분을 수없이 읽으며 머물 수밖에 없다. 자연의 아름다움과 순행과 소리 없음, 모든 것이 지나가는 뜰의 그림자들을 내다보게 된다. 그러면 마음에 영락없이 그 그림자들과 사물들의 반짝임, 작은 미행(微行)들이 느껴진다.

똑같이 지나간다. 정지한 소나무, 침묵하는 돌, 멈춰 있는 뜰, 구름과 먼 산, 멀리 가고 있는 하얀 길, 집, 그 길에 간혹 보이는 사람들. 만물이다. 만물에 사실 이것과 저것이란 없다. 내가 이쪽에서 보니까 저쪽이 있는 것이다. 저쪽이란 거울이 없다면 얼마나 심심할까.

하나로서 내가 저이고 저가 나라고 생각하면 무언가 만물의 냄새가 풍기는 듯하다. 파편화한 것들임에도 불구하고 원형을 망각한 기억이 되살아난다. 찢어진 것들이 꿰매지는 봉합, 죽음 가까이 갔던 것들이 소생하는 기미가 있는 것 같다. 그럴 때 만물의 절대는 하나라는 사실이 심인(心印)되며 왠지 든든하고 조각난 불안이 편안해진다.

천뢰가 들려오는 맑은 어느 날, 먼 하늘에서 들려오는 음악 같다.

만물은 차별이 없다

우주의 자연법칙과 원리를 하나의 문장에 담을 수 없다. 원자의 내부 운동, 에너지와 질량과 그 공간, 관찰자의 위치와 속도, 육체의 작용과 우주의 행성들의 운행이 각기 다르게 움직이기 때문이다. 이때 저 아래 가장 낮은 바닥에 있는 지구인간의 현실을 뭐라고 해야 할까. 어떤 기준이 되는 '나'란 없다.

어떤 무(無)만이 가급적 중심이 아닌 곳에서 중심을 소거(消去)하고 대상의 경계를 잊는다. 적막소요의 한가운데서 시공을 즐긴다. 무궁한 변주와 생사와 탈바꿈은 천변만화하는 우주의 시(詩)이다. 그 안에 누가 있는지 알 수 없다. 인간이 그 안에 존재한다는 사실은 그것이 꿈일지라도 사실 같다. 이 사실의 옷을 벗을 수가 없다. 이것과 저것의 만물 시비와 사사로움과 편들기란 혼돈 쪽에선 보이지조차 않는다. 멀리 벗어나서 세상이 아름다운 비밀의 언어로 덮여 있음을 본다. 어떤 만물도 사실 혼자 있을 때 불행하지만은 않다.

이미 인간은 자연 안에 있게 된 존재이다. 백해구규육장을 갖추어서 말을 하고 상상하고 기억하는 해존(該存)이다. 갇혀 있지만 그래서 이 육체의 구조와 한계가 어떤 경지를 열어줄 것이다. 흥미롭고 난해하다. 이 또한 유심(遊心)이지만 무궁에 응하는 실로 가없는 일이다. 손가락을 꼽아보며 무언가를 가지고 놀고 있다는 사실이 인지된다.

나무들처럼 조용히 지구적으로 그러나 비사회적으로 자신의 본질과 현재를 겨우 살필 뿐이다. 그러면서 나를 통해서만 저쪽 상대를 바라볼 수 있을 뿐임을 깨닫는다. 그대도 멀리 있지만 나처럼 존재할 것이다. 멀리 열려 있는 하늘 아래 자연 전체의 풍경과 만물이 그러하다. 이 응무궁의 '나'가 없으면 그대를 얻을 수 없다.

이 문 안쪽에 피차는 있다. 열려 있는 그 문 밖의 하늘과 자연은 편집이나 체제화한 된 것이 아니다. 침묵 속에 있는 만물은 단순한 것 같지만 소리를 감추고 있는 존재들이다.

만물을 묶어서 한 단으로 정리하는 것이 아니라 풀어줌으로써 자유로워지는 제물이 시작된다. 혼란스럽고 더 어둡게 해서 묶을 수 없게 한다. 이것이 현해(懸解)의 제물이다. 나는 삐걱 열리는 지도리의 바람 소리를 듣고 만물이 얽혀 있는 혼돈을 계속 꿈꾼다.

피시막득기우(彼是莫得其偶)란 단지 하나의 짝〔우(偶) 혹은 상우(相偶)〕만 만들 순 없다는 뜻으로 해석된다. 짝이란 것이 결코 하나일 수만은 없다. 만물의 어느 하나만을 뚫어지게 바라볼 순 없다. 짝은 곧 편애이며 사사로움이고 소성(小成, 잔 지혜)으로 떨어진다. 모든 것을 자기 짝으로 통제한다면 이는 편애이며 권력이다. 그래서 장자는 상우(喪偶)를 방편으로 삼는다. 묘한 논리이다.

그래서 모든 구별과 시비가 저 이튿날 새벽만 못하다. 이튿날 새벽은 어제까지의 그 모든 것을 지워버리고 새롭고 다른 아침을 가져다준다. 환중(環中)이나 응무궁, 짝 우(偶), 도추는 일야가 교체되는 우주의 광경 속으로 돌아간다.

'막우(莫偶)'의 길

대언이다. 짝을 짓지 않는다〔(莫偶)〕. 이 말은 홀로 존재한다는 뜻. 천공의 달은 짝이 없는 것처럼 만물은 '짝 없음'으로 존재하는가. 이 말이 있기 전까지 만물은 단지 본체(本體)의 파편이 아니었다.

막우란 말로 그들이 옷을 입고 의미를 가지고 표정을 얻게 되었다. 만물의 고독지경이다. 이미 만물이 괴연독〔塊然獨, 장자의 독자적 덕과 도의 형상. 높고 멀리 있는 외최(畏佳). 괴이하게 스스로 존재하는 것)하다는 뜻이다. 괴연독의 생명체는 탈바꿈을 하거나 소멸 과정에서 극한의 고통을 겪는다.

만물은 지구에 실려 공전하지만 부동(不動)의 침묵 속에 있다. 그 내막과 근원과 소리를 알 수 없다. 짝은 불완전한 것이란 암시가 있는 이 사유의 본질엔 비장(秘藏)이 있다. 짝이 있으므로 해서 상대가 생기고 시비(是非)가 붙는다. 서로 자기 존재의 위치를 바꾸지 않는 만물은 시비가 없다. 하늘의 태양과 달이 만나지 않고 부닥치지 않고 그 거리를 유지하고 바라본다. 가까워지면 멀어진다.

진인의 것인 이 외최의 존재는 높고 멀다. 후대의 고승, 대덕, 선사보다 선행자들이 기원전에 살았던 셈이다. 고대의 철인은 놀랍게도 이 비장(秘藏)의 진지를 알았던 것으로 보인다. 최초의 우주적 깨우침이며 놀라움이다. 감히 인간세의 최고 경지를 터득한 장자의 막우가 그것이 아니었을까. 고독과 관찰에서 온 언어이다.

자연 속에서 깨달은 막우는 무익무위(無益無爲)를 구체화한 대언이다. 막우의 모습은 옷고름과 머리카락을 풀어 헤치고 바람 속을 걸어가는 영혼의 모습〔도(道) 자의 모습이자 유(遊)의 뜻)〕이었을 것. 그가 달이 아닐 리가 없고 바람이 아닐 리가 없고 강물의 윤슬이 아닐 리가 없다.

그래서 현실세계가 환상으로서 그 대상이 가능해진 것은 사실 장자에 의해서 시작된 것이 아닐까. 장자가 비로소 지구의 자연과 우주 속의 인간을 그것 이상의 다른 것으로 형상하고 열어준 것. 인류 최초의 일이 아닐까. 이것이 장자의 위대한 무가(無價)의 〈제물론〉이며 제언론이고 소요론이 아닐까. 그가 자신과 지구를 피아(彼我)처럼 저 멀리 밀어두고 보는 것 같은 착각을 불러일으킨다.

장자는 짝을 짓지 않는, 피차가 없는, 무리를 짓지 않는, 우두머리를 따르지 않는 진인을 꿈꾸며 자신의 삶을 살고자 했다. 과거도 미래도 아닌 지금 막 도래해 가는 '방금(方今)' 속에서 저 하늘의 시퍼런 남해 물빛 같은 천기와 만나는 것이 장자의 꿈이지 않았을까. 그래야 바람의 초개도 자연의 길에서 조락할 것이다.

그 풀잎도 자기의 울음으로 울 것이다. 모든 울음은 존재의 울음이며 존재는 그 울음을 들어야 한다. 막우(莫偶) 즉 짝이 없음을 이름하여 장자는 도추(道樞)라고 하였다. 독자적 세계이다. 막우도추. 남곽자기의 그 상우(喪耦)이다. 저 새벽의 월흔(月痕)은 누구의 짝도 아니지만 그가 모든 시간을 넘기는 주인공이다.

짝이 있다는 것은 편견이며 편애이며 시비의 근원이자 의탁이다.

너와 나의 저쪽 제 삼자의 존재

인간과 이 세상에 이것과 저것의 구분이 있지만 하늘에서 보면 너와 나의 구별은 없다. 그래서 만물을 가지런히 하는 궁극은 그것을 본래부터 있는 그 자리에 놔두는 일이며 그것들을 따라 운행하고 소요하고 영겁을 같이하는 마음에 있다. 이 마음과 만물 사이에 언어를 두고 그대로 가면 이미 가지런히 된 셈이다.

만물은 시비(是非)의 근원이다. 이렇게 말하고 있는 장자와 이 말 자체가 이것 즉 이쪽의 '나(인간과 사물과 언어)'이기도 하고 다른 사람의 견해인 '저것' 즉 저쪽이기도 하다. 앞의 시(是)는 장자 앞에 있는 사물의 이것이며 다음의 피(彼)는 건너편의 저것이다. 차(此, 가장 가까이 있는 것)는 바라보는 자의 것이다. 서로 시(是, 이것이나 이곳)가 되고 피(彼, 저것)가 된다.

장자는 상대적 피아(彼我, 저것과 나)를 넘어 내가 지워지고 피시(彼是, 저것과 이것)를 확인하고 제 삼의 피차(彼此, 다시 저것과 이것)를 인식한다. 〈제물론〉의 지시대명사들은 '저것'과 '나'의 관계 속에 있다. 상대적이라기보다는 전방위적 관계이다. 이것이 무궁 속의 환중(環中)에 바로 꽂아넣는 장자의 도추이다.

사물을 보고 판단하는 나까지도 관찰 대상으로 삼아 다시 객체화한다. 즉 나를 중심으로부터 소외시킨다. 자연의 한 조각으로서 성심(成心)의 마음, 명(明)의 거울이다.

장자가 '과차(果且, 과연)'란 말을 두 번 사용한 곳이 이곳이다. 정말 있느냐, 정말 없느냐 묻는다. 장자의 회의가 혼융하면서 둘이 하나가 되어 제자리에서 가지런해진다. 그럼으로써 사물과 언어, 사람이 즐거워지고 깊어지고 잊게 된다. 그것들은 만물의 이웃으로서 한 울타리이다.

따라서 명료한 결론이나 지식은 오히려 해악이 될 수 있다. 무미(無味)한 듯 무문(無紋)한 듯. 하지만 마음의 물이 빠져나가는 호수의 물처럼 장자의 글은 그 마음과 함께 움직인다. 이래서 장자의 글이 기절문이라 한다. 자연의 흐름 속에 완전히 맡겨진 장자는 제자와 스승이 없는 진인이다.

집단을 이루지 않으면서 자기 성정의 진재를 찾는 언어정신의 산책을 선물한 글이 〈제물론〉이다. 망망대양으로 흘러가는 물결엔 수많은 생명과 빛과 침묵이 함께 생멸하고 소요한다. 신의 언어로 넘어가지 않으면서 신을 만난다.

영원한 문제의 시(是), 차(此), 피(彼)의 고통과 즐거움

흥미로운 것은 자신이 극복하고자 하는 시비와 피차를 계속 말하고 있다는 점이다. 장자는 피차 사이에 끼어 있다. 즉 존재와 존재 사이에 가 있다. 장자가 처한 경계의 백척간두이지만 소요는 숙명의 작은 실존이다. 그 실존적 숙명은 비상 자체가 될 것이다. 날아라, 나여. 지상에 있지 마라, 나의 언어여.

계속 말의 길을 따라간다. '이것 또한 하나의 시비이다(차역일시비此亦一是非)'의 '차(此)'는 가장 가까이 있는 나이다. 앞의 '그것 또한 하나의 시비〔피역일시비(彼亦一是非). 피(彼)는 앞의 차(此)〕' 도 저쪽 혹은 저쪽에 가 있는 나이다. 이 피차는 서로 나라고 말하는 '나'이다.

여기서도 나는 하나 같지만 여럿으로 파생한다. 내 안에 뜻밖에 타자 의식으로서의 내가 있다는 것은 놀라운 일이지만 윤리적으로 자신이 옳다는 생각은 자연 속에서 분열적 사유의 발단이 된다. 저도 그도 나인데 내가 옳고 그fms 것이 어디 있을까. 만물이 나라면 어떻게 될까.

장자는 이 지긋지긋한 자아를 내부와 외부의 곳곳에서 발견한다. 주변의 도처에 '나'의 주체들이 엄존(儼存)한다. 벽이고 장애이다. 이것을 부정할 수 없다. 그러나 불행 중 다행으로 여기서 소요가 가능해진다. 완성되고 통일된 세상에선 '나'의 소요는 없을 것. 그런 세상과 자연은 없다. 그런 자연과 세상은 자연과 세상이 아니다. 여기서 소요가 시작된다.

사실 장자는 이것 또한 저것이고(是亦彼也), 저것 또한 이것이다(彼亦是也)란 말을 하면서 세계와 인간의 바람을 노래할 수 있었다. 양행을 없애지 않았다. 숙명을 양 날개로 비상소요(飛翔逍遙)한다. 혼돈을 인정하고 드높은 천공을 획득하고자 했으며 그것이 모든 바람을 휘감고 올라간 붕(鵬)이었다. 우리는 모두 붕이다.

이 대전제가 장자를 천고에서 미래를 내다보는 매력적인 도인으로 만들었다. 이것 또한 저것의 무경계 속에 살지만, 저것 또한 이것의 경계 안으로 돌아오기에 실로 비애스럽다. 인간이 도달하고자 하는 지극한 만물제동의 경지를 얻게 되는 순간이다. 동시에 무정해져야 한다. 인간도 예외 없이 만물의 틀 안에 집어넣음으로써 그는 무정(無情)의 진리를 획득했다.

수많은 생명이 살아가는 이 지상에서 만물의 경계와 낙차(落差)가 있는 자연을 발견하면 누구나 절망과 희망이라는 낯선 인식의 전환을 맞는다. 비록 그렇다고 거기에 무슨 윤리가 있을까. 윤리는 한낱 인간의 기준선일 뿐이다. 자연에 도덕은 없다. 장자는 그 윤리를 넘어선 지 이미 오래 되었지만 그 안에서 구속되고 자유하고 무애(无涯)하고자 한다.

몰론 자신 안에서도 피차(彼此)가 있다. 나에게로 오는 순서는 피, 차, 시이다. 나로부터 멀어지는 대상은 시, 차, 피이다. 그 안에 나라는 것과 백해구규육장의 마음과 유전과 고달픔과 욕망과 생활이 있다. 이 관계를 생각하고 가지런히 해보는 것만으로도 슬픈 말이지만, 일생은 너무

짧다. 피차가 모두 시(是)의 대행이자 꿈이다.

장자는 이 '시차피(是此彼)'를 분별의 대립이나 고통으로 보지 않았고 제거해야 할 대상으로도 보지 않았다. 오히려 보는 자나 보여지는 자나 공히 즐기는 탐구의 대상이길 바란다. 진지 탐구란 것도 소요와 도의 한 방편이다. 역사와 삶이 피 터지는 대립이고 피아는 투쟁의 관계이다. 시비와 선악의 대립은 하나의 극(劇)일 수 있다.

자연은 분석의 대상이 아니다. 포괄할 대상이다. 나는 자연을 끌어들이는 집이 아니다. 자연은 우리가 그 속으로 들어가야 할 품이다. 장자는 자신의 언어가 권력화하는 것을 경계했을 것. 시피차를 강조하면 그 안에 갇힐 위험이 있다. 그러나 진정한 우자(愚者)는 그것을 의심 없이 가지고 놀 것이다.

추환(樞環)의 사유, 한없이 문 여닫는 환중의 소리

언어는 만물을 담는다. 장자는 언어를 도 다음에 두었다. 언어를 다루려는 꿈을 가진 자들은 만물을 예컨대 문장 속에서라도 가지런히 하고 싶어한다. 인간의 가장 고도(高度)한 욕망이다.

활동하면서 보이는 것과 보이지 않고 활동하는 것을 세계의 것으로서 묶자면 지도리는 새롭게 해석되어야 한다. 문도 중요하지만 정작 중요한 것은 바깥 공간과 안쪽 공간이다. 그리고 문이 움직이는 바람이다. 이것은 언어가 아닐까 싶다. 부채처럼 움직이며 바람을 분배하고 빼앗아간다.

보이지 않는 지도리를 본다. 의식의 주변에 어른거리는 그림자나 실정이 신비롭다. 우주의 본체는 정작 싱거운 듯. 실은 그림자가 비밀을 다 말해주고 있다. 그래서 언어와 도가 함께 굳이 딱딱한 본체를 보여주지 않는 건지 모른다. 인간의 사유구조가 그렇게 되어 있는 것일 수 있다. 그럼 바람의 도추는 얼마나 현란하게 돌아가며 문을 열고 닫을까.

그 문 여닫는 소리가 시끄러울 정도가 아닐까. 쿵, 쿵, 쿵……. 장자는 상대성을 넘어서는 하늘의 바람을 자신의 바람으로 삼고자 한다. 그 지점이 바로 막우도추(莫偶道樞, 짝을 짓지 않는 도추)이다. 사물마다 다르지 않으니 같은 것이며 사물마다 다르니 또한 같은 것이 아니다. 그 같다 다르다 그러하다 그러하지 않다 옳다 틀리다 하는 것들이 끝이 없다(是亦一無窮 非亦一無窮也). 시비의 무궁소요이다.

문을 서 있게 하는 것과 돌려주는 것이 지도리, 돌쩌귀, 추(樞)이다. 돌쩌귀와 문장부를 통틀어 지도리 추(樞)라고 한다. 돌쩌귀는 짝을 문설주(문을 세워 닫게 하는 양쪽 기둥)에 달아 문을 여닫도록 만든 암수 한 벌의 쇠붙이다. 암짝은 문설주에 수짝은 문짝에 박아서 맞춘다. 문장부는 문짝을 한곳에 고정시켜 달아두고 여닫기 위하여 널문짝의 끝 위아래 부분에 상투같이 돌기지게 만들어 문둔테 구멍에 끼운다.

세상의 문(門)은 이렇게 암수가 의지하여 서고 그것으로 여닫히지만 진인의 도추는 암수의 짝을 짓지 않는다. 즉 돌쩌귀에 암수의 철판을 박지 않고도 자동으로 자연의 문은 무궁히 돌아간다. 그것이 장자의 도추이다. 이곳엔 언어만 있다. 실체인 그림자처럼. 창조된 언어의 기억이다. 까닭과 근거, 이유가 없다.

우리는 그 이매망량. 그것 외에는 달리 존재할 길이 없다. 어떻게 생각해야 할까. 시비분별을 떠나 이 말은 모든 장애와 경계를 포괄하면서 현실장벽을 뛰어넘는 최고의 예술미학의 경지이다. 혼돈되고 나와 너 시피차가 뒤섞인 대언이다.

그 환중(環中)은 고리의 중심 혹은 그 축이기도 하지만 원래의 뜻은 악출허의 텅 빈 무극(無郤, 빈틈 없음)이다. 스스로 존재하는 본래의 해존(該存)이며 유존(遊存, 떠도는 사유의 존재)이다. 일야상대의 경계선에 시간의 도추가 있다. 문명의 문처럼 자연의 문장부나 돌쩌귀는 있지 않다. 이 기묘한 도의 자동문을 장자는 찾아냈다.

만물의 조화와 존재와 갈등, 피차, 언어, 시비를 따지고 다스린다는 말은 어불성설이다. 장자는 그 사이사이에서 사유의 소요를 계속 써가고 있다. 짝을 이룰 수 없음의 '막득(莫得)'은 혼돈, 무하유, 광막이다.

막득은 풀길 없는 상학적 추상의 저 위쪽이다. 여기선 '초월적 경지'보다는 만물 개개가 서로 하나가 될 수 없다는 절대 분리의 초점에 맞춰서 읽을 필요가 있다.

짝도 없지만 막을 길도 없다

장자는 만물이 하나로 소통할 길이 없음을 인정한다. 성급한 초월과 통일은 존재 개별의 문제를 해소하거나 제거한다. 장자는 만물을 하나로 만들려고 하는 단순한 권력형의 초월자가 아니다. 그는 만물을 그대로 두고 초월하고자 한다.

만물을 그대로 두지 않으면 복잡한 시비와 이해, 권력이 발생할 수 있다. 장자의 '도추'는 하늘과 지상의 거대한 돛과 같다. 바람처럼 자유로운 우주와 자연의 도추. 도저히 통치 관리할 수 없는 위대한 만물의 움직임을 장자는 보았다. 물론 '막득'이라는 표현은 이 거대한 도추 때문에 작은 피차, 시비 들이 그 짝을 얻을 수 없다는 역설적인 발언으로 읽을 수도 있다.

장자로선 만물을 결코 사용할 수 없다. 그런 말이 있을 수가 없다. 이것을 만물에 대한 '제물 불가설'이라 할 수 있다. 장자의 마음은 그 명(明) 속에서 영겁을 오가는 일야를 바라보고 소요할 뿐이다. 왜 장자가 쓸데없이 다른 만물과 다른 명을 만들어야 할 것인가. 자연은 더 창조할 필요가 없다.

시간은 환히 밝아오고 다시 어두워오는 저 신비하고도 아름다운 자연이 명(命)이다. 그리고 다시 저물고 쉬고 어두워진다. 막을 길이 없다. 그곳에서 마음은 쉴 뿐이다. 아름다운 명을 알고 일야상대를 보며 그것을 함께 안에서 아는 일이 지극한 귀휴(歸休)이다.

여기서 모든 사물은 하늘하고만 짝을 이룰 수 있다는 논리가 가능하다. 남곽자기의 앙천(仰天)부터 조천(照天) 둔천(遁天)과 관련하여 이 하늘〔명(明)〕은 하나의 낯이고 자시이고 거울이다. 만물과 인간이 지붕 삼은 하늘. 이것을 아는 자는 이 지상에 없다.

장자의 언어는 황량과 괴탄한 화법과 무하유지향의 광기로 천공을 달려가는 빛무리와 같다. 다만 그 우주 생성과 훼멸을 보고 즐기며 노래할 뿐이다. 천형을 깨달은 지구의 한 진인의 길이다. 헤아릴 수 없는 생사의 대혼돈 속에서 가까스로 발견한 행복의 길이다.

지구 자연은 한 점 오차 없이 그 도추의 끝을 향하여 운행한다. 지연도 가속도 정지도 없다. 도르레가 깨어지지 않는 한 항해는 계속될 것이다. 지구 기울기가 다소 변하고 흑점이 늘었지만 하루 스물네 시간 운행한다. 그러나 역시 지구는 태양계에 갇혀 있다. 태초부터 지구는 태양을 공전하니 이것이 지구소요이다.

응무궁(應無窮)의 변주

여기 응무궁(應無窮)이 있다.

'응(應)'은 무궁한 우주의 법칙을 받아 적응하고 반전하는 기변(機變)의 법칙이다. 뒤쪽에 광막지야가 있고 앞쪽에 바로 지구 현실이 있다. 이 '응'자 속에서 미세한 선단(先端)이 움직인다. 이 법칙은 틀에 갇혀 있지 않고 무궁이란 말 앞에 붙어 있는 응(應)처럼 변용과 변주가 자유롭다. 기괴한 생명 거울이다.

우주는 하나의 거대 거울이다. 심연을 지닌 경면(鏡面). 응무궁(應無窮)이란 거울. 손 끝에 감각되는 것에서부터 광막 묘연(渺然)한 것까지 이 거울이란 언어 속에 집어넣었다. 장자의 소요공간이다.

그곳은, 숙명적 천형을 받은 육체엔 눈물 한 방울 보이지 않는 장자의 무정한 소요가 수많은 감정과 울음으로 떠돌아다니는 지상이다. 그것이 그 누구의 것일까. 아득한 마음의 집이다. 지구 한 귀퉁이에서 그 하늘을 쳐다본다.

시역일무궁(是亦一無窮)과 비역일무궁(非亦一無窮)이 나온다. 옳은 것만이 옳은 것이 아니며 그른 것만이 그른 것이 아니다. 옳은 것 반대에서 보면 옳은 것은 저쪽에 있고 그른 것 반대에서 보면 그른 것은 이쪽에 있다. 한쪽의 입장에서만 볼 수 없다. 순응만이 무궁이 아니며 그 반대편 역(逆)도 무궁이다. 역(易)과 극(剋), 순(順), 상(相)이다.

이 세계는 도추의 존재와 무궁의 거울에서 보면 피차시(彼此是)에 걸려 있는 사투(私鬪)의 역사 공간이다. 지구 역시 우주 속에서 사투하고 있다. 태양계는 초속 230킬로미터(시속 823,000킬로미터)로 공전한다고 한다. 그러나 우리에겐 멈추어 있다. 아니 태양이 지구를 돌아가는 것 같다. 텅 빈 그 하늘에서 진인소요는 시작되었다.

그러기에 새벽과 일몰이 같이 있지 않고 멀찌거니 떨어진 곳에 숨어 있다. 서로 그 시간에 당도할 수 없지만 오고 간다. 아주 멀리 떨어져 있으면서 없는 척 자신의 일을 할 뿐이다. 멀리서 보면 하나이나 만물은 모든 시간을 찢어놓은 채 투쟁하고 사라진다.

그러나 무용한 이 '바람의 문'은 자신이 끼어 있는 둥근 홈에 안겨서 무궁의 시간에 화답한다. 쉼 없이 그대의 집을 예의 그 비바람들이 지나갔을 것이니 눈이 녹아가는 짓무른 봄날의 마른 길과 쓸쓸한 겨울이 태양처럼 적막하고 아련할 뿐이다. 망각이여, 암흑 물질로 가득한 우주의 계곡은 이 지구인들이 말하는 허무에겐 아무것도 아니잖는가.

여러 곳에서 그런 생각을 하게 했지만 장자는 인류의 가장 커다란 장벽(障壁)을 본 자가 아닐까. 그는 죽는 날까지 반성하고 꿈꾸었던 한 구속인이며 대곡자(代哭者)였다. 한 인간이, 전체 인류가 무엇을 잘못한 것일까. 그는 자신을 통해서 구원될 수 없다고 말하진 않았다. 그는 결코 단순 평화로운 인간만은 아니었다. 지극한 정체불명의 혼돈적 인물이다.

그러나 그는 명(明)은 좋아했다. '명'은 하늘의 작은 하루치의 거울이다. 하늘이 이 거울을 걸어놓고 인간은 그것을 '명(明)'이라 부르고 쳐다본다. 기이한 일이며 기이한 칭명(稱名)이다. 고독한 일이다. 하지만 장자는 도추가 무한 변전의 운동을 하기에 그 축은 멈춘 적이 없다고 했다.

나여, 그 물(物)과 환(環)의 비유가 무궁히 움직인다는 것은 기이한 일이다. 거기에 시와 비는 없다. 어디선가 문 여닫는 소리가 들려온다. 그 문거리 소리에 귀를 기울이면 그렇고 그렇지 않음이 없다. 그저 하나의 '중규(衆竅)'처럼 들려왔다 사라진다. 그리고 언제나 소리는 흔적이 없다. 만물은 조용히 있고 지구를 따라 운행한다.

세상의 모든 문이 삐걱인다. 내 마음의 어느 축에 박혀 있는 환중(環中)은 오늘도 저 천공의 바람에 돛을 비걱비걱. 나는 어디서 살아가고 있을까.

〈제물론〉은 제언론(齊言論)이며 제심론(齊心論)

〈제물론〉은 제심론(齊心論)이다.

만물은 언어로 되어 있고 그 언어로만 마음에 그림자를 남긴다. 사물 자체는 언어가 아니고는 그 실정 안으로 들어갈 수 없다. 만물이 마음으로 그대로 들어올 수 없다. 언어로 들어와야 한다. 그러하지만 이 조용한 무심의 만물이 또한『장자』에서는 무시할 수 없는 도의 원천이며 모암(母巖)이다. 언어가 그리워한다. 그 침묵의 바깥에 인간과 또 다른 피차의 사물이 존재하기 때문이다.

〈제물론〉은 숙명적 피차와 시비를 초월하려는 장자의 일원론적 존재론의 대상들에 대한 자연방임의 선언이다. 만물이 언어로, 언어가 마음으로, 마음이 명(明)으로 연결되어 있다. 말은 다시 만물로 돌아가야 하고 그곳에서 해가 저문다. 그곳에서만 휴식과 망각이 있다. 언어는 분란하여 그 너머의 것을 찾고자 한다. 그 무엇은 언어와 얼굴이 없다.

소성(小成)을 버린 마음에 무엇이 있을까. 남곽자기가 기대고 있던

궤(机)와 같다. 이와 같은 생의 소요는 '응'(凝, 막고야산의 신인의 정신)과 '기'(氣, 붕비, 절운기)와 '응'(應, 도추, 거울, 마음)의 자유일 것이다. 이것이 '소요의 세 정신'이다.

자연은 반짝이고 멀리 거닐고 있다. 그러기에 불가피하게 반응하고 판단하고, 분별하고 이동하고 관계하는 모든 생명의 존재는 그 앞에서 가없고 고독한 망량(魍魎)과 같다. 이렇게 망량이라고 말하는 이 말 또한 망량의 말일 것이다.

알 길 없는 광막지야에 거대한 붕새 한 마리가 날아가고 한 마리 작은 나비가 날아간다. 이 심재의 고요한 망각의 쉼은 만물과 대화(大化)되고 마음과 물외의 경계가 사라져 짝〔우(偶, 耦)〕이 없어진다. 서로 찾지 않고 기다리지 않는다.

자신이 찾아와 소요하는 자리로서의 침와(寢臥, 장자의 쉼터, 작은 잠자리)는 만물이 그렇게 소외되거나 무용으로 널려 있음을 알고 그리 살고자 하는 언어의 꿈이다. 아무것도 가지고 있지 않은 나의 언어가 어떻게 감히 그것들을 관리하고자 꿈꿀 수 있단 말인가.

장자의 시비란 다른 차원으로의 이월(移越)이다. 이 이월은 전이하고 변주되면서 새로운 차원으로 이동한다. 방생처럼 만물에 대한 아주 낯선 새로운 해석이며 변주이다. 이 소외는 자유와 소요이며 무용이다. 아무도 간섭할 수 없는 절대 시공과 마음의 세계, 저 하늘로 오르는 한 줄기 먹장구름의 내부와 행방이다.

천변만화를 어찌 마다할까. 나는 네가, 너는 내가 될 수 없다. 그 사이에 도추가 있다. 까닭 없이 우주의 바람에 지구의 문과 인간의 문이 여닫힌다. 이것은 저것이고 저것은 이것이다. 그것들의 다른 말을 들어주고 싶어진다. 내 안에서 돌아가는 인간의 도추를 돌리고 싶다. 도추는 바람이 불어야 돌아갈 것이다.

『남화경직해』에선 물무비피(物無非彼)를 소복(小腹)이라 했다. 비피무아 비아무소취(非彼無我 非我無所取)의 피(彼)는 만물 속에 있는 진재

(眞宰, 성심)이다. 저것 아닌 것이 없다는 말은 언어의 만물제동(萬物齊同)이다. 작은 복선(伏線)이며 불가피한 수사상의 궤변이다. 궤변이 무서워 장을 못 담글 순 없을 것이다.

다음의 지유지(指喻指) 비유를 대복(大腹)이라 한다.

13. 천지일지(天地一指)

손가락을 가지고 손가락은, 손가락이 아니라고 비유하는 것은, 손가락이 아닌 것을 가지고 손가락은, 손가락이 아니라고 비유하는 것만, 같지 못하다. 말을 가지고 말은, 말이 아니라고 비유하는 것은, 말이 아닌 것을 가지고 말은, 말이 아니라고 비유하는 것만, 못하다.

천지가, 하나의 손가락이며, 만물이, 하나의 말이다. 좋은 것은, 좋다고 하고, 좋지 않은 것은, 좋지 않다고 한다. 길은, 그곳을 다니므로, 만들어지고, 사물은, 이름을 붙여서, 그렇게 부르게 된다.

어째서 그런가. 그러하니, 그런 것이다. 어째서 그렇지 않은가. 그러하지 않으니, 그러하지 않은 것이다.

원문(原文)

以指 喻指之非指 不若以非指 喻指之非指也 以馬 喻馬之非馬 不若以非馬 喻馬之非馬也 天地一指也 萬物一馬也 可乎可 不可乎不可 道行之而成 物謂之而然 惡乎然 然於然 惡乎不然 不然於不然

* **이지**以指 손가락으로. 비유할, 깨우쳐줄 **유**喩. **유지**喩指 이 지指는 무지(拇指 엄지손가락) 다음의 인지 혹은 협지(挾指). 육손의 지지(枝指)이기도 함. **불약**不若 (만) 같지 않다, 못하다. 도깨비 요괴. **이마유마**以馬喩馬 (이 말은 백마(白馬).

천지일지天地一指 천지는 하나의 손가락. **만물일마**萬物一馬 만물은 한 마리의 말. 옳은, 좋을 **가**可. 길 **도**道. **물위지이연**物謂之而然 사물은 이름을 붙여 그렇게 부르다. 본래 **고**固. 지닐, 곳 **소**所. 내력, 그러할 **연**然.

장자의 손가락 비유

〈제물론〉의 난바다에 왔다. 저 아득히 높은 하늘의 도가 천공에서 남명으로 날아가지 않고 수억만의 깃을 바람과 천뢰에 흩날리고 있는 조조(刁刁)의 경지에도 그것은 존재할 수밖에 없다. 요연(窅然)하여 문합할 노릇이다. 제물하는 장자의 언어는 기상천외의 질서를 마련해가면서도 그 혼돈의 깃털 하나 내장 하나 건드리지 않는다.

돌연한 손의 인식은 뜻밖이다. 참 나의 발견의 시작이다. '나'는 유아론의 전제이다. 이 '나' 즉 시(是)의 존재는 장자의 중요한 인식체이다. 자연의 시(是) 즉 자연의 '나'와 '이것'의 입장에서 볼 때 만물에 쓸데없는 것은 없다. 그러나 그대가 아니면 나는 없지만 역시 나 없이는 그대를 가질 수가 없다.

손가락은 유정이무형(有情而無形)의 천지를 대신 보여주는 비유물이다. 손가락만 보일 뿐이다. 다른 것은 보이지 않는다. 그러나 그 손가락 너머 천지와 만물은 숨 쉬고 노래한다. 자기 몸과 색깔로 춤추고 이의 없이 유전한다. 만물이 놀고 있는 자연이다. 달을 보지 않고 손가락을 본다고 손가락을 자르지 않는다.

만물이 무용한 것이라 한 것은 만물에 무용한 것이 없다는 것을 강조하기 위한 수사이다. 〈소요유〉의 미수(未樹)가 그것이며 무용(無用)의 대수(大樹)가 그것이다. 유아(唯我)를 거쳐 만물의 난관을 넘어서면 유용한 것이라곤 이 세상에 없다. 본래는 무엇이 무엇을 사용하거나 부릴 수가 없기 때문이다.

그래서 손가락에 천지가 와 있다.

존재의 이유 없음

도행지이성(道行之而成) 물위지이연(物謂之而然). 기원전부터 장자를 사랑하고 그 도의 매력에 빠졌던, 그래서 외롭지 않았을 장자 지지자들은 이 문장 앞에서 망아에 잠겼을 것이다. 길은 그곳을 다니므로 만들어지고, 사물은 이름을 붙여서 그렇게 부르게 되었다. 그 이름 이전은 여기서 기억하지 않는다. 자연과 그 언어를 따른다.

이것들을 장자는 만들어진 것이라고 말한다. 사실 도라는 말조차 칭(稱)일 뿐이다. 그것의 이름들을 지우고 싶은 것이 본심이다. 사실이지 그것의 이름은 원래 없었다. 그 무명(無名) 시절이 바로 장자가 찾는 무용과 실용의 관계를 넘어서는 고개이자 다른 세상의 입구가 아닐까.

하지만 무명(無名)이라도 물(物)의 존재이유를 우리는 정말 알 수 없을 것이다. 원래 만물은 이름이 없으므로. 이름이 있다고 해서 그것이 아니므로. 인간의 언어에 의해 이름을 옷 입었을 뿐이다. 언어 너머에 만물은 침묵으로 존재한다. 하지만 약 팔 센티미터의 손가락에 천지가 모아진다.

그 이름 없는 그것들이 무엇인지 정말 알 수 있을까. 모든 이름을 하나로 모으면 하나이고 무(無)인데 그 안에서 이름의 '나'와 피차(彼此)를 찾을 수 있을까. 그 안이 바로 장자가 노닐고자 하는 유(有, 존재)의 세상이 있다. 그러니까 언어 속에 만물이 있다. 그곳이 무하유지향이고 그 언어 밖이 현실세계이다. 존재는 어떤 생각과 꿈의 바깥인 여기에 나와 있는 이름 저쪽의 형상들이다.

오호연(惡乎然) 연어연(然於然)은 자연에 대한 특이한 '이유 없음'이다. 왜 자연인가. 스스로 그러하니까 자연이다. 본래 있는 것에 대해 의

문할 수 없다. 현재의 그 사물은 다른 것이 될 수 없다. 본래 존재하지 않는 것은 기억과 언어가 없다. 만물은 모가 났든 둥글든 사람이든 산이든 옳고 그름〔(시비(是非), 가(加), 불가(不可) 등)〕으로 존재하지 않는다. 이유와 비유가 필요 없는 그 자체들이다.

만물은 원래 시비가 없으며 시비의 대상이 아니다. 시비는 인간의 언어가 만들어낸 대비(對比)이다. 만물 각각은 한 손가락에 있는 일원론적 존재들이다. 사실 상대적이지 않다. 이 손가락은 장자의 마음이다. 그러나 세상은 그것들의 변론과 대립의 날을 세우고 사물도 함께 말을 따라 편을 선다. 명분과 이해(利害)가 작용한다.

참이란 무엇일까. 일차적으로 감각과 사실을 인정해야 한다. 여기에 존재의 차별성을 지우려는 장자의 본의가 있다. 모습이 조금씩 다르지만 모두가 생육(生育)되고 태어난 현재의 생명체이며 우주의 시간이 축적된 존재들이다. 이 우주의 현재 시간 속에 있는 그것들에 대한 장자의 경의가 보인다. 한 알의 모래 속에 우주가 있다는 말은 일지천지의 모방이다.

장자는 지극히 낮은 차원의 존재론을 단단히 한다. 만물이 만 갈래로 분파되어 다 다르지만 태초의 하나에서 보면 동일물이다. 그 생각이 요연하다. 만물에 대한 장자의 소연(所然, 그러한 이치, 그러한 곳, 그러한 바)과 소가(所加 그대로인 이치, 그대로인 곳, 그대로인 바)는 지극하다 못해 만물의 정경이 눈을 뚫고 들어온다.

만물에 흩어져 있는 자연의 마음이다. 다시 그대가 아니면 내가 없다는 말을 뒤집어 그대가 있으므로 내가 있다는 말로 새겨본다. 이는 내가 있어 그대가 있게 되는 치환이다. 희한한 천지만물이 전경(全景)이다. 작은 방에 우주가 어둑하다.

천지일지(天地一指) 만물일마萬物一馬)

천지는 하나의 손가락이며 만물이 하나의 말이다. 이것이 장자가 지나치게 지상적인 것들에 묶여 있는 대상에 대한 체제적 논리나 모사적 궤변을 무너뜨린 명구(名句)이다.

이 손가락 하나가 우주라는 말은 과연 누가 처음 했을까. 과연 누가 말 한 마리가 통째로 만물이라는 말을 제일 먼저 했을까. 장자의 말은 모든 논리를 넘어서서 묶은 하나의 단 즉 제물(齊物)이다. 완전하고 통쾌하고 태탕한 도의 언어화이다. 조용히 뜰에 나가 바람이 지나가는 세상을 한번 내다보고 돌아와야겠다.

궤변가들이 흰말은 본래 정리된 개념의 말과 다른 말이라고 하면서 말이 아니라고 한다고 해서 그 말이 '말'이 아닌 것은 아니다. 얼마든지 다른 것을 도출하여 말이 아니라는 것을 말할 수 있을지 모르지만 결국 말은 '말'이고 만다. 말이 '말'이 아니라는 말은 사실이지 불가능한 말도 아니다.

말이란 것은 이름이 없다. 그래도 부분적인 상이나 색이 아닌 전체 상에서 보아야 하며, 또 말이란 말(언어)을 꿈이라고 한다고 틀린 것도 아니다. 모든 말이 '말'이 아니라고 해도 그 상은 존재한다. 또 말을 말이라고 한다고 해서 그 '말'의 본상이 달라지는 것은 없다. 다만 말이라고 약속하고 그렇게 불렀을 뿐이다. 사실 그것의 이름이 꼭 있어야 하는 것도 아니었다. 말들에겐 말이란 말이 없다

장자 같은 사람이 말을 말이라고 부르는 것은 별 의미가 없다. 장자는 있는데 없다고 하는 것을, 없는데 있다고 하는 것보다 문제 삼았다. 궤변론에 대한 과민반응은 아닐 것이다. 이 믿음은 현존재 혹은 유(有), 이 세상, 이 인식체에 대한 장자의 분명한 인식이다. 또 뒤에 나오는 유무(有無)에 대한 변론의 시작을 알리는 신호이기도 하다.

장자는 이 아무것도 아닌 눈과 손을 믿는 우인(愚人)과 같다. 다만 그

렇게 말했을 뿐이다. 무아(無我)를 말한 장자에게, 있는 것이 왜 있지 않으며 없는 것이 왜 없겠는가. 언어의 묶음이며 사유적 소요이다. 이것은 만물을 하나의 언어로 만들어 노니는 인간의 위대한 〈제물론〉이다. 세상이 통째로 팔려 넘어가도 할 말이 없다. 언어와 손가락을 도난(盜難) 당하는 것일까.

천지가 일필의 말이라고 함은 자연 속의 한 존재성을 밝힘에 있다. 천지만물(天地萬物)에는 지시(指示)하고 만지고 쓰는 손가락이 존재한다. 그러고 나서 허공 아래 서 있는 한 필의 말이 존재한다. 만물의 자연이 그 한 필의 말로 있다. 이 아름다운 일마 존재론은 천지가 화들짝 놀랄 말이다.

손가락 저쪽의 자연과 무, 손가락의 형상과 움직임, 있음이 없음 속에 있는 것을 우리는 태초부터 알고 있었다. 손가락이 없다고 하면 그 하나의 손가락만이 아니라 세상의 모든 손가락이 없어진다. 하지만 손가락이란 말이 없다고 모든 손가락이 없는 것은 아니다. 하늘 아래 손가락이란 말이 있어도 손가락 자체는 진위도 시비도 필요로 하지 않는다.

여기서 장자는 아주 간결한 입장을 밝힌다 그것이 '가호가 불가호불가'(可乎可 不可乎不可, 좋은 것을 좋다 하고 좋지 않은 것을 좋지 않다 한다)이다. 그것 외에 다른 것은 없다. 철저한 현실 만물주의자의 발언이기도 하다. 그러나 아무도 장자가 그 만물에 묶여 있다거나 실사주의자라고 말하진 않을 것이다. 기교한 방편이고 비유이다. 그 비유는 실체를 보여주지 않는다.

다시 모든 상대들이 시(是 혹은 가可, 즉 그러함, 마땅함, 좋음)로 돌아옴을 말하는 것 같다. 타자도 중요하지만 결국은 시(是, 여기 나 이것, 이곳)의 '나'의 문제이다. '나의 '손가락'의 인식문제이다. 일단 판단의 기준은 나밖에 없다는 것을 인정해야 만물을 인정할 수 있다. 모순 같지만 조화이다.

너무나 단순한 그러나 너무나 어려운 질문

'이 손가락' 외의 손가락은 없다.

말이라는 말〔마(馬)〕과 말의 말〔언어(言語)〕이 하나로 움직이는 것을 부정할 수 없다. 대언(大言)과 대지(大知)의 도추가 바람을 불어 문을 여는 시작이다. 본질의 상은 그대로인데 말을 바꾸어봐야 실속이 없다. 먼 북쪽에서도 해가 뜨지 않는 것은 아니다.

백위의 대목에서 나온 풍음처럼 진리는 이 말의 구멍에서 나왔을 것이다. 도(道)의 길과 언어(言語)의 길이 나온 그 구멍의 이름은 무엇일까. 그 구멍이 사람일까 도일까. 그러나 그것의 이름이 없는 것이 그것의 이름일 것이다. 우주 전체가 하나의 구멍이라면 그 소리의 이름은 뭘까. 천뢰일까.

언어를 통한 장자의 이 평상물(平常物)로의 회귀는 막고야산의 신인(神人)과 태양 아래 생명들의 방박(磅礴)을 생각나게 한다. 끝없이 사라져가고 끝없이 새로워진다. 천변만화의 만물진연. 이 자연의 마음을 무엇이라 해야 할까. 인간이 중심이 아니다. 만물이 없는 언어란 없다. 마음과 언어의 만물회귀로 고요해진다.

장자는 자신에게 중대한 질문을 던진다. 사람들이 만들어 다니게 된 길이란 것과 사물을 이름 지어 부르게 된 그 이름 자체에 대한 비밀을 푼다. 어째서 그렇게 부르고 믿게 되었는가 하는 질문. 그런 것은 어째서 그렇게 여기지 않지 않게 되었는가 묻고 있다.

길을 왜 길이 아닌 다른 이름으로 부르지 않게 되었을까. 궤변을 일거에 무너뜨리는 질문이다. 궤변에 대한 어리석은 듯한 답이다. 웃어넘길 말이다. 그렇지 않은 것은 그렇지 않은 것인데 자꾸 다른 이름을 붙이려 한다면 궤변이다. 말의 영화(榮華)에서 비롯된 욕심이다. 말은 자연의 변화보다 더한 조화를 가지고 있다.

사물(말)은 내력과 처소가 있으며 또 그럴 만한 근거와 존재이유가 있다. 연유가 없고 현재성이 없는 사물은 없다. 이 전제 속에서 〈제물론〉은 만물제동 즉 평등의 사상으로 전개되어 나아간다.

그리고 일지는 지시(指示)이며 사(師)이다. 그것은 만물의 언어화의 시초였다. 만물과 나 사이에 손가락이 하나 서 있다. 아슬아슬하고 기묘하지만 절대적이다.

손에 대한 의문의 소용돌이

이 지(指)자를 육손이 지(枝)로 보는 입장도 있고 대무지(大拇指) 옆의 협지(挾指)로 보기도 한다. 육손을 가지고 손가락이 아니라고 하면 정상적인 다섯 손가락도 손가락이 아닐 위험에 봉착한다.

손가락의 실체를 따지는 자리에서 육손을 가지고 나오면 복잡해진다. 여기엔 떨쳐버릴 수 없는 이중적 의미가 있다. 장자는 궤변가들이 의아하게 여길 정도로 지(指)자를 세 번이나 쓰는 약간의 풍자적인 수사를 가미했다. 자신이 손가락을 가지고 가리키며 이 손가락은 손가락이 아니다 라고 하는 자들이 있다는 것을 말하고 있다. 장자의 일지(一指)는 비유와 증명이 필요 없는 진지(眞指)이다.

몰론 뒤에 올자(兀者)인 왕태, 천하의 불구자 인기지리무신 등의 인물을 한가운데 등장시키는 것으로 보아 이 지를 육손〔지지(枝指)〕의 불구적 은유로 볼 수도 있다. 육손이 자연의 장애가 되고 도의 결손이 되는 것이 아니라는 것을 말하려는 것처럼 보인다. 오손이 도인가 육손이 도인가. 육손이 정상인가 오손이 정상인가의 어리석은 문제를 푼다.

인간의 언어는 불완전하다. 한 손 안에 있는 주변의 손가락들은 흥미로워할 것이다. 이 손가락을 모르고 서로 지시하고 가르치고 말하는 것처럼 보이기 때문이다. 손가락 속에 '나'가 있는가 하고 물으면 복잡해진다. 없다고 해도 난처해지긴 마찬가지이다.

물론 손가락 저 위에 '나'가 있고 뇌가 있지만 문득 내려다본다. 손가락들이 서로 한 손 안에서 불평 없이 붙어 있으며 아주 조직적이고 자연스럽고 단단하고 또 헐렁하고 자유로우며 말이 없다. 기이한 나의 손가락의 손이다.

공손룡(公孫龍, B.C 320-250 전국시대 조나라 사람. 저서『백마편(白馬篇)』『견백론(堅白論)』등 이 전해온다. 장자보다 약간 후대 사람)은 지물론(指物論)을 펼치면서 물(物)은 손가락 아닌 것이 없으나 손가락은 손가락이 아니라(물막비지이지비지物莫非指而指非指)' 했다.

이런 말에는 사실 난해한 시대적 심리와 혼돈, 사회에 대한 비판의식이 깔려 있다. 혜시도 '나의 변론은 천하의 장대(壯大)함과 같다(《잡편》〈천하〉)'는 사변적 논리를 펼쳤지만 궤변도 혼란스런 사회를 하나의 약속과 질서 속에 편제하려는 열망의 반영이었을 것이다.

말의 대홍수시대 속에서 논변의 함정에 떨어지지 않긴 어려웠을 것. 언어를 가장 넓게 확장한 장자는 자기 한계적 궤변가들, 그리고 권력과 구세력에 눈치를 보던 황로학파와 거리를 두면서 독자적 염담의 세계로 나아갔다.

모든 인간을 드높은 곳으로 비상시키고 소요토록 한 위대한 바람의 장자였다. 장자는 사상과 권력의 질풍노도 속에서 사라질 수 없는 자연의 빛을 발견하고 손가락 하나에 만물이 있다는 집약과 해방의 언어로 새로운 경지를 열었다.

이 손가락과 말의 이야기는 색과 형상을 포함하여 만물이 지닌 모든 속성 중 하나로만 보는 것은 불구의 사상을 낳게 된다는 것을 실물로 보여준 최초 최고의 비유이다. 손가락이 아닌 물이 없다는 말은 틀린 말이 아니다. 공손룡의 지물론은 약간 앞 세대인 장자의 천지일지에서 파생된 듯하다. 만물이 자신을 나타내고 구별하며 지시하는 언어라면 만물은 각자 자기의 손가락이다.

하지만 장자는 그 당시 소언의 궤변들을 막지 않고 그보다 광막한 대언의 '물(物)' 즉 천지를 말하고자 하는 의도를 이 말 속에 숨겼다. 특히 장자의 사상 중에서 불구적 대상에 대한 사유와 언어 확장은 결코 무시할 수 없는 범주로 남아 있기 때문에 손가락에 대한 중의적 의미를 도외시할 수 없다.

논변이 너무나 뛰어나 천구병(天口騈)이란 별명을 가졌던 진병〔陳騈, 전국시대 제인. 혹은 전병(田騈). 생몰연대 미상. 황로학파이며 도가의 인물〕같은 사람도 상대주의를 인정하면서도 지각과 분별을 버리고 만물의 자연과 평등에 따라야 한다는 논리를 펼쳤다. 자연의 도를 그러나 장자만큼 형상화 구체화한 사람은 없었다.

그는 감히 이 우주 속에 붕새를 날려 올리고 손가락을 치켜든 최상인(最上人)이다. 그러나 국가 간의 종횡합병책, 끝없는 전쟁, 권모술수, 지식인들의 백화요란 속에서 자연을 지킨 진인들은 적지 않았던 것으로 보인다. 가독자(家督者)인 장자는 그들의 적손이다.

장자는 침묵하고 있지 않았다. 현대에까지 대지의 예언과 초극의 메타포를 남긴 장자는 은둔하지 않고 집에서 저술했다. 좌우윤의논변경쟁에 대한 단순한 중도가 아니라 만물과 함께 전혀 다른 세계로 초월하는 대단히 복잡한 함의적 해방 논리가 그의 글에 담겨 있다.

장자는 만물일부(萬物一府, 만물 무차별)의 숙고에 숙고를 거듭했을 것이다. 과분하게 말해서 만물의 아버지와 만물의 손가락이 되고자 했을 것이다.

논리학의 명가(名家)에 대해

이 손가락은 세상의 모든 손가락의 이름이다. 그 하나의 말이 천하를 가리키고 비유한다. 대단한 암시이며 은유이다. 더구나 손가락은 말이 없다.

묵자는 논변(論辯)은 다투는 것이므로 반드시 이겨야 한다〔변쟁피야(辯爭彼也) 변승당야(辯勝當也)고 했다. 총칼의 전투보다 무서운 말의 투쟁이다. 혜시도 만물을 널리 사랑하여 하늘과 땅이 하나가 된다〔범애만물(汎愛萬物) 천지일체야(天地一體也)〕고 했다. 선법적이고 궤변적이다. 모두 세상을 언어 속에 넣어 장악하고자 한 고투어린 투쟁사이다.

난유모(卵有毛, 알에 털!) 에는 판치생모(板齒生毛, 당나라 조주의 화두로서 달마대사가 서쪽에서 온 까닭이 무엇인가 하니 앞니빨에 곰팡이!라 하였다, 생모는 곰팡이)의 선묘감(鮮妙感)이 있다.

그 외 혜시는 계삼족(雞三足, 닭 다리 셋!) 영유천하〔郢有天下, 초나라 영(郢, 서울) 안에 천하가 있다〕, 산출구(山出口, 산에는 입이 있다) 윤하전지(輪下蹍地, 수레바퀴는 땅에 닿지 않는다), 비조지경미상동(飛鳥之景未嘗動, 나는 새의 그림자는 움직이지 않는다) 등의 기문을 남겼다.

이런 말을 한 혜시는 고독했을 것이다. 고리타분한 노혁의 시대에 새로움을 찾던 젊은이들이 빠질 만한 말들이다. 밖이 없는 우주 혹은 사유를 대일(大一)이라 하고, 너무 작아서 안이 없는 것을 소일(小一)이라 생각한 그의 해괴한 사유가 담겨 있을 저서가 남아 있지 않은 것이 아쉬울 뿐이다.

말이 꼭 현실에 맞아야 하고 그 사람의 인격이어야 하고 실용적이고 논리에 부합해야만 한다는 것도 옛말이다. 말은 말 그 자체로서 존재하는 '무엇'이기 때문이다. 말도 스스로 소요를 할 수 있기 때문이다. 말이 꼭 그 사람만은 아니다.

말이 현실에 예속된 존재만도 아니다. 말도 인간처럼 해방되어간다. 재미있고 변용 가능한 모든 수사의 말들이 필요한 빛의 속도의 시대에 와서 빛 못지않은 파장을 일으키고 있다. 소리도 음속으로 전달되는 것이 아니라 빛의 속도로 오가고 있다. 빛보다 난해한 것으로 보이는 이 소리의 탐구는 시작도 하지 않았다.

속도만이 문제가 아니다. 언어 자체가 낯선 의미로서 새로운 무늬와 사유를 열려 한다. 사람은 어쩜 그 '말(대언)'을 따라갈 뿐이다. 혜자는 재상을 지냈지만 반중심반체주의자로서 풍자의 대가였는지 모른다. 그가 체제와 현실과 권력, 교언과 아부, 반듯하고 바른 것을 몰랐을 리가 없었을 것이다.

잠시, 장자 외의 이야기

여기서 말하는 견백론(堅白論)은 쇠세(衰世)한 시대의 한 단면이다. 왜 흰 것을 가지고 희다 아니다 하면서 싸우고 딱딱한 돌을 가지고 기다 아니다 하고 시비했을까. 속을 들어다보면 모두 권력을 향한 소성이며 만물에 대한 지배욕과 이해(利害)에 묶여 있다.

『진서(晉書)』의 〈은일전(隱逸傳)〉에 노승〔魯勝, 진(晉)나라 290-306년〕의 「묵변주서(墨辯注敍)」가 있는데 그곳에서 명(名)이란 같고 다른 것을 나열하고 옳고 그른 것은 밝히는 것이라 했다. 궤변론파인 명(名)은 장자와 순자(荀子)의 비판을 받았지만 혜시와 공손룡〔公孫龍, 기원전 329-250년 조(趙)나라 사람. 『한서(漢書)』 예문지(藝文志)에 공손룡은 14편, 혜시는 1편을 남김)〕에 의해 발전되었다. 그 외에 등석(鄧析, 기원전 545-?. 정나라 사람. 양시(兩是)적 구변이 뛰어났다고 전한다. 자산(子産)에 의해 자신이 만든 『형서(刑書)』에 따라 처형되었다) 윤문자(尹文子) 등이 있다.

한편 묵가의 상리근(相里勤)의 제자들과 남방 묵가인 고확(苦獲), 기치(己齒) 등은 '묵경'를 외우고 다녔다 한다. 다른 사상과 변별점이 필요했던 까닭에 혜자 등의 명학을 끌어들였고 혼란에 빠졌다. 불인인지심(不忍人之心, 사람의 불행을 보고 참지 못하는 마음)과 함께 왕권을 위한 불인인지정(不忍人之政, 맹자의 충서(忠恕). 명목상 남을 헤아리는 정치)으로 나아간 맹자가 묵자를 비판했지만 시비에선 묵자와 다를 것이 없다.

손의 감각은 돌의 무거움을 알지만 눈은 그것을 모르고 또 눈은 돌의 흰 색을 알지만 손이 느낀 돌의 무거움을 가지지 못한다는 것이 혜시의 말이다. 이 말은 통일된 하나의 인식체계나 절대 감각이 없다는 것 즉 인간이 불완전한 존재임을 말하려 한 것이 아니었을까.

인간의 감각 의식 안에서만 만물을 파악할 수밖에 없음을 증명하려 한 것일까. 옳고 그름〔시비(是非)〕의 한계를 넘어 통시적 사유를 선물하고자 한 것이라면 혜시를 다시 보아야 할 것이다. 합리성을 넘어서버린 사유 심리가 궁금하다.

그러나 또 혜시의 백마론(白馬論)은 단순하고 어처구니가 없다. 그에 따르면 색은 부속적인 것이지만 말의 색을 무시하면 안되므로 흰말은 '말'이 아니다〔백마비마(白馬非馬)〕. 자기 말이 아닌 것은 말이 아니다. 흰 말을 몰아내기 위한 책략이었다면 유치한 정치적 계산이 깔려 있는 궤변이다.

혜시는 불행한 정치인이며 논리학자였다. 천하 변론의 효시〔효변자(曉辯者)〕인 혜시는 다변을 멈추지 않았고〔다이무이(多而無已) 다변(多辯)〕 책이 오차(五車)나 된다 했다. 이는 진리에 대한 열정의 한 모습일 수 있을 것. 『묵변주서(墨辯注敍)』에 견백지변(堅白之辯, 형식을 색깔로 분별하기), 무서지변(無序之辯, 유무有無의 문제), 동이지변(同異之辯, 같음과 다름의 판별)이 소개되어 있을 뿐이다.

사상은 논리를 필요로 하고 논리는 명분을 얻어야 한다. 권력 속으로 들어간 유가처럼 묵가도 민중 속으로 들어가면서 논리가 필요했다. 이명(名, 까닭, 약속, 이상, 명분, 현실 등)을 얻지 못하면 아무것도 얻을 수가 없기 때문. 여기서 민중과 권력의 편에 서지 않고 한 인간의 편에 선 장자의 '큰 바람'이 불기 시작했을 것.

권력과 민중의 머리 위에서 군림한 자가 있고 구름처럼 사라진 사상도 있다. 모든 사상가들이 한 마디의 명〔名, 명제(命題) 혹은 명사(名辭)〕을 찾아 투쟁했다. 장자는 자신과 싸워 이긴 사람으로서 국가와 지나친 인간중심 사상과 궤변 사이에서 꿈의 책을 저술했다. 그것은 현실과 꿈을 껴안고 미래로 이송한 초극의 책이 되었다.

명(明)을 향한 조천(照天)의 꿈은 모든 의도와 교지(巧智)를 비웃을 것이다. 불리정〔不離精, 천성(天性)을 가진 자〕한 자가 신인(神人. 하늘의 천성을 잊지 않은 자)이며 시작과 끝이 없는 자〔무종시자(無終始者)〕이다. 장자는 도란 말로 표현할 수 없으니 말로 표현하는 것은 그릇된 것〔도불가언(道不可言) 언이비야(言而非也)〕이라고 못을 박았다.

육손의 지(枝), 그 손가락을 만지고 싶다

어떤 이들은 이 지를 육손이라 한다. 도의 무형(無形)을 말하는 경로에서 육손의 의미를 지울 필요는 없다. 그것도 중지(中指)와 다를 바 없는 숙명적 불구의 존재의 지(枝)이다.

손가락엔 일야상대를 바라보는 자의 마음이 걸려 있다. 인간 자체가 잃어버린 손가락일 수 있다. 일야를 보는 지상의 한 불구자의 모습을 본다. 그 육손이 가장 오래된, 인간에게서 사라져버린 태초의 손가락일지 모른다. 제물의 논리 속에서 손의 현재 원형인 오지(五指)의 방외적 존재인 육손을 기억하는 것은 기이하다.

또 한번 존재하지 않는 육손에 대한 장자의 대언에 놀랄 뿐이다. 그렇다면 없는 것을 말하는 것이 꼭 있는 것을 말하는 것보다 못할 것이 없다. 장자가, 있는 것만 있다고 중시되고 없는 것은 없는 것으로 무시되는 이분법으로 사유했을 리가 없다.

특히 몸통에서 나온 팔 끝의 하나의 손목에서 나온 손의 다섯 손가락은 촉수(觸手)이며 슬픔의 존재이다. 깃 같고 수술 같다. 낯설고 기이한 다섯으로 찢어진 손가락은 화두이다. 여기서 문자가 나오고 지혜가 활동한다.

장자는 갑자기 만물을 손바닥에 놓고 말한다. 만물을 다 찾아다닐 수 없기 때문이다. 천하를 경험할 수가 없기 때문이다. 장자는 이것을 보여주며 가지런히 하는 중이다. 이것으로 하늘을 가리키면 거기 하늘이 있고 산을 가리키면 거기 산이 있다. 말은 지상의 대지자이다.

그렇다면 이 천지일지란 말은 그것의 거울이다. 거울의 어둑함 속에서 숨죽이고 가만히 있다. 이 만물에 가 있는 침묵, 이것이 언어의 저 안쪽이 아닐까. 그 안에서 또 다른 존재와 소리가 탄생한다. 하늘과 땅은 손가락이 받치고 서 있다. 내 얼굴 앞에 와 있고 팔 끝에 가 있다. 손가락이 손가락임을 믿는다.

사실 지(指)를 육손이라 하지 않아도 된다. 육손으로도 보는 것은 불구의 미학과 인간의 언어를 창조한 저자의 의도를 더 깊게 보기 위한 하나의 곁가지 수사일 수 있다. 그러나 육손을 손가락이 아니라 하거나 손가락에서 제외한다면 만물제동의 진리를 소외하는 일이 된다.

오손의 손가락을 가지고 이것만 손가락이라고 하는 것은 육손의 손가락(도 물론 손가락이지만)을 가지고 손가락이 아니라고 하는 것보다 협애하다. 게다가 장자는 고민했을 것이다. 평등은 가능한가. 본래부터 불평등기원이 있었던 것은 아닌가. 왜 가운뎃손가락은 긴가. 이 모순을 장자는 육손에서 찾으려 했는지 모른다. 가만히 손가락을 펴고 보면 그 길이가 다 다르기 때문이다.

나는 나의 사라진 육손을 기억하고 싶다. 그 세계가 인간이 잃어버린 손가락의 세계이며 망실의 물건이나 진언처럼 여겨진다. 어쨌든 그 진짜 손가락 혹은 불구가 된, 혹은 사라져버린, 지금 보이지 않는, 그러나 분명히 있었을 육손을 만지고 싶다. 너무나 아름다운, 감각 이상의 상상이 필요한, 눈물겨운 그 작은 손가락.

왕태와 애태타가 육손의 존재가 아닐까. 그 손가락을 지우고 가리면 천지는 사라지고 말 것. 손가락이 없어진 그 너머는 말할 수 없다. 그것은 천지를 지시한 것이 없어졌기 때문. 손가락 자체는 잊을 수도 있고 없어질 수도 있다. 그러나 천지를 가리키는 것이 없는데 천지가 있을 수 있을까.

인간이 없이 산만 있는 것이나 마찬가지일 것이다. 그런 산이 과연 있는 것일 수 있을까. 일단은 나 없이 그대가, 그대 없이 내가 있을 수 없다.

팔 센티미터의 손가락

천지가 하나의 손가락 안에 있다. 지두(指頭)에 말이 걸려 있고 세상 천지는 손바닥 판이다. 장자는 저 종(踵, 발꿈치)으로 숨을 쉬라고 했지만 이 손가락으로 말해야 할 것이다. 이 손가락은 지체의 맨 위의 앞으로 나온 팔의 기이하고 난해한 가지이다. 장자는 이 손가락으로 글을 쓰면서 웃었을 것이다. 내가 지금 손가락을 생각하며 손가락으로 '손가락'을 쓰고 있다고.

말이 에르덴조 사원 너머에서 풀을 뜯는다. 뿌드득 뿌드득. 두터운 입술 밖으로 혀를 내밀어 풀잎을 감싸 안는다. 꼴을 부드러운 어금니로 덜거덕덜거덕 갈아댄다. 저쪽의 장기는 천천히 움직인다. 숨쉰다. 햇살은 무량수로 잔등머리에 내린다. 이것이 동시진행의 만물이며 방박이고 생활이다. 운행이며 소요이다. 침묵이며 소란이다.

언어를 다루는 사람은 기이하다. 인간이 그나마 천하를 대물하고 대명사 하는 한, 정신의 손가락이며 대지에 발을 붙이고 생존하는 유일한 몸이다. 말은 인간을 자연에 합일시키고 해방을 제공하는 꿈이다. 말에겐 손가락이 없고 손가락엔 말의 혀가 없다. 이것이 천지의 조물(造物)이다.

이 자그마한 지구 공간의 '존재와 언어와 몸'을 의심하지 말 일이다. 말 한 마리는 '문득'이며 하나의 손가락은 〈제물론〉의 '정신'이다. 만물이 한 마리 말이고 손가락이 천지라고 한 것은 그 한 존재가 천지와 만물을 다 포괄하고 있기 때문이다. 이들은 서로 시비적, 상대적 존재가 아니다. 모두 독〔獨, 도(道)〕이다. 장자는 여기서 〈제물론〉의 실마리를 풀게 되었다.

하나하나 모두 귀중한 우주적 존재이다. 혼돈과 명쾌함은 함께 있다. 앞에 하나가 있고 이 속에 우주가 있고 우주 속에 그 하나가 담겨 있다. 그것 외에는 없다. 여기서 피차와 시비가 나타난다. 그러니 우리가 말한 말의 '손가락'은 사실 진짜 손가락이 아니다. 말이다. 하지만 감지덕지 할 뿐이다.

더러는 그 '손가락'이란 말을 잃어버리고 싶다. 어느날 손가락은 사라지기 때문이다. 진짜 이름도 없는 '손'을 잡아보고 싶어진다. 그러면 한없이 눈물이 흐를 것이다. 나는 가고 없고 그 손가락의 언어만 남는다. 의지처 치곤 빈약하기 그지없지만 어쩔 수 없다.

모두가 방외자이며 괴연독자(塊然獨者)이다. 손가락이든 말이든 하늘이든 산이든. 만물은 우주와 마음의 주렴(珠簾) 같다. 수많은 존재가 하나의 대에 걸려 있다. 다만 장자의 꿈은 모든 철학적 명제와 정치적 권력, 체제와 그 유용성을 넘어서서 만물의 반짝임을 보고 말을 듣는 것에 있었다. 위대한 철인이다.

장자는 인의예지를 버리고 회궤휼괴(恢恑憰怪, 넓음과 괴이함과 진기함과 기이함)로 나아갔다. 만물이 없으면 나도 없다. 팔 센티미터 길이의 손가락과 그 지시 언어가 없이 나도 존재하지 못한다. 이것이 장자의 만물의 언어화, 만물의 언어소요이다. 쉬운 듯 난해하고 난해한 듯 쉬워진다. 양행(兩行)의 논리가 바람을 단 날개이다.

14. 쓰지 않고 다 쓰는 우제용(寓諸庸)

사물은 본래, 그렇게 있으며, 사물은 본래, 그대로 있다. 그렇지 않은 사물은, 없으며, 그대로가 아닌 사물은, 없다. 그럴 것이, 예를 들어, 서까래(정莛)와 기둥(영楹), 나환자(癩患者)와 서시(西施)가 이러하다.

넓음과 괴이함과, 진기함과 기이함(회궤휼괴恢恑憰怪)이, 도로 통하여 하나가 된다. 그 분열이 완성이며, 그 완성이 훼멸(毁滅)이다.

천지간의 만물은, 완성과 훼멸이 없어, 다시 통하여 하나가 된다. 오직 꿰뚫은 자만이, 통하여 하나가 되는 것을, 알 수 있다. 이것(범물, 자연)을 (무엇을) 위해 쓰지 않고, 제각각의 용상(庸常)에, 둔다. 용상으로 두는 것이, 쓰는 것이고, 쓰는 것이, 통(通)하는 것이다. 통하는 것이, 도(道)를 손에 넣는 것이다.

온전히 자득(自得)하면, 도(기機)에 가까워져, 자연에 따른다. 그러면서, 그러한 걸 알지 않는 것을, 도(道)라고 한다.

원문(原文)

物固有所然 物固有所可 無物不然 無物不可 故爲是舉莛與楹 厲與西施 恢恑憰怪 道通爲一 其分也 成也 其成也 毁也 凡物無成與毁 復通爲一 唯達者知通爲一 爲是不用而寓諸庸 庸也者 用也 用也者 通也 通也者 得也 適得而幾已 因是已 已而不知其然 謂之道

* **고**固 본래, 한결같이. 옳음, 그대로, 마땅히 **가**可. **위시거**爲是擧 예를 들자면. 서까래 **정**莛. 기둥 **영**楹. 나병, 천형병(天刑病), 폐질, 못생길 **려**厲. **서시**西施 고대의 미인. 넓을 **회**恢. 괴이할 **궤**詭. 진기할 **휼**譎. 기이할 **괴**怪. **분**分 분열. **성**成 완성, 일一. **범물**凡物 천지간의 만물. **유달자**唯達者 오직 꿰뚫은 자. **위시**爲是 자연을 위하여. **지통**知通 완전한 앎. **불용**不用의 용用을 대개 사견으로 봄. **우제용**寓諸庸 만물을 제각각의 일상(용庸)의 도리에 두다. 쓸, 평소, **용**庸. - 에 맡길, **우**寓. **적득**適得 온전히 자득(自得)하여 도를 얻음. (도에) 가까울, **기**幾. **인시**因是 자연에 따르다(인임因任). **이이**已而 그러면서(앞의 인시의 뜻을) 따르면서. **부지기연**不知其然 그러한 그것을 알지 않는다.

가없는 언어의 꿈

〈제물론〉의 중심 거리이다.

조심스럽게 늦게 싹을 피우는 오동나무 가지도, 저 멀리 한여름 뒤뜰의 오이 잎을 소란하게 하는 장맛비도, 멀리 서 있는 외최한 산도, 우둔한 음영으로 이 우주 속에 지나가고 나타나 있다. 우둔한 자는 지혜의 열매를 얻고 자연과 소요하고 그 시간을 추억한다. 우둔한 자연을 닮은 그 지혜도 우둔하다. 지혜를 가르치는 바람은 수수머리와 새의 깃털과 빨래대에서 말라가는 가운과 원산(遠山)의 거암(巨巖)을 느리게 천천히 스쳐 넘어간다.

한 인간은 백해구규육장으로 살아간다. 놀라운 불구적 괴형상의 덩어리들이지만 이것 없이 인간이 존재할 수 없다. 장자는 그 불구적 숙명의 조건을 껴안는다. 그리고 다른 것에 인간을 놓아주지 않으려 한다. 인간을 권력이나 문명 쪽으로 가져가려는 어떤 의도와 목적을 강력히 거부하는 문면(文面) 밑의 의지가 엿보인다.

장자는 현실 속에서 자연의 조건에 의해 함께 존재하는 만물을 부정할 생각이 없다. 지구의 공간은 불가피한 공간이다. 선택권이 없이 우리는 이 지상에서 존재하고 살아간다. 이 조건에 대한 부정을 강조하면 장자적인 고유한 사상의 매력과 깊이와 혼돈이 사라질 수 있다.

무위란 정말 소용없는 것은 아니다. 지구도 하늘도 물화도 마찬가지. 더 큰 다른 경계와 함정을 숨기고 있는 것이 분명하다. 그러나 그것을 말하지 못한다. 인간과 만물은 엉뚱한 형상을 하고 지상에 스스로 존재한다. 그것들을 장자는 무여친의 대상으로 보면서 가까이 접근해간다. 낯선 존재들이다. 만물은 정적 속에 있고 인간은 불안한 존재이다.

다 경험할 수 없으며 볼 수 없는 것들에 대한 장자의 이 언어들은 가히 광막지야를 낳고도 남을 법하다. 다만 그 '어떤 손가락'의 실재를 믿는다고 해서 장자가 이 세상과 대칭되는 그 너머의 어떤 불가해한 세상에 대해 사유하지 않았을 거라는 추측은 오류일 수 있다.

반지구적(反地球的) 사유의 지구인

여기서 천지 아래 아독(我獨)한 만물과 망매(茫昧)한 정서의 관계를 가지런히 하려는 장자의 자연에 대한 한없는 투사 심리가 비춰진다. 경험하기 불가능한 만물을 언어로 다스려야 할 일이 남아 있다. 그것들은 정영(莛楹)하고 회궤할 수밖에 없다. 천형적인 것〔여(厲)〕을 수용해야 하는 사유의 전환은 불가피하다.

모든 것은 사라진다는 대전제 속에서 이 지상을 들여다본다면 만물은 아무것도 아닌 '것'의 꿈이다. 죽음 너머의 세계와 다른 시공에서 들여다본다면 이 지구나 생명이나 자연이란 없는 것이기도 하다. 실로 괴이한 존재들의 집합소이다. 인간은 그곳에 잘 보이지 않는다. 깨끗한 피부를 가진 것 같지만 여(厲)의 존재들이다.

한계에 갇힌 지구의 문명적 구조를 넘어설 대안이 없다. 하지만 인간 장자는 항상 큰 생각, 큰 세계, 그 너머를 꿈꾸며 살았다. 장자는 그 손가락을 인위적으로 가리키지 말고 일야를 사유할 것을 요청하였다. 온몸으로 달을 쳐다보았다. 손가락 끝에 천지와 마음을 담았다.

그 누구도 천지를 하나의 손가락에 담을 수 없다. 손가락 하나는 최초의 세계에 대한 초월적 언어이다. 그래서 장자의 마음은 항상 하늘에 있다. 이 하늘은 말하기 어려운 무극의 텅 빈 궁창(穹蒼)이다. 발을 디딜 수가 없는 허공이다.

하늘은 아무 소용이 되지 않고 그 무엇을 소용으로 삼지도 않는다. 전체를 안고 있는 하늘처럼 기이한 세계도 없다. 사실 언어가 있을 수 없는 하늘이다. 가만히 손가락을 접고 집어넣고 잊는다. 나에겐 언제나 이런 손가락이 있다.

숙명의 일법(一法, 만물이 하나에서 왔다는 논리)을 견지하는 장자는 이 지상에서 제국(諸國)적 영화를 거부하고 광막지야를 꿈꾼다. 그러나 그것은 궤변으로 가지 않고 인간의 가없는 '꿈'으로 다가온다. 장자는 시비, 시피(是彼)를 포괄한다. 궤변가의 면모가 없는 것은 아니지만- 당연히 그것도 피할 이유가 없지만 - 위험한 단계에서 그는 무위의 저쪽에 존재하는 외물들을 간과하지 않았다.

이 점이 『장자』가 초월의 길이면서 인간의 문학이 된 근간이다. 인간을 물리치지도 않지만 그렇다고 인간을 만물의 중심에 두지도 않았다. 오히려 도의 저쪽에 있는 만물의 한 대상으로 말하지 않을 수 없었을 것이다. 그러면서 인간에 지대한 관심을 보인다.

기이한 것들, 려厲와 서시西施와 정(莛)과 영(楹)……

서까래와 기둥, 나환자(癩患者)와 서시(西施, 춘추전국시대 월왕(越王)이 오나라에 보낸 월나라의 미인)는 이렇다. 앞 정영(莛楹)은 한 구조물이면서 전혀 다른 쓰임새를 보이고 엇갈리는 관계를 말한 대비이다. 즉 몸속의 백해구규육장과 같다. 뒤의 여(厲)와 서시(西施)는 한 인간이면서 전혀 다른 면모의 인간이다. 백해구규육장이 따로따로 떨어져서 담겨 있는 사람들과 같다.

그러하게 된 것도 기이하지만 그러하지 않게 된 것도 기이하다. 어찌 말 한 마리가 만물이 될 수 있을까. 또 손가락이 어찌 천지일까. 왜 말은 만물 속에 있게 되었을까. 말 아닌 것, 세상에 없는 것은 왜 없게 되었을까. 왜 있는 것들만 있을까. 이것을 아는 자는 없다. 감각되는 것들만 이 세상에 존재하는 불구적 인식체가 인간이다.

어쩌면 측은하고 불완전한 것들을 인간의 언어로 통섭하고자 하는 욕망의 압축적 표현이 다름 아닌 '제물'일 것이다. 문명과 권력과 시비를 등지고 세계로 확장해 가려한 장자의 고독한 투쟁사는 여기서 전혀 다른 반중심적 만물정치 즉 우제용의 소요로 향한다.

그럼에도 이는 새로운 언어의 신천지를 경작하는 장자의 거창한 소요의 꿈이다. 자연의 대몽이며 그 어떤 권력도 범접할 수 없는 절대영역의 세계를 꿈꾸는 경지. 그곳은 어디일까. 다치지 않고 지배하지 않는 진인들의 이상은 개인에게 있지 않을까. 개인의 무한한 내면의 확장이 여기 보인다.

한 손가락이 갑자기 준봉이 되어 우뚝 나타난다. 앞의 유정무형과 뒤에 나올 도소이부도(道昭而不道, 도는 스스로 내비추지 않는다)만 내 안에 와 있다. 저 손가락 하나에 만물을 담아 쓰는 범물자(凡物者)의 주인공은 우제용(寓諸庸)이 아닐까. 자연의 진정한 주인공은 인간이 아니라 이것이 아닐까.

정영이 정영을 무서워할 리가 없고 성훼를 성훼가 피할 리 없다. 여기서 의심 대신 무한 소요를 선물 받는다. 오히려 그것들의 그림자의 언어를 보고 그 보이지 않는 원형에 매력을 느껴야 하지 않을까. 암유의 시 한 편을 읽고 감상하는 것처럼.

저 말은 어디서 꿈 이전의 것으로 무(無) 속에 있다가 무늬처럼 접힌 것이 펼쳐지면서 인간의 머리와 언어 속에 나타났을까. 태초부터? 어느 순간에? 어느 어미 몸의 자궁 속에? 나타나 자라서 스스로 오정을 만들고 뼈와 살을 붙여 몸을 구부리고 자각하다가 태어나는가. 눈을 뜨고 사지를 흔들며 걸어다니는가. 몽혼의 소유이다.

정당한 궤변의 일부를 장자는 받아들인다. 더 높은 것을 말하기 위해서다. 괴독연하고 통찰적이고 궤변적인 요소가 없을 수 없다. 그가 회궤휼괴를 버릴 이유가 없다. 아니 적극적으로 불러내야 한다. 죽은 것들까지도 찾아갈 수 있다.

함께 노니는 것은 내가 그것이 되고 그것이 내가 되는 것이다. 즉 혼돈이다. 그 혼돈의 물화 속에 흘러가는 다른 '것'이 있다

훼멸(毁滅)의 만물귀휴(萬物歸休)

인간의 도는 인간의 사유와 언어 형식 속에 있다. 인간은 시비와 차별, 선악의 세계와 유무(有無), 광막지야, 무차별의 세계와 이웃해 살고 있다. 문 열고 나서면 곧장 앞이 시비와 차별의 세상이며, 만물과 유전과 유무, 감정이 대립을 세우고 있는 경계이다.

장자는 여기서 기분야(其分也) 성야(成也) 기성야(其成也) 훼야(毁也)를 통해 그 분열이 결합이며 그 결합이 훼멸(毁滅)이라고 말한다. 기분야(其分也) 성야(成也)를 방사방생과 같은 것. 이 분(分)을 분열과 분파로 본 것은 하나가 만물로 쪼개져나간 현재의 실정과 변화를 본 것이며, 성(成)을 결합으로 본 것은 그 쪼개지고 흩어진 만물이 다시 하나가 되는 전화를 보기 위한 근거이다.

그것이 또 언어인 것은 말할 것도 없다. 그 분열과 결합은 반복하다가 만물의 시종에 따라 훼멸(毁滅)로 나아간다. 그 훼멸 역시 자기 몫과 존재이유를 다하고 광막지야와 무하유지향으로 빠져나간다. 만물귀휴(萬物歸休)이다. 그러나 장자는 만물은 완성과 훼멸이 없다(범물무연여

훼凡物無成與毁)고 한다.

이 말 앞에서 다시 통하여 하나가 된다(復通爲一)는 '말'을 인간이 한다는 사실에 무정(無情)이 느껴진다. 훼멸되는데 대체 무엇이 어디서 그 훼멸을 느낀다는 말인가. 그 어느 우주에 인간이 없다면 어떤 존재가 그걸 알 리 있을까. '나'도 만물의 한 정신으로 작용하고 정신의 물이라는 옷을 입고 있다는 것을 느낀다.

도는 하나의 얼굴만 하고 있지 않다. 서까래와 기둥, 나환자와 서시(西施), 넓을 회(恢)와 괴이할 궤(詭)와 진기할 휼(譎)과 기이할 괴(怪). 이것들이 만물의 얼굴이다. 서까래가 회(恢)이며 기둥이 궤(恑)이고, 나병환자가 휼(憰)이고 서시 미인이 괴(怪)이다. 만물은 그 안에 있는 본성의 외형이다. 다른 백해구규육장들이다.

장자의 사상은 중심적이지도 권력적이지도 보편적이지도 않다. 장자의 매력은 여기 있다. 계속 사용하는 언어를 놓는다. 계속 다니는 길을 벗어난다. 낯설고 기이한 곳을 찾는다. 무용한 것을 즐긴다. 순종(純種)적이지 않고 이방적이고 혼혈적이다.

만물은 하나에서 생겨 나왔다. 만물의 분열은 하나를 잃었지만 그 분열이 곧 다른 시점에서 본다면 하나로 돌아가는 과정이다. 그 하나로 가는 길이 도(道, 길)의 종말일 것이다. 이것이 만물이 우리 앞에 비로소 실물과 언어로 공존해 가는 자연의 광경이다.

만물이 생겨 나간 그 일(一) 이전의 구멍은 텅 빈 결(闋, 끝나고 빔)이다. 그 구멍은 지금 쉬고 있다. 한 성훼가 또 다시 돌아오기를 기다리며 어떤 미정의 구멍과 기미를 사유한다. 만물이 돌아간 곳이다. 우주의 제물(齊物)이 끝난 그곳에서 다시 꿈은 시작된다.

지극한 한 인간이 지평을 넘어가는 바람의 꿈이다. 그리고 그것들을 통제하지도 통일시키지도 않고 그것대로 그 자리에 편히 있게 하는 것. 이것이 인간 속에 태초부터 있어온 자연의 마음이다. 만물은 원래 가지런하다.

우주 운행의 성훼(成毁)에 대하여

범물무성여훼(凡物無成與毁). 우주 생성의 영원한 미완(未完)과 미멸(未滅)은 없다. 다시 통하여 하나가 된다. 우주와 사물의 완전한 완성도 훼멸도 없다. 우주자연에 그런 것은 없다. 완전한 완성은 멈추는 것이며 다시 훼멸로 돌아오지 못한다. 완전한 훼멸이 되면 다시 소생하지 못하므로 그런 것도 없다.

만물은 어느 무극의 지점쯤에서 다시 되돌아온다. 이것을 우주의 귀로(歸路)라고 해도 재미있을 것이다. 스스로 제자리로 돌아오고, 훼멸하면 다시 생성하는, 자연의 법칙과 작용은 조물주 우주의 소요이다. 걱정하고 바라고 기다릴 일이 아니다.

그 안에서 소요하고 주거하고 살아가는 자의 상상은 무엇과도 바꿀 수 없는 선물이다. 대붕이 하늘로 날아가려면 그만큼 크고 높고 넓은 하늘의 공간과 바람이 있어야 한다. 적어도 저 우주에서 놀 수 있는 마음은 그 하늘만 해야 한다. 초라한 인간도 그 마음의 날개를 가지고 있다. 이것이 없다면 초개만도 못하다.

그 하늘 속의 분열이 완성이며 그 완성이 훼멸(毁滅)이다. 그 하늘은 거대한 구멍이다. 성훼(成毁)를 거듭하는 영원회귀의 사상은 이미 그 하늘에 있다. 무엇으로도 자연을 대신하며 우주를 표현할 수 없다. 하늘이 너무 크기 때문이다. 비유할 대상이 없다. 그러나 장자는 또 말한다. 그것을 알려 하지 않는 부지기연(不知其然)이 최고(最高)의 지(知)이다.

이 앎은 적득(適得)이고 적통이고 자득이다. 장자는 이 적득(適得)의 도(道)를 손에 넣는다. 득은 손에 넣다, 앎, 적의(適宜)이다. 장자는 여기서 앎을 조금 위험할 정도로- 도는 말하고 비추는 것이 아님에도- 구체적으로 말한 셈이다. 구애를 받지 않고 자연과 하나가 된 통일(通一, 완전한 소통)의 삶을 살아 누리게 된다.

상물은 서로를 가로막는 장애가 아니다. 통과하는 것으로서의 존재의의를 가진다. 장자는 도의 소요를 득(得)자에 감추었다. 장자가 그것을 도나 소요라고 하지 않아서 나는 그것을 도와 소요라고 번역하고 싶었다. 이 적득이기(適得而幾)의 쩌릿한 득기(得機)가 몸에 자석처럼 달라붙는다. 손아귀에 거머쥐었다.

바람도 나무도 해도 달도 소요 속에 있다. 온전히 얻으면 덕이고 자유이고 소요이다. 장자는 이 득이 앎에서 오는 것은 아니며 부지에서 시작된다고 본다. 적득이란 자연과 하나가 되는 것. 대립이 있을 수 없다. 음양과 상극의 춤사위이다. 좌우가 없는 한쪽만의 춤이란 있을 수 없다. '용통득(用通得)'은 제물하는 방법일 것이다.

함부로 사사로이 사용하면 용이 아니고 용이 아닌 것은 통이 아니고 통이 아닌 것은 득이 아니다. 내가 크고 작은 구멍이 숭숭 뚫려 있는 하나의 작은 몸으로서 만물과 서로 어떤 대기처럼 마구 통할 때, 용조차 가질 필요가 없다.

남곽자기의 길게 내쉬는 숨소리의 허(噓)가 악출허이며 악출허는 백해구규육장이 소리를 내는 인간의 다른 이름이었다. 〈제물론〉의 물자는 한 물(物)로서의 한 인간을 가지런히 하는 논(論)이다. 여기서 〈제물론〉 대미의 나비가 날아가는 길이 마련되니 아슬아슬한 허공길이다. 저 붕새의 비상은 통득(通得)의 비상으로서 끝의 혼돈의 훼멸은 소통의 다른 길이 될 것이다.

지나친 소통은 멸망을 자초한다. 그 소통은 사실 멸망은 아니다. 모든 것의 소통은모든 것이 없어지는 형국이 된다. 그러나 다시 자연은 저 까마득한 텅 빈 궁발(窮髮)의 땅에서 음악을 내보내기 시작할 것이다. 우주는 아무것도 완성되지 않았으며 한 번도 완멸한 적이 없다.

한 그루 나무가 가지로 갇혀 있는 것 같지만 우주로 열려 있으며 한 마리 새가 자기 몸에 갇혀 있는 것 같지만 대기에 열려 있다. 이것이 자연 속의 진재이다.

방박의 만물일체의 귀향 정신

만물은 하나의 도추로 돌아간다. 그곳이 일원론의 시발점이고 종착역이다. 숙명을 아는 것은 비극이 아니라 자연과 합일한 인간이 찾아낸 우주 상통(相通)의 길이다.

숙명 앞에서 인간이 자유함을 얻는 문제가 장자 사상 속엔 늘 예리하게 숨겨져 있다. 언어가 숙명에 대항하고 그 칼날에 먹힌다. 길의 숙명도 마찬가지이다. 길은 원래부터 있었던 것이 아니다. 사람들이 다니면서 길이 되었다. 길은 언어이자 기억이다.

그 길이 절대적인 길은 아니다. 장자는 아무리 커다란 문명사의 길일지라도 거부한다. 그 길은 인류가 가는 하나의 길일 뿐이다. 다른 길로 간다. 장자는 여기서 '새로운 말'을 하고 싶어한다. 당대에 아무도 생각하지 않고 고민하지 않은 것을 장자는 붙잡고 있었다. 그것이 일지(一指)이다. 손가락 하나의 길. 천하를 올려놓은 길. 그 길로 간 사람들은 소수일 것이다.

그 길은 숙명의 길로서 길이 아닌 길이 아니다. 그렇지 않은 물은 없으며, 그대로가 아닌 물은 없다. 만물은 따질 이유가 없는 대상이다. 대상은 절대거울과 같다. 인간은 그 앞에 나타났다 지나가는 나그네이다. 만물의 거울에 간섭하는 것은 이성중심 사유, 인간중심(휴머니즘) 사회에서 발생한 반자연의 사상이다. 자연에 하나의 길만 있는 것은 결코 아닐 것이다.

너무 오래 너무 가혹하게 사용한 나머지 길도 낡았고 언어도 낡았다. 그 말의 생기가 다하여 얼마 뒤엔 남아 있을 말이 없을 것이다. 장자는 이렇게 말하고 있는 것 같다. 한 마리 말이 들에서 즐겁게 꼬리를 흔들며 새 풀을 뜯는 식천(食薦)에 관여하지 말고 당신은 그저 조용히 지나가기만 하라.

그런데 왜 시비가 생겼을까. 왜 사람들은 마음이 다 다른가. 그러나 이것을 가지고 탄식할 순 없다. 오히려 다자적(多者的) 방상적(方狀的) 상대성의 광경이 아름답다고 말해야 할 것이다. 탄식과 절망의 대상을 저 하늘에서 곧추 내려온 숙명의 한 줄기로 바라본다. 장자는 이것을 관찰하지만 인성의 개혁과 인간의 혁명을 꿈꾸진 않는다. 그것은 너무나 위험한 짓이다.

제물의 우주와 지상의 모순을 그대로 받아들이는 것이 장자의 길이다. 혁명하고 청소하지 않아서 장자의 옷이 먼지투성이이고 더럽고 어두컴컴하다. 나는 그 어두컴컴한 구석에 들어가 그곳에 쓰러지고 싶다. 볏단에서 나락냄새를 맡고 마구간에서 말똥 냄새를 맡으며 함께 잠들었던 날들이 얼마인가. 천진 소박한 꿈이다.

다양한 생명의 얼굴을 떠올리고 그들의 형상을 바꾸려 한다면 얼마나 당혹스런 일일까. 끝의 도통위일(道通爲一)의 일(一)은 하늘에 해당한다. 바람과 하늘과 마음과 소요와 무언(無言)의 경지. 말도 말의 언어도 사라지고 난 뒤 한없이 평화로운 하늘과 땅이 되어 있고 싶다. 바람만 솔솔 불어가는 한없이 넓고 먼 고원 위에서 구름을 등에 띄우는 풀들이 말의 먹이가 되고 있을 뿐이다.

만물의 그것은 사용할 수 없다. 자기 뜻대로 사용하지 않고 만물을 평상 속에 맡긴다. 이 용(庸)은 평소, 평상, 심상의 마음이다. 의도하지 않고 긴장되지 않은 자연 상태. 쉬고 있는 중이다. 이것을 버려둔 채 쓰는 것, 즉 쓰지 않으면서 쓰는 것을 우제용(寓諸庸)이라고 장자는 말한다. 마음의 말이다. 마음이 쓸 뿐이다.

일상의 자연의 용(庸)이 인간의 쓸 용(用)이며 이 씀은 통(通)하는 것이고 만물과 하나로 통하는 자〔통자(通者)〕는 적득(適得)하며 이것(시是)이 명지(明智)이다. 이것이 조천(照天)이고 일야상대의 도추(道樞)이다. 그것은 인시로 가능하다. 인(因)은 따르는 것이고 시는 자연이다.

만물과 통한 자는 만물과 하나가 된다. 그에게 무슨 차별과 분별이 있을까. 만물이 만물로 있는 자라도 그것이 소요가 되는 자가 있을 것이고 장애와 불행이 되는 자가 있을 것이다. 만물제동의 길은 인시에 있다. 마음의 손가락이 만물을 움직이며 제물한다. 즉 인간이 '제인(齊人)'된다. 그러므로 감히 〈제물론〉은 결국은 '제인론(齊人論)'이라 할 수 있다. 『장자』를 다시 읽어야 한다.

평상의 밝은 도리〔道理, 명(明)〕로 일상을 쓰고 있지만 그 일상이 소용이 되지 않는다. 사람이 하루를 다 써도 그 하루는 변함이 없다. 오늘 하루, 나뭇잎 하나도 건드리지 못하고 저 산바람 한 자락 입지 못하고 지나간다. 시원하게 숲을 통과하고 있는 바람의 끝자락, 사운대며 사라져가는 뒷모습을 가만히 보고 섰을 뿐이다.

시간과 햇살과 내가 함께 허송세월한다. 바람만 가는 것이 아니라 여름의 날카로운 서슬들이 다스려지고 있다. 거기엔 눈부심도 있지만 핵과가 숨어 있다. 만물제동의 평등과 방박의 사상은 자연의 만물처럼 널려 있다. 그러나 그 모습도 모두가 다르고 명도 다 다를 때만이 자연은 평등해진다. 아무것도 통치되지 않으며 아무도 소유하지 못한다.

자연을 잘 내다봐야 한다. 어둠속에 밝음이 노닐다가 지나간다. 어둠이 집이다. 빛이 주인이 아니다. 장자는 자연에 몸과 마음을 맡기면서 진위나 시비, 연의(年義, 세월과 의), 대소, 경쟁을 떠나 무심하게 사는 것을 하늘의 이치로 보았다. 문명사회의 현대인들은 자연의 무료한 집을 잃어버렸다.

나는 만물일체의 방박은 곧 귀향 정신이라고 본다. 알게 모르게 인간의 정신과 지체는 만물로 돌아가고 싶어한다. 얼마나 고달픈 존재인가를 생각할 때에만 나는 나로 돌아오고 저쪽이 보이고 만물들이 널려 있는 자연의 샛길을 보게 된다.

그런데 놀랍게도 그 길은 바로 일지(一指) 끝에 닿아 있다. 이미 가 있는 저 평원의 말 속에 있다. 등에 내리쬐는 가을볕이며 한 자락 바람이고 한 톨의 나락이다.

만물소통(萬物疏通), 통(通)의 소요

건물의 들보와 기둥, 문둥이와 서시, 이것들의 가로와 세로, 미와 추함은 모양이 달라도 모두 하나의 성정으로 통한다. 정영(莛楹)이 집에 있듯 만물은 하나 속에 있다. 써버리는 용(用)은 자연의 소모적 부분 통(通)이고 자연의 일상적 전체의 통은 일(一)의 마음이 누리는 득(得, 도)이다.

도통(道通)과 지통(知通)의 통(通)은 접촉이 없는 문자이다. 모든 만물과 통하면서 하나로 통한다는 뜻. 어디든 무엇에든 갈 수 있는 '무엇'. '통'은 바람이고 기이고 무극이다. 통이 시원하게 이루어질 때 구련은 풀리고 텅 빈 개물(個物)이 된다. 만물통일(萬物通一)은 단순하게 하나로 묶는 것이 아니다.

분(分)과 성(成)은 하나고 성과 훼도 하나이다. 그 성훼를 따라가는 자가 유달자(唯達者)이다. 성훼(成毁) 사이에서 진인의 만물은 일상〔日常, 심상(尋常) 용상(庸常)〕의 용(用)이 된다. 그것을 쓰는 자가 통자(通者)이다. 그러나 그는 쓴 바가 없다. 한 그루 나무는 아무 것도 사용하지 않지만 모든 것을 다 쓰고 있다.

그쪽 분성훼(分成毁) 저쪽과 그 저쪽의 이쪽 분성훼(分成毁)를 동시에 바라볼 수 있다. 그 분성훼 사이에 잠시 오가는 말의 존재로서의 방생(方生)의 인간은 장자의 말처럼 무정할 수가 없어 우치하고 유정한 것일 수밖에 없다. 이것이 숙명(宿命)이다.

적연(適然)히 사물을 사용하다 보면 기(機, 도, 생활)에 가까워지고 그런 가운데 자연과 시(是), 명지(明智), 조천(照天), 도추(道樞), 일야(日夜)와 통하는 경지에 도달할 것이다. 다만 권력과 소성과 시비 류(類)는 그것 밖에 있다.

본래 인간은 이미 모두가 유달자이며 무궁자이다. 무심한 평상심만 요구된다. 진인은 그것만 쓰다 갈 것이다. 그러면서도 그러한 것을 일부러 알려고 하지 않는다. 그러한 것에 대한 앎이나 마음이나 감각, 분별을 두지 않는다. 이것을 장자는 감히 도(道)라고 말했다.

위시불용이우제용(爲是不用而寓諸庸)의 '위해 쓰지 않고, (만물을) 제각각의 용상에 두면'의 '위시'(爲是, 위하여)가 마음에 걸리지만 그 바로 위의 다시 통하여 하나가 된다(復通爲一)의 '다시 통하여'가 또 무정(無情)의 무정이다. 무정은 인(因)을 따르고 인(因)으로 돌아간다. 따르고 맡기고 말미암는 귀가(歸家)는 자연의 길이다.

그 뒤에 나오는 변방 혹은 중심조차, 이 시(是, 자연, 우제용)의 '나'는 오직 소요할 따름이다. 유(遊)에 중심은 존재하지 않는다. 이는 자연의 중심이 없음과 같다. 득통한다면 내 마음과 몸이 자연의 백해구규육장의 기이한 통로가 아닌가. 즉 회궤휼괴이다. 바로 거기서 나는 살고 있다.

장자 사상의 묘미는 만물과 소통하고자 하는 치밀함에 있다. 그것은 매우 은밀하고 새롭다. 만물과의 소통이 소요이며 소통을 자유자재로 한다면 결코 아프지 않을 것이다. 나여, 몸이 '통'이길 바란다. 그러나 몸의 인간이 아니라 차라리 바람 잘 드는 가을날 햇살이고, 그 햇살이 지나가는 어떤 통로와 시간이고 싶다.

만물과 노니는 승물유심을 여기에 숨겨두었다. 다시 인식하지만 통한다는 것은 소요이다. 어떤 인간들에게 노닐 수 있는 곳은 이 만물 외엔 없다. 만물이 언어와 의미와 기억과 상상이 되어 무한의 소요를 선물한다. 천진무구의 길이다. 그러면서도 그러함을 알지 않는 것 즉 만물의 상태를 도(道)라고 한다(已而不知其然 謂之道). 즉 상아소요이고 상아제물이다.

자연의 주인공이 되지 말고 자연의 한 외진 곳에서 자연의 수혜자(受惠者)가 되길 바란다. 내 마음이 그런 길을 내길 바란다. 만물도 가만히 제자리에 있다. 스스로 혼자 움직여 가며 저 자연의 우제용(寓諸庸)을 그들도 본다. 다시 의문하는 우제용, 이것은 대언이다. 장자는 이익 되는 좋은 일이라도 부러 만들어 사람을 위하지 않는다.〔불위애인(不爲愛

人)]이라고 했던가.

그러나 문득 미안한 말이지만 소통은 불가하다. 비록 그대가 없으면 나도 없는 것이지만 그러나 피차(彼此)의 소통은 사실 불가능하다. 어떤 일부분만 이해할 뿐이다. 그것은 마치 바위가 인간을 알 수 없는 것과 같다. 인간 자체가 무엇인지 알 수가 없기 때문이다.

이것은 장자 이후 완성된 바가 없다. 현대로 오면서 오히려 문명 없이 가능했던 그 소통의 가능성은 점점 희박해지고 있다. 마치 망막이 점점 박리되어 시계가 사라지는 것과 같다. 아마도 완전한 소통의 인물은『장자』전편에서 막고야산의 신인(神人)뿐일 것이다.

부지기연(不知其然, 그러한 걸 알지 않는 것)은 천예가 첫발자국이다.

15. 만물의 천균(天均)에서 쉬는 양행(兩行)

하나만을 위해, 신명을 다해도, 그 같음을 알지 못하면, 이를 조삼(朝三)이라고 한다. 왜, 조삼이라고 하는가.

긴팔원숭이 주인이, 상수리를 주면서, 아침에 세 개, 저녁에 네 개, 하고 말하자, 긴팔원숭이가, 모두 화를 냈다. 아침에 네 개, 저녁에 세 개, 하고 말을 하자마자, 긴팔원숭이가, 모두 좋아했다.

상수리와 수량은 변함이 없는데, 기뻐하고 노여워한다.

역시 자연에, 따라야 한다. 그러므로 성인은, 시비(是非)를 조화시키고, 천균(天鈞)에서 쉰다. 이것을, 양행(兩行)이라 한다.

원문(原文)

勞神明爲一 而不知其同也 謂之朝三 何謂朝三 曰狙公賦芧 曰朝三而暮四 衆狙皆怒 曰然則朝四而暮三 衆狙皆悅 名實未虧 而喜怒爲用 亦因是也 是以聖人和之以是非 而休乎天鈞 是之謂兩行

* **노**勞 고달프게. **신명**神明 마음, 정신. **지**之 앞의 부지(不知). 어찌, 무엇 **하**何. **저공**狙公 긴팔원숭이 주인. 줄 **부**賦. 상수리, 산밤나무 **서**芧. **연즉**然則 그래서. 기뻐할 **열**悅. **명실**名實 상수리와 수량. 떨어질(변함) **휴**虧. **인시**因是 시是는 명지明智, 조천照天, 도추道樞 등. 자연에 따르다, 세 번째 인시(因是)임. **시이**是以 이러므로. **화지이시비**和之以是非 시비를 조화시키다. **천균**天鈞 천리天理의 균

형. 균(均)자도 씀. **양행**兩行 시비, 이해, 물아, 피차를 넘어 어느 한쪽을 버리지 않는 통화(通化)의 경지.

놀라운 '하나'의 발견

장자는 대소(大小) 고금(古今)에 없는 자이며, 『장자』는 대소 고금에 없는 책이다. 양이 음의 마지막에 생기므로〔양유음생(陽由陰生)〕서로 돕는다.

저쪽이 없이 이쪽이 없다. 나란 나 아닌 저쪽의 당신 혹은 그대 자연으로 인하여 존재한다. 붕새의 하시(下視)가 없이 지상의 생물을 볼 수 없고, 장자의 상시(上視) 없이 하늘의 청천(晴天)을 볼 수 없는 것과 같다〔상지시하(上之視下) 하지시상(下之視上)〕. 이것을 청나라 사람들은 '일폭(一幅)의 태공도(太空圖)'라 했다.

『남화경직해』에선 수묵색 북명의 바다 물속에 잠겨 있던 곤이 대붕으로 화하여 날아올라갈 때도 정극이동(靜極而動)의 경지라 했다. 모르게 알고, 알아도 모르는 마음을 내는 것이 붕비이며 손가락이며 말이다. 단지 장자는 피(彼)를 감추어두고 있다. 그 피(彼)가 바로 '나'가 아닐까. 나 상아(喪我)는 어디 있는가.

장자는 자아를 찾지 않고 여읜다. 자연 속에 자신을 잃어버린다. 동양적 소요로 저 바깥으로 통해 나가 잃어버린 자신을 만난다. 완전한 상아가 소요를 꿈꾼다. 자신을 찾으려고 해서는 자신을 찾을 수가 없다. '나'는 나를 찾지 않는다.

나를 저 자연에 버리는 순간 나는 거기 희미하게 있다. 자아 속에 자신을 키워온 자아이기 때문에 그것은 자연의 자아가 아니다. 도시문명의 의식이고 자아이다. 그것을 버려야 자연 속의, 저쪽에 서 있는 피(彼)

로서의 자그마한 하나의 자신을 볼 수 있다.

자신을 잃어버렸을 때 자신이 거기 존재하고 말하고 움직이는 '그'를 찾을 수 있다. 그가 상아(喪我)의 나이다. 기이한 일이지만 장자의 말로 하면 '불가피(不可避)'한 일이다. 권력과 구분, 시비, 욕망, 이해로부터 벗어나 자연의 숙명적 조건 속에서 자유로워지기 위함이다.

장자는 인간을 울 속의 원숭이로 만들었다. 비록 내가 그 안에 있다 할지라도 통쾌하기 그지없다. 울 밖에 있고 문장 밖에 있지만 나는 원숭이와 다를 바가 없다. 그보다 더하면 더했지 덜하지 않다. 나는 추잡하고 음흉하고 항상 갈망하며 잔머리를 굴리면서 기다리고 웅크린다.

이 원숭이들은 나의 자화상이다. 살아 움직이고 있고 배가 고파서 항상 아침만 기다리는 나의 원숭이들. 나는 늘 마음을 다하여 노력하지만 내가 만들어내는 것은 완전하지 못하다. 그것들을 위하여 무진 애를 쓰지만 허사이다. 더 복잡한 일들이 나의 어깨를 짓누른다.

어떻게 된 일일까. 점점 편해져야 하는데 무엇 때문에 나날이 고달퍼지기만 하는 것일까. 내 안의 욕망과 허기는 끝이 없다. 세상과 조직은 더 옥죄고 나는 그 속에서 희생된다. 이것을 통제하고 가지런히 하고 조율하는 것은 온전히 나의 몫이다. 나의 울 안에는 긴팔원숭이들이 살고 있다.

조삼의 이유는 간단하다. 하나를 위하여 신명을 다해도 만물이 같음을 알지 못하기 때문이다. 반드시 아침에 네 개라야 이 원숭이들은 만족해한다. 정오에 그 나머지 상수리나무 열매〔서율(芧栗, 산밤)〕 하나를 못 먹을 수도 있기 때문이다. 이 원숭이들에게는 그 하나가 목숨만큼 중요하다.

그들이 화를 내는 것은 그것이 없으면 자신들이 죽는다는 사실을 알고 있기 때문이다. 항변은 무섭고 두렵다. 분노하는 원숭이들의 모습엔 인간의 모습이 있다. 상수리 하나로 집 주인을 저주할 수 있다. 인간들은 그것 때문에 사람을 죽이고 가두고 전쟁을 일으킬 수도 있다. 무서운 상수리이다.

인간 긴팔원숭이의 조삼모사

문명 속에서 인간은 왜소해졌다.

도시사회에 이미 개인의 주인공은 존재하지 않는다. 근대로 넘어오면서 수천 년의 인간 역사는 자연을 파괴하는 데 성공했다. 인간은 그만큼 고독해지고 초라해졌다. 따르고 맡기는 마음이 없다. 자연의 수혜자에서 창조자가 되려 하면서 비극적인 존재로 전락했다.

이는 인간의 지나친 소유욕과 파괴적 사상에서 비롯되었다. 인간은 그래도 자부심을 가지고 행복하다. 하지만 조삼모사이다. 결코 욕망이라는 지옥의 도시에서 빠져나오지 못한다. 지상에 도시, 자동차, 항공기 등 수많은 조물들이 넘쳐나도 인간 본질에 유익한 것들이 아니다. 종신토록 고달픈 물건들이다.

문명의 온갖 제작물들은 사실 모두 비애적이다. 더구나 만물을 접하고 모두 소유하고 사용하려 할 때 그 욕망수요는 끝이 없고 그 수용체의 육신과 마음은 고갈될 것이다. 아무리 사용해도 목마를 뿐이다. 과학의 성취가 인간에게 선물한 불행이다.

결국은 자책하게 되며 영구히 속이고 묻게 된다. 현대가 빠져나갈 길은 없다. 대책을 마련해도 치유는 불가능하다. 인간은 만물이 같은 것임을 알지 못하게 되었다. 오랜 세월처럼 후생들이 그 길을 이어간다. 장자는 인간을 원숭이 우리에 가두고 그들을 인간에게 보여주었다.

만물이 원래 하나라는 말은 난해하다. 그것을 상상하기가 쉽지 않다. 그 상상이 가능할 수 없을지 모른다. 아무리 하나를 위해 일생을 바쳐도 그것들이 하나임을 모른다면 그것이 조삼에 불과한 생이라고 장자는 말한다.

우리 인간은 아침에 네 개 받으면 저녁엔 세 개밖에 받지 못한다는 것을 알지 못한다. 장자식으로 말하면 이것이 우제용(寓諸庸)의 망각이다. 즉 저녁에 네 개를 받으면 다음 날 아침엔 세 개를 받는다는 것은 알지 못한다. 명실(名實) 즉 상수리 열매란 이름과 그 열매의 수는 변함이 없는데 물질의 분별과 소유욕에 의한 기쁨과 분노가 교차한다. 편애와 소성에 잡힌 셈이다.

원숭이들은 다음날 아침에도 네 개를 받을 줄 알고 있지만 주인은 다음날 아침에 다른 생각을 하고 있을지 모른다. 그러니 저 울 속의 긴팔 원숭이들을 비웃을 일이 아니다. 혈안이 되어 하나라도 더 가지려고 항변하고 분노하고 있다. 원숭이 울 전체가 우울한 풍경이다.

그들의 항의는 어디서 왔을까. 한 개를 줄여 세 개씩 공급하겠다는 말에서 시작되었다. 주는 대로 받아먹다가 어느 날, 한정된 숫자를 정하는 데서 비롯된 것일까. 삼사(三四)나 조모(朝暮)를 구분 짓지 않았으면 문제가 없었을지 모른다. 교묘한 심리가 서로 교차한다. 분별과 앎이 시작된다.

이 이야기가 『열자』에 나온다. 원숭이를 많이 기른 송나라 저공이 있었다. 가구(家口)를 줄여가면서 그 욕망을 채워주었다. 가세가 기울자 저들이 자신을 배반하고 순종하지 않을까 두려워한 나머지 조삼모사를 선언한다. 원숭이들이 화를 내자 다시 말을 바꾸어 저녁에 네 개 주고 아침에 세 개 주겠다고 하였다.

술수이자 면피이다. 그러나 가세가 기울었으니 어쩔 것인가. 결국 원숭이를 내다 팔거나 빚쟁이에게 넘겨야 할 처지이다. 결코 쉬운 문제가 아니다. 욕망을 채워줘야 하는 소유주의 고통이 거기 있다. 내놓지 못하는 것은 움켜쥐고 있기 때문이다. 더 빚을 지거나 파산이 되어야 이 문제는 해결될 것이다.

조사모삼을 선언하자 원숭이들이 모두 엎드려 기뻐했다고 한다. 자신들이 이겼다고 생각한 모양이다. 두 부류의 인간에 대한 신랄한 풍자로 읽힌다. 지혜 있는 자가 어리석은 자를 농락하는 어리석음을 말한 것일까. 상수리 열매는 아무 말도 하지 않고 있는데 인간과 긴팔원숭이 사이에 갈등만 생겼다.

왜 저공은 말을 바꾸었을까.

승물유심의 경지

만물은 하나이다. 그러나 만물은 하나로 움직이지 않는다. 자동차도 돌도 나무도 벌레도 물, 구름, 바람도 인간도 권력도 하늘도 모두 하나이다. 동시에 그것들은 각각의 자동차이고 하늘이다. 천변만화의 현상이고 놀라운 언어의 분별이다.

흙속에서 자동차가 나오고 자동차가 바람이 되고 바람이 죽음이 되고 죽음이 수많은 변화를 향해 갈 것이다. 혼자 어둠속에서 눈구멍으로 밖을 응시한다.

세상엔 수많은 양행(兩行)이 있다. 현대문명은 어느 순간에도 과속의 풍경을 멈춘 적이 없다. 문명은 자연의 재생과 순환성을 가지고 있지 않다. 물건에서 새싹이 피어나는 일은 없다. 여기서 자연에 맡기는 인시(因是) 사상의 꽃이 피어났을 것. 인간은 결코 순간적인 것에만 의지하지 않는다. 적어도 영겁을 꿈꾸는 존재이다.

아무 일도 일어나지 않는 것 같은 햇살이 쨍쨍거리는 어느 오후의 시장바닥에 혹은 그 시장 지붕 위에 망령들이 마구 돌아다니는 것을 장자는 보지 않았을까. 그것에 하루를 소일하지 않았을까. 아무도 보지 않는 곳의 소란. 돼지며 말이며 거미며 새며 뱀이며 나비, 붕어며 자라며 인간이며 물건들…… 이러면서 장자는 재미있어하지 않았을까.

그것을 버리고 잊는 마음은 추호도 없지 않았을까. 전혀 다른 시간과 동향을 탐지하면서 장자는 인간이 지혜 속에 빠져 있다는 것을 발견했을 것이다. 인간은 아무리 풍요로운 시절을 살아도 불만과 불평등은 더 커진다.

원숭이들은 아침에 네 개 받고 저녁에도 네 개를 받겠다고 왜 외치지 않았을까.

우주나무의 기억

인간을 포함하여 만물은 우주의 돌과 흙과 물에서 태어났다. 원래 지구는 화재(火災) 속에 있었다. 시커먼 연기가 지구를 뒤덮었을 것이다. 지척이 보이지 않는 지구를 상상해본다.

까마득하게 잊어버린 지구의 추억이자 태고의 서사이다. 화산이 폭발했다. 밖으로 용암이 터져나와 아래로 흘러내린다. 돌과 바위가 되고 수증기는 구름이 되고 물이 되었다. 화산재는 옥토가 되고 식물의 씨앗이 떡잎을 피워냈다. 이 순환의 변신을 우리는 알 수 없다. 정신도 육체도 그 마그마의 파편이다.

하나라는 것을 어찌 알 수 있을까. 이를 모르는 까닭이 있다. 천만 가지 억만 가지를 가진 우주나무가 있다. 그 아주 머나먼 곳에 어느 집안의 나뭇가지 하나가 가늘게 동쪽으로 나와 흔들리고 있다. 그 중 하나가 나의 끝이다. 그것이 그 우주나무의 원형에서 나온 것을 알 수 없다.

모든 지류는 우주 감각의 끝이다. 너무나 먼 곳에 가 있기 때문에 감각하기 어렵다. 동일성을 찾기 어렵고 대언과 태허의 위일(爲一)도 인식하기 어렵다. 거의 불가능하다. 기억이 나지 않는다. 화산과 천뢰는 화석이 되었다. 화석은 다시 잎도 꽃도 피워내지 않는다. 죽은 기억이고 세포이다.

인간은 우주의 기(氣)의 파편이며 응결이다. 이 기가 해체되고 응결되고 돋아나고 완성되고 사라지는 것이 우주의 법칙이다. 그 분파와 하나(一). 장자는 나에게 아무리 애를 써도 그 만물이 개개(箇箇)를 알기는 어렵다고 말하는 것 같다. 나는 그 말에 귀가 솔깃해진다. 그러나 알 수 없다.

이 원숭이들은 인간보다 무섭게 무언가를 알아버렸다. 이것으로부터 욕망과 숙명의 노예시대는 활짝 열렸다. 결코 돌아갈 수 없는 맹꽁이자물쇠에 갇혔으며 숙명은 강고해졌다. 이것이 장자의 눈에 비춰지는 세상의 모습 아니었을까. 소요는 세상을 풍자하고 그 풍경을 꿈으로 환치했다.

장자는 〈제물론〉의 중심에 엉뚱하게 원숭이를 끌어왔다. 장자의 신비한 눈에 인간은 원숭이 앞에 서 있는, 언어를 구사하는 저공(狙公)에 불과하다. 인간으로서 불쾌하지만 통쾌한 일갈이다. 저 우둔한 긴팔원숭이들 속에 나는 있다.

우주나무의 상수리 열매는 점점 수확이 줄어들 것이다. 어쩜 그들은 해산될지 모른다. 나무는 늙고 지치고 고갈되어 간다. 훼멸의 시간이 저 멀리서 꾸물거린다. 수많은 세월이 있지만 그 세월은 고통이 축적된 단단한 문명의 나이테일 것이다.

자연을 따르는 것은 배반이 아니다

상수리 한 알에 분노하는 원숭이의 빨간 얼굴. 나의 뇌리에서 떠나지 않는다. 처참하고 막막하다. 서로가 하나라도 더 빼앗고자 하고 쪼개고자 한다. 불평등한 분배를 하면 분노하는 인간의 모습이다.

그들 앞에 서 있는 주인은 누구일까. 조물주일까. 다른 지배자일까. 제도일까. 자본가일까. 가족을 근근이 먹여 살리는 가상한 가장일까. 또 상수리나무 열매는 무엇을 상징하는 언어일까. 경험한 적 없는 풍경처럼 바라보인다. 장자라고 뾰족한 수가 있었던 것은 아닐 것이다.

바라보는 저공의 눈 속에 있는 중저(衆狙).

이윤을 목적으로 움직이는 자본권력체제가 거기 있을까. 지배자와 미관말직이 빼닮았을까. 지구의 인간사회이다. 원숭이들의 노열(怒悅)이 우스꽝스럽기 보다 두렵다. 모든 국가적 제도 속에 갇혀 있는 지구

속의 존재들이며 권력의 하수와 허가권을 딴 대행자들이 보인다.

만물 속에서 장자가 등장시킨 이 원숭이 존재는 특히 초라하고 지저분하고 불행해 보인다. 그는 밖에서 그들을 가만히 비춰본다. 주인은 허허 웃다가 그들의 요구를 들어준다. 저들에게 원숭이란 말은 없지만 어김없는 인간의 구태를 보인다. 인간이 인간을 허락한다. 이것이 지혜이고 양보일까.

세상엔 꼭두각시 아닌 자가 없고 원숭이 아닌 자가 없다. 그 원숭이들이 모자를 쓰고 권력과 부를 가지고 음모와 탐욕에 절어 있는 모습은 가관이 아닐 수 없다. 저 경계의 존재들은 욕망에 갇힌 중저(衆狙)들이다.

한 존재만이 울 밖에서 원숭이들을 농락하고 있다. 어떻게 하나 보자 하고 쓸데없는 말을 던졌다. 아마 그는 밤샘 하면서 조삼모사를 결정했을 것이다. 비극은 이 '말'에서 시작된 셈이다.

이 조삼모사는 거꾸로 조사모삼(朝四暮三)을 요구하고 제시하는 인간을 풍자한다. 정말 나는 그런 인간밖에 되지 않는 것일까. 절망하지 않을 수 없다. 물적 토대와 관계 속에서만 가능한 존재인가. 나는 먼저 아침에 네 개를 먹고 싶은 존재에 불과한 것일까.

경쟁과 물질 중심의 사회에서 한 순간의 기회를 놓치면 뒤쳐진다. 우선 그 반의 반이라도 먼저 쟁취해야 한다. 상수리 한 알을 놓고 치열한 싸움을 벌여야 하는 경쟁 속에서 우리는 긴팔원숭이들일 수밖에 없다. 처량하지만 긴팔을 휘휘 내저으며 뛰어다니는 '나'의 모습은 영락없는 긴팔원숭이의 할아버지거나 손자이다.

조금도 다름이 없다. 말이나 짓이 모두 빼닮았다. 그 이상이면 이상이지 그 긴팔원숭이들보다 못하지 않다. 그래서 뭔가를 조금 얻어가는 자의 발걸음은 슬프다. 취하지 않고선 귀가할 수 없는 인간의 발걸음이다. 나는 누구의 상수리 열매 하나를 더 가져가는 길일까.

인간들은 그보다 더한 존재들이다. 무슨 짓이라도 못할 것이 없는 존재가 인간이다. 여기서 장자는 인간중심의 사유를 거부한 것이 아닐까.

불가피한 일이다. 우둔할 수밖에 없는 진인의 모습이다. 처절한 상수리 형국. 상수리가 바닥에 쏟아질지 모른다.

주인이 긴팔원숭이들의 마음을 따라 수를 변경하는 것은 인간의 인시(因是) 즉 인인(因人, 인간의 지혜가 만든 제도를 따르고 그에 묶이는 일)일 뿐이다. 소성(小成)의 잔꾀를 버리고 변하지 않고 지키는 것이 차선일지 모른다.

저공(狙公)에겐 일곱 개의 산밤밖에 없는지 모른다. 옹색한 저공이며 가장이며 기업이며 국가이다. 저도 내일의 그것을 누군가로부터 다시 받아야 한다. 불안하기 그지없다. 이것은 숙명이다. 그런데 자연은 어디 있는가.

반드시 양행(兩行)한다

이 양행은 일심(一心)에 반역하는 것이 아니다. 일심은 도추와 같다. 일심은 하나지만 그 안에 만물이 있다. 그것은 회전한다. 거울과 피차(彼此)를 기억한다. 모순의 감옥에 갇히면 안된다. 동풍이 오면 동풍을 향해 문을 열어준다. 회전문은 이동하며 사위로 열린다.

자연의 마음은 자유롭다. 자연은 인간의 편에 서지 않으며 인간을 특별히 고려하지 않는다. 저공의 문제는 그들을 가두어 재산처럼 기르고 있다는 점에 있을 것이다. 누가 언제 긴팔원숭이들이 갇히길 바랐을까. 지혜의 책임이 따른 셈이다.

한 진리가 이렇게 노골적으로 말해질 수 있는 건지 아찔하다. 모든 사람이 만물을 일물로 만들려 하는 것이 정치와 예술 행위라면 그것은 어리석은 짓이다. 장자의 입장에선 결코 자연이 그러질 않기 때문이다. 자연은 내버려두어야 자연이다. 자연은 자신을 가꾸거나 인위적 편집을 가하지 않는다.

가만히 있는 자연에게 구멍을 내면 그 자연의 영혼인 혼돈이 죽었다는 장자의 마지막 예언은 인류의 미래에 대한 경고이다. 해 뜨는 아시아 대륙의 동쪽의 이 암유는 무엇을 의미하는 것일까. 저 일야(日夜)의 교체가 이루어지는 차고 깨끗한 아침의 자연에서 장자는 무엇을 보고 느낀 것일까.

가히 말을 따라 실천한다 해도 결코 그곳에 도달하지 못할 것이다. 그들은 피투성이가 된 채 어느 절벽 위에 도달할 것이다. 그것으로 만족해 할 것이다. 흉측하게 변해가는 진인의 후예들은 아름다운 옛 여자와 남자들이 아니다. 그 투명한 응결심은 고갈되고 우둔의 육체는 칼이 되어가고 있다.

인간의 재탄생이 가능하기나 할까. 화강암의 동굴 속에 들어가 쑥 등을 먹으며 흙이 되는 길밖에 없을지 모른다. 그러다가 어느 먼 훗날, 갑자기 굴 밖으로 걸어나오는 한 존재가 있다면 그가 까마득한 태초의 첫날에 있었던 인간이었을 것. 또 까마득한 미래에 예언된 한 인간일 수 있을 것. 인간은 현대 후기라는 갈급하고도 무미건조한 세계의 끝에 거의 다다른 것이 아닐까.

성스런 인간은 가급적 일을 하지 않는다. 본래부터 자연의 법칙과 노고를 관상하지 애써 일해서 시비를 묶거나 자연을 바꾸려 하지 않는다. 자연이 그의 것이 아니라 그가 자연의 것이다. 인간은 분에 넘치도록 일을 함으로써 비극을 자초했다. 결국 막고야산의 신인이 다스렸던 그 마음이 제물(齊物)일 터. 자연이 번거롭게 차별과 짝을 둘 일이 없다.

현명한 사람은 자연을 거슬러 일하지 않는다. 적게 움직이고 적게 일하고 적게 얻는다. 그래야 만물이 보이고 소요가 가능하다. 정신없이 뛰어다녀선 아무것도 얻을 수 없고 보이지 않는다. 가져오는 것은 너무나 작은 삶이다. 그 삶을 삶으로 여기지도 않는다. 가급적 몸과 마음을 쉬게 둔다. 몸을 다 쓰지 않는다. 자연의 여분이 그의 몸 대부분을 차지한다. 그가 양행자(兩行者)이다.

양행자가 우제용의 인물로서 만물을 다 쓰는 자라고 장자는 말한다.

양행은 문짝의 도추 안팎이며 물아의 내외이다. 옳다 하고 그르다 하는 그것들이고 그대이고 나이다. 이 짝의 모순은 아름다운 자연의 모습이며 언어이다. 이 지상에 짝이 없는 것은 거의 없다.

천균은 하늘의 모습, 하늘의 평화(平和)이다. 어느 한쪽으로 치우쳐 있지 않고 섬세하고 큰 가지런함이다. 양행은 어느 한쪽을 선택하여 가는 길이 아니고 모든 것을 껴안고 가는 운행이다. 내가 어느 쪽을 편들 것이 없다. 하루가 하루를 가지고 가듯이.

진인은 길을 가지 않으면서 양쪽을 가진다. 진인에게 정해진 길은 없다. 길은 진인을 지나간다. 하늘에 길이 없듯 진인에게도 길이 없다. 길이 위험한 것은 사람과 만물과 시비와 피차를 양쪽으로 갈라놓기 때문이다. 진인은 그 어느 한쪽으로 가지 않는다.

어찌 이 한 몸 하나로 우주를 산단 말인가. 몸으로 발로 살지 않고 가만히 한 자리에 앉아 생각과 마음으로 우주를 산다. 그것으로밖에 살 길이 없다. 풀과 나락이 달리 건조(乾燥)될 가을이 없다. 장자의 길은 인간의 길을 내는 길이 아니다. 양쪽을 껴안는 것이 그의 길이다.

실천의 삶이란 극미하다. 언어는 미지의 경험이며 이미 실천한 것과 같은 것이다. 인간은 많은 경험을 해도 언어로 정리되어야 고작 완성될 수밖에 없는 언어적 존재이다. 진인은 불평등하게 도구로 직접 살지 않고 말로 천천히 살 것이다.

시비 속에는 반드시 권력과 이해(利害)가 있다. 그것을 껴안아 조화시켜 천균(天鈞)에서 쉬며 어느 한쪽을 선택하지 않고 양행을 한다〔이휴호천균(而休乎天鈞) 시지위양행(是之謂兩行)〕는 말은 새롭다. 일야 교대의 시중을 기다린다.

음은 음에 음을 남기고 양은 음을 따라 떠난다. 심야에 있던 나는 어느새 한낮 속을 지나가고 있다. 다시 음으로 돌아갈 것이다. 그것이 제물이고 소요이다. 원숭이의 나여, 고요히 소리도 없이 허공에 건너가고 있는 이 운행에 귀를 기울인다. 조삼모사는 쓸데없는 이야기이다.

문명이 선물한 과로의 허구

일을 많이 한다고 세상과 자신에게 공헌하고 위로 받는 것은 아니다. 사람들은 더 많은 양의 일을 하면서 남의 권한과 자유를 빼앗는다. 더 각박해지고 양보(讓步)와 '휴(休)'가 지워지고 욕심이 많아진다.

어쩌면 이 세상의 태양 아래에서 인간이 누릴 수 있는 것이라곤 사실은 이 '휴'밖에 없는지 모른다. 그러나 인간은 그 휴를 대개는 부정하고 포기한다. 사람들은 이 '휴'를 버리고 불처럼 살아간다. 화택이다. 대침(大浸)이고 산초(山焦)(〈소요유〉)다. 자연이 아무리 일을 하지 말라 해도 사람들은 일을 한다. 그러니 이 쉼이란, 말이 걱정할 일이 아니다.

지구의 내분비선은 이상을 넘어섰다. 과로(過勞)의 부자가 되었다. 처치곤란한 쓰레기들로 넘쳐난다. 어리석은 어리석음의 판이다. '말'이 점점 이루어지기 어려워진다. 대언을 들을 곳이 없다. 그렇다고 저 아수라장 속에 들어갈 수는 없다. 마음의 성(聖)은 자연 그대로의 시간을 따를 따름이다.

마음이 고단해서는 안된다. 만물의 범용(凡庸)은 쓰지 않음으로써 쓰는 마음의 유심(遊心)이다. 진인들은 가급적 쓰지 않으려 하지만 이미 조용히 누구보다 많이 자연을 쓰고 있다. 그는 만물을 고루고루 다 사용한다. 편식하지 않는다. 그 사용량과 사용처가 보이지 않는다. 그것이 어디에 축적되지도 않는다. 거울이다.

가만히 있어도 자연은 찾아와서 무언가를 선물한다. 자연을 움직여 무엇 할 것인가. 더구나 인간을 수족처럼 움직여 무엇 할 것인가. 마음대로 스스로 자연이 되어 사계를 지나가고 그대는 저기 거대한 산그림자로 다가와 누워 있다.

나는 그 그늘 속으로 걸어 들어가고자 한다. 자연에게 감사하면 자연이 의인(義人)이 되고 기다리는 존재가 된다. 진인은 저녁의 자연을 자기 얼굴로 대하고 같이 저녁이 된다.

인간은 지구의 자연을 파헤치고 특허를 내주고 그것으로 이윤을 남기고 파당을 짓는다. 서로 착취하면서 실은 공허한 가치를 창출한다. 그것이 인간의 지구 역사이다. 인간의 뇌에 있는 미지의 지혜로부터 저 광활한 듯한 자연 어디엔가로 파괴의 손들은 모두 하차했다.

지구는 시간의 속도와 대량생산으로 비좁은 세계로 전락했다. 조사(朝四)가 아니라 조백(朝百)을 달라고 마천루 밑에서 인간들은 외치지만 줄 것이 없다. 나는 저 중저 속의 한 마리 우울한 원숭이다. 으르렁거리며 누런 이빨을 드러내고 화를 내는 늙은 원숭이 뒤에 쭈뼛쭈뼛 분노에 참여하는 원숭이.

나는 어찌하여 저 울 안에 갇히게 되었을까.

중저(衆狙)의 '개노(皆怒)'와 '개열(皆悅)'

이 원숭이 예화는 유명한 인간 본성에 대한 어리석음의 폭로이다. 중저가 '개노(皆怒)'하고 '개열(皆悅)' 했다는 말은 인간의 밑바닥에 있는 자기중심성의 우매함을 스스로 폭로한 것이다. 너무나 노골적이다.

이것은 인간 속에 잔재하고 있는 짐승의 세계이다. 부끄럽지만 나도 어쩔 수 없이 따라서 분개한다. 누가 이 본질과 조건을 속 시원하게 말해줄 수 있는가. 가난한 자는 질문하고 유복한 자들은 그 질문 뒤에 돌아가 숨을까.

이런 상상을 한다. 마을 어느 노인이 기르는 원숭이를 가끔 지나치며 보았다. 장자는 그 인간들의 모습을 어느 날 아침 상수리를 주는 저공의 뒤에서 보았다. 인간의 어리석음과 숨은 우두머리들과 눈앞의 쓸데없는 수하들, 그리고 나 자신을 보고 있다. 모두 나이다.

그리고 저쪽의 피(彼)가 있다. 돌이킬 수 없는 욕지기와 처참함이 파도친다. 매일 그들에게 상수리를 주면서 자신을 괴로워한다. 피는 나의 피이다.

문제는 하나와 일곱 개의 문제이다. 장자는 일곱 개를 하나로 보는 주인과 일곱 개를 낱개의 일곱 개로 보는 원숭이들의 차이를 말하고자 했을까. 그렇다고 장자가 지배자나 소유자 편에 서 있는 것도 아니다. 상수리를 갯수로만 보는 이상은 원숭이들이나 주인이나 수고로움은 같다.

하루치(생의 정량)의 수와 양은 어디서 올까. 상수리 나무는 어디 있을까. 긴팔원숭이 주인은 그들에게 상수리열매를 일곱 개 주었을까. 하나를 다시 둘로 쪼개서 아침에 네 개 준 것이 아닐까. 또 다른 뒤울에 긴팔원숭이들이 있는 것이 아닐까. 원래 없었던 희노(喜怒)가 달 한 마디에 온 세상을 혼란에 빠트린다.

관영(官營)의 칠원리가 살던 몽현(蒙縣)의 가을 향취가 그립다. 그는 아무것도 원하지 않았을 것이다. 저 자연의 빛 외 다른 어떤 것을 가지려고 하지 않았을 것이다. 나는 그 마음 가의 남아 튀는 갈볕이나 좀 얻고 싶다. 세상의 긴팔원숭이들은 분노하고 주인은 간교한 계략을 꾸민다. 불가피하지만 부끄럽고 부끄럽지만 불가피하다.

훗날 한국의 원효(元曉)가 말한 '여탈(與奪)'이 이것일까. 주고 빼앗는 것. 그것은 편리이고 전제이다. 어디서 열매는 왔는가. 세 개 가지고 어떻게 저 긴팔원숭이들이 다 먹을 수 있는가. 이것은 가혹하다(한 원숭이마다 상수리 세 알씩 주지 않았을까). 아무튼 긴팔원숭이들은 그것이라도 받아먹어야 한다. 무슨 도모로 뒷일을 걱정할 수 있을까.

그러므로 양행이란 말은 의미심장한 숙명의 언어이다. 어느 한쪽을 편애하지 말고 다 껴안아야 한다. 하나만 사랑하면 편하겠지만 그렇지가 못한 지구이다. 한편 이 모순으로 자연이 준 평등의 이치를 알 만도 하다. 하지만 어지간한 초탈과 유심(遊心) 없인 어풍이행(御風而行, 〈소요유〉)과 대종사의 응무궁은 불가할 것이다.

양행은 이 중저와 저공의 양행의 문제이다. 어느 하나를 죽여야 하나를 살릴 수 있다면 그것은 양행이 아니다. 둘 다 살리는 것이 양행이다. 낮이 밤을 돕고 밤이 낮을 돕는 상극적 형세를 이룬다. 그들은 그 속에 갇혀 있을 수밖에 없다.

저 문명도시의 무시무시한 생존의 문제가 어떻게 다루고 풀릴지는 아무도 모른다. 조삼모사 조사모삼. 순간순간 이루어지는 문명의 시궁창. 사회를 구원할 수 있는 문장은 존재할 수 없다. 저 거대한 세계의 폭력과 오만한 도시들을 내다볼 뿐이다.

씁쓸한 조삼모사의 저녁

장자는 저녁 한 시부(詩夫)에게 말한다. 수직의 삼백육십 도와 수평의 삼백육 도 천균이 이루어진 하늘 아래에서 양행자는 거대한 두 팔을 가지고 한쪽으로 기울지 않고 변화무쌍한 자연 속에서 조화를 누리며 가없는 은적의 마음을 지니고 바람처럼 살아가라.

9년 전에 읽었던 이 대목을 다시 읽으면서 웃음을 참는다. 문득 아침에 세 개 반, 저녁에 세 개 반 하면 어떻겠느냐고 했던 옹색한 제의가 떠오른다. 나 역시 머리를 쓴다.그러나 왠지 그들은 더 분노할 것 같다. 그러나 세계와 저공은 결코 그렇게 하지 않을 것이다. 빈부와 착취와 지배의 시비는 끝이 없다.

역시 진인만은 자연에 맡기고 따른다〔역인시(亦因是)〕. 이것이 실천된다는 것은 쉬운 일이 아니다. 어떤 어리석고 딱한 정치가와 행정가가 이 긴팔원숭이들에게 일곱 개 상수리 열매를 잘 나누어 먹일 수 있을까, 상수리를 쪼갤 수 있고 더 크게 만들 수 있을까.

하지만 그것은 장자와 진인이 걱정할 일이 아니다. 장자의 포커스는 분배의 문제로 가는 경제학의 문제가 아니라 소요의 철학적 사유에 있다. 장자의 상인자연(常因自然)은 산밤의 썩은 것이 얼마나 되는지 얼마나 실하고 큰지를 걱정하는 곳이 아니다.

〈대종사〉편에서 자여(子輿)가 병이 나서 죽게 되자 자사(子祀)가 찾아가지만 오히려 자신에게 병을 준 조물주를 위대하다고 말하는 숙명의 참담함을 기억할 뿐이다. 이 양행과 천균은 사실 마음의 소요론(逍遙論)이며 언어의 〈제물론〉이다. 문득 조삼모사의 발언 즉 그 '말'이 문제가 되는 것 같다.

하나만을 죽도록 사랑할 수밖에 없을 것이다. 만물이 하나라는 것을 모르는 것이 인간의 조삼(朝三)이다. 개노(皆怒)는 차치하고 저 개열(皆悅)은 얼마나 씁쓸한 지구의 풍경인가.

16. 완성과 파괴와 '있다'와 '없다'

옛 사람은, 그 지혜가, 지극(至極)한 데가 있었다. 어떻게 지극한가.

생각하건대, 애초에 물(物)이 있지 않음이 있었다는 것인데, 지극하고 극진하여 더 보태기가 불가하다. 그 다음은, 생각하기를, 물이 있다고 하고 애초에 구분은 없었다는 것이다. 그 다음은, 생각하기를, 구분이 있다고 하고 애초에 시비(是非)가 있지 않았다는 것이다.

시비가 나타나는 것은, 도의 한 귀퉁이가 떨어지는 원인이 되며, 도의 한 귀퉁이가 떨어지면, 편애(偏愛)가 생기는 원인이 된다.

과연 또 완성과 파괴는 있는가. 과연 또 완성과 파괴는 없는가.

완성과 파괴는 있다. 그러므로 소씨(昭氏)가 거문고를 탄다. 완성과 파괴가 없다. 그러므로 소씨가 거문고를 타지 않는다.

원문(原文)

古之人 其知有所至矣 惡乎至 有以爲未始有物者 至矣盡矣 不可以加矣 其次以爲有物矣 而未始有封也 其次以爲有封焉 而未始有是非也 是非之彰也 道之所以虧也 道之所以虧 愛之所以成 果且有成與虧乎哉 果且無成與虧乎哉 有成與虧 故昭氏之鼓琴也 無成與虧 故昭氏之不鼓琴也

* **유이위**有以爲 생각건대, 생각하기를 - 있다. **미시유물자**未始有物者 사물이 애초에 생기지 않음. **지의진의**至矣盡矣 지극하고 다하다. **이가**以加 추가하다. 지경, **강계**疆界, 봉(토지를 주어 제후로 삼음)할 **봉**封. **유봉**有封 만물의 구분이 있다. 드러날, 나타날 **창**彰. 한 귀퉁이가 떨어질 **휴**虧. **소이**所以 까닭, 하는 바. 편애, 아낄 **애**愛. **과차**果且 과연 또. **성여휴**成與虧 완성과 파괴. **소씨**昭氏 열자 〈탕문(湯問)〉에도 나오는 정인(鄭人)으로 거문고의 명인. 거문고 탈 **고**鼓.

미시유물자의 인식은 불가하다

악출허의 복제인가. 있는 것은 없는 것이며 없는 것은 있는 것이다. 궤변일 수 있지만 장자에 의해 궤변은 진지가 된다. 장자를 비판한 인물들이 있었지만 있고 없음의 유무를 장자처럼 현실 속에 가까이 끌어들인 자는 없었다.

유이위(有以爲)는 '생각하건대' 무엇이 '있다'는 말이다. 미시유물자(未始有物者)의 끝 자(者)는 언어, 최상자, 절대자, 조물주, 태허의 허사이며 뜻은 애초에 물(物)이 있지 않음이다. 장자도 그것을 분명하게 인간의 언어로 말하지 못하고 자(者) 즉 '그것'이라고 하였다.

장자는 여기서 절망하고 있는 것 같다. 도에 접근하는 말을 하고 있지만 완전히 그것에 도달할 수 없다. 도에 들었다 할지라도 그것이 문자가 될 수 없다. 그 안팎의 경계에 아슬아슬하게 걸린다. 현재의 만물의 이름인 유물자(有物者)들이 멍하니 그 태허의 하늘 쪽을 바라보고 있다. 그 하늘 속에서 쏟아져 내려온 것을 확인이라도 하려는 듯. 그러고 보니 만물이 하늘을 향해 쳐다본다.

저 높은 곳의 하늘에 대해 '알지 못함'을 우리가 어떻게 경험할 수 있을까. 그 높이를 인간의 언어로 그릴 방도는 없다. 기연으로 돌아갈 뿐이다. 이 기연은 자연이다. 언어도 아주 불완전한 기연이란 말로 무한을 느낄 뿐이다.

유이위(有以爲) 미시유물자(未始有物者)를 줄여 유자(有者)라고 한다면, 이 유자는 앞에서 말한 것처럼 태허와 그 시간이다. 태초부터 지금까지 있는 '존재'. 본래부터 존재하는 '존재- 해존'을 긍정한다. 장자 사상에서 흥미로운 곳이다. 항상 그의 글에는 이 문제의 공간인 '하늘'과 부지의 존재인 '진재〔眞宰, 우주 진리의 주체인 진제(眞諦)〕'가 있지만 그것을 인식할 순 없다.

장자는 그 유자의 있음을 무(無)자로 지우기도 한다. 있음을 강조하기 위해서만은 아닌 것 같다. 난해하다. 어떻게 유(有)라는 있음이 없이 무(無)라는 없음이 존재할 수 있을까. 이 언어의, 사유의 유의 만물 저쪽에 무가 있을 것인즉 그것을 알릴 인간의 사유와 언어가 없다. 그것이 나타나 있었다면 아마 인간은 그것을 잡아 다 망가뜨렸을 것이다.

이것이 장자 도의 마지막 경계선인 것 같다. 이 선을 넘으면 무하유지향이 아닐까. 또 우리를 막막하게 하는 것이 하나 더 있다. 그 미시전의 세계가 이 세계의 사유 영역보다 훨씬 더 크고 놀라운 세계일지도 모른다는 것. 그것은 말해질 수 없다. 미시유물자의 인식은 불가하다. 인식은 시간과 자연 속에 휩쓸려 가버린다.

하나의 손가락과 거문고의 줄, 거문고가 없으면 성휴가 없다?

『남화경직해』에 한 사람이 허(虛)를 전한다(일인전허一人傳虛, 〈양생주〉에서 장자가 불을 전한다는 말과 비슷하다)는 말이 있다. 만물은 이미 허라는 하나의 구멍 속에 있는 존재들인지 모른다. 그들은 언어를 가지고 있는 대신 더 난해한 환상체가 되었다. 이 세계는 기이한 장면들의 거울 속이다.

성휴(成虧). 완성과 파괴의 있음은 소씨(昭氏, 소는 성이고 이름은 문文,

거문고의 명인)가 거문고를 타기 때문이다. 완성과 파괴의 없음은 소씨가 거문고를 뜯지 않기 때문이다. 성휴는 없는가 있는가. 이 말은 조궤이다. 고금(鼓琴, 성훼가 있음의 근거)이며 불고금(不鼓琴, 성훼가 없음의 근거)이다.

천지일지의 손가락이 거문고를 탄다. 온몸으로 거문고를 타는 법은 없다. 오직 손가락으로만 거문고를 탈 수 있다. 온몸이 올라타도록 허락하는 거문고는 우주에 없다. 이 육체로 저 우주에 들어갈 수는 없다. 죽어서야 들어가거나 언어로만 들어갈 수 있다.

언어의 은유를 사용하지 않고선 저 너머로 한 발짝도 뗄 수 없다. 또한 한 마리의 말을 바로 보지 못하고선 만물을 볼 수 없다. 하지만 거문고를 타고 한 마리의 말을 보고 천지와 만물을 보는 것은 쉬운 일이 아니다. 그것을 자신의 언어로 말할 수 있어야 하기 때문이다.

장자의 생각은 이것이다. 고지인(古之人)의 지혜는 지극한데 그 까닭은 그들이 텅 빈 상태로 있기 때문이다. 미분의 상태는 태허의 시공이다. 아무것도 가지고 있지 않다. 텅빈 거울이다. 짝도 없는 무시간의 경지. 진인의 마음은 예나 지금이나 미래에나 늘 그곳에서 노닐 것이다. 수많은 망량의 그림자들이 지나가지만 개의치 않고 가로막히지도 않는다.

제물은 이미 소용이 없다. 마음이 그것들을 대상으로 삼지 않으며 쓰려 하지 않는다. 인간의 마음이 할 일이란 아무것도 없다. 거기 있기에 마음에 비춰질 뿐이다. 한 인간에게도 신인의 이런 경지의 마음이 없지 않을 것. 자연 그대로가 원래부터 제물이 되어 있다. 잘못된 제물이란 사물과 인간을 질서 속에 편입시키는 문화적 정치적 의도이다.

결국에 최선은 사물이 생기지 않는 마음을 유지하는 일이다. 그러나 고지인들은 어쩔 수 없이 사물이 생길 때 혹은 사물이 있는 곳에 있게 될 때는 그 사물을 분별하지 않는다. 이것이 만물을 대하는 장자의 두 번째 길이다.

세 번째는 또 다시 사물의 구별이 있고 그것을 사용하더라도 그것들을 헤아리거나 따지거나 분별하지 않는다. 고진인은 분화되지 않은, 진인이 그리워한 원형의 인간이다. 사람들이 옛사람을 더 그리워하는 까닭이다. 분화는 원형을 그리워한다.

인간은 자연의 주인이 아니다. 인간은 자연에 왔다 돌아가는 한 존재의 물이다. 한 팔은 탄이고 다른 팔은 닭〔좌비탄(左臂彈) 우비계(右臂雞)〕일지라도 그것을 받아들일 때 숙명을 통과하게 된다. 장자의 이 말은 인간이 인간이 아닐 수 없다는 말이기도 하다. 그 말은 숙명을 피할 수 없다는 말이다.

물론 장자는 지구적 삶 저 너머의 다른 세계에 대해 말하지 않고 극소의 암시를 남겼지만 이 지구에 맞는 아름다운 인간을 위한 그 이상의 것을 말하지 않았다. 『장자』 집필의 일관된 태도이다. 지구의 만물은 지구의 만물이며 인간도 그 안의 한 존재일 뿐 그 이상도 이하도 아니다. 장자의 지구는 저 너머 궤도에서 황폐화하고 있다.

그는 유물론자이면서 유심론자이다. 또 숙명론자이면서 현실주의자이고 개인주의자이다. 어느 하나의 이론만 고집하지 않지만 궁극의 일원론 안에 도추를 세운다. 도추 바깥의 우주를 지배하는 음양도 하나의 유희의 대상으로 삼고 지구의 공중과 대지도 소요의 공간으로 전환시킨다.

양행(兩行)으로 무궁한 소요와 제물의 주체가 된다.

태허주의자 현실주의자

〈제물론〉은 인간에게 무한한 사유의 유희를 제공한다. 장자는 인간이 사유하는 존재라는 것을 잘 알고 있으면서 그들에게 새로운 사유의 내용을 선물하고 싶어한다. 사실 이 고유한 인간 본질에 대한 탐구는 그 당시의 다른 사상가들에게선 발견하기 힘든 장자만의 특별난 것이다.

인간은 숙명적 존재이다. 인간은 떠났던 자연으로 귀의해야 자신을 찾을 수 있을 것이다. 자연 밖에서 인간은 행복할 수 없다. 고지인(古之人)은 항상 현재 속에서 아무것도 사용할 수 없는 우제용의 경지로 올라서는 길로만 향한다. 그 울음이 나오던 그 구멍에 도착하는 것. 물론 그곳은 텅 빈 곳이지만 그곳만이 무향(無鄕, 무하유지향)이다. 다시 현재의 '나'로 돌아와 태허의 향기를 맡는다.

그는 그곳에서 만물을 사용하되 구분하지 않고 또 구분이 있더라도 시비하지 않는 삶을 살고자 한다. 그 외의 모든 것은 반성의 대상이 된다. 이래서 나는 장자가 태허와 현실을 언어로 방박한다고 생각한다. 이 양행(兩行)은 구속이 아니라 지극함의 소요이다. 그렇다면 만물이 언어라는 사실은 경이로운 선물이다.

이곳에서 승물유심의 경지가 열린다. 장자는 아름답고도 자유자재한 문(門)으로 이어져 있는 무한변용의 언어를 가지고자 한다. 하나의 말만을 믿지 않는다. 만물을 데리고 가는 저 자연 속의 인간이 어찌 하나의 말만을 믿을 것인가. 비가 오다가 햇살이 쨍쨍거린다. 지루하지 않고 고요하다. 고요하지만 광속으로 가버리는 무엇들이 가득하다.

한 마리 용(龍)이 상공에서 구멍을 내고 빠져나가며 자기 꼬리와 출구를 본다. 머리가 꼬리를 데려가고 꼬리가 머리를 따라간다. 자연 속에 만물이 있는 것과 그것의 언어를 쓰는 것은 다른 차원이다. 장자 역시 그 두 번째 마음을 경계하고 있지만 감지덕지이다. 이것이 만물의 가지런함을 흩트려놓는다고 보지만 그것도 감지덕지이다. 건드리지 않고 쓰는 것은 언어이다.

만물을 쓰지 않고 즐긴다. 지독한 예술지상주의자이거나 만물감상주의자이다. 장자는 만물을 하나로 모아들였다가 다시 만물로 풀어놓는다. 거기에 두권(杜權)이란 생명의 싹과 태충막승(太冲莫勝)의 기쁨이 발산되었을 것.

그것들이 분화되지 않는다는 건 상상도 할 수 없다. 물화와 천변만화, 생사 자체까지도 춤이다. 그러지 않으면 소요도 성훼도 없다. 지구에서 주어진 일상을 살아가는 장자의 언어의 소요는 가히 최고의 지혜이다. 조물주가 준 모든 것을 다 누리고자 한다.

대종사(大宗師) 편에서 말했다. 성연히 잠들 일이고 거연히 깨어날 일이다〔성연매(成然寐 거연교(蘧然覺〕. 자연이 제물을 해주었으니 소요 아닌 것이 없다.

만물이 언어이다

만물은 사위에서 침묵하고 있다. 인간은 그 만물 가운데 움직이고 말한다. 그것들로부터 포위되어 있고 보호되고 있는 것 같다. 자연은 인간이 중심이 아니라고 말한다.

장자는 역대 비정치적 산중(山中) 조사들과 법어의 선사들의 대종사(大宗師)라 할 수 있다. 대종사는 '말'의 할아버지이다. 그의 말은 기억이 끊어진 고대에 전혀 새로운 수사의 기억, 사유의 자유로운 지평을 열어 인간의 가슴과 머리에 올려주었다. 만물이 언어가 아니라는 것은 물 자체에 대한 커다란 오해이다. 그 물의 입장에서 보면 내가 그 물을 사용하는 인간이다. 기이한 인간이다.

그런데 인간의 욕망과 손과 사유는 더러워지고 어지러워졌다. 어느 주물(鑄物)이 주인에게 명검 막야가 되겠다는 말까지 하는 인간이 되었다. 숙명이 회피이며 욕망의 분화이다. 실로 상상하고 이해하기가 기괴한 존재지만 진인은 그러한 인간을 인정한다.

태초에 이 존재들은 인간이 상상할 수 없는 대충격과 함께 돌발적으로 '와장창' 태어났기 때문에 돌연한 욕망이 작용하는 것이라고 해도 반증할 증거가 없다. 그렇다고 그러한 인간이 불행하지만도 않다. 사물을 자연스레 사용하면서 그들의 침묵을 듣는 것도 인간의 커다란 행복의 비밀이다. 사용하되 온전하게 인임하며 고요를 소요하는 인간들이 있기 때문이다.

사물은 나의 소유가 아니다. 나의 친구들이다. 이 사물이 '내 것'이다 하는 생각을 하지 말고 그 물건을 가지고 놀고 다듬는 것이 소요이다. 그것이 자연의 길을 가는 아름다운 인간의 모습이다. 사물은 인간을 통제하기 위한 말이 아니라 인간을 자유롭게 놓아주기 위한 대상이 되어야 한다. 말과 사물은 늘 함께하지만 언제나 기다리고 찾아가는 대상은 아니다.

불유(不由, 기인, 유래하지 않음), 막우(莫偶), 무여친, 불상대(不相待, 서로 기다림이 없음)처럼 서로 유래하지도 않고 짝이 되지도 않고 가깝지도 않고 서로 기다리지도 않지만 언제나 그곳에 그들은 있다. 지구에 오도카니 들어 앉아 있는 만물의 모습들. 무료하고 무미한 것 같지만 그것이 본래의 모습이다. 만물은 본래부터 아무 것도 할 일이 없었던 존재들이었다.

봉(封)은 경계선이다. 언제나 그 경계는 인간 앞에 있다. 바람은 그 둑을 넘어가지만 구태여 그 둑을 가지지 않는다. 사실 마음은 무엇을 소유할 수 없지만 인간은 소유한다고 생각한다. 멀리 바라보면 지평은 내 마음 속에서 공기와 함께 움직이고 있고, 그 안에 어떤 기미가 보이기 시작하는데 그것이 언어의 시발이다. 그 언어의 소리에 귀를 기울이면서 다음의 마음이 열리면 그것이 소요의 시작이 된다.

소씨(昭氏)가 악기를 몸에 붙이고 연주할 때는 손가락과 현과 음, 청각의 생성이 있지만 그가 칠현의 거문고를 타지 않고 홀로 가만히 두면 아무것도 없는 상태가 된다. 소리의 입장에서 휴(虧)이다. 미시유물자(未始有物者)가 일찍이 물건이 없는 텅 빈 태허의 상태로 해석되는 부분이다.

그곳은, 그 후 지금까지 이어진 이 미래라는 허황된 시간 저 너머엔, 장님들이 찾지 못하는 문명으로부터 탈원(脫園)한 고지인들의 세계가 있을 것이다. 그러나 악기의 현을 다른 시비의 줄에 맞추면 지금까지의 시간과 정적은 사라지고 없다.

본래 거문고 혼자이다. 해도 달도 유래하지 않았고 풀도 돌도 가깝지 않으며 아침과 저녁도 서로 기다리지 않는다.

아수라장의 열락(悅樂)의 성휴에 대하여

소리의 주체가 가만히 서 있을 때는 소리가 붕괴(휴虧)되어 아무것도 없는 미시유물의 상태로 돌아간다. 사물의 시비 구별이 있으면서도 태허의 정적 속에 거문고는 있다. 그 가만히 있는 거문고는 말할 의사가 없다. 문득 아득해진다.

표정이 없으면서 있고 있으면서 없다. 이런 합당해 보이지 않는 말이 궤변이라고만 한다면 전근대적 사유이며 말의 자유에 대한 고대의 억압일 것이다. 그것은 기산의 물소리를 통제하는 것과 같다.

소란하게 떠들며 끊이지 않는 잔상에 묶여 살아가는 우리는 이 소씨로부터 분리되어 있는 거문고를 생각하지 않을 수 없다. 소씨로부터 떨어져 있는 침묵의 거문고를 생각하면 그 같은 편안함을 더는 상상할 수가 없다. 거문고를 잡는 순간 무언가 깨어지고 있다고 장자는 소스라치듯 놀라고 있다. 그러나 그것도 통제하지 않는다.

그런데 있음이 없어진 휴(虧)가 다시 무너져 무언가 생긴다. 그 순간부터 소씨의 몸은 그것으로 향하고 있다. 만물의 금(金)의 종, 석(石)의 경(磬), 죽의 적(笛), 그리고 북의 혁(革)과 어(敔)의 목(木) 등 팔음(八音)이 침묵하고 있는데 저기 소씨의 사(絲)만 소리를 내고 있다.

완벽한 것 같지만 그것은 그때 불구이다. 이때부터 휴는 사라지고 줄이 움직이고 짧은 다섯 손가락은 더 빨리 바쁘게 줄을 찾아 움직여야 한다. 줄 위에서 건너뛴다. 여기서 어떻게 해야 종신무성을 넘어설 수 있을까.

자그마한 나무판 위에서 휴(休)는 죽고, 소리와 마음만 줄과 허공을 덧없이 떠돌아다닌다. 소란하고 무상하다. 그것도 잠시만 손가락을 쉬면 소리는 끊어지고 만다. 한없이 부득불 손가락은 마음을 따라 움직여 간다. 언제나 그 소리 사이의 쉼이라는 쉼표만이 그 거문고의 본래의 모습을 잠깐씩 보여주지만 곧 사라진다.

그러니 소씨도 어쩌다 한 번씩 거문고를 탔을 것이다. 영원히 성(成)한 것은 없으며 영원히 쉴 수 있는 것도 없다. 성이 수고롭고 고달플 뿐이지만 휴도 기다릴 수밖에 없다. 하지만 그 성이 휴로, 휴가 성으로 돌아갈 때의 기미란 말로 다 할 수 없는 고요를 지녔을 것. 그런데 이 우주의 성휴도 장자에겐 이연피역일까.

거문고는 그 우주의 침묵을 자신의 온몸으로 나타냈을 것이다. 그러나 그 또한 그것으로 끝이다. 어디선가 먼 미래의 성(成)은 아직 출발하지 않은 음양의 선단(先端)에 있을 것. 지금 거문고는 주인의 아수라장에 빠져 있다.

하늘 아래에서

장자는 완성이 있는가 하고 탄식했지만 사실은 하늘에 이미 있는, 아니 완성될 것이 없는 미시의 원형이 있을 뿐이다. 인간이 하늘 아래에서, 국가와 마을과 집에서 도구를 만들고 부가가치를 내려고 노역하지만 그것이 쉼이 아닌 이상은 마음의 덧없음을 쌓는 결과가 된다. 소요가 아니면 안되는 까닭이다.

결국은 버린다는 것, 놓아야 한다는 것, 함께 노닌다는 것 외에 다른 것은 무시해도 좋을 정도로 중요한 생의 발견이 바로 이 소요에 있다. 완성이든 휴(虧)이든 그것은 우주 자체의 소요이다. 우주의 길이다. 우주의 숨이다. 흥미롭게 보자면 인류의 문명과 역사는 그 길 끝을 놓치지 않고 아슬아슬하게 붙어서 가고 있다.

그러나 어쨌든 진정한 모든 인간의 꿈은 자신도 모르게 그 미시, 미생전, 미출전, 태허 세계로 향한다. 문명과 욕망의 길가에 태허는 죽어 있고 그것들은 모두 그 태허 쪽으로 쏠린다. 모든 것은 망상의 무늬가 되며 티끌이 된다.

말하자면 문명의 시간 속에 장자가 말하는 도는 없다. 그것은 자연과 그 법의 약간 다른 곳에 흘러가는 거짓의 시간일지 모른다. 미래는 아무것도 보장된 것이 없다. 진정한 허무가 아닌 쓰라린 허무만이 쓰레기처럼 뒹굴기만 하는 미래일까. 정말 쓸데없이 곤고한 시간만 있을까. 집결과 완성의 가파른 고도(高度) 너머, 아수라장이 보이는가.

미래는 까마득한 과거이고 까마득한 과거는 미래이다. 분화된 수많은 시간과 만물과 의식은 사색이 되어 내부의 관통을 거쳐 뒤쪽으로 빠져나간다. 지구에만 음양의 시간이 꼬여 있다. 원하지 않아도 마음만 모든 문명의 시간과 편리를 버리고 태허로 회귀한다. 문명은 연소되고 말은 파편화된다.

시간은 도시와 과학의 문명 속으로 함몰한다. 꿈은 결국 지극(至極)하지 못한 채 절망의 나락 속에서 파닥인다. 퇴화한 척추를 가진 한 마리 갑각류의 곤충에 불과한 미물. 날개를 잃고 땅바닥에 뒤집힌 채 뒤척이는 검은 매미. 인간의 사체만큼 더 초라한 것은 이 지상엔 없다. 사부(蛇蚹)의 저어(齟齬, 뱀의 뱃바닥의 긁은 비늘) 와 조익(蜩翼, 쓰르라미 날개)만 남을까.

인간은 분화 속에서 화를 입으며 고통스러워하고 소통의 무리한 갈증과 분란 속에서 벗어날 수 없다. 나쁜 운명은 편애과 시비와 봉분(封墳)에서 시작한 어머어마한 비극. 사람들은 이미 다 알고 있다. 즐기고 쾌락하고 지배하고 착취하고 잊고 사라져간다.

세계와 인생과 차별은 하나의 연극이며 그 대본은 이미 그들 자신으론 풀 수 없는 뿌리에 붙잡혀 있다. 그것들은 소모적이고 잔인할 정도로 참화를 속이는 비극을 내재시켜 놓았다. 조용한 만물 밖에서 인간들이 겪는, 종국을 향한 분란이다.

그리운 고인(古人)들

만물이 생기기 전의 텅 빈 우주를 보는 대지(大智). 그 하늘을 본다면 너와 나에게 경계가 있는 하늘이란 없다. 늘 하나의 하늘이고 한결같은 하나의 인간이다. 얼마나 가없는 큰 슬픔의 일일까.

지구는 문명의 사물들을 천지가 없는 함정 속에 집어넣은 궤짝 같은 곳이다. 우리는 그 밖의 혼돈에 대해 아는 것이 없다. 인간이 이 지구에 세운 최고의 도(道) 속에 우주 천지가 들어가고, 그래서 자연과 도가 어긋나지 않는 것이 천지와 만물의 조화이다. 하지만 도추가 무너진 것은 소성과 편애라고 장자는 보고 있다. 아무것도 아닌 듯했던 편애와 소성이라니.

'없음'은 증명할 수 없다. 그 '없음'의 말은 태허에서 왔다. 그것은 본래 실체가 없다. 진인은 태허의 경계에 다가가며 우둔한 듯한 자연에 천변만화를 전적으로 위임한다. 진인이 할 수 있는 것은 그것뿐이다. 재화와 통치의 욕망은 인간과 자연을 너무 걱정하는 자들이다.

그 불행의 씨앗이 만개하고 있는 것이 현대의 이(薾, 꽃이 피는 모양, 이연피역)이다. 모든 꽃의 만개(滿開)는 불안하다. 천지만물에 탓할 것이란 없다. 모든 것이 시비하고 차별된 세계 속에 우리는 갇혀 있다.

울퉁불퉁한 요철(凹凸)의 거울과 유리창 속에서 인간은 살아간다. 만물에 휘둘리지 않는다는 말도 지운다. 나는 자연이 소요하는 바람의 티끌이 된다. 장자의 무정(無情)이 된다. 그들은 사라진다. 이것은 무엇인가. 이것이 또 하나의 의문이다.

편애(偏愛)라는 이름의 적

현실 속에서도 사유 안에서도 문제는 이러저러한 나의 시비(是非)이다. 이것이 얼마나 무서운 것인가를 장자는 말한다. 아무것도 아닌 것 같은 시비가 도를 허물어뜨리는 단서라고 보았다. 혀끝에서 나간 말이 바로 도가 허물어지는 출발점이다.

대지를 만나기 어렵지만 그 대지에 가까이 갈 일도 아니다. 쓸데없는 상심을 얻어 돌아올 것이다. 장자가 앞에서 말한 휴(休)와 이 휴(虧)는 동음이의의 상대적인 것이다. 뒤의 휴는 쉬는 도이다. 그 휴에서 쉼이 온다. 긴 숨을 다 내 쉬고 아무것도 없는 텅 빈 곳. 남곽자기의 긴 한숨의 그 허(噓)이다. 쉬어라.

과연 지혜의 완성과 파괴(성여휴成與虧)는 있는 것인가. 과연 지혜의 완성과 파괴는 없는 것인가. 지혜의 완성과 파괴는 없다. 결국 인간중심의 지혜보다 더 넓은 곳으로 향하는 장자의 발걸음소리가 들린다. 이 성휴의 대언은 완전한 우주의 소요이다. 인간이 걱정할 일이 아니다.

다만 나는 휴(虧)를 완전한 파괴로 보지 않고 그 뜻대로 '한 귀퉁이가 허물어지다'로 보았다. 제일 무서운 것은 도가 그 버리기 어려운 편애에 의해 조금씩 귀퉁이가 부서져나간다는 점이다. 편애를 지우는 것이 대언을 따르는 큰 발걸음이다. 시비의 근원으로서 흥미롭게도 애(愛)자를 처음 사용한 것이 눈에 띈다.

애(愛)는 편애, 아낌, 사랑, 그리워함의 뜻이다. 무심하지 못하고 하나를 선택하여 사랑하고 아끼고 집착하고 위하는 것이 편애(偏愛)이다. 편애는 그것 외의 모두를 제외한다는 의미가 있다. 한쪽으로 기울어진 편(偏)자에 사람 인(人)자가 서 있다. 이것은 반분(半分)이며 불완전이다. 이 편은 기울어진 사랑이다. 장자는 불완전, 불구성을 중시했지만 무리를 짓거나 짝을 짓는 것은 싫어했던 것 같다.

장자는 양행하면서 독존(獨存)을 중시했다. 즉 언어의 삶이고 사유이다. 하나의 촛불을 응시하면 다른 것은 눈에서 사라진다. 이 촛불 중심의 사상과 관찰과 대물(代物) 방식은 만물제동에 위배된다. 편애의 대상을 살피면 천균과 양행(兩行)의 날개를 잃는다. 그러면 쉬지 못하게 되고 염함을 얻고 노혁에 갇힌다. 조삼모사를 따지게 되고 시비에 휘말린다.

피아와 상물(相物)의 거리를 넓혀야 한다. 장자는 이 사랑〔애(愛)〕을 경계했다. 하나를 사랑하지 말라. 이 말은 상아(喪我, 나 자신을 죽여라. 혹은 장사 지내라)처럼 충격적인 말이다. 애지소이성(愛之所以成)의 '애성(愛成)'은 양행의 적이다. 사실 편애는 너와 나〔피차(彼此)〕의 문제이다. 그런데 거기에 제 삼자가 있다는 점이 큰 문제가 된다.

이제 여기서 인간의 제물에 대한 해석이 울퉁불퉁한 불평등을 넘어 가지런해지려 한다. 뜻밖의 편애를 잊지 않는다면, 〈제물론〉의 대의는 밝혀진 셈이다. 그 어떠한 인물도 사물도 중심이 되어선 안된다. 이것이 장자의 소외, 예외, 반중심, 비상(非常), 우제용의 사상 속에 꽂힌 명제이다.

범용의 마음이 저 바다이며 태허의 하늘이며 또 혼돈이다. 이 지극하고 막막하여 눈물조차 말라버린 아득한 경계에서 장자는 다시 휴(虧) 저 너머의 성(成)을 기약했을 것은 말할 것도 없다. 아득한 마음의 길 끝 너머 너머에서 천뢰가 들려오는 듯.

거문고 비유

거문고는 일곱 줄로 소리를 낸다. 성훼를 보이는 하나의 장자 아이콘이다. 장자는 음악과 소리에 관심이 지대했다. 음악은 곧 우주의 기의 음율이다. 〈소요유〉는 붕새의 탄생으로 시작했고〈제물론〉은 '소리'로 시작했다. 이 소리만큼 난해한 것도 없고 마음을 끌어당기는 파동도 없을 것이다.

소리엔 논리가 필요없다. 그것들이 오는 곳은 구멍인데 대체 어디로 다 가는 것일까. 장자의 귀에 그 소리들은 아주 잘 들렸을 것이다. 붕새가 날아오를 때 부요(扶搖)의 바람을 보고 무궁자의 바람을 엿듣고 숲을 지나가는 바람을 만지고 천뢰를 보았을 장자의 마음의 귀.

거문고는 수렵시대의 궁현(弓絃)에서 시작되었다. 이 칠현에서 소리가 일어날 땐 소씨의 손가락이 줄을 튕기는 것. 소리들은 뒤에 따라 나오는 다른 소리에 의해 사라져간다. 그 순간을 장자는 의심스럽게 바라보았을 것이다. 손가락에 천지가 와 있는 것처럼 그 현에 우주가 넘실거렸다. 손가락과 현과 소리 속에 중첩되며 사라져가는 것은 무엇이고 그 뒤에 남아 있는 무엇일까.

그 장단에 의해 인생과 만물의 생멸이 오간다. 천하를 주유하지 않더라도 장자는 슬펐을 것이다. 다 살지 않아도 이미 다 살았을 것. 모든 사람의 마음이 되어 보지 못하더라도 장자는 이미 그 소리 속에서 죽고 살았을 것.

성휴(成携)는 양행이다. 양행은 유심(遊心)이다. 유심은 허공의 거울이다. 그 중심에 도추가 있다. 가지고 날아라, 놀아라, 통과하라. 저 거문고의 줄 위에서 울리고 사라지고 튕겨지고 넘어가라. 자신을 찾지 말아라. 저 무용의 시공간에 너를 인입하여라. 시비의 옷을 입지 말고 편애의 꽃을 피우지 말아라.

장자가 음악으로 비유한 성휘는 참된 삶을 누리는 정신과 육체의 조화를 예고한 것으로 보인다. 육체가 생성되는 엄준한 경지를 깨달아 머물면서 해우(解牛, 소를 잡아 해체함)의 현해로서 죽음을 껴안는 대도〔大刀, 칼, 대도(大道)〕가 아니고서는 상인상마(相刃相靡)의 사상은 완성될 수 없을 것이다. 음율 속에서 소는 해체된다.

음악은 한 마디로 말해서 기(氣)이다. 곧 생사무변(生死無變)이 나오지만 생사지락(生死至樂)을 최고의 경지 저쪽에 숨겨둔 것을 보지 못한다면 장자를 다 읽었다고 할 수 없다. 음악이 없이 어찌 저 캄캄한 우주의 침묵을 들을 수 있을까.

인간은 만물을 논하고 즐긴다. 이 '논'의 즐거움과 진리에 대한 노래가 없다면 『장자』를 읽을 이유가 없다. 그의 말은 우주를 품고 있다. 인류는 휴(休)를 잃고 휴(虧)를 얻었고 무한히 있을 것 같지만 상수리는 일곱 개밖에 없다.

『장자』속에서 장자가 깊은 숨을 들이쉬는 곳이 이곳이다. 이곳은 장자가 회한을 숨긴 첫 장소이다. 이 '유성여휴'와 '무성여휴'는 욕망의 복종이며 자연에 순응하는 지의진의(至矣盡矣)이다.

17. 종신무성(終身無成), 완성이란 없다

소문(昭文)은 거문고를 타며, 사광(師曠)은 지팡이를 짚고, 혜자(惠子)는 벽오동에 골몰한다. 세 사람의 지혜는 도에 가까워, 모두 그 대성(大盛)을 이룬 자들이다. 그러므로 후세에, 이름이 남겨졌다. 오직 자기가 좋아하는 그것으로, 세인들과 다르고자 하였다. 자신이 좋아하는 그것을, 세인들에게 과시하고자 하였다. 드러내지 말아야 할 것이, 드러났다.

그러므로, 견백(堅白)의 우매(愚昧)로 끝났으며, 그 아들이 또, 그의 거문고 줄을 이어받았을 뿐, 종신토록 이룬 것이 없다. 만약 이것을, 완성이라 말한다면, 비록 나 같은 사람 역시, 완성일 것이다. 만약 이것을, 완성이라 말할 수 없다면, '나'와 사물 모두에게, 완성은 없을 것이다. 대저 그러므로, 골의지요를 성인이 도모한다.

이를 위하여 사용하지 않으며, 만물을 평상으로 놔둔다. 이것을 이른 날, 새벽〔명(明), 정신〕에 따른다고 말한다.

원문(原文)

昭文之鼓琴也 師曠之枝策也 惠子之據梧也 三子之知幾乎 皆其盛者也 故載之末年 惟其好之也 以異於彼 其好之也 欲以明之彼 非所明而明之 故以堅白之昧終 而其子又以文之綸終 終身無成 若是而可謂

成乎 雖我亦成也 若是而不可謂成乎 我與物皆無成也 是故滑疑之耀 聖人之所圖也 爲是不用而寓諸庸 此之謂以明

* **소문**昭文 앞의 소씨. **사광**師曠 춘추시대 진(晉) 악사. **기**枝는 가지, 붙들어 굄. **책**策은 지팡이 짚음. **오**梧 벽오동나무. 가까워질 **기**幾 도에 가깝다는 뜻. **말년**末年 후세. **재**載 올려지다. **유기호지**唯其好之 오직 그것에 빠져. **피**彼 세인, 그들. **명**明 드러내고 과시함. 하려 할 **욕**欲. **비소명이명**非所明而明 드러내지 말아야 할 것을 드러냄. **견백**堅白 바탕은 단단하고 빛은 흼. 또 **우**又. 거문고 줄 **륜**綸 여기선 거문고 타는 기술. **종신무성**終身無成 평생 이루지 못하다. **약시**若是 만약 이것을. **수아**雖我 비록 나 같은 사람도. **아여물개무성야**我與物皆無成也 대개 '物與我無成也'이나 『남화경직해』를 본으로 삼음. 대저 **시**是. **골의지요**滑疑之耀 어지럽히고 흐린 빛. 포괄하는 빛. 맡길 **우**寓. **용**庸 평상심, 용상심. **우제용**寓諸庸 만물을 쓰지 않고 쓰다. **이명**以明 이튿날 새벽에 따르다.

책『장자』 혹은《칠원저서(漆園著書)》

혜자가 또 등장한다. 〈제물론〉에서 두 번째 등장이다. 맹자는 장자를 거론한 적이 없듯이 장자도 맹자를 거론한 일이 없다. 〈대종사〉편에 자여(子輿)가 있는데 작가 의도인진 알 수 없지만 맹자의 자이기도 하고 공자 제자로서『대학(大學)』과『효경(孝經)』을 지은 증삼(曾參)의 자이기도 하다.

맹자는 호연지기와 충서(忠恕)를 표방했다. 왕을 곁에 둔 대부분의 글은 통치에 할애되었다. 증삼의 사상이 자사(子思, 기원전 483-402 노나라 사람, 과불급(過不及)이 없는『중용』을 지었다 함. 공자 제자이며 손자. 일상윤리를 중시했으며 적빈(赤貧)했다고 함. 공자, 증자, 자사, 맹자 학통)를 거쳐 맹자에게 갔고 자사의 사상 한 줄기가 장자에게 갔다는 설도 있다.

혜자는 명가(名家)의 대표자이다. 비록 궤변가이지만 장자는 그를 자주 기억한다. 혜시가 양(梁)의 재상에 올랐을 때 장자는 재상 자리는 썩은 쥐라고 일갈한 바 있다. 혜자의 책이 전해졌다면 장자의 당대 행적이 밝혀졌을 것이다.

600여년이 경과된 뒤, 진(晉)의 곽상(郭象, 252-312)이 33편의 『장자주(莊子注)』를 정리했는데 그것이 『장자』의 원본으로 알려져 있다. 청대 건륭(乾隆) 6년(1741년) 가을 회계(會稽) 서정(徐廷)의 괴립산(槐笠山)에서 초열(鈔閱)한 『남화경직해(南華經直解)』에 장자의 글이 원래는 52편이라고 하는데 33편만 전하며 그 중 7편에 《내편》이란 제목을 붙였다고 한다. 이것이 장자의 책이라고 전하면서 그 이름을 특별히 '칠원저서(漆園著書)'라고 명했다.

옻나무 관리를 했던 그의 손은 형편없이 거칠었을 것이다. 경적 등에 남아 있는 장자주 47부 641권이 불타 없어졌다고 전한다. '목록종(目錄終)' 앞에 잡편의 마지막 편인 '천하(天下) 편' 다음의 것으로서 지금까지 알려져 있지 않은 〈일어(逸語)〉편이 있다는 기록이 남아 있다.

『장자』는 쇠세(衰世)의 책이다. 만약 이 『장자』가 없었다면 얼마나 허무한 일이었을까. 백화제방 시절 그 어느 책도 이 『장자』를 따를 수 없다. 장자의 초월 사상이 담긴 가장 난해한 문학, 동양 최고의 이 상학이 없다면 인간에게 어금니가 없는 것이나 마찬가지일 것이다. 자연과 우주, 인간 심리와 꿈, 예언 등 광범위한 주제가 지닌 독자성은 세계 최고의 저서라 할 수 있다.

인간의 영혼에 광막지야와 무하유지향의 드넓은 허공을 안고 끝없는 경계를 밀어내고 하늘을 열어준 사람이 장자이다. '내편(內篇) 칠 편'은 인간의 마음에 영원히 전해질 만세불간(萬世不刊)의 책이다. 『장자』는 권모술수, 통치술, 훈계, 교훈 등을 담지 않았다. 처세술과 출세를 위한 자기계발의 글과는 거리가 멀다.

장자는 삶의 기예를 상학으로 보지 않았다. 하나의 도구나 기술에 불과하다〔기성이하(技成而下)〕 했다. 종신무성(終身無成)을 해야 그 기예를 버리게 된다. 거문고가 없으면 음악을 할 수 없는 것이 물질예술의 결함이다. 그것은 보편적 도구가 아니다.

소씨의 거문고가 소씨 손에서 벗어나면 하나의 물건일 뿐이다. 타지 않으면 완성과 파괴가 없다. 이 말은 말이 없으면 인간이 존재하지 않으며 모든 꿈과 고통도 함께 사라지는 것과 같다. 결국 모든 존재와 음악과 완성은 침묵과 무소(無昭, 드러내거나 비추지 않음)로 돌아간다. 그러니 너와 나 사이의 물건일 뿐이다.

혜자와 소씨와 사광의 이치와 음악과 지팡이는 사실 방편과 도구를 보인 것일 뿐이다. 왜냐하면 우제용을 사용하지 않고 악기나 기물, 혹은 변론을 사용했기 때문이다. 무궁소요엔 음악과 도구, 변술이 필요하지 않다. 최소한의 언어는 불가피하지만 결국 이것도 버리게 될 것이다.

소요의 배경은 우주이며 바람과 도추만 있을 뿐이다. 영구한 세월 동안에 거문고를 타는 자는 없다. 우제용을 사용할 수 없기 때문이다. 지팡이, 악기 등으론 넘어갈 수 없는 경지이다.

모든 사람이 광사가 되지 못하는 것을 안타까워할 일이 아니다. 장자는 수아(雖我, 비록 나 같은 사람도)라 했지만 완성이 있다 없다 단정 지을 순 없는 일. '나'와 사물에게 완성은 없다. 만물은 무한의 세월을 통해 무엇을 완성하는 것이 아니다.

거문고와 지팡이와 오동나무궤짝

장자에겐 이 거문고와 지팡이와 벽오동 궤(机)가 시비와 이해와 편애의 원인자가 된다. 꼭 그것이어서가 아니라 그런 것들이 문제가 된다. 시비가 나타나면 〔시비창(是非彰)〕 도의 한 귀퉁이가 떨어지는〔(도휴

(道虧)〕 원인이 되며, 도의 한 귀퉁이가 떨어지면 편애가 생긴다. 그러므로 도는 숨어 있다〔도은(道隱)〕.

사실 소문지고금야(昭文之鼓琴也) 사광지기책야(師曠之枝策也) 혜자지거오야(惠子之據梧也)를 거꾸로 해석하여, 거문고가 소문(昭文)을 타고 지팡이가 사광(師曠)을 지탱하고 벽오동 궤가 혜자(惠子)를 움직이는 건지도 모른다. 물건들에 사람이 이용되고 있고 사람들이 그것을 믿는다.

세상에 나뭇가지는 많고 지팡이 아닌 것이 많고 오동궤가 아닌 것도 헤아릴 수 없이 널려 있다. 주체들이 객이 되고 객이 주체가 된다. 자연의 객인 인간이 자연의 주체가 되어서 이익 될 것이 없다. 만물이 널려 있는 천지간에서 그것들은 특별할 게 없다. 더 커다란 무용의 세상과 침묵이 있기 때문이다. 소씨의 음악이 대단해도 백위대목의 소리와 저 천뢰만 할까.

손가락 하나에 와 있는 천지지만 다 쓸 수 없다. 인간은 평생 동안 만물을 다 사용할 수가 없고 한 순간에도 만물을 사용할 수 없다. 만물을 다 사용하는 방법은 만물을 사용하지 않는 우제용법(寓諸用法,〈제물론〉에서 두 번째 나옴)뿐이다. 인간은 고작 서너 개의 사물을 애용할 뿐이다. 사광 등의 기예(技藝)란 그런 것들 중의 하나일 뿐이다. 사실 다른 곳에 사용할 것이 없는 기술들이다.

인간은 이연피역하고 종신무성한다. 장자는 인간을 이충〔二蟲, 조여학구(蜩與鷽鳩, 쓰르라미 비둘기)이며 이물(二物, 리성(狸狌) 너구리와 족제비)로 보았다. 나의 너구리와 쓰르라미가 거문고를 타고 있다고 가정할 수 있다. 족제비와 비둘기가 책상에 처박혀 계책을 꾸미는 것이기도 하다. 이들이 자기 족속의 무리들 속에서 지휘봉 하나를 들고 삶과 마음을 지휘한다면 그것도 마뜩잖아 보인다.

소씨의 거문고와 사광의 지팡이와 혜시의 탁상(卓上)이 세인들이 보기에 대단한 것 같지만 항상 쓰지 못하는 것들이다. 자연에 붙어사는 저 우숙(寓宿)의 삶이 곧 우제용의 삶이다. 자연의 음악과 대목과 말을 보고 들을 뿐이다.

의도하지 말고 자연에 맡겨라

자연의 일부인 인간이 자연을 능가할 순 없다. 성(成)과 휴(烋)는 자연에 맡겨져 있고 만물은 그 자연의 운행을 따른다. 언어와 만물과 인간의 관계는 만물제동의 입장에서 절대허무의 무가치 속에 있다.

무주(無主)의 우주 속에서 소요가 이루어진다. 절대적인 것 같은 생사 또한 사유 속에서는 하나의 변화이며 소요일 뿐이다. 인간은 죽음 밖의 저 자연 속의 일성순으로 돌아간다.

단지 이들은 약간의 예능과 광기가 있는 사람들이다. 소씨는 눈을 감고 거의 삼매경에 빠져 있을 법하고 늙은 사광은 지팡이로 땅을 치면서 광인처럼 몸과 팔을 흔들었을 법하다. 혜자는 오동나무 궤짝이 부서질 듯 주먹으로 내리치며 자기의 주장이 옳다고 강변했을 것이다. 하지만 장자는 그들이 무언가에 빠져 있음을 지적하고 있다. 그 무엇을 도구로 삼지 않고선 아무것도 할 수가 없는 자들이다.

장자는 내게 도구를 버리라고 말하는 것 같다. 그들은 세인에게 자신들의 재능을 들려주고 보게 하고 깨닫게 하고 싶어 한다. 즉 자신들의 것을 과설(誇設)하려 한다. 자연을 등지고 자기를 내세우는 이들은 장자에겐 또 다른 소인들에 불과하다. 하나의 재기(才器)에 불과하다.

견백(堅白)은 궤변술이다. 명가(名家)의 궤변론자들이 천하의 근본을 밝히지 못한 까닭이 무엇일까. 도를 방법과 도구로 삼아서였을까. 그들은 불고(不鼓)의 고(鼓), 불청(不聽)의 청(聽), 불변(不辯)의 변(辯)을 알지 못한다. 진리의 본질은 인간의 기호, 숫자, 언어로 나타날 수 없다. 도구를 사용해선 도를 드러내게 할 수 없다. 보여진 진리의 형상은 이미 가짜 그림자이다.

여기서 외형의 것으로 무극에 도달할 수 없다는 도가적 권위가 보인다. '불고의 고' 등은 소리 이전의 침묵의 세계 즉 지현(止玄, 고요한 미묘유심(微妙幽深)의 상태), 허금(虛琴, 멈추어 있는 텅 빈 거문고)의 고요 같은 것. 사(絲)가 현(絃)이 아닌 물(物)이고 혁(革)이 고(鼓)가 아닌 북임을 알아야 한다는 뜻. 일견 궤변 같지만 이 사유의 방법은 불가피하다. 거문고도 지팡이도 오동도 없는 소요가 여기서 비상한다.

그러니 말이 또 전부가 아니다. 그렇다면 이 세 사람의 악기와 손가락, 지팡이와 다리, 궤짝과 혀는 인간의 더없는 비유이자 장면들이다. 장자는 그들의 등 뒤에 서서 아무것도 할 줄 모르는 한 첨지처럼 우두커니 그것들을 듣거나 바라본다.

나는 여기서 장자가 아무것도 놓지도 들지도 의지하지도 않은 홀몸이라는 것을 느낀다. 태허는 연주되지 않고 강변되지 않는다. 그곳이 그의 언어의 집이고 정신의 우주이다. 그는 수고하지 않고 다치지 않고 말하지 않으면서 그 언어들과 살았다.

북채가 아니라 지팡이면 좋겠다

지책(枝策)이 북채일까 지팡이일까. 어떻게 표현된 것이냐의 문제이다.

춘추시대 진(晉)나라 사람인 사광(師曠)은 진평공(晉平公)의 악사였다. 태어날 때부터 양안(兩眼)을 잃었지만 음률(音律)을 잘 판별했다. 소리로 길흉까지 점을 쳤다. 새소리를 듣고 제나라 군이 후퇴한 것을 알았고 장책(杖策, 말을 채찍질 함)도 없이 능행능지(能行能止)하는 신술(神術)이 있었다. 진평공이 대종(大鐘)을 주조할 때 모든 악공(樂工)들이 음률이 정확하다고 했지만 그만은 아니라고 말했다.

기(枝)는 가지, 붙들어 굄의 뜻이 있고 책(策)은 지팡이, 짚는다는 뜻이 있다. 더구나 앞의 소문이 거문고를 뜯는데 굳이 사광까지 북채를 가지고 휘두를 것은 없을 듯. 음악을 두 번 묘사하는 건 어울리지 않는다. 더구나 앞의 소문이 거문고를 뜯는 성(成)의 의미라면 광사는 그와 반대인 휴(虧)의 경지인 것이 적합하다. 그것은 또 노쇠의 휴(休)이기도 하다.

매일 짚고 다니는 아무것도 아닌 지팡이가 지휘봉이나 북채가 되는 것보다는 초탈적이다. 노쇠한 사광의 종신무성이 비춰진다. 사광에게 어찌 북채라는 것이 따로 있었을까. 어떤 것을 들어도 지휘봉이 되었고 가지와 물이 춤을 추었을 텐데. 그러니 몸을 의지하는 지팡이가 적격이다. 이렇게 될 때 이 세 사람의 배치 구도(構圖)는 그럴듯해 보인다.

그렇다면 뒤의 혜자의 오(梧)자도 구태여 책상이란 뜻을 가져올 것 없다. 낙엽교목의 벽오동나무가 더 좋을 듯싶다. 책상머리에서 머리를 박고 궁구하는 것보다는 어느 가을날 살아있는 오동나무에 머리를 박고 서서 무언가를 정리하고 골똘해하는 모습이 혜자답다. 그는 시인처럼 늘 새로운 말을 하고 싶었을 것이다.

혜자의 거(壉)는 광사와 소문에 버금갈 무엇이 있는 것일까. 이것도 장자 속의 한 수수께끼이다. 다만 거문고는 한 마리의 말이며 지책은 손이 잡은 지팡이이다. 벽오동나무는 자연이다. 깊은 사색에 잠긴 혜자는 아마 자신의 머리를 짚고 있는 벽오동나무가 바로 자연이라는 것을 몰랐을 것이다.

이 거(據)는 의지한다, 의탁한다는 뜻으로서 자연에 인임할까 말까, 궤변을 버릴까 말까 하는 혜자의 고뇌를 엿보인 장자의 배려 같기도 하다. 또 이 거를 '증거(證據)로 삼는다'는 뜻으로 본다면 장자는 혜자가 한 그루의 오동나무에게 기대게 함으로써 자연에 귀의할 것을 암시한 것일 수도 있다.

붙잡힌 자들

아무리 소씨의 음악이 대단해도 지뢰(地籟)만 못할 것이다. 사광의 지팡이도 바람에 흔들리는 숲의 가지들만 못하다. 혀가 닳아버릴 것 같은 혜시의 주장도 방일월의 소요만 못하다. 우리가 스승과 친구와 애인으로 삼고 잠시 살아갈 것들은 다른 곳에 있는 것인지 모른다. 그들은 저들을 존경하지도 부러워하지도 않는다.

늘 그것에의 '희미한, 깊은 의식(意識)의' 서기(庶幾)가 필요하다. 너무나 분명해지면 그것은 또 양명에 함몰된다. 다시 음으로 돌아가 촉은 새싹을 찾아 불명(不明)의 명(明)을 얻게 된다. 무궁하고 희미한 새벽과 저녁이 좋다. 그것은 매(昧)는 아니다.

가끔 소년은 아침과 저녁의 길게 휘어지는 햇살을 바라보는 것을 즐길 줄 안다. 하지만 '나 햇살'은 그곳에 머물지 않는다. 그러나 또 산은 그곳에서 어둠이 된다. 고지인들은 이름을 드러내지 않는 것을 좋아했다. 무엇을 가져와서 사용하려는 기심(機心)을 내지 않는다.

다시 말해 모든 감각의 요구에 따라 천예하게 행하고 취하고 말하되 요구한다, 생각한다 말한다고 하는 계산과 생각을 내지 않는다. 이것이 진위와 시비, 미추, 성휴(成虧)를 구별하지 않는 텅 빈 마음이다. 비출 뿐인 거울의 마음이다. 모든 것을 비추는 거울이 무언가를 의도하는 마음을 낸다고 하면 두렵고 무서운 일이다.

어느 날 자공(子貢, 위나라 이재가(理財家). 언어의 일인자. 공자보다 뛰어난 인물로 평가됨. 공문의 번영은 사실 이재가 자공의 경제력에 큰 힘을 입었다고 한다)이 들길을 가는데 한 노인이 물일을 하고 있어 답답한 마음에 용두레 법을 가르쳐 주었다. 노인은 용두레를 쓰지 않는다고 말했다. 용두레 날개가 부서지면 어디 가서 구한단 말인가. 그 마음고생이 어떠할 것인가. 기심(機心, 문명의 이기를 사용하는 마음)을 버린 자의 말이다.

종신무성. 진정한 실용이란 무엇일까. 만물은 서로를 사용하지 않을까. 욕망의 가치란 없는 걸까. 햇살을 늘 눈에 담고 뜰에 서서 '그것'을 눈짐작하지만 그저 지나가는 것으로만 보진 않는다. 햇살의 부채들이 수도 없이 내 곁을 지나가지만 그것을 불러 세우지 않는다. 산 너머 강이 햇살을 먹는 소리가 들린다고 해야 할까.

장자가 볼 때 소씨나 사광이나 혜자나 모두가 무언가에 붙잡혀 몸부림치는 몽매(蒙昧)이다. 그가 망아의 경지에 갔을 법한 거문고도 계속해서 소리를 낼 수 없으며 춘추시대 음률의 대가였던 사광의 지팡이도 주인의 손을 버린 지 오래 되었다. 깨달은 바를 부서지도록 주먹을 내리치며 강조하던 궤짝 책상은 어디로 갔을까.

소씨의 거문고가 그 아들 손에 전해졌지만 장자가 보기에 그 아들은 아무것도 이룬 것이 없다. 하나의 악기 혹은 재능을 지니긴 했지만 본분(本分) 상으로 이룬 것이 없다. 저기 환하게 대낮 속에 있는 것은 자연이다. 그것을 소씨나 아들의 소유로 보지 않는다.

그런데 그들은 살아있을 때 그것을 대단한 것으로 여기거나 타인들과 구별하는 차별의 소재로 여겼다. 또 시비와 편애, 평가의 발원이 되었다. 소씨는 거문고를 다지 않고 가만히 있는 것만 못하다는 것을 극복할 수 없었다. 그러지 않기 위하여 소씨는 계속해서 거문고를 타야만 했을 것이다. 붙잡혀 돌아오지 못한 자들이다.

골의지요(滑疑之耀)의 비밀

장자의 글에 무(無)자가 자주 나온다. 이 대목의 물여아(物與我)가 무성야(無成也). 물아(物我)의 의미가 끝을 보이는 듯하다. 이 없음이 어떤 연유로 장자의 마음속에 세워지게 됐을까. 최초로 보이는 무성(無成)의 인식이다.

만물에 허무의 옷을 입혀준 장자가 이때 있게 된 것일까. 도추(道樞)만이 광막지야에서 괴이한 풍차처럼 돌고 있는 걸까. 무(無)만이 이 우주의 유일한 벽이며 하늘인가. '나'와 사물 모두에게 완성은 없는가 있는가. 의문만 춤사위를 한다. 그것만 존재하는 것 같다. 이것이 장자의 제물법일까.

하늘을 수없이 찔렀던 인간들의 오만에게 유정(有情)의 진위를 벗어난 장자의 이 겸손은 그 자체가 무(無)이다. 자신이 이룬 것은 없다. 나의 것은 하나도 없다. 모두 허무자연의 것이다. 동터 오는 새벽〔명(明)〕에 나는 있는가. 이 질문의 끝에 서지 않고선 장자의 태허의 마음을 맛볼 수 없을 것이다.

완성이란 없다. 그렇다면 나와 사물의 완성도 없다. 그리 생각토록 해야 마땅한 도리(道理)이다. '만약 이것을 완성이라 할 수 없다면 〔약시이불가위성(若是而不可謂成)〕'이란 말이 삐꺽 하고 하늘에서 도의 문을 여는 소리를 낸다.

여기 장자의 여러 고층 중 하나인 위대한 사자가 등장한다. 골의지요(滑疑之耀). 이것은 희미한 빛이다. 빛 스스로가 분명하게 자신을 드러내거나 밝히지 않는다. 그렇다면 이 희미한 혼돈의 빛은 다시 우주 속에서 피어나오는 혼돈의 여명(黎明)이기도 하다. 즉 도의 비춤이며 가려진 명(明)이다.

이럴 때 이 성인의 눈을 어둡게 한다는 말은 새로 해석되어야 한다. 즉 성인이 어두워지는 것은 만물이 함께 어두워져서 어두워진다. 만물을 모두 보고 있으므로 명약관화한 눈을 갖지 않는다. 만물이 서로 모르는데 도대체 무엇을 환히 볼 수 있을까. 꿈속에서 느끼고 보고 거하고 자고 움직일 뿐이다. 언제나 새벽은 명(明) 속으로 돌아오지 그 무엇을 생각하지 않는다.

골의는 현혹하는 빛이 아니다. 우주가 고요한 심부(心府) 속에 있다면 만물의 천변만화 그 안쪽에 있는 한 지수(止水)와 천지(天池)이다. 영부 속의 느리고도 멀리 있는 요료(了了)한 무엇. 그것은 손과 눈에 잡히지 않는다. 그 희미한 빛이 사람의 얼굴과 우주의 마음 전체를 조용히 비추고 있다.

골의지요는 조궤적 사유의 소요가 겨우 보여주는 희미한 무늬이다. 알 길이 없다. 그래서 여기서 문득 소문, 사광, 혜자 이 세 사람이 좋아하지 않고 잘하지 못하는 것이 무엇일까 생각해보게 된다. 만물이 그들과 무관하다. 그들은 이 세 가지 기술 외의 만물이 자신들을 응시한다는 것을 결코 알지 못한다. 골의는 어둠의 공간 속에서 가만히, 희미하게 먼지처럼 빛날 뿐이다.

모르는 것이 있는 이상 절대 안다고 할 수 없다. 소외된 것이 있는 이상 중심을 말할 수 없다. 바깥이 있는 이상, 중심은 언제나 불안할 수밖에 없다. 새벽의 명(明)으로 말없이 비추어볼 뿐이지 인간이 판별하거나 알 수 있는 것은 아니다. 창에 물들고 있는 그 새벽빛을 들어오게 눈을 열어줄 뿐.

그때 주인공이 아닌 나는 천천히 몸을 움직이는 자연을 전율적으로 느낀다. 인간이 나서서 중심이 되고 주인공이 될 때 인간은 가엾어지고 초라해진다. 그러나 자연에 나의 전부를 맡긴다면 나는 뭔가 다른 천예한 존재가 될 것 같다.

우둔(愚鈍)을 죽이는 총명들

개성을 인정하되 용상(庸常)으로 돌아올 것을 암시한 것이 위이(爲異, 인위성)와 위시(爲是, 자연성)이다. 반자연적인 것을 부정하는 장자는 기예와 지식, 사상에 비판적 태도를 보인다. 그것에 빠져들면 범부와 자신이 다르다는 것을 보이려 하고 세상으로부터 찬사를 받고자 하는 의도를 가지고 노혁(老洫)에 떨어진다.

시비와 편애를 비판하는 것 자체도 시비이기도 하지만 그 두 가지를 비판하고 경계하여 나머지 모든 사물과 의견이 자유롭고 평온해진다면 그것은 불가피한 싸움이다. 드러내지 말아야 할 것이 드러났다〔비소명이명(非所明而明)〕는 말은 무언가 자연에 위배되었다는 뜻. 위대한 예능이라도 명(明) 앞에 드러내선 안된다는 뜻.

언제 자연이 빈 가지 사이로 날리는 강설(降雪)의 풍경을 말한 적 있는가. 그들은 곧장 손바닥에 닿으면 녹고 마는 한 송이의 눈에 불과하다. 인간의 예술은 모두 자연과 심부의 모방이며 변주이다. 도와 진지(眞知)와 아름다움은 안에서 비춰지지 않을 것이다.

장자의 그 구멍〔규(竅), 결(闋)〕 안의 어둠으로 한없이 들어가 그 안에서 잠들고 다시는 밖으로 나가지 않을 것이다. 기이한 실명(失名, 상아와 같은 의미)이자 깨달음이다. 살아서 그것을 안다는 것은 기막힌 인간의 일이다. 해결할 길이 없는 죽음이 저쪽에 항상 있는 것을 본다.

인간의 슬픈 매(昧)와 종(終)과 윤(綸)이 여기 있다. 이래서『장자』는 분명하고 확고하고 강한 것을 지우고 어지럽고 흐릿한 보광의 언어를 집으로 삼는다. 암명(闇冥) 속의 세계를 껴안으려는 이 초라한- 한번 밤이 되고 한번 낮이 되는- 지상에 있는 불구의 집 안에 서 있는, 한 번도 가본 적이 없는 저토록 그리운 언어의 빛이 존재했었다. 그 희미한 별만이 나의 머리 위에 희미하게 빛난다.

높낮이와 변이 없는 것이 '명(明)'이다. 한낮의 밝음은 그 밝음이 따로 있지 않다. 한낮 속에서 한낮을 찾을 수 없다. 그럴 필요가 없다. 등은 밤에만 필요하다. 진인은 한낮이다. 한낮 속에 약간 어두한 의식으로 있다. 자연도 나도 다치지 않고 무궁한 어떤 검은 구멍으로 거기 가만히 나와 있다.

두 번째 나오는 명(明)은 자연의 일색(一色)이 아니다. 놀라지 않는 용상(庸常)의 모습이다. 자연이 일상 속에 있는 이것이 이미 도(道)이며 그것을 오직 따르는 것이 최상의 지혜이다. 자연 속에서 지혜를 만들지 않는다. 자연 앞에서 한숨을 쉬고 수고로워할 이유가 없다.

명(明)에서 마음은 가장 인간다운 어둠으로 거할 수 있다. 밖으로 함부로 나오지 않는다. 그래야 밖이 보인다. 그때 상극을 내포한 음양의 운동체, 자전하면서 공전하는 지구도 보인다. 나는 지구 속에서 지금 살아서 동쪽으로 동쪽으로 가고 있다.

같은 말은 반복한다. 아름답고 고요하기 때문이다. 장자는 만물을 제각각의 일상에 두면서 자연처럼 사용하게 하는 우제용(寓諸庸)이 도라고 했고 명(明)이라고 한다. 그러니 용상(庸常)이 명이다. 한낮의 일(日)이고 한밤의 월(月)이다.

건드릴수록 조작할수록 만들수록 자연은 그 빛을 잃는다. 그것이 과학이며 문명의 우매(愚昧)이다. 문명의 손을 탄 자연의 몰골은 죽어 자빠진 거대한 혼돈의 시체와 같다. 인간이 그 살아있는 혼돈을 메우고 지워버림으로써 어둠의 아름다운 천예와 우둔은 죽음을 향해 저 숱한 세월 속에서 사라져갔다. 우리는 그것을 되돌릴 수 없고 반성할 수 없다. 인간들은 건너와 버린 이쪽의 존재들이다.

그곳에 살아있는 언어는 없다. 간혹 시인들이 어려운 기억을 되찾아 그 기이한 작업을 하지만 불가능해지고 있다. 종말은〈제물론〉의 파국이다. 그것이 성휴이다. 제물은 마치 빼앗긴 자연의 시체들을 나란히 놓고 장례하고 싶은 장자의 아픈 마음의 표출이 아니었을까.

자신과 편애와 이득을 위하여 도구로 사용하지 않고 만물을 제각각의 일상에 둘 수 있어야 한다. 그것이 만물의 인격이 아닐까. 언제부턴가 인간 자체도 노예보다 못한 수단과 도구가 되고 말았다. 문명과 과학의 꿈은 사실 우제용이 목표였지만 그리되지 못하고 전도되고 훼절됐다. 이 마음을 겨우 감추어 바라보는 것이 명(明)일 것이다.

'명'자를 이튿날 새벽으로 해석했다. 관념의 명지(明智)로도 보지 않았다. 장자가 싫어하는, 세인들이 말하는 '지혜'에 가까운 말이 될 수 있기 때문이다. 어둠은 밝음의 반대쪽이 아니라 원래 우주의 주인이다.

장자는 밝고 맑은 것이 그리 마뜩찮았던 것 같다. 영리함을 싫어하고 우준(愚蠢)을 따랐다. 봄 나무, 여름 물, 가을 바람, 겨울 강설이 우준하다. 작은 지혜와 소성, 명지와 도모는 이성(狸狌)의 것들이다. 빠르고 영리한 것들이 세상과 인간을 절망 속에 빠트린다.

모략의 곳간과 지혜의 앞잡이

모든 생명체 중에서 인간만이 지혜를 이용하는 특이한 존재이다. 그들은 그것을 찾아 활용한다. 우자(愚者)는 그것을 버린다. 어떤 지혜는 그것을 찾아 세상을 주유하지만 거의 모략이 되기 일쑤이다. 영악한 것을 배워 가지고 돌아와서 세상을 갈라놓고 인간을 규정하고 권력을 독차지한다.

〈대종사〉편에서 양자거(陽子居)가 노담(老聃, 노자)에게 묻자 명철소명(明徹疏明)을 거부하는 것도 이와 같다. 우매하고 어리석은 것이 생명의 본질이다. 예컨대 어리석고 우매한 것들만이 아기를 가지고 새끼들에게 자기 가슴의 젖을 물린다. 어리석지 않고 우매하지 않은 것들은 자기 젖을 물리지 않을 것이다. 본능이 이성에 함락된 생명들은 아예 생명을 잉태하지 않을지 모른다.

〈제물론〉은 만물을 가지런히 하려는 글이 아니다. 자연을 가지런히 하는 순간, 자연은 혼돈을 잃고 흐트러질 것이다. 자연을 있는 대로 두는 우제용에 의해서만 지구생명은 존속해갈 수 있다. 우둔(愚鈍)은 자연을 건드리지 않는다. 자연을 건드릴 이유와 권리가 없음에도 그들은 자기들 것인 양 자연을 이용하고 파괴해왔다.

장자의 자연은 대괴(大塊)이다. 확연히 구획된 것은 자연이 아니다. 제물은 고만만한 것이 아니라 어긋버긋한 것이다. 범접하기 어려운 대목백위(大木百圍)의 규혈(竅穴), 계권구와(枅圈臼洼), 회궤휼괴(恢詭譎怪), 여탄변접(慮嘆變慹), 외최(畏隹) 들이다. 그러나 문명은 자연을 무너뜨리고 잘라내고 구획하고 편제했다.

간편하고 편리하게 만드는 것이 〈제물론〉이 아니다. 편집하고 부수고 조작하는 것을 멈추고 가만히 놔두는 것이 제물의 제일의이다. 이래서 장자의 사상은 곧 반편집이고 반조직이며 반인간 장치일 수밖에 없다. 그래서 장자의 사상은 가장 치열한 반문명투쟁의 글이라 할 수 있다. 끝까지 진인과 우둔을 좇을 것이다.

반지(反知) 사상의 가슴이다. 부지는 장자 사상의 천예이다. 무적(無適)은 장자 사상의 발이다. 반명(反明)은 장자 사상의 눈이다. 저 안쪽에 어둠으로 열려 있는 통로 끝의 눈. 그 뒤쪽에 '다른 길'이 있을 것이지만 눈이 너무 밝아 그 어둠 속의 어머니가 보이지 않는다. 지혜는 무기공명(無己功名)의 무덤이다.

골의지요의 흐린 눈으로 내다보면 빛의 밝음과 두려움이 보인다. 권력, 탐욕, 지배, 소유, 차별이 바로 지혜에서 온 것들. 혈투로 이루어낸 결과라고 자랑할 수 있겠지만 그것은 모두 자연의 것이다. 위용을 지향하는 작은 지혜의 소산인 문명은 만물제동의 적이다. 문명은 불을 켜놓고 그것들을 지키고 있다.

다시 들여다보지만, 이를 위하여 사용하지 않으며 만물을 평상으로 놔둔다. 이것을 이튿날 새벽(명明, 정신. 골의지요, 보광)에 따른다고 한다〔위시불용이우제용(爲是不用而寓諸庸) 차지위이명(此之謂以明)〕. 이 말은 〈제물론〉의 정수리이며 기종〔機踵, 〈대종사〉 편의 기발어종(機發於踵). 발뒤꿈치에서 올라오는 음양의 맨 끝의 선기(善機)〕이다. 이 새벽빛의 날은 달리 말하면 혼돈의 태탕한 기운이다.

여기서 천양(天壤)의 태충막승(太沖莫勝)한 기(機)를 볼 수 있고, 진인은 이미 그 안에 들어가 있다고 장자는 말한다. 지주(知主) 노릇을 버려야 하니 장자는 그저 우둔하고 천진한 자연의 그림자 안에 의탁한다. 그 이상은 바랄 것이 없이 나는 그렇게 못 살았지만 나의 마음은 그렇게 살고자 한다.

그러므로 마지막 문장의 위시(爲是)의 시는 경계 없는 시간이며 태허이고 미시유물자로서 〈제물론〉의 대명사이며 장자적 삶의 용상(庸常). 도의 현상을 자연으로 보아도 흥미로울 것. 그러나 자연은 얼굴이 없다. 저 천지와 산들 만물은 이름이 없다.

문명과 도시와 지혜와 인간은 저 자연의 바깥에 나가 있다. 머뭇거리면서 인간세로 오고 있는, 그래서 자신의 새벽을 마침내 서서히 지워버릴 줄 아는 거대한 지구 동편의 낯선 시간을 본다. 얄짜없이 아픈 선홍색의 아침 시간이다.

그 새벽이 앙글앙글해오는 기운이 바로 기종이고 정수리이다. 그것만이 어쩌면 장자의 암호(暗號)의 경전일지 모른다. 문자가 아닌 '명(明)'. 기실은 명이라 이름 하지 않은 그것만이 언제나 그곳에 왔다가 하늘 한가운데로 사라져가는 실체이다. 일야상대가 신인(神人)이며 대종사(大宗師)이다.

거문고(음악, 음표), 지팡이(지휘, 의탁, 쉼), 오동나무(궤, 변론) 등의 도구로는 결코 명(明)에 도달하지 못한다는 것이 장자의 말인 듯싶다. 아무것도 가지지 않고 의지하지 않은 맨손, 맨발, 맨몸, 맨마음으로만 명에 도달할 수 있는 걸까. 결국 그것들을 버려야 텅 빈 곳을 건너 그곳에 들어갈 수 있는 걸까.

양생(養生)의 형신(形神)은 가능할까. 진지(眞知)에의 통달은 어떤 것일까. 인간은 자신의 삶 속으로 형신상통(形神相通)할 수 있을까. 그래야 훼(毁)로 저물 수 있는 걸까. 명(明)의 일야상대가 이래서 선생이 된다는 말인가. 현실적 재화와 군력으로부터 가장 먼 곳에 여여(如如)하고 우우(于于)한 명왕(明王)은 있는가.

장자의 말이여, 세상에 진리의 말처럼 맛있는 효적과 아름다운 영혼의 그림자는 없을 것이다.

18. 나는 알지 못하겠다

이제 또 이렇게, 말을 하고 있으나, 알지 못하겠노라. '그것과 '이것' 이, 같은 것인지, '그것'과 '이것'이, 같지 않은 것인지.

같은 것과 같지 않은 것이, 서로 함께 같은 것이 되려면, 즉시 함께 그들이 다름을 없애야 한다. 비록 그럴지라도, 시험 삼아 말해보자.

시작이란 것이 있다면, 시작이 있기 전의 것이, 있을 것이며, 대저 시작이 있기 전의 것의 있지 않음이, 있을 것이다.

'유(有)'란 것이 있고, '무(無)'란 것이 있다면, 있지 않은 무(無)가 있을 것이며, 대저 있지 않은 무가 있지 않음도, 있을 것이다.

잠깐 '유'라 하고 '무'라 (시비, 변론)하지만, 이래 가지곤, '유'와 '무'에 대한, 앎에 미치지 못한다. 과연 무엇이 '유(有)'이며, 무엇이 '무(無)'인가.

지금 나는 이미, '있다'고 곧장 말했지만, 그로 하여, 그것(유무)을 말한 나를, 알지 못한다. 그것을 과연, '유'라고 말해야 하는가, 그것을 과연, '무'라고 말해야 하는가.

원문(原文)

今且有言於此 不知其與是類乎 其與是不類乎 類與不類 相與爲類 則與彼無以異矣 雖然 請嘗言之 有始也者 有未始有始也者 有未始有夫

未始有始也者 有有也者 有無也者 有未始有無也者 有未始有夫未始有無也者 俄而有無矣 而未知有無之 果孰有孰無也 今我則已有謂矣 而未知吾所謂之 其果有謂乎 其果無謂乎

* 있을, 일어날 **유**有 말이 되고 있음. 그것 **기**其. **류**類 아류, 비슷한 것들. **상류**相類 서로 같은 것. **무이이**無以異 다름이 없다. **의**矣 단정을 나타내는 어조사 의. **청상**請嘗 한번 말해보자. **유**有 있음, 존재. **무**無 없음. 대저 **부**夫. 문득, 갑자기 **아**俄. **이미지**而未知 이래가지곤 알 수 없다. 무엇, 어느 **숙**孰. **금아**今我 지금의 이 나(장자). 이미 **이**已. **즉**則 곧장, 분명하게. **이**而 그로 하여. **소위**所謂 말한 바, 이른바. **지**之 그것의, 유무(有無)의 실상.

지상의 소요와 초극 정신의 등장

이곳은 〈제물론〉의 고봉이다. 난해하다. 매력이 있는 곳이다. 다소 궤변적이다. 말할 수 없는 것이라고 해서, 알지 못하는 것이라고 해서, 존재하지 않는 것은 아니다. 사고의 틀 안에 들어오지 않는 것도 있다. 불가피한 수사의 한계이다. 사유와 수사 너머의 것을 제외할 수는 없다. 장자 고유의 수사법이 아닐까.

적당한 난해성이 아니라 자연이 품고 있는 불가해한 근원이 있다. 장자를 마귀라고 몰아세운 자들도 있었지만 그들은 말의 본질을 의심하지 않았던 것 같다. 두 눈을 뜨고 천지를 활보했지만 사실은 아무것도 본 것이 없다. 또 보이지 않는 것을 본 것은 물론 없다고 말할 수 있을 것이다.

언어와 유무(有無)를 단순하게 보지 않는다. 또 그것을 사용하는 인간 역시 말할 수 없는 미지(未知)의 존재이다. 이곳이 시비를 넘어 존재의 유무(有無)에 대한 최초의 순수 의문이다. 사유와 언어와 논리의 문제를 제기한 곳. 논리의 논리를 넘어 어리석음에 도달할지라도 무언가를 표현하고자 했을 때 불가피한 차용의 경우는 있게 마련이다.

물론 이미 자연 자체가 용이한 것이 아니다. 모든 것이 존재하는 것이 아니고 존재한다고 존재하는 것도 아니다. 즉 언어화하지 못하면 존재하지 못할 수도 있기 때문이다. 장자의 말은 인간의 사유의 어떤 한계를 지적한 것이며 궁극은 유무의 경계가 사라지게 된다는 것을 암시한 것이기도 하다.

이런 논리를 넘어서는 사유는 『논어(論語)』에선 찾아보기 어렵다. 사소한 실용 문제보다 철학적 질문이 돋보이는 책이 『장자』이다. 유한의 현실세계에 대한 극한적 논리에 대한 도전과 한계를 지우는 모험이 보인다. 굳이 말장난을 못할 것도 없지만 저 우둔한 듯한 자연을 의지하고 살아가는 인간이 보인다.

장자는 자연에 모든 것을 위임한다. 그러면서 그것을 초월하려는 마음을 가지고 있다. 즉 말로 살고 싶었다. 만물과 언어 앞에서 절망하지 않고 자연과 소요하며 더 높은 곳을 장자는 꿈꾸었다. 그러나 정말 자연을 다 알 수 없는 까닭에 부지하게 되고 소요하게 되었을 것이다. 만물에 대한 절망의 극복일까, 반전일까.

시험삼아 말한 청상언(請嘗言)은 실전이다. 유유야자(有有也者) 유무야자(有無也者)하며 그 '무'라고 하는 것이 있다면, 그 '유'라고 하는 것이 있다고 '한번 해보자'는 말은 〈제물론〉의 본격적 등정(登頂)인 셈이다. 그 순간 장자는 하나의 문제를 감지한 것 같다. 말에 어찌 경계와 구분이 없는가. 즉 유무의 경계와 구분.

하지만 장자는 분명코 구분이 없다는 것을 말하고 있다. 그러고 나면 비로소 사라진 경계선이 새롭게 나타난다. 그때에서야 그 너머 경계는 없어진다. 서로 무가 있고 유가 있다고 하면 그 유와 무의 경계는 사실 없는 것이 된다. 그러나 그 사라진 말과 그림자는 또 다른 기억으로 움직인다. 이래서 난해하다.

유시야자(有始也者)는 시간의 문제이고 유유야자(有有也者) 유무야자(有無也者)는 존재의 문제이다. 이 시존(時存)에 따르면 현재 지구인치고 존재하는 인간은 없을 것이다. 유무의 문제는 미지수의 문제이다. 아마 인간의 사유 구조 자체가 이것을 의심할 순 있어도 풀 수는 없도록 만들어졌는지 모른다. '있음'이란 말을 빼버리면 그것을 증명할 길이 없기 때문이다.

"대저 시작이 있기 전의 것이 있지 않음이, 있을 것이다.(有未始有 夫未始有始也者)"와 "대저 있지 않은 무가 있지 않음도, 있을 것이다.(有未始有 夫未始有無也者)". 괴이한 말이다. 언어로만 사유가 가능하다. 이 말은 언어의 상상 너머를 보여준다. 무와 망각의 세계와 그 너머 이쪽의 망각과 유를 대칭한다. 그것을 도대체 뭐라고 말해야 할까.

세계를 한 문자 속에 넣고 모든 모순과 시비를 묶고자 한 혜자는 그것을 대일(大一)이라 했지만 그것을 표현할 마땅한 언어는 없다. 존재하지 않는 것들의 이름인 쿼크와 H_2O(물)의 실체와 전자 자체를 본 눈이 없는 것과 같다. 만물의 시작 전의 그 앞 쪽의 유무에 대한 회의는 결국 시종이 없다는 결론에 도달하는 것일까.

아홉 살 때 한암(漢岩)이 『사략(史略)』을 읽다가 선생에게 '천황시 이전에는 누가 있었습니까?' 하니 선생이 '반고씨가 있었다' 하자 다시 '반고씨 이전에는 누가 있었습니까?' 하여 선생이 말문이 막혔다고 한다.

그는 오대산에 들어가 27년간 나오지 않았다. 삼십오 세 때 맹산 우두암 부엌에서 불을 지피다 깨달았다. '바위 밑 샘물 흐르는 소리 젖는 일 없다 하리'. '마음 밖에서 도 (예컨대 이 샘물 흐르는 소리)를 구하는 것은 모래로 밥을 지으려는 것과 같다'는 대목에서 심신이 송연했다고 한다.

비록 풀 길이 없지만 이 시원에 대한 미시(未始)의 사유는 부지이며 미결이다. 이래서 불법(佛法)이 들어오기 전부터 동북아의 정신사 속에 장자의 천기(天機)의 피는 흐르고 있었다고 할 수 있다. 장자에 의하면 완성되는 성(成)과 완전히 끝나는 훼(毁)는 없다. 파동 치면서 무궁한 시간 속을 갈 뿐이다.

알 수 없는 만물과 언어의 관계

〈제물론〉의 난해하고도 심오한 유무장(有無場)에 들어왔다. 제국이 대혼란을 겪는 시대에 대체 어떤 범부가 유무를 갖고 장난하며 그 비밀을 알려 했을까. 위험한 일이며 가소로운 일이 아니었을까. 장자의 포부가 큰 것은 이래서이다.

장자의 근본 유무에 대한 문제는 어느 시절에나 살아있는 사유의 눈동자이다. 그 동공이 담은 허무의 깊이는 잴 수 없다. 그곳에 태탕한 일(一)이 있어서 시간만 나면 그 응무궁의 거울을 보았을까. 육체의 앞부분인 연맥과 뒷부분인 독맥, 그리고 백해구규육장의 인간은 그 거울 속 어디 있었을까. 언제 그 거울 앞에 찾아왔을까.

그 시원의 진위를 떠나서 사유의 동력이 되고 날개가 되는 이 말이 문제이다. 그래서 장자는 "이제 또 이런 '말'을 하고 있으나, 알지 못하겠노라, '그것'과 '이것'이 같은가, '그것'과 '이것'이 같지 않은가." 의문한다. 여기서 만물과 언어는 새로워질 것이다. 부지는 만물과 언어를 소생시키고 낡은 혼돈과 천예를 파괴하는가.

장자는 언어를 지극히 중시한다. 한편으론 두려워했던 것 같다. 글을 쓰면서 장자는 그 생각 자체를 하고 있는 느낌이 든다. 어떤 번역은 '여기 말이 있다고 치자' 하였지만 나는 현재 장자가 말하고 있는 혹은 글을 쓰고 있는 현재적 상황을 중시하고 " 이제 또 이렇게, 말을 하고 있으나, 알지 못하겠노라."로 보았다.

'그것'과 '이것'이 같은 류(類)인가의 앞의 '그것'은 인간의 완성이라는 것, 소성(小成) 즉 소문, 사광, 혜자의 기예와 기술 궤변이고 뒤의 '이것'은 나 장자의 말 혹은 생각, 명(明), 자연, 일야상대 등이다. 가정이 아니라 여기선 자신의 말 자체를 골의지요로 비추고 있다. 금차유(今且有)는 대화하고 있는, 혹은 장자가 글을 쓰고 있는 그 현장의 '지금'이다.

『남화경직해』에서 부지기여시류호〔不知其與是類乎, 알지 못하겠노라, '그것(이제 또 이런 '말'을 하는 그 말)'과 '이것(명明, 자연)'이 같은 것인지〕의 '시(是)'를 불필요하다고 한 것은 실자(實字)가 지워졌다고 본 것. 앞의 17에 있는 우제용의 위시불용(爲是不用)의 '시'를 본래 문자로 본다. 대개는 이 기여시(其與是)를 '그것과 이것'으로 번역하지 않았다.

시는 더 이상 밝을 수 없는 골의의 자연이며 기(其)는 장자가 여기 지금 있다고 한 그 '말'이다. 장자의 그 '말'과 자연의 그 '시'가 같은 것인가 다른 것인가. 다른 언어와 다른 자연현상 혹은 만물이다.

만물 앞의 인간의 얼굴의 말

만물과 그 시종의 문제는 '말'의 문제이다. 말을 지우면 종말과 시원이 없는 것이 되기도 할 것이다. 하지만 인간에게 없는 것은 인간에게만 없는 것이 된다.

여기서 '금아즉이유위의(今我則已有謂矣)'를 '지금 나는 이미, '있다'(유有)고 곧장 말했지만'으로 보았다. 장자가 강조한 부분이다. 이 유(有)자를 지금 장자 자신이 하고 있는 말 자체가 이미 무(無)이지만 '없는 것'을 벗어나 벌써 말한 것으로 인식했기 때문에 그것 자체가 유를 나타낸 것이라고 보았다. 이 말의 날개를 잡을 수 있을까. 이런 것까지 장자는 말하고 감각한 것 같다.

장자의 언어가 권력과 도덕, 규범, 윤리 등에 대한 초극적인 유희성에 있다면 그의 말은 인간을 자연의 빛으로 끌어내려는 정치적 양행과 문화적 풍자의 의도로 읽힌다. "그것을 과연, '유'라고 말해야 하는가, 그것을 과연, '무'라고 말해야 하는가."란 구절에서 약간의 분열증을 느끼지만 자유가 살랑대는 바람을 선감(先感)할 수밖에 없다.

장자는 알 수 없다고 말한다. 장자의 모든 문장 속에는 어떤 초월적 존재에 대한 부지의 의식이 강하다. 모르는 척하는 것일까. 그렇다면 그건 인위이다. 하늘의 한 존재가 인간의 이 '말' 속에 있고 없고 간에 장자의 비극과 그것의 초극의지는 진정성에서 무궁히 순응한다. 적극적 순응은 바람과 함께 움직이기 시작한다.

"같은 것과 같지 않은 것이, 서로 함께 같은 것이 되려면, 즉시 함께 그들이 다름을 없애야 한다." 누가 이 기상천외의 사유 속에서 홀로 협우주하고 방일월하는 그를 알 수 있을까. 언어로써 구름이 되고 바람이 되고 사람이 되고 이미 말이 된 만물의 내막을 어떻게 말할 수 있을까.

한 인간의 장자 저쪽에 있는 만물의 존재와 사정에 차별과 경계는 없다. 그러지 않으면 장자도 중심에 서게 된다. 만인이 통치를 꿈꾸어도 진인은 엄두도 내지 못할 중심이다. 꿈꾸고 설계한 소요의 언어로 만물을 제자리에 놓는다. 고귀한 내면의 무늬이고 무비(無比)의 목표이자 지고한 꿈이다.

생사숙명을 타고난 생들은 차라리 한바탕 꿈을 꾸는 존재들이다. 이런 의문과 도남붕정(圖南鵬程)의 뜻과 상상이 가능한가 하는 의문 속에서도 '나'는 현세적 꿈을 엿보고자 한다. 분명코 장자는 '나'의 삶과 우주만물을 하나로 꿰고 바다(〈소요유〉의 남해(南海), 천지(天池))를 찾아가는 먼 도정으로 보았을 것이라 이해된다. 그래서 소요와 유무는 불가분의 관계 속에 있다.

이성(異性)과 이형(異形)이 없는 세계는 언어와 만물이 대립하는 세계가 아니다. 무잡(蕪雜)한 만물의 관계 속에서 소요의 꿈을 꾸고 노래하지 말라는 법이 있을까. 시비보다 더 난해한 기여시(其與是)와 차시(此是)에 대한 경지가 존재함을 부정하지 않는다. 이것과 저것의 시비가 아니라 언어가 등장하면서 사물의 유무는 더 어려워지지만 소요는 만경창파로 들어선다.

장자는 유무, 재능, 성휴, 종신무성, 물아의 문제에서 솔직히 난공불락(難攻不落)에 부닥쳤다고 고백한다. 극한에 처했지만 그것만이 진실이다. 극한에 가지 않은 앎은 거짓일 수 있다. 장자는 '있다' '없다'의 이분적 논리를 진심으로 통섭하고 넘으려 한다. 인간 심원의 말을 끌어올려 남명 천지행의 배를 타야 하지 않을까.

그 항해의 선박은 말 외엔 없다. 그 말이 없이는 노를 저어 나아가거나 날갯짓을 할 수가 없다. 기이한 구속이며 구련이지만 불가피하다. 말의 옷을 걸쳐 입어야 날아갈 수가 있다면 그 어떤 옷인들 입지 못할 까닭이 있겠는가.

하지만 인간의 최고 도구인 언어도 스스로 약점이 있다. 궤변이라도 진지(眞知)를 전하지 못한다면 그것은 궤변이 아니라 궤변 이하가 된다. 유정무형. 그래도 그림자가 형체와 비슷해야 항해는 성공할 것이다. 그러나 어쩌면 그 수사의 보조가 우주의 느낌 한 조각을 전할지도 모른다.

이 구차한 제물의 론(論)이 꿈에 불과한 것이라도 장자는 그 꿈을 계속 꾸어 나아갈 것이다. 말의 어려움을 토로한 이것은 대관(大窾, 큰 뼈의 골절 사이)을 갈라 만물 사이를 지나가는 칼의 소리이다. 탈출이 불가능한 경계에서 칼의 장자는 빠져나가고 있다.

하지만 부지(不知)와 만물과 대지를 어떤 언어로 암시할 수 있을까. 그 애초의 생각이 바로 이 〈제물론〉의 시작이었을 것. 만물의 중심에 서고 지배하려는 인간을 밀쳐내는 장자가 여기서 보인다.

〈제물론〉의 꽃이 피었다

천하에 가을 털끝보다 큰 것이 없다. 태산은 작은 것이다. 어려서 죽은 아이보다 오래 산 자가 없다. 팽조(彭祖)가 일찍 죽은 것이다. 이것은 반증이다. 앞에 천지일지, 만물일마를 말한 다음 상자(殤者)와 팽조를 뒤집고 나서 본령(本領)으로 돌아온다. 승언유심(乘言遊心)이다. 가을이

짐승의 털끝에서 떨고 있기 때문이다.

이 말 다음에 천지 우주와 자아와 만물을 하나로 묶는다. 천지가 나와 나란히 생겨났다면 만물과 나는 하나이다〔천지여야병생(天地與我並生) 만물여아일(萬物與我一)〕. 모든 것이 하나가 되어야 한다는 무경계의 선언이다. 초월을 담보로 하는 이쪽의 현실과 그 현실을 넘어서야 하는 숙명의 저쪽과 대응한다.

즉 "같은 것과 같지 않은 것이, 서로 함께 같은 것이 되려면, 즉시 함께 그들이 다름을 없애야 한다."는 결론에 도달한다. 그것도 '즉시'이다. 이것은 교화적 발언이 아니라 통찰의 직관으로 장자의 대정(大情, 진리)이다. 하지만 이 대정에 무슨 정이 있을 것인가. 만물 속의 버려진 듯한 만물. 인간도 그 만물 중 하나이다.

이 전심(全心)이 만물제동 속에 있을 것이다. 나는 차라리 이 문장을 '서로 함께 같은 것이 되려면, 즉시 함께 그들이 다름을 없애라' 하고 명령형으로 고치고 싶었다. 장자의 카리스마를 보이고 싶은 구절이다. 이미 '하나'(일一)인 것에 대해 더 할 말이 또 있겠는가. 유에는 무가 있고 무가 유가 되기 때문일까.

시종이 하나이다. 참 어려운 말이다. 수많은 지류분파는 귀일(歸一)하고 위일(爲一)한다. 만물이 방박하고 자연이 제물하는 위일에 대해 장자는 경외심을 가지고 있다. 그 다음 사유의 여행은 무한 자유이다. 장자의 뜻은 본래 있는 것을 가리는 시비를, 혹은 본래 없는 것을 가리는 시비를 중단한다.

지구는 만물이 흩어져 하늘이다. 천지가 나와의 조화로 생겨났다면 만물은 나와 하나이다. 만 뿌리에서 꽃 한 송이가 핀다. 장자는 그 꽃을 가져올 수 없다는 것을 알고 있다. 또 개물은 만물로서 존재한다. 이 개물의 조화를 사유하고 노래하는 일 외에 다른 길과 현실은 장자에게 없다.

장자는 본질에 가장 가까이 접근한 인간이며 언어를 놓지 않는 천예자(天倪者)이다. 만물의 시비에 휩싸이지 않지만 만물과 함께 혼돈하고 태탕하게 놀고자 한다. 아득한 곳에서 깨달음이 올 때, 혼자 깨달을 수 밖에 없다. 있어야 하며 없을 수가 없다. 그러나 언제나 없음은 또 그 뒤에 있다. 유와 무는 천변만화의 딸이다.

첫 번째, 세 번의 '앎'에 대한 부정

장자는 자연과 늘 함께하는 언어, 마음 앞에 있는 생생한 나의 이 공간〔어차(於此)〕과 이 시간의 나〔금아(今我)〕를 몸소 경험하기를 바란다. 그것은 보이지 않는 길이다. 그러나 우리가 건너온 유일한 실황(實況)의 시공(時空)이다.

그 길 위의 무이(無異)를 좀더 적극적으로 해석해서 사실 인임(因任)에 저해되지만,다름이 없어야 한다로 하지 않고 나는 '그들이 다름을 없애야 한다'로 해석했다. 즉 자연 위의 개념인 숙명에 위배되는 인간의 시비나 언어와 만물의 갈등을 극복하려는 장자의 의지로 이해했다.

장자의 인물들은 숙명을 받되 그것을 초극한다. 숙명을 버리는 것은 인간의 불행일 수 있다. 숙명은 고치는 것이 아닐 것이다. 자연도 하늘도 고칠 수 있는 것이 아니다. 명과 하늘을 초극하면서 죽어간다. 그럼으로써 위대한 방외자(方外者)가 된다. 그 다음 그들은 무엇을 얻는 것일까. 그것이 '일심(一心)'이라는 것을 뒤에 가서 말하게 되지만 이 마음의 발견은 춘추전국시대의 획기적인 성과이다. 위대한 인간거울의 최초 발견이다.

이 마음〔심(心), 정신, 거울, 생각, 응무궁, 형개, 망량, 근원, 정요(精要), 영부 등〕은 장자가 발견한 인간의 영원한 집의 주제가 된다. 인간의 마음은 생과 육체의 구멍이자 통로일지 모른다. 장자는 지금 이 마음과 영부를 찾기 위해 고투한다. 소요를 위한 제물의 시비와 만물의 탁류를 건너고 있다.

그 추론이 앞의 시(始)와 미시유와 유미시유, 무미시유의 한없는 생각의 꼬리들이다. 무(無)와 유(有)는 언어의 종잇장 하나 차이. 가깝고 혼란스럽다. 유무의 생각 속엔 없음이 없지만, 그 생각조차 없는 것이 있다는 '것'을 장자는 생각한다. 그곳이 언어의 고향일까. 그 생각의 고향에서 만물이 생겼을까. 그러지 않고서야 어찌 생각과 마음이 그곳을 그리워하고 그쪽으로 향하는가.

이러니 일야상대도 무정한 것일 수밖에 없다. 어떻게 광활한 우주의 바다에서 나를 찾고 나를 기억하며 나가 있다고 말할 수 있을까. 그러나 이렇게 또 생각하고 있으니 불가사의하다. 희미하게나마 여기 존재하고 생각하고 있다는 것을 장자는 깨닫는다. 그것이 현재적 장자이다.

사실 이 책을 거꾸로 읽어 앞으로 돌아간다면 결국 부요(扶搖, 바람이 흔들어서 도와주기)에 의한 소요제일(逍遙第一)의 뜻을 발견하지 않을까. 앎이란 때로는 쓸데없는 걱정거리만 만든다. 소요만이 이 우주를 분석하기에 앞서 즐길 줄 아는 날개이다.

자칫 쾌락지상주의로 갈 수도 있지만 그리로 가면 또 어떻단 말인가. 쾌락으로 가라고 등을 떠밀어도 인간은 가지 못한다. 자연이 선물한 진정한 쾌락의 삶을 산 자들이 이 물(物)이 침묵하는 세계를 신화로 만든 도인들이다. 언어를 알아버린 장인들이고 광기의 은사(隱士)들이다.

하지만 장자는 이 대목에서 자기 생각의 한계를 인정함으로써 『장자』의 처음처럼 하늘로 나아간다. 우주가 말하지 않는다는 대전제를 인정한 채 아니 그것을 안 채. 그래서 장자는 그 침묵의 소리를 듣고 여기서 다시 저 천뢰(天籟)를 혼자 들었을 것.

어떻게 된 것일까. 모르겠다는 장자의 고백은 아름다운 숙명의 언어로 전화한다. '말을 하고 있으나, 알지 못하겠노라 그것과 이것을'〔부지기여시(不知其與是)〕'유와 무에 대한, 앎에 미치지 못한다'〔미지유무(未知有無)〕 '그것(유무)을 말한 나를, 알지 못한다'〔미지오未知吾)〕. 이 세 번의 앎에 대한 부정과 미흡함의 토로는 인간과 만물에 대한 절망이고 하늘을 향한 항변의 노래이다.

분명히 알아야 할 대상과 본체는 있지만 그것을 알지 못한다. 그 다음은 그것을 말할 언어가 없다. 이제 네 번 울어젖히는 천고(千古)의 울음을 울고 마지막에 무한수에 대한 '불능득(不能得)'을 말할 것이다. 그 부지의 끝은 없다.

나를 타자처럼 생각하다

인간의 언어 속에 앎이 존재한다. 이 앎에도 또 시작이 있고 그 이전 시작이 있고 그것의 없음도 있다. 없는 것〔무(無)〕을 어떻게 말하고 안다고 생각하는 걸까. 언어의 착시현상 같은 혼돈이지만 앎에 대한 절망이 오히려 만물을 가지고 노는 존재로 만들 수 있다. 흥미롭다.

그것이 바로 마음의 무거〔無據, 무연(無緣), 해존. 무위(無爲, 아무 일도 하지 않음. 무사(無事)〕의 소요가 아닐까. 아무 연고가 없는 마음을 우주 어디엔가 걸어야 하지 않았을까. 장자의 간절한 마음이 엿보인다. 저 우주 한 귀퉁이의 이름 없는 별이라도 되고자 한다. 이제 만물의 유심이 인간 속에 영속한다는 말이 될 것이다.

그 뒤의 미지(未知)는 다르게 해석하고 싶었다. 부지는 알 수 없다는 현재적 절망이며 미지는 그 앎에 다다를 수가 없다는 불가의 뜻. 여기엔 더 높은 차원의 대지(大知)에 대한 경외심이 느껴진다. 장자는 무극한 시간과 만물, 그리고 궁창의 하늘을 두려워했던 것 같다.

더 먼 과거로부터 이미 불가능했다는 뜻이 미지란 말 속엔 있다. 여기서 권력이니 명예니 이름은 사라지고 온전한 나 자신만 괴연독(塊然獨)히 자연 한가운데 남아 있다. 이제 이 심심해하는 나를 데리고 놀아주어야 한다. 다 빼앗기고 잃었지만 그래서 참담하고 어처구니없지만 이것이 실재(實在)이다.

나를 데리고 산보를 나가고 물건을 구입하고 때 맞춰 음식을 먹이며 책을 읽어주고 타자처럼 즐거워할 수 있을까. 진인은 세상을 바꾸고 도모하는 일은 결코 할 수 없다. 나는 다른 나이며 모시고 있어야 할 어떤 짧은 꿈속의 나이다. 차마 뭐라고 말해줄 수가 없는 나이다.

그것은 이곳의 글자를 빌려 쓰자면 '아연(俄然)'이다. 이곳이 얼마나 먼 곳이며 나는 얼마나 먼 곳에서 떨어져 있는 걸까. 대체 그곳은 어디일까. 아무리 생각해도 하나가 될 수 없다. 정말 생사의 저쪽이 있는 걸까. 사람들이 비웃는 것처럼 아무것도 없는 것일까. 그것을 찾을 길이 없다. 길을 잃은 것 같다.

앎의 욕망을 내려놓고 편안해지고 싶다. 주변의 자연을 돌아보고 싶다. 자연의 기척을 듣고 몸과 손발 그리고 모든 감각을 귀엽게 움직여주고 싶다. 지금은 움직이고 있다. 먼 과거에도 그랬을 것이다. 내 몸은 수만 개의 작은 귀들이 모여 있는 어떤 외부(外部) 같다.

문득, 가장 먼 곳에서 종일 눈이 오는 날, 만물의 맨 뒤에 돌아가 서 있고 싶다.

무이(無異)의 의미, 병생위일(竝生爲一)의 '나'

'알지 못하겠노라'라는 문장 앞에 '이제 또 이렇게, 말을 하고 있으나'의 뜻은 절망이면서 희망이다. 하늘 아래 인간은 앎의 물여아(物與我) 즉 물아의 구분을 허물고 명(明)이 되고 싶다. 하지만 하늘의 거울에 하나의 밝음과 밤이 있을 뿐이다. 하나의 하늘이 밝아졌다 어두워졌다 한다.

음양을 비추는 하나의 거울. 어쩜 양면거울일지 모른다. 아니면 회전하는 구체의 거울일지 모른다. 아니면 물 같은 유동체일지 모른다. 그것을 말하는 '말'이 음양 둘을 만들었지만 그 하늘은 여전히 장자에겐 '하나'일 따름이다. 둘이 둘로 나뉘어 있는 것이 아니라 하나가 둘로 되었다.

자연은 어느 편에 서지 않는다. 무정이며 양행이다. 고요이며 약동(躍動)이다. 장자의 제물(齊物)은 만물의 미세한 파편을 모두 경험하고

자 한다. 이 만물관은 그 어느 쪽도 밀치고 구분하지 않는다. 이 마음은 만물(萬物)의 아버지가 될 만하지만 이 아버지는 만물을 편중(偏重)하지 않는다.

상류(相類)와 무이이(無以異)가 일(一)의 변주이다. 개체의 천품을 어긋나게 하는 유위의 일(一)은 있을 수 없다. 만물이 개개로서 같이 있는 지구이다. 높은 경지에서의 일체화와 하감(下瞰), 변화무쌍함을 긍정하는 꿈을 인정하는 것. 만물의 혼돈의 꿈, 초월의 눈이라고 불러도 좋겠다.

장자는 권력의 화구(火口)로 이동하는 당대의 분리되지 않은 정신사 속에 있었다. 즉 태허와 혼돈의 세계를 잃어버린 시간 속에서 방황한 인물이다. 그것을 소요의 우주로 환치하고자 미래와 은약한 도인이다.

그의 언어는 광적이기도 하다. 자연이 지닌 숙명을 적극적으로 수용하면서 체제와 도덕을 거부한다. 대화 소화의 자연처럼 내쉬고 들이쉬는 것이 장자의 제물 방법이다. 상상하기 힘든 진인의 괴연독이 거기 보인다. 진인을 참하고 아름다운 정형으로 상상하는 것은 착각이다.

가장 완전한 말과 앎이란

장자에게 앎의 극치가 있다. 이 이상의 아름답고 아슬아슬한 말의 절정은 없을 것이다. 북명의 바다를 깨고 물고기를 한 마리 붕새로 물화(物化)시켜 인간의 정신 속에 날려 올린 장자의 비약과 상상은 영원성을 지닌 현재진화적 사유의 매력으로 작용한다.

현재 여기 없는 것은 없는 것으로 본다. 무엇이 누가 이것을 채우고 대신하고 위로할 수 있을까. 나 아닌 다른 나란 상상할 수 없다. 실물이 아닌 이 언어의 실감은 두렵고 강하고 아무도 대신할 수 없다. 장자의 상대적 무아(無我)는 반드시 그대에 의한 것이지만 결국 나에게로 돌아오게 된다.

이미지유무지(而未知有無之)의 지(之)는 역시 '유무'이다. 즉 이래 가지곤 '유'와 '무'의 있음과 없음에 대한 앎에 미치지 못한다. 유무의 있고 없음에 대한 실상과 진위에 대해 자기 앎이 미치지 못한다는 간곡한 표현. 의문의 대상이 거기 있는데 거기에 닿지 못한다는 뜻. 갑자기 앎의 대상들이 뿌연 은하수 속에 숨거나 그 너머로 사라진다.

장자의 앎에 대한 부지는 골의적이다. 분명하게 안다는 것은 말도 되지 않지만 분명하게 모른다는 것도 말이 되지 않는다. 그 경계가 희미하다. 나중엔 그 경계 자체가 없어진다. 장자가 완전한 앎에 도달한 증좌는 자신이 말한 것을 유(有)라고 보고 있다는 점이다. 놀라운 발견이다.

장자는 이미 유(有) 속에 있게 되었다. 무에는 존재할 수 없게 되었다는 언어 인식에 도달했다. 문득 인간의 인지를 감각하게 된다. 자신에게 돌아온, 장자가 아닌 그 생각 자체에 놀란다. 그것은 무를 가지고 존재를 찾는 방식을 넘어선 초월적 사유이다. 즉 '이쪽으로' 건너왔다.

우주의 신리를 장자는 어둠속에 파묻는다. 모르긴 해도 아마 그것을 다시 찾지는 못할 것이다. 과연 무엇이 '유(有)'이며 무엇이 '무(無)'일까. 살아서 부지를 인식하고 유를 강조한 장자는 죽어서 비로소 완전한 무 속으로 들어갔을까. 그리고 말이 없어졌다. 난해하지만 기묘하다.

궁극적으로 장자는 유무 어느 편을 들지 않는다. 유가 없기도 하고 무가 있기도 한다. 유가 있을 때도 있고 무가 없을 때도 있다. 그것 전체를 '유'라고 말해야 하는가, 그것을 과연 '무'라고 말해야 하는가.

자연을 자기의 언어로 꾸미고 만들어버리는 사상가에 비해 장자는 선적인 현묘감이 있다. 우리가 알고 있는 것은 진짜 알고 있는 것이 아닌지 모른다. 우리는 전혀 다른 것들을 알고 있는 건지 모른다. 그러나 이 부지의 진지가 영원한 소요를 가능케 했다.

19. 만물과 나는 하나이다

천하에, 가을 털끝보다 큰 것이 없으니, 태산은, 작은 것이다. 어려서 죽은 아이보다 오래 산 자가 없으니, 팽조(彭祖)는, 일찍 죽은 것이다.

천지가, 나와 함께, 나란히 생겨났다면, 만물과 나는 하나이다. 이미 '하나'(일一)인 것에 대해, 또 덧붙일 말이 있겠는가. 이미 '하나'라고 한 말에 대해, 또 덧붙일 말이 없겠는가. 하나(一)와 '말'은 둘(二)이 되고, 둘(二)과 하나(一)가 삼(三)이 된다. 이로부터 지금까지는, 역수(曆數)에 밝은 자라도, 헤아릴 수 없다. 이러하니 하물며, 그 범부가 알겠는가.

그러므로, '무'에서 '유'로 나아가도, 저절로 삼(三)에 이르거늘, 하물며 '유'에서 '유'로 나아가는 건, 말할 나위도 없다. (자연에) 앞서지 말고, 자연을 따르라.

원문(原文)

天下莫大於秋毫之末 而太山爲小 莫壽於殤子 而彭祖爲夭 天地與我竝生 而萬物與我爲一 旣已爲一矣 且得有言乎 旣已謂之一矣 且得無言乎 一與言爲二 二與一爲三 自此以往 巧曆不能得 而況其凡乎 故自無適有 以至於三 而況自有適有乎 無適焉 因是已

* **상자**殤子 일찍 죽은 아이. **천지여아병생**天地與我竝生 천지가 나와 나란히 생기다. **만물여아위일**萬物與我爲一 만물과 나는 하나이다. **차득무언호**且得無言乎 덧붙일 말이 또 없겠는가. **자**自 부터. **차**此 가장 가까운 이곳, 이것. **이왕**以往 이래(以來). 어느 때부터 지금까지. **교력**巧曆 뛰어난 역산가. 스스로, -부터, 저절로 **자**自. 하물며 **황**況. **자무**自無 무로부터. 나아갈 **적**適. **언**焉 여기, 이것. **무적언**無適焉 나아가지 않다. **인시이**因是已 자연을 따르다.

아 '말'과 함께

놀라운 것은 여기 있다.

'말'과 함께 일(一)이 (二)가 되고 이(二)가 또 일과 함께 삼(三)이 된다. 이 말은 그야말로 하나의 도언(道言)이 우뚝 선 만물의 모습이다. 일지(一指)의 그 하나(일一)가 이 일. 그 일이 이, 삼으로 분화한다. 최초의 수(數)이다. 일, 이, 삼. 이 최초의 분화와 분열인 이 수의 증가는 또한 생명과 존재가 분열 분호하는 의물화(物化)의 근원이 된다.

언어 없는 그 수의 유래는 아득하다. 만물을 모방하고 문자를 만들고 새로운 뜻을 발견하고 마음에 담았지만 장자는 그 속에서 본원과 본질을 꿰뚫고 있다. 이 수의 진화 증가는 유무의 사유를 가능케 한 소요의 시작이다.

그렇게 만든 문자에 발성 기관인 입을 대고 소리내어 읽으면서 만물은 음과 소리와 수를 가지게 되었을 것. 우주 근원과 끝의 비밀을 담고 있는 것이 수. 언어 이전의 이 언어는 기이한 일의 시작이다. 만물과 도 사이에 복잡한 수가 걸쳐 있는 셈이다.

장자는 언어의 철학자이다. 만물의 집으로서의 언어, 언어의 소요물로서의 만물이 출입하는 세계를 장자는 넓히고 환히 내다보았다. 그 일

(一)에 올라가 내다보는 세계는 장관일 것이다. 사유의 편리를 위해 미시전 직전까지 곧장 갈 수 있는 것이 일(一)이다.

이것은 원대한 꿈을 찾아 근원으로 가는 단일로. 모든 길과 존재가 이 일로 이어진다. 히말라야의 모든 산이 에베레스트의 정상으로 이어지는 것과 같다. 장자는 수와 언어 자체에 머물지 않고 그것을 타고 사유의 소요를 한다. 장자는 인간이 득의해야 할 정신적 삶이라고 보았다.

아무리 만물을 우제용하고 정신으로 소유하고 제물한다 해도 언어가 없으면 소요가 불가능하다. 언어들이 궁극엔 만물로 돌아갈지라도 인간은 그 언어를 놓을 수 없다. 모든 인간은 울음으로 시작해서 언어의 기억으로 생을 마감한다. 그들은 만물과 언어로 만나고 또 그것으로 이별한다.

언어 없이는 길을 갈 수 없고 생각할 수 없다. 이 언어는 곧 어머니이며 딸이다. 언어는 그 신비하고 영원 지속한 '구멍'에서 나왔을 것이다. 이 언어의 바람과 구멍 없이 아무것도 이루어지지 않는다. 존재의 이름을 입을 수 없고 몸을 잉태할 수도 자신을 유전시킬 수도 없다. 언어는 만물의 정신의 옷이다.

일여언위이(一與言爲二) 이여일위삼(二與一爲三). 물을 불러내는 조물주의 노래이다. 만물 앞에 하나가 있다. 그 하나 속에 만물이 있고 그곳에 경계 없는 바람이 불고 그 속에 '나'가 있다. 그 하나하나의 사물이 밖에 있는 인간의 언어와 만나면서 관계되고 집을 얻는다. 살아 움직이면서 비구름이 되고 태양과 바람과 물의 여행을 시작한다. 노래가 되고 다른 말이 되고 풍속이 되고 역사가 된다.

장자의 언어학에서는 유무의 사유는 중요하다. 늘 우리를 새롭게 하는 바람의 발원지이다. 우리는 언어의 어머니의 젖을 물었고 그 딸과 사랑을 한다. 일은 홀로 있다. 이 일과 언어가 놀면 이가 된다. 이가 또 언어와 놀면 삼이 된다. 이부터 상대가 되고 피차가 생긴다. 언어 존재의 시작이다. 이 이의 언어는 항상 하나 즉 일(一)을 등에 업고 있다.

이것이 만물의 시작이다. 그리고 언어가 거기 곁에 있고 그것을 사람들은 가지고 다닌다. 진인은 늘 그 일에 가 있다. 그 일에서 떨어지지 않는다.

불일문(不一門)의 세계 인식

성단들이 빛나는 하늘을 본다. 지구인들은 그 별을 보고 하늘 바람의 기운을 마음에 담고 살았을 것이다. 누구나 삼시세끼 밥을 먹고 두 다리로 걷고 숨 쉬며 말하고 살아가지만 마음은 늘 저 먼 곳에 두었다. 언제나 떠날 것을 예감하고 그 떠남으로 영겁의 배를 탈 것을 일찍이 깨달았다.

현대 세계에서는 이제 그 사물들이 결코 하나가 아니다. 불이문 뒤는 불일문(不一門)이다. 이 전의 일 전의 그 창궁(蒼穹). 텅 빈 세상의 출구의 구멍이 있다. 세상의 문은 수도 없이 많지만 그 광대무변한 우주의 구멍을 상상할 수 없다. 세상은 수많은 '나'로 가득하지만 그 구멍에서 나오지 않은 소리와 존재는 없다. 모두가 자기의 '나'이다.

바로 그때 '보는' 그 다수의 세상을 '하나'로 본다. 복잡한 다수의 자아가 없다면 세상이 아니다. 이 통합되지 못하고 봉합되지 않는 다수의 입들이 세상의 만물이다. 그것을 다스리는 것이 이쪽의 '나'의 마음이다. 우주의 근원을 찾는 마음이 있는 곳에 장자는 늘 가 있다. 그곳에 가면 장자가 있다. 그 하늘엔 늘 바람이 분다.

세상은 고통과 시비가 넘친다. 자연도 그러하다. 갈등과 음양이 없는 곳은 미시유물전과 종말, 죽음 이후이다. 허와 무의 세계. 자연을 대한다면 그것을 분별하고 순응하지 않을 수 없다. 파도를 넘어야 선두가 앞으로 나아간다. 바람이 불면 물과 갈대는 흔들린다.

이제 청을 들어 말해보자, 한 것으로 보아 화자가 누구에겐가 말하고 있다. 이 형식은 특이하다. 장자는 아주 재미있는 이야기꾼으로 나타나는데 실제로 누구에게 이 말을 해준 것인지는 밝혀져 있지 않다. 분명 사람에게 하는 말 같기도 하지만 자신에게 말하고 있는 것도 같다. 인간이 아닌 무(無)에 대고 말하는 것도 같다.

대화하고 말을 받아쓴 제자가 있었다면 그 이름이라도 나올 법한데 장자는 그 이름을 부른 적이 없다. 작가들이 대개 그러하듯 장자도 혼자 앉아 세상을 내다보고 상상의 글을 쓰는 순간의 연속 속에 있었을 것이다. 그는 주로 자연을 향해 말한 것 같다. 묘한 것은 그 스승의 마음을 거의 완전하게 대변하고 있다는 점이다.

일과 무한수 사이에 수많은 경계와 함정의 분파는 다 헤아릴 수 없다. 그 자체가 자연의 비밀이다. 무궁의 작용이다. 만물이 있으니 하나가 있었을 것. 그 하나는 언어의 고향이며 하나 이전은 악출허가 있는 그 구멍 바로 앞이다. 모든 존재는 그 구멍을 쳐다보고 시간을 보내는 것과 같다.

만물의 기묘하고 복잡한 각각의 물(物)이 '나'이다. 만물이 수척해가는 가을, 짐승의 털끝보다 더 작을 수가 없는 존재들이다. 상대적 존재들이 계속하는 시비와 의문의 존재들임을 장자는 노래한다. 장자는 하나만을 향하지 않는다.

만물이 진연하는 미래도 같이 본다. 일로 향하는 장자가 아닌 반대로 나아가는 다른 장자가 장자 안에 있는 것 같다. 근원과 미래가 하나의 선 위에 있다.

다시 생각하는 시(始)의 미궁

인간중심적 윤리로 자연을 본다는 것은 가당치 않다. 자연의 어머니는 기르고 추살하고 지우고 다시 잉태한다. 자연은 신의 무차별과 천진한 아이의 마음 같다. 그래서 무섭고 만연하다.

모든 생명은 자연의 순환 속에서 태어나고 성장하고 사라진다. 자연을 담을 가방은 없다. 생명을 서로 바꾸고 주고 넘어간다. 어디선가 다른 모습으로 생명의 몸을 받고 다른 나로 넘어온다. 낯선 얼굴들이다.

천하 자연의 물론(物論)은 다망하고 분분(紛紛)하다. 마차푸차레 너머의 자그마한 얼굴의 설산들을 기억한다. 본래일(本來一)이고 본래 구구(九九)는 팔십일(八十一)이다. 하나 아래는 만상(天下萬象)이 펼쳐졌다. 가없는 나이고 아들딸이고 아비이고 어미들이다. 통쾌하고 광대하다. 나는 아직도 별도의 이름이 없는 시(是)라는 자연에 대해 외경심을 갖고 의심한다. 그것은 누군가의 얼굴 같다.

존재 전의 시간, 그 시간 후의 존재에 대해 궁구한다. 불가피하게 겪고 지나가야 하는 궁구(窮究)한 시종(始終)의 문제이다. 이 말만 나오면 사람들은 차나 한 잔 하자고 말하지만 모든 사유의 시작은 바로 이 시종의 문제에서 시작되었을 것. 그러나 솔직히 우주에 대한 의문 자체는 문제가 아니라 즐거움이다. 의문하는 즐거움은 동북아에서는 장자에서 시작된 것이 아닐까.

즐거움이라 했지만 역시 시작과 무시(無始)를 생각하면 인간(人間) 무정자(無情者)라 해도 슬퍼지고 막막해지는 건 어쩔 수 없다. 이건 장자에게 기이하게 나타나는 양행의 감정 현상이다. 잡힐 듯한 미시유물의 묘사는 그래서 놀랍다. 이 표현에서 나는 아주 태극 가까이 가 있다는 느낌을 받는다.

시작이 있다가 없다가 있다가 없다가 하니 알 수가 없다는 말도 솔직하다. 존재와 시간의 유무와 명멸감이 느껴진다. 여기서 장자는 '금아(今我)'라는 말을 또 쓰고 있다. 즉 '여기 (있는) 나'는 장자가 보여주는 언어적 자기 숙명을 확인하는 현장이다. 목숨밭이고 우주의 별밭이다. 자신의 존재와 말을 확인하는 곳. 자신이 여기 말하고 있음을 강조했다. 기원전의 발언이다. 신비하고 놀랍다.

내가, 물이, 시작이 있다 없다 하는 것은 결국 존재가 시간의 사유 속에 갇혀 있다는 뜻이다. 갇혀 있는 것은 서로 순환한다. 그러나 넘치거나 부족하지 않다. 무궁히 변한다. 무정이다. 그 끝이 없다. 시작도 없다. 언어도단이 그 자체이며 이미 내장되어 있는 우주이다. 그러니 상상할 만한 일이다.

그러나 문득 또 시작이 없다고 하는 것은 사유와 앎이 아니다. 그것은 무지도 아니다. 그 까마득한 시원을 여기 이곳에서 희미하게 느끼는 것은 불가능하다. 그래서 문득 도착한 이 일(一)이 도가 아닐까. 사라질까 조마조마해하는 시원의 언어들, 그리고 희미한 기억의 무늬들. 그 일의 구멍의 내벽이 느껴진다. 장님의 손 끝에 악출허의 구멍이 만져지는 듯하다.

시간의 거리에 대한 분별심을 버리면 그곳은 아주 가까운 곳 같다. 너무나 오래된 것은 희미하고 그 희미한 것이 도라면 나는 그것을 볼 수 없는 실명자이다. 골의지요가 머리 위 저 높은 곳에 펴져 있는 것 같다. 그 새벽은 아련하게 왔다 간다. 물의 빛이며 혼미의 빛이다.

위대하고 장난스런 장자

하늘이 인간에게 말을 내주었지만 인간이 원한다고 하늘이 말을 받지 않는다. 아마 인류의 종말 속에서도 하늘은 말을 하지 않을 것이다. 아니 어쩜 하늘과 도는 말을 할 줄 모를지 모른다. 그는 일(一)하려 하는 자이며 그는 일(一)을 잊고 스스로 일(一)이 되는 자이다.

상자(殤子)는 요사(夭死)한 아이이다. 16~19세에 죽으면 장상, 12~15세에 죽으면 중상, 8~11세에 죽으면 하상, 7세 이하에 죽으면 무복지상(無服之殤)이라 하였다. 죽음의 안쪽은 아무것도 없다. 죽음 이쪽도 사실은 비유할 것도 은유할 것도 없고 받쳐줄 것도 없고 전후도 없다. 그 정해진 짝이 죽음이다. 천지가 나와 나란히 생겨나며(여아병생與我竝生) 그래서 만물과 나는 하나(여아위일與我爲一)이다. 죽음도 자연의 것. 만물제동 속의 또 다른 품이다.

이미 '하나'(일一)인 것에 대해 또 덧붙일 말이 있겠는가. 그러나 장자는 논변의 시달림도 없이 다시 묻는다. 이미 '하나'라고 한 말에 대해 더 할 말이 또 없겠는가. 장자는 이 의문의 결함과 관계를 인간의 무궁자와 조물주 사이의 최고 소요로 보는 것이 아닐까. 유무의 질문과 동일하다.

상학적 사유로서 그 소요에서 우주를 내다보면 언어의 바람이 저 인간과 만물인 것이 분명하다. 아주 단순해지기도 한다. 인간은 언어로만 사유가 가능하다. 그러니까 언어를 가지고 사는 것만큼 기묘하고 흥미로운 것도 없다. 언어는 지치지 않는 신비의 보이지 않는 구슬이다.

언어를 만지는 사람은 항상 태초의 경계 먼 저쪽과 이쪽을 순간에 오간다. 여기서 여아위일(與我爲一) 즉 만물과 나는 하나가 된다. 하나가 되어 노니는 것이 최상자의 꿈이고 항상의 도이다. 태초의 시일(始一)의 하나인 일(一)은 의심할 수 없다는 것이 장자의 근간이다.

그래서 그 일(一)조차 없다고 할 것인가, 그 일(一)이란 말 자체도 없다고 할 것인가 하고 견백론자들에게 말한다. 아마 혹자들이 그 일(一)이 없다고 말했던 모양이다. 없지만 그 없는 것이 없는 것도 아니다. 곧 사라지는 것들이 무궁한 자연의 본성에 대해 말한다는 것은 일종의 오만이다.

이 추모말(秋毛末)은 천지의 특형(特形)을 보여준다. 그 특형은 제각각의 몸과 형상과 자태와 성격, 한계를 가지고 있다. 만물(萬物) 속에 서로 고유한 형질과 함께 섞여 모여 있는 곳이 이 대괴(大塊)이다. 존재방식은 거의 비슷하며 생명체들의 군집 혹은 상취, 침묵, 성휴(成虧)는 이 우주 지구의 합창이다.

함께 이형(異形) 이질(異質)의 것들이 서로 유대하고 의존하고 대항하면서 만물을 형성한다. 거북이의 눈 속에는 거북이의 세계가 있고 학의 눈 속엔 학의 세계가 있다. 또 거북이의 등은 거북이의 내장을 감싸고 있고 학의 날개는 자신의 학을 하늘로 날게 한다. 하지만 하나이다. 서로의 꿈이다.

이처럼 병생(竝生)하는 것은 하나를 향하여 줄기차게 태어나고 자라고 노래하고 사라진다. 그 헤아릴 수 없는 반짝임의 소(逍)와 멀리 떨어져 있는 것의 요(遙)가 생명이다. 아름다운 표정과 목소리, 갈망과 울음, 자태는 침잠되어 나로 하여금 세계의 변화에 놀라게 만든다. 조용히 그들을 바라볼 때 승풍(乘風)이 일어난다.

만물은 모두 일을 향해 태어나고 살고 죽는다. 지극하다. 탄생은 자연을 의심하지 않고 따르는 첫 발걸음이다. 그때부터 만물은 다른 문밖의 자연 앞에 무수히 나타날 것이다. 모든 병생이, 만물의 특성이 모두 지극한 위일(爲一)의 길 위에 있다.

생명을 가진 것들은 너무나 위험하고 아름답고 고단하며 간곡하다. 바위를 보고 나무를 가꾸고 흙을 만지면 그 안에 내가 있다는 것을 느낀다. 잠시 여기 나와서 내가 그것들을 조금씩만 제물할 뿐이다. 너무 많은 제물을 할 필요가 없다.

만물의 그것들 하나하나가 손가락이며 한 마리의 작은 말이다. 그것들과 함께하며 구분짓지 않는 사람이 자연의 지자(知者)이며 그 생활이 꿈이 된다. 나에겐 도가 꼭 크지 않아도 되며 가을 짐승의 털끝만 해도 작지가 않다. 이것을 추모말(秋毫末)과 일지일마설(一指一馬說)이라고 할 것이다. 나는 자연에 바쳐지는 정신의 제물이며 육체의 제물(祭物)이다.

말(언言)이 붙어 이(二)가 되고 삼(三)이 되고 사(四)가 된다

장자는 '일(一) 사상가'이다. 존재하는 '하나'를 의심한 적이 없다. 이것을 의심하면 모든 것이 흔들린다. 그것은 장자의 표상이다. 일원론자이며 숙명론자인 까닭이 여기 있다.

유일(唯一)인데 또 말을 바꾸거나 꾸며서 다른 절대의 하나를 찾고 창조할 순 없다. 이미 모든 것은 조물되어 있다. 다른 것을 가급적 만들지 않는다. 만들어 번거롭게 하지 않는다. 그 하나 전의 것은 무엇이 아니며 허무(虛無)이다. 악출허. 그 허무조차도 인간의 사유 속에선 존재하지 않는 것이 아니다. 장자는 그것을 알았다.

그러나 그의 허무는 궤변으로 돌변하지 않는다. 우주의 본질과 혼돈이 장자의 사상 외부에 돌고 있다. 그것이 그가 운행하는 휴(休)와 휴(虧)의 소요이고 고향이다. 그 아래의 모든 사물과 인간은 병생(竝生)과 위일(爲一)의 존재들. 하나(一)와 '말'은 둘(二)이 되고, 둘(二)과 하나(一)가 삼(三)이 된다. 이것이 장자 소요법의 하나라고 장자가 속삭여준다.

현대물리학에서는 수학을 이용하여 우주의 시원을 측정하기도 한다. 수많은 가능한 조합을 이용하여 어떤 통일된 합일을 찾아낸다. 직접 저 까마득히 먼 우주로부터 오는 빛으로 그 시간과 거리를 알아낸다. 빛의 투과막을 이용하여 그 거리를 측정한다. 그 빛의 본체가 우주의 핵심이라고 믿는다. 그것도 어리석은 꿈이다.

산소, 수소, 헬륨 등이 기본 원소인 그것의 본질이 맞는지 전혀 틀린 것인지는 모르는 일이다. 본질과 시원에 대한 인간의 의문과 측정, 분석은 어떤 상황 속에서도 끊이지 않을 것이다. 하나의 모형에 의존하는 실재론일 따름이지만 그것도 하나의 수이며 언어이다.

과거엔 직접 감각과 관찰, 이용을 통해 사물이란 것을 믿었다. 물론 그 과거형의 실재론이 실재하지 않는 것은 아니다. 그후 더 깊고 심오한 곳에서 우리의 일상과 무관한 작용들이 진행되고 있다는 것을 알게 되었다. 비피무아(非彼無我)를 넘어 내가 아는 내가 그것만의 내가 아닌 것처럼 말이다.

만물 속에서 주체성과 '나'가 없는 것은 곧 무가 해존(該存)이 되는 것이다. 이것은 삼(三)의 입장이다. 이 삼이 일(一)과 말을 알 리가 없다. 이렇게 간단하게 '너는 나고 나는 너다'라고 말하면 편하겠지만 실상은 그렇지 못하다. 아주 복잡한 관계로 얽혀버린 것이 언어와 사물의 관계이기 때문이다. 어째서 일(一) 속에 이렇게도 까다롭고 복잡하고 많은 개성들이 존재하기 시작했는지 아는 과학은 없다.

한 난자와 정자가 수정된다. 왜 흩어지지 않고 풀잎의 이슬처럼 달려 있는가. 세 달이 되면 수정체는 엉긴 피와 같은가. 여섯 달이 되면 왜 육정(六情, 눈, 귀, 코, 입, 혀, 뜻)이 생기고 여덟 달이 되면 왜 그 뜻과 꾀가 생길까. 눈에 원시선은 어떻게 생기는가. 하나 속에 무언가 들어 있다는 말밖엔 달리 할 말이 없다.

천지여야병생. 인간의 언어가 일(一)에서 작용하여 수많은 사물과 언어와 물아(物我)를 발생시켰다. 어느 하나의 언어로 만물을 다 설명할 수 없다. 하지만 장자의 사유에서는 그 일은 절대 상수이다. 내가 없으면 받을 자아가 없다. 내가 없으면 얻을 수가 없다〔비아무소취(非我無所取)〕. 기구하다.

실로 난해한 존재는 언어이다. 결국 〈제물론〉은 '제언론'이다. 하지만 장자의 의도는 말 자체를 가지런히 하는 데 목적을 두지 않는다. 인간이 자연의 빛처럼 무지하고 천진하기를 바란다. 그것이 인간의 고향이다. 지금은 이미 그 혼돈의 아름다운 빛을 모두 잃어가고 있다. 단 장자는 태초와 궁극의 도의 모습이 인간의 본질 속에 있다고 보는 것 같다.

진리는 아름다울 수밖에 없다. 아름다운 것만이 우주의 본질이다. 그러므로 법칙과 모양을 그리는 공식과 명제, 문장, 사유 역시 아름다운 것이어야 하는가. 광막지야가 있지만 천양의 마음이 인간의 육체 속에 있는 한 덩이의 양토(壤土) 같은 것이라고 말하지 못할 것도 없다. 오히려 괴이한 우주가 아름답다. 영롱한 구슬 속에 수많은 생명의 무늬가 반짝인다. 어느 것을 볼 찰나조차 없다.

불가사의하게도 하늘과 땅엔 수많은 생명체들이 함께한다. 생생한 천지(天地)가 된다는 것은 피와 살과 뼈와 정신이 뒤섞여 혼돈의 기로 가득하다는 뜻. 이것이 병(并) 즉 평등이며 그것의 삶이 생(生)이다. 이 함께하는 삶이 하나의 몸, 하나의 입, 하나의 마음, 하나의 발과 팔과 육장과 같다. 이것들이 모두 언어이다.

어떻게 일이 이런 지체들을 낳고 움직이는지는 알 수가 없다. 혼돈이 있는 자에게만 우주의 영기가 있을까. 정돈이 되고 총명하고 영민한 자에게 위대한 혼돈은 왜 없는 걸까. 체제와 질서, 편집은 죽음일까. 이것 아닌 저것이 없으며 저것 아닌 이것이 없기(시역피是亦彼 피역시彼亦是) 때문일까.

한번 생각을 가지런히 해본다. 그러나 얼른 풀어버린다. 만물과 언어의 소요이며 제물(齊物)과 제어(齊語)이다.

여아병생(與我并生)의 언어 존재

'있음(유)'이란 것이 있기 시작했다면 그 전의 '없음(무)'이란 것이 있었을 것이다. 그 무(無) 이전의 상태가 있었을 것이고 그렇다면 (생각 속에) 그 없는 무가 있는 것이 된다. 과연 무엇이 유이며 무엇이 무인가. 이것도 사실은 유무 피아 문제의 연속이고 언어의 끝없는 유희이다. 그 무 속의 '그것'이 무엇인지 알 수가 없다.

진정 말이란 무엇이며 사유란 무엇이고 만물은 무엇인가. 이 문제의 소요를 언어와 상상이 동행하고 있다면 이것 자체가 양행이다. 하나의 양행은 삼행을 낳고 삼행은 만행(萬行)을 낳는다.

그러면 쉬어야 하는데 쉬지 않는 것이 언어이며 욕망이고 사유며 존재이다. 모든 시공간의 여기 이곳의 나[금아(今我)]의 문제이다. 개체의 문제는 자연 스스로 해결할 일이다. 태허와 혼돈의 세계는 완전한 은유(隱喩)이며 밀봉된 세계이다. 그러면서 열린 채 지워지고 사라져가고 있다.

장자는 그 끝의 이 안쪽에서 만물과 인간사와 시공간의 대종법(大宗法, 대종사의 법. 태허와 현재 미래의 시공간이 같이 있는 통일장적 사유 형식)을 말하고 있는 것이 아닐까. 그 속에서 소요하는 것. 그 거대한 우주적 사유의 중심에 지혜의 곳간과 도의 골의지요가 있는 것이 아닐까.

그 안에 영겁의 존재가 있다는 것을 장자는 구체적으로 말하진 않는다. 궤변에 휘말리지 않기 위함일 수 있지만 장자의 대언은 그 궤변을 넘어서버린다. 마치 붕새가 하늘에 우뚝 서 있는 것 같다. 다 가리지 못한 몇 군데 장자의 비결(秘訣)이 보이고 있다.

'나'는 우주 태허의 한 작용이며 조각이다. 그 내가 살아 있음은 그 내가 천지만물과 하나였다는 전제가 된다. 여기서 다른 길은 없다. 짝이 없는 일(一) 주변에서 공정하면서 그것만 짝으로 삼는다. 그 하나하고 내가 하나 된다고 한 그 '말'이 합하여 둘이 되길 바란다.

여기서 자동 산출 혹은 무한 증수가 시작된다. 아득하고 흐릿한 경지이다. 나 역시 얼마나 먼 곳에 와 있는 건지 감지할 수 없다. 나는 이미 어느 날부터 잠들어 있거나 살아 숨 쉬고 있다. 하지만 그것으로 존재하는 것도 영면(永眠)하는 것도 아니다. 무한으로 떠돈다. 아득해지는 조물의 시절이 눈에 보이는 듯. 내 몸 속에 지구 탄생의 화상(火傷)과 무늬가 남아 있는 것만 같다.

사물이 나뉘고 늘어나는 여기서 동시에 '나'의 지혜와 산술이 시작된다. 물론 거꾸로 돌아갈 수 있다면 셋, 둘, 하나, 무 그 이전으로 돌아갈 수 있을 것이다. 바로 이 시점에 머물면 좋으련만 분별은 무한으로 급증한다. 쉴 수가 없다. 어찌된 것인가. 노고와 생사, 성휴를 자연에 모두 맡기고 나는 뒷짐 지고 볼 뿐이다

인간들끼리 편을 가르고 시비로 소란하고 경계를 치고 투쟁을 한다는 것은 가당치 않다. 이젠 그 근원을 기억조차 하기 어렵게 되었다. 서로 자기 속에 다른 것을 집어넣거나 삼키려 도모한다. 그 투쟁사가 인류의 역사이다.

'말'이란 것이 바로 만물의 인자(因子)이며 모순의 불가피한 싹이다. 하지만 보자, 저 모든 가지들은 한 가지에서 나왔다. 괜히 이것을 부정할 것은 없다.

일원(一元) 사상의 존재영원성

가없는 세상이다. 하나에서 만물이 생겨났다니. 그 만물 속 어디에 내가 숨어 있다니. 이것만 가지고도 나는 평생을 지루하지 않게 살 수 있는 '구슬생각' 하나를 가진 셈이다. 천지가 다 알고 있다. 나는 태허에서 왔다는 것을. 나를 숨길 수가 없다. 다만 오늘의 나는 어두컴컴한 그와 놀다 돌아오고 싶다.

천지와 만물과 내가 하나가 된다. 그 하나에서 일단은 수가 시작된다. 일의 사상은 어리석은 듯 기이한 사유이다. 이 하나의 '말'이 영원의 무한수까지 가더라도 그 마지막 숫자 뒤에 태초처럼 일(一)이 붙어 있다. 일원사상의 영원성이다.

'없음'이 스스로(자自, '으로부터' 혹은 '스스로'.) '있음'으로 나아가도 삼(三)이 되니 하물며 '유'에서 '유'로 나아가는 것은 끔찍한 일이다. 이 삼은 홀수이므로 다시 짝을 찾을 것이다. 그런데 진인이 그 짝을 사양하는 것은 비밀 카드이다. 우주를 내부에 봉한다.

무한의 수(數)와 말이 있게 되는 것을 말해 어쩌랴. 허, 무, 일, 이, 삼 그 다음에 모든 작품과 문명의 싹이 번창하기 시작했다. 병생위일(竝生爲一)로 축자(蓄字)할 수 있는 우주 시원과 만물이다. 이것이 한눈에 볼 수 있는 제물의 구조이다.

무적언(無適焉). 자연을 앞서 나아가지 말라. 태초의 삼이란 숫자 이후 무한대로 나아가지 말라. 얼른 거두어들여 삼으로 돌아와 그 다음 일에 다가가라 이 말인가. 그러나 만물 자연을 있는 그대로 놔둔 채 하나로 돌아가는 것이 최고의 제물일 것이다. 이처럼 간출한 귀휴(歸休) 생각은 더 없을 것.

자연에 손가락 하나 까딱하지 않고 만물의 우둔을 초월한다는 것은 장자가 아니고 누가 기획할 수 있는 사유가 아니다. 그를 대선(大仙)이라 부르고 싶다. 분분한 것들로 가득한 세상 만사 속에서 장자는 오히려 신나고 즐거울 뿐이다. 다만 백해구규육장 저 안의 심부에 '일심(一心)'이 있다는 것을 잊지 말아야 한다.

자연의 '무언(無言)' 들으려 하다 그 마음을 버린다. 햇살이 거기 소란하게 걸려 있다. 그 안에 태허가 서 있다. 혼돈처럼 나그네처럼 무하유지향처럼 산처럼 '나'는 거기 있다. 그 무언의 존재, 가고 없는 '나'. 더러 저 나의 밖을 내다봐야 한다. 묘연하고 슬프다. 아름답고 어리석은 곳이다.

천지여아병생(天地與我竝生)

다시 아침부터 만물을 본다. 아직 살아있음이다. 훗날 내가 없을 때 이 문장은 난해해질 것이다. 이토록 슬픈 말이 『장자』 속에 있었다. '만물과 나는 하나다'라는 것은 커다란 위안이다. 아무것도 친하고 의지할 것이 없는 공허한 저 천공을 내다보고 살아간다. 이 말이 나의 벗이 된다. 나 같은 범부는 훈습(薰習)이 심해 씻고 벗어날 수 없지만 정신은 이 말을 인정한다.

내가 저 만물과 함께한다는 말에서 다시 옛날처럼 사물들을 가만히 내다본다. 우둔(愚鈍)히 서 있는 바보 같은 나무나 산이나 길, 흙, 돌, 나무, 쓰레기 같은 것에 눈길이 가는 건 웬일일까. 산과 길, 강, 돌, 하늘, 나무 모두 우둔하게 있다. 하나의 작은 돌을 주머니에 넣고 다니면서 만물을 대신 만진 적이 있을까. 나의 모든 것을 버리면 그들의 말이 들려올 듯싶다. 말도 다 하지 못한 서럽고 무심한 길을 건너가는 중이다.

천지가 나와 함께 나란히 생겨났다. 그렇다면 만물과 나는 하나이다〔천지여아병생(天地與我竝生 이만물여아위일而萬物與我爲一)〕. 이처럼 든든한 말이 있을까. 고독하지도 불안하지도 않다. 저 우주 만물이 나와 함께 생겼으니 말이다.

가을 털끝이 가을 바람에 떨고 있다. 말 한마디로 암운을 벗어던지고 바람처럼 날아오른다. 아무것도 거슬릴 것이 없다. 여기서 죽음인들 무슨 의미와 두려움이 있을까. 내가 만물 속에 있으니 말이다. 끝까지 가고 싶다. 이 털처럼 무정이 되고 싶다.

천변만화 속에 한 줄기 길이 있다. 궁극의 일원이 있다. 숙명을 부정하지 않는다. 숙명을 부정하면 모든 소요와 제물법은 사라진다. 매력적이다. 숙명은 장자 도가 이 우주에 구성한 예술(藝術)이다.

집안이 가난하여 한번 일찍이 감하후(監河候)에게 곡식을 빌린 적이 있었다. 의지한(衣至骭, 옷이 짧아서 정강이까지만 내려옴)의 그는 제대로 된 베옷 입기도 어려웠을지 모른다. 장자는 천기(天機)를 지키며 저작에 전념했다. 자신을 지키기 위해서 만인의 성인이 부럽지 않은 진인이 되고자 하였다. 칠원리의 눈물겨운 고투였을 것이다.

『남화경직해』 '설장(說莊)'에서 '고인(古人, 진인)들은 두견이처럼 애절하게 흐르는 피를 토하며 슬피 울었지만 쓰고 머무를 곳이 없었다〔제득혈류무용처(啼得血流無用處)〕'고 했다.

한번 말해보자 한 이 헛소리는 그러나 말은 죽이고 곧장 살리는 의사〔소위사마우작활의야(所謂死馬又作活馬醫)〕라고 하였다. 장자는 영원한 울음을 남겼다. 여피무이이(與彼無以異). 그러므로 '더불어 있는 저쪽과 이쪽은 다를 것이 없다.' 원래부터 '근본은 몰개(沒箇, 낱개란 없다)'가 이 말일 것이다.

일생(一生)이 이생이 되고 삼생이 되어 천만 억조에 다다른다. 그것을 데불고 어풍(御風)하듯 소요자(逍遙者)는 하나 속에 편히 노닌다. 일이 심심(深深)하고 심심치 않다. 고진인들은 이것을 인무자〔因無字, 즉 글자 없는 인(因)〕라고 했던가. 저 글자 없는 자연의 변화에 따르고 순응해서 적절히 쓰고 가는 것이 최상의 길이다.

자연 앞에 나서지 않는다

문명의 이기와 권력, 인위, 시비를 따라나서지 않는다. 영혼을 자연에 의탁한다. '무적언(無適焉)'과 '인시이(因是已)'를 좀더 적극적으로 해석하고 싶다. 나아가지 말라, 자연을 따르라. 고백이나 진술이 아닌 외침으로 들려온다.

자연 이상의 양식과 변화와 거처, 벗과 우두머리를 두지 말자. 한없이 곤고해지는 분수(分數)의 미래로 서둘러 가지 말자. 홀로 있자. 저 태초의 자연을 찾아 본연에 응(應)하자. 만물을 통과시키고 만물을 남김없이 모두 보내주자.

무적언(無適焉)! 진인은 나아가지 않는다. 이 결의는 『장자』에서 가장 강력한 발언이다. 다급해도 명령형을 사용하진 않았다. 미래로, 앞으로, 무한 숫자로, 밖으로 나가지 않는다. 이 말은 뒤집으면 안에 가만히 있으란 말이다. 즉 마음은 백해구규육장의 안에 거하라는 독특한 주창으로 들린다. 그것들은 나의 본원인 혼돈체이다.

문명의 비극, 욕망의 아수라장은 결국 이 무적언을 거부하고 앞으로 나아가며 수많은 물건을 생산하고 쌓아둠으로써 자연과 영부를 흐리게 한다고 장자는 판단하는 것 같다. 유물(唯物)이 지배하는 영혼 없는 물신의 해골들이 파괴되는 파국 속에 인류는 와 있는 걸까. 고작 이곳에 도착한 것일까.

무적언(無適焉). 자연보다 앞서 가지 말라는 뜻일까. 자연과 동행하라는 뜻일까.

20. 도(道)와 말〔언(言)〕의 경계에서

대저 도(道)는 본래부터, 경계가 있지 않으며, 말은 본래부터, 일정하지가 않다. 이로 인해, 작은 분계(分界)가 생긴다. 그 분계에 대해, 한번 말해보자.

왼쪽이 있고 오른쪽이 있으며, 윤(倫, 길)이 있고 의(義, 직분, 세절목)가 있다. 분석(分析)이 있고 변별(辨別)이 있으며, 겨루기(競)가 있고 싸움〔쟁(爭)〕이 있다. 이것을 팔덕(八德)이라 한다.

성인은, 우주 밖의 존재를 인정하되, 논(論)하지 않는다. 성인은, 우주 안의 것을 논하되 비교하지 않는다. 성인은; 역사나 치세(治世), 선왕(先王) 들의 기록을 세목으로 나누되, 변별하지 않는다. 그러므로 분석하는 자는, 분석하지 못하는 것이 있고, 말 잘하는 자는, 말하지 못하는 것이 있다.

무슨 말인가? 성인은, 도를 품고 있지만, 세인들은, 말을 잘해서, 도를 서로 내보이려 한다. 그러므로 말 잘하는 자는, 보지 못하는 것이 있다고 한다.

원문(原文)

夫道未始有封 言未始有常 爲是而有畛也 請言其畛 有左有右 有倫有義 有分有辯 有競有爭 此之謂八德 六合之外 聖人存而不論 六合之

內 聖人論而不議 春秋經世 先王之志 聖人議而不辯 故分也者 有不分也 辯也者 有不辯也 曰何也 聖人懷之 衆人辯之以相示也 故曰 辯也者 有不見也

* **시**始 본래부터. **봉**封 큰 경계 봉강(封疆) **상**常 항상. **위시**爲是 이로 인해. **진**畛 분계, 봉封보다 작음. **윤**倫 도리. 길. **의**義 지켜야 하는 바름이라 믿는 것. **분**分 **변**辯 분은 갈라진 것, 변은 말 잘 하는 것. **경**競 여럿이 다툼, 병축并逐. **쟁**爭 둘이 하는 각축角逐. **존이불론**存而不論 있음을 논하지 않음. **육합지외**六合之外 천지사방의 밖. **춘추**春秋 역사, 세월. **경세**經世 세상을 다스려 겪는 일. **선왕**先王 상왕 오제. **회지**懷之 **변지**辯之의 지之는 도. **상시**相示 서로 보여주다. **변야자**辯也者 말 잘하는 자.

절대존재는 논할 필요가 없다

도미시유봉 언미시유상(道未始有封 言未始有常). 일(一)에 대해 애당초부터 논(論)하지 않는다. 그러나 정체불명의 말은 도처를 떠돌아다닌다. 무엇이든 일으킬 수 있는 천변만화의 말은 도와 아주 가까이 있다. 말이 없는 곳은 그저 어둡고 텅 빈 자연의 꿈자리이다.

도는 무봉(無封)이고 언어는 무상(無常)이다. 도는 봉해져 있고 말은 정해져 있지 않다. 도는 옷을 입고 있고 말은 발가벗었다. 하나의 의미와 얼굴과 소리를 가지고 있지 않다. 길은 진(畛)과 봉(封, 영역, 진보다 크다)의 시간과 공간을 넘어서 항상 어디나 뻗어간다. 언젠가부터 이 말은 고향을 떠났고 길을 잃고 떠돌아다닌다.

장자는 말의 유무(有無) 즉 '존재'와 '존재하지 않음'을 기이하게 여겼다. 침묵하고 있으면 말이 나오지 않는다. 말의 꼬리와 머리를 잡으면 도가 빠져나온다. 물고기를 잡으려면 그물을 만들어야 한다. 이 그물이 진이고 봉이라는 구분이다. 이것이 잘못되면 시비가 되는데 거의 시비가 일어나지 않을 가능성은 없다.

세계는 수많은 경계로 갈라져 있다. 장자는 그 경계를 팔덕〔八德, 좌우윤의분변경쟁(左右倫義分辨競爭)〕으로 구분했다. 도가 인간이 생각하는 길을 내는 것은 아니겠지만 인간은 어쩔 수 없이 이 괴이한 여덟 가지 길 위에 있다. 묘한 것은 이것을 장자는 덕(德)이라고 말한 점이다.

장자가 만물의 구분에서 언어에 의한 구분을 시도한 것은 인간의 입장에서 우주를 보아야 하는 까닭을 인정한 것이다. 그러면서 장자는 태허와 미래, 그리고 현재의 만물과 미시유봉(경계 없음, 허와 무, 태고)을 껴안았다. 마지막에 그 슬픈 지상의 봉(封)자 하나만 남았을 것. 봉자는 독특한 문자이다.

무궁자(無窮者)!

장자는 이 바람의 언어와 길의 소요를 지구의 하늘과 인간의 영혼 속에 창조했다. 봉(封)은 놓쳐서는 안되는 마음이며 백해구규육장이다. 즉 회지(懷之, 도를 드러내 않고 안에 품음.)의 그것. 어찌 이것을 함부로 다루고 써버릴 수 있을까.

『남화경직해』를 따라 유윤유의(有倫有義)를 썼다. 안동림에 의하면 육덕명(陸德明 550?-630, 당나라 소주 사람)의 『경전석문(經典釋文)』에서 최선(崔譔)이 '유론유의(有論有議)'를 사용했고 유월〔俞樾, 청나라 절강 사람으로 당대의 대표적 학자. 대요(大要)는 바른 구두(句讀)와 자의(字義)를 살피는 것이라 했다)〕도 같은 것을 택했다고 했다.

'좌우' 뒤의 '윤'이 인간이 지켜야 할 도리와 선택이라면 좌우 앞에 하나의 길이 있을 것이다. 뒤에 '변(辯)'이 있는데 굳이 '논의(論議)'를 중복할 필요가 있었을까. 어쩜 '무리, 동류의 윤(倫)'으로 보고 좌우파의 '집단'으로 보는 게 적합할지 모르겠다.

이제 그 길을 가야 한다면 분변(分辯)이 나타나는 것이 순서일 것이다. 좌우도 비슷한 뜻이고 윤(인간의 보편적 길)과 의(義, 벼슬과 군신의 길. 이 의도 길이며 도리이다)도 비슷한 뜻이다. 구분하기 어려운 둘이며 다른 하나이다.

대부분 인간은 도리의 윤과 바름의 의 중 하나를 선택하길 바란다. 편을 짜고 경쟁하게 되는 것은 소성에 의해서이다. 세상은 거대한 좌우(左右)로 나뉘어 있다. 그 끝에 경쟁과 싸움이 있다.

봉진(封畛)에 대해

도언의 문장은 신명이 난다. 도는 경계가 없고 말은 상(常)이 없다. 여기서 밭의 구분이나 봉강(封疆), 지경(地境)이 모든 시비의 문제를 발생시키는 근거와 토대가 된다. 도는 대지이고 경계는 봉진(封畛)이고 말이다. 장자는 그 아무것도 아닌 듯한 진(畛)자를 갑자기 들고 나와 그것으로 도를 비유한다. 편애를 말할 때처럼.

그 진은 생존과 체제, 경제의 근본 자리이다. 국경과 같은 것. 나와 가족과 이웃을 구분짓는 경계이자 양식의 소유지이다. 진(畛)이 없는 세상은 없으니 장자의 말이 기묘해진다. 그러나 또 그 진이 바람에겐 있지 않다. 말은 존재하면서 존재하지 않는 것과 같다.

그러나 이 자연의 봉이 국가와 사회 정의를 위해서 존재하는 것은 아니다. 대부분의 개인에게 국가는 거의 존재하지 않는다. 단지 추수철이 되면 그들은 세금을 걷으러 올 뿐이다. 그런데 실체적 권력과 경제적 구조들이 천진한 자연에게 인간 옷을 입힌 것이 국가 권력이고 집행이며 문명사회의 역사이다.

군주는 제후를 믿고 제후는 군주를 믿는다. 묵약이며 명분이다. 그 경계를 마치 국가가 자기 것인 양 운영하고 행세한다. 안정된 것 같지만 항상 의심과 부정과 시비가 끊이지 않는 곳이 국가이다. 그래서 한 국가의 존폐가 한 인간의 생사보다 못할 때가 흔하다. 아무도 망한 나

라를 기억하고 추모하지 않는다

사실 인민은 국가의 소속이 아니라 자연의 소속이다. 국가는 언제나 바뀔 수 있고 갈아탈 수 있다. 대부분의 국가는 수 세기를 존속하지 못한다. 그만큼 빨리 망한다. 시비가 들끓고 이해가 얽혀 있기 때문이다.

국가와 권력은 시비의 우두머리이면서 크고 작은 앞잡이들을 키운다. 그들의 입에서 말은 화살처럼 달려나간다. 돌아다니고 음모하고 결맹(結盟)하고 등을 돌리고 목숨을 걸고 싸운다. 전국시대 진풍경이다.

모든 시대는 각각의 세계사적 부족과 이윤의 은유 속에 갇혀 있다. 근대 제국이 몰락하는 이 시대에도 착취와 침략과 분란이 더 강화되는 동서전국(東西戰國)의 정황 속에 처해 있다. 국가는 기업을 등에 업고 기업은 국가를 이용한다.

장자는 해결사가 아니다. 희미한 눈으로 세상을 내다보고 늘 다른 무언가를 꿈꿀뿐이다. 수많은 사상과 체제가 있지만 도구가 되고 스스로의 제물이 된다. 태양계의 이 지구는 경악의 공간이며 인간의 피로 얼룩진 봉진(封畛)의 세계이다. 더 잔혹한 권력과 군사, 정보, 자본, 결탁의 제국이 완성될 날은 전무할 것이다.

다시 작은 진으로 돌아간다. 씨족과 지방 토호 혹은 나아가 성주와 국가와 관계가 있는 것으로 가장 멀리 있는 것이 나와 가족의 이 한 뙈기의 진(畛)이다. 장자는 토지의 문제를 간접적으로 거론하고 있는 것인지도 모른다. 어떤 사상도 이상도 인간이 발붙이고 거주하고 생산해내는 토지를 제외하고선 아무것도 생각할 수 없다.

이 안에 인간의 꿈과 저장법과 요리, 음식에 대한 따뜻한 감정과 풍요로움과 추억, 축제, 행복, 사랑, 출산, 안정이 가능하다. 이것들을 지키고 더 소유하기 편리하게 하기 위해선 더 발전된 무기와 자본과 과학이 또 필요하다. 지략과 병법, 편제, 예산, 의리, 기술, 인력 등이 요구되었을 것.

이런 것들이 인간사회를 발전시켜간 것이라고 말할 수 있을지 모르지만 결국은 끔찍한 최악의 사태에 직면하게 한 장본인들이다. 모두가 죄를 지었으니 아무에게도 죄가 없다. 인간은 창상이 너덜거리는 존재로 굴러떨어졌다. 혹시 문명은 거의 나쁜 인성의 쓰레기를 추수하고 있는 비인간적 폭력이 아닐까.

수많은 진(畛)과 수(數)의 가닥들이 문제를 발생시킨다. 장자는 본말의 줄기를 놓치지 않는다. 반중심적 존재 의의와 고귀함을 잃어선 안된다는 거울의 언어 앞에 서 있다. 이 진(畛)의 경계가 너무 강조되면 인간은 전락할 것이다. 그는 일원론자이지만 국가주의자는 아니다.

국가를 자연의 한쪽에 밀어두고 - 마치 인간을 자연의 한쪽에 두었던 것처럼 - 특별히 인간을 다른 자연보다 편애하는 것이 없는 - 먼 미래를 말한다. 순수한 진(畛)의 화두를 이윤과 통치와 후생의 빌미로 삼고 호도하고 빙자하는 것을 경계하지만 그것조차 장자는 두려워하지 않는다. 도추는 바람 부는 하늘로 우뚝 서 있다.

봉진(封畛)은 마뜩찮은 세계를 비판하는 한 방편이다. 갈라져나온 분파(分波)를 말하는 것일 뿐이지만 그 지혜란 것도 장자로선 골치 아픈 인간의 조건으로 보았을 법하다. 그러기에 덕이란 말을 붙이지 않았을까. 팔덕이라 했지만 그것은 지혜의 새끼들이다.

이것들이 세상을 움직이는 작은 꼬리지느러미란 것을 모르는 바 아니지만 이 팔덕은 좋게 말해서 지혜의 나뭇가지이며 잎들이다. 그 파랗고 작은 나뭇가지 하나에 한 마리의 새가 깃들어 산다고 〈소요유〉에서 말하지 않았던가.

성인을 찾아가는 언어

진(畛)은 밭이다.

장자는 밭이 없었기에 누구에겐가 양식을 꾸러 간 적도 있었다. 그 후 장자는 아마도 자급자족할 텃밭은 가져야 했을 것이다. 얼마 되지 않는 밭을 보고 장자가 중얼거렸을 법하다.

그 누군가의 소유인 밭은 왼쪽과 오른쪽이 불가피하게 있을 수밖에 없다. 대지주의 전체적인 짐작과 남의 밭과의 경계 의식이 있었을 것. 또 상하좌우의 길고 짧은 경계선을 인식했을 것. 슬픈 소유 감각 같은 것이 작용했을 것이다.

들에는 커다란 둔덕과 작은 이랑들이 있다. 큰 분과 작은 변이 있다. 끝도 없이 꼬불꼬불 이어진 밭둑은 어느 강가에 닿았을까. 장자 눈에는 그 이랑들이 서로 줄서 앞을 향해 나아가는 파랑 같았을까. 또 옆줄과 그 옆줄이 삿대질을 하고 시비를 하고 있었을까.

진은 인간의 욕심이며 육체이기도 하다. 혼돈 같지만 그러나 거기서 새잎들이 나오고 동류끼리도 경쟁하고 꽃 피우고 결실하는 바람 속의 실물의 그림자들. 아름답지만 비극을 낳는다. 자연도 인간 앞에서 양행을 하는 것 같다. 자연에 붙어 있는 자락들이다. 작은 욕심 없이 흙에서 싹이 돋아나올 리 없을 것이다.

장자는 작은 진을 넘어 문득 저 하늘 밖의 우주에 대해 말한다. 우주에도 할 말이 있고 못할 말이 있을 것이다. 그래서 범부 행세를 하며 육합(六合, 천지사방) 밖의 것을 논(論)하지 않는다고 유머러스한 말을 한다. 또 육합 안의 것은 논하되 왈가왈부하지 않는 '불의(不議)'를 말한다. 존이불론 사상이 머나먼 선대에서부터 이어져오는 불문(不文)의 전문(傳聞)일지 모른다.

그러니까 이렇게 전략(前略)할 뿐이다. 드러내고 찾아내고 비추지 않는다. 그럴 뿐이지 만물을 생각하지 않는 것은 아니다. 할 말이 많다는 뜻. 그러나 여기서 논(論)을, 비교를, 변별을 멈춘다는 '말 끊기' 혹은 침묵은 한 권의 다른 '남화경'이 있는 것처럼 추고되기까지 한다.

가르고 떼어놓지 않는 사물에 대한 친화적 인식태도는 바로 삼(三)에서 멀리 벗어나지 않으려는 지극한 마음에서 비롯된다. 육합지외(六合之外)의 것을 논하지 않는다는 말을 현실주의자에게 동의한 것으로 보는 것은 성급한 판단이다. 장자가 공자를 따를 일이 없으며 사실 그 말이 공자의 말이 아닐 수도 있기 때문이다.

이 성인은 공자가 아니라 선대의 인물들일 것이다. 우주 밖의 것을 말하지 않는다는 말은 장자가 죽음, 무궁, 해와 달 등 육합 외의 것을 꿈꾸지 않는다는 것이 아니다. 그걸 자랑하고 찬사(讚辭)한다는 뜻은 더욱 아니다. 그 이전부터 성스런 사람들이 그러했다는 것이리라. 그것은 지나친 실용주의자들의 실사(實辭)이지 상학의 말은 아니다.

장자가 맨 뒤의 "말 잘하는 자는, 보지 못하는 것이 있다"고 한 말뜻은 사실 육합지외를 소요하지 못하는 사상과 무리를 비하하고 비판한 것으로 보인다. 그럴 때 장자의 이 단락은 장자다워진다.

'보지 못하는 것〔불견(不見)〕이 있다'는 말엔 묘한 여운이 있다. 보지 못하니 말하지 못하는 걸까. 장자의 말을 다시 들여다보아야 할 자물쇠의 '구멍'이다.

불구의 땅, 우둔의 자연

성인이라고 하늘에 대해 생각하지 않는다는 것은 있을 수 없는 일이다. 그건 범부보다 못한 일이다. 범부는 무식해서 늘 하늘을 쳐다보고 산다. 성인들은 권력이 있고 죄가 많아서 그 쪽을 사양하는 것일까.

그나마 텅 빈 하늘이나마 가끔 쳐다보지 않는다면 무엇을 보고 살 것인가. 매일 밭떼기나 일구고 정치나 하고 살 것인가. 놀랍게도 장자는 곧 육합의 통제를 넘어 과감하게 방일월(旁日月, 해와 달에 기댄다)과 협우주(挾宇宙, 우주를 겨드랑이에 끼다)의 위대한 상온(相蘊) 소요를 보이기 시작할 참이다. 성인의 육합 부정은 말이 되지 않는다. 지금까지 이천 수백년 간 장자의 이 문자를 오독한 것이리라.

상고(上古)에 이미 천지 소요의 사상은 있었을 것이다. 육합 외의 것에 대한 통합과 그 물론(物論)은 물론이고 우둔한 자연에 대한 지혜가 이미 앞대의 도인들에게 완성되어 있었던 것으로 보인다. 그만큼 도의 맥이 깊다. 존이불론 사상은 공자가 만든 말이 아니라 머나먼 상고의 은자들로부터 온 말일 것이다.

진인은 의(義)를 숨길지언정 드러내거나 권하지 않는다. 지혜는 만물을 세분화하는 것을 차단한다. 무적언(無適焉)이다. 충돌하는 팔덕(八德)들이 분파의 우두머리가 된다. 내노라 하는 성인 군자들이 모두 거기 기숙했을 터. 본래 사람은 만물을 세분하지 않았다.

이 구분하는 불구성은 자연의 정황 속에서 만물 모두가 그러함을 나타내는 말이다. 우둔할 수밖에 없다. 개도 고양이도 돼지도 인간도 우둔한 존재이다. 생명 가진 것은 모두 우둔자이다. 허유는 기산에서 세상이 하는 짓을 하지 않고 하나의 불구로 살았다. 그 가지의 새도 불구의 날개를 파닥이며 기산에서 살았을 것이다.

팔덕(八德)은 인간이 만든 시빗거리의 큰 줄기이다. 이 덕(德)은 사람의 그림자일지언정 사람은 아니다. 오랜 세월 동안 만교밀자들이 지배하는 세상에서 '그'는 돌아와 쉬고 있는가. 이 자연 밖의 잔인한 숙궤(宿詭)의 운명은 과도한 통폐(通弊)적 세계 속에 갇히고 말았다.

인류는 지금 어느 시간 속에

좌우윤의분변경쟁.

이 여덟 자가 앞으로 쓰게 될 '인간세'의 복선을 까는 일이기도 하다. 그 인간세가 모든 것이 해결된 상태가 아니라는 것, 어디론가 가고 있는 과정이라는 것을 장자는 인식한다. 그러면서 장자는 항상 흐리멍덩한 의식을 놓지 않는다. 세상은 기이하게 한쪽 선(善)으로만 흘러가지 않는다. 그 선은 상대적인 가치일 뿐이다.

분석하는 자는, 분석하지 못하는 것이 있고, 말 잘하는 자는, 말하지 못하는 것이 있다. 모든 것을 일일이 변별할 수도 없다. 하나에 집중하는 편애(偏愛)와 사견(邪見)을 그래서 따른다.

전체를 보는 자에게 이 세계는 봉(封)의 바깥에 기대어 있는 신기루이다. 지구는 편견에 휘말려 떠가고 있다. 사랑이 사람을 붙들어 묶는 애결(愛結)로 기울어진 지구의 후기(後期)일까.

무한수는 정신과 응결(凝結)의 마음을 빼앗아 간다. 지구는 더 이상 새로운 것도 유혹적인 것도 없다. 파편화된 존재들로 파편화는 가속된다. 그것들은 몸부림치고 갈망한다. 그러니 길은 도시 안엔 없다. '인시(因是)'의 무위를 떠난 그들은 죽음의 개미도시로 향한다. 그 도시는 근원으로 돌아가지 못한다. 후기의 그들은 다 망가지고 마는 걸까. 무엇을 할 수 없는 폐존(廢存). 오늘은 그날의 과거인가.

그 종말을 향해 마음과 만물은 동시에 1, 2, 3 과 미시(未始)의 태허를 꿈꾸고 소요한다. 장자의 회지(懷之, 도를 품음)는 부드럽고 아득하고 어둡다. 빛이 터져 나오면 만물은 그 빛을 향할 것이다. 그러나 그것은 반장자적 빛으로서 눈을 빼앗아간다. 나는 어둠 쪽으로 날아간다.

저 육합지외를 말하지 않듯 도는 표출하지 않는다. 그러나 그 안에 '무엇'이 없다고 말하지 않는다. 모를 뿐이다. 장자의 진지는 그 부지를 향한 골요(滑耀)로 고부리고 있는 한 인간의 모습이다. 한 인간의 안타까운 어둠의 빛. 그 '나'는 큰 어둠의 거울을 비추려는 지상의 작은 어둠의 거울이다. 거울과 그가 보고 싶다.

모두가 가는 길을 버리고 다른 길을 꿈꾸지 말라는 법은 없다. 그 길은 이쪽으로 끌어올 염두도 내지 않는다. 그곳은 대칭적 세계의 다른 쪽의 광대무변한 정신 세상일 것이다.

도와 언어의 관계를 조명하다

경계가 없다거나 일정하지 않다는 것은 범상한 것이다. 약속과 편집을 중시하는 꿰매진 사회에서 이 무봉(無封)과 무상(無常)의 세계는 통용되지 않는다. 그러므로 도는 인간이 쓰지 못하는 만물 속에 함께 있는 내용물이 된다. 모든 생명과 그 외형의 삶은 경계를 기본으로 운영되지만 꿈은 그렇지 않다.

우리는 불편과 의심 없이 언어를 사용한다. 그럼에도 그것은 완전하지 않다. 정해진 바가 없기 때문이다. 우리가 쓰는 언어는 몇 되지 않는다. 불편할 것도 없다. 다른 용량이 없기 때문이다. 다른 언어를 써본 적이 없다.

입에서 나오는 말은 순간적이며 변화의 폭이 찰나적이다. 말은 일정하지 않아 방편이 되기 쉽다. 말처럼 쉬운 것이 없기 때문이다. 아주 소모적이다. 미시전에 말이 우주였지만 인간이 삼(三) 이후를 만들면서 그 말은 사물과 너무 밀접해지고 말았다. 거리가 없어졌다. 그 말이 수없는 망각의 새끼를 친다.

말은 거짓말이 되었다. 말이 다른 말의 앞잡이가 되었다. 그 말의 무게는 없어졌다. 만물을 가지런히 하는 〈제물론〉과 인간을 건져올리는 꿈의 비결(秘訣)은 어디 있을까. 그 꿈은 개개(箇箇)의 사물에 숨어 있거나 죽어 있다는 언어도단을 깨닫는다.

이것은 소통하는 것 못지않은 하늘의 행복(幸福)을 받는 일이라고 여겨진다. 이 행복도 말하기 어렵지만 그것은 지구상에서 가장 중요한 무가치를 아우르는 사상과 맞물린 가장 중요한 지혜의 준거이다. 다행히 만물의 소리를 들어본 적이 없으니 말이다.

언어는 경계 혹은 봉강(封疆)과 함께 생겼다. 여기서 내부의 분별과 함께 외부의 시비가 소유를 옹호하기 시작한다. 도가 있고 없음의 관계에 의해서 혹은 말의 가능성과 불가능성에 의해 그 진과 봉은 소유가 있기도 하고 없기도 한다. 시간은 그것을 보는 듯하다. 이것도 분별심이지만 사실 시간의 것이며 언어의 것이다.

자연의 변화와 수많은 감각과 언어 속에 일(一, 만물과 대응하는 거울 마음, 인간 안의 우주.)을 향해 인간은 먼 길을 에돌아간다. 그 가지 못한 다른 길을 이 현행의 도상에서 그리는 것이 장자의 꿈이다. 이 꿈의 언어는 소요 저 안쪽의 위대한 유혹이다. 소요가 그 현실과 무관하다는 이유와 한계 때문에 소요가 멈출 필요는 없다. 일원론의 아름답고 아득한 태허의 추억을 상상한다.

장자와 공자의 관계

장자 연구가는 팔백 명이나 된다고 한다. 그 중 청나라 선영무공(宣穎茂公)이 "성인에게 무슨 분전(分畛)이 있으리오" 한 대의(大義)는 이십삼 세기 전의 한 진인에게 한 말 치고는 너무 모질다. 성인은 먹는 것이 보이지 않았나 보다. 큰 오해이다. 탄허는 현토(懸吐)하길 '저 홀연(忽然)히 『춘추(春秋)』 듦을 보건대 장자(莊子) 흉중(胸中)에 수유(須臾, 잠시)도 부자(夫子, 공자)를 잊지 않음이다' 하였다. 언제 장자가 공자를 불망했을까. 승려로서 가당치 않은 말이다. 다른 길을 가는 장자의 고투어린 창도(創道)에 대한 커다란 오독이다. 그런 것이 아니리.

난신적자(亂臣賊子)들이 주인인 양 행세하는 주말(周末)의 난세 242년 간에 있었던, 천자의 권력을 잘못 대행한 십이제후국(十二諸侯國)의 오점을 기록한 『춘추』는 역시 권력의 편에서 기록한 주말(周末)의 사서(史書)일 뿐이다. 차라리 이런 것보단 기록되지 않은 은자들의 책 없는 언약(言約)이 그리울 뿐이다.

저 대자연과 우주와 기(氣)와 도(道)가 이 세상의 주인공이자 벗이고 바람이다. 천자와 제후들이 주인공이 될 순 없는 노릇. 장자가 구태여 고리타분한 주말 왕들의 치적을 거론할 까닭이 있을까. 장자의 사유는 감히 육합 밖으로 향하는 존이불론의 우주적 춤이다. 실감나는 육체의 언어를 옷 입는다.

공자는 삼천 제자를 거느렸다. 국군도 무서워할 집단이 아니었을까. 그 집단은 어떻게 움직이고 운영했을까. 장자만 못하다는 나의 생각은 그가 한때 높은 권력(법무부장관급)에 올라서만은 아니다. 왕태와 장자는 무관(無冠)의 인물로서 국가나 조직이 아닌 자연 속에서 자유롭게 살았다. 제자를 거느리고 권력으로 향하지 않았다

장자는 홀로 하늘과 땅을 박차고 하늘로 오른 괴조(怪鳥)처럼 목마른 숙명을 전화한 인물이다. 하늘과 싸우며 자연을 따르려 했지 인의를 세워놓고 권력에 붙지 않았다. 이 춘추(春秋)는 자연의 역사가 아닐까. 그 자연의 역사가 그 아름다운 말의 '춘추(春秋)'가 아닐까.

성현영(成玄英)의 『장자소(莊子疏)』와 임희일(林希逸, 청나라 사람. 이종(理宗) 2년(1235년)에 진사가 됨. 『노장열삼구자의(老莊列三子口義)』 등 저사가 있음) 의 『남화진경구의(南畵眞經口義) 등에선 이 춘추가 공자의 기록물이 아닌 일반 사서(史書)임을 말하며 시대(時代)라고 보았다.

장자의 위대한 사상에서 '춘추(春秋)'는 하나의 비유일 뿐이다. '춘추(春秋)'는 먼 상대(上代)의 구전(口傳)을 이르는 말일 것이다. 그러나 그보단 진(畛)의 봄과 털끝의 가을 의미가 더 적합할 것 같다.

〈제물론〉 뒤쪽에 성인에 대한 공자의 무취리(無就利) 발언에 대해 '청형(聽熒)'이란 말이 나온다. 공자의 야합이생(野合而生, 70세의 숙량흘(叔梁紇)이 20세가 안된 안징재(顔徵在)를 처녀 강간하여 중니를 낳았다는 설. 흘은 딸이 아홉이 있었고, 첩의 아들 하나가 있었는데 그 맹피(孟皮)는 발병신이어서 대를 이을 수 없었다. 진(珍)이 노를 공격했을 때 현문의 갑문(閘門)을 들어올려 탈출하게 할 정도로 완력이 있었다 한다))을 뒷날 성인으로 추대하는 과정에서 공자의 부자동굴〔夫子洞窟, 니구산 곤령동(坤靈洞)〕 신화로 조작했다는 설처럼 장자를 공문하에 넣은 것은 정치적 의도와 조작일 가능성이 높다.

분석하는 자는 보지 못한다. 태산보다 작은 것이 없다. 만물에 가을 짐승의 털보다 큰 것이 없다. 무언가를 알고 하는 말은 정말 아는 말이 아닐 수 있다. 하나를 응시하는 것은 다른 것들을 보지 못한다. 그것이 편애이다. 불분명해도 전체를 보는 것이 지혜에 가깝다.

이 모두가 무슨 뜻일까. 장자는 자신의 말을 의문한다. 하나의 생각 속에 두 마리 언어의 새가 동시에 나란히 우짖으며 날아간다. 양존(兩存)하는 양행소요이다. 이란성쌍둥이는 성스런 인간의 마음속에 품어져 있다.

슬픈 이야기들

선영무공은 육합지외(六合之外) 성인존이불론(聖人存而不論)의 '성인'이 공자라고 단정했다. 박종호(朴鍾浩)도 『장자철학』 '소론(素論)'에서 "성인은 공자를 지칭한 것이며, 장자 또한 공자의 문인(門人)의 문인(門人)으로 다만 공자만을 대도자(大道者)로 인정하였다"고 했다.

『논어설(論語說)』의 저자 소동파〔蘇東坡, 1037-1101 소식(蘇軾). 구양수에게 인정 받았다. 중국 최남단 해남도 7년 유배에서 풀려나 돌아오다가 상주(常州)에서 죽음. 서정시를 극복하고 철학시를 썼다〕도 장자는 공자의 적자(嫡子)라고 했다. 장자 사후 1355년 후 그리고 지금부터 940여년 전의 송나라 최고시인의 말이지만 믿어지지 않는다. 모두 어불택발(語不擇發)이 아닐까.

『남화경직해』에 창려(昌黎, 미상 인물)란 사람이 이런 말을 했다. 육합지외(六合之外)의 십수(十數)여의 문자는 인간세상의 군친대계(君親大戒, 임금과 부친의 계례예보)를 말한 것으로 각실(慤實)하고 심순(深醇)하며 직삼〔直參, 구부리지 않고 곧게 말린 삼, 직참으로 읽으면 곧은 참여의 뜻이 있음. 일성순一(成純)의 성품)〕하고 당오〔堂奧, 학문과 기예의 깊은 오의(奧義)〕한 것이다. 전자방〔田子方, 전국시대 위(魏)나라 사람. 자공(子貢)의 제자)〕이 자하〔子夏, 복상卜商, 공문십철(孔門十哲)의 한 사람. 공자보다 44세 연하〕로부터 받은 법이 후에 장주(莊周)에게 흘러갔다고 한다.

왜 이렇게 보았을까. 권력 주변에 가지 않은 장자를 유가 집단에 포함시켜 이용하거나 장자의 과격한 왕권 초월사상을 보호하려 한 것일까. 위험한 생각이다. 낭설과 관계없이 장자는 위대한 사상의 준봉(峻峰)을 이룬 사람이다. 천뢰(天籟)의 그를 공자의 문하로 넣은 것은 수수께끼이다.

『장자』 '내편'에는 구(丘)와 안회 외의 유자는 등장하지 않는다. 공자의 죽음을 슬퍼하고 울어서 실명했다는 자하와 장자가 무슨 상관이 있을까. 송나라(기원전 286년 멸망)보다 조금 늦게 멸망한 위(魏 기원전 225년 멸망)나라의 전자방과 장자가 근린국의 동시대 사람이지만 그의 사상을 전수했다는 것은 이해가 되지 않는다.

나는 창염(蒼髥)한 구레나룻과 굴출(崛出)한 천기(天機)의 장자를 주나라로 돌아가고자 했던 공자와는 완전히 다를 뿐만 아니라 독립된 미래사상을 창조한 도인이라고 생각한다. 속세 밖 멀리 높게 솟은 독산(獨山)으로서 장자가 군신대계 같은 위계질서나 계급사회를 충동질하고 궁구(窮究)할 사람은 아니었을 것이다.

슬픈 일화를 소개한다. 안회가 마흔하나에 죽자 그의 아버지가 나타나 공자의 마차를 팔아 아들의 덧널을 만들어 달라고 부탁했다〔안연사 안로(顔淵死, 顔路) 청자지거이위지관(請子之車以爲之槨). 안로는 공자의 제자로서 공자보다 6세 아래임〕 공자는 명분을 내세워 거절했다. 아비인 안로가 아들 편을 든다고 하면서 공자는 자기 아들 리(鯉, 태어났을 때 노의 왕 소공(昭公)이 잉어를 하사해서 이름을 이렇게 지었다)가 죽었을 때도 속널만 썼다고 했다. 아들은 아들이고 안회는 안회가 아닌가.

안회의 아버지가 공자가 타고 다니던 마차를 팔아서 장례를 치러 달라 부탁한 말은 의미심장한 뜻이 있지 않았을까. 마지막에 공자는 가장 아꼈다는 제자의 아버지인 안로에게 면박을 준다. '나는 대부의 말석에 있기 때문에 걸어다닐 수가 없다네(이오종대부지후(以吾從大夫之後) 불가도행야(不可徒行也)'.

아아! 하늘이 나를 망치는구나! 하늘이 나를 망쳐!(희 천상여 천상여(噫天喪予天喪予). 안연이 죽자 공자가 이렇게 말했다.

궁극의 시간 속으로

성스런 사람은 도를 품고 있다〔성인회지(聖人懷之)〕. 진정한 성인은 말의 알을 품지 않는 자가 아니다. 낳지 않을 뿐이다.

본다는 것〔견(見)〕은 눈이고 도이다. 말을 너무 잘하면 그 눈을 얻지 못하여 보지 못한다. 말이 본체를 가리기 때문이다. 그럼 나는 장님이 된다. 이 변야자(辯也者, 말 잘하는 자.)는 혜자였다고 장자는 추억하는 걸까. 도는 말해지지 않고 보이지 않는다.

앞을 못 보는 자는 고자(瞽者)이다. 고자는 앞이 보이지 않으니 수많은 말을 했을 것이다. 말하지 말고 담으면 자연의 빛이 찾아올까. 변자(辯者)는 '말'이며 그는 분별과 시비, 이해, 계산하는 소성(小成)이다. '말 잘하는 자는, 말하지 못하는 '것'이 있다(辯者不見)'는 말은 화자가 '말'을 보지 못하는다는 말이 될 것이다. 모든 말과 성인을 모멸한 말이다.

만물의 제물을 엿본다. 규(竅)로 모든 것이 돌아가는 모습을 본다. 미래상상의 거울을 통해. 만물의 시간이 하나로 돌아가는 것도 그 구멍을 통과할 것. 그것이 미시유봉(未始有封)이 아닐까. 일야상대이며 단모무정이며 골의지요. 광막지야이며 응무궁의 명(明)이며 문합.

살아선 저 우주도 부운(浮雲)의 짧은 꿈이며 나는 취해 자고 있는 한 그루 나무 밑의 몽음주자가 아닐까. 자유의 주인공이 되는 길은 어디 있을까.

말은 고향을 떠났고 길을 잃고 다시 길을 찾고 있다.

21. 보광(葆光), 도는 나타나지 않는다

대저 대도(大道)는, 이름 붙일 수 없고, 대언(大言)은, 말하지 않는다. 대인(大仁)은, 인자하지 않고, 대염(大廉)은, 겸손하지 않으며, 대용(大勇)은, 해치지 않는다.

도(道)가 나타나면, 도가 아니다. 말이 다투면, 함께하지 못한다. 인이 고정되면, 가지런히 못하며, 청렴이 맑음만으로 믿음이, 되지 못하며, 용기가 지나치면, 가지런히 이루지 못한다.

이 다섯 가지(도道 변辯 인仁 염廉 용勇)가, 원융을 이루고 있지만, 비뚤어져 한쪽으로 치우치게 된다. 그러므로 앎이, 그 알지 못하는 곳에 머물면, 지극하다.

누가 말하지 않은 말과, 도가 아닌 도를, 알 것인가. 만약에 능(能)한 앎이 있다면, 이것이 '천부(天府)'라, 말할 수 있다. 천부는, 아무리 물을 대도 차지 않으며, 아무리 물을 퍼내도, 마르지 않는다. 그런데, 그 유래하는 까닭을, 알지 못한다. 이것을, '보광(葆光)'이라고 말한다.

원문(原文)

夫大道不稱 大辯不言 大仁不仁 大廉不嗛 大勇不忮 道昭而不道 言辯而不及 仁常而不成 廉淸而不信 勇忮而不成 五者圓而幾向方矣 故知止其所不知 至矣 孰知不言之辯 不道之道 若有能知 此之謂天府

注焉而不滿 酌焉而不竭 而不知其所由來 此之謂葆光

* 말, 논쟁 **변**辯. 청렴할 **염**廉. 겸손 **겸**嗛. 거스를, 해칠 **기**忮. **대용불기**大勇不忮 큰 용기는 해치지 않는다. 빛날 **소**昭. **도소이부도**道昭而不道 도가 나타나면 도가 아니다. **언변**言辯 말을 다루다. **불급**不及 함께하지 못한다. **인상이불성**仁常而不成 인이 고정되면 불성한다. **원**圓 원융. **기**幾 가깝다, 쉽다, 치우친다. **향**向 -에. **방**方 한쪽으로 치우치는 것. **지의**至矣 지극하다. 누구 **숙**孰. 만약 **약**若. **천부**天府 하늘의 곳집. 댈 **주**注. 퍼낼 **작**酌. 마를 **갈**竭. **기소**其所 그 까닭. **보광**葆光 우주의 근본 어둠의 빛.

최후의 부지(不知), 천부(天府)의 보광(葆光)

도에 대한 최고의 경지에 들어선다.

인간이 말하는 자연 중심의 도, 인간 중심의 인, 이름 하지 않은 본래의 도와 인을 말한다. 그 안의 것을 본다. 우주의 불가사의한 것을 천부보광(天府葆光)이란 언어로 표현할 수밖에 없었던 유지(有知, 장자의 부지(不知)의 반대 개념)를 말한다.

이곳에 본능의 눈이 번뜩인다. 본능은 지혜의 본산이다. 앎은 지워진다. 우주를 인간의 작은 뇌로 표현하기엔 너무 광대하다. 그래서 아이의 인간적인 모습을 보고자 한 것일까. 배가 고프면 울고 기쁘면 소리쳐 뛰어노는 아이. 어둠속 하늘에서 떨어지지 않고 붙어 있는 보광은 천진의 지혜를 간직한 본능의 덩어리일까.

천지의 모든 것을 말할 '말'이 없다는 것을 고지인들은 다행으로 여겼을지 모른다. 그저 어두컴컴한 미분의 본능을 그대로 간직하고 즐겼던 것이 아닐까. 편리한 점이 있지만 대부분의 과학문명은 귀중한 본능을 빼앗아 간 뒤 돌려주지 않는다.

문명의 역사는 권력 앞에서 만물을 강제로 변화시키고, 비밀을 발견하면 거대한 교환적 재화의 가치를 생산하고 실용적 효용만 추구한다. 그것이 이 지상의 유일한 척도이며 해결방안인 것처럼 비춰지기 시작했다. 저 어두컴컴한 보광에서 왔을 것이 분명한 본능의 지혜는 사라지기 시작했다. 장자에게 도가 사라지는 현상은 인류정신의 보광이 지워져가는 것이나 다름없었을 것이다.

문명의 이기는 양산되고 동시에 쓰레기처럼 버려지면서 인간의 손은 천지일지를 잃어버렸다. 그 자연의 길〔대도(大道)〕과 말〔대언(大言)〕이 보이고 만져지는 것이었다면 누군가 도적질해 갔을 것이다. 가만히 제자리에 두고 볼 인간들이 아니기 때문이다.

도가 보이지 않는 것은 속되게 말해서 천만다행이다. 그러나 우주의 바다에 꼭 맞는 우주의 마음은 무극(無郤)하다. 누가 훔쳐갈 수가 없다. 너무나 크고 너무나 복잡해서 가져갈 수가 없다. 그것을 가져다가 무엇에다 쓸 수도 없다. 지구의 도는 지구에 있어야 한다. 천만다행으로 도는 아직도 언어 안쪽에 남아 있을 것이다.

문명사에서 이 대도를 가지면 만사가 끝날 것이지만 이름이 없으므로 전모를 밝힐 수가 없다. 길은 서로 언약한 바 없이 혼자 길을 간다. 자연의 길과 빛이 쉼 없이 오고 가기에 그 광막지야는 끝나지 않는다. 아무리 가도 가도 길은 이어진다. 고작 길이 열리는 생사를 계속하는 것이다.

장자는 앎의 주체를 천부(天府, 앎의 곳간)라고 했지만 난해한 말이다. 우리는 그것이 저 자연물과 풍경이라고 생각하지만 그 앎의 대상이 무엇인지는 모른다. 까마득한 과거에 만물이 이름도 주소도 없는 그 어두컴컴한 하늘의 곳간에서 이곳으로 내려왔을 것이다.

회도(懷道)의 대긍정, 소도(昭道)의 부정

대(大)를 그 말에 맞는 대명사격 대형용으로 보고 큰, 완전한, 참된, 높은 뜻으로 본다. 대(大)는 부피, 길이, 공간의 의미를 가지고 있다, 거셈, 내파(內破), 광속, 비상한, 중함, 많음, 넓음, 성훼, 나이 많음, 거칠음, 한도를 넘음 등등. 대(大)자보다 큰 것은 없다.

도소이불도(道昭而不道) 언변이불급(言辯而不及)을 '도가 나타나면 도가 아니다. 말이 다투면, 함께하지 못한다.'로 좀 다르게 받아들였지만 사실 이 말은 흥미롭고 심장(深長)하다. 진정한 아름다움은 말해지거나 다른 것으로 표현되지 않는다. 시(詩)처럼 일정하지 않다.

조물주는 표현의 모든 장르와 방법을 가지고 있겠지만 그 무엇을 사용하여 자신을 비추거나 나타내지 않는다. 본질과 현상, 그 시작과 끝을 아는 것이 언어 사유의 궁극의 일이지만 그 부지에 의해 무극의 매력은 끝없이 지속된다. 만물의 표정과 변화는 자연 그 안의 어떤 언어일 것이다. 부지의 대상이다.

그러니 보이는 것보다 안 보이는 것이 무궁하다. 〈소요유〉에서도 무용을 강조한 것은 이 도의 은(隱)과 같다. 은(隱)이 있어야 비유(比喩)들이 반짝이며 공중으로 소요를 시작한다. 그 아름다운 비상의 경사는 하늘이 받쳐주는 은유의 각도이며 날개의 자유이다. 무용과 비유를 직접 사용하기 시작하면 그 의미와 비밀과 신기(神氣)는 죽는다.

분명 자연을 보건대 도는 가려져 있다. 결코 인간이 인지할 수 없다. 도는 언제나 자연 속에서 은유적으로 지나가고 반짝이며 나타난다. 설광의 소(逍) 와 은결의 윤슬처럼 도는 혼자만 알고 가는, 전달할 수 없는 불칭(不稱)의 '무엇'이다. 마치 그것은 만물을 담고 지나가는 바람과 시간과 같다.

도가 환히 빛난다, 다 밝혀졌다, 전신이 모두 드러난다는 말은 있을 수 없다. 만약 밝혀져 나타난다면 그 전신은 실로 경악스러울 터. 괴언

(怪言)이며 망언이다. 그래서 그것은 혹시 피부가 없는 인간의 육신 안에 너덜거리는 내장들이 걸려 있는, 마치 혼돈과 같은 엉터리 형상일지 모른다.

그런데 성인들이 품고만 있는 그 도는 우리가 상상할 수 없는 '그 무엇의 기외(其外)'일 것이다. 도는 영사(影寫)하지 않는다. 만약 그런 도가 있다면 그것은 도가 아니다. 우리가 말하는 도는 이미 도가 아니다. 도는 철저하게 가려져 있다. 내 창자를 꺼내 내 팔에 걸쳐 보일 수 없는 것. 인간은 소리와 혼돈을 볼 수 없고 도는 자신을 보일 수 없다고 말할 수밖에 없다.

장자는 중인(衆人)들은 도를 좋아한다고 한다. 도인들보다 더 좋아할지 모른다. 도인들은 도 자체이기에 도를 말하지 않는 용상(庸常)에 있지만 중인들은 도가 낯설고 비일상적인 것이기에 신기한 것으로 받아들여 말하고 싶을 것이다〔중인변지(衆人辨之) 이상시야(以相示也)〕.

도는 정복되고 소유되지 않는다. 오히려 함정이나 창공, 혼돈, 바람, 어둠이 아닐까. 말이 다투면, 함께하지 못한다는 말은 도를 가지고 시비할 수 없다는 뜻일 것이다. 말을 하면 도에 미치지 못한다는 것은 만물과 '함께하는' 일(一)이니 침묵한다는 뜻이 아닐까. 우둔할 수밖에 없다는 뜻이기도 하다.

우선 언어를 치정(治政, 장자의 언어)한 다음 마음을 평상에 둔다. 〈제물론〉, 제언론, 제심론은 결국 하나이다. 그렇다 할지라도 그 보광 속에 있는 도와 같은 언어를 누가 보여줄 순 없다. 침묵하는 만물이 말하는 경우는 없다.

결국, 반드시 도가 환히 빛나면 도가 아니다. 중앙에서 환히 자신을 비추어 드러내는 것도 도가 아니다. 도가 그렇다면 권력이 될 것이다. 만물을 자기중심으로 보이게 하는 만용(蠻勇)이며 진짜 불인(不仁)이며 진짜 부도(不道)이다.

눈부신 광휘로 천하를 밝히는 빛은 도가 아니라는 뜻의 보광은 실로 대용(大用)이며 대언이라 할 수밖에 없다. 이 자체가 대도불칭(大道不稱) 대변불언(大辯不言)이다. 작은 언어의 빛들도 희미하게나마 보이게 하려고 그리 말하는 것이라고 할 수 있다. 너무 큰 광명이 하늘에 있다면 모든 작은 촛불들은 사라져야 할 것이다.

모르긴 해도 내가 내 장기를 안에 담고 사는 것처럼 내가 모르는 도를 내 안에 넣고 있는 것일까. 장자가 내놓은 이 좌우윤의분변경쟁은 도의 하학일 것. 그렇다면 도란 굉장히 복잡한 구조. 정돈되거나 편집된 것이 아니라 방치되고 소외되고 갈라지고 산재하는 것들이다.

무위는 절대 무용한 것으로 남겨둘 때에만 무위가 된다. 이 무위에 대한 장자의 욕망은 광막한 하늘로 끝없이 날아간다. 무위를 사용한다는 것은 쓸데없는 것이 된다는 뜻이다. 어쩜 진실로 나는 쓸데없는 하나의 물(物)로 남고 싶은 건지도 모른다. 그때 나는 우주 어디에선가 겨우 존재하기 시작하는 것이 아닐까.

부지에 머물라, 정지하라!

안타까운 것은 이것이다.

인간이 지니고 있는 이 다섯 가지〔대도(大道), 대변(大辯) 대인(大仁), 대염(大廉) 대용(大勇)〕가 우주와 마음의 원융이다. 인간의 이 오성(五性)은 어느 한쪽으로 치우친다. 기이한 일이다. 자연을 닮은 이 다섯 가지를 이룬 아름다운 원형의 인간은 없다. 도소(道昭) 언변(言辯) 인상(仁常) 염청(廉淸) 용기(勇忮)가 서로 자기중심적이다.

이 오대(五大)를 사람들은 당연하고 낯익은 것으로 알고 추구한다. 그러나 사실은 기이한 것들이다. 정형적인 것이 아닌 말과 침묵과 변화를 가진 다른 쪽의 얼굴이다. 오대가 원형을 이룰 때 혼돈의 기가 충만할까. 어리석어 보이지만 그러나 그 혼돈의 원형이 장자 사유의 구체(球體)이다. 장자에게 오대는 인간이 꾸리고 다스릴 수 있는 최소한의 다른 모습이다.

좌우윤의와 분변경쟁으로 전락하고 합의된 사회의식으로 볼 때 그 혼돈이 우스꽝스러워 보일 수 있다. 장자가 볼 땐 결코 그렇지 않다. 혼돈에 그 어리석음과 천예함과 아름다움이 있다. 말로 표현할 수 없는 대도, 대언, 대인, 대염, 대용을 갖춘 내용물들이다.

즉 우주 영혼의 모습이다. 진인의 마음은 혼돈과 함께 우두커니 있다. 바라지도 생각지도 나아가지도 않는다. 산처럼 그 자리에 서 있다. 고지지기소부지 지의(故知止其所不知 至矣)의 '지(至)' 즉 멈추는 것이 지자(知者)이다.

저 앞에 귀휴(歸休)란 말이 있었지만 이 지의(至矣)란 말은 앞과 앎으로 나아가지 말고 멈추란 뜻. 쉬라는 뜻. 다시 말하면 즐기란 것. 한두 가지를 가지지 말고 모두 가지라는 것, 자연을 나누어서 가지지 말고 통째로 가지라는 것. 멈추어서 둘러보고 알고 느끼고 소요하라는 뜻이다.

이 앞의 무적언〔無適焉, 무한수로 나아기가지 말라. 그것은 얻을 수 없으리란 부득不得의 뜻)〕, 앞으로 나아가지 말라, 쪼개고 분변(分辨)하지 말고 생각의 잔가지 즉 잡념이나 잔상(殘像)을 치지 말고 잡지 말라는 말과 같은 것. 기소부지(其所不知), 이 '그 알 수 없는 바'는 어디일까. 그 앎의 우주구슬 속으로 들어가 구르고 싶다. 이곳이 장자의 진지의 처소이다. 어머니 가슴처럼 어리석은 곳이다.

보광(葆光)이 있는 천부(天府). 장자는 이곳으로 돌아가고자 꿈꾸었다. 불언지변(不言之辯)과 부도지도(不道之道), 말하지 않은 말이 있고도 아닌 도가 있다. 앎은 위험하다. 불평등과 반성과 척도, 비극을 낳는다. 그 앎은 한쪽만 아는 것.

차라리 가만히 침묵으로 보는 것이 좋다. 지혜가 알지 못하는 그곳을 누가 말할 수 있을까. 불가능하며 소용이 없다. 그 지혜의 곳간 천부는 조물주의 영역이고 지혜의 금단(禁斷)의 영역일지 모른다.

문자의 도(道), 변(辯), 인(仁), 염(廉), 용(勇)을 넘어

도(道), 변(辯), 인(仁), 염(廉) 용(勇). 인간의 입장에서 말할 때 이들이 원형을 이루면 어디로든지 갈 수 있다. 오덕은 오도이고 오도는 다섯의 작은 풍차이기 때문이다. 이 중 하나만 튀어나가면 이 원형은 일그러진다. 나머지 넷의 붕괴는 더 무섭다.

장자는 오덕을 위험하다고 보는 것 같다. 도(道) 역시 인처럼 고정된 것이 진짜 인이 아닌 것처럼 이것들은 인간을 구성하고 있는 유기적이고 상황적인 것으로 언제 어떻게 돌변할지 모르는 미정의 것이다. 보광은 어느 한쪽에 치우치지 않고 집중하지 않고 두루 흐릿하다. 어느 사물과 성정에 특별한 편애나 친소(親疎)가 없는 원융의 빛이다. 어미의 빛이라 할 수 있다. 이 오덕이 그럴 수 있을까.

용상(庸常)과 심상(尋常)의 마음이 그 원융의 자연심이다. 그 자체가 인(仁)하다. 그러나 지나친 인은 인위적인 것으로 인이 아니다. 자연을 인하다고만 보는 것은 잘못된 시선이다. 대인은 무심하지만 그러나 쉴 새 없이 움직여 어디론가 간다. 굳이 인을 말하고 전할 필요가 없다. 본능 속에 인은 있다.

장자의 도가 보이지 않는다면 인간은 모두 장님인 셈이다. 재미있는 표현이고 발견이다. 비참하기보다 풍자적이다. 또 그 이름도 없고 내보이지도 않는 도는 우스꽝스럽기까지 하다. 어리석어서 통탄하지 않고 웃는다.

장자는 대도를 먼 곳에서 찾기도 하지만 일상 속에서 찾는다. 도변인염용(道辯仁廉勇)은 둘러보면 볼 수 있다. 자연과 인간의 모습이다. 그것의 본체는 자연 속에 있다. 모든 오덕은 자연 속에 있고 자연 속에서 가져온 것들이다. 단 실체는 아니다. 언어일 뿐이다. 인이 넘치는 세계는 자연의 세계가 아니다. 인간은 지나친 인을 거부할 수 있으며 인은 스스로 그 인을 벗어날 수도 있다.

다시 말해 이 대도, 대언, 대인, 대염, 대용은 원래 자연에게 있는 것들이다. 서로 상대적인 것 같지만 오원론의 일체감을 요구하는 자연 속에 있는 인간이 원하는 요소들이다. 장자의 포부이다. 하나로 뒤섞여 어느 것이 인이고 용인지 모르는 혼돈이 되었을 때, 장자의 어리석은 인간의 완성은 가능할까.

그럼 오자가 서로 견제하고 조화된 모습이 진인(眞人)의 형상일까. 인간중심적 인의예지신과 상반되는 장자의 '도변인염용'은 우주적이다. 장자의 말은 오덕과 사람을 사용하지 말라는 말로 들린다.

인간을 소용없는 존재로 두는 철학이 어디 있을까. 모두 등용하고 채용되고 싶어한다. 장자는 그런 욕망을 거부하는 것 같다. 사용하면 없어지기 때문일까. 인성이 망가지는 걸까. 그러나 '그것'은 줄지도 늘지도 않는다. 쓸데없는 걱정이다. 써서 나타나면 장자는 왠지 부끄러웠을 것이다.

인은 주(周)의 예(禮)로부터 왔다. 인(仁)이 고정되면 가지런하지 못하다〔인상이불성(仁常而不成)〕는 말은 인은 만물에 상응해야 한다는 뜻. 인이 크고 작게 수없이 변해야 한다. 그러나 권력과 사회 체제는 그 인을 가공하여 통치와 교육의 수단으로 삼아왔다. 그것은 죽은 인일까. 장자는 인보다 본능을 중히 여기는 것 같다.

위험한 인(仁)과 용(勇)은 제도나 규범의 귀속물이 되기 쉽다. 간사하고 허위적일 가능성이 높다. 인상이불성(仁常而不成) 용기이불성(勇忮而不成)의 성(成)자가 주(周)자로 된 곳도 있다. 나는 『남화경직해』를 따라서 성자로 통일했다. 성을 '가지런하다'로 본 것은 제물(齊物)의 뜻이 있다고 보았기 때문이다. 장자에게 자연의 핵심 도추는 머물지 않고 언제나 변하는 것의 이름이다.

존재와 인간에 대한 무용과 무위라는 최소한의 관리 혹은 주객 대체를 꿈꾸고 관찰하는 눈이 이곳에 있다. 제물의 뜻이 사실 구차하다. 인용(仁勇) 따위로 본래의 마음을 자연에 두기 위해 차용한 것. 어찌 자연에서 인이 그 주인이기만 할까. 자연은 인을 편애하지 않는다. 인은 자연을 닮아야 한다.

이 지구가 커다란 도(道)이다

장자는 말이 아닌 말〔불언지변(不言之辯)〕 도가 아닌 도〔부도지도(不道之道)〕를 아는 것을 간과하지 않았다. 알지 못한다고 말할 수 있었던 또 하나의 근거는 이 가짜 도와 가짜 말에 있다. 기소부지(其所不知). 장자는 늘 알지 못하는 그곳에 머물기를 바랐다. 앎이 오면 물리치고 앎을 경계했다. 이것이 지의(至矣)이다.

장자에게 도는 말 자체가 없고 진짜 말은 나타나지 않는다. 인간이 말하는 도와 언어가 아닌 보광이 있는 천부(天府)를 아는 자는 하늘 아래 없다. 모르는 것이 천진이고 무사이다. 모든 것을 저 하늘에 맡긴다. 혹자는 그를 낙천주의자 숙명론자라 하지만 그 말이 맞는 말이다.

이 기막힌 불통과 두절의 소식이 오히려 마음을 열어준다. 모든 것이 통한다는 선전은 거짓희망이다. 만물을 두고서 한 물건만 만지는 형국이다. 장자 사후 약 1165년 뒤에 119세까지 살았던 당나라 조주(趙州, 778-897년)의 '뜰앞의 잣나무〔정전백수자(庭前栢樹子)〕'는 그 하나만 알고 만물을 잊음을 두려워한 말이리.

이 무지를 통하여 자기 말과 앎을 잘라낸다. 이는 혜가(慧可, 46세에 달마의 선법을 계승함. 말년에 선법을 포교하다가 시기하는 자들에 의해 처형 순교함. 선종 제3조 승찬에게 의발을 전하고 조주는 항상 승찬의 「신심명(信心銘)」을 마음에 새겼다고 한다. 혜가는 『장자』를 읽다가 출가했다고 한다)가 자기 팔을 자르는 것과 같을 것이다. 말하는 자는 보지 못하는 것이 있다는 말이 완성된다〔변자불견(辯者不見)〕. '그'의 혀는 볼 수 없다.

〈응왕제〉편에 호자(壺子)가 보여준 두종(杜踵, 발뒤꿈치)이 있다. 조선 후기의 기론가 최한기(崔漢綺, 1803-1877)의 『기측체의(氣測體義)』(1835

년 중국에서 간행)에 '기(氣)는 출입하는 것이 아니라 통(通)한다'고 했다. 입과 항문이 붙어 있는 형국이다. 정신과 육체가 하나로 뒤섞인 장자의 혼돈이며 골의지요이다.

육체는 수많은 크고 작은 어둠이며 혼돈의 유리체이다. 이 혼돈의 본능을 놓쳐서는 안되지만 문명사회의 인간은 이미 재가 되었다. 열자의 스승 호자는 습회에서 빠져나올 수 있었지만 현대인은 빠져나오는 길이 없다.

자연의 마음과 감정이 천변만화인 것을 정돈하지 말 일이다. 제미파류(弟靡波流)로 흔들리고 흐를 뿐이다. 그 폭풍우도 어쩌지 못하고 함께 춤추게 된다. 흔들리지 않으려고 버티는 것들은 파괴된다. 인을 만들어 강조하려 하고 고정시킬 필요가 없다. 무용의 마음에서 자연 전체를 아무 쓸 데 없는 것들로 바라볼 수 있어야 한다.

저 자연에 가서 배우면 그것이 인이고 부모이고 친구이며, 이별이고 죽음이고 무상이다. 그 외의 스승은 없다. 인의를 강요해서 책을 만들어 가르칠 필요가 없다. 그것은 죽은 책이고 죽은 언어이다. 문자에 갇히거나 이용되지 않는 언어 이전의 언어가 저 자연이다.

인은 주검을 따라가지 못한다. 우리 생이 모두 그 죽음이며 그 앞에 있다. 장자의 무용이란 사용하지 않고 저쪽에 두면서 모두 사용하는 마음의 소요이다. 내 마음이 거기서 일하고 노닐고 쓰러져 죽기도 한다. 그것은 곧 용(用)이 아니라 앎을 가지는 일이다. 즉 소요이며 진지(眞知)이다. 사실 실물을 쓴다는 것은 무서운 일이다.

이 지구는 하나의 운행하는 도이다. 이 커다란 도(道)의 외곽. 저 자연의 대도가 있는 지구라는 곳간이다. 지수(止水)와 외최가 함께 있는 이 땅은 무시무시한 대도 생살(生殺)의 공간이기도 하다. 모든 '나'는 신기(神氣)이며 바람이며 영기이다. 그 나는 지금 그 도 안의 인간 안에 있다.

천부(天府)의 아름다움, 부지(不知)의 탄식

장자의 탄식이다. 누가 말로 나타나지 않는 말을 알고 가짜가 아닌 진짜 도를 알겠는가. 가짜 도는 지금 내가 말하고 있는 언어로서의 기호화한 도이다. 도는 벙어리인가. 말은 불구인가.

도는 눈, 귀, 입이 없다. 언어가 없는 나라이다. 무시무시한 시공이다. 그것의 앎의 도가 없고 언어가 없다. 인이 없고 겸이 없고 용기가 없다. 이러니 어찌 모른다 하지 않을 수 있을까. 하나를 안다 하면 하나를 뺀 만물이 망각된다. 어떻게 안다 할 수 있을까. 오감(五感)만이 꼼지락거리며 발악할 뿐이다.

장자는 드디어 난해하기 이를 데 없는 천부(天府)를 말한다. 만물과 자연 안의 기막힌 하나가 있으니 이것이 장자의 영부(靈府)이다. 이 신묘한 마음의 작용이 (훗날 말하게 될 것이지만) 이 천부에서 인간의 몸의 영부로 어떻게, 어떻게 (말로? 빛으로? 어둠으로?) 왔을 것이다.

그 누구도 모르게 시공을 건너뛰어 들어오는 초월의 그 마음을 전할 수 없는 것이 아니라 알 수가 없다. 까마득한 하늘의 어둠과 빛으로부터, 혹은 구체적인 저 자연물에서부터! 모든 어둠과 빛의 혼돈과 음양이, 시비가, 모든 사물과 인식능력과 대립까지도, 사생(死生)이 뒤섞인 그 무엇의 무늬로 온 것일까. 그것은 '생문(生紋)'이라 해도 좋을까.

너의 생문은 너의 생문으로 나의 생문은 나의 생문으로 왔다 갈 것이다. 상상도 할 수 없고 본 적도 없는 인간의 얼굴들이 수없는 자기 생문으로 왔다가 이미 갔다. 나는 지금 태허의 그 끝에 서 있으니 실로 두려운 일이다. 이것이 그 '나'의 지지(至知)이길 바란다.

보광(葆光)은 또 어떠한가. 이것에 대해 장자는 그 유래를 알 수 없다고 한다. 너무나 먼 곳에까지 인간은 흘러왔기 때문일까. 기억하기엔 벅찬 언어의 존재일까. 미래엔 그것 자체를 기억하지 못하게 될 것.

인간은 너무나 많은 무용을 써버렸기 때문. 무용이 없어졌기 때문.

영부(靈府)가 말라버렸기 때문. 이 지구의 다저녁에 누가 보광과 천부를 생각할까. 얼굴은 솔가지 사이로 비춰 들어오는 황금빛에 놀란다.

이 보광은 장자가 알지 못하는 곳으로서 어두컴컴한 빛의 어둠속이다. 적어도 만물과 심부가 여기서 왔을 것으로 보는 것. 그곳은 지금 외계적 우주적 상상력이 작용하는 영부와 천부의 감응으로 보이지만 어디 있는지 알 길이 없다. 그것은 아마도 내 복부처럼 물렁물렁하지 않을까. 그 안에 육장이 들어 있지 않을까.

장자는 인간이 안다는 것을 무한대의 무지로 돌려놓은 위대한 사람이다. 그는 인간을 중심에 두었지만 그들 스스로가 조소(彫塑)의 존재로 추락해가는 것을 부정하지 않는다. 이것이 장자 화법의 위안이며 무시(無視)의 선물이다.

이 보광의 하늘이 있는 한, 얇은 층의 하늘로 둘러싸여 있는 이 지구의 육체의 영부들에게 그러나 아직도 귀가(歸家)할 수 있는 길이 있을까. 어둠이 터질 듯 내장(內藏)되어 있는 미지의 그 시공간은 어디일까.

천문학에서 말하는 안드로메다 성운일까, 우리 은하 밖일까. 이것은 쓸데없는 것이 아니며 몰라서 외면할 수 있는 것이 아니다. 인간으로서 도달하고자 하는 최종(最終)의 문제이다. 나의 뇌는 흐물흐물거리다 유리체처럼 긴장하고 반짝인다.

사뭇 우스꽝스러운 듯한 이 외계 혹은 하늘의 문제가 없다면 장자는 그 매력을 반은 상실하게 된다. 장자에게 하늘은 우리의 존재 자체를 다시 보게 하는 무엇이 있지만 알 길이 없는 통로이다.

그곳은 일상과 너무 멀어서 상상이 되지 않는다. 하지만 나날이 그는 이 외계적 사유에 대한 사색의 유혹을 따라 마치 인시(因是)하듯 지속해 간다. 그것은 이 지상의 잡다한 분변들이 나를 나날이 귀찮게 붙잡고 있기 때문이다.

단지 언어로 그것을 '천부(天府)라고 칭명한다. 이 천부는 천리의 보고(寶庫), 만물을 창조하고 지닌 조물주의 자연이다. 거꾸로 자연의 조물주이다. 그 대장간에서 만물이 만들어져 나온 것일까. 완전한 앎의 처소라. '그것'은 정말 무엇일까.

이곳에서 모든 것이 왔단 말인가. 적어도 장자는 그러한 곳이 있다고 본다. 이것은 현실지구중심적인 생각이다. 만약이란 단서(약若)를 달았지만 그것을 안다는 것은 불가능하다. 아무리 채워도 차지 않고 아무리 퍼 써도 마르지 않는 것은 대체 무엇인가.

자연에 무슨 인간적 윤리의 잣대가 있을까. 연유(緣由)는 알지 못하지만 장자는 그것을 '보광(葆光)'이라 하였다. 보광을 아주 중시하고 그곳이 마치 인간 영육의 고향인 것만 같은 착각을 불러일으키게 한다. 그곳에 도착하고 싶다. 가상한 일일까.

육합 외의 것이지만 농담을 섞어서, 미래에 점점 사라져간다고 본 것이 아닐까. 그것을 뒷받침하는 말이 무적언(無適焉)이 아닐까. 앞으로 나아갈수록 그것은 사라져간다. 그렇지 않아도 희미한 불빛이 아닌가. 그것이 없어지면 어떻게 되는가.

이미 늦어버린 사태에 대한 경고와 무시가 담긴 장자의 점잖은 해학으로 들려오기도 한다. 비록 아무리 써도 줄지 않는다고는 하지만 착취와 만용(蠻勇)은 잔혹하다. 무지막지하고 되먹지못했다. 나머지 경(競)과 쟁(爭) 뒤엔 상살(相殺)이 있을까. 이미 인간은 인간을 얼마나 많이 서로 죽여왔을까.

지금은 지구 대개의 지하자원, 심부와 천부(天府)는 바닥이 나고 있다. 쓰레기장이 되고 있는 지구에 생명의 언어는 거의 없다. 종말은 미학적 수사일 수 있지만 그 징후는 농후하다. 인류 문명은 끝없이 부패(腐敗)를 배양하고 있는 실험을 계속하고 있다.

나그네들이 잠시 왔다 가면서 누대(累代)를 이어 자연을 파괴했다. 자연의 천부는 훼손되고 좋지 않은 결과만 남겨두고 있고 의도한 바 아니고 고의가 아니라 할지라도 우리는 요행처럼 그때를 기다리고 있다.

만물의 유래(由來)에 대한 부지(不知)

현상과 언어의 사유로는 만물의 근원을 들여다볼 수 없다. 근원은 결코 인간에게 그 문을 열어주지 않을 것이다. 만물이 여기까지 말미암아 온 까닭을 알 수 없다. 현상이 본질이라고 하면서 말을 바꾸지만 솔직히 다시 부지(不知)를 인정할 수밖에 없다.

장자라고 어찌 말이 맞는 말과 도인 도를 보여주고 싶지 않았을까. 말로도 감각으로도 상상으로도 나타낼 수 없는 것이 도이니 장자의 갈증은 말로 다 할 수 없었을 것이다. 문득 그 유래(由來)란 말 앞에서 나도 모르게 적막해질 뿐이다. 그러면서 한편으로 극적인 숙명의 존재라는 것을 뼈저리게 느낀다. 겨우 이 숙궤 앞에서 간신히 숨을 쉬고 잠시 소요할 수 있는 인간일 따름이다.

이 부지의 능지(能知)는 조물주와 성스런 인간만이 감지할 것이다. 저 한데의 자연이 숨기고 있음을 겨우 알 뿐이며 무지만이 묻어서 함께 흘러간다. 하지만 도는 스스로 저 자연 속에서 활보하고 있는 것이 아닐까. 부지하고 천진하고 아무런 생각이 없을 때에만 도가 소요하는 발걸음 소리를 듣고 그 자락을 볼 수 있는 것이 아닐까.

『남화경직해』에서 장자에게 혜시의 도는 하나의 작은 적〔혜지일소적(惠之一小敵)이라 했지만 장자는 혜자에게 하나의 큰 적〔장자즉혜지일대적 (莊子則惠之一大敵)〕이라 했다. 하지만 《잡편》 끝의 〈천하편〉에서 혜자는 비상한 논리인 대동이소동이(大同異小同異), 난유모(卵有毛) 등의 우주와 현실에 대한 일종의 광기어린 깨우침으로 일대 파란을 일으켰던 것으로 보인다. 작은 적의 말이라도 남아 있었다면 큰 적에게 도움이 되었을 것이다.

그러나 도소(道昭) 언변(言辯) 인상(仁常) 염청(廉淸) 용기(勇忮) 쪽으로 편중되지 않기 바란다. 거처가 없는 무향(無鄕)의 세계를 떠돌며 노래하는 장자 소요를 감히 어느 신기(神氣)와 능변(能辯)과 천변(千變)이 말릴 수 있을까. 여기 무슨 일국의 관리사와 요리사가 필요할까. 가소로운 이충(二蟲)의 일이며 덧없는 조아지사(爪牙之士)의 수고이다.

대지혜의 천부는 혜자의 혀끝에서 날개 쳤을 리 없다. 장자 역시 두려움으로 천공에서 붕새를 의식했을 것. 장자에게 하늘은 신명(神明)의 공간이 분명하다. 이 지구와 현실을 감싸고 있는 하늘이 무의미할 순 없을 터. 이 고백으로 우주와 도는 무궁하게 과거와 미래로 열려 있음을 숙지할 따름이다.

나타나 있는 도라는 것은 거의가 도가 아니다. 장자가 보기엔 모두가 도를 말하지만 그것은 모두 도가 아니다. 요순, 숙이, 허유, 노자, 공자를 포함하여 모두 부도(不道)이다. 현상으로서의 감각하고 사유되는 자연 그 안쪽의 '무엇(회지懷之)'이 도이기 때문이다. 그들은 도를 말했으므로 그것은 이미 도가 아니다.

다만 장자는 아슬아슬하게 고진인들과 자연 중심의 춘추(春秋)와 경세(經世) 정도가 도의 친구였을 거라는 게 그의 입장 같다. 그것은 불칭(不稱)이기 때문이다. 언어로 표현할 수가 없는 것, 언어가 없는 '그것'. 그러므로 언어로 표현된 모든 책의 글과 도는 거짓이다. 도가 그 안에 있을 수 없기 때문이다.

한 사람이 허무를 전했다〔일인전허(一人傳虛), 『남화경직해』〕는 말과 그 불이 전해졌다〔화전(火傳), 〈양생주〉의 화두(話頭)〕는 말을 알 수가 없음과 같다. 말도 할 수 없이 수많은 사연의 사람들이 죽어간 이 기이한 지상에서 나는 이 화두를 슬픔으로 받지 않고 덧없는 인생의 일대 소요(逍遙)로 받아들이고자 한다.

『남화경직해』에서 장자는 천기독행(天機獨行)하였으며 사(肆, 제멋대로 함)하고 은(隱, 종적을 감춤)했다고 한다. 또 그는 유생들의 책 만 권에 파묻혀 궁리한〔유자지서재만수처궁리(儒者之書在萬殊處窮理) 끝에 종지는 많지 않으며 대요는 말로 표현되지 않은 곳에 있음〔종지무다(宗旨無多) 총재언외(總在言外)〕의 도리를 찾았다고 하였다.

장자는 무궁한 변화의 주인공인 무기(無己)를 가져오지 않고 그 자연 속에 놓아두었다. 그래서 그 누구의 것도 닮지 않았으며 그의 스승은 저 일야상대이며 그의 도는 저 자연이라 할 수 있다.

도가 나타나지 않다니. 보광아, 우리는 너무 어두운 곳에서 살고 있는지 모른다. 〈소요유〉의 '적망창자'(適莽蒼者, 교외를 나가는 자)에서 이충(二蟲)이 또 어찌 그것(붕비와 그 뜻)을 알 것이냐고 말했던가. 이 무지 혹은 부지가 장자의 탐구적 고백으로 메아리친다. 나는 너에게 혼자 읊조려본다.

그 곳에 파묻히고 싶다. 응석을 부리며 뒹굴고 싶다. 파괴된 자연의 침대여. 그대의 잠자리는 예전과 같은가. 보광은 아직도 등을 달고 있는가. 그곳의 어둠은 무사한가.

22. 석연치 않은 요(堯)의 마음은 무엇일까

옛날에, 요(堯)가, 순(舜)에게 물었다.

나는, 종(宗)과 회(膾)와 서오(胥敖)를, 정벌하고 싶다. 남면(南面)을 해도, 석연치가 않으니, 그 까닭이 무엇일까.

순이 대답했다.

오히려 세 종족은, 고작 미개한 곳에, 살고 있습니다. 마음이, 편치 않으시다니, 어쩐 일이십니까. 옛날에, 열 개의 태양이, 나란히 나타나, 만물을 모두, 비췄습니다. 그렇거늘 하물며, 성덕을 베푸는 일이, 태양이 만물을 비추는, 일이겠습니까.

원문(原文)

故昔者堯問於舜曰 我欲伐宗膾胥敖 南面而不釋然 其故何也 舜曰 夫三子者 猶存乎蓬艾之間 若不釋然 何哉 昔者十日並出 萬物皆照 而況德之進於日者乎

* 정벌할 **벌**伐. 회칠 **회**膾. 서로 **서**胥. 거만할 **오**敖. **남면**南面 군주가 남쪽을 향해 앉음. **석연**釋然 편하지 않다. 연고, 까닭 **고**故. 저 **부**夫. **삼자**三子 세 종족. 오히려, 고작 **유**猶. 쑥 **봉**蓬. **봉애지간**蓬艾之間 쑥대 사이. 미개한 곳. **십일병출**十日並出 열의 태양이 나란히 나타나다. **만물개조**萬物皆照 만물을 죄다 비추다.

지날, 우월할 **진**進. 하물며 **황**況. **덕**德 성덕. 어조사 **어**於. **자**者 태양 '만물을 비추는 일'.

골의(滑疑)적인 요(堯), 태양(太陽)적인 순(舜)

뜻밖의 대화이다. 이 요순의 대화는 밀담(密談)이다. 지금까지 〈제물론〉의 본류에서 문득 벗어났다.

설결(齧缺)에게 모른다고 대답하는 왕예(王倪)의 부지론(不知論)은 천고의 기절문이고 그와 함께 장자의 진심이 담긴 초월과 심연의 이 서사는 최고(最古)의 선문답이다. 특히 이 두 권력자들의 대화는 의외이며 심오하다. 이 독대와 암유가 사실이든 아니든 저들이 순화 복속되지 않는 것에 대한 요의 성찰을 장자는 주시한다.

이곳에서 순의 마음은 허유가 천하권력을 거부한 것과 비교된다. 나는 이곳에서 요가 순의 마음이 자신의 마음과 다르다는 것을 깨닫는 순간을 본다. 두 사람은 기가 막힌 말을 하고 있다. 하지만 한 국가 안에서 두 사람은 판이한 길을 이미 가는 것 같다. 역시 요는 골의적이고 보광적이며 순은 강렬하고 태양적이다.

봉애지간(蓬艾之間, 미개국)의 세 부족 때문에 요가 마음을 쓰는 것에 대해 의문을 가지는 순은 정작 괴로워하는 요의 마음을 읽었을까. 각각의 부족이 자기들 방식과 나름대로 살아가는 것이 최선이라면 성인도 요도 순도 필요 없는 것이 된다. 양도논법(兩刀論法)의 딜레마가 아닐 수 없다.

요는 늘 권좌에 앉아 덕의 군주가 되고자 했다. 저 작은 세 나라를 칠 것인가 말 것인가. 그러나 정작 합병하지 못하는 요. 아무리 생각해도 답이 없다. 장자는 바로 이것을 성인의 마음이라고 보는 것이 아닐까.

비추는 덕이 있었지만 종(宗), 회(膾), 서오(胥敖) 세 나라는 요순을 찾아오지 않았던 모양.

그렇다면 순이 요에게 "마음이, 편치 않으시다니, 어쩐 일이십니까." 하고 묻는 말은 요에게 괴로운 질문일 수 있다. 그러니 그 짧은 순간, 요가 순을 어떻게 생각했을까. 또 순은 요를 어떻게 보았을까.

권력자와 후계자 사이에 기묘한 흐름이 있다. 어떤 제왕도 군사적 힘을 이용하지 않는 자는 없다. 여기서 요가 족장으로서가 아니라 한 성인됨으로서의 진정한 고뇌가 없을 수 없었을 것. 순은 아직 젊어서인지 요의 마음을 모르는 것 같다. 아니면 아직 자연을 다 공부하지 못한 것인지 모른다.

누군가 만물과 만사의 문제가 자신의 덕치와 판단, 군사의 힘으로 해결되는 것이 아니라는 것을 알고 있는 것 같다. 그렇게 느끼도록 기묘하게 장자는 글을 써놓고 손을 뗀 것일까. 즉 골의적 수사이다. 나로 하여금 장자는 순에게 더 많은 시간과 사유가 필요할 것이라는 생각을 하게 한다.

순이 볼 때 요의 덕치(德治)는 태양의 분광보다 더 분명하고 따뜻하고 세밀하고 고르다고 여겼을 것이다. 이제 마지막 양단의 갈림길 앞에서서 어느 길인가는 선택해야 하는 상황에 와 있다. 그 앞엔 한 인간이 가야 하는 길의 윤(倫), 또 다른 의미의 의(義)가 있는 고대국가의 삼엄한 족장의 선택이 남아 있다. 이 결단의 순간 속에서 요의 고뇌는 희미하게 그려져 있다.

요의 마음에 움직이는 미묘한 그 무엇이 감지되었다면 분명히 알고 있지는 않았을지라도 그 마음은 경계 없이 조용히 심중에 숨어 있다. 한편 까닭을 모르고 묻는 순은 자신을 전혀 알지 못한다고 말할 수 있을 것이다. 순의 말은 권력을 물려받을 이인자의 수사일 따름. 그것뿐이라면 이 두 인물의 대화가 『장자』에서 무슨 의미가 있을까.

주인이 없는 말과 미묘한 심리

이 글의 음영(陰影)의 매력은 그 마지막 말, 만물개조(萬物皆照) 이황덕지진어일자호(而況德之進於日者乎) 다음에 요의 말이 이어져 있지 않다는 점에 있다. 마음이 숨어버린 문장이다. 요의 침묵이다. 물론 장자의 침묵이기도 하다.

한 마디로 말할 수 있는 것이 아니다. 자신의 핏줄이 아닌 사위에게 왕위를 넘겨주게 되겠지만 순은 요의 마음을 제대로 읽지 못한 것 같다. 하지만 순은 그것이 아니었다. 자신도 알 길 없는 권력과 정복의 욕망 같은 것을 느꼈을 것이다. 천하를 계승하려는 자의 솔직한 마음과 위장된 마음이 함께 내비친다. 양면으로 드러났다.

어쩜 장자는 무엇인가를 말하고 싶었고 요 역시 무엇인가를 말하고 싶었지만 차마 그러지 못했을 것이다. 서로의 말이 숨고 있다. 말이 나오지 않는다. 정벌과 통치의 무한반복의 역사를 요는 알고 있었을 것. 문득 기산(箕山)이 그리운 것이 아니었을까. 요는 무적언(無適焉)을 외치고 싶었는지 모른다.

여기 잠시 소부(巢父)의 선양설화를 떨구어 둔다.

요가 권력을 넘겨주려고 그를 찾아왔다. 그러나 그는 거부했다. 그런데 요는 왜 조용히 살고 있는 사람들을 찾아다녔을까. 염증이 나는 권력을 왜 남에게 넘기려 했을까. 유나 소부가 정치를 해도 뻔히 망할 것을 알고자 한 것일까. 그들의 은둔에 불을 지르려 한 것일까. 본심을 알 수 없다.

아니면 인문의 천하를 만들기 위해서였을까. 장자가 볼 때 그건 가당치 않은 생각이다. 오해해 보자면 권력이란 먹잇감을 가지고 돌아다니며 팔아넘기려 한 것일 수도 있다. 그것도 한 푼도 대가를 받지 않고 말이다. 물론 권력을 찾아다니는 공자와는 다른 행적이지만.

이 소부는 산속 나무 위에서 살았다고 한다. 그러니까 〈소요유〉에서 한 나뭇가지에 의지하여 살아가는 그 새〔초료(鷦鷯), 박새과의 뱁새〕는 바로 소부였는지 모른다. 대단한 은유이다. 맹자는 소부를 현실에 참여하지 않는다고 그럴듯하게 비판했지만 그럴 주제와 계제가 못되는 것으로 보인다. 아무튼 이런 추측에서 요는 의문의 인물이다.

하지만 다른 쪽으로 그를 들여다보는 것이 흥미로울 것이다. 요는 순에게 모든 것을 선양(禪讓)할 것이다. 권력의 속성을 말해주고 싶지 않았고 또 그것을 보존해야 하는 진퇴양난에서 요는 곤혹스러웠을 것으로 보인다. 권력 무상과 팔덕 같은 것을 말하고 싶었지만 그 권력의 마수(魔手)를 감출 수밖에 없었을 것이다. 권력은 후계자의 것이기도 하기 때문이다.

말을 품고 있기는 하지만 정작 다 말해지는 것이 아니다. 그 말이 있을지라도 왠지 불편한 까닭을 말할 수 없었을 것. 알았다 하더라도 순이 요를 찬양하는 것처럼 요가 순에게 충고를 해줄 순 없었다는 것. 그걸 장자는 '불언지변'(不言之辯, 말이 아닌 말, 말없는 말)으로 말하고 싶었을까.

여기엔 역시 뭐라고 말할 수 없는 그 '무엇'이 있다. 그것이 말하지 않은 '말'〔불언(不言)〕이라면 그것의 이름은 없다. 이것이 대도불칭(大道不稱)일까. 사실 이 자리는 순으로부터 십일(十日) 병출(并出)의 대업을 듣는 자리는 아니다. 요는 그것 즉 '기고'(其故, 그 까닭)의 마음을 희미한 보광(葆光)으로 자기 안에 감춘 것 같다. 즉 요가 가지고 가야 할 침묵의 말. 모든 미래의 권력 앞에 비원처럼 남겨진 그것은 무엇일까.

장자가 보기에, 열 개 태양이 하늘에 나란히 나타나 만물을 모두 비췄지만 당신의 덕의 우월함을 그 태양들에 견주겠습니까 하는 순의 말은 어리석은 말이다. 병탄으로 세상을 통일하는 것은 만물제동의 장자 일원론에 부합하지 않다. 덕으로 만물을 다스리고 가지런히 할 수 있을지 모른다. 하지만 그것은 진리의 말이 아니다.

오히려 요의 마음을 잡으려 하는 것이기도 하며 또 요에게 주의를 강요하는 말처럼 들리기도 한다. 요 당신은 당신의 전설과 권력의 위엄을 잊지 말라는 말처럼 들렸을 법하다. 이때 요 자신은 성군 성자라는 허명으로 반복되는 지배와 통치의 악순환을 끊고 싶었는지 모른다.

비록 마음의 언어가 확실하게 나타나지 않았지만 '알 수 없는' 자신의 마음을 짚고 있는 요가 아름답다. 그는 회지(懷之)라는 보광의 입장에 처해 있었던 것이 아니었을까. 이런 자연에 다가가는 요의 모습과 흐릿함에 비해 순은 너무 젊고 확증적이며 야망적이고 아부적이다. 덧없는 세월인가. 경세(經世)는 또 무슨 소용이 되는 것일까. 순에게 이런 말이 통할까.

길을 알고는 있지만 자신의 길을 가지 못한 요의 슬픈 미완성이 보인다. 그러나 미완성은 아름답다. 형을 대신하여 스물하나에 제위에 오르고 72년간 통치하다가 순에게 자리를 물려주고 128세까지 살았다는 요(堯)의 슬픔이 있지만 그는 누릴 것을 다 누리고 간, 이 지상에 보기 드문 복인이다. 이 제왕을 세인들은 성인이라고 말한다. 그러나 장자에겐 범부만 못할 수 있다.

봉애지간(蓬艾之間)에도 비가 오는 날, 손자가 할머니와 쑥떡을 해먹는 종, 회, 서오의 오후의 들꽃 핀 무용의 용상(庸常)을 순이 어찌 알까. 막고야산의 신인(神人)을 노래한 연숙(連叔)의 발언- 누가 구차하게 천하를 다스리겠는가, 진구비강(塵垢粃糠)으로도 요순을 도주(陶鑄)할 수 있다는 말이 떠오른다. 누가 만물을 다스리는 일을 위해, 즐거이 나서려 할까. 어리석은 자들이 통치를 한다.

그것은 만물제동도 제물도 아니다. "닭이 우네요, 조정에 대신들이 모였겠어요. 닭 울음소리가 아니라 쉬파리 소리 아니요?" 하는 속닥거림이 세상 성자들과 모든 권력을 비웃었다(《시경》「계명(鷄鳴)」). 노부부가 새벽에 잠이 깨어 궁시렁대는 시(詩)이다.

종(宗), 회(膾), 서오(胥敖)를 치지 못하는 것은

순이 사용한 유(猶)자는 '의외로', '아직도', '생각하는 것과는 달리'의 뜻이 있다. 즉 순이 보기엔 진(畛)조차 변변한 것이 없는 쑥대 사이의 미개 소국들인데 요가 그 나라들을 정벌해 복속하려는 마음에 대해 그럴 필요나 가치가 없는 나라들이라고 말하고 있는 중요한 '부사'이다. 장자에겐 더 없이 소중한 종회서오이다.

이 유(猶)와 함께 중요한 글자가 요의 '석연(釋然)'이다. 이 석연은 그가 비록 족장이지만 성자임을 보여주는 중요한 마음의 문자다. 그는 한 국가를 통치하고 있었지만 타자〔나가 아닌 저쪽, 즉 피(彼)〕를 생각하고 있었다. 이것이 없다면 그는 골의의 성(聖)이 없는 자가 된다.

이 단락에서 중시되는 것은 그 고민이다. 굳이 그들을 정벌해야만 하는가의 문제이다. 국토를 넓히고 백성을 편히 먹여 살려야 하는 부족장으로선 과제가 아닐 수 없었을 것. 내 백성을 배불리기 위해 남의 백성을 죽여야 한다. 세 나라를 병탄하여 평화롭게 살게 하는 것이 좋지 않겠는가 하는 생각도 없지 않았을 것. 그 두 마음의 갈등이 이 '석연(釋然)'이다. 이 석연이 자연의 마음일 것이다.

순은 세 부족을 해결하지 못하는 요를 반어법으로 압박한 것 같다. 그까짓 미개국을 두고만 보는 요가 못마땅할 수도 있다. 그것을 왜 마음에 두고 괴로워하는가. 이것은 문면으론 조용한 것 같지만 치열한 침묵과 무서운 말의 경계를 지나가고 있다. 말하지 않았지만 이미 장자는 그것을 말한 셈이 된다. 불언지변(不言之辯).

열 개의 태양이 하늘에 있으면서도 서로 싸우지 않고 협력하여 잘 지낼 수 있을까. 진(畛)과 봉(封)의 구분이 없는 평화가 있을 수 있을까. 상극이면서 상생하는 것이 한 나라이며 주변 국가와의 관계이다. 정복과 복수와 불안, 죽음, 원한 등이 온 나라를 들끓게 한다. 요는 그 인과를 알고 있었던 걸까.

병탄이냐 방임이냐. 요의 고민은 여기 있었을 것. 열을 아홉으로 셋을 하나로 왜 꼭 묶어야 할까. 다른 사람을 왜 내 사람으로 만들어야 할까. 이곳에 좌우윤의분변경쟁과 도언인염용이 있을 듯. 장자의 만물제동의 완성은 제국(諸國)의 통일론 같은 것이 아니다. 공생의 만물이 많을수록 전쟁은 더 일어나지 않을 것이다.

어쩜 요는 이런 생각을 했을지 모른다. 저 세 부족은 곧 내가 떠나고 나면 순이 정벌해버릴 것이다. 요는 순에게 저 세 부족을 정벌하지 말라고 유지를 남기려 했는지도 모른다. 그러나 요는 그 부탁을 후계자 순에게 하지 못했다. 요순의 관계만 악화되고 자신이 버려질지도 모른다는 불안을 가지고 있었을지 모른다.

성천자가 아닌 은자(隱者)로서 기산 허유와 조인(鳥人) 소부가 있지만 순은 황제, 전욱(顓頊), 제곡(帝嚳), 요 다음의 신화시대의 마지막 성천자로 선양 설화의 주인공이다. 성은 유우씨(有虞氏). 일장신(一丈身) 팔채미(八彩眉, 이 겹눈동자가 있어 이름을 중화(重華)라고 했다)의 요도 순도 혈통에 의해 즉위하지 않았다. 후기 원시사회 부락연맹 체제의 권력 이양이 그 후의 왕권의 세습보다 민주적인 셈이었다.

순은 장님 아버지와 계모 밑에서 자랐다. 이복동생의 시기를 받아 여러 번 살해당할 뻔했다. 그러나 형제애와 효행이 있었다. 33세에 요는 순의 명현(明賢)을 보고 이녀(二女)를 주고 사위로 삼았다. 서른에 백관을 총재하고 요의 선위(禪位)를 받아 나라를 우라 하고 40년간 통치했다. 사실은 요가 죽은 뒤 요의 아들 단주(丹朱)가 즉위하려 했지만 천하의 인심이 순에게 기울어졌다.

마음속에 무엇이 움직이는 것일까

이곳은 아주 복잡한 내용을 담고 있다. 진(畛)과 봉(封)의 경계, 부족과 국가의 권력이 대치하는 국경과 평화에 대한 장자의 은밀한 사상과 꿈이 숨어 있다.

장자는 원시사회를 인문의 보광으로 비추고 있다. 특히 요순을 비추는 이 장면은 기산의 선양설화만큼 극적이다. 보광을 말한 뒤의 이 단락에서는 인간의 마음을 여러 방위에서 보는 장자의 눈을 살필 필요가 있다. 본지는 늘 밖의 저쪽에서 어슬렁거리며 돌아다니고 있다.

장자가 그려낸 요순의 심리갈등은 기묘하다. 미개한 세 나라와 공존할 수 있을 것 같지만 우매한 역사는 언제나 그렇지 않았다. 이 일화의 합의와 결말이 없는 것은 순전한 장자의 의도이다. 특히 마지막에 요의 응답이 없는 것은 의미심장하다. 장자의 눈엔 모든 국가와 역사는 자연 속에서 탄생하고 사라진다. 남는 것은 인간이다.

이 문면 속의 순은 요를 통제하거나 무력화한 것 같다. 순이 말한 십일병출(十日并出)의 위대한 요의 과거는 과거일 뿐이다. 순이 은을 찬양한 것이라기보다는 힐문(詰問)에 가깝다. 하지만 장자는 결국 끝까지 그 미개한 세 나라를 공격하지 않았다는 요의 마음을 기념하는 것 같다. 그것도 은밀하게.

그들은 저 자연처럼 그들 마음대로 살아가도록 내버려두는 것이 장자의 정치학일 것이다. 그러나 그래봐야 고작 그럴 뿐이다. 다만 요는 그 무엇도 행할 수 없는 도의 경지에 당도했던 걸까. 그러니 왜 저 종, 회, 서오를 쳐야 하는가. 정복욕으로만 해석하기엔 미심쩍은 자연과 운명에 대한 측은과 의혹이 남아 있다.

탐욕의 눈빛이 감추어준 심리 저 깊은 곳에서 조용히 요의 귓전을 울리는 순의 말은 두렵고 무섭다. 장자는 이것을 어떻게 감추었으며 장자 연구자들은 이 사실을 어떻게 보아왔을까. 요가 그것을 몰랐을 까닭이 없으며 장자가 또한 그 마음을 몰랐을 리 없었을 것. 이 둘의 마음에 무엇이 움직이는 것일까.

요순의 대화와 다음의 설결 왕예 대화는 내용이 다른 것 같지만 그 둘 속에는 모두 말하지 않은 말과 도 아닌 도가 존재함을 느끼게 한다.

남면의 석양, 요의 마음

순은 지워져가는 요의 정복욕을 불지피는 것 같기도 하다. 수많은 부족을 멸망시킨 성군이 미개국 셋을 두고 고민에 빠진 위험을 확인하는 순간이다. 권력과 정벌에 대해 의문하는 듯한 요의 이 마음은 무엇일까. 또 미개한 그들을 정벌해서 평화롭게 살게 되기를 바라는 단순한 진의는 무엇일까. 왜 그가 성인이 되어야 하며 그런 일을 해야 할까.

이 정황은 요가 열의 태양보다 더 위대한 만물개조(萬物皆照)의 덕을 가지고 있으면서 세 부족의 조공을 받지 못하고 정벌하지 못하는 데 문제가 있는 것은 아니다. 이 문장에선 무엇인가 다른 것을 요가 알게 하고자 하는 기묘한 문법이 작용하고 있다는 것을 느낄 뿐이다. 이 묘한 여운과 단서와 침묵을 느끼지 못한다면 요순밀담의 요지는 없게 된다.

삼 부족에게도 요의 성(聖)이나 은혜가 필요 없었던 것 같다. 그렇지만 미개국 사람들의 처지를 읽기 전에 먼저 모든 것을 버리고 자연을 따르고 싶어 하는 요의 '이상한 마음'을 장자가 엿보고 있는 것이 중요한 게 아닐까.

더구나 성인이라면 부르거나 강요하지 않아도 와서 동화되어야 하는데- 이것도 사실은 어불성설이지만- 그렇다고 사신을 보내 화친을 사정할 순 없는 노릇이었을 것. 안면몰수하고 다른 나라를 무력으로 정복하는 것이 제국주의가 지닌 이성(狸狌)의 본능인 것을 요는 통제하고 있을 것 같다. 요의 통제가 이렇게 어렵다면 모든 미래 제국의 전쟁은 불가피한 것이리.

따라서 요 앞에서 하는 순의 이 말에는 시비(是非)의 여지가 있다. 요도 순도 부족하지만 그러나 진정 우둔하고 부족한 요(堯)가 미완의 앎에 도달한 것이리라. 창작이라 해도 아니 창작이라서 요의 마음을 회도(懷道)처럼 숨겨둔 묘사는 그야말로 기묘하다 하지 않을 수 없다. 가까스로 말했을 뿐이다.

아마도 요가 이렇게 말을 순에게 꺼낸 것은 (물론 장자의 의도지만) 뭔가를 가르치려 한 뜻이 있었던 게 아니었을까. 그러나 순은 엉뚱한 말을 하고, 요는 곧 말을 닫았다. 즉 문합(脗合)이다. 저 보이지 않는 가장 밝은 어둠의 '보광'처럼 요는 안으로 들어가버렸다. 그 구멍 속에서 인간의 진실과 대언은 늘 세상을 향하여 갈망하고 절규하고 신음할 것이다.

하나에선 모략의 마음이 비치고 다른 하나에선 보이지 않는 말이 지나간다. 앞의 것은 두더지와 족제비들이고 뒤의 것은 기산의 한 가지에서 사는 새이며 황하의 물 한모금만 먹고 가는 쥐들이다. 진정한 통치의 도는 어디 있는 걸까. 만물의 제물은 어떻게 되는 걸까. 통치는 자연을 배반하고 파괴하는가. 이는 말이 말하지 않는 말의 문합이고 나타나지 않는 도의 문합이다.

여기서 남면(南面)의 석양과 요의 마음이 마주 비추는 듯하다. 깨달았지만 말하고 행동할 수 없게 되었다. 지극하고 슬프다. 먼 미래에 순은 40년을 통치하게 되지만 아마 종, 회, 서오 따위는 눈도 깜짝하지 않고 정벌해버렸을 것이다. 초라한 전리품으로 승전의 잔치를 열었을 것. 그때부터 전쟁이 남긴 비극은 다 말할 수 없을 것. 이 요순의 원고(遠古) 시대부터 전쟁은 본격적으로 이 지구상에 전개되었을 터. 요의 진정한 마음은 무엇이었을까.

초월의 사상

요순의 이 기막힌 이야기 속에는 도모와 인정과 전수, 지배의 비극이 내재되어 있다. 은밀하게 그러나 공개적인 듯 아무런 문제가 없는 것처럼 위장된 이 무대는 전적으로 장자가 설치하고 침묵하고 있는 것으로 보인다. 이 밀실 대화는 저 기산의 천하선양보다 난해하다.

특히 순이 미개한 자〔봉애지간(蓬艾之間)〕들이라고 폄하하는 대목에선 권력자가 가지는 일반적 지배욕망과 정복욕이 절정에 달해 있는 것으로 보인다. 결국 이 대화는 둘만이 나눈 것이지만 만천하에 폭로되고 말았다. 장자가 그 곁에 있었던 것처럼 묘사된 것은 기이한 일이다. 세계의 문학에서 찾아보기 어려운 두 인간의 한 어둠과 한 빛이 이 고대에 있다.

그때 종, 회, 서오는 무엇을 하고 있었을까. 요순보다 더 궁금한 이방과 오랑캐의 내부이다. 저쪽에서 이 평화롭고 독특한 방외와 변방을 들여다보는 두 인간의 눈은 미래의 모든 권력의 눈을 닮았다. 그들은 마치 잔인한 사자 같다. 이 심증만 나의 가슴에 꽂힌 창날처럼 울음을 우는 것 같다.

장자는 눈을 뜨게 하고 그들의 진심(眞心)을 마음바닥으로 보고자 한다. 그들은 그 진심의 마음바닥의 눈으로 내다볼 수 없다. 통치를 한다 하지만 분명히 장님들로 서 있는 형상이다. 이것이 감히 장자의 숨은 의도로 보여진다.

무엇이 진짜인지를 모르는 채 길 밖에서 떠도는 무리들이다. 자신들이 무엇인지 모르는 이 낯선 두 남자는 역사의 망령과 같다. 기운이 쇠한 한 늙은이와 세상 무서운 줄 모르는 한 젊은이. 남면의 반대쪽 하늘에 한자락 미풍은 불어갔을 듯.

이렇게 난감하고 불가피한 국면에 처하는 것이 권력의 속성이다. 그들은 결코 권력이란 구련(拘攣)에서 벗어날 길이 없다. 그 무서운 옷을 벗을 방도가 없다. 이런 의미에서 요의 기산 방문은 가없는 한 인간의 지극이었다.

그만이 감히 그 무엇의 요연함에 겨우 한번 도달한 것이리. 그래서 장자는 그를 〈소요유〉에 이어 두 번이나 『장자』에 등장시켰을 것. 그러나 그는 분이봉재의 대도를 얻진 못하고 국장(國葬)을 받게 된다.

장자 사상은 자연 위에 아무것도 두지 않는다. 놀랄만한 이 자연의 정신을 인정하고 내막을 읽지 못하면 장자는 재미없다. 밀의(密意)를 지닌 불령지민(不逞之民, 제왕, 군주들의 지배 밖에 있는 자들. 장자를 그렇게 불렀음)의 사상이 그러므로 장자에겐 있다. 불령 인간으로 폄하하는 시대는 까마득한 고대이지만 그래도 장자의 사상은 지금도 초국가적이며 저 자연 중심에서 노니는 무사 무탈의 절대 방임자들의 것이다.

만물개조는 자연만이 한다

순이 요를 태양보다 위대한 인간으로 말하는 순간, 요에게 위험한 순간이 온 것이 아니었을까. 옛날 기산을 찾아갔을 때의 허유와는 너무 상이한 말을 하는 순을 어떻게 볼 것인가. 허유는 권력을 거부했고 순은 권력을 탐한다.

요는 권력을 이양할 대상을 찾지 못한 셈이다. 결국 측근의 순이 승계한다. 권력이 계승되는 한 권력은 권력에 사로잡히고 만물의 꼭두각시와 같은 모가비가 된다. 아마 요는 그것이 싫었는지 모른다.

그는 이 권력의 계승에 절망했던 것일까. 군력을 빼앗긴 것이 아닐까. 아니면 여전히 마음 한쪽에 사자의 본능을 감추고 천하통일과 풍요와 거짓 평화의 희망을 가지고 있었을까. 아니면 다시 기산을 그리워했을까. 통치하지 않는 통치를 꿈꾸었을까.

뒤에 나오는 속진(俗塵)에 노니는 우둔한 성인〔성인우둔(聖人愚芚) 만세일성순(萬歲一成純, 자연의 성인은 우둔하고 순수함을 한결같이 지키는 것)〕의 지극한 모습이 우물쭈물 요임금의 새로운 인간형으로 비춰진다. '좌우윤의분변경쟁'의 팔덕과 '도언인염용'의 오자(五者)가 성인을 꼼짝 못하게 하는 자연의 원형(圓形)이다. 자연이 그를 꼭 붙잡고 있는 형국이다.

저 미개한 나라를 칠 것인가, 놔둘 것인가의 문제는 여기서 끝난다. 조공을 바치지 않고 요의 덕치(德治)에 응하지 않는다 해서 정벌한다면 그것은 성인이 할 일은 아니다. 그것은 요의 한계이지만 한계를 가진 채 통일하지 않고 자연 속에 놔두는 것을 장자는 진정한 자연의 길이라고 본 것 같다. 제물과 정치가 불가한 자연을 보았던 것이 아닐까.

성인 밑에 범부가 있다. 성인은 범부만 못하다. 여기 만물개조(萬物皆照)란 말엔 자연만이 그 옷이며 주인공이며 양식이며 길이란 뜻이 숨어 있다. 그것을 어찌 요순에게 갖다 붙일 수 있을까. 요순을 자연에 비견하고 그보다 더 덕진(德進)하고 위대하다고 말하는 것은 맹자가 공자의 고제(高弟)라고 하는 사람들을 통하여 공자를 높이는 것보다 어리석다.

장자에게 성인은 존재하지 않는다. 더구나 가장 높이 드러난 자가 어떻게 장자의 성인이 될 수 있을 것인지, 불가하다. 적어도 성인은 드러날 순 없는 존재이다. 『남화경직해』에선 순이 말한 덕을 분광(分光)이라고 표현했다. 빛줄기가 여러 갈래로 나뉘어 나간다는 분광은 아름다운 표현이다.

장자는 그 빛가루조차도 어둠속에 몸을 감추기를 바란다. 빛은 범부의 온 담장과 산과 나뭇가지와 지붕, 소로와 지수, 봉진(封畛)에 내린다. 작고 가벼운 바람의 어루만짐 같은 춤이다.

요순의 시야와 말과 기(氣), 암유를 들여다보면 이들이 성인이어서 어리석어지는 것이 아니다. 권력은 결코 성(聖)과 진(眞)이 될 수 없다. 그렇다면 이 글은 대단히 파격적인 내용이 아닐 수 없다. 더구나 비소(卑小)하나 요의 덕과 합병을 원치 않는 종회서오의 자존은 장자의 본심이고 고향이다. 쑥대 풀밭 속을 비추는 햇살의 속삭임은 장자의 것이다.

그들은 가만히 있는데 요와 순은 괴로워하고 있다. 이 장면 묘사는 그들이 저 미개국을 이기지 못한다는 - 점령하더라도 이긴 것이 아니라는 - 언의(言意)가 있다. 혹시 통치의 덕이 미개의 분광만 못하다고 여기는 요의 마음을 은연중 장자가 대신한 것이 아닐까.

무엇이 인이며 무엇이 용일까. 무엇이 불인이며 무엇이 불용일까. 제나라의 재아(宰我)는 삼년상(三年喪)에 이의를 제기하여 공자로부터 불인(不仁)하다는 비난을 받고, 자공(子貢)은 당대 최고의 재력가로서 사람들이 그를 공자보다 뛰어나다고 평가했다. 공자 얼굴과 흡사했다는 유약(有若)은 사실 공문(孔門) 밖의 인물이지만 공자가 죽은 후 가장 존경받았다.

이들의 말을 인용하여 공자의 덕이 요순보다 위대하다고 맹자는 말한 적이 있다. 이들은 『장자』에서 자신들을 방내인(方內人)이라 말하게 한 공자의 제자들이다. 비밀이 숨겨진 과거사들. 모두 자연 속의 인물이며 다른 아들들이다.

장자의 나라는 자연뿐

인민과 국가를 위한다는 군주와 그 추종자들이 대부분 나라와 인민을 수렁에 빠트린다. 그 오욕의 역사는 자연의 '춘추(春秋)'가 아니다. 권력과 조직, 국가를 초월한 자연에 근거하여 체제에 소속되지 않은 무궁자를 우러르는 길이 장자의 사상이다. 장자에게 요순과 그의 나라는 필요하지 않다. 자연만이 장자의 나라이다.

요가 순에게 3년간 섭정(攝政)을 허락하면서 어느새 순은 모든 권력을 장악했을 것. 요가 깨달은 도는 보이지 않고 그의 말도 전해지지 않았다. 장자는 그 도와 말의 단서(端緖)를 잡고 있다. 그 어느 날의 요순의 독대는 허무하고 그 내용은 쓸쓸하기 그지없다. 그러나 요의 남면자시(自視)는 대단하다.

일설에 의하면 요가 만년에 권력을 상실하고 순에 의해 투옥되어 죽었다고 한다. 훗날 그러면 순은 어떻게 죽었을까. 그 역시 재위 39년 되던 해 남방에서 사냥을 하다 병이 들어 창오(蒼梧)의 들판에서 죽었다고 하며 다른 설엔 다음 천자인 우(禹)에게 방축(放逐)되어 죽었다고 한다. 아마도 우의 군사들에 의해 처참하게 살해된 것으로 보인다.

순이 실패한 홍수 방지책을 우에게 명령하게 되고 13년의 고투 속에 이 치수가 우를 통해 완성되면서 권력은 우에게 급선회했을 것. 장자는 그 치수조차 어리석은 업적이며 반자연 행위라고 간접적으로 폄하했지만 어쩔 수 없는 일. 민심은 영웅을 버리고 다른 영웅을 불러 이용하고 다시 처참하게 내팽개쳐 버린다. 그러므로 가장 무서운 것은 인간사회의 민심이다.

삼백 명산과 삼천 지천(支川)을 다스렸지만 그 물의 경계를 지우고 이어주는 것이 그들의 꿈이었다. 순은 우의 아버지 곤이 황하 치수에 실책하자 그를 처형하였다. 또 일설엔 순이 자기 딸 의적(儀狄, 순의 딸이 아니라 전설상 하(夏)나라 최초의 술 양조자라고도 함)을 시켜 미주(美酒)를 만들어 우에게 권하게 하였다고 한다. 그러나 우는 그 술을 한번 맛본 뒤 다시는 술을 입에 대지 않았다. 이 역시 경계이며 암투이다.

황하의 아홉 갈래 물줄기와 아홉 길〔구기구로(九岐九路)〕을 내느라 우(禹)는 장딴지에 살이 없어지고 정강이엔 털이 없어졌고〔비무발(腓無胈), 경무모(脛無毛)〕빗줄기를 막느라 경황이 없었다. 언덕에서 죽은 자는 언덕에 묻고 물에 빠져 죽은 자는 물속에 장사지냈다〔사능자장능(死陵者葬陵), 사택자장택(死澤者葬澤)〕.

요의 기산 방문이 실권(失權) 그 후에 이루어졌을까. 그렇다면 요는 분수(汾水)의 그 마지막 석양 속에서 지난날들을 떠올리며 숨을 거둔 것일까. 순의 득세를 저지하기 위해 요가 유를 찾아간 것은 아닐까. 유가 그 사실을 알았던 것일까. 요가 허유를 그리워하는 내막을 알고 순이 요를 죽인 것일까. 알 수 없는 일이다. 과연 이들의 덕이란 것〔덕진(德進)〕은 무엇일까.

소부와 허유를 향한 천지선양의 도모는 실패했다.

악(惡)의 환두(讙兜)를 숭산(崇山)으로 추방하고 삼묘(三苗)를 삼위산(三峗山)으로 몰아내고 공공(共工)을 유도(幽都)로 유배시켰지만 순은 끝내 이 조치에 대한 후회를 떨쳐버리지 못했을 것이다. 권력의 속성을 극복할 수 없었을 것. 장자는 〈재유편〉에서 이들을 수용하지 못한 일을 두고 요가 천하를 감당하지 못했다(불승천하(不勝天下)고 평가했다.

장자에 의하면 동류(同類)가 이류(異類)를 포괄하지 못하면 이 역시 자연이 아니고 성(聖)이 아니다. 하지만 포괄한다 쳐도 또 다른 적이 측근에 혹은 저 멀리 평원 너머에서 연기처럼 나타날 것이다. 장자는, 천하는 있는 대로 두는 것이지 다스리는 것이 아니라〔문재유천하(聞在宥天下) 불문치천하(不聞治天下), 《외편(外篇)》 〈재유(在宥) 제11〉〕고 하였다.

김학주(金學主)는 이 요순의 대화 부분을 앞뒤와 아무런 연결이 되지 않는다면서 아마 대쪽에 쓴 일부의 글이 잘못 끼여 들어간 것 같다고 했다. 나는 그렇게 볼 수는 없는, 장자의 간지(懇志)의 글이라고 본다. 장자의 우제용의 뜻을 해석해내지 못하는 부분을 폄하하거나 실수로 보는 것은 위험한 풀이이다.

정말 요가 하지 못하고 가지고 간 말은 무엇이었을까. 나 자신조차 제물하는 것은 천예가 아니다. 그 말이 하늘을 날아가는 바람 같다.

23. 왕예(王倪), 네 번의 앎에 대한 부정

설결(齧缺)이, 왕예를 찾아와 말했다.

선생께서는, 만물이 동일한 이것임을, 아십니까. 왕예가 말했다. 내가 그것을, 어찌 알겠느냐. 선생께서는, 만물이 홀로임을 아십니까. 내가 그것을, 어찌 알겠느냐 하고 말했다. 선생께서는, 자신이 알지 못한다는 것을, 아십니까. 내가 그것을, 어찌 알겠느냐 하고 말했다. 그렇다면, 만물에 대해, 아는 것이 없습니까. 내가 그것을, 어찌 알겠느냐 하고 말했다.

비록 그러나, 시험삼아 말해보자. 내가 알고 있는 소위 앎이라는 것이, 알지 못함이 아닌 것을, 어찌 알 수 있으며, 내가 알지 못하는 소위 앎이라는 것이, 아는 것이 아닌 것을, 어찌 알 수 있겠는가.

원문(原文)

齧缺問乎王倪曰 子知物之所同是乎 曰吾惡乎知之 子知物之所獨非乎 曰吾惡乎知之 子知子之所不知耶 曰吾惡乎知之 然則物無知耶 曰吾惡乎知之 雖然 嘗試言之 庸詎知吾所謂知之 非不知耶 庸詎知吾所謂不知之 非知邪

* 물, 깨물 **설**齧. 그릇 깨어질 **결**缺. 찾을 **문**問. 아이 **예**倪. **왕예**(王倪) **설결**(齧

缺) 요순시대 사제 간의 인물. 설결은 허유의 스승. 경우, 자리 **소**所. **동시**同是 동일한 이것 즉 자연(물). (반어사) 어찌 **오**惡. (의문사) 그런가 **야**耶, 야邪를 쓰기도 함. **물지소동시**物之所同是 만물이 동일한 자연이다. **독비**獨非 독자적으로 있는 것이 아님. **물지소독**物之所獨 물이 독자적으로 (홀로, 완전하게 스스로) 존재하는 것. 그런가 **사**邪(의문사). **연**然 그러면, 그렇다면. **용거지**庸詎知 어찌 알겠는가.

'평등한 하나의 자연'의 동시(同是)

여기서 장자의 공〔(跫, 발걸음 소리〕소리가 들리는 듯하다.

만물이 인간을 위해 존재하지 않는다. 또 만물이 인간처럼 생각하지 않는다. 있다면 그것은 순전한 유위(有爲)이다. 만물은 같은 시공간 속에 있는 하나이며 하나 속에 있는 만물의 개개이다. 또 어떤 존재와 사상과 가치도 이들을 갈라놓고 차등하는 것은 계산이며 체제이다. 사슴의 눈도 인간의 눈도 악어의 눈도 같은 근원에서 나왔다.

만물이 같다는 생각으로 만물을 내다보는 순간, 확연히 눈이 열리고 마음은 만물의 향취를 내뿜는다. 존재와 말의 향기가 드높아진다. 이 동화는 대화(大化)이다. 이것이〈제물론〉끝의 주접불이(周蝶不二, 장자와 나비가 둘이 아님)이다. 마음대로 변하고 돌아다니는 유자(遊子)들의 무궁한 세계. 바람과 햇살과 비와 물, 흙, 야마진애의 산란 속을 떠도는 거처 없는 무향(無鄕)의 언어와 마음의 놀이이다.

바로 이 나라가 장자의 나라이다. 무한한 경계들이 들어서 있는 평등의 우주. 이래서 동시(同是)를 딱 맞게 번역한다는 것은 불가능하다. 그저 '동시'라고 하는 것이 좋을 것이다. 동시가 없다면 돌아가 쉴 곳이 없고 독비(獨非)가 없다면 내가 어느 천지 사방에 있는지 알 수가 없다.

만약 이 둘도 아니라면 장자는 아마도 지구와 우주를 발가벗겨진 인간 존재들이 처한 어떤 공지(空地)로 보았을지 모른다. 무지에 머물러 만물의 형개(形開)가 헤아릴 수 없는 신비를 경험하도록 하고 싶다, 이것이 전국시대의 장자의 마음이 아니었을까.

14자 누락과 새로운 발견의 비밀

사실 설결은 자신이 알고 있는 것을 왕예는 차마 모를 거라 생각하고 물었는지도 모른다. 설결이 저잣거리를 떠돌아다니며 나는 무언가를 안다고 떠들고 다닌 것이 아니었을까. 어떤 확신을 가지고 왕예를 찾아온 것이 아니었을까. 그러나 왕예는 앎을 말할 때를 기다리고 있었을 것이다.

정말 왕예는 설결이 굳이 물어오니 부지를 강조했을 뿐 평소엔 모른다, 안다 하는 말 없이 살았을 것이다. 안다고 말하는 것은 왕예에겐 있을 수 없는 일이었을 것이다. 혼자서 모른다고 말할 것도 없는 사람이고 자연이다.

설결(齧缺)이 왕예(王倪)에게 네 번 물었지만, 왕예가 네 번 다 모른다고 한다. 그 까닭이 〈응제왕〉에 있다〔설결문어왕예(齧缺問於王倪) 사문이사부지(四問而四不知) 설결인약이대희(齧缺因躍而大喜) 행이고포의자(行以告蒲衣子)〕. 설결이 포의자에게 껑충 달려가 기뻐 뛰면서 왕예가 모른다 했다고 전한다.

누가 모른다고 한 것이 그토록 좋았을까. 설결과 포의자가 그 모름의 앎을 서로 함묵하고 있었을까. 앎에 대한 문도 간의 기쁨과 유대감, 사제 간의 지킴과 경계일까. 왕예가 모른다는 말을 할 그때를 기다렸단 말일까. 참 흥미로운 사람들이다.

사실은 만물이 동일한 자연이라는 것, 만물이 홀로라는 것, 자신이 알지 못한다는 것, 만물에 대해 아는 것이 없다는 것을 왕예는 알고 말았다. 이 부지의 앎이 왕예의 최고 진지(眞知)이다. 왕예는 자신의 앎, 지식의 저쪽과 침묵, 말 아닌 말, 도 아닌 도를 소요하고 있었을 것. 만물에 너무 가까이 다가가서 그만 눈이 멀고 사물이 보이지 않게 된 것일까. 그 모름으로 왕예는 자유로워졌을까.

여기 하나 밝힐 것이 있다. 오대산의 탄허에 의해 누락된 문장이 발견된 것. 김동성, 안동림, 박종호, 기세춘 제씨가 사용한 원문에 없는 구절로서 탄허의 번역서에만 있는 자지물지소독비호(子知物之所獨非乎) 왈오오호지지(曰吾惡乎知之)가 그것.

탄허는 〈응제왕〉 편의 첫 문장 '설결문어왕예(齧缺問於王倪) 사문이사부답(四門而四不答)'의 근거로 〈제물론〉의 이 부분에 고래부터 십사자(十四字)가 누락되었다고 보았다. 그는 14자가 의고본가입((依古本加入, 탄허는 그 고본가 출처를 밝히지 않았음)이라는 근거를 찾았다고 하였다. 결국 우리가 알고 있는 것처럼 그들은 세 번 문답을 한 것이 아니라 네 번 문답을 했다.

최근에 간행된 김학주의 『장자』(연암서가)에서도 이 부분은 빠져 있다. 〈응제왕〉 첫 머리에 가서도 그는 의심과 궁구 없이 사문(四問)에 대해 "네 가지 질문을 하다. 앞 모든 사물은 한결같음〔齊物論〕에 보인 이들의 문답에 나오는 네 가지 질문이라고 해석하는 이도 있으나, 내용이 무엇이냐는 이곳에서는 상관없는 일이다"라고 하였다.

또 『남화경직해』에는 용거지오소위지지비부지야(庸詎知吾所謂知之非不知邪) 용거지오소위부지지비지야(庸詎知吾所謂不知之非知邪) 부분이 없이 다음 단락의 시작인 차오상시문호여(且吾嘗試問乎女) 민습침즉요질편사(民濕寢則腰疾偏死)로 넘어가는데 과연 어느 것이 장자의 정본일까.

『장자』가 오랜 세월을 건너오면서 겪었을 오해와 오독, 편입, 결락 등의 수많은 시련이 상상되고도 남는다. 그러나 장자의 정신이 훼손되어선 안될 것이다.

만물의 동시(同是)와 독비(獨非)의 미묘함

열네 자 결락을 발견한 탄허의 정독은 놀랍다. 수많은 사람들이 장자를 읽으면서 이것을 발견하지 못했다. 혹시 장자가 일부러 한 구절을 빼놓고 뒤에 가서 네 번 물었다고 한 것일까. 아니면 〈응제왕〉편의 판각자가 설결문어왕예(齧缺問於王倪) 사문이사부답(四問而四不知)의 삼(三)을 사(四)로 판 것일까.

캄캄하게 막힌 머리를 확 뚫는 듯한 그 열네 자의 세 번째 질문의 주제가 '독비(獨非)'라는 것에 의미심장함이 있다. 가장 복잡한 내면의 발견, 모든 진리 탐구에 대한 의문 자체, 당대의 수많은 법의(法義)와 모략, 수사, 생존의 폭풍 속에서 우뚝 솟은 이 괴연독한 말은 백가(百家)들의 머리 위를 날아가는 한 마리의 새이다.

전국시대에 이 초극적 사유의 돌연한 무지 속에 만물이 혼자라고 하는 고독한 토로는 천예의 푸름과 지상의 우둔을 함께 아우른 자연의 길 그 자체이다. 장자의 최고 지혜 즉 대지의 일갈(一喝)이라 할 수 있다. 주역(周易)의 통신명지덕(通神明之德)의 도와 같다 할까. 모든 체제와 앎의 감옥으로부터의 치유이자 해방이다.

문득 이러한 질문을 찾아낸 설결의 모습이 떠오른다. 아마도 여러 차례 왕예가 이런 말을 할듯 할듯 하다 말았을 그 잠잠한 문합을 상상하게 된다. 완전한 모름의 경지에 들어갈 때까지 왕예는 입을 열지 않았을 것 같다. 어느날 말이 뚝 끊어지고 말았을 것이다. 그는 한 인간의 물(物)이 된 자신을 발견한 것일까.

왕예의 심중에 그 알길 없는 '말'이 떠나질 않고 품어져 있었을 터이다. 어느날 갑자기 말이 없어진 왕예를 찾아온 설결이 궁구심(窮究心)을 참지 못하고 순식간에 놀랍게도 이 질문들을 퍼부은 것이 아닐까.

묻는 자가 없으면 알고 있는, 아니 모름의 진리를 말할 기회가 없게 되는 것일까. 그런 것을 말하지 않고 간 사람들이 얼마나 많을까. 그러니 말 많은 성인들이 범부만 못하다는 말이 틀린 말이 아니다.

열자(列子)가 한 여자 무당에게 유혹당하고 스승이 낭패(狼狽)를 겪는 연유로 호자 곁을 떠나게 된 것처럼 설결도 왕예 곁을 떠났다 다시 찾아온 것일까. 〈소요유〉의 견오와 연숙이 생각난다. 도(道)의 진지(眞知)는 아무도 모르는 비밀 선(線)을 통하여 몰래 흘러가는 걸까. 어리석고 눈멀고 무지한 왕예에게 도가 와 있었다.

혹시 고본이 없는 것이 아닐까. 탄허는 앞의 동시(同是)를 혜안으로 풀어내고 그 뒤에 누락된 문장에서 동(同)에 초점을 두고 그것에 대비되는 독(獨)을 찾고 다음에 시(是)의 반대인 비(非)자가 있었을 것으로 본 것이 혹시 아닐까. 탄허가 만든 것이든 장자가 그렇게 정말 쓴 것이든 놀랍다. 이것이 사실이라면 장자의 최고 지혜인 부지의 '모름'이 여기 완벽한 제자리를 얻게 되었다.

만물이 함께 존재한다는 것을 의심했다면 만물이 함께 하지 않음(비동시非同是)에 대한 말이 따라 나올 법하다. 그러나 이때 장자는 아마도(혹은 탄허의 복원에 의해) 비동시(非同是)란 표현 대신 독비(獨非)를 사용한 것 같다. 어쩜 동비(同非)라 해도 되었을 것이다. 시(是)의 저쪽과 상대는 비(非)니까. 또 동(同)의 반대는 이(異)인데 이 독(獨)자를 굳이 썼다. 이곳에 도와 독자적 존재성을 뜻하는 독(獨)자를 쓴 것은 절묘하다.

다시 확인하고 싶다. 많은 사람들이 동시(同是)의 시(是)를 옳음으로 번역했다. 나는 새롭게 보고 싶었다. 대부분의 판본에 빠져 있는 '독비(獨非)'를 바로 해석하기 위해서이기도 하다. 시(是)는 옳다는 한쪽의 뜻만 가지고 있는 것은 아니다. 옳음으로만 보면 옳지 않다는 뜻을 저쪽에 두게 하는 불완전한 뜻의 시가 된다.

'독비'의 의미는 '홀로가 아님'이 아니다. 앞에 있는 동시의 '시(자연, 이 뜻은 옳음이 아니다.)'의 반대인 '비'는 '자연(시)이 아니다'는 뜻이어야 한다. 자연이 아닌 것으로서의 존재가 '비'이다. 그리고 독은 홀로 있는 것. 그러면 시가 아닌 즉 자연이 아닌 것으로의 독(獨) 즉 '홀로'이다.

다시 말해 자연이 아닌 것으로 각각 홀로 있는 개개(箇箇)가 된다.

이렇게 해석하지 않으면 앞의 질문과 비슷한 것을 묻는 것이 된다. 즉 독비를 홀로가 아닌 것으로 해석하면 동시(同是)와 같은 뜻이 되고 만다. 장자가 같은 것을 조금 다르게 묻도록 글을 썼을 리는 없다. 만물 전체와 개별의 분리이다.

묵자와 장자와 맹자

장자의 존재론은 문학적이다.

장자는 묵자(墨子)를 가리켜 각박(刻薄)하다고 했다. 장자는 사물에 대한 꿈과 언어를 사용하고자 했다. 서로 비평해보는 것이지만 혜자도 묵자를 가리켜 수레채 마구리는 잘 만들어도 솔개를 만드는 일(당시 묵자는 3년 간 솔개를 만들었지만 실패했다)에는 졸렬했다고 평했다. 고대인들은 대나무 등으로 까치나 솔개를 만들어 하늘에 띄우는 것을 즐기고 중시했던 것 같다.

묵자는 삼십 석의 짐을 끌 수 있는 수레채 마구리 제작을 하루아침에 해냈다. 당대 최고의 목수이며 역학자이자 설계자였다. 그러나 바람의 비상(飛翔)과는 거리가 있었던 모양. 고작 그가 만든 것은 좀 다른 실용주의적 제작물로서 중학적(重學的) 지상의 바퀴였다. 묵자의 솔개는 하루를 날고 부서졌다고 한다.

사람들은 장자의 문장을 천고기절문(千古奇絕文)이며 묵자의 글은 소이불변(少而不辨, 작으면서도 화려하지 못하다)이라 했다. 장자는 하급 관리였지만 대비(大非, 부정을 넘어 긍정과 부정이지 않음)했으며 묵자는 천한 자로서 근면했다고 전한다. 하지만 아랍인이다, 인도인이다, 북방인이다 등의 근원이 불투명한 채 베일 속에 가려 있었던 묵자 역시 맹렬한 반봉건주의자, 반공자주의자였다.

옹색하게 맹자는 그가 고작 겸애(兼愛)를 가지고 만인이 똑같다는 말을 했다고 해서 자기 아버지도 없는 셈이 된다고 비판했고, 아비도 없고 임금도 없으니 이는 새나 짐승인 셈이라고 비하했다. 무언가를 광신한 자의 대단한 입심이다. 군주 편에 선 자신을 자시하지 못하는 한계가 있다. 장자가 볼 때 소성(小成)의 한 파편이다.

'평등한 하나의 자연'인 동시(同是)는 만물을 살피고 통찰하는 바람이다. 모든 것을 품고 스쳐간다. 비상(飛翔)하는 대지의 바람과 언어의 새가 필요했을 것. 비상에 대한 철학적 사유가 공중비상했을 것. 솔개가 추락했다는 것은 묵자의 도가 중도하차한 사실의 비유일지 모른다.

맹자는 왠지 희극적이고 묵자는 비극적이다. 여기 왕예는 장자 속의 극상(極上)의 도로서 가장 낮은 부지에 내려와 편안하게 땅의 숨소리와 폐장의 호흡을 맞추면서 자연에 순명하며 작은 소리를 듣고 자신의 작은 삶을 소요하길 갈망한다. 이 이상의 상덕(上德)이 있을까.

장자는 권력과 민중에게 붙잡혀 있지 않았고 실용과 통치에 유혹되지 않았다. 지식의 조작이 수레채의 마구리일 것이다. 그것은 보이는 것만을 실어나를 수 있는 운송 도구이다.

앎에 대한 문제

〈응제왕〉편에서 포의자가 한 말을 엿듣는다면, 이 말은 우주적 망각(忘却)이다. 모른다는 것이 환호작약할 일일까. 하늘이 인간을 망각한 채 저리 푸른 것처럼. 만물이 함께 있음을 잊었다는 것, 만물의 홀로 있음을 잊었다는 것, 무지의 자신조차 잊었다는 것, 만물에 대해 아는 것이 없다는 것도 잊었다는 것. 이 사대 부지는 기가 막힌 앎이고 만물에 대한 자유이다.

잊음을 잊었다는 것은 완전한 삶이며 존재이다. 우리가 올라타고 있고 흙갈이를 하고 씨를 뿌리고 거두고 살아온 저 지구의 대지처럼 바람만 영구히 불어간다. 그 하늘도 그 사람도 망각이다. 그러니 삶이란 없으며 이미 죽음조차 없는 것이기도 하다. 장자의 인생과 자연에 대한 초극적 사유는 우리의 초라한 삶과 존재를 드높이는 가장 대지적이고 현실적인 사상이다.

하지만 살아있는 자의 이 대망(大忘)은 바람과 같다. 이백여 제후국들이 각축하기 시작한 춘추시대 이후, 치열한 150년 간의 겸병전쟁(兼併戰爭)의 시대를 거치는 전국시대에 천자, 제후, 대부들이 저지른 채읍(采邑)의 분배와 정벌의 아귀다툼 속에서 탄생한 장자의 이 '부지의 사상'은 기이하고 놀랍다.

오해할 것은 없다. 과감하게 말해서 그 시대에 무엇에 대해 누구에 대해 의를 지키고 책임을 질 것인가. 그 의와 책임이란 것이 과분하다. 어떤 만물이, 도의 정신이 그 시대에 편애를 할 것인가. 근본적 부정정신의 대긍정의 활개가 여기서 펼쳐진 것이 아닐까.

장자의 초범(超凡) 사상은 현대적이고 미래적이다. 그렇기에 장자는 가장 반전(反戰) 반국가적인 인간적 인물이다. 또 그의 글은 진정한 반어의 반체제의 인간주의 사상이라 할 수 있다. 권력에 대한 혐오는 극을 넘었을 것이다.

만물론 혹은 〈제물론〉은 이 모든 것에 대한 앎의 문제이며 앎에 대한 의심으로 시작한다. 그 시작은 종결이 없으며 언제나 시작이 있을 뿐이다. 앎은 곧 진정한 앎의 혼돈〔천부(天府, 앎의 곳간)〕이며 앎의 불가〔보광(葆光, 희미한 빛)〕이다.

나의 시간은 바람처럼 불어가고 불어오고 새벽처럼 사라진다.

네 번의 물음에 네 번 다 모른다

장자의 〈제물론〉은 높은 절정으로 올라가고 있다. 이 고율(古律)의 평정은 예언적이다. 이십대 초, 동해와 모랫불이 보이던 강원도 고성군 현내면 초도리 박달호 씨 집, 그 동창의 하숙방에서 상상한 것보다 더 높은 장자산(莊子山)이다.

왕예의 말은 광막지야 그 자체이다. 설결은 광막지야의 상학적 질문의 끝을 물고 놓지 않는다. 이것은 몸부림처럼 들려온다. 앎을 얻지 않으려는 한 도인의 손사래질. 아느냐? 모른다! 아느냐? 모른다! 아느냐? 모른다! 아느냐? 모른다! 이렇게 앎과 부지는 처절하게 싸운다. 이것이 장자의 역경이며 응무궁(應無窮)이다.

알지 말라는 말이 끊이지 않고 땅거미처럼, 둠벙 속에서 침묵으로 들려오는 듯하다. 상아(喪我), 너 자신을 죽이라는 말처럼 아프다. 너 자신을 찾지 말라. 이 부지의 마음과 외침, 알려고 하지 않는 마음, 아는 것을 없애려는 마음 이것이 가장 아름다운 천진(天眞)일 것이다. 그때 자연은 첫 자연일 것.

이 지혜는 도의 보광을 건드리지 않으려는, 골의지요를 주물(鑄物)하지 않는, 있는 그대로 가며 그대로 두는 지극한 마음이다. 가을 털끝 하나 건드리고 싶지가 않다. 이 유자(遊子, 정지가 아닌 흐름의 일체 존재. 단, 장자의 지수(止水)는 기가 넘치는 멈춘 물)들은 욕망의 정반대 편에 가고 있다. 이 절대부지는 따를 것이 없는 최고 경지이다.

그것은 세 번째와 네번째의 지극한 물아(物我)의 망각 속에 있다. 만물이 이미 그러한 망각과 부지의 존재들로 저기 흩어져 있다. 가슴뼈가 저릿, 갈라지는 것만 같다. 아득하지만 환한 저 무언의 자연을 보고 있으면 아무 일도 없는 것을!

무짐(無朕)의 기막힌, 미세한 아름다움의 길이 펼쳐져 있는 게 아닌가. 얼마나 커다란 지혜인지 알 수가 없다. 저 자연의 말을 알아들을 수 있을까. 마치 죽음을 생포한 듯, 그 언어를 소통하면 제물은 완성된 것일까.

설결은 요의 스승인 허유의 스승이며 왕예의 제자로서 당의 은둔의 현자이다. 앎에 대해 천진스런 구석이 있지만 설결은 위대한 제자와 최고의 스승을 가졌다. 이곳의 물지소동(物之所同)은 〈제물론〉의 심장이다.

이 물동시(物同是)를 어떻게 해석할 것인가. 이 헤아릴 수 없이 많은 물, 즉 만물을 어떻게 볼 것인가. 그것을 모두 하나하나 가닥을 내고 분류하여 말할 것인가.

나는 동시(同是)를 모두 똑같이 자연으로 본다. 자연에 맡긴다는 뜻인 인시(因是)의 시(是)의 자연으로 보았다. 여기선 강조의 의미를 살리고 지명하고 가급적 명사로 명명하지 않기 위하여 '이것(자연 이것. 의심없는 만물)'으로 번역했다. 모두 '같은 자연', 다르지 않은 자연의 만물은 모두 다르지 않은 개개들의 하나하나이다.

여기서 동(同)은 만물제동. 즉 모든 존재가 평등하다. 하나의 자연 속에 있는 모든 존재는 한 품안에 있는 것이기 때문. 더구나 개개(箇箇)의 다른 모양과 운명을 가지고 있기 때문. 더더욱 숙명의 차별이 없다.

그 어느 쪽을 말하면 이미 편애가 시작된다. 그런데 놀라운 것은 부지를 아느냐 하는 질문에 내가 그것을 어떻게 알겠느냐는 절대 부정에서 대반전이 일어난다는 것이다. 여기서 모든 앎과 지혜는 막혀버리고 우둔한 저 자연으로 돌아가고 있다.

만물이 다 같은 모양과 성질을 가졌다면 굳이 같다고 말할 필요가 없다. 지긋지긋할 수도 있는 만물의 마음이 새로워진다. 승물유심과 그것의 대상이 되어 스스로 주인으로 자연 속을 떠돌아다닌다. 그 무엇도 간섭할 수 없는 존재. 무궁자의 자유와 쾌감을 불러일으킨다. 반짝반짝, 출렁출렁 돌아다니며 노니는 그것이 만물이며 그들의 주권이다.

만물의 가없는 침묵의 지혜

인간의 마음에 생겨난 숙명의 상처는 바로 이 몸이다. 이것을 극복하기 위해 처절한 사유의 투쟁을 통해 얻은 이 진가의 앎은 바로 자찬과 지혜를 넘어서 자연의 숙명과 나란히 영원대응(永遠對應)할 수 있는 제물의 대언(大言)이다.

시(是)를 그르다(비非)의 반대 개념인 옳다(시是)로 보지 않고 존재나 자연으로 보는 까닭이 여기 있다. 스스로 존재하는 그것들이 시(是)이다. 그러니까 시를 옳다 정도로 보는 것은 협애한 풀이이고 옹색한 표현이다. 자연의 시(是)는 비를 상대와 짝으로 하지 않고 그것을 포괄하는 하나〔동(同)과 일(一)〕이다. 비(非)는 시의 일부이다.

이 문장은 만물이 지니고 있는 불언(不言)과 부도(不道)를 잇는 교량이다. 말하는 말이 아니며 나타나는 도가 아니다. 들판의 돌 하나에서부터 산까지 만물이 침묵하고 있지만, 그 안에 태허와 허무를 빠짐없이 간직하고 있는 그 동(同)이다. 막힌 듯한 이 만물의 몸들은 일대 의문이지만 가장 멀고 깊은 곳의 그 울음을 왕예와 남곽자기는 듣지 않았을까. 만물제동이다.

또 이 동시의 만물은 스스로 제물한다. 자연의 혼돈 속에 각기 다른 모습과 운명을 보여주는 소리이며 무늬들이다. 하나가 되는 것은 대상과 마음이 하나로 연결되어 있기 때문이다. 실제로는 동시(同是) 즉 다르지 않은 것들의 다른 모습이다. 놀라운 관찰이다. 조물주의 비밀을 풀어낸 비결(秘訣)이다.

이렇듯 이 동시란 말은 광양한 세계의 제물(齊物) 속에 숨어 있는 말의 그림자이다. 여분과 무위, 무용의 것들에 존재의 숨소리가 숨어 있는 것처럼 이 동시(同是)는 슬쩍 지나갈 수 있는 말이다. 하나의 자연이라는 가장 중요한, 쓸데가 없는 허사(虛辭) 중 하나이다. 이 말에 조물주가 잠시 숨었을 것이다.

모든 것이 자기 존재로서 자기 위치에서 하늘로부터 받은 운명대로 동일하다는 이 동시는 틀린 말이 아니다. 동시는 자기 존재성, 천부(天賦)의 존엄성이다. 그것이 하나의 돌이든 한 인간이든 나무이든 특별히 다른 모습의 형상을 입고 있음으로 해서 동일하다고 말하는 것이다.

그러므로 다른 모습으로서의 모든 존재가 아름다운 것이고 그 만상에 의해 비로소 의심할 수 없는 하나를 말할 수 있다. 고유한 자신의 존재가 있는 자연의 동시이다.

왕예의 입을 빌려 말하는 장자의 뜻은 의외이다. 내가 어찌 그것을 알겠느냐고 말하고 있다. 한마디로 '모른다'고 말한다. 왕예의 네 번의 이 '오호지지惡乎知之(어찌 알리오)'의 한탄식과 두 번의 용거지(庸詎知, 어찌 알겠느냐)의 장탄식은 제일의 활구이다. 이 둘을 합하여 '육부지(六不知)'라 할만하다.

거문고 탄현(彈絃)도 지나갔고 망량(魍魎)도 올 것이고 나비가 날아갈 것이다. 결국 이 부지(不知)의 말에 의해 생명은 휴(虧, 붕괴의 휴식)가 곁에 있을 것을 허락할 것이다. 다만 무지의 언어만이 광막지야를 즐기며 유존(遊存)하고 스스로 만물이 될 것. 휴(虧) 역시 반드시 도래해야 할 만물의 꿈이다. 그러나 그 모름은 곧 자연을 따르는 인시(因是)일 것. 인간의 슬픔 같은 것이 아니다.

특히 세 번째 '말'이 지치지 않는다. 자신이 알지 못한다는 것까지도 모른다는 말은 무엇일까. 장자는 참 특이한 사람이다. 앞에서 말한 그 알지 못함에 이른 것을 도라 한 '부지기연(不知其然)의 위지도(謂之道)'일까. 이 타자화된 자아의 지혜는 지금까지 논해온 시(是)와 피(彼), 차(此) 등을 넘어 만물의 입장에 각자를 괴연독하게 남겨두는 장자의 종지부다.

지혜의 곳간인 보광은 어디서나 보광일 것. 이상하게 여기서 모름의 뉘앙스는 갈등이나 절망이 아니라 행복감에 젖는 언사로 나타난다. 그것은 그가 모름을 알았기 때문이며 그 모름은 곧 그의 도가 어딘가의 품에 안겨 있다는 뜻으로 읽힌다.

부지(不知)! 모르는 것을 아는 것이라고 말하지 않는다. 틀린 말이 되기 때문이다. 그것도 앎이 되기 때문이다. 이 앎이란 것이 그토록 무섭고 해악적인 것이었을까. 왕예가 물리친 것을 보면 투쟁적이다. 그에겐 아무것도 남지 않았을 것. 바람이 되어서 그래서 가벼워 날아다닐 것이다. 무궁자처럼.

그 다음 삶의 쓰임은 자연을 따르는 우제용의 자유이다. 만물이 들락거리는 나를 느끼지 않았을까. 그는 늘 그곳에 가 있을 것. 손과 눈과 귓구멍과 언어를 넘어간 '그쪽'. 낯선 만물들이 있는 곳, 보광과 골의지요가 있는 곳. 만물 가운데 하나의 '물'의 인간으로 존재하게 되는 행복을 얻었을 것이다.

혼돈으로 돌아가고픈 아이 같은 남곽자기와 왕예

여기서 붕비(鵬飛)의 배경과 까닭을 엿볼 수 있을까. 만물의 근원인 혼동과 앎의 없음이 지식과 체제와 의식으로 돌아가고자 붕새가 절망하고 분노한 것일까. 하늘을 소요하여 모든 질서와 차별을 하나로 보고자 한 것이 아닐까. 이 붕새는 〈응제왕〉편의 중앙(中央) 황제 '혼돈'이 아니었을까.

장자는 역시 본래의 자연으로 돌아가길 원한다. 그곳이 만물이 온 집이기 때문이다. 앎의 세계가 가는 것이 아니라 보광(장자의 꿈의 혼돈처)으로 돌아간다. 별이 있는 밤하늘의 전율과 놀라움 속에선 모든 문명과 시비, 재화, 죽음들조차 까마득한 만물의 추억 속에 잠들어 있다.

여기 물지소동시(物之所同是)는 만물과 더불어 위일(爲一)하는 것이며 물지소독비(物之所獨非)는 천지가 나와 더불어 병생(竝生)하는 일이다. 또 자지소부지(子之所不知)는 이러한 자기 자신조차 모르는 것의 망아로서 만물 속에 이미 가 있으며 연즉물무지(然則物無知)는 아무것도 아는 것이 없다는 것, 이것은 하나로 돌아감이다.

동(同)자는 읽는 자의 마음을 따라간다. 두 마리 나비가 크고 작은 삼각형을 허공에 그리고 지우면서 어디론가 훨훨 날아간다. 짧은 한철 여름의 화려한 경물(景物)과 빛무늬 속으로 사라져간다. 그 어떤 말도 필요하지 않다.

이 마음과 언어 소요와 쉼이 자연 속에서 거하는 삶의 최상. 고독한 사람들에겐 그 경계와 대언이 필요하다. 그래서 나 장자는 밖으로 나가지 않으며 '이곳'을 지키고 싶어한다. 이 상시언지(嘗試言之)는 장자의 도이다.

아이의 마음, 용거지(庸詎知)

이런 조궤의 말〔도언(道言)〕이 고대와 상고(上古)에 있었다는 사실에 나는 문득 놀란다. 왕예는 오히려 묻는다.

내가 알고 있는 소위 앎이라는 것이, 알지 못함이 아닌 것을, 어찌 알 수 있으며, 내가 알지 못하는 소위 앎이라는 것이, 아는 것이 아닌 것을, 어찌 알 수 있겠는가. 혹시 내가 알고 있는 것이 사실일지도 모른다. 자신의 앎이 바른 앎일 수 있다. 왕예는 기묘한 말을 남겼다.

팔십 세를 살았던 칸트가 물자체를 인식할 수 없다는 말이나 데카르트가 의문 자체까지 의심할 수 없다는 말을 이미 장자가 말한 것이다. 자신의 부지(不知)까지 의심하는 단계에서 그는 비로소 자유로워졌을 것이다. 알 수 없는 그 진체(眞體) 혹은 본질의 존재 조자인(Sosein)을 미루어놓고 어른의 제왕〔帝王, 왕예(王倪)의 뜻〕이 되었다.

자연이 천진을 받아 가슴에 안는다. 자연의 이름은 천진이다. 아기가 어머니 품에 안겨 있는 모습이다. 앎이 없으나 자유롭다. 여기서 소요가 또 이루어질 것. 모든 것을 해주는 자연을 느낀다. 인간이 할 수 있는 일은 사실 수혜(受惠)뿐. 자연이 하는 것을 구경(究竟)할 뿐.

우리는 실은 천변만화에 조응하면서 생사조차 하나로 여겨 함께 소요하는 존재들이다. 이 마음이 말하기 어려운 장자의 기(其)이며 시(是)이다. 내가 아는 것이 정말 아는 것인지 모른다는 이 말은 정말 뭔가를 알고 있다는 웃음 섞인 농담이자 유머이다.

내가 모른다고 한 것이 정말 진지(眞知)가 아닐 수 있다는 우려와 걱정과 의심이 병행된 나에겐 너무나 인간적인 아름다운 말이다. 그러니 앎과 모름의 대상이 무엇인지조차 모를 수 있다.

연즉물무지(然則物無知). 자연은 무지이며 그 무지는 만물이며 그 만물은 천진이며 구별이 없다. 무정이다. 왕예여, 나이가 들어 어른이 되어 늙지 말고 노혁(老洫)하지 말고 어린 아이인 채로 살아야 하리. 돌이 되어, 바람이 되어, 물이 되어 그 속삭임과 놀아라. 그것들이 만물의 시(詩)이며 끝없는 바람의 길이다.

왕예는 잠시 확신하기를, 내가 아는 것 이것은 지식과 대상이 틀린 것이 아니라는 것에 겨우 가닿아 있다. 내가 알고 있는 것이 틀린 것이 아니라는 것을 어떻게 내가 또 알고 증명할 수 있는가. 결국 앎 자체를 모르겠다는 천진의 지혜로 돌아갈 뿐. 모든 것은 제자리에 있다.

만물이 자신에게 몸을 주지 않은 적이 없다. 무한의, 부지의, 무속(無速)의 소요만이 한없이 가지런하다. 이것이 자연의 제물이며 왕예의 제심(齊心)이다. 장자 사상은 분석적인 의문으로 나아가지 않고 아울러 함께 노니는 동화의 세계로 화한다.

24. 정처미색(正處味色)과 먹이사슬을 보다

우선 내가, 자네에게, 한번 물어봄세.

사람은, 습한 곳에서 자면, 중풍에 걸려 반편이로 죽게 되는데, 미꾸라지도 그런가. (사람은) 나무 위에 오르면, 두려워 떨고 무서워하는데, 원숭이도 그런가. 세 거처 중, 어느 것이 절대적 거처인지, 알겠는가.

사람은, 소고기나 돼지고기를 먹고, 순록은, 풀을 뜯어먹으며, 지네는, 뱀을 잘 먹고, 올빼미와 큰부리까마귀는, 쥐 잡아먹길 좋아한다네. 네 입맛 중, 어느 것이, 절대적 맛인 줄, 알겠는가.

거대한 긴팔원숭이가, 원숭이를 암컷으로 삼고, 순록(馴鹿)은, 사슴과 교미하며, 미꾸라지는, 물고기와 같이 노닐지. 사람들은, 모장(毛嬙)과 여희(麗姬)를, 미인이라 하지. 물고기는 그들을 보면, 물속 깊이 숨고, 새가 그들을 보면, 하늘 높이 날아가고, 순록이 그들을 보면, 죽어라 달아나지. 네 동물 중, 어느 것이, 천하미색인지 알겠는가.

내가 보기엔, 인의(仁義)의 발단과 시비(是非)의 진창이, 분잡하고 어지럽다. 내가 어찌 능히, 말할 수 있겠는가.

원문(原文)

且吾嘗試問乎女 民濕寢則腰疾偏死 鰌然乎哉 木處則惴慄恂懼 猿猴然乎哉 三者孰知正處 民食芻豢 麋鹿食薦 蝍且甘帶 鴟鴉耆鼠 四者

孰知正味 猿猵狙以爲雌 麋與鹿交 鰍與魚游 毛嬙麗姬 人之所美也 魚見之深入 鳥見之高飛 麋鹿見之決驟 四者孰知天下之正色哉 自我觀之 仁義之端 是非之塗 樊然殽亂 吾惡能知其辯

* 우선 **차**且. 너 **여**女. **습침**濕(溼)寢 습한 곳에서 자다. **요질**腰疾 요통, 중풍. **편사**偏死 반편이, 반병신. **추**鰌 미꾸라지. **췌율순구**惴慄恂懼 두려워 떨고 무서워함. **원**猿은 원숭이 **후**猨는 암원숭이. 어느 것 **숙**孰. **정처**正處 절대적 거처. 꼴 **추**芻 초식동물. 기를 **환**豢 돼지 등 가축. 순록 **미**麋 암수 모두 뿔이 남. 미록麋鹿은 사슴보다 큰 순록. **천**薦 풀을 뜯어먹음, 맛난 풀(미천美薦). **즉저**蝍蛆 지네 오蜈. **대**帶 뱀 소사(小蛇). 올빼미, 수리부엉이 **치**鴟. 큰부리까마귀 **아**鴉. 거대한 수달 **편**猵. 긴팔원숭이 **저**狙 편저는 거대한 긴팔원숭이. 암컷 **자**雌. **지**之 모장毛嬙과 여희麗姬를 가리킴. **결취**決驟 결사적으로 달아나다. **단**端 발단. 진창 **도**塗. **번연**樊然 분잡하다. 울타리 **번**樊. **효란**殽亂 어지럽다. 말 잘할 **변**辯(남화경직해).

정처미색(正處味色)에 대해

세 가지의 정처미색(正處味色)은 장자 시대의 생태 개념이다. 장자에게 현대철학의 옷을 입히는 것은 무리일지 모르겠지만 이것이 최초의 생태적 사색이 아닐까.

왕예의 이 말엔 그 어느 쪽도 자연이라는 동시(同是)의 뜻이 숨어 있다. 인간의 편에서 보면 미꾸라지는 어처구니가 없고 미꾸라지 거처에서 보면 길을 만들고 제도를 지키는 인간의 생활은 위험하고 쓸데없다. 나무에서 생활하는 원숭이는 미꾸라지의 입장에서 보면 웃음거리밖에 되지 않는 생존법이다. 서로가 모두 상상할 수 없는 생태의 이방적 존재들. 즉 독비(獨非)들이다. 이 차별의 발견이 재미있다.

사람은 나무에서 살 수 없지만 원숭이들은 나무를 좋아한다. 원숭이 보고 미꾸라지가 사는 연못 진흙 밑에서 습생(濕生)을 강요하면 그것은 자연이 아니다. 또 미꾸라지에게 연못의 흙바닥은 어떤 사상도 통치도 통할 수 없는 절대영역이다. 민추원(民鰍猿) 삼자(三者)의 비유는 각각의 자연에서 태어나고 거기서 살다 태어난 곳에서 죽는다는 생사숙명의 선언이다.

우선 정처(正妻)의 문제는 곧 생태구조의 생명체와 일치하는 터전의 문제이다. 자기 존재의 몸에 적합한 삶이 자연에 충실한 생태가 된다. 어느 존재에게 적합하지 않은 자연과 삶은 없다. 여기 본성을 잃고 문자와 지혜, 권력과 시비 이해에 무리지어 살아가는 전국시대의 국가와 인민을 바라보는 장자의 눈이 보인다.

민추원(民鰍猿)의 비밀

세 거처 중 어느 것이 절대적 거처인지 알겠는가. 이 말은 왕예가 네 번이나 모른다고 말한 뒤, 설결에게 조금 구체적 예화를 찾아 농(弄)스럽게 던진 심각한 질문이다. 우화에 나올 법한 질문이다. 결국 부지가 그 질문 안에 내재되어 있다. 조삼모사의 원숭이들이 생각나다가 웃음이 멈추고 만다.

'너는 알겠느냐. 나는 모른다'는 문장이 처미색(處味色) 예화의 질문 속에 실은 세 번 숨어 있다. 미꾸라지의 작고 총명한 듯한 눈과 입가의 다섯 쌍의 귀여운 수염과 검푸른 등과 흰 배는 왜 그런가. 그 수염은 왜 없어선 안되는가. 누가 그의 생태적 존재 이유를 알까. 처하여 존재하고 살아가는 조건이 모두 다르다. 이 마음을 편하게 해주는 만물제동의 비유는 반인간중심적 자연사상에서 비롯된다.

인간이 자연 속에서 수개월 혹은 수년간 전쟁하는 참상을 보며 장자는 무슨 생각을 했을까. 인간이 결국은 인간과 자연을 파괴한다는 생각을 하지 않았을까. 여기서 탈인간주의, 자연중심사상이 잎과 꽃을 피웠을 것이다. 자신들의 능력으로 생존한다고 믿을지 모르지만 사실 인간은 자연에 의지해서 생존한다.

모두가 서로에게 이물(異物)이다. 앞의 동시나 독비가 난해해지는 까닭을 알게 된다. 즉 설결이 던진 만물에 대한 총체적 질문을 왕예가 생활주변의 동물을 차용하여 하학적으로 답했다. 만물을 인위적으로 규정하고 사용할 수 없다는 자연사상의 인류 최초의 헌장이다. 『장자』의 이 처미색의 비유는 〈제물론〉의 통쾌한 해체라 할 수 있다.

처미색은 자연사상의 근저로서 가지이고 잎이고 꽃이고 열매이다. 이 비유는 동시에 대한 부답(不答)이며 독비에 대한 부지(不知)이다. 그러나 장자는 하나를 의탁하여 자연을 따른다. 저토록 생태와 관점이 다르면서도 독비와 동시를 인정한다. 그럼으로써 자연이며 우주이며 하나라 할 수 있다.

그러나 다른 것이 많을수록 그것의 속성은 만물로서의 불가해성을 지니게 된다. 그것이 도의 한 귀퉁이를 보여주는 난해성일 것. 그 난해성도 없다면 그것은 우주도 인생도 만물도 아닐 것이다. 부지가 오는 까닭이기도 하다

장자의 사상은 가지런히 하는 듯하더니 다시 미궁과 광막, 외최, 대목백위의 규혈(竅穴) 속으로 이동한다. 장자 스스로 정리되는 것을 거부하고 혼돈으로 방치한다. 생사를 모르는 장자의 묘망 같고 홍수가 난 강물 같다.

그의 언어만은 여기 경(景)과 망량(魍魎)처럼 나의 눈에서 떠나지 않는다. 훨훨 날아가는 한낮의 나비를 잡으려는 촘촘한 망막에 둘러싸인 둥그런 안구(眼球)처럼. 이 민추원의 비유는 호접몽의 '기쁨에 겨워 스스로 도취했지만, 장주라는 것은 알지 못했다(自喻適志與 不知周也)' 혹은 자신이 '나비의 뜻에 맞아서' 알지 못한 것과 같다 하겠다.

깜짝 놀랄 장자의 심비취(深飛驟)의 시선

하지만 더 깊은 뜻을 나는 여기서 읽어내야 할 것이다. 인간을 저 미꾸라지, 원숭이와 함께 동일한 급에 놓고 예외 없이 진리의 비유 대상으로 사용한 장자의 의도를 골계 정도로 여겨야 할까. 그러지 못할 것도 없을 것이다. 이렇게 말하는 인간이란 존재 자체가 이미 별종이기 때문이다.

모든 생명의 존재는 각기 자신의 생활습성과 존재방식이 절대적으로 옳다고 하겠지만 그렇지가 않다. 이 단순한 듯한 이야기에서 우리는 일원론의 보광을 본다. 만물의 상대성의 법칙에 절대란 없다는 장자의 조용한 선언에 귀 기울이게 된다. 조물주가 아닌 다음에야 이들의 지느러미와 팔 길이와 직립을 바꾸어놓을 순 없다. 이것이 인임이며 만물의 생태이다.

그 계(係)를 흔들고 바꿀 순 없는 일이다. 그러니 그들이 자기 형식 안에서 살아가는 것을 절대적으로 침해해선 안된다. 고루하게 들릴지 모르지만 이것을 인류는 대대로 거부해왔다. 개선되기 어려운 인류의 희망사항이다. 모든 존재는 불완전한 자신의 생을 이 지구라는 '불안' 속에서 간신히 견지하며 살아가고 있다.

〈소요유〉에서도 쓰르라미와 비둘기를 등장시켰지만 미꾸라지와 원숭이 속에 인간을 포함했다는 것은 통쾌하고 의미심장하다. 계몽적으로 보이지 않는다. 인간과 원숭이의 삶은 본질적으로 다를 바가 없는 자연이며 사실이다.

모든 생명은 고요하고 과묵하고 격리돼 있지만 너무 두렵고 난해하고 복잡한 존재들이다. 어쩜 이해할 수 없는 존재들이다. 모든 사람들 혹은 여타의 다른 생명들은 자신과 타자의 존재를 그리 이상하게 여기지 않는다. 장자는 우제용 속에서도 신비의 눈과 외경심을 버리지 않는다.

장자의 광막지야의 초월의식의 경계가 여기서 열렸을 것이다. 자연은 한 겹의 세계가 아니다. 자연의 빛과 시간과 공간 이동, 지나감과 오는 것을 누가 알까. 마음은 마냥 오관을 통해 내다보고 '있을 뿐'. 자연이 다 날라다 주고 다 말해주고 다 지워준다. 어쩜 모두가 암유하고 비밀이며 사실이 아니다. 다 던져주고 다 사라져가도 또 어느새 다시 돌아와 있는 '맹아(萌芽)'들이다. 막을 수가 없다.

자신의 백성인 양 인간을 바라보는 시선은 장자에게 없다. 순화시켜야 할 대상으로 보지도 않는다. 이런 면에서 장자의 글은 백가(百家) 속에서 완전한 별개의 문장이고 사유이다.

장자의 글은 지네이며 올빼미이며 동시에 그들에게 먹이가 되는 뱀이며 쥐이다. 언제 내가 뱀이 아니었으며 올빼미였던 기억을 한 적이 있었을까. 나는 인간으로 태어나 있을 뿐이다. 이 모두가 자기 존재의 지령(地靈)으로서 서로를 내다보고 지나간다.

지네는 뱀의 뇌를 잘 발라먹는다고 한다. 작고 교묘하고 빠른 이빨로 뼈를 감싸고 사이에 끼어 있는 살코기와 부드러운 뇟살을 발라먹는다. 지네에게 뱀은 얼마나 무시무시한 존재일까. 어떤 정형이 자연에 없다는 것을 말하는 것이리. 인간과 생명을 친숙하게 보지 않으면서 만물을 친숙하게 보는 장자의 눈은 평범한 인간의 눈이라기보다는 신의 눈 같다.

이 심비취(深飛驟)를 읽고 웃지 않을 수 없다. 기괴한 의식이 아무렇지도 않게 분명한 문장으로 나타나 있다. 고정적인 틀 속에 있는 '나'는 정색(正色), 확신, 믿음, 권력화, 표준화, 정의, 관습에 빠져 있다. 그 '나'는 심비취(深飛驟)의 물고기나 새, 미록이 아닌, 되지 못한 '사람'이다. 너무 인간의 마을에 빠져 있기 때문일까.

모든 것을 인간화한 자들은 자신의 틀에서 벗어나기 어렵다. 모장(毛嬙)과 여희(麗姬)의 얼굴을 본 물고기와 새가 기겁을 하고 도망친다. 날개를 치고 지느러미를 흔들어대며 결취(決驟)하는 모습은 인간에 대한 풍자가 아닐까. 도망가는 물고기의 마음이나 새의 눈, 미록의 기겁을 전해들을 수가 없다. 이것 또한 한계이다. 기이한 일이지만 그에 대해 아는 것이 없다.

음모와 탐욕과 간사함, 변심과 시기심과 정복욕 등등의 수많은 감정이 들끓는 인간의 얼굴을 보고 겨우 몇 가지의 단순한 감정으로 살아가는 그들은 그만 놀라 자빠져 푸다닥, 후다닥 물길 산길 하늘길을 헤치고 정신없이 도망쳐 갔을 것이라는 장자의 말은 통쾌하기 그지없다.

만물개조(萬物皆照)의 빛은 미꾸라지의 물속에도 인간의 마음에도 비춘다. 봉애지간(蓬艾之間)의 미개국 종과 회, 서오 세 나라의 거처가 정처(正處)일 수도 있다. 요순이 살고 있는 문명국 혹은 남면(南面) 궁궐만이 정처가 아니다. 장자가 표현한 그 정처는 어디일까.

우리는 모두 각각 진리의 몸

〈제물론〉은 깊은 곳에서 본능적 처미색(處味色)을 예증한다. 장자는 논리적인 것보다 예화를 불러 말함으로써 쓸데없는 논쟁을 넘어선다. 칠물(七物)의 성향과 본능을 누가 부정하고 수정할 수 있을까. 장자는 인간의 의식계와 자연의 동물에 대한 관계에서 철학적 관점을 찾고 있다.

장자는 일견 평범해 보이는 처소와 먹이의 문제, 미의 기준을 거론한다. 특히 비유로 등장시킨 존재들은 인간과 동물인데 그 중심에 거처와 음식물 그리고 미추(美醜)와 먹이사슬이 있다. 기묘한 것은 인간을 이들 속에 과감하게 포함시켰다는 점이다. 그것을 밝혀내는 것이 인간에 대한 모독이 될 것은 없다.

인간이 원숭이와 지네와 다를 것이 정작 무엇이 있을까. 거처를 만들고 들어앉아 있는 인간의 반자연적 본능과 모습은 오히려 그들보다 더 초라한 형색일 수도 있다. 고작 애쓰고 도달해봐야 그것이 - 건축 양식상의 주거나 아파트일지라도 - 기괴한 고통의 혈처(穴處)일 뿐이다. 오히려 어떤 범부들은 이러한 인간을 당연하게 받아들인다. 인간이 예외적이거나 특별할 것이 없다는 것을 알고 있기 때문이다.

이 독단적인 듯한 장자의 비유는 당연한 것처럼 여겨질 수 있다. 내 눈엔 통렬한 인간에 대한 비판으로 보인다. 벌레와 동물과 같이 비유하는 것은 인류 최초로 타자를 바라보는 기이한 사유의 한 순간이다. 하나의 비유일 뿐이지만 아주 평범한 것들을 예로 끌어오면서 부지의 지혜를 범상으로 펼쳐보인다. 어떻게 지네가 뱀의 뇌(腦)를 잘 발라먹는 것을 알았을까.

그 내막을 진정 안다면 수많은 맛을 찾아 여행하고 있는 인간들의 공포의 혀를 어찌 안다 할 수 있을까. 지네가 뱀의 뇌를 찾아 일생을 다 허비한다면 지네는 뱀의 긴 육체의 모양에 대한 일정한 저항과 결핍, 도착, 친숙성 같은 것을 가지고 있을 것이다. 천적은 먹잇감들을 자기 것인 양 쉽게 만나고 쉽게 죽일 것이다.

이것은 하나의 비유일 뿐일까. 이것은 아무것도 아닌 것처럼 일어나지만 자연의 존재들의 우제용(寓諸庸)이다. 그 속에 살고 있지만 그것을 그들은 모른다. 자신을 이룬 몸을 특별한 사심 없이 평상의 마음으로 변함없이 사용하다 보면 그 물(物) 자체에 도달하게 된다고 한 그 말이 무섭기도 하다. 천적을 발견한 장자의 눈은 골의의 마음속에 있는 빛 같다. 자연의 비극이며 상호 보완이다. 생명은 생명을 먹어야 한다는 것을 어찌 부정할 수 없다. 자연의 우둔함이다.

물과 습기, 나무, 풀은 미꾸라지, 원숭이, 순록 들의 의식주의 터전이다. 이것이 없이는 어떤 생명도 자신들의 핏줄을 이어갈 수 없다. 삶의 근본이 되는 것을 숨기고 있는 예화이다. 거처, 천적, 성, 먹이사슬 등을 말하는 그는 동물학자 같다. 그러나 그는 지금 무엇을 말하고 있는 것일까. 어떻게 인간과 미꾸라지, 원숭이, 순록, 거미, 올빼미를 같이 말할 생각을 했을까.

아마도 장자의 집 근처에는 늪도 있고 쥐도 많이 살고 올빼미도 나뭇가지 사이에서 꾸벅꾸벅 졸고 있었나보다. 자연의 풍경이다. 무엇이 혼자 사는 공간이 아니라 다양한 것들이 함께 공존하는 숲과 마을이다.

장자는 이미 그 안에 한 생명체의 인간으로 예외가 아닌 자연물로 존재하고자 하며 그 이상이지 않길 바랐던 것 같다. 이 자연과 언어가 장자의 숲이다.

정처에 대한 장자의 깊은 뜻

사람과 미꾸라지와 원숭이가 제각각 바른 거처(居處)에서 살고 있는 것인가. 사람과 순록과 거미와 올빼미는 제각각 진짜의 맛을 알고 있는가. 그들의 식도는 같으며 목구멍은 어떻게 다르며 모두에게 손발이 있는가. 사람의 입장으론 미꾸라지는 손이 없고 거미에겐 지느러미가 없고 사슴에겐 아가미가 없다.

미꾸라지는 사람의 거처에서 살 수 없고 또 거미는 사람이 즐겨 먹는 가축 고기를 싫어하고 올빼미가 즐겨 먹는 쥐를 순록들은 먹지 않는다. 그러나 올빼미는 쥐를 좋아한다. 쥐는 올빼미를 좋아하지 않는다. 어느 것이 진짜인가 하는 물음은 부지에 대한 방편적 비유이다.

모두가 각기 나름의 본능과 습성에 따라 의식주(衣食住)를 정한 존재들이다. 서로가 먹이가 되어준다. 이 병생의 관계가 생명의 보시이며 자신도 모르는 사이에 행하는 육체의 필연적 반납이다. 대체 이들은 서로가 서로에게 무엇이며 누구인가.

생명을 죽이고 먹이로 삼아 배를 불리는, 또 적으로부터 끝없이 도망치면서 다른 약한 생명을 찾아다니는 지구의 존재들. 장자는 어느 한 종의 생명을 측은히 바라보는 편애 쪽에 서지 않는다. 그것을 전체의 하나로 보기 때문이다. 뇌를 관통하는 슬픔이 지나간다.

즉저(蝍蛆)와 감대(甘帶)는 단순한 생물학적 생태학적 미학적 기준의 비유에 불과한 걸까. 어쩜 장자는 권력과 전쟁, 시비, 상잔, 진리를 비판한 것인지 모른다. 이 뱀(감대)은 무엇이며 이 지네(즉저)는 누구인가. 소름이 끼친다. 그저 나는 얼버무리듯 그 뱀도 나이고 그 지네도 나다

하고 말할 수 있을까.

장자의 이 정처는 무엇을 함의한 걸까. 말뜻엔 인간의 왕과 신하들과 인간의 이웃과 가족하고만 이 자연 속에서 사는 것이 아니다. 자연의 소, 닭, 돼지와 지네, 원숭이, 순록, 미꾸라지와 함께 산다는 것을 은연중에 강조한 기묘한 발언이다.

이런 생각을 할 때 국가와 사회와 인간은 갑자기 활기를 띄며 더 넓은 자연세상으로 확장되고 멀어지는 것을 느낄 수 있다. 이 지구는 그때 비로소 인간들만의 삶터가 더이상 아니다. 장자 사상의 어둠으로 더 깊이 들어가면 자칫 인간은 보이지 않을 수도 있을 정도이다.

만물이 함께 숨쉬고 살아가고 죽는 하나의 별인 지구. 가히 전율적인 침묵의 대 우주공간 속의 지구이다. 나무에 대해 장자는 〈소요유〉에서 깊은 사유를 선물했지만 점점 작아지고 좁아지고 훼손되는 지구를 만물의 천체 운명으로 바라볼 필요가 절실하다. 지구는 동물들이 뛰어노는 천체의 하나이다.

생태계를 재미있게 보다

만물엔 만물의 법이 있다. 그 각각 존재의 법들을 침해하는 것은 월권이며 파괴 행위이다. 하나의 법만을 믿고 모든 것을 버리는 것은 자연의 길이 아니다. 만물을 인정하고 생명체를 보는 것만으로도 그것은 위대한 쓰임(用)이다. 모든 것은 서로 모든 것에게 멀리서 가까이서 용(庸)이 된다.

사자에게 먹히는 사슴을 슬퍼할 수만은 없다. 사자도 자연의 질서를 위해 고투하고 있다. 먹힌 사슴은 사자의 몸이 된다. 사자인들 영원히 자기 몸을 지키고 있을 수 없다. 어쩜 고달픈 사자의 육체들이다. 시연(是然), 자연이 그렇다.

낮이 지나가면 밤이 와야 한다. 어찌 이것을 안된다고 인간이 말할 수 있을까. 여기 추연호재(鰌然乎哉, 미꾸라지도 그런가?)는 다른 지혜를 여는 하나의 의문 명제이다. 타자들의 생태와 습성과 천성을 이해하고 침해하지 않을 때 이 자연에서 공존할 수 있다. 이것이 생사를 함께 하는 생물들이 한 가족으로 존재하는 지구의 양식이고 법칙이다.

숙지정처(熟知正處)며 숙지정미(熟知正味)며 숙지정색(熟知正色)이 지구생태의 문제이다. 하나의 기준과 중심이 있는 자연이 아니다. 하지만 자연을 하나로 본다면, 그 도추 속에 병생(竝生)과 제물(齊物)과 소요(逍遙)가 춤추고 있다. 자연은 스스로 본능적 먹이사슬을 짠다. 어쩌면 아무 쓸모 없는 한 마리의 검은 거미가 세상의 천을 짜고 있는지도 모른다. 그것은 윤리가 아니다.

우리가 전혀 알지 못하거나 무시한 존재들이 세상을 만들어가고 있다. 『장자』는 장자가 자연생태계를 주의 깊고 흥미롭게 관찰한 것으로서, 그는 자연법칙을 냉정한 눈으로 바라본 최초의 생태 관찰자이기도 하다. 각기 생리와 조건에 맞는 곳에 살며 양생하고 거기서 먹이를 얻는다는 것을 장자는 알아냈다.

이것이 뒤에 나오는 양생의 법칙일까. 양생은 반드시 생명이 먹이가 된다는 사실이 우리를 놀라게 하지만 피할 수 없는 숙명적 약속이다. 먹이가 되는 생명들도 내적 요구와 필요에 의해 살다가 먹이로 희생되어 다른 번식 속으로 이동해 간다. 그래서 먹이는 포식자의 입장에선 친숙(親熟)이고 숙주이다. 모든 먹이가 자신의 것으로 여겨지는 무의식도 있을 것이다. 고기를 자기 몸 안에 넣는 것은 슬프고 처참해 보이기도 한다.

그러나 오직 그 먹이와 생명이 나를 살리고 이동시키고 유전시킨다. 거꾸로 말하면 먹잇감인 그들이 섭취자인 나의 절대 주인이다. 그들이 나를 이끌고 다닌다. 나는 그들 없이는 생존할 수 없다. 그래서 말을 또 바꾸면 그들을 죽여서 잡아서 나는 그들을 섭취해야 한다. 이것을 어기는 존재는 이 지구상에 없다.

양생의 법칙은 사실 무정(無情)이다. 어떤 생물들에겐 그런 관계를 이미 알고 있기라도 하는 것처럼 보일 때도 있지만 예외의 비밀이 달리 감추어져 있을 것이다. 이것 또한 어길 수 없는 자연의 길이며 희생이며 잔혹이다.

이 희생이 없으면 자연은 자신의 틀을 유지할 수 없다. 상극이 생명의 길이고 달통(達通)이고 죽음의 길로 보여지는 경우는 얼마든지 있을 수 있다. 멀리 있는 상극이 오히려 나와 내통하고 있는 것도 얼마든지 있을 수 있다. 가까이 있는 것들이 장애가 되고 해악이 되는 경우도 얼마든지 있다.

장자가 무여친을 지향하고 편애를 거부한 것도 다 이런 것을 능히 넘어서기 위한 방편일 것이다. 갈등이고 모순 같지만 긍정이고 조화가 될 수밖에 없다. 그 상극의 세계가 하나로 조화된 것이 자연이다. 그대 아니고선 나는 없다〔비피무아(非彼無我)〕 이것 아닌 저것이 없으며 저것 아닌 이것이 없다〔시역피(是亦彼) 피역시(彼亦是)〕.

뱀을 보고 어리석다 할 수 없고 인간을 보고 왜 습한 곳에서 자면 허리가 아프냐고 시비할 수 없다. 단순한 이 사실들에 눈을 뜨면 우주와 생물이 호흡하는 소리(소요유, 야마野馬, 진애塵埃의 상취相吹, 천뢰 등)가 들려온다. 그 또한 소요의 소요(騷擾)한 지구의 모습이다. 지구가 떠들썩해야 지구이다. 고요하기만 해서 지구라 할 수 있을까. 그러나 〈제물론〉의 집은 어둠속에 있는 것 같다.

왜 이런 곳이 생기게 되었으며 언제부터 이런 곳에 와서 살게 되었을까. 그것을 모른다. 장자는 바로 이것을 지도(至道)로 삼는 듯하다. 그 안에 갇힌 언어의 존재들로서는 난제가 아닐 수 없다. 자연은 이들을 하나 속으로 강제로 데려가는 것도 같다. 자연의 방박은 무위일 뿐.

소요를 할지라도 인간은 그 중 고독한 존재일 수밖에 없다. 이 지상에선 모든 것을 자연에 맡기는 길밖에 다른 길이 없다. 자연은 늑대의 어미 품 같고 호랑이 이빨 같다. 인간이 어찌 할 수 있는 일은 사실 아무것도 없다.

인(人)이란 말, 그 존재에 대한 장자의 생각

인(人)이란 글자가『장자』에서 처음 등장한다.

인은 인간의 기이하게 생김을 나타낸 문자이다. 사람들은 자기들끼리 만나고 사랑하고 거래를 한다. 먹고 마시고 놀고 잠든다. 그러기에 자신들이 정상이고 이상한 존재라는 사실을 까마득하게 잊고 산다. 인간처럼 괴이한 존재와 습성은 없을 것이다.

장자의 무여친은 그래서 인간을 쉬지 않는 복잡한 존재, 또 언어처럼 변하는 존재로 서서히 인식하는 근거로 확보하게 되었을 것이다. 인지소미야(人之所美也)의 인(人)은 장자가 올빼미나 지네나 원숭이처럼 인간을 생태계의 한 존재로 바라보고 칭하는 칭호(稱號)이다. 인간을 밀어내서 철저하게 타자화했다.

실례로 인간이 두 대퇴부의 뼈와 근육으로 직립해서 걸어다니는 것만 해도 기이하다. 머리는 검고 창자는 위로 서 있으며 척추가 곧추 머리 위쪽으로 뻗어 있는 것도 기형적이다. 복부가 땅을 향해 있는 동물과는 달리 전면을 향해 있는 것과 머리가 위로 솟은 것도 불길한 존재처럼 보인다. 아주 불안한 형태의 체형이다.

교활하고 교만하고 친절하고 사랑스런 만교밀자의 존재로 이 지구상에 비춰지는 전체적 인간의 모습은 불가피한 것이다. 소성과 지혜 때문일까. 오른편에서 왼편으로 삐친 형상의 별(丿)자와 왼쪽에서 오른쪽으로 삐친 형상의 불(乀)자가 만난 것이 인(人)자이다. 기이하고 난해한 글자이다. 인간을 왜 이렇게 그렸을까. (<양생주>의 화전(火傳)의 비유일 수도 있다).

풀이 많고 물이 있는 산골에서 풀을 뜯으며 한가롭게 놀던 순록과 사슴이 인간을 보고 화들짝 놀라 도망가는 모습은 일거에 인간을 소외시키는 충격이다. 인간에 대한 편애가 아닌 소외의 심리 표출이 보인다. 하지만 장자가 인간을 혐오하는 것도 배척하는 것도 아니다.

소는 육고기에 고양이는 풀에 어떤 관심을 보이지 않는다. 즉 마음이 움직이지 않는다. 이 본능적 반응을 장자는 소중히 여기는 것 같다. 이것은 교화되지 않는, 정(正)이 없는 자연의 부정(不定)이다.

인간 세상의 시비를 내가 다 알 까닭이 있는가

번연효란(樊然殽亂)은 이 세상의 모습이다. 아무것도 아닌 것을 가지고 어리석게 물어뜯고 편을 가른다. 인의를 만들어 숭상하고 위계질서를 만들고 눈을 부라리며 평가하고 싸운다. 분잡하고 어지러운 세상이다.

번연효란은 〈응제왕〉편의 분이봉재의 '분(紛)'과 같다. 결국 장자는 일심(一心)으로 종결하지만, 이것들이 모두 어리석음의 요소들로서 자연의 병생적 존재들임을 깨닫게 한다. 여기서 만물에 올라서는 자에겐 만물의 여행이 시작되지 않을까.

만물로부터 상처를 받지 않는다는 장자의 마지막 말 승물이불상(勝物而不傷)이 여기서 비상하는 걸까. 만물에 올라서는 자는 만물과 어슬렁어슬렁 유유자적으로 놀 뿐이다. 조물된 자연의 만물은 피유물(被遊物)이 되길 바라는 걸까. 피조물과 그 주인은 책임을 묻지 않는 걸까.

장자는 인의(仁義)를 시비(是非)로서가 아니라 불가피(不可避)하게 '단(端)'이라고 말한다. 언제나 세상은 인의와 시비로 시끄럽다. 물론 인 자체와 시비가 모두 쓸데없는 사사(私事)의 도구들이다.

그러니 장자는 인을 가식적인 것으로 보고 본능적인 것보다 못하다고 보는 것 같다. 즉 그것은 자연이 아니라 사회에서 인간들이 만든 지혜의 창날과 같은 것들이다. 어쩔 수 없이 의도되었으며 이용되는 것들이다.

장자에게 자연은 진면목이며 인(仁)은 위장이며 불인(不仁)이 대인(大

仁)이다. 사물과 생명들에게 각기 있는 본능과 유정과 무정, 또 습성을 인정한다. 사소하게 인을 동정이나 감상, 혹은 강요로 드러내고 강화할 일이 못된다고 장자는 본다.

자연 속에 살고 있는 새를 잡아다 조롱 속에 기르는 것이 인간의 인의 지혜일지 모른다. 장자에겐 고정된 인도 없지만 고정된 자연도 없다. 변해야 한다. 변하지 않는 것은 인도 자연도 아니다. 이것이 장자가 말한 〈제물론〉의 대언(大言)이다. '나'가 분란한 눈보라와 시장바닥을 다 경영할 필요가 없다.

기변(其辯)은 화려한 '말'이다〔변(辨)과 변(辯)은 같은 뜻이지만 사물을 구분하는 전자와 말 잘하는 후자로 구분하기도 한다〕. 인의의 발단과 시비의 진창을 모두 말로 잘할 수 있겠느냐는 말엔 인간에 대한 절망이 깔려 있다. 인간은 앎과 말의 노예가 되기 쉽다.

솔직히 말해서 장자가 인간을 칭찬하고 지혜가 대단하다고 노래했다면 『장자』는 잘 읽히지 않았을 것이다. 인간이 인간을 자화자찬하는 것은 탐탁해 보이지 않기 때문이다. 구별보다는 잘하는 '말'의 변(辯)으로 읽고 장자의 다른 마음을 엿볼 수 있길 바란다. 구별은 말로 하기 때문이다.

번연효란을 인정하면서 그것을 알지 못하겠다는 것은 인간이 마치 거대한 함정과 같다는 말로 들린다. 하지만 장자는 부지로 돌아가 그대 자연이 저쪽에 있는 유아〔有我, 비피무아(非彼無我)의 유아유피(有我有彼, 그대가 있어 나도 있다)〕로 나타난다. 아슬아슬하게 저 한쪽에 있는 인간을 발견한다. 이 무심은 만물자연에 인위적 힘을 거부하겠다는 경계 없는 방외인이 얻은 경지로 보인다.

장자는 인간을 구속하는 어떤 도도 말도 인도 염도 용도 거부하는 것 같다. 지극한 부지가 아니더라도 그 부지보다 못한 것으로서의 도도 용도 필요가 없다. 사실 진인에게 필요한 것은 아무것도 없고 써볼만한 마음조차 없다. 이것이 전용(全用)일 것이다. 사용하지 않으면서 모두를 가지고 놀기 바란다.

장자는 유묵(遺墨)자들에게서 시작된 번연효란과 당동벌이(黨同伐異)의 나쁜 지혜를 질타한다. 그것들은 권력과 재화와 편애의 도구들임은 말할 것도 없다. 만물 속의 모든 생명체는 생긴 대로 자기 깜냥으로 존재하다가 남김없이 자연으로 돌아간다. 누구도 어쩔 수 없다.

도무지 쓸 데가 없는 일야상대의 지혜를 장자는 진정으로 가지고 싶었을 것이다. 과연 어느 누가 정처에 있으며 정미를 맛보며 정색에 있을까. 어처구니없는 꿈이다.

엄격하게 정처와 정미와 정색은 없다. 누가 나의 삶을, 내가 누구의 삶을 살아줄 수 없다.

왕예는 말한다. 내가 보기엔 인의(仁義)의 시작과 시비(是非)의 끝이 분잡하고 어지럽다. 그러니 내가 어찌 그 말을 쉽게 알 수 있겠는가. 알지 못하는 것이 어둠속에 가만히 있어서 그것을 바라보는, 무념의 경지가 혼돈과 접합되는, 아주 작은 망각 직전의 깨달음이 선물이 되는 순간이 아닐까.

이것조차 간당거리는 것이긴 하지만 의식과 망각의 경계에서 본다면 쓸데없는 것들로 인간들은 괴로움을 당하고 시간을 허비한다. 민추원(民鰌猿)의 삼물(三物)을 등장시켜 말하는 원고(遠古)시대의 왕예는 대종사(大宗師)였을 것. 그의 말과 도는 바람의 추억 속에서나 펄럭인다.

장자가 볼 때 미래의 정치와 욕망의 문명은 고대에 이미 다른 길로 갔다. 그 중심에 하등 쓸모없는 우상들이 존재하고 있는 것이 현대이다. 인류가 가지 않은 길의 상상여행이 가능할까. '인간'의 나는 더운 수풀 속에 죽어 있는 뱀 한 마리를 발견하고 그 머리를 파 먹는 지네의 '나'를 본다.

25. 인의(仁義)와 시비(是非)를 버리고 세상 밖을 떠도는 지인(至人)들

설결이 말했다.

선생께선, 이로움과 해로움(利害)을 정말, 알지 못하는군요. 그렇다면 지인(至人)은, 이해(利害)를 정말, 알지 못하는 겁니까.

왕예가 말했다.

지인(至人)은 신묘(神妙)하다. 큰 연못이 불타올라도 쉬이, 뜨겁게 하지 못하고, 대하(大河)가 얼어도 쉬이, 춥게 할 수 없으며, 모진 우레가 산을 깨트리고, 바람이 바다를 뒤흔들어도 쉬이, 놀라게 할 수 없다.

이러한 사람은, 공중으로 떠오르는 기운을 타고, 해와 달에 올라앉아, 세상 밖을 유영(遊泳)한다. 죽음도 삶도 그를, 변화시키지 못한다. 하물며, 이로움과 해로움(利害)의, 빌미가 되겠느냐.

원문(原文)

齧缺曰 子不知利害 則至人固不知利害乎 王倪曰 至人神矣 大澤焚而不能熱 河漢沍而不能寒 疾雷破山 風振海而不能驚 若然者 乘雲氣騎日月 而游乎四海之外 死生無變於己 而況利害之端乎

* **고**固 정말. **대택**大澤 습하고 풀이 무성한 곳. 얼 **호**沍. **질뇌**疾雷 벼락같은 우

레. **하한**河漢 황하(黃河)와 한수(漢水). 세차게 흔들 **진**振. 빠를, 고통스런 **질**疾. **약연자**若然者 이러한 사람. **승운기**乘雲氣 공중으로 떠도는 기운. 말 탈 **기**騎. **기일월**騎日月 해와 달에 올라타다. 수영할 **유**游. 유(遊)를 쓴 곳도 있지만 사해이므로 유(游)가 맞음. **무변어기**無變於己 몸에 아무런 변화를 주지 못함. **이해지단**利害之端 이해(利害)가 빌미가 되다.

열한경(熱寒驚)과 분호진(焚冱振)에 대해

이익이 되고 손해를 따지는 것이 이해의 분별이며 시비이다. 이 이해를 왕예가 알지 못하는 것 같다는 말은 확신이 아니지만 설결이 왕예의 앎을 확정하지 않는 뜻이 숨어 있다. 모든 앎에는 이해와 시비가 붙기 때문이다. 사람들은 무언가 이익이 되기 때문에 시비하고 갈라서고 싸운다.

이 말은 앞의 원숭이, 지네, 여희 등이 지닌 처미색(處味色)의 존재의미와 본능의 까닭을 모른다 한 말에 대해 설결이 이해(利害)란 말을 가져와 자기 나름으로 이해(理解)한 것으로 보인다. 어리석은 듯한 질문이다.

설결은 왕예의 부지 앞에 있는 이해(利害)를 내밀었다. 왕예의 생 속에서는 이익이 되고 손해가 되는 것이 없느냐고 묻는 이 질문은 마치 제자가 스승을 검증하며 삶의 진리를 전수 받는 순간 같다. 한 인간에게 묻는 질문 치고선 참으로 답하기 어려운 질문이다. 이해를 따지지 않고 사는 사람이 없을 것이기 때문이다.

지네와 인간의 무관(無關)처럼 혹은 지네와 뱀의 유관(有關)처럼 이해와 무이해를 구분하지 않는 것〔동독(同獨), 상대적 언변 시비를 초월한 기일월의 사유〕은 자연의 만물이 모두 그러함〔동시(同是)〕으로 받아들이는 무경심에 의해서 결정되는 것이 아닐까. 이해를 모두 변명하는 것은 어리석지만 더 어리석은 육합의 바깥쪽으로 왕예는 나아갔다.

감히 말하건대 왕예는 인간을 등 쪽에 둘지라도 해와 달을 통하여 만물평등의 드넓은 꿈을 꾼다. 지인(至人)의 도가 어느 편에도 서지 않는다. 만물의 운행과 함께 지인의 마음과 동행한다. 천지 기운이 방박이며 성휴인 것을 어쩌지 못한다는 걸 아는 자라면 그것을 따르는 자가 지인일 것이다.

사유는 그것들을 안고 홀로 가만히 바람처럼 여행하는 구름이며 물의 무궁자(無窮者)이다. 그 구분할 수 없음이 망각이자 물화이다. 무엇에서 온, 이 인간으로 있는 이 자체가 현재의 물화이다. 인간이 모르는 거미이며 순록이 모르는 인간이다. 망량(魍魎)으로 바라볼 수도 있는 이 지상의 모든 그림자이기도 하다. 그 망각과 물화로 '나'가 없는 것은 아닐 것이나 그림자 생(生)일지라도.

제각기 자기 그림자의 얼굴과 몸짓과 언어로 왔다. 그리고 간다. 자연 어디엔가 지금의 나가 아닌 다른 나로 있으므로 평화롭다. 경험과 기억, 의식과 학습, 대응과 잠재에 의해 함께 앎이 작동하고 감각하고 떠돈다. 인간의 앎은 작고 우주는 까마득하다. 기이한 바람의 미소와 물기의 스침이 감각된다. 이것이 무지가 만날 수 있는 지인의 마음이 아닐까.

풀끝의 흔들림과 반짝임을 무슨 이해(利害)로 바라보며 따질 수 있을까. 이는 왕예가 인의(仁義)와 시비(是非)를 버리려는 구체적인 일탈의 말이다. 모든 사슬과 구련을 벗고자 하는 인간의 꿈이다. 중요한 것을 버리고 쓸데없는 것을 취하는 반지혜의 지혜가 장자에게 있다. 놀라운 사유이다.

좌우윤의분변경쟁을 통과한 지인은 인의(仁義)의 발단과 시비의 진창을 버린다. 새로운 진리, 불과 바위, 물과 흙과 생명이 함께 반죽된 혼돈의 새로운 생명을 꿈꾼다. 왕예가 기어이 토로했지만 인의와 시비라는 재이(災異)의 저 분호진(焚沍振, 불타고, 얼어붙고, 흔들어댐), 뇌풍해(雷風海, 천둥과 표풍과 해일)를 피하는 길이다.

장자의 문자를 가볍게 볼 수 없다. 지인들에게 있었던 자연의 경지를 믿지 않는다. 다만 그러한 지인들이 사라졌다는 것이 아쉬울 뿐이며 막고야산의 신인이 그리울 뿐이다. 정말로 그러한 인물들이 있었다고 나는 믿는 편이다.

장자에서 매력 있는 사람들은 사라졌다. 열한경(熱寒驚, 뜨거운, 추움, 놀라움)이 없는 지인들. 이 분호진, 뇌풍해 속에서 열한경이 없는 초인들의 생은 불가사의할지언정 존재하지 않는 것은 아닐 것이다. 그러한 것은 그들이 이미 그러한 것이 아니었을까. 이해(利害) 구분을 잊는 제물소요(齊物逍遙)의 몸 즉 화신(化身)이었을 것.

언제부턴가 성심과 조직이 중앙과 권력으로 집중되면서 이 언어들이 사라졌을 것이다. 결국 장자의 언어들은 점점 더 난해해지고 망각의 언어로 파묻히게 되었다. 미래의 사람들은 신인의 존재처럼 지인의 존재를 믿지 않는다. 하지만『장자』에선 지울 수 없는 중심인물이 이들이다. 인간과 문명이 제거한 인물들이다.

그리운 것은 지인의 삼불〔三不, 불열(不熱) 불한(不寒) 불경(不驚)〕이다. 실로 부사의한 이야기이지만 왕예는 자신이 삼불의 존재임을 은연 중에 말하고 있다. 범부의 상식으론 이해되지 않는다. 그렇다고 쉽게 없다고 말하지도 못한다.

『장자』에는 가끔 이런 난해한 문구가 많이 나온다. 혼돈이며 무지이며 방박이고 기발(機發)의 종(踵, 발뒤꿈치)이다. 천양(天壤)을 향해 솟은 두충(杜冲)이다. 이는 산과 운기(雲氣)가 하나 되는 지극한 꿈이다. 최상자(最上者)의 지극한 인간 즉 지인(至人)이 우주와 하나가 되는 혼연일치(渾然一致)의 꿈이다.

초월자들은 이해(利害)를 잊고 만물을 즐긴다. 망각 속에서 사는 것이 제물소요(齊物逍遙)의 목표이다. 한결같은 그러나 혼재하는 저 만물을 스스로 다스리는 것이 아니라 거기 몸을 싣고 아무 노고 없이 혼자 떠나 여행하는 것. 그곳에 무슨 국가와 인의와 명예와 책무가 있을 수 있을까.

저 태양과 구름과 승기(乘氣)가 알아서 할 것을. 인간에게 대체 무슨 권리와 책무가 있을까. 권리와 책무를 강조하고 편집하는 것이 인간의 역사일 것이다. 인간은 장구한 세월 동안 사육(飼育)되고 길들여져 왔다.

지인(至人)의 존재

지인은 생사무변(生死無變)을 깨달은 자이다. 마음이 불타지 않는다 해도 이것의 이름을 변함없는 문자로 세울 순 없다. 혼돈 속에 버려두고 찾지 않으며 그 존재를 분명하게 말하지 않았다. 이름 없음을 부수지 않고 불러내 편집하지 않는다.

불가피하게 지인(至人)이라 이름한 그는 초월적 자아이다. 인의로 도구가 되고 실용화하려는 정직(正直)에서 나온 맹자의 양기론의 집의(集義, 이성적 결정, 응결. 막고야산 신인의 응결과는 다른 실사적이고 목적론적 양기론)와는 다른 장자의 비정치적 응결이다.

부지(不知)는 지극한 경지에 있다. 앎이 없으므로 문을 닫았으며 어둠 속에 앉아 있다. 모름으로써 용(用)을 거부한다. 다른 '앎'이다. 하나하나 알지 않고 하나로 통(通)한다. 알 수 없다는 말은 만물에 대해 따로 지식을 가지지 않는다는 말. 곧 안에 아무것도 가지고 있지 않는다는 뜻.

흥미로운 것은 왕예가 시비와 하찮은 논쟁을 모른다고 하면서 지인에 대해서는 안다고 말한 점이다. 그는 인의를 버리고 하늘을 날 수 있는 바람의 무궁자이길 바란다. 생사에 괘념치 않고 바람을 따라 끝없는 여행을 하며 그것이 구름이고 세월이고 해와 달이라고 말한다. 궤변을 눌러버린 명(明)의 길이다.

지네와 올빼미와 순록과 미꾸라지 들에게 벼슬을 만들어 하나씩 줄 수 있을까. 지인은 만물의 생명으로서 침묵하는 만물 속에 있다. 모두 만물이 된다는 것을 아는 것 같지만 실은 모른다. 살아있는 동안만 욕망하고 그러다가 숨이 멎을 뿐이다. 무리짓고 인의를 외치는 자들이 지인일 순 없다.

지인은 만물 앞에 하나의 언어로 길을 보여주지 않는다. 저 자연은 도와 대지와 언어 앞에 있는 그림자와 같다. 그림자는 무인도의 바람 같다. 그 자연 속 어딘가에 지인은 살아 갈 것. 지혜를 부리지 않고 민추원(民鰌猿)의 존재들은 이 자연의 집에서 살아갈 것. 어쩜 저들이 그 지인의 성품을 가졌는지 모른다.

그들은 손톱보다 작은 구멍으로 숨을 쉬고 머리를 숙여 풀을 뜯어먹는다. 직립인의 걸음걸이와 얼굴과 팔과 손은 없다. 지네의 이빨도 있고 뱀의 비늘도 있고 발굽도 있고 눈이 있고 날개가 있다. 상관없는 듯 이류(異類)들과 가까이 살고 있다. 흥미로운 광경이다. 어떻게 이런 것들이 분포되어 함께 있게 된 것일까.

자연 속의 생명의 반응은 온도에 따라 생태의 옷을 바꿔 입는다. 자연은 일정하지 않지만 그 생태적 변주는 통일성을 가진다. 인간은 사슴과 지네가 쓰는 것과 같은 공기로 호흡한다. 그러나 어떤 새끼는 봄에 죽고 어떤 알은 혼자 나뭇가지 사이에서 꿈을 꾼다. 또 어떤 것들은 물이 마르면 하천 바닥을 파고 들어가 동면한다.

천하의 바람과 구름과 만물을 가슴에 안고 있는 기심(機心)은 산처럼 벅차오르기만 한다. 제물을 인임하는 인시(因是)의 경지가 되는 곳이 바로 '이곳'이 아닐까.

질뢰파산(疾雷破山)의 노래

지인은 인생에 있어서 일대사의 문제인 '생사(生死)' 자체에 대해서 마음을 쓰지 않는다. 의나 인을 가지고 그들을 판단할 수 없다.

인하고 의하는 자들은 인과 의에 빠져 있다. 즉 익생(溺生)이다. 그들은 무장되어 있는 강고한 시비의 적들이다. 이해득실에서 온 것이 아닐까. 인간의 순수한 마음에 세운 창과 칼이 의가 아닐까. 지식의 난장(亂場)이 아닐까.

우주에 날아다니는 하나의 티끌이고자 하며 한 줄기 빛이고자 하며 동시에 순식간에 사라지는 날개이고자 하는 방외자들에게서 인간들이 무엇을 들을 수 있을까. 방외자들을 척도할 어떤 그림쇠의 도구도 지상엔 없을 것이다. 그들은 곧 지상의 지인들의 지심(至心)이고 성심이다.

전국시대엔 의가 없는 인간은 사람 구실을 하기 힘들었을 것이다. 그가 의(義)자를 몇 군데 사용했지만 나는 즉시 그 글자에서 악과 적과 상대를 물리친다는 조건 속에 갇힌 가장 아름답지 못한 거짓과 혐오를 느낀다. 자유와 날개를 부순 사람들의 의론(義論)들이다.

장자는 어느 한쪽의 의도 거부한다. 아무런 거슬림이 없는 자유의 푸른 하늘의 공기이고자 한다. 차라리 골목을 휘돌고 날아오는 바람 속의 작은 비닐봉지의 자유로움이고자 한다. 아주 짧은 시간, 겨울 햇살이 땟국이 절절 흐르고 다 찢어진 비닐봉지를 손으로 껴안는 것을 본 것 같다.

장자의 먼 지지자들은 숨어서 의를 가지려 하지 않는다. 그들을 무정한 사람들이라고 말할 것이 없다. 그런 생각보다 모든 사람들의 마음속에는 지인의 성품이 있다고 생각하고 싶다. 그러기에 우리는 어린 날부터 늙어서까지도 구름을 타고 늦은 새벽까지 이상한 나라를 날아다니는 꿈을 꾸는 것이 아닐까.

질뢰파산(疾雷破山). 나는 장자 시대의 이 말을 기억 상상한다. 하늘의 그 소리와 불빛은 지구과학적 기류의 반응이지만 갑자기 마음이 어두워지고 마음속의 거대한 거울이 깨어지는 듯하다. 얼마나 크고 소란한지 표현이 어려울 정도이다. 산이 부서지는 듯하고 온 하늘이 무너지는 소리를 낸다.

단층집이 귓속에서 무너질 듯 마구 흔들린다. 소리는 수많은 신들의 아우성 같고 그 속도는 광속적이다. 찌지직 땅속으로 번갯불빛의 뿌리가 들어간다. 우르릉 하며 수많은 거대한 바위와 돌들이 한꺼번에 북쪽으로 남쪽 하늘로 마구 내달려 굴러간다. 천뢰를 내지르며 아주 먼 곳으로 사라져갔다. 2,300년 전 그랬을 것이다.

그 소리에 아무런 변화를 보이지 않는 지인(至人)은 신(神)과 같다. 그러나 오히려 내 생각엔 그 우뢰를 즐기고 있지 않았을까. 질뢰파산은 그에게 우주가 내지르는 천뢰의 다른 대붕괴(大崩壞)의 음악이 아니었을까. 정말로 정말로 통쾌한 하루가 아니었을까. 혼돈 속에서 온몸이 흔들렸을 것이다. 모든 체제적인 것, 의식적인 것은 날아가버렸을 것이다.

도가 있음을 들려주듯 자연이 한바탕 소란을 피운 것일까. 나는 방에 엎드려 그 소리를 다 담아듣고 그 소리가 아쉽게 사라져가는 쪽으로 귀를 곤두세운다. 나도 그 쪽으로 따라가고 싶다. 그 소리들과 함께. 나는 귀머거리처럼 그쪽으로 얼굴을 돌리고 서 있었을 것이다. 그런 다음날의 아침은 개벽의 새날처럼 희고 새로웠다.

표풍(飄風) 역시 장자적인 언어이다. 대륙엔 이와 같은 혹독하고 세찬 바람이 휩쓸고 가는 날들이 수없이 많았을 것이다. 그 대륙 안에서 사유는 깊어지고 어두워지면서 초월은 날개를 달았을 것. 우(禹) 임금 때의 칠 년 홍수와 탕(湯) 임금 때의 오 년 가뭄이란 상상조차 하기 어려운 끔찍한 재앙이었을 것. 그 잔혹한 자연재해의 기억이 장자에게도 유전되어 남아 있었던 것일까.

〈소요유〉에 대침(大浸), 대한(大旱), 금석류(金石流), 토산초(土山焦)에 이어 두번째 나오는 광폭한 하늘과 땅의 대변(大變)과 재이(災異) 속에서도 지인은 변함이 없다는 신화적 의미의 이 '말'은 대체 무슨 뜻일까. 있을 수 없는 과장된 표현인 것 같다가도 어느새 나는 그것을 믿는다. 그리고 그것에서 내가 그 마음이기라도 한 것 같은 묘한 향수를 느낀다.

방외자(方外者)

장자는 자연의 소리에 민감했다.

그 소리를 통하여 위안을 받으며 자기 사상의 한 배경으로 삼았고 그 소리들과 함께 장자는 거대한 해류를 따라 어디론가 다른 세계로 빠져나갔을 것 같다. 이 표풍은 단순히 사용한 언어가 아니라는 생각이 든다. 무엇인가 다른 낯선 바람이 불어온다는 것을 예감케 한다.

재앙이 없던 시대는 없다. 장자의 재이(災異)는 나의 어두운 영혼을 더 어둡게 해주는 매력을 선사한다. 까마득한 과거 이 질뢰파산의 표풍 속에서 웅크리고 굴 속에서 일 년을 넘게 지내고 봄을 맞은 적이 있지 않았을까. 이런 연유로 해서 장자는 앞 시대의 그 어떤 인물 속에서 자란 사람이 아니다.

두 부류의 인간을 비교해본다. 『장자』에서는 체제를 거부하고 초월적 삶을 사는 자들을 방외자(方外者)라 한다. 그 반대의 인간형들을 방내인〔方內人, 장자 등의 방외자(方外)인 저쪽의, 소성을 써야 하는 세속인, 권력의 이해와 득세에 얽힌 비인(鄙人)들과 실사주의자들. 공자 등을 이르는 말)〕이라고 한다. 『논어』에도 그런 혐의가 없지 않지만 장자는 명분을 말하지 않은 채 그보다 더 우주인간적이며 명분적이고 초월적이었다.

공자는 세상만사를 사사건건 걱정했던 것 같다. 춘추시대에 서른세 명의 왕들이 자기 신하들에게 죽임을 당하고 오십이개국이 멸망하는 공벌(攻伐)전쟁 시대보다 더한 질풍노도 속에서 살았지만 장자는 국가와 인간에 대해 그다지 흥분하지 않았다. 자신의 시대에 초연했다.

입으로 나라를 걱정하고 사상과 병법으로 나라를 구하겠다는 자들의 감언이설과 강압에 의해 수많은 목숨들이 들판에서 죽어갔고 결국 제국들은 하나하나 멸망해갔다. 자연이 멸망하는 것은 물론 아니지만 그렇다고 그 작은 가족과 집안들이 망하는 것은 더더욱 아니다. 권좌와 그 무리, 그리고 사상과 체제가 무너지는 것뿐이다.

장자는 국가의 가치와 이름을 개인과 도와 언어, 자연으로 대체하려 했다. 이 주객의 대체 의도는 장자 사상에 숨어 있는 국가에 대한 자연관이다. 나라와 민중을 구한다고 출사표를 던지지 않았으며 함께 죽음의 수렁에 빠져 멸망하지 않았다. 그럴 필요가 어느 개인의 인간에게도 없는 것이 장자의 자연이다.

그야말로 원통한 죽음에 다를 바 없는 것이 과거의 모든 전쟁 속에서 죽어간 수많은 사람들의 마음이다. 분노와 변명이 들려오는 듯하다. 누가 지금 와서 노와 진의 인의를 자랑할까. 자연의 길에서 본다면 모두가 의(義)의 모함이다.

그러나 모든 문명사 속에서 『장자』는 위대한 책이다. 자연은 멸망하는 국가와 군주가 아니다. 나는 장자의 말이 비로소 새로 시작하는, 낡고 어리석은 문명의 끝에 와 있다고 본다. 자연은 흥망성쇠의 한바탕 표풍과 꿈이 지나가는 무대일까.

언어의 작은 예언들, 무궁자의 만물관(萬物觀)

작은 바람 한 줄기를 타고 저 낮은 울타리라도 넘어 날아갈 수 없는 나로서는 이 표풍(飄風)은 불가한 사유의 기류이다. 그 기류는 설레고 두렵고 새롭다. 그것은 이제 곧 등장할 한 마리 나비의 동일성 즉 동시(同是)의 법칙을 언어로 보여주는 현란한 승물(乘物)적 승언(乘言)의 세계가 될 것이다.

나여, 갑자기 표풍 속으로 들어가 사라지고 싶지 않은가. 그 안에서 소용돌이치고 싶어진다. 모든 티끌과 흙먼지를 휘감고 하늘로 올라가 사라져버리는 이 바람이 장자의 가없는 표풍이었을까. 공자나 맹자의 글에서 보이는 끝없는 통치와 조심성은 장자의 태탕하고 전사(轉徙)한 초월과 혼돈의 마음을 가로막는다는 생각이 든다.

장자는 하늘 위에 지나가는 그 바람을 한없이 쳐다보며 무언가를 꿈꾸었을 것이다. 너무나 작은 햇살의 꿈 하나와 예언. 표풍이 불어대면 붕새가 북명의 바다를 뒤흔들고 하늘로 날아올라간 것처럼 바다가 요동쳤을 것. 지인의 마음은 지수(止水) 같지만 한편 이 바람의 기세(氣勢)는 가장 멋있는 그의 사상적 배경이 되는 혼돈의 언어이다. 모든 것을 다 흩트려놓고 다시 시작하고 싶은 마음이다.

그러나 그 바람도 지인이 응해줄 때에만 고비(高飛)하는 비상의 바람이 된다. 그러니 표풍에 바닷물이 해상으로 날아올라도 지인은 놀라지 않는다. 그 바람은 지인을 기다리고 있었을 테니까. 수많은 바람이 불어 지나갔지만 이제 지인은 영원히 응답하지 않을지 모른다.

다시 일어나는 부지의 의문. 과연 그러한 지인들이 먼 상고에 정말 있었을까. 아쉽게도 장자는 그런 지인을 직접 만나보지는 못한 것 같다. 장자 시절에도 이미 신통력을 지닌 지인들이 사라지고 없었던 모양이다. 지인이란 하나의 전설적 이름일 뿐일까. 장자도 나처럼 그들을 그리워한 것일까.

여기 승운기(乘雲氣)는 '구름처럼 자취없이 어느새'란 뜻이 숨어 있다. 구름이 인력이나 기계 힘으로 올라가는 것이 아니다. 어떤 신통력을 말하는 것이어도 좋다. 이것을 가진 지인이 약연자(若然者, 이러한 자. 자연처럼 열한경이 없는 자)이다. 지루하고 생명감 없는, 만들어진 문명의 이기 저 너머에 어떻게 장자는 이런 것을 상상해냈을까. 신인과 지인을 그리는 자에겐 그 어딘가에 진인의 모습이 있을 것이다.

구름은 기(氣)의 실물이다. 이것이 바람을 데리고 다니고 비를 뿌리고 사라진다. 대지는 생기를 토해내고 태양은 하늘을 건너고 만물을 기른다. 그는 곧 사라지므로 이류(異類)도 결핍도 없다. 비가 내리면 온통 통(通)이고 소요이다. 그는 화현(化現)과 물화를 직접 눈으로 보고 들이마신다. 봄물이 수로를 가득 채운 채 어디론가 콸콸콸 흘러간다. 천변만화를 위하여.

그러나 아무도 그의 강우(降雨)에 대해 답하지 않고 걸어간다. 순응하고 화답한다.여기서 이 구름이 정말 지인을 해와 달 위에 올려주는가를 물어보는 것은 의미가 없다. 그는 달 위에도 해 위에도 또 구름 위에도 바람 위에도 자주 올라가 떠돌아다닌다.

바람의 기운을 올라타며 하늘의 해와 달과 소요한다는 것은 광음의 세월에 꿈쩍도 하지 않는 무극(無郤)의 경지를 보여주려는 '말'이다. 바람이 불어가는 하늘은 만물의 창이며 무의 거울이며 무아의 창공이다. 모두가 반문명의 언어 축제장이다.

장자의 지인은 내면에 존재한다

자연에 인의(仁義)가 없다. 말이 없는 자연은 시비가 없다. 들판으로 나가보면 그 비밀의 바람은 불어온다. 그럴 때 그 바람은 다른 바람이 되어 태허의 향기를 날리며 온갖 사물의 연유를 스치고 사라져간다. 바람이 바람을 타고 불어간다.

그런데 장자의 이 만화경은 어디서 온 것일까. 전국시대에 수많은 나라가 무너지고 일어서고 종횡으로 합병할 때 또 수많은 인생들이 죽고 사라져갈 때, 그 허망함을 장자만큼 처절하게 껴안은 자가 있었을까. 천 년 뒤 두보(杜甫)의 고통스런 시풍도 장자에 비견될 순 없다. 칠팔백 년이 지난 지금도 이백 시대의 권력의 수레바퀴 소리는 변함없이 달려가고 있다.

그래서 세월이 흘러도 도연명이 고향으로 가며 지은 시 「귀거래사(歸去來辭)」의 이 한 구절이 아프다. "존귀한 자신의 정신을 천한 육체의 노예로 삼은(자이심위형역(自以心爲形役)" 자신, "고향으로 가는 배는 흔들흔들 움직여 가볍게 흔들리는(주요요이경양(舟搖搖以輕颺)"의 물.

이 하나의 배에 몸을 싣고 돌아가는 그는 물 위에서 지금의 바른 삶과 어제의 그릇됨을 깨닫는다(각금시이작비覺今是而昨非). 이 경양(輕颺)의 수면이 보이는 듯하다. 그것도 바람이 가는 길이다. 돌아가는 편한 길이다.

여기서 장자는 처참한 일몰과 새벽을 수없이 보면서 우선 자신을 구제할 언어를 창조한 것이 아닐까. 일모무정(日暮無情)도 수확이겠지만 여기 보이는 비극적 희극적 절벽타기의 초월의식은 감금된 자신에 대한 두덕(杜德)과 비상의 돌출로 전환된 것이리라.

그는 현실에서 허우적거리지 않고 위대한 인간의 사유를 도출하고 생의 탈출구를 찾았다. 그것은 작아 보일지 모르지만 언어의 바람의 발견으로 가능했고 그것으로 장자의 초극이 완성된다고 볼 수 있다. 붕새의 탈출도 그 두덕과 분이봉재의 현해와 활연이었을 것이다.

장도를 내다보면서 장자는 종말 그 후까지 바라보게 된 것이 아닐까. 아무것도 남아 있지 않은 궁발지북(窮髮之北, 〈소요유〉)만 보일 뿐인가. 나는 늘 그 장자의 사유 속의 한 끝, 즉 황량한 북명의 바다를 떠올리면 가슴이 멍해지는 비애를 느끼지 않을 수 없다. 고요해진 시간 속에 무엇이 일어나고 있는가. 알 수 없다.

해와 달을 올라타는 기일월(騎日月)은 합(六合)외의 일이다. 장자의 궁극의 정신은 그곳에 가서 노니는 것. 가장 지극한 이상을 인간에게 찾아주는 이 기일월의 소요는 우주의 가장 위대한 노래이다. 당대 모든 학자들이 일상에 의지하고 권력에 복귀해서 치국으로 만물과 인간을 다스리려 했다면 장자는 일상에서의 끝없는 초극과 일탈, 소요를 꿈꾸었다. 다스리려 하지 않았다.

분명 이 말에는 장자의 지극하고도 비애로운 미학의 꿈이 서려 있다. 생사(生死)조차 무의미해지는 이 경지 속엔 분명 승운기(乘雲氣)와 기일월(騎日月)이 있다. 승운기(乘雲氣)와 기일월(騎日月) 속에서 장자는 꿈을 꾼다.

그 승운기 기일월의 지인은 인간의 저 어두운 마음 깊은 곳에서 먼 세월을 내다보며 숨어 있을 것이다. 그리고 수많은 사람들이 지구에서 매일매일 죽어가고 있다는 것을 그 어둠의 자아는 알고 있다.

장자의 승물(乘物), 장자의 선물

장자의 성인은 인간의 내면에 존재한다. 정치 속에 결코 성인은 없다. 장자는 자기 내면 속에서 끝없이 흐르는 물과 바람, 일월을 통하여 자신의 성인을 찾아가는 도상에 있다. 무엇이 나를 위로하며 생의 의미와 존재이유를 선물할 수 있을까.

기척조차 하지 않고 은일하며 언제나 어둑하다. 망각 너머의 저쪽, 희미한 별처럼 있다. 늘 그 시간에 나타나 거기서 흐릿하게 반짝인다. 승운기와 기일월의 무하유지향은 가없는 소요(逍遙)를 지인에게 허락한다.

이 사람이 바로 요(堯) 시절의 현자 왕예(王倪)이다. 이 사람은 피의(被衣)의 제자이다. 성인은 스승이 있다. 최초 스승은 이름이 없다 그 스승은 일(一)이다. 장자를 비롯해서 모든 스승은 그 일을 스승으로 삼는다.

그러나 이제 물속에 곤(鯤)은 없다. 바다는 텅 빈 현재의 시간의 출렁임. 정신적 괴탄(愧歎)과 광기(狂氣)를 보여주던 해중(海中). 그 후 참위(讖緯)와 위기(危機)는 당도하지 않았다. 기일월은 붕새의 청천이며 본래 마음의 도피처. 이 광경은 미시유물 전의 일이지만 미래의 것. 현광(玄曠)한 어둠 속에 한 잔의 빛과 꿈이 있다.

인간의 지혜와 인류의 길은 이미 그때 - 지인이 사라진 때 종말을 고한 것과 같다. 우리는 그 시간 안의 과거 속에서 살고 있다. 인류는 23도 7분 기울어진, 불안한 공전과 자전의 지구라는 혹성 위에서 살고 있다. 태양의 무성(無聲)과 고독을 아는 자는 드물다.

미꾸라지와 올빼미는 자신들의 정처에서 먹이를 취하고 살아간다. 그에 대해 왕예가 그 까닭을 모른다고 한다. 이는 모든 생명체가 지구 안에 갇혀 있음을 말한 걸까. 오히려 그는 세상이 두려워하는 표풍과 진해(振海)를 기다리고 있는 걸까. 만물을 가지런하게 하는 논(論)에 대해 아무것도 아는 것이 없다는 뜻일까.

상고(上古)의 지인들이 무엇을 모른다고 하는 말은 일괄해서 모든 지식이 가로막혔다는 뜻일까. 다시 말해 이 세계는 인간과 지네와 올빼미들이 사는 곳이며 그 숙명을 벗을 길이 없음을 판명한 걸까. 물화는 가능하지만 올빼미와 지네가 현재를 벗어날 수 없다. 또 현재 지네는 현재 인간이 될 수 없다는 것. 당연한 말이지만 그것의 빼저린 인식은 위대한 부지를 낳았을 것이다.

장자는 이처럼 최초로 생명과 지구를 괴탄(愧歎)히 바라보았다. 만물(萬物)의 꿈속에서 물아양망(物我兩忘)의 지구는 컴컴한 허공의 궤도를 아슬아슬하게 굴러가고 있다. 인간과 만물은 레일도 없는 우주 속을 덜컹덜컹 위태롭게 떠가고 있는 여객(旅客)이다. 창밖을 자주 보고 우주의 기일월의 객창감과 무상감을 얻을 겨를조차 없는 삶을 살고 있다.

무아(無我), 이것을 어떻게 번역할 것인가, 나의 없음이 아니라 나를 없애란 말이 아닌가. 우주의 창밖이 너와 나란 말일까. 장자의 태탕우언(駘蕩寓言)의 파도를 타고 떠간다. 그러니 그 마음과 언어에 무슨 이해(利害)가 있을까. 이미 해와 달이 있는데 무슨 득과 손이 따로 있을까.

이 이해(利害)를 넘어선 만물제동한 제물의 길은 최고의 철학적 사유이다. 형식과 극기를 버리고 자유와 소요로 광막지야를 향해 나아가는 장자의 적극적 사유는 분명 현풍묘지(玄風妙旨)한 초세(超世)의 말이다.

장자의 예지와 현실에 대한 실감은 사물의 의탁에서부터 너무나 빠르고 너무나 느리다. 그는 늘 일(一)에 있으므로 느리며 만물을 논함에 그보다 더 빠를 수가 없다. 지식의 번연효란(樊然殽亂)을 버리고 아무것도 모르는 천진한 아이가 될 때 세상은 다시 태초가 될 것이다.

원래 우리는 거래나 이해가 없는 존재들이었다. 만물은 각기 자기 정처와 정미와 정색을 가지고 있지만 장자의 지인은 이해(利害)의 분별이 없다. 함께 한 공간과 시간 속에 살아간다.

하루가 꼬박 다 가야만이 다른 하루가 오는 우둔한 지구 시간의 존재들. 모든 인간의 마음에 성인이 있다. 지인도 아무것도 얻지 않고 바라지 않을 때 우주의 나그네 주인이 될 것이다. 생사무변의 영원이고 이익과 공이 없는 생이다. 저 자연처럼 쓰고 지나가는 시간이다.

한 시부(詩夫)는 장자를 따라 쉬지 않고 걸어간다. 벌레보다 작은 지인(至人)들에 대한 장자의 경외는 곧 생사무변한 도의 노래이다. 상상은 끝이 없다.

26. 공자 따위가 그런 지식을 가지고 어찌 감당하겠는가

구작자(瞿鵲子)가, 장오자(長梧子)에게 말했다.

제가, 공자에게서 들었습니다만, 성인은, 세무(世務)에 종사하지 않고, 이익을 쫓지 않으며, 해로움을 피하지 않고, 구하는 걸 좋아하지 않으며, 도(道)를 따라가지 않으며, 말없이 말하고, 말하면서 말하지 않으며, 속진(俗塵) 밖에서 노닌다고 합니다. 공자는 이것을, 맹랑(孟浪)한 소리로 여겼지만, 나는 오묘한 도를 행하는 것이라고, 여깁니다. 선생께서는, 이것을 어떻게 봅니까.

장오자가 말했다.

이 말을 황제가 들으면, 귀를 의심하겠군. 하물며 구(丘) 따위가, 그것을 아는 것만으로, 어찌 감당할 수 있겠는가. 또한 그대 역시, 과도하게 속단하고 있소. 달걀을 보고 새벽을 알리기를 바라고, 활을 보고 올빼미구이를 바라는군.

원문(原文)

瞿鵲子問於長梧子曰 吾聞諸夫子 聖人不從事於務 不就利 不違害 不喜求 不緣道 無謂有謂 有謂無謂 而遊乎塵垢之外 夫子以爲孟浪之言 而我以爲妙道之行也 吾子以爲奚若 長梧子曰 是黃帝之所聽熒也 而丘也何足以知之 且汝亦大早計 見卵而求時夜 見彈而求鴞炙

* **구작자**瞿鵲子 까치 선생. 공자 후계자라고도 함. **장오자**長梧子 큰 오동나무 선생. **부자**夫子 스승의 존칭, 공자 존칭. **제**諸=어於 의지하여. **부종사**不從事 일에 종사(從事)하지 않음. **불취리**不就利 이익을 취하지 않다. **불위해**不違害 손해를 피하지 않다. **불희구**不喜求 희구하지 않다. **불연도**不緣道 길을 따라 가지 않다. **무위유위**無謂有謂 말없이 말하다. **진구**塵垢 홍진. **유외**遊外 밖으로 노닐다. **오자**吾子 상대에 대한 존칭어. **해약**奚若 어떻게. 아찔 할 **형**熒. **청형**聽熒 듣고도 의심함. **구야**丘也 공자 따위. 감당할 **족**足. 且汝亦大=且女亦太. 새벽 **조**早. **대조계**大早計 지나치고 조급함. **시야**時夜 닭이 새벽에 울어 시간을 알림. 활 **탄**彈. **효적**鴞炙 올빼미구이.

왕예 다음의 초월자 장오자

우주만물은 부지 속에 운행한다. 우주가 하나이며 만물이 제각각이라는 것을 완전히 안다는 것은 불가능하다. 앎이란 존재하지 않는지도 모른다. 인간이 만든 하나의 풍문일지 모른다. 우주 만물을 규정할 지혜는 없다.

구작자가 부종사(不從事) 불취리(不就利) 불위해(不違害) 불희구(不喜求) 불연도(不緣道) 등 멋진 말들을 들고 왔지만 장오자는 부정한다. 지인의 무이해(無利害)의 논지와는 다른 훨씬 적극적인 부정이다. 장오자의 황제청형(黃帝聽熒)의 부정은 공자의 맹랑지언(孟浪之言)보다 비하적이고 단호하다.

황제〔黃帝, 삼황오제의 한 존재. 천황(天皇), 지황(地皇), 인황(人皇), 복희(伏羲), 신농(神農), 황제(皇帝), 요(堯), 순(舜)〕가 긴가민가하겠다는 말은 무슨 뜻일까. 종사와 취리와 위해, 희구하지 않고 길을 가지 않는 바람과 자연이 있던가. 순수 도에 대한 무서운 소외감 속에 아는 척하는 자에 대한 척결(剔抉)의 발언이 아닐까.

온갖 바람을 쐬고 비를 맞지만 산과 나무는 흐느끼지 않고 말하지 않는다. 함께 흘러가고 뒹군다. 만물이 지닌 비밀과 침묵이 그 속에 있다. 대부분 말이란 무언가 안다는 것을 표현하는 경우가 많아서 위험하다.

장자는 어쩌면 현실의 폭력적인 정치권력을 가진 인물들이 도와 자연과 인간의 성심(成心)을 더럽히고 있다고 판단했는지 모른다. 그렇다면 이 대목은 공자에 대한 장오자의 마지막 사상적 초극이 숨겨진 비밀의 문장일 수 있다.

어쩌면 장자는 장오자를 통해 문명사적 비극의 도래를, 유가 사상과 그 집단 내부에서 이미 멀리 현대의 그 파국까지를 내다본 게 아니었을까. 자연을 등지고 이익과 군력을 향하는 세력들에 의해 자연과 인간을 망가뜨리는 비극적 발단을 발견한 게 아니었을까.

굴종하고 상하 예(禮)를 강조하는 것부터 장자가 볼 때 순수하고 아름다운 자연의 길이 아니라고 보았을 법하다. 어쩌면 세인들이 모르는 권력의 부정적 측면을 간파한 게 아닐까. 반인간적 반도적 폭력과 권모술수를 꿰뚫어본 게 아닐까. 사실 내부에서 보면 그들이 하는 일이란 범부의 파종보다 못한 일이기 때문이다.

하나의 의문이 있다. 공자와 장오자 사이에 커다란 괴리가 있다. 갈라서고 만 길이 있다. 이 구작자는 공자와 장오자를 비교하기 위해 장오자를 찾아온 걸까. 공자가 장오자를 만나보라고 간자를 보낸 걸까. 장오자가 구작자를 부른 걸까.

김학주는 자신의 이름을 일인칭으로 쓰는 중국의 습관을 따라서 구(丘)를 '나'로 번역하여 이구야하족이지지(而丘也何足以知之)을 '내(구)가 어찌 그것을 알 수가 있겠소이까?' 하였다. 그렇다면 구(丘)가 장오자가 되니 문제가 된다. 이 자리에 결코 와 있지 않은 구를 있는 것처럼 해석하는 것은 오역이다.

장자의 커다란 의문

한 인간에 대한 이 비판에는 한 문화정치세력들에 가한 비판이 숨어 있는 것 같다. 실력자가 아닌 그 추종자 혹은 배후자들을 비판한 것이 아닐까.

장자의 본심을 읽을 필요가 있는 이 대목은 도와 인간의 권력에의 귀속(歸屬)이냐 의존이냐, 무궁자로 나아가는 괴연독립(塊然獨立)이냐의 판가름이 나는 대단히 중요한 갈림길이다. 성인이 아닌 자가 성인으로 추대되었다면 누군가 그것을 부정하고 고쳐 부르고 싶었을 것이다. 결코 작은 일이 아니다.

장자에게 공자는 무궁자를 꿈꾸지 않은 인물로 비춰졌을 가능성이 크다. 그를 장자는 현실정치에 개입하는 한 도인의 전략으로 본 것이 아닐까. 장자가 반인(反仁)의 기를 세운 것도 인의를 그토록 강조할 필요가 없는 것으로 보았기 때문이다.

공자는 왜 그토록 인의를 강조했을까. 그토록 과분하게 인간을 깊게 사랑하고 불쌍히 여겼던 걸까. 아무도 부정할 수 없는 인을 가지고 권력을 견제하고 아부하기 위해서였을까.

그 인은 어떤 국군도 거부하기 곤란했을 것이다. 누구 앞에서도 이것에 대해서만은 충고와 비판이 가능했을 것. 춘추시대에 공자가 처신한 외교정치학적 입신과 입장을 철저한 자연의 일원론적 초월주의자인 장자로선 결코 받아들일 수 없었을 것이다. 그것이 장자의 눈에 배반과 인위(人爲)로 보였을 것이다.

세상의 성인이라 한들 무슨 소용이 있을까. 인의지단(仁義之端)과 시비지도(是非之塗)가 번연효란한 곳이다. 고요한 자는 자연뿐이다. 말없이 말하고 말하면서 말하지 않은 경지를 보여준 영부(靈府)와 은현(隱顯)이 깊다. 장자의 말은 빛과 구름 속에 감추어져 있다. 아버지의 심부와 같고 어머니의 손 같다.

공자가 열국을 돌아다닐 때 공량유(公良孺)가 항상 수레 다섯 대를 끌고 모시고 다닌 것과 대조적으로 장자에겐 그런 것이 전무했다. 그러는 공자는 왕을 닮았다. 장공(莊孔)의 차이는 글과 행적에서도 크게 드러난다.

장자는 근본적인 존재와 시원을 의심하고 간과하지 않았고 공자는 인의를 간곡하게 강조했다. 장자는 중심을 벗어나고 공자는 사회로 향했다. 그 분수령을 회고하는 곳이 이 글이 아닐까. 인간은 권력체제 밖에서 있어야 한다는 도가의 비극적 소명이 장자에게 있었던 것일까.

비인(鄙人)이라 할지라도 사람이면 누구나 생사의 존재이며 그 위험에 노출된 존재들이다. 절름발이에 곱추에 언청이인 인기지리무신(闉跂支離無脤) 같은 자에게도 성심(成心)이 있다고 말해서는 안된다. 그것을 강조하면 인을 강조한 것과 같아진다.

세상의 어떤 책도 따라올 수 없는 경지를 담은 『장자』가 어떻게 누구에 의해 편집됐을까. 모든 책이 분서갱유될 때 공부가 『논어』를 빼돌려 은(위魏, 어느 것은 공자의 집 벽 속에서 발견되었다)으로 숨긴 것처럼 『장자』 역시 수난을 겪었을 것이다. 만물과 바람을 논하는 『장자』는 오늘날까지 파란만장한 세월을 거쳐 온 쇠세의 책이다. 『장자』의 반권력 지향성과 권력을 소외시키는 위의에는 그들을 위험한 아이들로 밀쳐내는 위대한 통찰과 배포가 있다.

공자에 대한 정면 비판

장오자는 흥분했다. 구작자가 장오자 앞에서 하는 맹랑한 말이라는 말에 장오자는 공자와 구작자를 싸잡아 질타한다. 사실 『장자』 속엔 공자를 비하하는 부분이 많아 새삼스러울 것이 없지만 최초의 이 신랄한 비판은 괄목할 일이다.

문제는 공자가 성인들의 칠덕(七德) 혹은 칠능(七能)을 맹랑지언(孟浪

之言)이라 비하했다는 말에 의해 발단이 된다. 이 논쟁이 처음은 아닌 듯싶다. 불취리 등이 황제가 귀를 의심할 정도란 말은 아마 황제도 백성들의 노고와 자연의 방박으로 존립이 가능하기 때문일 것이다. 그러니 부종사 등의 말에 귀를 의심하지 않을 수 없었을 것. 일하지 않는 성인이 있을 수 있는가.

그런데 공자가 이런 말을 했다(풍문이든 창작이든 사실이든 까닭이 있을 것)는 것을 기록한 것은 공자에 대한 장자의 노골적인 불만이 작용한 것이리라. 공자의 성인들(공자가 찾아다니던 국군들은 아닐 것)에 대한 오해를 폭로하는 것일 수도 있다. 공자는 은자를 싫어하고 그들의 도행(道行)을 비하한 것일까. 그렇다면 이 말은 은자나 도인들을 무시하거나 비아냥거린 말일 수도 있다.

문득 장오자의 말에서 한 가지 의문이 떠오른다. 말과 행동이 꼭 같아야 한다는 것을 부정하는 것 같은 암시가 보인다. 군신대의 같은 정치적 도덕적 규범의 언행일치는 세상의 도덕이라고 보는 듯한 말에서 풍겨오는 문제이다. 말이 행동과 규범의 노예가 되어선 안된다는 뜻이었을까.

절대적으로 지켜야 하는 금과옥조, 목숨을 걸고 더럽혀선 안되는 것은 무서운 것이다. 그런 것들은 자연의 것이 아니다. 인간이 만든 무서운 철칙이다. 원래 말에는 그런 것이 없었을 것이다. 인간을 서로 묶는 사슬이 되고 말았다. 이 사슬이 권력일 것이다.

장오자는 언어와 행동의 불일치를 예언한 것일까. 놀랍고 의심스럽다. 그 무엇도 해와 달이 던져주는 아름다운 언어의 한한(閒閒)함과 유유자적한 마음의 소요를 가로막을 순 없다. 이런 말로 듣는다면 정말 대단한 게 아닐까. 어두컴컴한 천부(天附, 지혜의 곳간)의 보광(葆光, 유래를 모르는 것)을 소요하는 장자의 언어는 그런 것들과 아무 상관이 없다는 것을 안다면 말이다.

그러나 부종사, 불취리 등의 말에서 현대인의 뺨을 치는 것 같은 심리 투쟁의 뉘앙스를 받는다. 공자는 종사와 취리에 영민한 인물이라는 장자의 기묘한 비유를 여기 숨긴 것이 아닐까 하는 의구심이 들면서 이런 상상 기억이 스쳐지나간다. 적극적인 시비의 이해(利害)와 관여가 보인다. 지독한 현실주의자가 아닌가 싶다. 공자도 또 다른 의혹에 가려져 있는 인물이다.

예컨대 공자는 소정묘〔小正卯, 공자와 같은 급수의 강학(講學)〕에게 복수를 했다. 세 차례 공자의 제자들이 그의 강학을 들으러 자리를 꽉 채우는 바람에 공자 학당이 세 번 텅 비어버린 적이 있다. 오대악(五大惡, 마음을 거슬려 위험에 처하게 한 죄, 간사함을 행하는 것, 거짓말하고 변명을 함, 추악한 것을 기억하고 박식한 척 함, 그른 것을 꾸며 번드르르하게 꾸며 나라를 어지럽히는 것)이란 죄명을 씌워 기원전 489년에 공자가 소정묘를 죽여 시체를 사흘 동안 궁정에 내걸었다고 한다.

소름이 끼치고 무서운 생각이 든다. 어느 나라에도 이런 성인은 없을 것이다. 목적을 위해 수단이 있으면 무엇이든 할 수 있는 사람이었을까. 우리가 생각하는 공자가 아니다.

공자는 당시 노의 국군(國君) 노정공을 모셨고 직책은 형조판서 즉 법무부 장관이었다. 그럼에도 공자는 이천 수백 년의 미래를 통해 성인적 위상을 견지해갔다. 이런 계승은 권력과 관료들, 학자들의 유착과 세력옹호와 위장에 의해 이루어진 우상화 작업으로 가능했을 것이다.

이 당대에 권력으로 추동되어가는 학문과 인재의 대이동은 이의를 달 명분도 겨를도 없이 대세로 자리잡아갔을 것이다. 그 속에 발빠른 권력지향의 지식인들이 자연의 고독과 만물을 버리고 대거 흡수되어갔을 것으로 보인다. 이 권력으로의 대이동과 보신명철의 출세주의, 이종(異種)적 계급과 신분차별, 지배논리의 파행이 이미 이 '대조계(大早計)'란 불길한 말 속에 은닉됐을 법하다.

〈제물론〉의 미스터리

어쩜 장오자를 찾아와 회유한 것이라면 구작자는 공자의 마지막 첩자나 통첩자일 가능성도 없지 않다. 저 멀리서 장오자를 찾아간 구작자를 기다리고 있는 공자는 세상에 나오지 않는 은자들에게 허무맹랑한 짓을 하지 말라고 비웃는 것 같고, 장자는 그 기록되지 않은 밀사(密事)를 일화로 쓰고 있는 것 같다.

인의를 인정하고 그것으로의 복귀를 요청한 과거사(도에 대한 논의 결론에 대한 모종의 기록을 장자 시대까지 아무도 기록하지 않았던 것 같다. 무론 이 글만으론 턱없이 부족하지만)에 대해 장자가 직접 필자가 되어 후대에 집필하고 있는 듯한 이 모습은 기묘한 바가 없지 않다.

다 쓰러져버린 도가의 집안에 장자가 마지막 유지(도가의 대가들은 글을 남기지 않았던 것 같다. 사실 위(衛)의 거백옥(蘧伯玉) 같은 인물의 글은 남아 있지 않으니 말이다)를 남기는 것일까. 전력투구하여 도가의 진지를 멀리 미래에 남기는 것이 아닐까. 처참한 경지에서의 고투어린 피의 집필이 아니었을까.

그렇다면 장자의 선배들인 고지인과 은진인(隱眞人)들이야말로 공자가 회유하지 못하고 넘지 못한 마지막 산맥이었을지 모른다. 그들은 모두 죽고 그들의 위대한 묵언의 사상은 장자 시대부터 이미 하나의 전설로 남게 된 것이 아닐까. 득제혈류(得啼血流)의 마음이 전해지지 않는 것은 그들이 모두 죽어서일까.

그렇지 않고서야 전국시대 말에 와서 즉 권력이 중앙으로 집중하는 가속의 시대에 장자가 무슨 연유로 이런 예화를 남겼을까. 그렇다면 이 단락은 은멸(隱滅)해 가는 지인과 은자들의 처절한 마지막 절규가 묻어 있는 것일 수도 있다.

만약 장오자(長梧子)가 장자가 아니라면 이 극비의 대화록은 그 옛날 구작자가 장오자에게 한 말을 훗날 누군가가 장자를 찾아와 전해준 것일 수도 있다. 도가 끊어진 그 경계선을 확인하는 자리가 아닐까. 그래서 그들이 다 떠난 뒤에 남긴 이 글에선 장자의 분노가 느껴지고 두견새의 피울음이 있는 게 아닐까.

그 말을 듣고 장자가 춘추시대 말기로 올라가 장오자가 된 것일까. 중대한 무엇을 필사적으로 밝히고 기록하고 싶었던 것일까. 강한 어조로 반박하면서 후대에 '무엇'을 전하고자 한 것일까. 그때 사라져가기 시작한 지인들의 핏자국을 여기 남긴 것일까. 시비와 권력으로 이득을 장악한 비극을 고발한 것일까.

도의 궤멸을 슬퍼한 것일까. 모든 인간과 글이 권력으로 질주해 가는 길목에서 장자는 혼자 석양처럼 서 있었던 것일까. 먼 외최의 산에서 그늘이 지기 시작했을 것. 세상은 잘못된 물질의 제물로 무섭게 돌진해 갈 것을 장자는 다른 세상의 꿈처럼 내다보지 않았을까.

첩첩산중 선사(禪師)들이 『장자』는 읽어 거론할지언정 공자를 거론한 경우는 보지 못했다. 까닭이 있는 것일까. 장자는 항간에서 일월은요(日月隱耀)한 인물이었지만 세상 현실에 대해 간과하지 않았다. 세상 한가운데서 먼 소요의 경지를 가져오며 전혀 다른 언어의 어여쁨과 기쁨을 누리고자 했다. 그 항간의 칠원리는 그가 사는 곳이므로 결코 떠날 이유가 없는 곳이었다.

결국 이곳은 성인의 경지를 비판하는 부족한 자와 진정한 삶을 망실한 자의 마지막 대좌이다. 진지는 어떤 경우에도 칼을 들거나 무리를 지을 순 없었을 것이다. 비극을 초래하더라도 맞이했을 그들의 이름은 그들답게 사라졌을 것이다.

더구나 이곳엔 장본인인 한 사람은 먼 곳에서 오지 않고 있다. 그는 현실을 장악한 자의 태도를 보이는 듯하다. 무엇이 잘못된 것일까. 이 글은 단순한 예화가 아닌 것 같다. 처절한 장자의 과거에 대한 역사인식 혹은 도에 대한 심각한 오해와 부지의 잘못을 소추하여 비판한 발언으로 읽힌다.

도덕을 얻고 자연을 잃다

당대의 지식계에서 장자 사상의 무시와 소외는 실사와 이익을 중용(重用)한 시대의 변괴일 것이다. 즉 난세를 통과하면서 권력자와 지식인들이 실용사상에 포로가 되거나 유혹되어 체제수호를 위한 협약을 거친 뒤에 나타난 그 맹랑지언의 기억은 장자가 그토록 지우고 싶었던 비극의 단서였을 것이다.

이천 수 백 년 간 친정치적 학문이 지배하고 무여친(無與親, 시비를 벗어난 자들)의 진인들은 숨거나 사라지고 말았다. 한마디로 권력의 후견인이 된 공자 사상이 세상을 떠맡게 되었다. 그 세상 역시 도탄과 고난과 오만 속에서 지속되어 갔을 것. 역사가 증명하듯 한 사상은 세상 한가운데서 부글부글 끓기 시작했을 것이다.

결국 그때 무용 속에 방치되어 있었지만 이미 심곡(深谷)에까지 진인은 도굴되어 없어진 시대에 도달했을 것이다. 하지만 그들의 사상도 이천년을 넘게 진력을 다하고 다 써버린 나머지 닳아 너덜거리고 폐기처분되었다. 다만 그때나 지금이나 장자의 사상엔 아직도 바람이 솔솔 그것도 여여(如如)하게 불어갈 뿐이다. 장자의 중심시대는 원치 않는다는 듯이, 그 어떤 사상도 중심이 되어선 안된다는 듯이.

내 안엔 한번도 만나 보지 못한 다른 내가 있고 가보지 못한 광막지야와 천양의 결이 있다. 그러나 모든 것은 권력과 욕망과 이해, 편애에 의해 파헤쳐졌다. 밖으로 무섭게 드러났으며 심부는 말라버리고 말았다. 이 지구도 다른 지구의 숨은 아침이 있고 문명도 다른 문명의 저녁이 있을 것이다. 장자의 사상은 그 어디도 다친 곳 없이 무궁자의 소요를 계속할 것이다.

장자 사상이 세상의 중심에 서지 않는 것은 다행이다. 지인들이 세상의 중심에 선다는 것은 방외와 자시, 무용과 소요가 사라지는 것이므로 불가한 일이다. 그것은 은자들이 모두 제거된 것보다 더 무서운 일이다. 장자의 눈에 권력과 성인이란 아무것도 아니거나 저 자연 앞에 얼굴을 들지 못할 망량(魍魎)으로 비춰졌을 것.

자연의 아이들이 성인이 되고 군자가 되어 번쩍이는 권력의 의상을 입고 장신구를 달고 있는 모습은 아무래도 장자가 생각하는 천예의 모습은 아니다. 언제나 가짜 명분의 속임과 이용, 허위의식이 하늘을 찌르는 모습은 장자의 고도한 풍자와 은유에 녹아난다. 어처구니 없는 인간의 광경이 아니었을까.

어찌하여 구작자의 까치 선생이 오래 된 오동나무 선생에게 물어보았을까. 장자의 '나비꿈〔호접지몽(胡蝶之夢)〕'과 서산의 '삼몽사(三夢詞)'처럼 세 겹의 꿈 속에 갇힌 이야기를 알기나 할까. 자연은 눈을 뚫고 들어가서 만질 수 없고 언어로도 가질 수 있는 것이 아니니까 당최 앎의 길이 가능하지가 않을 것이다.

대체 무엇으로 어떻게 앎이 가능할까. 무엇을 앎이라 할 수 있을까. 앎을 버려라. 앎이란 없다. 대상을 그대로 두라. 이것이 장자의 침묵의 소리이다. 말하고 싶지 않은 말이다. 역사와 문명은 그 말의 반대쪽 길을 열심히 걸어왔고 더 걸어갈 것이다. 그것을 말릴 생각도 없다. 내가 보기에 불행하고 피곤할 뿐이다.

장자에게 도덕은 이용되고 도둑맞은 도덕이다. 아무리 좋은 도덕이라도 지나치게 강조하면 다른 의도가 발생하기 마련이다. 장자는 세상의 도덕을 따르지 않았다. 무용의 도만이 장자가 연모(戀慕)해마지 않는 최상의 길. 자시가 없는 인간중심 사상과 도덕과 문명은 인간과 지구에 더 커다란 해악을 남길 것. 자연은 인간의 도덕과 열망이 지배하고 있다.

『장자』 속에 숨어 있는 하나의 작은 글밭 자리가 있다. 그 작은 지면의 텃밭에 늘 숨어서도 이름이 있다. '좌망(坐忘)'을 자기 스승 앞에서 설한 안회(顏回). 까마득한 고대의 일화지만 장자의 의도가 아니고서야 단순한 사건이나 집필 의도로 볼 수는 없다. 조용한 거울 속에서도 그는 보이지 않는다.

사라진 사람들

불연도의 도는 인위적인 길이다. 그 길은 세상의 길이다. 크고 작은 세상 시비의 저쪽 높은 도성(都城)에서 시작된 길이다. 그 다른 길을 말한 장오자의 포부와 무심은 그러나 그보다 대단하다. 하지만 말로 표현할 것이 아닌 것을 말했으므로 공자의 말은 길이 아니다. 유가의 시조를 부정하는 〈제물론〉의 일갈이다.

역으로 말하면 〈제물론〉은 물을 가지런히 하는 것을 넘어서서 인간을 가지런히 하려는 -자연만이 그 제물의 주체임에도- 정치적 목적 아래 두는 인의에 대한 반격이다. 자연과 성인(成人)에게 도덕 교과서를 강독(講讀)케 하는 일은 장자에겐 있을 수 없는 일. 마치 자연에게 인의를 가르치는 것과 같다.

물론 사람들은 인의(仁義)를 지키면 사람(?)이 된다고 믿었을지 모르지만 장자는 그들이 인간 본연이 가지고 있는 성심(成心)을 잃는다고 본게 아닐까. 『논어』에서 아들 백어(伯魚)에게서 예(禮)를 공부한다는 말을 듣곤 시를 공부하라고 하는 대목도 그런 것이리. 모두가 한 인간과 한 문자를 닮아간다는 것은 끔찍한 일이다.

장자는 비가 오고 바람이 지나가고 새가 우는 자연의 오솔길을 어떤 명분을 앞세워 세상의 길로 만들길 원치 않았다. 이것은 꼭 진심과 본성의 일만은 아니다. 인간이 자연 속에 있음을 따르는 일은 아름다운 선행(先行)이다. 장자가 추구하는 도는 세상 사람들이 따라가는 그 길이 아니다.

안회의 좌망의 모습에서 지극히 높고 먼 길을 본다. 문명과 권력은 좌망을 잃어버린 이천 년의 무서운 세월의 질주였다고 말할 수 있다. 그들이 사라진 까닭은 언어를 무기화하지 않고 권력화하지 않았기 때문이었다. 그러나 자연 속으로 사라진 것은 그들이 그 안에서 살아있다는 말이 된다. 문명의 주인들은 고달플 뿐이다.

말하는 오동나무와 까치

어느 시점까지 지배한 사상이라 할지라도 현재적 시점에서 담론화로 올려놓을 때 과거에 대한 불가피한 비판적 평가는 긍정적으로 받아들일 수밖에 없다. 어떤 매력과 의미를 찾을 수가 없고 누가 그를 사모하고 즐기는지도 알 수가 없다.

구작자(瞿鵲子)와 장오자(長梧子). 이들의 이름자 뜻이, 하나는 '놀란 까치 선생'이고 다른 하나는 '키가 큰 오동나무 선생'이다. 그러니 까치가 벽오동을 찾아와 공자를 비판하면서 장오자의 뜻을 물었다. 글자와 발음이 구작자(瞿鵲子)는 구(丘), 공자(孔子)와 비슷하며 장오자(長梧子)는 장자(莊子)와 비슷하다.

구작자가 공자의 후계자라는 설도 있다. 까치 작(鵲)자는 똑같은 소리로 우는 까치 무리이며 구(瞿)자는 놀라서 눈을 휘둥그렇게 한 모습이다. 모두가 똑같은 주장과 문자를 쓰니 장자가 이런 묘사를 한 게 아닐까. 장자가 나무를 좋아한 사람이란 사실은 이미 수차 말한 바이다.

오동나무의 등장은 장자 속에서 처음이지만 앞으로도 나무의 등장은 계속된다. 이 오동 선생은 침묵하면서 말하고, 말하면서 침묵하는 존재였으나 이번에는 불가피하게 말을 한 모양이다. 그래도 말을 한 것은 손실일 것이다. 그러나 오동나무는 구작자와 공자를 질타했으나 진리는 말해주지 않았다.

대부분 이 장오와 구작을 인간으로 보지만 꼭 그럴 필요도 없다. 오히려 오동나무와 까치로 보는 것이 재미있다. 장오자가 사람이 아닌 오동나무이고 구작자가 까치가 아닌 사람이라도 다를 바가 없다. 이 자(子)자는 인간에게 붙이는 최고의 경칭이지만 나무와 까치에게 공히 붙인 것도 장자의 의도이다.

우화 속에서 인간의 오만을 지우고 천진해지는 즐거움을 얻는다. 그렇다면 이 장면은 참 해괴한 장면이다. 인간의 말로 오동나무와 까치가 괴상한 도를 말하고 있으니 말이다. 이중적 비유이다. 더구나 동물과 식물이 말을 하는 것은 기이하다. 게다가 새가 나무를 찾아와 묻는 것도 흥미롭다.

이 우화는 구작자를 통해 공자의 말 즉 불종사, 불취리, 불위해, 불희구, 불연도를 전해준다. 이 어마어마한 불가능의 말을 하다니. 그것을 비판하는 설정을 동물과 식물로 구성했다는 점은 실로 아이러니하다. 오동나무는 불취리 한 적이 없다. 불희구한 적도 없다. 반어며 풍자이다.

장자는 무엇을 정치적으로 해결하고자 하지 않는다. 참여하는 순간 이미 시비와 이해에 휘말린다. 그렇다고 생사무변과 자연의 먹이사슬이 무섭다거나 부당하다고 생각하지 않는다. 우둔해 보이지만 부지로서 천변만화를 내다보는 마음만 해도 족하다. 이 고적한 한 그루의 오동나무는 어떤 인간의 성(聖)보다 위대해 보인다.

어떤 인간을 감히 주야의 세월이 무한대로 이어지는 자연에 대응하는 나무에 견줄 수 있을까. 그 불종사, 불취리, 불위해 등은 감히 인간의 것이 아니라는 강변으로 들려온다. 불희구, 불연도 하는 것은 시쳇말로 성인들에게 물을 먹이는 말이기도 하다. 성인은 존재하지 않고 그 말은 죽었다는 선언일까.

이것은 아마 공자가 체제를 위한 인을 중심으로 현실적인 도를 주창한 중심세력이 이미 되었다는 것을 암시하는 것인지 모른다. 공자는 여전히 세간에서 시비와 이해, 선택의 번연효란 속에서 살아갈 것이다. 장자는 성인의 오해에서 비롯된 불취리 등의 엄청난 모함의 말에 경악하는 듯하다.

얼마나 아이러니하고 억울할까. 성인들이 불취리 등을 하지 않는다는 말을 듣는 것은 부끄럽고 어리석은 일이다. 그런 말 자체가 참담하다. 장오자는 황제도 생각하지 못할, 기연가미연가 귀를 의심할 것이라고 일축한다. 그리고 그 순간 당황스러워하는 장오자의 얼굴이 떠오른다. 하늘이 나를 망친 것일까(이 말은 안회를 잃고 공자가 한 말이다).

오동나무나 영위할 수 있는 위의(威儀)가 여기 존재한다. 한 그루의 나무만이 남아 있는 기쁨을 만끽할 뿐이다. 스승과 도반들은 다 사라지고 저 산속에도 없는 것일까. 순수의 도를 지향한 무리의 인간들은 찾아오지 않고 구작자 같은 자들이 찾아온 장오자의 집은 폐가와 같을까. 까치가 날아가버린 오동나무는 적막하다.

모든 체제로부터의 유외(遊外)

유외(遊外)란 말이 인상적이다. 이 말은 밖으로 노닌다는 말인데 무엇이 그 밖인가. 그것은 중심, 권력, 인의, 편집, 계약 밖의 무경계이다. 즉 무용한 것들, 멀리 있는 것들, 인식 밖의 것들, 혼돈과 어둠, 소통되지 않는 내용들, 멀리 지나가는 바람, 녹색 식물, 말 없는 동물 등의 바깥 중심들이다.

이것엔 실사와 권력으로 집중되어 가는 인간의 의식과 사유와 삶의 일상을 지평 밖으로 여는 만물인식이 있다. 무용의 것들은 광막하고 묘망했지만 현대에 와선 점점 작아져서 종당엔 없어질 것이다. 하지만 한 인간의 소요의 길은 자신조차도 막을 수 없을 것이다. 모든 집단은 그것이 견고한 듯 싶지만 사실은 유외(遊外) 저 밖에 있는 불안하기 짝이 없는 허약한 소외들이다.

다른 생각이지만 공자가 사적으로 말한 불취리를 구작자가 장오자에게 이간질한 것일 수도 있다. 또 누구 말이 맞는지 찾아와 장오자를 떠보는 것일 수도 있다. 혹시 유외인(遊外人, 치국평천하를 위한 정치집약적 학문 구조 안에 있지 않은 자들)들에 대한 불만 섞인 공자의 맹랑지언(孟浪之言)의 발언이 어느날 있었던 것도 같다.

이 말은 은자들을 제거하려는 거대학파의 음모일지 모른다. 정말 공자가 그렇게 말했을까. 그렇다면 권력에 집착한 공구(孔丘)가 무명과 무기를 추구하는 도인들에게 어떻게 보였을까. 상갓집의 강아지처럼 천박하게 보일 수도 있었을 것이다.

은자들로부터 비난을 받았다면 그가 갈 곳은 체제와 현실 외에 다른 곳은 없었을 것이다. 은자들은 천하의 명산을 찾아가지만 벼슬은 관청으로 가는 길밖에 없다. 그래서 누구에게 벼슬의 한을 갚듯 중앙을 향해 물처럼 밀려 들어갔다(그래서 〈응제왕〉에서 중앙의 신이 죽게 되는 걸까). 벼슬만이 자신을 드러낼 수 있고 학문이 살 길이라고 믿었을까.

제자들에게 사적으로 이런 말을 했을지 모른다. 누가 뭐라고 하더라도 너희는 높은 자리에 올라가라. 그것만이 학문과 인생의 목표이다. 남자의 이상은 정치권력에 있다. 그래야 세상을 구제할 수 있다. 정말 그럴까. 이런 말은 현대의 나에겐 매력적이지 못하다.

어떤 사회는 양명하고 표준적이고 비슷한 것들이 주류를 이룬다. 어둡고 기괴하고 쓸쓸한 것들은 보이지 않는다. 진실되고 아름다운 것들은 도태되고 사라져간다. 장자의 눈엔 그 방해자들이 권력이며 시비이며 편애(偏愛)이다. 그 세상은 어떤 '나'에겐 이미 죽은 사회이다.

효적(鴞炙)은 올빼미 구이이다. 달걀을 보고 새벽을 생각하거나 탄환을 보고 효적을 맛보려 하는 것처럼 어리석고 성급하다. 하루는 하루가 다 가야 하루가 가고 백년은 백년이 다 가야 백년이 간다. 장오자는 구작자가 우둔하길 바라고 부지를 알기를 바라는 것 같다.

오동나무를 찾아온 까치

계속 똑같은 말만 되풀이하여 강조하는 자들은 까치들이다. 세상 도처의 까치들이 하나의 권력을 향해 일렬로 줄을 서서 바라보며 인의만 계속 지저귀는 진풍경은 보란듯한 눈요기이다. 단지 그들이 세상을 어지럽힌다는 사실이 걱정이다. 까치들이 천지를 가득 채운 세상과 나무는 공포이다.

장자는 인간이 하나의 인으로 꿰어지고 무장되는 것에 분노했던 것 같다. 권력과 인의에 대한 거부반응이 강해서 그 문체는 너무나 장자적이고 장자적이다. 똑같은 말을 하고 똑같은 표정을 짓고 똑같은 복색을 하고 또 똑같은 생각을 하는 것을 본 장자는 놀라고 절망하면서 풍유를 얻었을 것이다.

남의 모자를 쓰고 남의 말을 하고 남의 행동을 하고 있는 중앙의 일관과 일향들이 그들 자신일 리는 없다. 그것들은 자신들이 아니다. 그런데 이렇게 개성적으로 존재하는 만물들이 하나라는 것을 강조하기 위해 장자는 개성적이고 상대적인 다른 기이한 존재들을 찾아 먼 길을 나섰을까.

마치 만물은 하나가 아니라고 말하려고 논리를 펴고 있는 것처럼 청형(聽熒)하고 오해하게 만든다. 한 사람은 국가와 사회 속으로 들어가 갇히고 다른 한 사람은 자연의 언어 속으로 멀어져가면서 해방되고 소요한다. 그런데 이상하게 공자가 오히려 장자로부터 소외되는 것 같은 느낌이 드는 것은 웬일일까.

물론 성인들을 비하한 공자의 말에 비하면 아무것도 아니겠지만 어떤 까닭과 배경이 있지 않고서야 장자가 이렇게까지 공자를 표현할 순 없는 일이다. 용서할 수 없는 무슨 일이 있었던 것일까. 도를 무너뜨린 편애의 주인공으로 본 것일까.

막강한 실세와 재력, 인물, 배경을 가진 공자를 사람들은 두려워했을 것 같다. 없는 척하면서 모든 것을 다 가졌던 인물이 아닐까. 어느 가짜 성인으로부터 성인은 부종사하고 불희구한다는 말을 들었을까. 어떤 모의가 있었을까.

이 글은 그가 난 성인은 모른다고 비판하고 갈라서는 일도양단(一刀兩斷)의 선언으로 보인다. 〈제물론〉은 권력화하는 인의와 앎에 대한 전면적 비판론일 수 있다.

27. 아름다운 사랑의 도

내 그대를 위해, 망발된 소리 한번, 하리다. 그대는 헛소리로, 들어보시오.

해와 달에 의지하고, 우주를 겨드랑이에 끼고, 위하기를 그 두 입술 붙여 닫고, 그 흐림과 어지러움 놔둔 채, 살피는 자 되어, 서로 높인다면, 어떻겠는가.

세상 사람들은, 수고로울 뿐이지만, 성인은 우둔(愚芚)하여 오랜 세월을, 만물과 뒤섞여, 한결 같은 순수(純粹)를, 이룬다네.

만물은, 다하도록 그대로라, 이로써, 상온(相蘊)을 이룬다.

원문(原文)

予嘗爲女妄言之 女以妄聽之 奚 旁日月 挾宇宙 爲其脗合 置其滑涽 以隸相尊 衆人役役 聖人愚芚 參萬歲而一成純 萬物盡然 而以是相蘊

* 나, 줄 **여**予. **망언**妄言 허튼소리. 어찌하여 **해**奚 해약奚若 즉 여하如何(어찌할꼬)의 뜻. 의지할 **방**旁. 겨드랑이에 낄 **협**挾. 다스릴, 위하여, 생각할 **위**爲. **문합**脗合 두 입술을 붙임. **치기이골혼**置其滑涽 흐리고 어두운 것을 있는 그대로 놓아둠. …로써, …가 되어 **이**以. 종, 붙을(종속), 살필, 죄인 **례**隸. **역역**役役 수고로운 모양. 섞일 **참**參. **일성순** 一成純 하나의 순수, 천진을 이루다. **만물진연**萬物盡

然 만물이 그대로 있다 **이이시**而以是 이로써. 사물의 깊은 속내, 온화할 **온**蘊. **상온**相蘊 서로의 대조화.

〈제물론〉의 궁극의 이상, 이예상존(以隸相尊)

이예상존(以隸相尊). 드러내지 않으려 했지만 이 말을 했다. 서로 하나가 되라는 말을 직접 못하고 간곡하게 에돌아 한 말. 존(尊)자를 눈감고 입술 다문 채 가만히 기려보면 그곳이 가까운 눈썹 높이라도 까마득해 닿을 수가 없다.

마음의 거리이지만 우주처럼 서로 모시고 비추고 제 자리에서 지나가는 존재들로서의 인격(人格)과 물격(物格)을 인정하는 마음의 눈으로 보면 멀고도 멀다. 쉽게 말해서 서로가 창공에서 희미한 별이 되면 좋겠다는 뜻이 아닐까. 이런 희원(希願)의 문장이 『장자』에 있었다.

'예(隸)'를 '살피는 자'로 하였다. 혹은 그 글자가 포함하고 있는 '죄인'이란 말도 나쁘지 않다. 이 예(隸) 속에는 그야말로 인간의 혼돈의 심정이 켜켜이 쌓여 있지 않을까. 슬픔과 분노, 치욕과 노역을 허무와 무성을 어떻게 다 말할 수 있을까. 예의 마음과 육체에 입술을 주려는 장자의 마음은 전국시대의 기묘한 침묵의 언어이다.

아무도 생각하지 않는 것을 장자는 슬퍼하고 기억하고 상상했다. 이는 장자의 둔천(遁天, 하늘에서 벌을 받고 도망쳐 나옴) 의식과 관련이 있는 걸까. 인간은 이연피역의 존재임을 부정할 수 없다. 예를 '모실 예'로 보아도 좋다.

숙명을 받았지만 제물하고 동화하여 상온(相蘊)이 되는 것이 지고한 꿈이 아닐까. 과연 한 인간의 사유 속에서 인간의 평등을 이렇게 우주적이고 시적 언어로 묘사한 자가 고대에 장자 말고 또 있었을까.

장자는 서로 너무 가까이 있거나 편애하는 것을 거부한다. 인간으로서의 자존심과 본능은 인위적인 타협과 인의, 이해를 허락하지 않는다. 그것은 자칫하면 탐하고 지배하고 복종하는 계약 관계로 전락하거나 변질되기 쉽다. 무여친을 찾아가고 소성을 거부하는 까닭도 이런 숙명인식에서 탄생한 지고한 정신의 결과일 것이다.

만물은 달과 해가 있는 공간에서 다른 시간으로 가는 것처럼 느껴진다. 불가사의한 미궁의 밤하늘을 수놓은 수많은 별들의 반짝임을 본다. 장자는 저 고요한 밤하늘을 통하여 기이하게도 잃어버린 무하유지향을 기억하게 한다. 깊이가 없는 표피의 목마른 세계 속에서 인간은 파편이 되고 있다.

장자는 개개(箇箇)의 존재성을 동시의 입장에서 본다. 만물이 숙명을 잘 견지할 수밖에 없는 까닭이 지구의 언어와 도에 내재한다. 그 길이 이 지구와 인간만을 위해 존재한다는 것은 모순일 수 있지만 장자는 둔천의 숙명을 통해 적극적인 비상을 만물귀속의 되갚음과 반동을 통해 극복하고자 한다. 창조적 숙명론이다.

예컨대 저 풍우와 눈빛 하나까지 인간만을 위한 것은 아니다. 아니 그것들은 아무런 위함이 아니다. 그러나 정작 누굴 위하지 않는 것도 아니다. 그저 이른 봄엔 물이 오르는 새 가지들을 향해 사납게 불어댈 뿐으로서의 바람의 아름다움과 허무와 안간힘의 의미가 있다. 그것은 자비(慈悲)도 인(仁)도 아니다.

중인역역(衆人役役)을 거쳐가는 이이시상온(而以是相蘊)은 『장자』 전편에서 보이는 유일한 희망 사항이다. 세상은 그러하질 못하지만 만인의 마음이 성(聖)으로서 방일월의 주체가 되기를 바라는 이 희원은 〈제물론〉의 결론이다. 제물은 그러므로 창공(蒼空)의 마음이 저 우주와 일월로까지 나아가는 소요이다.

인간은 봉건과 자본과 노역과 시간의 노예가 아니다. 함께 떠도는 대자유를 누리는 존재의 주인공이다. 이 상온(相蘊)은 장자의 최고의 대언으로서 우주자연만물의 대조화(大造化)를 이루는 뜻을 회지(懷之, 도)로 감추었다.

상존(相尊)의 의미

탄허는 이예상존(以隸相尊)을 '노예로써 서로 높여서'라 했다. 기세춘은 '노예를 돕고 존중한다면'으로 김동성은 일찍이 '일반 인민이 부지런히 배양해놓은 계급과 선례(先例)'로 안동림은 '귀천(貴賤)의 구별을 두지 않는' 것으로 보았다. 김학주는 '천한 사람을 존중해야 한다'고 번역했다.

예(隸)를 바짝 붙어 있는 일체(一體)로 보고 앞뒤를 살펴본다. 일월과 우주를 윗입술과 아랫입술이 살며시 붙어 있는 것(그 안에 무엇이 있는지 알 수 없지만)처럼 육체와 광막지야가 하나가 된 우주 최고의 경지라 하면 어떨까. 예는 귀천의 이분적 상대어가 아니라 골혼(滑涽)의 일체어이다. 장자가 혼돈 속에 희미하게 보이는 '무엇(도, 천기, 생백)'의 형상을 겨우 인간의 말로 했을 뿐이다.

일월과 우주가 혼연일체가 된다. 여기서 갑자기 예를 노예로 보는 것은 전후 문맥을 볼 때 합당하지 않아 보인다. 물론 노예, 귀천의 문제를 부정하는 것이 더 유리해서도 아니며 그 뜻이 더 낮아서는 더욱 아니다. 앞뒤 문맥의 흐름을 볼 때 귀천을 넘어 우주 합일로 보는 것이 적합할 것 같다.

이 뒤에 여희(麗姬)가 나온다. 그녀가 애(艾)라는 곳의 국경지기 딸이라는 사실을 망각하는 문제는 이 궁극의 문제와는 별개인 것으로 보인다. 둔천과 일월의 주야를 상상한다면 더욱 그렇다. 예(隸)자가 의미심장하지만 노예혁명적 의미는 아닐 것이다. 도망쳐 온 하늘에 대한 기억과 숙명의 대가를 예로 해석해야 할까.

인기지리무신 같은 숙명자를 묘사하는 등 특별한 경우가 있지만 그것도 노예 해방적인 말을 하는 것은 아닐 것이다. 고대에 이미 계급인식과 인간해방의 혁명적 사상의 싹을 보여준 발언이 장자에게 어떤 의미에서는 예언과 과찬이 될 수도 있지만 그러나 여기서는 그곳까지 나아갈 필요는 없을 것 같다.

노예는 상전에게 붙어서 자기 몸처럼 일을 해주는 일체감의 존재라면 딱 붙는다는 말이 틀릴 것이 없다. 일월과 우주와 하나가 된다는 것이 곧 예(隸)라는 것으로 인정된다면 그것이 곧 상존(相尊)일 것이다. 저 우주 속에서 별과 달을 풍경 삼아 소요하는 마음이 이 지상에 있는 까닭이 여기 있을 법하다.

그리고 그것은 자아의 또 다른 자아일 수도 있고 피아, 물아가 하나가 되는 꿈의 언어일 수도 있다. 우러러 보고 존대하고 사랑하는 상대가 되는 것으로 예자가 적합했을 것이다. 그러나 그것은 결코 인위적인 인 같은 것은 결코 아닐 것이다.

특별히 『장자』에서 이 예자가 이곳에 혼자 숨어 있는 의미를 부여해보았지만 굳이 왜 이 예(隸)자를 썼을까는 아무도 모를 일이다. 이것이 정말 그런 것인지 아닌지는 장자만이 알 것이다. 혹시 이 말을 사실적으로 쓴 것이라면 그 누군가와 함께 살며 생사를 같이한 아름다운 사람이 칠원리에 있었던 게 아닐까.

백해구규육장과 사지와 머리와 언어를 예로 본다면 더 풍자적이고 일체적이다. 이 예자는 가지고 싶고 섬기고 싶은 글자이다. 예는 어리석고 우둔하다. 똑똑하고 분석하고 가지런하고 논리적이지 않다. 골육의 혼돈 속에도 자연이 있다. 인간의 혼돈이 더 많은 영역을 지배한다. 이것이 골혼이며 예일 것이다.

이예상존(以隸相尊)은 방박(磅礴)의 대상이다. 도언인염용과 좌우윤의분변경쟁의 분별이 아닌 혼돈의 일체이다. 천지인물(天地人物)이 혼돈으로 하나 되는 온전한 상태. 또 하나의 모든 것이 다시 생기는 생성의 상예로 생각할 수 있다. 망언(妄言)으로 말하면 일월과 우주에 그대의 백해구규육장이 착 붙어 있다.

전국시대 당대를 상기할 때 이 문자는 복잡한 의미를 가진다. 노예해방의 의미를 담고 있다고 해서 잘못될 것도 없다. 예존(隷尊)이라는 말은 종교적 자비와 사랑을 넘어 위대한 사상으로서 우뚝 서 있는 괴연독의 산과 같다. 불구자의 몰골을 하고 있다. 그 너덜거리는 예인(隷人)을 만나고 싶다.

아무도 상상할 수 없는, 노예해방의 꿈을 장자는 방일월(旁日月)하며 협우주(挾宇宙)한다는 최고의 경지에 올려놓았다면 황제나 군주가 『장자』를 모두 불태울 만하리라. 어둡고 깊은 곳에 거하고 있는 어떤 한 인간의 마음을 들여다본 자는 감히 장자 일인(一人)이라고 말할 수 있을 것이다.

어느 군주가 백성과 노예들에게 양식을 준다고 했지만 이처럼 방일월, 협우주를 그들의 마음에 준 적은 없다. 장자의 무위유위(無謂有謂)의 전수법이다. 우주 속에서 달과 해와 함께 텅 빈 마음으로 대경(對境)하고 문합하는 자만이 비록 그가 저 먼 가장 깊은 곳에 거하고 있다 할지라도 그 마음이 성(聖)이라 할 것이다.

성물(聖物)과 성인을 넘어 사람 마음마다 그 성심(聖心)이 있을 것. 한 벌의 옷처럼 인생도 자연이 준 시간의 숙명 속에서 그 몫을 다하고 사라지는 존재에 불과하지만 그러나 이 예와 성을 어떻게 부정하고 구분할 수 있을까.

상온(相蘊)의 최고 사상

상온(相蘊)은 서로 조화를 이룬다는 뜻.

위대한 사상의 대언이며 만물의 조화이다. 망각 속에 우주의 별들이 반짝이고 있다. 이 말은 스스로 아름답고 즐겁다. '나'는 방일월, 협우주의 하늘에서 절대로 다시는 깨어나지 않을 것이다. 인간의 형상으로도 재현되고 싶지 않다. 나는 영겁 속에 숨어 나를 다시 찾고 싶지 않다. 그 누굴 통해서도 불러내지도 나오고 싶지도 않다.

장자는 우주적 언어의 옷을 입었다. 영겁의 옷이다. 장자에 의해 저 아득한 창공 아래의 인간 존재는 지구의 방외인, 우주인, 외계인이 되었다는 개활(開豁)한 세계를 보여준다. 사소한 지상의 시비와 이해(利害), 구분과 차별을 벗어던진 우화(羽化)의 경지이다.

그들은 누더기가 된 육체를 버리고 조그만 무덤 하나를 지상에 두고 떠난 자들이다. 그래서 고기가 새가 되고〔화이위조(化而爲鳥)〕 장주는 나비가 되는 예언을 본다. 자연의 제물이다. 이 과정이 우주합일의 꿈을 완성하는 노래. 대몽(大夢)의 구현이다. 협우주의 협자는 붕새의 날개와 같다. 그는 남명 천지로 향한다.

장자의 사유와 영혼은 이 지상에만 있지 않을 것. 쓸데없이 현실과 세상을 일일이 걱정하는 언어와 영부가 아니다. 이는 대붕(大鵬)과 나비의 날개이다. 대붕은 꽃대 위를 날지 못하고 나비는 청천을 날지 못한다. 드높은 허공의 상공에서 볼 때 하나지만 존재는 즉필유분(則必有分)이 있는 수밖에 없다.

장오자는 영겁궁의 하늘에서 아무것도 모르는 구작자 앞에서 우주적 망언(妄言)을 내뱉고 희롱한다. 지상의 한 그루 나무 밑에서 침와(寢臥)한 장자의 백해구규육장 밖의 텅 빈 기화(氣化)를 보여준다. 그들의 그는 생령(生靈)이 없는 언어를 사용한다. 지인에겐 대부분의 실사와 실용의 언어는 죽은 언어들이다.

이 최고의 유희는 가끔 멈추다 귀환을 위해 무용한 만물의 현실로 내려온다. 아직 지구 어느 한쪽의 시정 그 누옥 속에 살아 있으므로 장자는 뼈가 부서지는 허무를 느꼈을 것. 인생이 그저 오롯이 만물의 한 일생(一生)일 뿐이기 때문이다.

그 주어진 일생을 남김없이 쓰기 위해, 그러나 여분처럼 사용하기 위해 저 천로로 가는 무궁의 공간을 둔 채 되돌아오는 그를 언어의 강탄

(降誕)이라고 말하고 싶다. 아무것도 쓰지 않았지만 아무 후회와 미련이 없다. 가급적 쓰지 않는 것이 그의 생의 목표였다. 쓰지 않은 생은 닳지도 않았을 것이다.

그는 어둑하고 희미한 영부의 집을 문득 꼬집어보았을 것이다. 뱃속에 안고 끼고 있는 뼈와 장기와 구멍들이 상온(相蘊)이란 걸 알았다. 얼마나 날아오르고 잠들고 싶었던, 구별하고 싶지 않았던, 몸을 갈라쳐 뒤집고 싶었던 망아의 꿈이었을까. 초라하고 보잘 것 없는 지상에서 바람의 사유는 이렇게 시작했을 것이다.

그러므로 또한 이것은 희미한 태허의 기억이고 어두운 파국의 미래이며 본향에의 복귀이다. 아무리 육체와 정신을 쏟아 바쳐도 이곳은 보광의 집이 아니다. 골혼의 문합만이 허공이 걸고 있는 영혼과 심부의 각등(角燈)이고 집이다. 이제 언어는 우주의 옷을 입은 채 창허(蒼虛)의 무궁자가 되어 일모 너머에서 잠들 것이다.

만물진연은 가없다.

만물이 스스로 그 존재의 시종을 다하는 날을 지니고 있음의 가없는 조화가 상온이다. 만물의 심오한 온. 그것들이 없음과 있음의 방해가 되지 않은 채, 서로 모여 있는 것 온. 조화(調和)의 조화(造化). 장자가 우주공간을 심화(心化)하고 천지만물(天地萬物)의 소요를 발견함으로써 나의 마음은 일월의 우주 속에 있다.

정해진 길은 길이 아니다. 우리는 서로 어디로 가게 될지 아무도 알지 못한다. 차라리 나는 그대 시계 속 유사(遊絲)에 불어가는 한 줄기 낯선 바람의 티끌이고자 한다. 가끔은 태양이 그리운 나머지 하늘로 눈을 째리며 올려다 쳐다보았을 터이다.

상온. 이렇게 나지막이 혼자 내 이름인 양 불러보고 쳐다본다. 인(仁)이니 용(庸)이니 하는 말을 넘어선 존재를 느낀다. 마치 석얼음처럼 땅거미처럼 효설(曉雪)처럼. 그 안에 망각(忘却)이 있으나 나는 문득 이 한없고 가없는 세월을 함께 나아가는 진연(盡然)의 마음을 느낀다.

실로 만물이 그 다함이 없으니 스스로 가엾고 혼자이다. 용이니 용이 아니니 하는 말도 소용이 없다. 말이 끊어진 곳에 만물이 있고 침묵이 광속처럼 스쳐간다.

문합(脗合)은 대체 어떤 경지인가

문득, 여기가〈제물론〉의 정상임을 안다. 고요하고 적막하다. 어둡고 혼란스럽다. 장자는 혼돈을 찾아왔다. 질서의 제물이 아니다. 인간이 만든 제물을 파괴한다. 장자는 파괴자이다.

모든 것이 정지한 것이 아니다. 흔들리고 있고 흘러가고 있다. 너무나 빠른 광속의 빛줄기를 타고 있다. 어디로 가는지 알 수가 없다. 다만 생의 기류를 느낄 뿐이다. 알려고 하지 않는다. 아니 그것을 알 수 없다. 아는 것이 싫다. 모르고 있을 것이다. 죽은 나는 조금씩 살아난다. 입술과 맹(萌)을 느낀다.

입맞춤이 문합(脗合)이다. 한 인간의 영부(靈府)의 우주 합일의 결정이며 순간이다. 입을 닫는 것은 말을 내지 않는 것. 밖에서 들어와 안에서 문을 닫아 건다. 영원의 귀휴(歸休)이다. 그런데 왜 하필 입술의 합일이며 부합일까. 그리고 왜 그것은 골혼적인가. 태허나 우주의 시초와 상고의 인간들은 그러한가.

하나인 것을! 망아적(忘我的) 혼돈에 인입한 문합은 망물적(忘物的) 소요이다. 모름으로 돌아갈 때 알게 되는 걸까. 장자의 이 우주적 쇼는 승물유심의 완결인가. 오동나무의 춤인가. 언제나 빛나는 일월과 우주에 오른 초월의 경지. 세월이 없는 일월. 아무리 세월이 흘러가도 빛날 뿐이다. 우주 만물이 영겁의 시간이다.

어느 일관과 천자가 저 우주를 이처럼 모시고 양 겨드랑에 낀 적이 있을까. 그러고 잠든 적이 있을까. 캄캄한 지구와 심계(心界) 그 굴곡의 어둠을 뚫고 만학(萬壑)의 하늘 속으로 날아올라 온 우주의 빛을 보는 듯하지만 장자의 골혼은 어둡기만 하다.

이는 저 사해(四海)의 무용한 미물과 생물(生物)들의 '나'를 생각하기 때문일지 모른다. 마음을 한곳에 집중하지 않고 어느 마음도 중심으로 삼지 않는다. 장자는 가장 멀고 작은 것이 중심이 되고자 사유한다. 그 중심찾기는 우주가 다하도록 끝이 없을 것이다.

방일월에 협우주, 게다가 문합을 한다? 우주를 겨드랑에 끼었으니 이 우주는 장자의 그 대호(大瓠,〈소요유〉)이다. 그 밖을 지상의 강물을 타고 흘러가는 정도가 아니라 하늘에서 우주를 겨드랑이에 끼었다니 전율이다. 도대체 무슨 소리인가. 만물진연(萬物盡然)의 상온(想蘊), 그리고 성스런 한 인간의 우둔(愚芚)은 무엇인가. 이러니 경계가 있고 누추한 이 지괴의 그늘과 요철에서 살아간다.

장자의 장오자

노경의 남곽자기는 지상에서 천뢰(天籟)를 들었고 장오자는 이 망언의 우주 속을 향해 날아올라간다. 거기서 해와 달을 만난다. 너덜거리는 인간의 육신이 상상한 처참한 승화이다.

그의 육체는 모두 날아다니는 말이 된다. 말은 기가 되고 허실생백의 음악이 된다. 귀는 어디 있고 음악은 어디 있는가. 나는 어디 있는가. 이것을 의문하기 전에 백해구규육장을 더듬어봐야 할 것이다.

이 말들은 모두 장자의 말이다. 장자가 장오자란 가명으로 말하고 있음이 분명하다. 다른 인물로 등장하는 것이 편하기 때문이었을까. 그렇게 해야 빠져나와 어딘가에 존재할 수 있기 때문일까. 노자(老子)의 뼈를 빠져나와 살 속을 헤엄쳐 간다. 더 뛰어난 언어미학을 구사한다.

사실 도의 이념을 현실 속에 전능한 권력으로 구축한 측면이 있는 노자는 권력에 집착하고 좌절한 공자와 가까운 대척점에 있는 인물이다. 장자는 그 사이에서 언어의 날개를 달고 날아오른 혁명적 사상가이다.

자유를 노래한 소요사상이 그들에겐 전무하다. 그들에게는 날개와 바람이 없다.

사실 권력실체론의 입장에서 보면 노자의 무위(無爲)는 멀리서 권력으로 향하고 있으며, 공자의 인은 왕의 면전에서 아이들에게 예(禮)를 가르치는 것과 같다. 그래서 일부에선 노자를 병서(兵書)라고까지 말한다. 그렇다면 논어는 출세와 벼슬을 얻기 위한 자습서이다. 감히, 『장자』는 어른들 책이다.

장자는 자연의 시인이다. 단순한 도의 메신저가 아니다. 당오(堂奧)가 있는 암유(暗喩)의 메타포이다. 저자와 독자와 타자와 주인공. 여러 사람의 장자가 『장자』 속에 있다. 그는 거리에 있고 궁(宮) 속에 있지 않다. 그의 머리에는 별밤이 있고 관이 있지 않다. 가슴엔 바람이 불고 성벽이 없다.

『장자』속에는 당대에 대한 소중한 정보와 심리와 꿈이 있다. 예화의 서사와 압축적인 구절들은 거의가 시(詩)이며 인물 자체들도 모두가 하나의 '존재와 도의 텍스트'들이다. 인간 심리에 끝없이 부응하는 미래지향적 소요는 상온위락(相蘊爲樂)의 경지를 감히 이 지구에게 선물했다고 말할 수 있다.

이 천진하고 장난스럽고 무중력한 장자의 도에는 남녀노소 누구나 좋아할 지락(至樂)의 경지가 있다. 그 누구도 장애가 될 수 없다. 장자를 읽으며 그대는 입 다문 하늘과 도를 본다. 그러니 점점 더 장자는 말을 할 수가 없다. 아름다운 사유이며 문합이다.

절묘한 이 지상의 문합(脗合)의 의미

다시 문합을 생각한다. 문합의 입술이 한 사람의 상하 두 입술이기도 하지만 나는 좀더 적극적으로 표현하고 싶다. 단도직입으로 말해서 두 연인(戀人)이 입술을 맞대고 두 육체의 숨결을 서로 나누는 순간으로 본다. 가장 아픈 사람들끼리의 문합이다. 아무에게도 들킬 수 없는 밀어조차 하지 않는다.

하늘에 닿아 청천을 위에 두고 달과 별과 아직 돌아오지 않고 있는 저쪽의 태양, 그리고 그 너머의 무한의 어둠과 함께 입술을 맞춘다는 말은 도와 정신과 육체가 즉 형신(形神)이 하나가 되는 것을 말하지만 실정은 인간의 육체를 직접 표현한 것일 수 있다.

그 꿈결 같은 합일의 속삼임 속에서는 우주와 내가 그리고 여자가 남자가 되고 남자가 여자가 되지 않을까. 그 이상의 혼연일체는 아마 인간계의 의식과 형식에서는 찾아볼 수 없을 것이다. 척추를 중심으로 등은 곧게 서 있고 배는 안을 껴안고 있는 유기체적 몸의 의미가 있다. 영원한 꿈에 대한 의미로 다가온다.

인간의 상존을 사랑이라고 부르고 문합을 인간 육체의 합일의 사상이라고도 보고 싶다. 그래서 고작 일구(一口)로 일합이 되는 경지가 아니라 몸에서 비유의 근거를 찾아, 육합(六合, 육장의 합일 같은, 혹은 입과 두 손과 다리와 몸 전체. 두 인간의 염색체가 하나가 되는 것 같은)의 육체를 상상하기도 하였다.

「덕충부」편과 「인간세」편 등에서 훨씬 광막하고도 붙들림 없는 경지들이 등장한다. 편애를 넘어서서 숙명까지 끌어안는 무극한 인간중심의 예화들이 나오지만 자연 속의 조화로운 인간의 삶과 그 궁극을 생각할 때 이 부분은 가장 심오하면서 고준한 영역이다. 읽을 때마다 새롭다가 다시 난해해진다.

음양합일의 절묘한 이 묘사에 보이는 조용한 상순(上脣)과 하순(下脣)의 함묵은 매우 아름다운 느낌을 준다. 이것은 단순한 입술맞춤이 아니다. 이것을 따라올 미적 상관물로는 반가사유상이나 가능할지 모르겠다.

일월은 우주에 꼭 서로 끼여 있는 것. 그 우주는 허공임. 분리되지 않으려는 마음의 지극한 경지. 인간의 몸과 정서를 상통시킨 것. 하늘을 묘사했더라도 곧장 인간의 마음속으로 전해오는 것. 이것은 비유가 아니라 사실이다. 일월과 인간의 영육을 분리하여 읽을 필요가 없다. 영육은 우주의 정신의 형(形)이다.

정말 내 온몸은 어디로 갔을까.

오직 그대와 말의 입술이 맞닿아 있는 경지라면 그것은 육체와 천기(天機)의 상통이다. 즉 망년, 망아, 망의, 망물의 상태로 있는 유무(有無)의 경지이다. 그것이 골의지요의 의식이 아닐까. 어둑한 어둠 속의 자아. 해가 떠오르는 아침 바다의 흐린 의식의 출렁임이 아닐까.

이 불분명하면서도 분명한 의식의 통(通)이 바로 장자의 혼돈이며 광막지야이며 형개가 아닐까. 물(物)과 기(氣)의 소통이자 흐름이다. 또 지상의 무하유지향이며 혼연일체의 사랑이다. 이것이 곧 그 상존(相尊)의 사랑일 것이다.

거기서 생명은 충일할 것이니 눈 뜨지 않고 싶을 것이다. 우주에서 잠 든 듯 깊이 눈감고 있을 것. 합일된 경지를 누가 떼어놓을 수 있을까. 다시 빛과 사물을 또렷이 보고 싶지 않다. 누가 그 잠에서 깨어날까. 이곳에선 아무것도 필요가 되지 않는 만물 무아의 경지가 펼쳐져 있다. 아무도 그 경지를 빼앗을 수 없다.

인간이 찾아온 육체의 예(隸)를 통해 절대 평등과 사랑을 그려낸 장자의 정신이 이 속에 있다. "위하기를 그 두 입술 붙여 닫고, 그 흐림과 어지러움 놔둔 채"의 문합골혼(脗合滑涽)은 최고의 사랑이 표현된 지극(至極)이다. 멈춘 채 기가 통한다. 소통과 언어와 육체가 연결된 것은 〈제물론〉의 색다른 발견이다.

한없는 세월을 건너가서 다시 나를 만나고 싶은 밤이 된다. 입술을 서로 붙이고 닫은 이 홀로의 아름다움. 이 아름다운 문합(脗合)이란 별과 달과 그 육체의 경락(經絡)이 모두 하나가 된 무언의 경지일 것. 이것을 표현할 언어는 더 이상 없다.

언어 속에 있는 두 얼굴은 마치 하늘 속에서 잠들어 있는 것 같다. 천장지비(天藏地秘)의 그것이 최고 경지에 가 있게 된, 인간 의식의 반영이자 숙명을 초극한 궁극의 형상을 언어화하고 우주의 전신을 비춘 거울이 되었다. 둔천자가 귀향한 마지막의 모습이다.

만물이 그저 있는 것도 아니다. 우리가 몰라서 그렇지 저렇게 돌아가는 까닭과 근원이 없지 않은 우주 안에 우리는 지나가고 있다. 그리고 인간의 정신과 백해구규육장은 마치 보석덩어리들 같은 아름답고 고귀한 기의 환상의 덩어리로 꾸물거리고있다. 다만 몰라서 지연되고 있을 뿐이다.

밀행자들의 방일월(旁日月)

방일월. 해와 달에 기댄다. 해와 달 가까이 가서 기대어 한잠 자면서 해와 달의 속삭임 속에서 세월을 보고 무궁한 생각에 잠긴다. 그리곤 얼른 집으로 내려온다. 그것은 밀행(密行)이다. 시간과 세월과 일월의 공간이 '그' 자체가 된다.

장자가 사용한 우주(宇宙)는 '큰집'이다. 언어와 사유와 마음의 큰집. 가상(假想) 같지만 인간의 머리 위에 실재(實在)하는 집이다. 단순한 지구의 들판이 아니라 막힘이 없는 무궁의 궁창(穹蒼)이 바로 저 우주이다.

영구한 하늘과 붙어 있는 지평선으로 길을 나서면 어디로 갈지 알 길 없는 우주의 천공. 이 최초의 막막한 상상이 장자의 언어 속에서 시작된 것은 놀라운 일이 아닐 수 없다. 그의 정신에 있는 광속음의 초신성이 들려오는 듯. 혹은 죽어서 조용히 떠돌고 있는 지구의 천지(天地)만한 별의 기억이 떠오를 것만 같다.

이곳은 궁륭(穹窿)이다. 서두에 그려진 북명의 붕비와 마지막을 장식한 중앙신의 죽음, 막고야산의 신인(神人), 돼지를 기르며 분이봉재한 충허진인의 혼돈이 서로 이어진 한 줄기이며 다른 몸이다. 이 혼돈의 문합과 골혼이 우주의 품일 수밖에 없다. 인간은 이곳을 그리워할 것이다.

의술에서 문합술〔吻合術, 문(吻)과 문(脗)은 동자(仝字)〕은 위와 장기 사이, 장기와 장기 사이, 혈관과 혈관을 잇는 수술이다. 그렇다면 저 칠일 이혼돈사의 죽음의 직접 원인인 칠규(七竅)도 이 문(吻)으로 봉합할 수 있는 것일까.

골혼(滑混)은 그 몫을 다해 육체와 정신이 어지러워져도 여전히 변함없는 어둠이다. 우주의 그 골혼만이 그들을 치유할 것이다. 성인은 '일성순(一成純)'하다는 말은 다른 것이 섞이지 않고 오롯이 그 하나를 이루었다는 '말'이니 그 말이 즉 상온이다. 잃어버린 그들이 찾는 일성순의 문합과 소요가 여기 있다.

오직 천예하다.

지혜와 시비와 이해와 물아와 소성이 없다. 만물(萬物)이 진연(盡然)하다. 자연에 육박한 존재가 우둔한 것처럼 자연이 다하도록 만물이 변함없이 그러하다. 태양과 달과 세월이 만물이 그런 것처럼. 빠르지 못하고 의(義)하지 않고 예의(禮義) 바르지 않아도 함께 돈독하다. 상존의 모습으로 이의(異議)가 없으므로 자연스레 만물과 함께 영겁토록 깊어진다.

상온 거기서만 일성순의 싹이 돋아오고 몸과 흙속에서 약속 없이 가없는 꿈은 돌아온다. 여기서 진지를 아는 자는 우둔(愚芚)할 수밖에 없다. 이 둔(芚)은 어리석어서 딱딱한 땅을 뚫고 처음 싹을 내미는 것으로서 순(純)의 어리석음이다.

그러므로 만물이 있는 그대로 있다. 또 변함이 영원하다. '만물진연(萬物盡然)'은 천장지구(天長地久)이다.

참만세의 일성순(參萬歲 一成純)!

도를 말하지 않는다더니 장자는 장오자를 핑계로 성(聖)과 도(道)를 완전히 말해버렸다. 위대한 망언(妄言)이다. 귀가 있는 자와 마음이 있는 자와 언어의 공허를 가진 자의 헛소리 치고는 너무나 지극하다.

이것이 장자 속의 유달자(唯達者)의 풍유(諷諭)이고 무궁자의 풍유(風遊)일 것이다. 자연을 닮아 빛나고 아름답다. 그러나 쓸쓸한 바람은 더 쓸쓸해졌다. 그 바람은 갈대와 옷깃을 흔들어준다.

방일월, 협우주, 위기문합, 치기골혼, 이예상존, 중인역역, 성인우둔, 참만세이일성순, 만물진연, 이이시상온(旁日月 挾宇宙 爲其脗合 置其滑涽 以隸相尊 衆人役役 聖人愚芚 參萬歲而一成純 萬物盡然 而以是相蘊) 이 사십이자는 〈제물론〉의 대간의 능선을 모두 넘은 비상이다.

어두워지면 자연히 밝음이 오고 밝아지면 쉬이 어둠이 온다. 장자 사상의 최고봉은 상온(相蘊)이다. 온(蘊)은 사물의 가장 깊은 속내이다. 모인다는 취(聚)와 돌아갈 귀(歸)의 뜻도 있다. 상온(相蘊)은 서로의 조화이다. 서로 돌아가고 서로 돌아오는 무궁의 소요이다.

장자의 밝음의 지혜가 아니라 어둑한 보광의 부지이다. 장자는 인간이 돌아가야 할 미래적 세계를 상온에 두었다. 마음속에 독성기천(獨成其天) 즉 혼자 하늘을 소요하는 지인의 바람과 구름이 보인다. 장자의 바람과 천양과 빛줄기는 앙앙(央央)한 가운데 광량(壙悢)하다.

성스런 사람은 물연(物然)을 고스란히 간직해서 실로 우주와 만물의 아버지와 아들이 된다. 남자들은 이 아버지를 찾아 길을 찾아간다. 그러고도 그들은 아버지가 되지 못했다. 지금도 산산이 찢어지고 갈라지고 파편화된 사물과 이름과 마음은 그 원래의 하나를 찾아 헤매고 있다.

결국 길을 찾아나선 남자들은 잘못 길을 들어선 나머지 귀일의 길을 잃어버렸다. 만물진연의 참만세이일성순(參萬歲而一成純)의 지극함이 사라졌다. '분이봉재'와 그 '일이시종(一以是終)'의 마음은 사라졌다.

보광과 골혼을 버리고 찾아가는 문명과 인류는 분분하고 폐폐(弊弊)하다. 멈추지 않으면 '귀휴(歸休)'할 곳을 잃을 것이다. 인류가 처음부터 지구에서 살아왔지만 이 지구는 처음의 그 지구가 아니다. 옷도 언어도 정신도 너무 낡아버렸다.

우리는 너무나 낯선 지구에 도착하고 말았다. 지구인들은 그러나 아무도 돌아가 쉬려 하지 않는다. 밤에도 불을 켜고 일을 하고 강제로 인간에게 노역을 부과한다.

28. 장자의 신비한 꿈의 발견

내가, 어찌 알겠는가, 생(生)을 기뻐하는 것이, 미혹이 아닌 줄을. 내가, 어찌 알겠는가, 죽음을 싫어하는 것이, 미아(迷兒)가 길을 잃고, 집으로 돌아갈 줄을 알지 못하는 것이, 아닌 줄을.

여희(麗姬)는, 애(艾)의 관문지기 딸이다. 진(晉)나라가, 처음 그녀를 붙잡았을 땐, 너무 슬피 울어, 옷깃이 눈물로 젖었지만, 그 왕궁(王宮)에 도착해서, 왕과 천침(薦枕)을 하고, 소고기와 돼지고기를 먹고 난 뒤, 그 눈물을 후회했다오.

내가 어찌 알겠는가, 저 죽은 사람이, 그 처음 원했던 생을, 후회하지 않는지를.

꿈속에서 술을 마신 자는, 아침이 되면 통곡을 하고, 꿈속에서 통곡하는 자가, 아침이 되면 사냥을 떠나오. 그 꿈이 한창일 때는, 그것이 꿈인 줄을, 알지 못한다. 꿈속에서 또, 그 꿈을 알려고 살펴본다 해도, 꿈을 깨고 나서야 그것이, 꿈인 것을 알게 되지요.

원문(原文)

予惡乎知說生之非惑邪 予惡乎知惡死之非弱喪而不知歸者邪 麗之姬艾封人之子也 晉國之始得之也 涕泣沾襟 及其至於王所 與王同筐床食芻豢 而後悔其泣也 予惡乎知夫死者不悔其始之蘄生乎 夢飮酒者

旦而哭泣 夢哭泣者 旦而田獵 方其夢也 不知其夢也 夢之中又占其夢焉 覺而後 知其夢也

* 기뻐할 **열**說. 나 **여**予. 반어사 하(何)와 같은 어찌 **오**惡. **오사**惡死 죽음을 싫어함. **약상**弱喪 길 잃은 아이, 미아. **여희**麗姬 춘추시대 미녀. **애**艾 국경 지방. **봉인**封人 국경지기. 자식, 딸 **자**子. 체포할 **득**得. 도착할 **급**及. **체읍첨금**涕泣沾襟 눈물로 옷깃이 젖음. **읍**泣 울음, 눈물. 위할 **여**與. **동광상**同筐牀=同匡床 왕과 동침함. **식추**食芻 소고기, 돼지고기를 먹음. 저 **부**夫. 재갈(마함馬銜), 바랄 **기**蘄. **기생**蘄生 생을 바라고 구하는 것. 마실 **음**飮. **몽음주자**夢飮酒者 꿈속에서 술을 마시는 자. **단이곡읍**旦而哭泣 아침에 통곡하다. **몽곡읍자**夢哭泣者 꿈속에서 통곡하는 자. **전렵**田獵 사냥. **단이전렵**旦而田獵 아침에 사냥을 한다. 한창 **방**方. **몽지중**夢之中 꿈속. 자세히 살펴볼 **점**占.

장자의 기묘한 사유

이렇게 질문할 줄은 몰랐다.

세 번이나 '내가 어찌 알겠는가' 하고 묻고 있다. 이 여오호지(予惡乎知)는 우리의 삶의 근간을 송두리째 흔들어놓는 질뇌파산과 같다. 장자의 대언은 인간을 편애하고 위로하지 않는다.

안다는 것이 아는 것이 아니다. 사는 것 또한 사는 것이 아니다. 죽음 속에서 생을 보고 생 속에서 죽음을 본다. 죽음은 다시 그것의 생으로 돌아갈 수 없다. 죽음은 생을 받을 수 있지만 생은 죽음을 받을 수 없다. 외짝이고 불구의 생사이며 불가한 역순이다. 삶만이 고투한다.

생은 생이란 몸 안에서만 즐거워한다. 삶은 미시생전의 과거와 죽음 후의 미래 사이에 끼어 있다. 생사에 대한 앎의 불가함. 생은 그 즐거움과 고통에 물들어 죽음이 싫어진 나머지 죽음을 피해 먼 객지로 떠돌아 다니는 미아가 되었다.

죽음을 선택할 수 없다. 만물에 숙명이 존재한다. 한 인간은 한 숙명의 끈을 가지고 있다. 인간은 형(刑)자를 닮았다. 그는 집으로 돌아가는 것을 무의식적으로 잃어버렸거나 거부한다. 인간은 떠돌게 되어 있는 존재인가. 차라리 그 아이의 고향은 어딘가에 있지만 생의 고향은 사실 없는 것 같기도 하다.

장자에게 인간과 생은 집과 죽음으로 돌아가야 할 존재이다. 이 위일(爲一)의 귀향은 생을 영원한 귀휴(歸休)에 문합시키려는 장자의 희원이다. 생을 만물 생사의 제물 속에 두려는 장자의 논리이다. 장자는 열려 있는 문을 닫고자 한다.

생사는 인간에게만 일대사일 뿐이다. 만물 속에서 인간 생사는 보이지 않는다. 수많은 생물의 자연사를 보면 생사가 꼭 해결해야만 하는 절대적 문제도 아니다. 죽음도 제물의 논리 안에서 움직인다. 삶을 지나치게 변명하면 편애가 된다.

생을 지나치게 기뻐하는 자는 안쓰럽다. 모든 삶은 자신의 의지처를 부정하고 생략하고 건너뛸 순 없다. 문합이 단순한 철학적 수사라기보다 인간에 대한 장자의 지극한 표현으로 읽힌다. 어떠한 상대적 감정 표현도 나타낼 수가 없는 입장 같다.

방일월은 건축학적 우주의 소요 공간의 핵심이다. 이 우주가 나그네적 공간이라는 말에 매료된다. 오히려 불행한 숙명의 주인공이 되고 싶다. 이 비극적 우주공간이 승화된다. 생사에 붙잡힌 언어와 백해구규육장의 바깥으로 탈출할 수 있을까.

장자에게 생과 죽음은 하나의 상자 안에 들어 있는 각기 다른 언어이다. 삶은 죽음의 주머니 속으로 들어가야 할 인간이 손에 쥐고 있는 어떤 노리개 같은 것. 모든 인간이 도달하는 죽음은 놀랍게도 그 생의 중심에 있다. 숨쉬는 폐부의 가장 깊은 '나'의 곳에서 죽음은 할딱인다.

하지만 오늘의『장자』속에 별도의 집이란 없다. 영부(靈府)의 집에 추운 일월(日月)이 지나간다. 방일월의 하늘에 어찌 지붕이 있을까. 그 까마득한 하늘 속엔 비막이도 벽도 바닥도 없다. 다음에 다음에 모두 우주 노천(露天)에서 살게 될까. 이 집의 가구, 풀, 돌, 나무, 구름, 햇살, 빗방울의 환류(還流)가 그의 친구들이다.

이 전대미문의 화두가 동양 사유의 시원을 열어주었다. 이 문은 작지만 누구나 빠져나가야 할 통로이다. 자연은 선택하지 않고 소외하지 않는다. 시간차가 조금 있을 뿐. 그 어느 누구 하나도 놓치지 않고 빠뜨리지도 않고 모두를 데리고 간다.

물고기가 몸을 흔들며 흰 물살의 소용돌이에 멈칫멈칫 한다. 그래서 혼돈의 길이고 아름다운 길이다. 햇살과 하루의 시간은 거르고 다치게 하면서 가지 않는다. 그것들은 그 무엇을 특별히 위하지 않는다. 뒤떨어져서 함께 가지 못하는 생명은 없다. 모두 '이 시간 속'에 있다.

내가, 어찌 알겠는가, 생(生)을 기뻐하는 것이, 미혹이 아닌 줄을. 이 말 속에는 삶을 사랑하는 것이 어리석은 일이 아닐 수도 있다는 기막힌 말로 들려온다. 정말 그렇고 그렇게 살아갈까. 그 자신의 한계, 부지를 드러내면서 열생(說生)과 약상(弱喪)을 소외하지 않고 껴안는다. 자연의 마음이다.

생사(生死) 간의 방황

일월과 우주는 저 지상의 모든 영부(靈府)가 꿈꾸는 지난한 집의 상징이고 장신구들이다. 어떻게 이 지상과 하늘에 인간은 있게 되었을까.

장자의 사상에서 영혼의 거처는 지상이 아니다. 방일월이 이미 그렇다. 마음은 이미 다른 곳에서 살고 있다. 협우주하는데 지상의 어떤 체제와 유희와 매력이 그를 바꾸어놓을 수 있을까.

모두 길을 잃고 떠돌아도 죽음의 집으로 돌아올 날만 기다리는가. 언제 어떤 열생(說生)을 보냈든 쾌락과 고통이 미아를 끝없이 뒤집어놓으면서 생을 반복하게 한다. 다시 무정을 찾는 생이 여기 있다. 아침에 날이 열리고 저녁에 닫히는 지구에서 나의 매일매일의 생사와 조석은 끝나지 않는다.

만물제동의 무이(無異)를 펼쳐온 장자의 말은 슬프다. 생을 너무 기뻐하는 것은 미혹의 숙명이고 죽음을 미워하는 것은 떠돌이의 습벽이다. 손바닥은 생이고 손등은 죽음이다. 오른 손바닥이 오른 손등을 만질 수 없다. 죽음과 생이 한 몸으로 붙어 산다. 생사는 짝. 나의 한쪽 팔은 죽음이고, 한쪽 팔은 생이다.

어떤 욕망에도 사용되지 않은 나의 마음이 있을까. 모든 것을 다 사용한 몸은 모든 것을 사용하지 않은 몸보다 추악해 보인다. 우제용은 인간의 몸에도 적용되는 걸까. 원래 없었던 희비(喜悲)를 겪고 가는 존재들. 대체 무엇이 삶인가.

실은 죽음도 삶을 기뻐하지 않는다. 피차(彼此)와 이해(利害) 속에서 한 생은 다 바쳐졌다. 숱한 자상(刺傷)을 입는 것이 삶이다. 그리고 아무것도 남는 것은 사실 없다. 다 써버린 육체 하나만 덜렁 남는다. 대몽(大夢)의 참담한 대각(大覺)이다.

너무나 육체적이고 현실적이어서 깨어날 수 없는 대몽. 간단한 두 글자의 어처구니없음. 만물진연토록 육체의 꿈이며 진리이다. 『장자』전편에서 이 꿈의 바람은 전체 배경이다. 삶의 소요자유(逍遙自由)가 그 꿈을 꿈으로 올려줄 다른 꿈이다. 또 한번 꿈의 날개를 펼치면 삶은 더 슬퍼질 것이다.

지상을 넘어 우주의 꿈으로

본질적으로 죽음은 아무런 유혹과 공포가 없는가. 죽음의 다른 짝인 생의 마음이 싫어할 뿐인가. 사실 육체 자체는 죽음을 선택하는 것이 타당할 것이다. 삶이 해주는 것이 별것 아니기 때문이다. 오히려 부담만 가중시키기 때문이다. 그래도 인간은 생을 쫓는다. 그 생은 논리적이지 않고 이성적이지 않다.

여기서 장자는 생의 욕망을 비상소요로 대체한다. 다시 방일월의 새옷으로 갈아입고자 한다. 영겁의 비상. 그 첫발걸음인 우화(羽化) 비상은 지구에 묶인 인간이 언어로 꿈꿀 수 있는 최고의 유희이다. 가장 비극적인 지구 탈출의 꿈이고 숙명론의 절정일 것이다. 그 당대에 아무도 가지지 못한 꿈을 장자는 꾸고 있었다.

장자의 이 문장은 탄생의 지점으로 돌아가길 거부하는 미아의 길을 꼭 부정하지는 않는다. 묘한 측은지심과 풍유가 있다. 나그네의 미래 혹은 방황 저 뒤엔 죽음이 있다. 미아는 그것을 알아차린다. 죽음은 모든 생의 수납을 원하진 않는 것 같다. 더 많은 열생의 시간을 주고 싶어 한다. 그게 시간의 선물일까.

죽음에서 보는 자연은 혼란이고 천변만화이다. 어느 한곳에 정착할 수 없는 바람의 세상이다. 모든 것이 흔들린다. 죽음이 대응할 수 있는 것은 없다. 마음의 응무궁은 꺼져버렸다. 무언가를 시급히 찾아서 닫아 걸어야 할지 모른다. 모든 것은 방치되어 있을 뿐이다.

이 사실을 모른 채, 길을 잃고 삶에 집착한다. 저 앞의 민추원의 생과 같다. 몸과 자연이 맞으면 생명 가진 것들은 거길 떠나려 하지 않는다. 새는 보금자리로 돌아간다. 이 새의 귀소가 그래서 미아에겐 의문이다. 왜 미아는 멀리 떠돌려 하고 새는 저녁마다 집으로 돌아갈까. 존재의 숙명일까.

귀찮고 쓸데없는 욕망. 이것을 처리하기. 고작 인생은 그 쓸데없는 일을 하기 위해 태어났다고 한다면 얻을 만한 답일까. 기획하고 노역하고 얻은 것을 쓰는 것으로 일생을 다 보내는 것이 아닐까. 고작 그 보람을 얻는 것이 인생일까.

참으로 오랜만에 던져보는 우문이다. 그 어떤 삶도 너덜거린다. 그 삶이 인간의 몸뚱이이다. 만인은 삶을 꿰차고 걸치고 짊어지고 업고 데리고 껴안고 살아간다. 그에 비해 우제용과 소요 사상을 반어법으로 정말 대단한 것이라고 편애해야 할까. 웃음밖에 나오지 않는다.

그 누구도 자신이 미아라고 여기지 않는다. 사실 미아는 다른 집과 길을 찾아 나선 건지도 모른다. 이 약상의 소년은 둔천의 아이이며 이 아이의 이름은 모든 아버지의 '나'이다. 슬프다.

죽음과 지상을 넘어 우주의 꿈으로 향하는 이 발언은 장자 전편의 최고의 경지이다. 아마도 대부분의 현실주의자들은 이 언어의 꿈을 믿지 못할 것이다. 문명과 권력은 이 미아의 길을 변경시킬 수 있다고 자만하는 자들이다.

마음속에 가을하늘이 지나간다. 일월이 구슬 같다. 우주가 어느 새의 보금자리 같다.

만물을 가지고 놀면 잊는다?

사실은 여기서 혼란이 온다. 삶이 죽음의 망각이며 집의 귀가를 잊은 것이라면 그것이 꼭 잘못된 것일까. 그래서 이 미아의 가출은 기묘해진다. 그 미아 역시 소요하고 있는 것. 삶의 미아적 소요이다.

뒤에 좌망(坐忘)이 등장하지만 이곳의 약상은 숙명을 받아들이는 우매한 인간에 대한 비판의 글이라기보다 측은지심이 숨겨진 대목이 아닐까. 이것도 무정(無情)을 중시하는 장자의 입장에서 보면 편애가 될 수 있다. 어찌 자연이 그토록 유정할 수 있을까. 그래서 이 삶의 길이 풀길 없는 대몽(大夢)이 된다.

인간은 만물에 사로잡혀 살아간다. 가능한 그 만물을 가지고 놀아야 하지만 인간은 아무런 이익됨이 없이 이연피역할 뿐이다. 마음과 언어가 삶을 살지 않고선 여하히 삶일 수 없는 삶의 조건. 장자는 항상 이 질문 앞에 와 있었을 것이다.

우제용이 아닌 정치적 사적 이용과 편견에 의해 인간은 파괴되었다. 장자는 궁핍한 삶을 살았지만 자신의 생을 수단이나 이용물로 삼지 않았다. 또 제물(祭物)과 재물(財物)의 희생물로 던지지 않았다. 제물한다는 명분으로 상처입지 않았다.

인간과 만물을 소유하려 하지 말라는 말은 얼마나 어려운 말일까. 이 말에는 만물 속에서 소요해야 하는 사람이 감수해야 할 오해가 따를 것이다. 다만 저 널려 있는 자연의 만물은 나 자신도 아니고 나의 것도 아니다. 동시에 장자는 그 자연을 아름답고 신나는 천변만화의 거울로 들여다볼 뿐이다.

깜짝 놀란 경지이다. 이것이 자연을 대하고 승운기하여 응무궁하는 기심(機心)이다. 마음으로 만물의 어느 것도 가지지 않는 것. 그냥 비추고 가져가지 않는 거울, 이것이 마음이다. 제물해도 단속하지 않고 쓰더라도 소유하지 않는다. 소유하지 않는 것은 모두 소요의 대상이다.

사실 인간은 저 자연의 극소수만 소유할 뿐이다. 만물해방의 사유로 살아가고 생을 소유하지 않고 죽음을 선취(先取)하지 않는다. 그렇다고 뒤쳐지지도 않는다. 〈제물론〉의 언어는 여기까지 왔다. 생이 자연 속의 작은 무늬이자 바람 속의 나붓거림이라면 제물은 가당치 않다.

그는 저 꿈속에서 빛의 직사와 난무를 내다본다. 우주의 논리를 버리고 경계를 그냥 소요로써 통과해버린다. 이것을 일성순법(一成純法)이라고 할 수 있을까. 사물을 밀어놓고 핵심의 언어를 소요하는 것, 그것이 승물〔乘物〈인간세〉편, 승물(勝物)〈응제왕〉편〕이며 제물(齊物)일지 모른다.

여기서 자연에 인임(因任)한다, 자연을 따른다, 자연에 말미암는다는 말은 일견 전혀 다른 의미로 나타나기도 할 것이다. 자연에 얹혀 살아가는 것이 인간으로서 마땅치 않을지 모르지만 가장 현명한 지혜의 삶을 사는 방법이다. 그들이 가는 대로 가는 것이 상책이다.

박을 타고 물에 떠내려가는 장자의 희화(戱畵)로 보인다. 나도 박을 하나 가지고 홍수 진 붉은 강물로 들어가고 싶다. 그리고 넘실거리는 그 강물 한가운데서 지상의 둑을 내다보고 손을 흔들며 바보처럼 웃고 싶다.

그러므로 나는 언제나 고달픈 죽음의 집에서 무사(無事)한 생의 집 밖으로 나간다. 언제나 해가 지면 저녁에 죽음의 어두컴컴한 집으로 돌아오는 길을 깨닫는다. 그 일상으로 겨우 이 낯선 생사의 길을 인지한다. 그게 고작 하루 삶의 결산이다. 그 귀휴(歸休) 집이 대낮같이 환하지 않다는 것에 위안을 느낀다.

저녁의 집은 고요하고 애잔하다. 낮과 밤의 경계가 일(一)자로 문합했다. 모든 것들이 우리집에 돌아와 있는 것을 느낀다. 나는 그들과 앉아 숟가락을 잡고, 달그락 달그락, 나만의 정미(正味)로 식사를 하고 어둠속에 깃든다. 나는 한 마리의 지구적이고 저녁적인 뱀이나 쥐인지 모른다. 나는 한 권의 책처럼 가만히 있다.

나는 이제야 그것을 다시 의문하려 한다. 입맛을 다실 수밖에 없다. 저 기산의 한 뱁새가 한 나뭇가지에 몸을 의지하자 바람이 불어와 나뭇가지를 흔들고 저 아래로 사라져 가는 어둠속에서 나의 둥지도 흔들릴 것이다. 달은 하늘에 혼자 밝고 만물은 제각각 조용하다.

장자는, 나는 천하를 위해 쓸데가 없는 자〔여무소용천하위(予無所用天下爲), 〈소요유〉〕임을 자처하지 않았던가. 왜 나는 점점 더 그 무용으로 가고 싶을까.

후회하지 않는 삶은 없다

그 어떤 삶도 완전무결할 수 없다. '내가 어찌 알겠는가, 저 죽은 사람이, 그 처음 자신이 원했던 생을, 후회하지 않는지를.' 하는 질문은 남의 인생을 단정지을 순 없지만, 그 죽은 사람이 자기가 살았을 때의 삶을 후회하는지 안하는지 내가 어떻게 알 수 있겠느냐는 것으로서, 기괴한 상상이며 응시이다.

그 어떤 삶도 후회할 수 없다. 불가의(不可疑)이다. 그러나 후회하지 않는 삶이 있다면 그것은 결코 철학적 답변일 수가 없다. 이것은 죽음의 귀결 뒤에 말이 있을 수 없는 것처럼 그 삶의 질문에 답이 없음을 알게 한다. 어떤 시신도 무와 존재에 대해 말할 수 없다.

몸서리쳐지는 생 저 너머의 광막지야는 죽음 안쪽에서 탄생한 보광의 언어임이 틀림없다. 전쟁을 일삼고 충정으로 목숨을 초개같이 바칠 때 그는 어디 있었을까. 한없이 가난했으나 구름과 바람과 놀며 비정치적 비구도적 비실용적 순수한 자연의 언어를 벗 삼고 어느 한곳에서 살았을 것이다. 그를 생각하면 전율이 온다.

달리 말해 기인이(畸人, 〈대종사〉편에 나오는 방외인의 별칭, 정전을 만들고 남은 짜투리 땅이 기(畸)이다)그이다. 한쪽에 있지만 기는 편제되지 않는 땅으로 있다. 쓰이지 않으려는 것이 그의 의지이다. 그 의지의 상상은 비인(非人, 순 유우씨(舜, 有虞氏)도 이루지 못한 사람이 아니고자 함의 물, 무위, 우둔의 존재. 〈응제왕편〉)과 방박과 상온을 형상하였다. 만물이 다 자신에게 꼭 붙어 있고 서로도 꼭 붙어 있다.

장자가 인간을 생사의 존재로 묶어보는 이 대목엔 인간과 세계를 한눈에 볼 수 있는 만물해방의 통쾌함이 있다. 생사의 문은 망묘(莽眇)함의 다른 쪽에 있는 이분적 세계이다. 즉 다른 쪽의 어느 한쪽의 문(門)이다. 어느 '나'는 만물에 붙어 종말까지도 떨어지지 않을 것이다.

가장 매력적인 궁구가 죽음이지만 그것은 광막한 세계에서 보면 존재하지 않는다. 삶 속에서 '인간'이 있지만 영구한 것도 분명한 것도 아니다. 그는 잠시(暫時)이므로 영구한 한 쪽에 가 있다. 그래서 장자는 생사무변(生死無變)이라 하였다. 그 잠시의 소요를 장자는 군고하고 있다. 너무 슬픈 이야기이다.

죽음이 등장한 이상 삶은 꿈일 수밖에 없다. 기억하지 못하지만 그곳에서 왔으므로 그곳으로 돌아가야 한다. 죽음이 없다면 꿈과 생이 없다. 그러므로 죽음은 역으로 축복일 수 있다.

다만 다른 형태와 참화(慘禍)로 돌아가게 된다는 것이 슬프다. 엉망진창의 육체를 구부려놓고 그는 무의미하고 고단한 생을 떠날 것이다. 죽음의 생은 이 지상에 형편없는 하나의 거덜난 육체를 버리고 떠난다. 상상컨대 그 죽음은 주검을 뒤도 돌아보지 않을 것 같다. 세상에 어떻게 저런 삶이 있었을까.

무익생(無益生, 이익될 게 없는 생)의 길은 하나뿐이다. 이 육체가 꿈이란 것, 그리고 죽음이 귀환(歸還, 집 고향)이라는 것. 우리는 '잠시(暫時)'이다. 그러나 아니, 그래서 장자는 그 한계와 비극을 절망으로 보지 않는다.

장자에게 죽음은 건너는 것이고 그 다음 성훼(成毁)의 소요로 진입하는 한바탕 우주의 잔치이고자 한다. 이 적극적이고 숙명적인 사유는 나를 해방시키는 대언이기도 하다. 죽어서 떠나는 자야말로 아름답기 그지없다. 어머니가 죽자 나무에 올라가 노래를 부른 인간(공자의 친구 원양(原壤). 노나라 사람) 이 있었지만 모든 남은 생들이 땅 위에서 그의 뒤를 쳐다보는 풍경은 희극적이다.

항상 이렇게 와 있다는 것을 중얼거리고 산다면 생은 쓸쓸한 것이 아닐 수 없다. 인생에 예외란 없다. 아무리 인생이 중하다 해도 알길 없는 '나'의 한 벌 옷처럼 쓸쓸한 바람이다. 위로가 아니라 고초이다. 오히려 이 말이 나를 위로한다. 그러함에 후회되지 않는 삶이 있을 수 있을까.

여기서 이미 죽은 남곽자기의 슬픈 인뢰가 들려오는 듯하다. 장자의 이 문장들을 줄이면 살아 있음의 새파란 꿈과 풀 같다.

몽음주자(夢飮酒者)들, 꿈과 술의 세계에서 떠도는 자들

장오자(長梧子)는 대체 누구일까.

장자는 생사가 정확하지 않다. 몇몇 은자들은 장자에 의해 자신들의 운명의 기록을 남겼고 범부들은 그의 문장 속에 모두 녹아 있다. 장자는 사실 생과 사, 특권과 범용, 상과 하를 구별하지 않았다.

장자의 인간평등은 일견 평범해 보이지만 살벌한 피차와 피아의 구분을 강요하던 전국시대에 독특한 예외의 사상이다. 인간을 넘어 만물로 나아가는 만물제동의 사상은 반체제주의적 요소가 매우 강하게 풍긴다. 고대에서 최초로 존재한 체제저항적 의지의 길은 어느 누구도 상상하기 두렵고 힘든 천로(天路)이다.

어떤 체제도 권력도 인간을 억압할 수 없다는 전혀 다른 목소리가 장자의 몸에서 나왔다. 그의 의지는 그러나 결핍의 반응(콤플렉스)이 아니라 초극의 재료이다. 인간을 중심에 두면서도 빈틈이 없는 자연의 기(機, 도)에 대해 탓하지 않는 방외적이고 무정(無情)의 태도를 보인다. 그가 대응한 곳은 군력이 아니라 천하의 도였다.

인간은 모두 여희의 친구이자 딸이고 아들이다. 망각의 한 비극적인 이 인물이 지구의 주인공이다. 춘추전국시대 진(晋)의 헌(獻)공이 12년에 진(秦)의 목(穆)공과 함께 여융(驪戎)국을 공격했다. 미녀 한 명과 옥가락지 두 개를 얻었는데 목공은 옥가락지를 취하고, 헌공은 여자를 취했다. 이 여자가 애(艾)라는 국경지대의 벼슬아치의 영애(令愛)인 여희이다.

여희는 헌공과 맛있는 고기를 먹으며 잠자리를 같이하고 살면서 국경지대의 먼 과거를 까마득하게 잊는다. 그녀는 헌공의 총애를 받아 해제(奚齊)를 낳아 태자로 세우려고 양오(梁五) 등의 간신들을 이용하여 공자(公子)들을 내쫓고 태자 신생(申生)을 모살(謀殺)한다. 꿈도 꾸지 못한 일들이다. 결국 여희는 이극(里克)에 의해 아들과 함께 살해된다. 그녀는 고향을 잃고 죽음을 얻었다.

장자에게 인간의 생은 하늘의 성심으로부터 분리되어 나온 한 조각이다. 그 성스런 본래의 인간은 일월과 우주와 상예(相隸)하여 떨어지지 않는다. 우둔해서 티 없는 순수를 가지고 만물이 진연함을 안다. 그래서 그것을 닮아 문합하고 어두워진다. 어둠의 딸은 아름답고 고요하다. 이 지구에 살면서 이미 죽음 속에 있다. 방외의 삶을 산다. 삶은 예외이며 여분이다.

어떻게 되어 그들이 고향을 떠나 길을 잃게 되었을까. 길을 잃었다는 것 자체가 기이하고 믿어지지 않는다. 사랑과 잉태와 출생의 의미가 길 잃음이고 영혼의 미아일까. 이젠 그 길도 원래 없었던 것처럼 보인다. 후회할 수조차 없는 삶이 선취(先取)한 세월을 잊는 것 외에 무엇이 있을 수 있을까.

다시 살아나면 더 보람 있는 유용한 생을 살 수 있을까. 그것은 더 불가능할 것 같다. 인간은 자기 생을 가지고 온 울음 덩어리들이다.

열생과 기생(蘄生) 에 대한 생각

열생(說生)을 해도 기쁘지 않다면 이 일을 어찌 해야 할까. 누가 생을 받으려 할 것인가. 그 기생(蘄生)들은 대부분 만물, 감정 등 무언가에 사로잡히거나 취해 있는 몽음주자들이다. 이 몽음을 비판하는 것이 아니라 장자는 오히려 노래한다. 몽음의 슬픔 없이 어찌 이승이며 몸이며 인생이고 죽음이 있을 수 있을까.

술과, 꿈. 그 몽음의 경지를 벗어나기 힘들지만 벗어날 일도 아니다. 스스로가 한없는 심연과 혼돈 속으로 들어가지 않고선 위로는 불가능하다. 그러지 않으면 표피적인 삶을 소비할 것이다. 그 표피 밑에서도 무용한 것이 될 때 한 물(物)이 될 수 있을까. 그래서 장자는 '불위애인(不爲愛人, 사람을 위하지 않는다)'이라고 했을까.

정말 알 수 없는 일이다. 자연에게 아무 쓸모가 없는 한 인간이 될 때에만 그 모습을 만날 수 있을까. 꽃이 돌에게 돌이 꽃에게 소용이 없는 것처럼 정말 가까이서 멀리서 쓸모없는 한 존재로 있는 만물을 보고 싶다. 그러한 인간들은 지금 저 지평 너머에서 아우성치고 있을 것이다.

몽음주자들이 떠도는 도시는 또 아름답지 않을까. 그곳이 바로 지구 위의 모든 도시이다. 그들이 장자의 주인공일지 모른다. 헛되고 쓰라린 어느 누구에겐 아득한 꿈이 될 수 있는 이 세계와 만물, 인간 그리고 풍경들. 유일한 '나'의 존재들로서의 유혹과 강요, 혹은 함정, 시비의 주인공들은 그들이 아닐까.

이 기막힌 숙명적 몽음의 존재들은 그러나 꽁꽁 묶인 채로 저 무서운 권력과 체제, 교육, 경쟁 속에서 자율적으로 강요되고 노혁에 짓눌려 만물과 싸운다. 경쟁(競爭)을 버릴 때 수정이 불가한 숙명은 부정된다. 여기서 온통소유(蘊通逍遊)라 할 수 있는 대광경을 장자는 보았을 터이다.

그들은 숙명자이며 방외자이며 불령민(不令民)이다. 아무나 숙명자가 되는 것이 아니다. 자연을 닮은 이 아름다운 자들은 계보도 남기지 않고 이 지상에서 바람처럼 사라져갔다. 그들은 뜨거운 태양이 떠오르는 바닷가의 아침 이슬처럼 소멸되어 갔다.

그 죽음이 너무 가벼워서 한점 의혹도 없다. 모두 어디로 갔는가. 묻지 않는다. 신성한 언어의 풀잎들이 바람 같은 기척에 흔들릴 뿐이다.

몽중몽(夢中夢), 몽음주자, 인간무정(人間無情)의 길

어떤 정황과 숙명 속에서도 우리는 우리의 목숨을 버리지 않고 살아간다. 어떤 고난을 경과해도 망각한다. 그 기쁨을 내가 모를까. 너무 먼 곳에 와버려서 기억할 수 없을 정도로 내가 망가진 것일까. 태고의 인간과 지구 스토리를 다 망각한 걸까.

그 시작을 알 길 없는 인간과 지구. 그 시작이 꼭 없을 것도 아닌 것 같은 지구와 인간. 이 지구 위의 몽음주자들. 기이한 출발이며 현재진행의 존재들. 이 비극의 대몽이 슬그머니 비상을 시도한다. 여기서 장자는 오히려 인간을 불쌍히 여기는 것을 거부하는 것 같다.

타인의 생을 기미(羈縻, 소 코뚜레)하여 끌고 갈 순 없다. 자칫 타인을 구원한다는 것은 우스꽝스런 반자연의 종교적 행위가 될 수 있다. 그래서 장자는 타인을 명분이나 조건이나 의무감으로 구제하거나 동정하지 않는다. 그는 자기 자신의 편에 서지 않는다. 즉 편애하고 옹호하지 않았다.

초나라 위왕이 사람을 시켜 귀한 예물을 보내 그를 초빙하려 했지만 장자는 '나는 더러운 도랑에서 편안하고 만족한다'고 했다. 끝까지 벼슬하지 않았다. 자연이 자연을 사적으로 의지적으로 구제하지 않는다. 장자는 스스로 버려졌다. 그것만이 그의 구원이었을 것으로 짐작된다.

어디서 유래했는지 어디서 왔는지 어디로 가고 있는지를 모르고 이 지상에서 떠도는 이 유락(流落)의 삶은 일대 수수께끼가 아닐 수 없다. 공전하고 자전하는 주야와 단모의 이 지구가 열생(說生)의 임시 거처라는 뜻은 이곳이 정처(正處)가 아니라는 말일 수 있다. 인간의 마음이 그리도 복잡하고 난해하다.

문득 저 앞의 남곽자기가 짝이 없다는 것을 보여준 상우(喪耦)가 여기서 희미하게 그 허상을 비춘다. 생은 짝을 없애려 하는가. 생의 짝이 생을 불러 데려 가는 것인가. 생과 사는 떨어질 수 없는 무서운 짝인가. 생은 사의 짝을 거부하려 하는가. 그러나 생사무변이 하나가 되어 그 짝이 없어질 것이다.

짝이 없을 때 망각과 자유, 만물의 제물이 그 스스로 이루어지는 것일까. 우제용으로서 그 스스로 소용됨이 되지 않는 것. 그 주변에서 생들은 기생하고 열생한다. 장자는 인간과 만물이 멍하니 있다〔탑(嗒)〕고 자기를 묘사하지 않았는가. 원래 인간은 자연 속에서 무엇을 위해 쓰여진 적이 없는 영물이었을 것이다. 그래서일까. 만물 사이에서 움직이는 인간의 그림자를 보면 슬퍼진다.

이 여희 40자는 모든 비극적 작품의 원형이다. 또 꿈속에서 통곡하는 자가 아침에 사냥을 떠나는〔몽곡읍자(夢哭泣者) 단이전렵(旦而田獵)〕풍경도 인간의 무정과 망각을 보이는 극치이다. 이렇게 멀리 마음이 가벼리면 무엇을 믿을 수 있을까.

인간에 대한 장자의 조궤가 이 문장에 있다고 본다. 꿈속에서 또 그 꿈을 알려고 살펴본다. 그래도 꿈을 깨고 나서야 그것이 꿈인 것을 안다.〔몽지중(夢之中) 우점기몽언(又占其夢焉) 각이후(覺而後) 지기몽야(知其夢也)〕.

역시 인생도 꿈속의 꿈의 조궤이다. 그 안쪽의 안쪽 꿈과 이 막강한 현실의 벽이 소통 가능할까. 인생도 환각도 진실이란 언어도, 감각도 믿음도 우주도 조궤이다. 그러나 그것의 대조화가 바로 장자의 위대한 상온의 근거가 된다.

우리가 모르는 시간과 숙명이 저 하늘에 있는 것이 또 아닐까. 그들은 모두 이 지상의 역사 안에 있는 존재들이지만 사라졌다. 아주 없어진 것일까. 나는 가끔 아직도 어리석게 이 부지에서 떠나지 못한다. 언어와 사유가 불가사의하다.

죽음에서 생은 완전한 봉창(封窓)이 된다. 이 봉창의 생은 갇혀 있다. 이 꿈의 해석은 장자의 사상의 특허이자 조궤를 얻은 한 전권(全權)이다. 그러나 그것이 숙명임으로써 인간은 떠돌이이며 유자로서 아름답다.

꿈과 바람이여. 저들로 하여금 더 많은 꿈을 꾸게 하여라. 인간은 태고의 꿈과 숙명의 무늬에 갇힌 몽음자와 몽곡자들이다. 아버지와 어머니의 정자와 난자가 하나가 되어 어미 뱃속에서 팔다리 온몸을 다 갖춰 자연 안으로 나온 한 포유류의 인간은 모두 기생(蘄生)의 존재들이다.

한바탕 꿈의 노래

장자가 장오자의 이름으로 생의 덧없는 일장춘몽을 노래했다. 이 도는 운명적으로 소외되어 은자가 된 자의 타령이나 원망이 아니라 커다란 댓가를 치르고 얻은 진리의 노래이다.

인생의 모든 진위, 시비, 소견, 편견이 몽경(夢境)이고 몽사(夢死)이고 몽설(夢泄)이다. 몽상(夢想)이고 몽유(夢遊)이다. 그 꿈들이 꼭 헛된 것이기만 할까. 더 큰 꿈속으로 올라가고 싶다. 아주 돌아올 수 없는 우주의 꿈으로 들어가고 싶다.

바이러스로부터 양자로부터 유전자로부터 만물에 이르기까지 모든 말과 소리, 무가 꿈이다. 숙명의 우주무대이며 영화(映畵)이며 소요이다. 소통해도 붙잡을 수 없다. 영원히 알 수가 없는 장자의 우둔(愚芚)과 성순(成純)이 여기 있다.

장자는 그 꿈 밖에 무엇이 있는지 알지 않는다. 그냥 내버려 두는 것이 그의 포부이다. 우주와 자연의 본질과 이치는 어떻게 하지 않는다. 또 길을 굳이 가르치지 않는다. 다만 얼마나 광막한 우주 공간인지를 느낄 뿐이다. 자연의 심복(心腹)으로서 자신에게 충실하며 자연을 따른다.

우주자연을 따라가는 인간자연. 새도 풀도 바람도 물도 빛도 모두 자연 속에서 자연을 따라간다. 뒤따라가지만 '나'가 있어 슬프지 않다. 그러나 끝없는 무한세월을 보낸 다음에야 한 순수를 이룬다는 말에 눈물이 난다. 나의 물방울 같은 한 생이 그것을 따라가기 때문이다.

일월과 우주를 벗으로 삼는 일에 하등의 문제가 없는 저 망망한 우주 씨앗의 '말'들. 아련한 꿈의 알갱이들. 만물은 다하도록 그대로라, 이로써 서로 대조화(大造化)를 이룬다는 말이 만물진연(萬物盡然)의 상온(相蘊)이다. 그 어떤 인위적 제물이 따로 필요하지 않다. 이렇게 말하고 보니 어둑한 자연의 만물은 재잘거리는 생명의 아버지들이다.

29. 만물이 꿈이다, 꿈 아닌 것이 없다

역시, 큰 깨달음이 있은 뒤에야, 이것을 알 수 있다. 그 커다란 꿈을. 그러나 어리석은 자는, 스스로 깨어 있다 하고, 아는 체를 하며, 군주니 목민(牧民)이니 하니 고루(固陋)하다.

공자도 자네도, 모두 꿈이다. 내가 그대에게, 꿈꾸고 있다고 말하는 것도 역시, 꿈이다. 이것이 그 말인데, 그 이름을 조궤(弔詭)라고 하네. 만세 후에 만나 하나가 될 것이다. 대성은 그 꿈이 깨는 것을 아는 것. 그 꿈을 깨면 아침과 저녁이 만난다.

원문(原文)

且有大覺而後知此其大夢也 而愚者自以爲覺 竊竊然知之 君乎牧乎固哉 丘也與女皆夢也 予謂女夢 亦夢也 是其言也 其名爲弔詭 萬世之後 而一遇大聖知其解者 是旦暮遇之也

* 이 **차**此. 깨달을, 잠 깰 **각**覺. 몰래, 훔칠 **절**竊. **절절연**竊竊然 아는 체함. **고재**固哉 고집불통, 고루(固陋). 역시(亦) **야**也(무의미한 조사, 이름 부를 때 아래에 쓰는 조사). 모두 **개**皆. 자네, 그대, 너 **여**女. **언몽**言夢 말의 꿈. 심히, 매우 **조**弔. 속일, 책망할, 괴이한 **궤**詭. **조궤**弔詭 아주 해괴한, 기이한 것. 만날 **우**遇. 풀, 벗을 **해**解.

모든 꿈은 깨어나지 않을 것

스스로 깨어 있다고 말하는 어리석은 자는 모든 앎을 허물어버린다. 물을 대상이 없는 자연은 그대로 아기 햇살이 오르는 명(明)의 아침이다. 나도 꿈 같지만 이 아침도 정말 꿈 같다. 현실보다 꿈 같은 것이 더 새롭고 환희롭다. 꿈인 것이 정말 좋다. 꿈에서 깨고 싶지 않다. 모든 꿈은 깨어나지 않을 것이다.

인간은 자연 속에서 깨어 있을 수가 없다. 이것은 축소시킨 자연의 한계이지만 깨어 있다는 앎은 착각이다. 깨어 있다는 생각은 또 다른 잠에 드는 것과 같다. 지나친 깨어 있음은 꿈의 옷을 한 겹 더 껴입는 것이 된다.

지식을 자랑하는 자들은 앎을 가지고 있거나 작은 권력을 위임받아 행세하는 일관과 같다. 이들이 군주여, 목동이여 하고 목청을 높여 떠드는 것은 한마디로 고루(固陋)하다는 게 장자의 생각이다. 달리 말하면 이들이 바로 자연을 망가뜨리고 세상을 궁색하게 만들고 사람을 사지(死地)로 몰아넣는다.

장자는 《외편》에서 배운 자들이 도적들이며 성인은 큰 도적이라고 했다. 고대나 현대나 변하지 않는 인간의 모습이다. 우두머리와 그 무리들의 권력 남용과 교활함은 변하지 않는다. 정말 깨어 있는 것들은 수많은 별들이 걸려 있는 하늘에서 북극이 어디인지 모른 채 쿨쿨 코를 골며 잘 것이다.

남을 해치거나 이용하는 자들은 〈소요유〉의 너구리와 족제비처럼 다른 쪽으로 눈과 귀를 열고 깨어 있다. 이것들은 자연의 잠을 자지 않는다. 귀휴하는 자연의 잠은 분별이 없어진 경지이다. 방일월하고 협우주하여 서로 높아서 관여하지 않는다. 서로 이름을 부르고 기다리고 내통하지 않는다. 그들이 심진(甚眞)들이다.

여오호지(予惡乎知, 내가 어찌 알겠는가)를 세 번 반복하는 장자. 다시 꿈을 조궤(弔詭)라 부른 이 말은 완전히 꿈에 취한 자의 노래이다. 잘못 가고 있거나 자리잡아온 세상과 만물을 다시 제자리에 놓으려는 절규일까.

조(弔)는 다다르는 지(至)의 뜻이, 궤(詭)는 다르다는 이(異)의 뜻과 어그러지다, 괴이하다는 뜻이 있다. 『남화경직해』에는 '조적궤(弔的詭)'로 되어 있다. 이 말은 세상의 말과 다른 '말'이다. 돌이킬 수 없는 회한과 앎에 대한 웃음이기도 하다.

천변만화가 헛되더라도 즐거움이며 오의(奧義)이다.

백토(白土) 이야기

장자가 혜자의 무덤 앞을 지나가며 일행에게 영인(郢人, 미장이라고도 하고 속요 가수라고도 한다. 또 춘추시대 초(楚)나라의 서울사람이라고도 한다. 지금의 호북성(湖北省) 강릉현내(江陵縣內)에 있던 초나라 서울은 아주 음탕한 곳으로 유명했다고 한다)의 백토 이야기를 해주었다.

혜자(370?-310년?)는 장자(369- 286)년보다 먼저 태어나서 먼저 죽었다. 혜자는 장자와 같은 송인(宋人)으로 위(魏) 혜왕(惠王)과 양왕(襄王)을 섬겼다. 그의 재상 자리를 장자는 죽은 쥐새끼라고 비하했다.

그는 초(楚)와 제(齊)가 연합하여 전쟁을 없애자는 합종책(合縱策)을 구상하기도 했다. 종횡론자들에게 쫓겨 초나라로 갔다가 나중에 송나라 고향에서 여생을 마쳤다. 그런 추억이 다 꿈이다. 거기 위나라 재상 누구 어쩌구 저쩌구 하면서 혜자지묘(惠子之墓)라 쓴 비석이 서 있었을 것이다.

이 가수가 자기 코에 파리날개 만한 백토(白土)를 붙였다. 장석(匠石, 석공)이 그 앞에서 신명이 나게 도끼를 휘둘렀다. 혼령 같은 기이한 기운이 석공의 정신과 마음, 육체, 도끼에서 살아났다. 휘두르는 도끼에서 바람과 햇살 소리가 날개처럼 돋았다. 가수의 콧날에 붙어 있는 작은 백토를 스쳐 지나가면서 깎아냈다.

이때 석장이 정신을 차렸다면 가수의 얼굴은 박살이 났을 것이다. 놀라운 것은 정신을 놓고 가만히 서 있는 가수였다. 서로 잊고 서로 믿고 있었다. 백토를 도끼가 휭휭 스쳐갔다. 벌 날개 소리 같았을까. 잠시 뒤, 꿈처럼 백토가 다 없어졌다. 장자의 말을 듣고 있던 사람들이 야, 하고 소리쳤다. 그래서요? 그래서요?

송나라 원군(元君)이 이 소문을 듣고 장석을 불러 다시 한번 그 기술을 보여달라고 청했다. 지금은 가수가 죽은 지 오래 되어 못한다고 석공이 고백했다. 원군은 고개를 끄덕였다. 상대가 없어졌다는 것은 슬픈 일. 장자는 혜자가 그리웠는지 저서 한쪽에 남긴 이야기 치곤 무상하다.

인생은 지루하고 무의미하기도 하지만 꿈이 없는 삶은 삶이 아니다. 인생과 육체는 꿈이다. 이 꿈의 말은 지겹기 그지없고 곤란하기 짝이 없는 현실과 삶을 살아내게 한다. 다만 그 꿈꾸는 주체를 모를 뿐이다.

사유가 시작된 이래, 문명은 헬 수 없는 직조의 가닥을 만들어 왔고 거의가 먼지로 사라졌다. 사람도 죽어서 사라졌고 그들의 세월도 가버렸다. 이 만물과 생이 꿈이기에 다행이다. 남아 있다면 괴물의 형상을 입었을 것이다.

어떤 앎들은 인간을 위해 사용됐지만 원형을 훼손했다. 문명의 피곤은 이미 휴(虧) 속으로 이완되어 가고 있다. 스르르 무너지다 돌연히 파괴되어 우주 초유의 아름다운 꿈은 사라질 것이다. 상상할 수 없는 분석의 줄기와 씨줄과 날줄이 어느 날 파괴되면서 하나로 해체되는 그 징후는 벌써 어떤 정신 속엔 와 있을 터이다.

사실 만물은 꿈이다. 마음은 그 무엇도 소용으로 삼지 않으려 한다. 즉 마음 밖의 대상들은 모두 무용물들이다. 그러나 사람의 사고는 사각형처럼 직각으로 되어 있고 지구의 삶은 꿈이 아닌 아주 현실적이고 딱딱한 체제로 만들어진 것 같다.

자신들은 과연 이 지구와 생을 뭐라고 말할 수 있을까. 우둔 속에서 지구는 거대한 몸뚱이를 기울인 채 궤도이탈 없이 멀리 멀리 돌아가서 돌아오고 있다. 나의 생각 속에서 지구는 아이들의 재미있는 게임의 세상처럼 바라보이기도 한다.

지구에서 지구를 바라볼 때마다 나는 쓸쓸한 주인공이 되는 기분이 든다. 모든 언어로부터 떠나 언제나 밝아오고 어김없이 어두워오던 내가 살던 도시를 바라보면 더욱이 나의 글과 마음은 한없이 멀어져만 간다.

조궤의 꿈속에 왔다

매일 죽음을 생각한다. 죽음 속의 자아와 사물이 보인다. 기이하게도 죽음의 그 허망한 꿈에 도착할 수가 없다. 죽음은 왜 쓸데없이 생을 파괴하는가.

나는 과연 이 어마어마하고 해괴망측한 육체의 꿈〔대몽(大夢), 우주의 꿈, 육체의 꿈)〕을 알까. 그 꿈이 뒤뚱거리고 혹은 뛰어가고 말하고 떠들어대는 저 거대한 도시와 인간을 안다 할 수 있을까. 저렇게 반짝이는 잘난 것들과 먼저 가는 것들이 아름다운 것들이라고 말할 수 있을까.

두 짝의 팔다리와 하나의 머리, 백해구규육장의 꿈! 꿀꺽꿀꺽 끓어 한 뭉텅이씩 안으로 삼키는 물처럼 생은 통쾌한 것일까. 그 누군가의 꿈틀거린 욕정의 발로인 두 눈을 껌벅이는 얼굴, 입으로 말을 하는 자. 대체 저 대몽이란 어떤 것일까.

대몽의 세상에서 대몽의 생은 무엇일까. 이 세계가, 인생이, 얼마나 복잡하고 커다란 구름덩어리들일까. 말로는 알 수 없다. 몸으로도 알 수 없다. 어떻게 된 영문이며 연유인지 알 수 없다. 그것이 얼마나 오래된 영겁과 관련이 있는 것인지. 대몽은 대몽만이 알고 있을 터. 만물은 그 속에 갇혀 있을 뿐이다.

한 인간의 DNA를 모두 이어놓으면 천육백억 킬로미터나 되는 이 육체의 유전자들은 또 어떻게 연결된 인드라 망일까. 어떻게 무서운 뱃속에서 태는 생겼으며 또 태아의 가시선에선 이미 무슨 일들이 일어나고 있을까.

성일순의 우(愚)는 무엇일까. 깨어 있다고 아는 체하는 것이 절절연(竊竊然)이다. 이 절(竊)자는 훔친다, 사사롭게 한다는 뜻. 오만하고 잘난 척하며 권력과 이해 앞에서 재빠르게 움직이는 꼭두각시들의 이름이다. 이들을 장자는 별도로 고재(固哉, 고루함)라고 했다.

꿈속에서 술에 취해 있다. 아침이면 세상 사람들은 깨어나지만 깨어나지 않는 꿈도 있다. 정보를 가진 자들이 꿈속에 있다. 아는 것이 아무것도 없는데 인의의 구호를 외치고 절절연하는 것은 만물의 성일순을 더럽히는 것으로 보았다.

하지만 장자의 환상과 전율은 무섭지가 않다. 인의(仁義)를 이용하여 사람을 묶는 요(堯)와 그 권력을 비판한 〈대종사〉편의 요탕(遙蕩)과 자휴(恣睢)와 전사(轉徙)의 모험정신을 느낄 뿐이다.

언어는 마음을 유혹한다. 그 언어 속에 무한여행이 가능하다. 줄무늬의 우주복을 입고 이 지상의 여행을 떠날 것. 이제 곧 등장할 한 편의 시(詩)이며 한없이 가벼운 바람인 나비의 '꿈'도 하나의 생의 여행인 것을.

'바람처럼' 살라는 말이 들려오는 듯하다. 이것이 어쩌면 생도 싫고 죽음도 싫은 자의 본심이 아닐까. 어둑하니 서 있는 저 젖은 겨울 산처럼 몰록 낯선 곳에 와 있다. 오랜만에 간절하게 물 한 컵을 얻어 마시고 싶은 거덜 난 육체의 마음처럼.

어찌하여 비통한 삶이 있고 기뻐 날뛰는 삶이 있는 것일까. 그것이 모두 허망하기 짝이 없는 시비와 인의(仁義)의 유기(有己)와 유명(有名)과 명분에서 오는 것이기도 하겠지만 쓸쓸하긴 마찬가지이다. 장오자는 그것을 모른다고 말한다. 까닭이 없는 것이 있고 까닭이 있는 것이 있는가. 대체 어떤 연유로 그런가.

이 모든 것이 정말 꿈이라고 말하고 싶다. 생을 기뻐하는 것이 어리석은 일이 아닌 줄을 내가 알 수 없는 것처럼 꿈을 알 수가 없다. 꿈이 아니라면 아직도 귀가하지 못한 소년의 현재를 슬픈 일이 아니라고 어떻게 말할 수 있을까.

이 조궤(弔詭)의 비밀은 아무도 몰라

다시 한번 들여다보아야 할 곳은 마지막 문장이다. 어떻게 저녁 지평선과 아침 수평선이 하나로 만날 수 있을까. 그때 아침과 저녁이 없을 것이며, 아침과 저녁의 동서(東西)가 하나가 될 것이다. 이것은 대체 어떤 문장인가.

그 문장의 여운엔 앞의 예화들이 있다. 여희, 사자, 몽음주자, 대몽(大夢), 대각(大覺). 이 비유어들은 진위와 시비의 대상에 대해 서로 천리를 알고 나아가야 함을 중시하는 조궤의 날이 있는 말이다. 쇠가 쇠를 먹듯 비유가 비유를 먹어치운다.

이 말이 그 '말'〔시기언야(是其言也)〕일까. 나는 만남의 '우(遇)'를 일(一)로 보았다. 즉 아침과 저녁이 만난다는 것은 불가능하지만 '하나'가 된다는 뜻. 그렇게 풀어야 앞의 비유물들의 결론에 합당해진다. 생사, 모순이 한 단어인 것처럼. 단모(旦暮). 종말의 만세지후(萬世之後)에 그런 일이 있다는 예언일 것이다.

대개는 이 문장을, '아침저녁으로 만나는 것이오' 하였는데 단모무정을 기억해도 불분명하고 애매해지고 만다. 어떻게 저녁이 아침과 아침이 저녁과 만날 수 있을까. 불가능한 조모이다. 떨어져 있는 동쪽과 서쪽이 하나로 된다는 것이 말이 되는가.

그러나 이는 곧 둘이 하나가 된다는 뜻. 즉 대몽을 깨는 것. 그것은 자잘한 소멸이 아니다. 시종이 모두 끝나버리는 최종의 종막이다. 그 무엇이 동서(東西)의 일모(日暮)가 하나 되는 일에서 가능한 일이라면 이것이 종말이며 시작이 아닐까.

아침만 내다보고 저녁을 못 본다면, 저녁만 쳐다보고 아침을 모른다면 그것은 완전한 상통이 아니다. '조궤가 아침과 저녁으로 만난다' 혹은 '조궤를 아침저녁에 만날 수 있다' '아침저녁으로 만나는 정도의 행운'으로 보는 것은 흥미롭지 못하다.

그러나 꿈이 '이것'〔시(是)〕이므로 대성이 만물을 알고 비밀을 풀고 잠을 깨는 '이것'은 아침과 저녁이 만나는 것이 된다. 이 시(是)는 우주의 꿈을 부수게 되는 또 다른 자연의 꿈의 시작을 알리는 예언일까. 아침과 저녁이 하나가 되는 것은 꿈을 깨는 일처럼 불가능하다는 단순한 뜻은 아닐 것이다.

조궤는 말을 제대로 할 수 없다는 뜻이기도 하다. 혹시 꿈의 앎이 불가하다는 것을 말한 것일까. 영원한 꿈이 있을 수 없다면 해체 즉 훼(毁)와 휴(虧)에 의해 아침과 저녁은 사라질 것이다. 지구가 사라지면 꿈이 사라지는 것이 되고 꿈이 사라지면 지구가 사라지는 것이 된다.

아침과 저녁이 하나가 된다는 말은 꿈의 체제와 양극이 붕괴된다는 말이 아닐까. 하나가 되는 것은 좋을지 모르지만 그것은 종말이다. 모든 것을 완전히 안다는 것은 끝이란 뜻이다. 장자는 꿈이 사라지는 것을 거부하는가. 단모가 하나가 되길 바라는가. 기이한 상상이고 예언이다.

만세지후(萬世之後)에 이일우(而一遇), 만세 후에 만나 하나가 될 것이다. 대성지(大聖知)가 기해자(其解者) 한다, 대성은 그 꿈이 깨는 것을 안다. 시단모우지야(是旦暮遇之也) 꿈을 깨면〔시(是), 꿈을 깨는 것으로서, 일시적 형개가 아닌 대각(大覺).〕아침과 저녁이 만난다. 여기 숨어 있는 주체는 대각(大覺)이지만 그 혼돈의 일체는 이(二)의 문합인 일(一)일 것이다.

『남화경직해』에는 지기해자(知其解者)의 해(解) 자 옆에 게 해(蟹, 납작하고 등과 배는 딱딱한 딱지로 덮여 있고 다섯 쌍의 발이 있으며 한 쌍은 집게발의 갑각류) 자를 두었다. 나는 이 해를 꿈을 깨는 것(밝히는 것, 흩다, 얽힌 것을 풂)으로 보았다. 즉 숙궤를 푸는 글자이다. 지네가 뱀의 머리뼈를 발라먹는 형국이다.

이는 난해함을 푼다는 뜻. 대성(大聖)을 성인으로 보지 말고 '위대한 성스런 예언의 지혜〔완전한 대언(大言), 대지(大知)〕'로 보고, '만대(萬代, 약 30만년) 후에나 위대하고 성스런 지혜가 나타난다는 말은 흥미롭지만 이 대성은 우주의 대파국 같다.

이 문장 사유의 중심은 사람이 아니라 보광(지혜의 곳간)의 어둠 같다. 인간의 지혜가 할 수 있는 일은 여기선 아무것도 없다. 그것은 저 응제왕 편에 등장하는 중앙의 신이 살해되는 것과 관련이 있는 것일까. 너무나 먼 곳과 이어져 있는 중대한 각각의 대각(大郤, 뼈 사이에 있는 큰 틈)과 같다.

예언이 있는 그야말로 조궤이다. 그곳이 모든 말과 지혜를 넘어선 소요일 것으로 보인다. 일구난설(一句難說)의 난해이다. 궤변 같지만 장자는 이미 미래에서 저 현재라는 과거 너머의 초월적 언어를 선물했다.

말해지지 않은 이 심진(甚眞)은 보편적 앎의 차이에서 갈라져나간, 이해하기 어려운 궤율(詭繘- 이 율자의 실 사糸가 아니라 말씀 언言이 붙는 글자임)이다. 일우(一遇) 하나가 되기 전엔 풀리지 않을 장자의 영원한 숙궤이다. 장자의 보고인 셈이다.

『남화경직해』에서는 파당의 황료(黃繚, 권력에 뒤얽힌 무리)들은 이름을 망실했고 혜시의 책도 궤변과 함께 망(亡)했다고 했다. 장자의 말은 철학적 원어(原語)를 아직도 품고 있다. 명실본지(名實本至)가 있다고 평가된 그는 일시적 욕망과 정치적 봉진(封畛)에 묶이지 않았다. 진리를 말한 사람이었다.

시대의 단모(旦暮)를 뛰어넘어 대성의 '말'을 전하는 것이 여기 묘사된 셈. 사람이 주체가 아니라 '말'이 주어이다. 이 대언은 대체 어디서 올까. 그 '말'은 과연 무엇을뜻하는 걸까. 대지(大知)는 의인화된 비유물이 아니라 만물의 법칙과 실체를 주도하고 예시한 어떤 '말'일 가능성이 높다.

장자의 시간은 쓸 수 없는 시간일까. 이 지상의 존재와 시간이 가지 않는 시간일까. 버려진 시간일까. 지구의 시간은 그 시간의 바깥으로 맴도는 것일까. 그래서 만물이 그 빛을 점점 잃어가고 훼손되는 것일까. 이젠 앞으로만 가야 하는 걸까.

그때를 알지 못할 뿐이다. 최종적 제물의 종막이 이곳에 예언된 것은 분명한 것 같다. 그때 '아침'과 '저녁'이 하나의 '단모(旦暮)'가 된다. 아침과 저녁이 하나가 된다는 것은 역학적으로 끝이며 다시 시작이 되기 전의 어둠의 시간일 것이다.

그러나 시공이 하나로 합쳐져 하나(一)가 된다는 것은 자연과 만물 자체와 인간 그 누구도 이해할 수 없는 예언이다. 이 말은 앞의 상온(相蘊)과 함께 동위상(同位相)과 역위상(逆位相)이 서로 상쇄(相殺)하고 보강(補强)하는 우주의 법칙의 언어 같다. 자연 전체의 성훼의 숙명이 이 속에 담겨 있는 걸까.

그렇다면 대성〔大聖, 미지의 언어이나 대언(大言)으로 봄〕이 미래에서 오는 것을 막을 순 없는 일이며, 또 시간이 그리로 가는 것도 막을 수가 없는 일. 현재를 건너뛰어 지평의 저쪽 너머의 시간을 내다본 초월의 눈이라고 할 수 있을 것이다.

장자의 〈제물론〉은 대몽을 통제하는 것이 아니라 해방시키는 언어소요이다. 장자의 글은 처처장요(處處將要)하다. 처음과 끝을 잘 마무리해서〔원시요종(原始要終)〕만물이 숨겨둔 말을 일로역설(一路逆說)하고 그 말을 차례로 순철(順綴, 꿰매다, 매다)했다고 하는 까닭이 여기 있다.

『장자』의 본의(本意)는 아직 미결이며 진행중이고 미착(未着)의 언어로 가득하다. 그러므로 〈제물론〉은 완결된 것이 아니라 오히려 고난도의 조궤를 얻은 셈이다. 천변만화로 흘러갈 뿐이다. 이 복잡하고 거대한 대몽(大夢)의 세계를 어찌 다 말할 것이며 또 말해서 무엇에 쓸 것인가. 우선 일야상대의 소요를 따를 뿐이다.

여오호지(予惡乎知), 말의 종언(終焉) 앞에서

역시 장자는 어렵다.

대몽(大夢)을 꾸는 곳은 밤인데 그보다 더 큰 대몽은 낮의 형개한 일상이다. 인간은 주로 밤에 꿈을 꾼다. 그 낮의 생시의 꿈은 밤의 꿈보다 더 꿈답다.

아침은 꿈을 깨고 만나는 시간이다. 단모의 형개와 주야의 몽각(夢覺)을 생사무변으로 암시한 걸까. 아침과 저녁이라는 커다란 경계를 넘나드는 교차 혹은 상대(相代). 아침과 저녁이 매일 아침과 저녁마다 만나선 없어지는 경지를 노래한 것일까.

생사를 벗어나면 아침과 저녁이 없어진다. 단모가 하나가 된다는 말은 초법적인 말이니 만세 후라 못을 박았던 걸까. 죽어야 깨어나는 꿈이 이 삶이라면 물어뜯어도 알 수 없는 일. 죽음을 통과해야 알든가 말든가 할 일이다. 그러니 실로 그 진지의 내막을 알고 싶지만 알 수가 없다.

아무튼 이 대립은 생사처럼 바로 만나기 어렵다. 어려운 만남처럼 대몽(大夢)을 푸는 것도 어려운 일이다. 삶이 끝날 때 육체의 어마어마한 대몽은 깨어지지만 그러나 그것을 인식할 길은 없다. 거대한 한 인간의 유리체가 깨어지는 것이 어찌 슬프지 않을까.

이 위대한 장자의 꿈의 발언으로 인하여 동양의 모든 사상은 단모의 꿈속에 갇히게 되었다. 그러고 다신 그 꿈에서 깨어나지 못하게 되었다. 다행이다. 마치 고향에 돌아온 기분이다. 아침과 저녁이 떨어져 있듯 만물은 서로 자기 존재의 영역을 가지고 떨어져 있다.

어느 날일까. 아침과 저녁이 일거에 사라지는 날은. 지구가 하나의 야구공만큼 작아질 정도로 높은 저 천공에 가면 지구에 무슨 음양이 있으며 아침 저녁이 있겠는가. 빛과 어둠과 그림자가 없어진다는 말인데 그것은 무엇을 의미하는 걸까. 다시 아침이 오지 않으면 형개가 없다. 저녁이 오지 않으면 꿈이 없다.

장자에게 만물은 꿈이다. 〈제물론〉은 갑자기 어디로 가는 걸까. 절대 허무로 들어가는가. 그러나 그것은 허무의식은 아니다. 전율적이고 지극하고 무극하고 적극적인 우주의 꿈속이다. 그 이상도 그 이하도 장자는 허용하지 않을 듯싶다.

말할 수 없다. 갑자기 캄캄한 어둠의 우주 어느 속에서 세상과 만물, 생명과 언어가 아름다워지려 하고 어떤 감각의 촉수가 느껴지려 한다. 마치 한 인간의 손가락이 생겨나오는 듯하다. 〈제물론〉이 또 한번 탈바꿈을 한다.

그것들은 산을 넘고 지붕을 넘고 도시를 건너 강을 건너서 창밖의 들판에 도달한다. 구름이 비가 되어 바람 속에 내리는 우울의 창가와 같다. 그 우울은 기분 나쁜 것이 아니다. 나를 열어주는 눈송이 같다.

마치 어두운 하늘 가까운 곳에서 날카로운 눈발이 내 얼굴로 쏟아져 내려오는 것 같다. 정신이 맑아진다. 맨 얼굴 앞에서 변화하며 몸부림치는 눈송이들이 부지(不知)를 노래하는 것 같다.

여오호지(予惡乎知, 내가 어찌 알겠는가), 여오호지, 여오호지…….

대몽, 나는 그것을 타고 넘어간다. 이 사실을 뼈저리게 실감하고 싶다. 그것이 나의 꿈이고 육체이다. 꿈이 주어이다. 나 자신도 난해해지고 재미있다. 인생이 꿈이 아니었다면 얼마나 허무하고 불행할까. 만물이 꿈이 아니었다면 또 얼마나 캄캄할까. 오늘도 자연은 스스로 제물하며 어디론가 가고 있다. 천예(天倪)하고 만연하고 진년(盡年)하다.

인생은 만물 사이에 지나가는 꿈이다. 이 말을 과연 나는 인식할 수 있을까. 〈제물론〉은 무엇을 아는 것으로 끝나는 것이 아니며 앎을 전하는 것으로 끝나지도 않는다. 혼돈과 부지가 있을 따름이다.

고독하고 처절한 사상투쟁

나는 장오자(長梧子)가 장자의 자호(自號)라고 생각한다. 이러한 꿈의 발언은 전시대엔 위험이 따르지 않았을까. 이 말은 소름이 끼치면서 호쾌하다. 진리에 대한 전사(轉徙) 심리가 보인다. 그는 당대 모든 사상의 반대쪽으로 뚜벅뚜벅 걸어 나아갔다.

문득 이런 생각. 사실 어울리진 않지만 공자가 송백(松柏)을 부러워한 사상가라면 장자는 오동나무의 사상가이다. 전자가 권력적 의절을 중시한다면 후자는 자연의 풍악을 중시한다. 깊은 겨울엔 잎을 달고 서 있지 않는 것이 자연의 도리이다.

의절을 지키는 것은 장자에게 그리 중요하지 않다. 의절은 권력과 충성의 표준계약서일 뿐이다. 표준계약서에 없는 언어들이 『장자』엔 수두룩하다. 의절은 군주를 위해 민중 앞에 서며 목숨을 바치고 그 대가와 이름을 얻기 위한 사회적 약속이다. 장자에게 그런 것은 없다.

당대 최고의 학문과 이론을 접하고 있었을 장자가 공자를 부수고 넘어가는 일은 일대 대오이자 초극의지였을 것이다. 공자도 대단하지만 장자에게 아닌 것은 아닐 수밖에 없었을 것. 공자를 만난 적도 없이 구작자란 인물을 통하여 그를 일갈에 무시하는 것은 놀라운 일이다. 그는 시대가 가지 않는 길을 선택했다.

대개 구작자가 가공인물이라 하지만 그것도 가정일 뿐이다. 왜냐하면 비록 『장자』에 등장한 인물이라도 당대의 인물을 다른 이름으로 바꾸어 등장시킬 수도 있기 때문이다. 아니면 그 말을 전해준 자를 보호하기 위해 가명을 사용할 수도 있었을 것이다. 사실의 진위는 중요하지 않다.

존재는 꿈이며 만물이며 그 언어 이름도 말도 꿈이다. 모든 것을 뒤집고 진리를 원래 있던 곳에 가져다 두려는 것이 장자의 일성순의 꿈이다. 일성순의 혁명적 사유엔 얼마나 커다란 위협과 불안이 도사리고 있었을까. 인간에게 혁명적 사유를 제시한 이 소요사상은 2,400년 간 전해온 불로 구워 만든 흙의 보석이다.

상고로부터 내려오던 '그 말'을 집필토록 장자에게 누가 명령한 것일까. 장자는 그 '말'을 지키기 위해 목숨을 걸지 않았을까. 장자는 사실 반(反)공자도 탈(脫)공자도 비(非)공자도 아니고 대(對)공자 주의자도 아니다. 오직 그는 그일 따름이다.

기묘한 감정과 흐름이 있는 문장이다. 구차한 변명과 반박이 없는 이 묘사에서 예의 장자 본심에 가득 차 있었을 분노(憤怒)가 느껴진다. 그것은 천뢰와 중규(衆竅, 만물의 구멍)와 붕비(鵬飛)에서 오는 것이 아닐까. 이 글은 자신의 적을 정확하게 겨냥하고 말하는 것이 아닐까. 그러면서 승운기하는 것이 아닐까.

자신의 길만 가면 되는 것이지만 그 길을 가로막는 것이 불연도의 그도였을까. 공자가 장애물이었을까. 그를 철거하는 작업에 앞장선 것일까. 이 말을 꼭 남겨야 했던 비밀을 읽어내야 하지만 장자는 속내를 다 드러내지 않았다.

세상과 지식인들이 인위적 가치로 대거 이동하는 것을 바라보고 개탄해마지 않았던 것일까. 도가 약탈된다고 본 것일까. 묵과할 수 없는 비도(非道)와 외도(外道)에 철퇴를 내리친 것일까. 장자로서는 중차대한 일이고 간과할 수 없었던 것으로 보인다. 그러지 않고서야 이런 말을 왜 이곳에 남길 것인가. 비밀이 숨겨진 문장이다.

미래에 그의 예측은 맞아떨어진 것일까. 사회체제와 철학의 상위에 공자가 틀어 앉았다고 장자는 본 것일까. 그것은 빼앗긴 건가 강탈인가. 사생결단으로 그 길을 저지해야 했던가.

장자의 정신적 스승들은 모두 어디로 갔을까. 모두 척살된 것일까. 스스로 자멸한 것일까. 의문이다. 나는 이것을 인간의 본성을 자연 속에 두려는 지극함의 반권력 지향적 인문적 투쟁이라고 본다. 장자는 얼마나 고독했을까. 모든 스승을 잃은 장자는 어디로 갔을까.

우둔한 천진의 세계를 버리고 떠난 인간들은 이해와 시비, 지식, 경쟁에 얽혀들었을 것. 인간을 몇 가지의 언어 속에 가두려 하고 그것을 권력 밑에 둔 사회에서 그들은 살다 갔다. 장자는 앎이 없는 천예의 세계로 갔다. 남해(南海)에의 꿈은 사라지지 않았을 것. 그 바다가 철썩이고 있기 때문이다.

가닥을 시비하여 따지지 않고 가르치지 않고 버려두는 것으로 자신의 몫을 다한 장자의 철학은 다시 새롭다. 줄기를 잡아가는 제물(齊物)의 인식을 다한 다음, 천예부지로 돌아가는 것이 장자의 삶이다. 아주 특별할 것도 탐나는 것도 없다. 나는 얼마나 작은 꿈속에서조차 길을 잃고 그리움을 잊었을까.

모두가 길이고 사라진 곳이다. 그는 어디서 죽었을까. 모든 것이 길이라는 것을 알았다면 그가 사라진 곳조차 없다. 철학적 명제를 다한 장자의〈제물론〉에서 남곽자기와 왕예에 이어 마지막 등장한 이 장오자를 계속 상상하지 않을 수 없다. 이 삼지인은 너무나 인간적이고 아름답다.

가만히 그들을 생각하면 저 아래 뱃속의 알 수 없는 곳에서 기이한 웃음과 신음이 터져 나오려 한다.

조용한 저녁

도의 향기가 흘러오다 저녁 산 능선으로 가뭇없이 사라지고 있던 날들이 그리워질 것이다. 실로 무용한 것들이 내 마음속에 기척을 내고 그 작은 촉수를 오므려 거두어들이며 사라지지 않았는가. 쓰지 못해 아까워하지 않고 보내주었다. 그것만이 남아 있고 내가 한 일은 없다.

그 수많은 세월 속에서 몸과 이름과 근원이 다른 곳에서 온 것 같았지만 모두 제물의 존재들이었다. 슬프다기보다는 길 없는 들에서 바람처럼 불어간다. 바람은 건초 향기 같은 천양을 심부의 콧구멍으로 맡아본다. 거기서도 알 길 없는 풀의 피 냄새가 난다.

상온(相蘊), 단모우(旦暮遇). 그 문합(脗合). 이것들은 장자의 최고의 경지를 보인 언어들이다. 하늘에 딱 하나 걸려 있는 달이다. 절대(絕代)

무이(無二)의 모습. 그 앙앙(央央)한 형상과 소리가 월(月)이다.

이 입술 문(脗) 자에 달 월(月) 자와 입 구(口) 자, 그리고 없을 물(勿)자가 있는 것은 그 모든 제물이 끝났음을 암시한다. 달을 발견하고 그 언어를 찾은 뒤 달을 그 자리에 두고 얼른 돌아오는 길. 하얀 기류(氣流)가 손만 넣고 있는 텅 빈 주머니 처럼 차갑다.

역시 언어를 빌리지 않고선 걸을 수 없다. 바람이 불지 않으면 사유할 수 없다. 만물의 사래선거(絲來線去)는 끝나간다. 제물의 첫머리는 저 자연으로 이미 돌아가서 기다린다. 위대하고 완전한 지혜의 대언은 조용히 포개진 문합 속에 있다.

이것은 만물과 한 인간의 지혜의 종막이며 모두가 귀휴하는 시간이다. 상상하지 못하는 전혀 다른 곳에 위대한 성스러움〔대성(大聖)〕이 있을 것이다. 『남화경직해』에서는 이 대성을 '능(能)히 명(冥)이 곧 명(明)이며 능히 혼(昏)이 곧 창(彰)이며 능히 명(冥)이 능히 혼(昏)이며 이것을 신인(神人)이라고 한다'고 하였다.

이 '능(能)'이 어떻게 가능한 것일까. 문득 이 대목이 장자의 대공자(對孔子) 사상에 대한 전복적 사유란 것을 다시 생각하게 된다. 반인간의 대성(大聖)은 분명과 권력 체제화에 반기를 든 장자의 상인자연한 만물소요의 사유이다.

30. 번연효란(樊然殽亂), 우리는 서로 안다고 할 수 없다

가령 나와 그대가, 변론(辯論)을, 했다고 합시다.

그대가 나를 이기고, 내가 그대를 이기지 못했다면, 정말 그대가 옳고, 내가 그르다. 그런가? 내가 그대를 이기고, 그대가 나를 이기지 못했다면, 내가 정말 옳고, 그대가 정말 그르다. 그런가? 그 어느 쪽이 옳고, 어느 쪽이 그르다. 그런가? 그것은 모두 옳고, 그것은 모두 그르다. 그런가?

나와 그대는 서로, 쉽게 알 수가 없다. 이렇게 되면 사람들은, 고스란히 그 탐암(黮闇)을, 전해 받게 된다. 우리는 누구에게 말을, 바르게 하게 할 수 있겠는가.

그대와 같은 자에게, 말을 바르게 하게 하면, 이미 그대와 같으니, 어찌 능히 말이, 바르다 할 수 있겠는가. 나와 같은 자에게, 말을 바르게 하게 하면, 이미 나와 같으니, 어찌 능히 말이, 바르다 할 수 있겠는가.

나하고 그대와 다른 사람에게, 말을 바르게 하게 하면, 이미 나하고 그대와 다르니, 어찌 능히 말이, 바르다 할 수 있겠는가. 나하고 그대와 같은 사람에게, 말을 바르게 하게 하면, 이미 나하고 그대와 같으니, 어찌 능히 말이, 바르다 할 수 있겠는가.

이런즉, 나와 그대와 세인들 모두는, 능히 서로를 안다는 것은, 불가능하다. 그래서 저쪽을 기다린다. 그러겠는가?

원문(原文)

既使我與若辯矣 若勝我 我不若勝 若果是也 我果非也 邪 我勝若 若不我勝 我果是也 而果非也 邪 其或是也 其或非也 邪 其俱是也 其俱非也 邪 我與若 不能相知也 則人固受其黮闇 吾誰使正之 使同乎若者正之 旣與若同矣 惡能正之 使同乎我者正之 旣同乎我矣 惡能正之 使異乎我與若者正之 旣異乎我與若矣 惡能正之 使同乎我與若者正之 旣同乎我與若矣 惡能正之 然則我與若與人 俱不能相知也 而待彼也 邪

* 가령 **기**旣. 잘하는 말 **변**辯. (과거를 나타내는) 어조사 **의**矣. 이길 **승**勝. 과연 **과**果. 옳을 **시**是. (의문사) 그런가 **사**邪(남화경직해) **야**耶 동자(仝字, 同字). **약불아승**若不我勝 약불오승若不吾勝도 있음. 너, **이**而. **기혹시야**其或是也 어느 한쪽이 옳다. 혹자 **혹**或. 함께, 모두 **구**俱. **즉**則 이렇게 되면. 고스란히 **고**固. **수**受 받게 되다. **탐암**黮闇 어두운 모양. 난제. 탄허본엔 즉인고수기탐암則人固受其黮闇의 기其가 없음. 우리 **오**吾. 누구 **수**誰. 바른 도, 바른 말 **정**正. **지**之 진리의 말(변辯). 보낼 **사**使 말하게 하다. **오능정지**惡能正之 어찌 능히 바른 말이겠는가. **기이**旣異 가령 다른 무리. **상지**相知 서로 알다.

초극할 수밖에 없는 진리의 발견

그 어느 변(邊)도 입장도 아닌 말이 있을 수 있을까.

장자가 여기서 말하는 것은 이것이다. 세상과 당대의 진리가 정황과 처지에 따라 달라질 수 있고 인간의 '말'에 의해서 변할 수 있다는 것. 이 '말'처럼 존재하지 않으면서 지대한 것은 없다.

장자는 일찍이 말에 대해 독자적인 탐구를 계속한 사람이었던 걸로 보인다. 〈제물론〉은 말에 대한 숙문(宿問)으로 가득하다. 말에 의해 모든 왕조가 세워지고 또 그 말에 의해 무너졌다. 이 말이 한 마리 나비이고 거대한 붕새로 날아올랐던 것이 아닐까.

만물의 운명이 담겨 있는 글이다. 이 글을 다 읽고 나서야 너와 내가 아닌 저쪽〔피(彼), 여(予)와 약(若)이 아닌 그대, 저쪽)〕으로 빠져나가게 된다. 그것이 '물화(物化)'의 세계로 빠져나가는 통로일까. 아무도 판별할 수 없고 시비할 수 없는 경지의 탈바꿈, 몸바꿈의 저쪽. 그 저쪽이 있다는 것을 모르는 지금 이곳에선 아무것도 아는 것이 없다.

만약 장자가 그 '말'을 누락시켰다면 아무도 모르는 것처럼 장자의 길은 미지의 세계로 남게 되었을 것이다. 만물을 어떻게 해석하고 말을 또 어떻게 볼 것인가에 의해 세상은 달라진다. 시간보다 인간 가까이 있는 무섭고 난해한 비존재. 만물의 운명은 그 말 속에 있으며 시간의 기(氣)는 그것들을 수송하는 빛이다.

장자는 말을 두려워한 것 같다. 말의 운명에 의해 모든 것이 달라지기 때문이다. 모함과 권모술수가 있는 말, 이해와 득실이 걸려 있는 말, 편애가 숨어 있는 말, 은유와 전이, 반의(反意)가 있는 말 들.

장자는 언어에 의한 무궁한 사유를 허락한다. 장자는 그 말에 인간이 염함(厭緘)되는 것을 거부한다. 인간을 어느 언어 속에도 귀속시키지 않는다. 그는 소요와 유심(遊心)의 세계를 천부적 권리로 인정한다. 그는 언어의 해방론자이며 사유를 언어로 형상한 실천가이다.

제도와 계급 간의 인의와 예와 지를 구별하고 제도화한 지식을 거부한다. 학자들은 많았지만 순수한 말의 본질 자체에 깊은 통찰로 만물을 꿈으로 표현하고 대응한 사람은 장자 외엔 없었다. 모든 언어와 만물이 실사 같지만 하나의 꿈이라는 관점에서 바라본다. 언어만이 장자의 꿈이 가능한 날개였다.

그렇다면〈제물론〉은 말의 운명론이다. 말은 만물과 모든 인간을 연결하는 소통의 파장이다. 누구도 말하고 있지만 그는 말에 의해 끌려가는 모든 것을 부정한 사람이다. 말의 폭력과 질풍노도에 경악했을 법하다. 진실이 아닌 곳으로 가는 시대를 장자는 거부하고 자신의 길로 나아갔다.

감히 만물이 침묵하고 있는 그 길로 세상이 가도록 두고 싶었지만 그 때부터 세상은 장자와 반대의 길을 향해 질주해 갔다. 그 길은 도와 자연의 길이 아닌 권력과 탐욕, 체제, 시비, 만물 소유(所有)의 길이다. 그의 언어 속엔 언제나 결(闋)의 어둠과 명(明)이 있다. 하지만 장자는 만물을 올라탔다.

기이한 사상가의 꿈이고 몸짓이다. 여전히 지금도 그 가지 못한 장자의 길을 그리워하는 수많은 진인들이 『장자』를 애독한다. 이것 역시 탐암한 일이다. 사람들은 정말 장자가 가지 못한 인류의 길을 알고 아쉬워하는 것일까.

그렇다면 놀라운 일이 아닐 수 없다. 문명이 가지 않은 그 길을 더 선호한다니. 인간이 지배한 길, 인류가 걸어 가버린 길은 장자의 언어에겐 이미 낡은 길이다. 그 길에 대해 탐하거나 부러워하지 않는다. 오히려 그 길로부터 멀어진다. 장자의 언어현실은 그 문명사보다 더 광막한 길이다.

전국시대는 본래부터 있었던 장자 사상을 짓밟고 질주해간 망각과 혼란의 시대이다. 백가쟁명, 백화난만 시대라지만 대언을 죽인 시대였다. 한쪽에 장자는 웅크리고 한 마리 은유의 붕새를 날려 보내는 연습을 수도 없이 반복했을 것이다. 붕새는 장자의 정신의 해방이고 하늘에 도전한 귀환의 언어이다.

세계를 향한 장자의 통절한 질문과 절규는 이것이다. 우리는 누구에게 말을 바르게 하게 할 수 있겠는가〔오수사정지(吾誰使正之)〕. 어떤 대리자를 통해 그것을 바르게 말할 수 있게 할 수 있을까. 이것의 꿈이 저 너머의 대성 혹은 진지와 대언으로 이어질까. 그들은 이미 사라지고 없는데 말이다.

장자 시대에 이 대언은 사라졌거나 살해되었다고 봐야 한다. 그 내막은 《내편》 마지막에 등장하는 '칠일이혼돈사'와 관련이 있다. 인간의 아름다운 혼돈과 문합에 빛을 쏘이고 구멍을 내서 문명화한 그 후의 이 현대가 증명하는 것은 죽음이다. 어떤 인간도 지혜의 발견이 끔찍한 결과를 초래한 것을 부정할 수 없을 것이다.

이미 인간의 미래는 과거에 예언되었다.

제물을 누가 할까

장자는 기(其)자를 많이 사용했다. 기혹시야(其或是也) 기혹비야사(其或非也邪) 기구시야(其俱是也) 기구비야사(其俱非也邪). 이 기는 나도 그대도 우리도 아닌 다른 무엇을 암시하기 위한 허사이지만 여기서 새삼 느껴지는 어감은 '말더듬'이다.

진리를 알고자 하는 의문을 던지면서 그는 말을 더듬는다. 장자는 조심조심 말을 이어가고 있다. 무엇이 진리인가. 진리는 있는가. 사위를 살피고 있는 형국이다. 포정이 해우(解牛)한 뒤, '칼을 든 채 사위를 살피는〔제도이립(提刀而立) 위지사고(爲之四顧), 〈양생주〉]' 모습과 같다.

만물에 대한 부지를 긍정한 다음, 사물들이 서로를 모른 채 존재하는 공간이 이 세계이다. 전율적인 침묵 속에 만물은 있다. 이러니 그대와 나, 그 인간의 언어도 고독하다. 소통을 원하지 않으면 불통이란 없는데 앎을 통하여 원래 소통이었던 것이 불통이 되어 우리 앞을 가로 막는다. 그것이 문명의식의 시작일 것이다.

그렇다면 그 모름이 자연이며 자연이 조궤이다. 인간은 원래 아는 것이 아무것도 없었다. 오직, 단지 인간일 뿐이었다. 인간은 자연 속에서 살아왔다. 하지만 앎이 생기면서 자연은 인간의 장애가 되는 것 같았다.

급기야 인간은 자연을 수단으로 착취하기 시작했다. 장자는 앎에 대한 해악이 우리를 화들짝 놀라게 하고, 그 시비의 가닥의 범주를 저 허무와 태허의 심연 속에 그대로 돌려놓으려 한다. 진인의 바람이 되고 그 바람으로 자연으로 사라지고 싶다. 이 망실과 상아의 꿈은 처참한 의지와 비극적 저항에 해당할 것이다.

진언과 진지는 어디 있고 어떤 사지에서 옳고 그름이 있는가. 〈제물론〉은 시비를 벗어나는 머나먼 논의의 길이었다. 제물은 어디 있는가.

그런가?

이 부분은 구작자를 여전히 앞에 두고 하는 말일 수도 있다. 다만 중니를 강하게 비판한 다음까지 상대를 이렇게 설득할 필요가 있을까. 이 글은 여전히 장오자와 구작자의 대화 속에 있는 단락이지만 구작자를 보내놓고 미래와 세상을 향한 독백일 수 있다.

마치 누구에겐가 말하는 형식이다. 왠지 슬픔의 빛이 서려 있는 듯하다. 가급적 말을 사용하지 않으려 했던 도가(道家)의 종말을 인정하는 듯한 비장감이 느껴진다. 아마도 장오자의 마지막 유지가 아니었을까. 마지막 학의 울음이 아니었을까.

장자가 어떤 한계를 느끼고 있는 것 같다. 예컨대 청중과 진리가 이 자리에 없다는 사실이 장자의 문장을 외롭게 한다. 무언가 완전하지 않다는 결핍 사항이 내재한다. 분명 장자의 이 문장은 독자처럼 혼자 읽게 만든 말인 것 같다.

이 대화형 독백은 그가 연설 같은 것을 선호하지 않았다는 증좌이다. 사유하는 자는 대중 앞에서 연설하지 않는다. 이 비극감은 만물에 대한 철학적 자시이기에 그 어떤 사상의 승리보다 값지다. 이 반문하는 장자의 말은 아름답다. 여기서 하나의 문자를 의문형으로 살린다면 그 의미는 더 독특해질 것 같다.

저 앞의 사문이사부답처럼 세 번의 사(邪, 그런가?)를 묻는 장자의 의문법은 결코 자기중심적이지 않다. 이것은 뒤이어 나오는 정(正)에 대한 사불능(말을 바르게 할 수 없음)의 비애 섞인 발언이기도 하다. 모른다는 것, 말을 분명하게 할 수 없다는 말은 장자의 우월성으로 보인다.

그래서 이렇게 번역했다. '그대가 나를 이기고, 내가 그대를 이기지 못했다면, 정말 그대가 옳고, 내가 그르다. 그런가? 내가 그대를 이기고, 그대가 나를 이기지 못했다면, 내가 정말 옳고, 그대가 정말 그르다. 그런가?'

만인에게 묻는 것도 중요하지만 자신의 성심과 응무궁의 거울에 대고 의문하는 것이 더 중요하다. 의문의 심화이다. 한번 종지부를 찍고 말을 멈추게 한 다음, 다시, 그런가? 하고 물어보고 싶었다. 야(也)를 구말(句末)에 쓰는 결정의 뜻을 나타내는 조사로만 두고 사(邪)를 독립된 하나의 의문사로 보았다.

이 의문문엔 여러 곳으로 문이 열려 바람이 들이친다. 도추가 열리며 삐걱인다. 장자의 언어는 벌써 분노와 항변을 떠나 어디로 떠난 걸까. 고적감과 우우(于于)함. 종잡을 수 없는 응무궁의 사유를 따라잡을 문장은 없다. 소란한 낙엽 소리에 곧 빗방울이 떨어질 것 같다.

천뢰, 인뢰, 심뢰, 송뢰(松籟) 등 수많은 뢰류(籟類)가 들려오기 시작한다. 그것을 장자는 결코 막지 않고 들으면서 고뇌하며 언어와 삶의 기나긴 여행의 재료와 소요로 삼았을 것이다. 그러면서 그는 깊어지고 깊어져 종당엔 말을 잃어버린 채 그 말을 찾지 않으며 행복에 젖어 있었을 것이다.

『장자』에 골방은 있어도 광장은 없다. 그러나 장자의 골방은 헛된 광장보다 더 위대한 산과 철썩이는 바다와 질뇌(疾雷)와 표풍이 있다. 광장엔 권력과 도열이 있지만 그의 하늘엔 신인이 있고 바다엔 곤(鯤)이 있고 햇살과 물결이 있다.

자연계의 어느 만물보다 인간의 말처럼 무섭고 은밀하고 빠른 것은 없다. 〈제물론〉의 주류가 이 시비론이란 점은 아이러니이다. 장자의 철학적 테마와 삶의 난제는 바로 이 말과 시비였다. 인간에게 상처를 주는 말에 대한 장자의 탐구와 극복은 독보적이다.

정이 분명히 있는가. 아마도 이 정을 따르려면 모두 편애해야 하고 어떤 말인가를 믿어야 하고 또 누군가를 따라야 할 입장에 서게 될 것이다. 그것이 가능하다면 우제용의 길일 것이다. 즉 자연이 되는 길이다. 모든 말을 안고 상대와 음양, 시비를 품는다.

그것은 잊을 수 없는 세월과 의(義) 같은 것일까. 정(情, 형상, 유정무형(有情無形))이 없다면 의도 세월도 없는 것일까. 망년망의(忘年忘義)는 한낱 자조 섞인 장자의 한탄일까. 대체 무엇 때문에 세월과 의로움까지 잊어야 했을까.

이것은 살아가면서 계속 던지지 않을 수 없는 질문이다. 대부분은 의를 찾아가지만 장자는 질문의 함정에 빠지지 않는다. 거대한 날개를 퍼덕이며 머리 위 하늘로 날아오르고 지문만한 날개를 파닥이며 꽃대 사이를 날아다닌다. 이 자연의 길은 권력과 명예의 길이 아닌 무기(無己)와 진인의 길이다.

종횡으로 도모하는 시비작당은 모두가 의로운 일들이 아니었던가. 그러면서 서로 배척하고 착취하는 일이란 언제나 똑같은 것이었으며 그 안의 이해와 시비는 얼마나 잔혹했는가. 바람 속의 만물의 침묵을 들을 수 있을까. 진절머리 나고 귀찮은 일이 아니었을까.

우선 이 정은 시비를 넘어선 일차적 합의 같은 것이 아닐까. 그러나 정은 정을 낳는다. 끝이 없다. 한없이 높고 깊고 아득한 진리의 정은 상온과 방일월이다. 올라타고 끼고 달려가는 우주와의 사랑은 장자 사유의 최고 소요이다. 상대와 짝이 없어진다. 소요하면서 우주 속을 벗어나지 않는다. 우주가 소요의 집이다.

장자의 언어는 난해하지만 한없이 편하다. 장자의 말은 복잡하고 어려운 것들을 통과하기 때문이다. 시비의 정(正)을 찾는 것이 장자의 길이 아니다. 시비가 아닌 무극을 향하는 장자의 말은 저 자연의 만물에서 비롯되었다.

불가한 오수사정지(吾誰使正之)의 절규

이 말에 언어 시비의 벽(壁)을 부수는 탈출의지가 보인다. 나와 너와 우리를 버리면 그 경계 사이에 무엇이 있을까. 스스로 일야상대하는 초사유와 물화하는 자연의 운행이 있을 뿐이다. 마지막 문장의 대피(待彼)의 전정한 갈망은 그래서 다른 길이어야 한다.

이 지구엔 옳음만 있지 않다. 그 까닭은 알 수 없다 (사실은 자연의 법칙이다). 그것은 지구의 장구한 세월 속에 견뎌온 절대상대의 조건이다. 시와 비가 어느 쪽을 결정하고 선택할 것이 못된다면 장자의 이 시비 가르기의 불가함은 양행을 수용하는 근거가 된다. 현실과 세상, 자연이 그 시비의 온상이다.

장자가 슬픔과 고통, 차별 속에 있는 비정상적 언어와 존재를 옹호하지 않는 것은 아니다. 묶이고 싶지 않은 서슬 퍼런 초월의지의 기류는 상승한다. 만물을 제물해서 평등의 말을 구현하려는 우주 통섭적 구도의 욕망이 장자에게 있다. 그 욕망은 양행으로 소요하고 언어와 만물을 제자리에 두려는 지심(至心)이다.

작은 정(正)을 인간들은 갖고 싶지만 장자는 그 실현을 부정한다. 사실 이 '정'자는 가장 비장자적인 문자이다. 장자가 내가 그대를 이겼다고 내가 정말 옳다는 논리에 잡혀 있을 리가 없다. 옳음을 얻으면 그것으로 패배한 자들을 소유하며 권력을 휘두르게 되는 건가.

너무 쉽게 파악한 게 아닐까. 내가 이기고 '정'이 되는 것을 바라지 않는다. 이겼다고 옳아지는 것이 아닐 것이다. 시(是)가 자연이라면 시가 아닌 것은 자연이 아닌 것이 되고 자연이 아닌 것은 비가 된다. 그러나 자연엔 시비가 없다. 성훼(成毁)는 시비가 아니다.

모든 것이 단순하지 않다. 이 부분은 〈제물론〉의 인후이다. 이것이 대몽(大夢)과 함께하는 미결의 숙문이다. 해결될 수 없으며 단순해질 수 없다. 단지 인간들은 시비의 난바다에 떠 있을 뿐이다. 그래서 이 문장은 절창이다. 이런즉, 나와 그대와 세인들 모두는, 능히 서로를 안다는 것은, 불가능하다〔불능상지야(不能相知也)〕는 말은 절망의 선물이다.

도가 비추지도 나타나지도 않았고〔소도(昭道)〕 품고만 있으니〔회도(懷道)〕 당연한 말이다. 그러므로 시비는 회도에서 바라보는 저쪽이 된다. 인간은 서로가 모른다. 왠지 이 말엔 장자의 비애가 비친다. 앎의 절망, 언어의 절망, 지식 전달과 인간 육체의 한계.

문합한 사람으로서 범부(凡夫)로 내려앉는 장자를 보게 한다. 범부가 될 때 만물과 소통되는 게 아닐까. 그곳에서 자연이 쉬는 숨결과 바쁜 듯 한가하게 노니는 그림자들을 볼 수 있지 않을까. 세무에 시달리는 자가 어떻게 그림자의 길이를 바라볼 수 있을까.

사물과 언어를 가지런히 한다고 시비가 해결되지 않는다. 장자에게선 인간의 뼛속 깊은 곳에서 울려나오는 숙명의 피리소리가 울린다. 악출허이다. 장자는〈제물론〉을 지나 결(関) 그 안으로의 먼 여행을 다시 떠날 것이다. 반드시 텅 빈 곳에 무엇이 있는지를 찾아 말해야 할 것 같다.

〈제물론〉에선 우주의 운행과 만물의 침묵과 시비, 성훼를 정리하는 것이 아니라 내버려두는 것이 방임적 결론이다. 묶지 말라. 묶으려 하지 말라. 수고롭게 마음을 쓰지 말라. 버려두라. 편집하지 말라. 소요하라. 이 해방의 침묵의 소리가 들리는 듯하다. 시비가 만물의 '말'들이다.

당대 현실 속에서나 현대의 이 지구적 상황 속에서나 공히 혼돈을 버리고 고갈(枯渴)을 향해 나아가는 것은 모든 미아(迷兒)들이 가는 길이다. 그것도 고속으로 질주한다. 마음의 길을 버리고 인류는 다른 길로 걸어왔고 또 가고 있다. 그들이 가는 욕망의 길은 별로 꿈과 매력이 없어 보인다.

우리는 다시 부지(不知)와 무하유지향, 탐암과 그리운 광막지야 속으로 돌아갈 수밖에 없다. 그곳이 지구적 본향이며 내 영육의 피난처이다. 지혜의 의식과 말들이 바로 그 탐암 밖의 메마르고 명증한 지구 현실 속에 있다.

언어의 집은 어둠속 그 안쪽에 있다. 불을 켜지 않은 어둠, 그곳이 나의 집이다. 그곳은 현실 자체가 아니다. 마음이 현실 자체일 필요가 없다. 그것은 언어를 노예화하는 논리이다. 언어는 언어일 뿐이다. 얼마나 많은 그럴싸한 현실적 명분의 감언이설이 언어를 구속했을까.

제물이 이용이나 통치 수단이 되어선 안된다. 무용이 더 많이 존재하는 곳이 자연이다. 그곳에서 현재 가없이 불가해한 존재들이 상취하고 있다. 이것이 아픈 장자의 마음이고 자연이다. 그 호흡의 언어까지 상처투성이가 된 곳이 이 지구이다.

조궤 다음의 난해한 말

탐암(黮闇)은 조궤와 비슷한 말이다.

희미하고 불분명한 것, 논리가 애매한 것. 당대의 모든 사상가들은 유용하고 분명하고 양명한 것만을 쫓아갔다. 장자는 난조(亂調)나 애매성 즉 저 북해의 난바다와 같은 정서나 자연적 혼돈의 정황을 중시했고 즐겨 찾았다. 그래서 오해가 많았을 것이지만 - 장자를 요괴(妖怪)라고 하기도 했다 - 장자는 개의치 않았다.

그는 사람들이 가는 길을 가지 않았다. 그러나 그 에돌아가는 길이 바로 미래의 길이며 인간의 길이라면 나는 그 길을 택할 것이다. 그 미래의 길에서 현대문명과 인간이 모두 만나고 있다면 또 어떨까. 저쪽에서 볼 때 인류가 전혀 다른 길을 가고 있다고 하면 또 어쩔 것인가.

이 탐암은 풀 수 없는 문제이다. 밝힐 수 없는 어둠이다. 지혜로 풀 수 없는 혼돈의 거처이다. 아무리 논쟁하고 탐구해도 얻을 수 없다. 탐암은 숭엄한 세계가 망가지지 않게 하기 위해 만든 장자의 지심이며 난해한 지식의 구조망일 것이다.

빛이 들어오는 곳, 빛이 밝혀준 것들이 모두 눈이 멀고, 유용했던 것들은 다 쓰고 망가지고 없어졌다. 장자는 그로부터 너무 먼 미래의 황량하고 초라하기 그지없는 문명과 인간의 종말을 본 것일까. 그 최후의 광적이고 보잘것없는 인간의 모습은 모두가 제물의 오용과 남용과 교만이 불러온 종말의 노래일 것이다.

이 탐암(黮闇)의 '탐'자는 어둡다는 뜻도 있지만 오디 심(黮) 자이기도 하다. 이는 뽕나무 열매로서 장오자의 오동나무 저쪽에 뽕나무가 함께 있었던 걸까. 문득 그 열매는 장자 언어의 검고 달콤한 씨앗 같다. 『남화경직해』에는 탐암 사이에 맛이 싱거운 담(啖)자를 끼워놓았다. 탐담염(黮啖闇, 이 '담'자는 삼키다, 병탄하다는 뜻도 있음). 염은 불명(不明)의 모양이다. 두 글자 모두 괴이하다.

장자는 고이불견했다. 하지만 그는 인간이 제외한 만물의 친구였다. 그에겐 이상한 물건과 사건과 인물과 언어가 많다. 여기서 여섯 번 나오는 동(同)자는 누군가를 따르거나 견해가 같은 한무리들이다. 잘 안다고 해서 가까이 지낸다고 해서 그가 나와 같은 것은 아니다. 무여친과 편애의 경계 대상들이다.

시비의 말이 저쪽에서 오고 있다면 지금 기다리고 있는 하나의 정(正)은 바른 정(正)이 아닐 것이다. 또 다른 정의 입장이 있을 것이다. 바른 것은 바른 것이 아니게 된다. 바른 것은 다른 것을 불러온다. 바른 것이 바른 것으로만 있을 때 또 다른 것의 공격을 받고 부패한다. 이것이 시불시(是不是)이고 연불연(然不然)이다.

이것을 어떤 번역은 '옳다고 하는 의견과 옳지 않다고 하는 의견이 있고, 또 그렇다고 하는 의견과 그렇지 않다고 하는 의견이 있다'고 하였다. 전혀 다른 말이다. 언제나 정이 오면 그 정은 동류(同類)가 되고 저쪽에 다른 이류(異類)를 부른다. 옳고 그름을 넘어서는 정(正)의 극복이 필요한 말이다.

장자는 자연 속에서 외로움의 행복을 소요했을 것이다. 가까이 있는 것을 부러 멀리 할 필요도 없지만 인간을 특별히 사귀어야 할 까닭과 목적이 없었을 것 같다. 특별히 누굴 아주 가까이했을 것 같지도 않다.

마음은 한한(閒閒)했을 것이다.

그에게 심심함이란 있을 수 없다. 만물이 장자의 주변에 하나도 빠짐 없이 다 있다는 것을 완전히 알았을 것이기 때문이다. 인간의 말이 아닌 풍뢰를 들으면서 그는 마음의 말을 만물과 나누었을 것. 장자는 위대한 풍류사상과 시문(詩文)을 남겼다.

말을 기다린 자들의 정(正)이란

장자는 말을 기다리는 자로서 기이하게 바를 정(正)자를 사용했다. 이것 자체가 저항적인 것으로 보이지 않고 괴연독하다. 기다리는 말의 종류도 다른 것이겠지만 장자의 말은 다른 바람을 부르는 것 같다.

대언 앞에 시와 비와 정이 서 있으니 불가피하다. 운명과 인간은 늘 무언가를 기다리는 작용이고 조건이다. 장자가 사용하는 기묘한 뜻의 '정'자는 그래서 나에게 대단히 괴이하고 불구적인 형상의 문자로 다가온다. 가장 바르지만 가장 못난 글자의 '정'이다. 인간은 그 '정'을 찾고자 한다.

찾는 순간, 그 정은 다시 비의 저쪽 시'가 된다. 글자가 지도 없이 불가피하게 배반한다. 반듯하면서 불구적인 것의 정(正)자를 허물없이 사용한 이 대목은 비밀이 있는 것 같다. 장자가 특별히 쓰지 않는 문자가 있을 리 없겠지만 어쩌면 잘못 해석한 것인지 모른다.

어쩜 그게 아니라 장자는 모든 것이 이 '정'자 안에 들어오면서 망가지거나 훼손된다고 본 것이 아닐까. 그렇다면 권력과 진리, 체제, 문명, 인간에 대한 기묘한 풍자가 느껴지기도 한다. 예컨대 말 속에 권력과 이권, 재물과 사람이 오가는 것은 기이한 일이었을 것이다.

그래서 이 문장들엔 이중적 눈금이 숨어 있다. 다 맞는 말이 아니다. 다음의 '화성(化聲)'에서도 나타나지만 그들의 말이 진리인 것처럼 현실에 비춰지는 문자에 대한 장자의 마음은 자괴적이고 풍자적으로 읽힌다. 이는 진리를 물을 수 없고 또 말할 수 없는 불통과 경계를 고백한 것이기도 할 것이다.

그런데 끝의 기다림이란 말(이대피야(而待彼也))이 묘하다. 사상가, 궤변가, 앞잡이들, 정치적 간접 후원자들, 막후 세력 들은 무언가를 기다리는 자들이다. 그 말은 간교하여 다시 권력과 물질의 이동에 따라 움직인다. 실은 말의 노예들이다.

장자가 〈제물론〉끝에 와서 이처럼 이 '정'을 찾은 것을 보면 변론과 시비에 진절머리를 쳤던 모양이다. 하나가 되려면 당장 다른 것을 버려야 하는 것처럼 우선 그 말로부터 해방되는 것이 자연으로 나아가는 첫 걸음이 될 것이다.

그런데 여기서 한 가지 의문은 그 말의 기다림의 대상이다. 분명 그 기다림의 대상은 '말'이다. 논쟁과 시비와 고성과 갈등을 해결할 어떤 말과 그 누군가를 기다리는 것처럼 장자를 절망에 빠트린 것은 없는 것 같다. 인간에 대한, 말에 대한 장자의 비극과 한계가 비친다.

장자 자신에게도 그 대언자가 필요함을 숨긴 것으로 보인다. 누군가를 기다리는 듯한 묘한 암시가 풍긴다. 언어의 대성과 진인, 명왕을 기다리는 것인가. 은약(隱約)이 있지만 이 모두가 해결되고 말이 되면 탐암도 없어진다. 아마 그런 세상은 인간에겐 없을 것이다.

장자가 찾는 시(是)는 앞의 대성(大聖)의 앎인지 모른다. 차라리 천뢰를 듣는 것이 좋았던 것일까. 하지만 〈제물론〉 서두에서 남곽자기도 일관(一貫)된 늙은 지혜의 눈으로 자신의 노쇠(老衰)와 하늘을 보았다. 누구도 도와 하늘과 말할 수가 없다. 인류가 다 죽어나가도 도는 나타나지 않을 것이다.

숙명을 받은 지구와 인류에겐 그럴 만한 죄업의 공과(功過)가 있는 모양이다. 이런즉, 나와 그대와 세인들 모두가 능히 서로를 안다는 것은 불가능하다. 그래도 저쪽을 기다린다. 그러겠는가? 정이 있는가. 꼭 필요한 것인가.

네 번의 오능정지(惡能正之)한 절규

여기서 장자가 오능정지(惡能正之)를 네 번 사용한다. 어찌 능히 바르게 말을 하게 하겠는가, 네 번이나 의문하면서 무지를 보여준 대목은 언어로 보여주는 〈제물론〉의 마지막 망양(罔兩)과 호접몽(胡蝶夢) 앞의 의문이다. 그러나 바로 이 모름의 모름에 도착했을 때 그것이 천예의 길이 아닐까. 제왕이 아니라 아이가 되는 길.

자칫 잘못되면 이 말이 다 닳아 쓸모가 없게 될까 걱정일 정도로 장자는 강조하고 있다. 결국 인간의 지혜로는 분별하기 어려운 것, 그리고 장자가 기다리는 것은 우둔이며 자연이다. 장자는 초야로 나아가 우둔한 자연의 손을 잡는다.

장자는 자연과 만물의 분별자가 아님을 자백한다. 너무나 인간적이다. 인간에 근접한 진인이 여기서 느껴진다. 이 오능정지란 말은 다시 들을 수 없는 장자의 진리에 대한 마지막 절규이다. 여기서 오능정지(惡能正之)는 앎의 부정화법이 된다.

어찌 장자인들 지구의 단모가 만나는 '그때'를 접하랴. 천공에서 방일월하면 될 일이다. 이 이상의 논리를 펼쳤다면 말장난이 될 수도 있었을 것이다. 장자가 적어도 네 번이나 말해야 할 정도로 중대한 부분이다. 아무리 헤아려도 바르다 할 수 없다는 말, 바른 것이란 없다는 말이 곧 장자의 입에서 터져나올 것만 같다.

장자는 그 후 문합(吻合)한다. 외계적 존재 같은 무엇이 펄럭펄럭 날아가는 그림자와 한 미물(微物)의 비유로 넘어갈 터이다. 다시 말하지만 이 '정'자는 불능상지(不能相知)를 풍자화한 말이다. 현실은 어찌 광막지야를 잃어버렸을까. 살인적 광선만이 번쩍이는 도시에서 나는 길을 잃는다.

시비, 이해, 정처(正處), 정미, 정색의 논의를 거쳐가는 우둔과 골의지요와 물화가 〈제물론〉의 대의이다. 시비를 없애는 일이 이런 곳에 있었다. 빛은 시비를 발생시킨다. 옳고 그름을 넘어가는 길은 험난하다. 그의 말은 무변(無邊)의 공기가 육극의 어느 편에도 설 수 없다.

시비, 정반, 이해, 내외, 물아 등은 상대적 존재이기 때문에 없을 수가 없다. 그것을 인정하는 것이 제물의 인식이다. 자연의 주야를 결정하고 판단할 일이 아니다. 〈소요유〉의 마지막 구절, 만물을 잠재우는 말은 저〈소요유〉에 있었다. 이리저리 노닐다 그 아래 누워, 잠을 청해보지 않는가. 쓸모없다고, 어찌 난처해하고 괴로워한단 말인가〔소요호침와기하(逍遙乎寢臥其下)　무소가용(無所可用)　안소곤고재(安所困苦哉)〕. 〈제물론〉의 결론이다.

장자는 지금 자연의 긍정 속에서 모든 언어를 지우려는 것 같다. 언어에서 비극이 왔기 때문이다. 언어가 없는 그곳에 문합이 있고 이예상존이 있고 보광이 있고 만물이 있는 것이 아닐까. 그래도 언어가 없는 족제비와 너구리는 다시 저쪽에 염탐하고 있는 것처럼 그 모든 판결은 자연이 내릴 일이다.

인간은 꿈속에 취해 살아간다. 알고 깨어나지만 다시 다른 꿈을 꾼다. 꿈은 세 끼 식사와 같다. 시비의 해결은 없다. 그것을 어쩌겠는가. 능곡지변(陵谷之變)의 세상에서 변란(辯亂, 말의 싸움터)을 내다보면 아무도 저 말의 숙명을 해결할 수 없다.

어느 시대나 시비의 해결이란 불가하다. 인간은 말 속에 얽혀 있는 덩굴과 같고 회도는 물과 같다. 응무궁의 소요가, 우제용이, 제물이다. 주제넘게 인간이 맡아 할 일이 아님에도 자처해서 만들고 쓰면서 고달픔을 더한다.

장자는 그대가 이기는 것도 내가 이기는 것도 바라지 않는다. 그런 것이 없는 까닭이다. 만물의 상대성을 응하며 무궁한 소요의 경지로 나아가는 일이 부족하나마 〈제물론〉의 본지이며 자연의 본연으로 천진(天眞)히 돌아가는 길이 이 논(論)의 결론이다. 장자의 답변은 오능정지(惡能正之)이다.

'그런가'〔사(邪)〕를 네 번, '(바르게 할 수)있겠는가'〔오정(惡正)〕를 다섯 번, 그리고 또 '그러겠는가'〔사(邪)〕'를 한 번 외치는 도합 열 번의 이 대회의는 자연과 인간과 진리와 앎에 대한 절망이자 자연회귀를 선물한 구원이다.

그러나 무섭고 복잡한 것은 역시 말이다. 말이 세상을 이끌어간다. 장자는 그 말을 따라가지 않는다. 장자의 이 높고 깊고 먼 침묵의 외침이 만물 자연에 대한 부지로 가는 길이고 그 길이 장자가 말한 천진소요의 말이다.(『남화경직해』에선 장오자와 구작자의 대화는 여기서 끝난다)

31. 천예와 만연의 '이것〔시(是)〕'으로

천예(天倪)를 가지고, 조화롭게 한다는 건, 무엇인가.

이것은 이것이 아니고, 그러한 것은 그러한 것이 아니라고, 말하겠다.

만약 '이것'이 정말 '이것'이라면, '이것'은 곧, '이것이 아닌 것'과 다른 것'이다. 모두 입을, 닫아야 한다. 만약 '그러한 것'이 정말 '그러한 것'이라면, '그러한 것'은 곧, '그러하지 않은 것'과 다른 것이다. 모두 입을, 닫아야 한다.

소리로 변하는 것은, 서로를 기다린다. 그대는, 그 서로의 기다림이, 되지 말라. 천예(天倪)로써 조화를 이루고, 만연(曼衍)을 따르는 것은, 무궁한 세월 속에 있는, 까닭이다.

세월을 잊고 의리(義理)를 잊으라. 경계 없는 경지에 맡기라. 그래서 경계 없는 경지에 머무르라.

* 아래 '원문(原文)'은 『남화경직해』 원문이다. 왕선겸〔王先謙 1842-1917 청나라 말기 사람. 저서 『장자집해(莊子集解)』가 있음〕 등이 원문을 버리고 5구 25자(고딕체)를 앞에 놓았다 한다. 『장자집해(莊子集解)』보다 전에 발간된 『남화경직해』(1741년 간행)에는 장자 원문 제자리에 5구 25자가 그대로 있다. "化聲之相待 若其不相待 和之以天倪 因之以曼衍 所以窮年也 何謂和之以天倪 曰是不是然不然 是若果是也 則是之異乎不是也 亦無辯 然若果然也 則然之異乎不然也 亦無辯 忘年忘義 振於無竟 故寓諸無竟."(84자)은 국내 대부분의 번역자들이 사용한 원문이다.

원문(原文)

何謂和之以天倪 曰 是不是然不然 是若果是也 則是之異乎不是也 亦無辨 然若果然也 則然之異乎不然也 亦無辨 化聲之相待 若其不相待和之以天倪 因之以曼衍 所以窮年也 忘年忘義 振於無竟 故寓諸無竟

* 무엇 **하**何. **천예**天倪 시비를 초월한 천진의 길. (불변의) 이것, 옳을, **시**是. 그러 할 **연**然. 역무변亦無辨 입을 닫아라. 역亦은 이것저것, 모두. **인**因 따르다. **소이**所以 하는 바, 소행, 까닭. **궁년**窮年 무궁의 세월을 지냄. **화성**化聲 소리가 되는 현상 등, 말소리. **상대**相待 서로 기다림. 너, 그대 **약**若. **만연**曼衍 끝없는 넓음, 무궁한 변화. **망년망의**忘年忘義 세월을 잊고 의리(義理)를 잊다. 분기할 **진**振. 맡길, 붙어 살 **우**寓. 어(於)와 같은 어조사 -에, 을 **제**諸. **무경**無竟 무궁의 경지.

화지이천예(和之以天倪)

멀어지고 다시 멀어진다. 의식은 전율하고 말은 고독하다. 불가피하게 세상을 지배하는 지혜와는 전혀 다른 천예(天倪)가 등장한다. 『남화경직해』에선 천예에 언덕, 물가 애(厓)자를 달아놓았다.

하늘의 아이가 세상 시비와 싸움을 구경한들 잘잘못이 있을까. 천예는 〈제물론〉 끝의 최고봉을 장식하며 하늘 끝에서 부르는 만물에 대한 가없는 이름이다. 이토록 높은 하늘 끝에 올라 그들의 이름으로 방일월하고 협우주하고 승운기한다. 기일월하며 사해 밖에서 노닐면 헛될 것이 없다. 우주는 노니는 곳.

다른 목적과 이용과 대적(對敵)이 없다. 그 어떤 말의 권력도 따라올 수 없는 자신만의 문채로 있다. 인간에게 이처럼 가없는 진어무경(振於

無竟)이 있다. 그곳에 또 다른 존재론적 사유의 하늘이 펼쳐졌고 종말론적 망묘(莽眇)가 있다. 만물은 스스로 제물한다.

장자의 물(物)에 대한 견해로서 가장 중대한 논점의 부분임에도 사람들은 이 부분을 쉽게 넘긴다. 여기서 다시 난해한 장자의 이 대명사 시(是)의 문제를 생각하지 않을 수 없다. '이것(이라고 여기고 생각하고 판단하는 것)'이라는 뜻의 '시(是)'는 의외로 범물(凡物)이다. 평범과 평등의 만물이 처해 있는 숙명의 그곳.

옳고 그름의 한쪽인 옳음을 넘어 '이것(만물진연의 말과 사물)'으로 나아왔다. 여전히 다른 해석들은 이것을 옳음으로 번역했지만 적극적으로 해석해서 이것은 그것(옳고 그름의 시비)을 넘어선 '자연' 혹은 '있음'일 것이다. 만물의 해존은 '옳음'이니 '옳음'으로 번역해서 틀린 건 아니다.

시의 '옳음'이 '포괄적 자연'의 '그것'이 될 수 있을까. 시불시연불연(是不是然不然)의 시연(是然)을 자연(自然)으로 보기 때문이다. 시연의 자연인 시(是, 시비의 시가 아님)에 시비(是非, 옳고 그름)의 시만 있지 않고, 비가 있고 연도 비연도 있다. 그 정도가 아니라 만물이 함께 있는 하나이다. 즉 동시(同是, 하나의 자연)이다.

장자가 시를 옳은 것의 뜻으로 사용했다 치더라도 여기서는 다른 뜻으로 풀이될 수 있다. 이 말에서 자연의 '이것'이라고 할 만한 장자의 의중을 읽어야 한다. 그는 그 절대적 언어가 인간에겐 없다는 것을 천예를 통해 보여주고 있는 것 같다. 그 본성은 아이의 천진성과 대성(大聖)의 우둔과 유사한 게 아닐까.

이것이 이것(이라고 하는 것)이 아닌 다른 것일 수 있다는 말은 기묘하다. 그러면서도 장자는 시연 즉 자연으로 돌아와 우둔하고 만연하고 천예하길 바란다. 예민하고 민첩하지 않기를 바란다. 즉 아무것도 모르는 아이가 되길 바란다. 왜냐하면 그 아이 전체가 우주의 축소일 수 있기 때문이다.

부정될 수 없는 장자의 '부지론'은 그러나 〈양생주〉〈인간세〉등에서 화려하게 숙명자들을 통하여 발현된다. 말할 수 없는 고통 속에서 죽어가면서 죽음의 미학을 완성한다. 즉 더 아름다워지는 난해한 소요와 기류가 될지언정 궤변으로 전락하거나 이상한 가면을 쓰지는 않는다.

진리 아래에선 이 말부터가 불완전한 것이다. 하지만 인간이 그것으로 이 하나 뿐인 자연에 의지하여 존재하는 만물 중의 하나임을 부정할 순 없다.

시불시(是不是)에 대하여

분변할 수 없음은 '이것'과 연유가 있다. "만약 '이것'이 정말 '이것'이라면, '이것'은 곧, '이것이 아닌 것과 다른 것'이다." 이 말을 이렇게 풀 수 있을 것이다.

만약 '이것(현재의 이것- 작은 의미의 옳음, 거짓인지 진리인지 모르는 현재의 것 1)'이 정말 '이것'('이것'의 진리 1)'이라면(이 말엔 다른 것을 부정하고 거부한다는 뜻이 숨어 있다.), '이것(현재의 것 1)'은 곧 '이것('이것'의 진리 1)이 아닌 것('이것'의 진리 1이 아닌 다른 제 2의 진리, 혹은 현재의 다른 제 2)과 다른 것(진리 2의 기준에서 보면 현재의 것 1은 전혀 다른 것이 된다는 것, 즉 본래의 '현재의 1'이 아니게 된다.)'이다.

그러므로 이것은 이것이 아닐 수 있고, 이것과 이것이 아닌 것이 있을 수 있게 된다. 즉 엄연한 '나'가 내가 아닐 수도 있다. 아는 것이 모르는 것이 된다. 정처와 정미, 정색이 정해져 있지 않은 것처럼 환경과 조건, 입장이 다 다른 수많은 자아와 대상, 타자와 입장과 시연(是然)이 있다.

사물과 언어를 가지런히 하는 것이 장자의 필생의 일이었다.〈제물론〉의 대미(大尾)는 대성의 단모밀우의 예언을 접어두고 현실의 고즈넉한 저녁에 다다랐다. 시비의 경계를 넘어 '이것일 수밖에 없는' 사물과 인간에 대한 인식의 해방은 이 '시연(是然)'으로 돌아온다.

자연의 일은 자연이 알아서 하는 일로 둔다. 이제 만연의 천예가 펼쳐지는 이 자연 속에서 아이가 아닌 한 어른인 인간이 소요하려 한다. 장자는 부정되지 않는 존재(혹은 옳음의) 이 '시(자연)'에 있고 싶어했기에 경계들을 버리고 소요한다.

북명의 바다 그 속에서 더 깊은 잠을 자려 한다. 장자의 사유가 벌써 남명 천지(天池)에 도착한 것일까. 장자는 옳음을 찾아 헤맨 자가 아니다. 적어도 그는 그러한 것들을 감히 가지고 놀았던 한 남자였다.

탐암은 나를 불행하게 하고 어둡게 하는 것이 아니다. 오묘한 경지에 빠트리며 나를 소요하게 하는 위기이자 고요이다. 그는 나에게 광막지야로 향하는 무궁한 꿈의 날개를 달아준다. 무엇을 알려고 하지 말라는 장자의 말이 귓전에 아름다운 메아리로 울린다. 부지에서 언어와 만물은 다시 살아난다.

단, 이 시불시연불연은 궤변을 극복한 저 앞의 손가락 비유를 떠올리게 한다. 이것은 또 이것의 그림자일 수 있다. 다음에 등장하는 망량(魍魎, 이매망량)과 경(景, 짙은 선명한 그림자)을 곧장 찾아가는 꿈속에 도달할 것. 언어의 신묘는 권태로운 현실을 훌쩍 떠난다.

마지막 시비(是非), 인시(因是)와 만연의 대도

인시(因是)는 천예 속에 있다. 하늘과 인간과 땅의 모든 것들이 함께 소요하는 삼뢰(三籟). 무궁한 변천과 세월 속에서 자신도 모르는 운율과 승운기의 비상과 성훼를 통과한다.

만연은 자연만물의 조화라는 소요의 구체화이다. 수많은 세월 속에서 사라져가는 것이 아니라 그것과 하나가 되어 만물과 함께 병생하고 기다림이 없는 경지의 소요이다. 저 일야상대처럼 그것이 천예의 길이고 우주의 운행이다.

장자는 절대 이곳(현재의 것 1)만을 중시하지 않는다. 모든 것은 개개

(箇箇)가 처해 있는 그곳이 있고 그것의 다른 그것이 있고 길이 있다. 만물의 질료가 있는 시(是)이기도 하다. 이것은 인위적으로 통일(統一)할 필요가 없다. 진인은 그것을 하나로 보고 통제하고 변경하지 않는다.

내다보고 '그것이 그러함'〔시연(是然)〕을 기뻐하고 즐긴다. 자연의 변화는 어리석고 우둔한 대성이다. 이 자연 외에는 다른 것이 없다. 장자는 그 안에서 견디고 따르고 살아가며, 사유하고 소요한다. 소요가 없는 삶과 사유는 무익생의 손실이다.

그러니 이것이 만약 이것이 아니면 전혀 다른 이것〔시(是)〕이 있고, 이것〔시(是)〕이 아닌 것〔불시(不是)〕이 또 있다. 이분법의 시비를 넘어 더 넓은 쪽으로 나아간다. 만물이 일정하지 않음을 말한다. 바람, 햇살, 풀, 벌레 등 만물의 자연이 비록 헛될지언정 방박과 성훼를 쉴새없이 계속한다.

한 육체 속에서 뼈는 단단하고 살은 부드럽고 핏줄들은 숨어 있다. 장자의 말은 진짜 다른 '이것'이 있음을 암시한다. 어느 쪽이 틀리고 맞는 것이 아니다. 즉 존재하고 작용하는 것은 시(是)이다. 장자 사유의 태는 자연이다.

그러한 것(연然, 만물진연, 만물의 자연)이 정말 그러한 것(진리)이라면, 그러한 것(진리, 본체)은 곧, 그러하지 않은 것(또 다른 세상의 것. 진리의 다른 진리나 현상)과 다른 것일 수 있다. 절대체제를 강도 높게 부정하는 말이다. 이 절대체제는 과연 누구이며 무엇일까.

우주의 진리는 인간을 위한 것일 수만은 없다. 인간의 진리는 인간의 것일 뿐이다. 진리라면 만물의 경지에서 보아야 한다. 진인은 그것에 육박하고자 한다. 만물이 있는 그 본연(本然)에서 사는 것이 잃어버린 삶을 찾는 길일 것이다.

화성(火聲)의 존재들

예(倪)자는 왕예(王倪)에 이어 두 번째 나오는 글자이다. 이 천예(天倪)는 자연의 은혜, 자연의 천진, 자연의 길을 뜻한다. 예(倪)가 어린이를 뜻하므로 자연을 닮은 인간의 아름다운 천진이다.

이 말엔 장자의 동심적 우화적 세계가 숨어 있다. 어른이란 결국 아이로 돌아가는 먼 여정에 불과한 통과적 존재일까. 어른은 아이들이 할 수 없는 일을 해도 고루(固陋)하고 슬픈 삶의 통칭일 뿐이다. 비록 아버지들의 냄새가 나지만 자연의 품에 육신을 바쳐야 하는 작고 초라한 몸뚱이이다.

이 예(倪)가 저 붕새를 상상했고 그 거대한 몸을 띄워 바람을 타고 하늘로 날아올랐다. 장자의 전편에 숨어 있는 도(道)의 이 동심 심리는 곳곳에 숨어 있고 그것은 꼭 어린이에게만 있는 것이 아니다. 어른은 아이가 되어야 한다.

천뢰를 말한 남곽자기도 동화적 존재의 할아버지이다. 노옹이 되었음에도 하중(荷重)이 없는, 오히려 하늘로 올려지는 승운기와 부요(扶搖)의 바람을 선물한다. 곧 어른이 되려 하는 제자 안성자유에게 꿈같은 비현실적인 이야기를 해주는 것도 어른이 되지 말라는 부탁의 말일 것이다.

장자는 천예를 초청한다. 자연스럽게 맡기고 흘러가라는 것. 판단하고 분석할수록 어지러워지고 어리석어진다는 것. 이 천예에서 장자가 도달한 것은 분변(分辨)을 없앤 부지이다. 귀엽고 작고 아름다운 '천예'이다.

장자는 이 천예와 한세상을 살았을 것. 고독하게 때로는 말동무도 없이 눈 내리는 산야를 보며 혼자 작은 경계(畛)의 길을 걸으며 괴로워하되 자신의 마음을 상하게 하진 않았을 것이다. 이 천예가 들려주는 너무나 아름다운 선율이 저 자연에 또한 있다.

분변할 것이 없는 것에 대해 왈가불가할 것이 없다. 어쩌면 네 번이나 의심한 그 정(正)이란 것은 허망한 체제이다. 누군가 그것이 있는 줄 알고 찾고 믿거나 명분으로 이용할지 모른다. 그 망량(魍魎)을 나와 앎인 줄로 알고 인간이 있는 처처를 떠돌 것이다.

그래서 장자가 넌덜머리를 쳤을 유묵의 설전(舌戰)을 시비화성(是非化聲)이라 한 건지 모른다. 대소 권력과 소성, 편애의 지혜가 춤을 추는 저 말들의 해괴함을 볼 수 있을까. 이 지상의 해괴한 가관은 바로 저것들의 광대짓일 것이다.

여기서 장자는 소리의 문제를 다루고 있다. 화성지상대(化聲之相待)가 그것. 기다림은 여기 처음 나오는 것이 아니다.〈소요유〉의 피차오호대재(彼且惡乎待哉, 그가 또 무엇을 기다리겠는가)가 이 말이었을까. 열자는 바람을 어풍(御風)했지만 이해(利害)와 시비의 소리를 끌고 다닌 것〔어성(御聲)〕일까.

대개 "화성의 서로 기다림" 혹은 "변하기 쉬운 소리에 기대한다는 것"이라 번역된다. 말로 나오기 전 마음속에 있는 어떤 생각의 단서가 이 화성 속엔 은밀하고 교묘하게 숨어 있다. 세상의 말, 말의 의도, 말의 변화, 말의 색깔, 말의 강도, 시끄러움, 떼거리, 맞장구침, 속삭임, 말싸움, 편들기, 당쟁, 여론. 이것들이 화성일까.

대성(大聖)의 말은 없다

도(道)는 미시유봉(未始有封) 즉 경계가 없고, 말(언言)은 미시유상(未始有常) 즉 일정한 상이 없다. 말이 지금 막 태어나오려고 입술을 달싹거리는 모습이 떠오른다. 다른 생각은 이 상대(相待)가 앞에서 말한 '저쪽을 기다리겠는가(이대피야사而待彼也邪)'에 대한 답이 아닐까.

말은 앞에서도 내용을 바꾼다. 말을 기다리는 자는 불안하다. 말을 기다리지 않는 자에겐 말이 아무리 변화무쌍해도 불필요하다. 말을 기다릴 일은 아닌 것 같다. 하지만 세상은 약속과 의에 붙잡혀 말을 기다린다. 어쩔 수가 없다.

이런 말을 한 사상가가 있었을까. 인의를 강조했지 인의를 잊으라 말한 사람은 없었다. 천예에는 전국시대를 뛰어넘는 인간 탐구와 해방의 정신이 있다. 어떤 경계와 체제도 이 남화진인의 말을 따를 수가 없을 것이다.

자연이 권력의 소유가 되는 것은 있을 수 없다. 그들에게 자연을 빼앗길 수 없었다. 말이 소용돌이치는 인간세의 저 화성을 누가 막을 수 있을까. 서로 말을 기다린다는 말〔상대(相待)〕은 즉 편들어주기를 바란다는 말이다. 기묘한 지혜의 심리가 번쩍인다.

단순히 기다리거나 기대한다는 말이지만 입 밖으로 말이 나오기 전의 내적 편애의 갈등과 이해의 단서가 비치고 있다. 이곳에 언어심리학적 촌철살인의 날카로운 눈이 있다. 그러나 말을 한다는 것은 인간의 기본적 표현행위로서 장자는 그것을 발견하고 전혀 놀라지 않는다.

화성지상대란 말은 공포와 분노로 들려온다. 말이 폭발하는 인간 세상을 보지 못한 것일까. 모든 사람이 그 말 속에 있지만 장자처럼 그것을 본 자는 그 외에는 없었다. 그는 말의 오가는 모습을 화성지상대라고 절묘하게 묘사했다.

대목백위(大木百圍)의 규혈(竅穴), 천지인(天地人)의 삼뢰(三籟)를 상기하면 성(聲)은 바로 우주만물의 총칭이다. 이 화성은 골치 아픈 인간의 시비 논쟁만이 아닌 우주의 모든 소리 전체를 아울러야 하는 말이다. 그 누구도 그 소리에 귀를 막을 수 없다.

세상은 소리의 공간이다. 다만 그 소리가 정치적인 지혜의 수작이 될 때 인간의 말은 강압과 폭력과 고루와 순화의 도구가 되기 쉽다. 장자의 소리와 언어는 그런 통치와 소통을 위한 협소한 의미의 수단은 아닐 것이다. 그의 스승은 만물을 다스리는 자연뿐이며 신인과 지인은 그 속의 주인공들이다.

이 나의 모든 생각은 이 뒤의 문장과 어긋나지 않는다. 천예(天倪)로써 조화를 이루고 만연(曼衍)을 따른다. 그것은 무궁한 세월 속에 있는 까닭이다. 화성의 소란은 천예와 만연 때문에 그 소리들의 기다림은 다시 조용해진다.

잘못하면 반천예와 반만연이 될 수도 있지만, 저쪽에 진짜 천예와 만연이 있음을 놓치고 싶지 않다. 그것을 강조해서 지시하면 그것도 또 다른 상대적인 천예와 만연에 스스로 저항할 것이다. 문합의 저녁이 저 멀리 저물어오고 있다. 어느 시대나 그렇다. 대성의 말은 없고 화성지 상대만 소란할 뿐이다.

말의 존재, 행방, 기다림에 대해

약기불상대(若其不相待)를 대부분 이렇게 번역했다. '그 서로 기다리지 않음과 같음' '믿지 않는 것과 같다'. 기다린다는 뜻과 기댄다는 말에 의문이 있는가. 장자의 대(待)자를 쉽게 번역해버릴 말이 아닌 것 같다.

발언과 발성을 싸움의 단서로 보고 화성을 말싸움으로 본다면 '말싸움'은 서로 (때와 기회, 사람을) 기다린다. 논쟁 중에 자기편을 들어줄 사상가나 편애, 옹호를 기다린다. 약(若)을 '그대'로 보았다. 소리로 변하는 것은 서로를 기다린다. 그대는 그 서로의 기다림이 되지 말라.

말이 밖으로 나오기 전부터 벌써 그 말의 마음들은 다른 상대와 지지자와 짝들이 옹호해주고 편들어주길 기대할 것이다. 이것이 확대되면 사상의 집단이 되고 궁극은 파벌과 국가가 이루어지고 결국 살생과 전란의 피바람이 부는 요인이 된다.

천뢰나 표풍 등은 인위적인 소리가 아니다. 사심이 없는 무정의 소리이고 바람이다. 화답이나 화창(話唱), 응답, 옹호 등은 인위적인 소리의 형식들이다. 후자의 것들이 무언가를 기다린다는 말은 호불호의 이중적 의미가 있는 것 같다. 진정 기다리는 것이 무엇일까.

진정 기다린다는 것은 무엇을 뜻할까. 일야상대는 기다리지 않으면서 스쳐 지나간다. 편애의 소성(小成)이 없는 무여친의 경지이다. 왜 인간은 소리와 말을 기다릴까. 단순한 이해와 이름을 위해서일까. 권력일까, 사람일까, 세력일까. 동물이 먹이를 기다리는 것처럼 말이 무엇을 기다린다는 것은 기묘하기만 하다.

소리가 기다리거나 찾아갈 순 없다. 말이 공기를 타고 상대방에게 건너간다. 건너간 말이 다른 곳에 가서 그 말을 전한다. 사회와 우주는 소리로 가득하다. 하지만 저 자연의 소리는 의도가 없다. 천예(天倪)로 조화를 이루고 만연(曼衍)을 따른다. 그 방일월과 문합의 소리는 나지 않는다.

북해와 남해 사이의 중앙〔中央, 지괴(地塊), 이 지상의 땅, 자연, 〈응제왕〉편〕의 혼돈에게 구멍이 없다는 '말'을 어떻게 누구에게 전해 들었을까. 가장 아름답고 신묘한 혼돈이 정체도 없는 말의 정보에 의해 비극적 종말을 맞는다.

이 성(聲)엔 다양한 뜻이 있다. 소리, 언어, 음성, 음악, 발성. 자연의 소리로서의 '화성'은 우주 영혼의 소리이다. 〈소요유〉편의 상취(相吹)가 그 소리의 시작이다. 원래 소리는 혼자이며 기다리지 않는 혼돈이며 바람처럼 곧장 사라지고 쌓이지 않는다.

지극한 인간 영혼의 소리는 없는가. 기억조차 나지 않는가. 어떻게 소리가 사슬에 꿰어 이어졌던 것일까. 거래가 되고 이해와 수단이 되었을까. 노래와 소요의 말은 죽었는가.

인간의 말은 쉴새없이 위치와 얼굴을 바꾼다. 상품처럼 시장에 나왔다가 사라진다. 혼돈의 형상 없이 소리로 고정되기 시작한 그것은 원래는 지인의 마음과 만물의 침묵이 아니었을까. 그러나 장자가 절망한 말의 그 화성을 천예자연의 음악으로 본다면 위험한 해석이 된다.

말은 인간이 하지만 과연 인간이 정말 하는 것일까. 빠르고 은밀한, 공기 속에 숨어 다니는 이 영혼은 무엇일까. 인간 사이에서 만물을 대행하는 말. 권력이 되고 도가 되고 침묵이 되고 죽음이 되는 말. 시비를 가리는 일에서 이 말은 실로 가공할 현상을 보인다. 말이 모든 사람들을 한 실에 꿰고 돌아다닌다.

결국은 물(物)을 다스리는 것이 아니라 말을 다스리는 것이 〈제물론〉의 숙제일지 모른다. 어디로 사라지는지 알 길 없는 이 소리들은 탑을 쌓지만 재앙의 근원이기도 하다. 말은 그러나 없을 수 없다. 빛도 형상도 색도 없는 것이 공기를 흔들고 가서 한 심리와 뇌리와 사회를 뒤흔드는 것을 보면 두려울 뿐이다.

아무도 그것을 이상하게 여기지 않았다. 그것을 빛보다 난해한 것으로 장자는 본 것 같다. 만물에서 온 언어가 인간을 제압한다. 이 언어는 언어생물학적으로 뇌 작용인가 물질의 입자인가 의지의 발현인가. 귀는 또 무엇인가. 귀와 말은 짝인가. 말이 귀의 노예인가. 사람들이 사용하는 말이 무엇인지는 알지 못한다.

말하는 사람의 입을 보고 있으면 놀랍다. 말이 미친 듯이 얼굴 안의 작은 구멍은 움직인다. 생각한 것을 지껄이고 불처럼 토한다. 입에서 연기처럼 나오고 곧 사라진다. 인간은 그 말의 주인같지만 허수아비 같다. 그 말의 책임을 지느라 어쩔 줄을 몰라하는 것 같다.

미친 말이 허공에 자신처럼 돌아다니는 것을 인식한다면, 그 말의 공포로부터 피해야 할 것 같다. 인간의 육체에서 그것도 위쪽의 머리 안면에서 그것들은 음식을 먹는 육체의 구강(口腔)에서 나온다. 말은 누군가에게로 건너가서 어마어마한 일을 저지른다. 찾아가는 말이고 기다림이 결과이다.

인간의 화두, 화성(化聲)

자연 속에 있는 만물의 색다름. 실낱같이 얽혀 변하는 미세한 결과의 그림자. 이 자연을 관찰하고 감상하고 즐기지 못한다면 안타까운 일이다. 그곳에 천예의 마음이 작용한다. 아무런 의도와 목표가 없다. 감각은 몸을 직통(直通)한다.

역무변(亦無辯)은 대부분은 '분변할 수 없다' '두말할 필요가 없다'로 해석되어 있다. 역(亦)을 '모두'로 보고 '모두 입을 닫아라' 하였다. 두 입술을 붙여 문합하면 천예가 마음속에 나타난다. 그때 소요가 시작된다. 내부가 하나의 혼돈 속에 오롯하다. 밖은 요동치지만 내 안은 조용하기 그지없다.

장자는 노래한다.

세월과 의리를 잊고 무궁한 경지로 진력할 뿐이다. 시(是)고 연(然)이고 모두 무경(無境)에 맡긴다. 저물음과 저녁 능선이 내 것인 적이 있었는가. 버려둘 때 인간은 자신을 발견할 수 있다. 저 자연이 나의 자연이 아니다. 내가 저 자연의 것이다.

그러나 지혜에서 나오는 인간의 소리는 무섭다. 생각의 언어들이 소리가 되어 소란하게 부닥치는 말들은 무기와 같다. 인간의 이 떠들어댐은 기묘하고 불구적이다. 특히 두 사람이 서로 얼굴을 향해 말로 싸우는 모습은 기이하고 난해하다.

또 한 사람이 수많은 사람들 앞에서 손짓발짓해가며 무언가 열변을 토하는 것도 가관이다. 때론 인간 자체가 의심스러울 때가 있다. 그 소리의 영혼들이 더 의심스럽다. 그들은 자신들이 하는 말을 알고 있는 걸까. 그들은 망량(魍魎)이 아닐까.

아무튼 화성(化聲)은 복잡하고 충돌적이다. 만물은 조용한데 말의 작은 소조(小鳥)의 날개들이 불가사의한 작은 입 안에서 튀어나와 날아다닌다. 설득하고 찬성하고 반대하고 헤어진다. 말이 말을 서로 갈급하고 동의해주길 바란다. 이 상대(相待)는 끝이 없다.

이 집단 편향은 음양이 교차하고 헤어지고 다시 만나는 일야상대와는 다른 진풍경이다. 천예가 두려워하는 말은 저 유연하고 만연한 장자의 언어가 아니다. 어머니와 자연의 말이 아니고 살해와 음모와 명예,

권력, 이기, 부귀, 억압, 불평등의 언어들이다.

그러면 장자는 어떤 '말'을 기다렸을까? 장자는 자신의 시대에 어떤 말이 없다고 여겼을까. 시대를 넘어가버린 말은 무엇일까. 장자는 무엇을 기다린 것일까.

찢어지고 파괴된 언어의 세상에서

만물에서 비롯된 불가사의한 뇌의 어떤 명령. 그에 의해 처음에 인간의 폐로부터 시작하여 입술로 오기까지의 언어. 독백이 태초에 시작한 존재론적 순수로서의 언어가 아닐까.

직립한 인간의 모습과 보행은 불안하고 정상적이지 않다. 허공 앞에다 무언가를 계속 말해야 하는 존재이다. 네발짐승은 후두에서 구강으로 통하는 인간의 인후강이 없다. 직립보행의 인간은 머리가 위에 있어 수직의 척추로 체중을 받는다.

그로 인하여 두개골의 전면이 앞으로 조금 나오게 된다. 목은 ㄱ자로 꺾이게 되고 그로 인해 조개와 같은 여러 발성주름이 목 안에 생겼다. 마찰음, 유음, 비음, 모음 그리고 양순음, 치조음, 경구개음 등이 기묘하게 새어나온다.

대부분의 말은 소성의 도구로 망가지고 길을 잃었다. 돌아갈 길을 잃고 떠도는 소년의 발걸음이고 궁궐에서 왕과 동침하면서 잘 살고 있는 봉강(封疆)의 딸 여희(麗姬)의 삶이다. 그것이 문명사회의 말이 도달한 말의 사회이다.

문합과 골혼, 예존(隸尊)과 성순이 너덜거리는 세상의 언어는 온전한 것이 남아 있지 않은 것 같다. 언어가 도구와 수단으로만 전락했다. 따라서 만물도 성스런 자태로 남아 있는 것이 거의 없다. 옛 장자도 만물진연(萬物盡然)의 꿈을 꿀 뿐이다. 그 꿈은 과거라기보다 현재의 저 안쪽 어둠속이다.

질주해온 무자비한 욕망의 횡포와 소비, 문명의 진군 앞에 섬세한 언어는 살아남지 못했다. 일성순은 더럽혀지고 문합은 열리고 골혼의 동굴은 파괴되었다. 그 가까이 가고 싶었던 골의, 그리고 성스러워 쳐다볼 수도 없을 문합, 보광 아래쪽의 만지고 싶은 심부, 이런 것들은 이미 죽고 없다.

만물은 약상(弱喪, 고향 집을 잃은 고아)이 되었다. 이 문장도 처음으로 돌아갈 것. 까마득한 세월 뒤 다시 돌아오기 위해 거대한 곤(鯤)의 몸이 바다를 뒤집어엎을 것이다. 하늘로 날아오르는 괴변(怪變)을 아무도 보지 못할 것. 모든 것이 쌓은 대로 먼저 내파(內波)될 것이다.

〈제물론〉을 건너 〈응제왕〉편까지 언어의 순례를 이어갈 것이지만, 그것은 태초로 돌아가는 언어의 여행이 아닐까. 바로 여기가 현실적 시비의 갈등으로 떠들썩한 세계가 아닌가. 모든 문장이 지나간 다음의 일일까. 먹먹하게도 내 마음엔 그들의 말이 들리지 않는다.

말의 발견

장자의 도는 소요를 위한 만물제동의 꿈을 지키는 일이며 또 만어제물(萬語齊物)하는 일이다. 그것은 오롯함인 유심(游心)의 지심(至心)이다. 인간이 골혼해서 만물을 놓아둘 수 있고 그것들과 놀 줄 안다면 그것은 지극이다.

장자의 말이 도덕철학적이지 않고 유희철학 같고 시문학적인 것은 언제나 저 깊은 근저에 우주와 혼돈과 부정(不定), 그리고 대종(大宗)을 인정하고 있기 때문일 것이다. 딱딱한 듯한 대종엔 너무나 아름다운 원목의 무늬들이 살아 움직인다.

묵언(默言) 다음으로 천천히 말하는 자유로움과 즐거움을 가진다는 것은 도의 최고 경지일 수 있다. 작은 입 속의 혀가 치아 사이에서 움직인다. 후강 쪽의 기도가 공기를 조절한다. 폐부 속에서 올라오는 기로

써 조율한다. 장자는 이 기가 뒤꿈치 두종(杜踵)에서 온다 했던가. 저 위의 알 길 없는 뇌에서 방일월한다.

방위가 없는 직감과 예지, 상상과 기억이 함께 움직이면서 심부에서 올라온다. 통달(通達)이며 신묘의 분출(噴出)이다. 저 상부의 상온(相蘊)이 천변만화의 만연을 그리고 내 안에서 솟구치는 이 천예의 언어를 마다할 까닭이 없다.

천리동풍이 불어온다. 생사수요(生死壽夭)를 잊고 무궁에서 노니는 자들의 마음만이 그의 언어의 벗들이다. 모든 것을 무경에 놓아주는 주체는 성인이라기보다는 천예의 아이들이다. 어른들의 아이들. 장자 여행에서 이 화자(話者)가 바로 장자 자신이며 천예를 고요히 궁구하는 주체들이다.

나여, 천예만연(天倪曼衍)이 의리(義理)와 국가와 왕을 걱정한다면 얼마나 우스꽝스런 일인가. 그것은 시(詩)가 지나치게 나라를 걱정하는 것과 같은 꼴이다. 『장자』 속에는 국가에 대한 걱정의 글이 거의 나오지 않는 까닭을 이해해야 할 것이다. 왜 한 인간이 저 국가를 걱정한단 말인가.

궁극의 자아를 책임지는 자는 국가나 권력과 무관하다. 자연 속에서 천진한 육체의 자신 외에 자신이 가진 것은 없다. 그의 영혼과 손에는 자연의 빛뿐이다. 백해구규육장이 나의 전부라고까지 생각하는 어리석음에 나는 전율한다. 보석 기둥과 구멍과 덩어리로 꿈틀거리고 있다.

장자의 나라는 자연이다. 모든 만물이 장자의 친구이고 아이들이다. 장자는 그 자연의 집에 살고 있다. 문도 마당과 방도 따로 있지 않다. 자연의 나라에서 소요하는 만물의 존재와 춤과 바람과 함께 뒹굴며 산다. 하지만 인간은 하늘의 별 하나를, 저 청풍 한 자락도 만들 수 없다. 잠시 사용하고 보내주고 말 뿐이다.

나는 나에게 말한다. 그대는 서로의 기다림이 되지 말고 세월을 잊고 의리(義理)를 잊어라. 경계 없는 경지에 너를 맡겨라. 말과 몸이 일성순해서 만물진연에 닿아라.

32. 그림자와 망량(罔兩)과 관찰자 장자

망량(罔兩)이, 그림자에게 물었다.

조금 전에, 임자께서 움직이더니, 방금 임자께서, 멈추었소. 조금 전엔, 임자께서 앉아 있더니, 지금 임자께선, 서 있소. 어찌하여, 그 독자적인 지조(志操)가, 없는가요.

그림자가 대답했다.

내가, 기다리는 것이 있어서, 그러는 걸까. 내가, 기다리고 있는 것이 또 기다리고 있어서, 그러는 걸까. 나는, 뱀의 비늘이나 쓰르라미의 날개를, 기다리고 있는 걸까. 어째서 그런지, 까닭을, 알 수 있을까. 어째서 그렇지 않은지, 까닭을, 알 수 있을까.

원문(原文)

罔兩問景曰 曩子行 今子止 曩子坐 今子起 何其無特操與 景曰 吾有待而然者邪 吾所待 又有待而然者邪 吾待蛇蚹 蜩翼邪 惡識所以然 惡識所以不然

* 어두울, 멍할, 그물 **망**罔 망罔은 이魍자와 동자(仝字). 이매망량魑魅魍魎은 도깨비. 법률, 체제 등의 뜻도 있음. 두 **량**兩. **망량**罔兩 도깨비, 미음(微陰), 엷은그림자. 그림자 **영**景 망량보다 뚜렷한 그림자, 해의 그림자. 영影과 같은 뜻. **자**子

그대, 씨, 임자. 조금 전에 **낭**曩. 기다릴 **대**待 여기선 그림자의 본체, 기다림의 뜻. 유다를, 특별할 **특**特 부리다, 지조, 곡조 **조**操. (의문사, 추측사) 그런가 **여**與. 기다릴 **대**待. **연**然 그러는 것. **사부**蛇蚹 뱀의 뱃바닥 비늘. **조익**蜩翼 쓰르라미 날개.

그림자와 망량(罔兩)의 등장

어느새 망량까지 왔다.

장자 속의 등장인물은 다양하다. 여기 등장하는 주인공은 인간도 동물도 식물도 아닌 도깨비 망량〔혹은 희미한 미음(微陰)〕과 그림자 영(影)이다. 〈제물론〉의 마지막에 인간이 물러가고 마지막 나비 앞에 등장한 인물. 아니 인물이 아니라 물(物)들이다.〈응왕제〉편에서 왕예 스승인 포의자(蒲衣子)가 말한 그 비인(非人)일까.

여기 천지 만물을 가지려고 논쟁하던 유묵과 권력의 추종자들은 다 사라졌다. 누가 보는지도 분명하지 않은 낯선 대낮의 지구 어느 한쪽. 그가 나타났다. 한 인간 현실의 이 고적한 광경은 장자다운 설정이고 비유이다. 이 글은 마음 밖에서 비치는 현상을 내면에 투영한 빛의 유희 같다. 놀라운 대화의 풍경이다.

밤은 거대한 하나의 지구 그림자. 매일 밤 그 지표면에 있으면서 그 그림자의 허공에 나가보고 싶다. 모두가 그 그림자 안에 들어가는, 지구 자신이 월식 같은 것이다. 영(影)은 광선이 가려서 허공이나 바닥에 나타난 검은 형상이고 거울에 나타난 모습이다. 초상의 뜻도 있는 그림자이다. 저쪽엔 광원을 가지고 있다.

빛과 그림자는 사실 하늘과 땅 만물, 도시, 마을, 인간의 마음 어디에나 돌아다닌다. 인간도 땅바닥에 작은 그림자를 만든다. 망량은 이매망량(魑魅魍魎)으로서 산, 강물, 나무 등의 정기가 어려 있는 도깨비이다. 사람 눈에 잘 띄지 않지만 지금 작은 망량이 장자 앞에 와 있다.

귀엽고 빠르고 변신을 잘하는 그래서 자유로운 그의 얼굴을 보고 싶다. 그는 시비도 선악도 아니다. 이 망량은 미음(微陰, 희미한 그림자. 같은 그림자보다는 망량이 재미있는 관계이다)이기도 하다. 〈제물론〉의 마지막 언어이며 오브제이다.

망량이 화려한 그림자 옆에서 '임자께선 지조가 없구려' 하는 말은 비난의 질문이라기보다 궁금증으로 나타난다. 아마 인의를 중시하는 유묵논자들이 찾아와 그런 질문을 했다면 곧 시비가 벌어지고 사단이 났을 것.

자기 안에 자기도 모르는 또 다른 자기가 있는가. 그것이 나도 모르게 기다리고 있는가. 그래서 이렇게 머뭇거리고 있는가. 이 되묻는 말은 장자 이전에 어디서도 본 적이 없다. 질문에 답하지 못하고 의문하는 것은 그가 그 문제에 골몰해 왔음을 시사한다. 이 두번째 망량의 질문은 사실은 경천동지할 일이다.

사물이 아닌 마음이 또 사물이 아닌 그림자가, 자신도 모르는 시간이 기다리고 있어서 그러는 걸까. 초심미적인 센서가 느껴진다. 나는 눈이 어두우니 눈 밝은 당신이 한번 말해보시오 하는 투이다.

말하자면 나도 내 안의 나도 아닌 기다림이 이러는 것이 아니냐고 묻는 말은 애처롭다. 마치 내 안에 무언가 있는데 무엇이 있는지 모르겠다는 부지의 끝에 다다른 경지이다. 우스꽝스럽기조차 한 이 우문의 답은 존귀한 천예이다. 즉 앎에 대한 탐암의 선물이다.

존재와 현상은 있는데 그 본질과 동정(動靜)을 모른다. 비논리적 언어의, 설명하기 어려운 환유의 시(詩)로서 말이다! 그것도 망량과 인간과의 대화가 아니라 뜻밖에도 망량과 그림자의 대화를 한 인간이 그들 옆에서 듣고 있다는 것에 대해 장자는 일언반구(一言半句)의 첨언이 없다.

〈제물론〉이 도깨비와 한 마리의 나비로 끝난다는 것은 사실 아이러니이다. 하지만 이것을 이겨낼 어떤 제물과 언어의 수사도 논리가 없을 것처럼 여겨진다. 망량은 〈제물론〉의 중심인물이다. 장자의 꿈과 맞먹는 존재이다.

전언(傳言), 기다리지 말라

장자는 작심하고 이 한 편의 시로서 실로 험난한 〈제물론〉 대미를 장식한다. 그는 마음에 망량이 지나가는 것조차 막지 않고 저 자연에 둔다. 그 망량이 자신의 마음이기도 하다. 받아들여야 한다.

허깨비도 자연엔 얼마든지 존재할 수 있다. 따라야 한다. 그들과 같이 지내야 한다. 그러면서 마음도 저 한데의 자연이 된다. 다 있는 까닭이 있지만 우리는 모른다.

장자의 눈은 망량에게 응하긴 하지만 안에 감추지 않는다〔응이불장(應而不藏, 〈응제왕〉편〕. 조금만 더 들여다보면 이상한 현상들이 발견될 것이다. 장자는 만물 속에 나타난 그것들을 가지고 놀며 시적 사유를 계속한다.

장자가 조금은 분명한 한 존재의 인간이라는 물(物)로서 - 언제나 완전한 인식의 존재가 될 수는 없지만, 골혼의 한 인간으로. 물론 작가로서 - 혹은 도깨비로서, 경(景)에게 말을 걸었다. 여기서 망량이 된 장자와 보고만 있는 장자가 보인다. 그래서 피차(彼此)가 존재와 입장을 맞바꾼다.

처음엔 잘 보이지 않았지만 가만히 상상하고 보면 그 미음(微陰, 희미한 그림자)이 분명히 바닥에 누워 있는 것을 알게 된다. 그리고 그 둘은 다름 아닌 장자이다. 나의 눈에 들킨 듯 그 둘은 또 하나의 장자로 거기에 있었다.

이 위대한 우문(愚問)은 장자의 사유가 시비의 인간세에서 천예의 자연으로 돌아왔음을 보여준다. 만물과 인간의 스승이 이 망량이 아닐까.

꿈 다음의 기막힌 언어의 주인공이다. 장자는 입도 귀도 없는, 생명체가 아닌 자연현상인 그림자의 말을 듣게 된다.

너무나 희미한 곳. 잘 인지되지 않는 곳. 마음의 가장 낮은 곳. 여기서 장자는 끝없는 자신과의 대화를 해왔다. 그 내부는 바깥 우주만큼 넓고 무궁하다. 흔적도 남기지 않고 지나가버린 이 그림자의 움직임. 낭자행(曩子行, 조금 전에 움직여 지나간 것들)은 고요하기 그지없다. 무엇이 왔다갔는지 알 수가 없다.

지면(地面)에 잠시 붙어 있는 그리고 지나가는 그림자를 보는 마음. 할 수 있는 '말'이 있을까. 그게 또 다른 그림자가 아닐까. 장자는 무당파적 인간으로서 만물 속을 지나간다. 만물 속에 있는 자가 어떻게 누굴 편들 수 있을까. 무용(無用)은 온통 도처에서 너울거린다.

무언가를 기대하는 목마름, 기다림을 찾아가는 기다림. 궁발지북(窮髮之北)을 남긴 붕새도 만규노호(萬竅怒呺) 위의 천뢰도 마찬가지. 무정을 보면 마음만 아플 뿐, 대체 무엇을 기다리고 목말라 하는 걸까.

여기 오유대이연자사(吾有待而然者邪)의 대(待)자는 앞의 화성지상대(化聲之相待)의 그 대(待)이다. 기다려선 안된다는 앞의 해석이 맞다는 것을 여기서 확인하게 된다. 말이나 그림자나 몸, 말이나 시간을 기다리지 말라는 뜻.

『장자』에서 지금까지 중요하게 여겨지지 않았던 한 경지를 이참에 엿보게 되었다. 문자 하나의 해석에 의해 가려진 자연의 샘터가 또 하나 발견된 셈. 이것은 분명 장자의 새로운 면모이다. 앞으로 아무것도 기다리지 말라는 장자의 말은 나에겐 적어도 정신적 묘비명이 될 것이다.

우리는 너무나 많은 것을 기다리고 있는 것이 아닐까. 무엇이 무엇을 지나가고 무엇을 남기는가. 나의 거울 앞에 그들이 지나간다. 그런데 그 나를 기다리게 하는 것은 무엇일까. 무엇에 의해 나는 조정되고 움직여지고 말해지는가.

내가 말하는 것이 아니고 내가 정말 앉아 있는 걸까. 대체 무엇이 움직이는 것일까. 내 안에 무엇이 있는 것일까. 또 저 과거에선 대체 무엇들이 대를 이어 내려왔을까. 미래에선 무엇들이 나를 기다리고 있는 걸까. 이게 전부 무엇일까.

허나 만물과 인간이 무엇을 기다리지 않는 자가 있을까. 아무것도 기다리지 않는 경지는 어느 경지일까. 기다리지 않는 지금 여기 있는 나〔금아(今我)〕의 존재는 있는가. 과거 현재 미래의 모든 것을 기다려서 이미 모든 것을 만나고 간 뒤의 존재일까. 그들이 인간이 아닌 만물들일까. 그리고 침묵일까.

나는 아무것도 기다리지 않고 찾아가고 싶지 않다. 이것은 두려운 일이 아니다. 돌은 돌처럼 산은 산처럼 나무는 나무처럼 있다. 다만 이번에 내가 인간이란 것을 알게 되었을 뿐이다. 그것도 다 아는 건 아니지만. 가끔 이것만으로 나는 과분하고 충만할 때가 있다.

장자의 마음과 움직이는 그림자

저것이 기둥이나 처마의 그림자라면 그 기둥이나 처마가 그림자의 주체이다. 그것을 의식하고 있는 유기체, 또 시간을 의식하는 말의 장자는 망량이 아닐까. 앞의 공간은 물체와 그 그림자들이 서로 무언가를 속삭이며 지나가고 있는, 인간이 개입할 수 없는 다른 영역의 풍경처럼 느껴진다. 시간이 가면서 즉 태양이 서쪽으로 이동하면서 그림자는 이동한다.

나른한 오후, 그림자의 이동을 보고 있던 장자는 놀라운 사실을 발견했다. 그것은 시적 풍경의 순간이다. 순간이지만 영겁을 관통하는 말이 지나갔다. 역사적인 것들이 아닌 여기 이 아무도 보지 않는, 소용되지 않는 것으로서 망량의 움직임에 장자는 전율했을 것이다.

나는 이것이야말로 인간이 발견한 것 중에서 가장 위대한 시(詩)라고 생각한다. 이 망량의 그림자의 이동 속에서 장자의 마음의 이동을 함께 들여다볼 수 있다면 그것이야말로 '나'의 마음을 들여다보는 일이다. 그 마음은 조금도 다를 것이 없는 미래를 다 가버린 뒤 돌아온 태허의 현재적 마음이다. 즉 작은 거울 같은 것이다.

또 이것은 기둥과 처마 말고 저 하늘에 떠가는 태양의 비밀이기도 하다. 그림자 없는 하늘. 일야상대의 그림자. 그것들은 우리집 마당 안쪽에 들어오고 있지 않았던가. 오늘 아침도 오동나무는 자신의 첫 그림자를 검은 흙살에 드리우고 그 아침 햇살을 받았다.

높은 서산도 그 첫 햇살을 부끄러운 듯 산세를 하늘로 열어둔 채 받고 있다. 밖으로 마음을 열어두지 않고 망량을 볼 수 있을까. 이 통시적인 눈이 저 하늘일 것이다. 모두 망량이 열린 세상이다. 자연의 형개이다. 보인다는 것에 움직인다는 것에 전율한다.

이 조용한 순간 속에서 장자는 망량과 영(影)과 분리되어 헛되이 그러나 어쩔 수 없이 쓸데없는 대화를 나눈다. 이것이 실용과 실사, 이해와 권력을 넘어가버린 한 인간의 승물유심이다. 장자는 마음에 지나가는 이 미음의 이동을 직시하고 즐긴다. 붙잡지 않고 가두지 않고 나그네의 그들을 보고 듣는다.

만물은 만물이 아니다. 만물에게 만물이란 말이 없다. 만물이란 말을 잊어버릴 때 만물은 기이한 형상들로 거기 있다. 꿈속에 있고 꿈 밖에 있다. 현실과 삶과 만물과 의식, 시간과 기억은 모두 꿈이다. 꿈속이고 꿈밖이다. 구체적이고 딱딱한 현실이라 해도 그것은 포장된 꿈속일 뿐이다.

말이 죽고 생기는 꿈을 거울처럼 대면한다. 그것을 보고 있는 인간의 파편적 돌발적 의식〔형개(形開), 응무궁〕이라는 거울의 꿈. 대체 이 단단한 현실이라는 것은 어떻게 된 노릇일까. 『장자』한 권을 가지고 먼 여행을 혼자 떠나왔다. 먼 객창에서 나의 그림자는 나무 그림자와 하나가 된다.

문득 장자의 현실을 상상한다. 육체라는 꿈의 한 조각이 불쑥 건너편 그림자에게 말을 거는 것을 본다. 장자의 어깨, 그의 팔과 다리 그리고 얼굴, 머리카락, 움직이는 손. 말이 그에게서 앞으로 나아가 그에게로 건너간다. 장자는 뒤에서 본다. 몽음주자의 꿈 그대로이다.

저쪽의 경계는 어디일까. 거기가 장자가 있는 곳일까. 장자가 스스로 삶에 취해 잠에서 깨어난 것처럼 꿈속에서 밖을 내다보고 있다. 정신은 맑지 않고 흐릿하다. 아니 맑지만 흐릿하게 둔다.

그러지 않으면 그것들은 자신을 보여주지 않을 것이다. 인간의 감각과 영민성을 알아차린 순간 그들은 사라질 것이다. 흐릿한 정신으로 둘 때 그것들은 가까이 다가와 경계심 없이 곁에서 논다. 그런 정신을 둘 때 그들이 노는 것이 보인다.

장자는 어렴풋하다. 취한 듯 몽롱하다. 꿈속 같은 의식 속에서 깨어나고 싶지 않다. 자신을 그곳에서 쫓아내고 싶지 않다. 윤슬이 반짝이니 은결의 수면에 거꾸로 올라가는 아련한 물결의 빛처럼! 장자는 결코 거기서 정신을 번쩍 차리지 않는다. 모든 감각과 깨달음은 장자의 저 깊은 심부 아래로 쏟아져 들어가는 거대한 해저의 폭포 같다. 아무것도 다치지 않으면서 무시무시하게 쏟아져 들어간 빛의 심부, 폭포음. 빛의 장난들이다. 장자는 한 그루의 어둠처럼 있다. 한 마리 혼돈의 짐승처럼 앉아 있다.

장자의 생은 연하고질(煙霞痼疾) 혹은 천석고황(泉石膏肓)을 읊는 퇴직자들이 아니다. 장자의 자연은 일간풍월(一竿風月, 장자는 낚시를 즐겼다)하는 나라이다. 숙명의 나라이다. 그는 명신보철주의자가 아니다. 그는 자연을 빼닮은 범부(凡夫)이며 자연의 딸을 사랑한 애처가이다.

기다림의 기다림의 기다림의 저쪽과 이쪽

나를 지나가던 나를 풀어준다. 이 해람(解纜)의 직면은 백해구규육장이 다 해체되어버린 듯한 그래서 바람과 햇살이 된 느낌. 풍장(風葬)된

육신의 어느 이른 봄날의 눈구름의 그림자들이 사라져가는 현해감(懸解感)을 느끼게 한다.

이 망량과 영과 장자의 눈이 있는 오후와 주변이 그립다. 그곳이 어디인지 알 길 없다. 장자가 마음을 풀고 있는 그 어느 망중한의 한 공간일 터. 미세하게 움직이며 속삭이는 마음을 포획한 장자의 수정체는 깊고 조용하다. 그것을 보는 온 우주와 영계는 숨죽이는 조응 속에서 정작 떨고 있지 않았을까.

인간이 인식하지 못하는 사이에 가는 것이 무수히 많을 것이다. 일일이 모두 송영(送迎)하지 못하고 있다는 것만 아쉽다. 그러니 진인이 나서서 돌아다니지 않아도 되는 까닭은 일이 태산 같지만 가만히 있어도 바쁘고 즐겁기 때문이다. 이 또한 우둔(愚鈍)일 수밖에 없는 일이다.

자연을 따르되 자연보다 더 빠르거나 더 느릴 수 없음을 배운다. 망량(罔兩)아, 너는 아무 일도 일어나지 않는 눈동자 속에서 얼마나 작게 가고 있니. 망량아, 내가 너의 망량의 혼령이 되고 싶다. 방울소리를 낼 테니 나의 눈을 쳐다보아라.

한 자락 바람이 스치는 집안에서 인의(仁義)며 이름 따위를 생각할 게 무엇일까. 장자는 언제나 다른 무엇이 작용하고 배경으로 있다는 것을 알고자 했고 그렇게 알게 되면서 적어도 방외적 무위적 만물로 둘러싸여 있다는 것을 간파했을 것이다.

망량은 범부이고 우둔이고 부지이고 경(景)은 분별이고 지혜이고 체제이다. 초라하고 작은 육체의 그림자를 본다. 키가 작아졌다. 내 마음 같은 사물의 그늘처럼, 담장 위로 열린 하늘의 햇살처럼, 마음 깊은 우물 속 침묵의 소리처럼 내 육체의 얇은 귓바퀴를 돌아 들어온다. 그것을 간신히 온 신경을 곤두세워 느낀다. 누가 기다리는 걸까.

내 말을 들어보게, 망량. 나도 내 마음대로 가는 것이 아니라오. 무엇인가 가기에 나도 가는 것이라오. 지조(志操)나 인의 따위로 보지 말아요. 그런 것은 나에게 없어요. 그대도 혹시 가고 있지 않소. 가만히 저

난간에 가서 한두 시간 있어 봐요. 무엇이 가고 무엇이 오는지.

모든 것은 가고 없는데 당신만 가지 않고 그 자리에 있는 건지. 밤이 왔는데 혼자 남아 있는 건지. 쓸쓸함은 어디 있는지. 이런 망량의 시간을 가져보지 못한 사람이 있을까요. 존재하는 건 어쩔 수 없어요. 존재 자체의 의지만으로 움직여지는 게 아니라는 것이 '물(物)'의 그림자의 말이지요. 꿈이 아닌가요.

왜 이러는 것인가를 스스로에게 물어보고 있는 이 의문은 또 다른 경지로 넘어간다. 그곳은 어디일까. 그곳의 이름은 무엇일까. 하늘조차도 스스로 그늘이 지고 어둠이 내리고 그리하여 별을 불러낸다. 내가 왜 기다리고 있고 내가 왜 기다림을 향해 가는 걸까. 사물들은 말이 없다. 인간은 그들 사이에 존재한다.

죽을 때까지 이 말을 가지고 놀다가 정말 어느 날 무정(無情)하게 이 '말'의 '그것'이 될 것이다. 그 수많은 음식물들이 잘도 넘어가던 그 목이 막히고 마는 순간 그는 울지 모른다. 그렇군, 그것을 알고 있었지만 아는 것이 아니었군.

조금 전에 움직이던 그림자의 낭자행이 다시 나를 찾아왔다. 그 수많은 대낮에 아직까지 나는 살아 존재하고 있다. 저 앞에 반가운 탐암의 그 망량이 걸어오고 있다. 절뚝거리며 보이다 말았다 보이다 하면서. 천예의 장난꾸러기들.

꿈 밖의 그림자, 난해한 시간의 그림자들

그러므로 행지좌기(行止坐起)하는 것을 꺼려하지 말고 불온하게 생각하지 말자. 저 행지좌기가 방일월하는 천상소요 아래에 있는 이 지상의 느린 자연의 행보이다.

너는 생각하므로 그렇게 멈칫멈칫 오는 것이며 불분명하고 느리고 천천히 사물과 생각의 경계를 건너온다. 만연(曼衍)의 경지에서 이 지구 한쪽의 그림자를 보고 너는 나에게 힌트를 준다.

아마 두 그림자는 꽤나 오랫동안 말을 주고받은 것으로 짐작된다. 조금 전에 그대가 움직이더니 지금은 멈추어 있더니 조금 전엔 그대가 앉아 있더니 지금은 일어나는군. 장자가 취한 눈으로 계속 보고 있었지만 문득 생각해보니 까마득한 옛일 같다.

장자의 이 문장엔 무사(無事)한 자만이 얻을 수 있는 풍경이 있다. 번연효란(樊然殽亂)한 현실 밖의 이 공간은 어디일까. 문득 아무 연관 없는 창자의 기척을 듣는 것 같다. 허실생백의 공간을 지나가는 빛의 소리가 공공 들리는 듯하다. 빈 방에서 들창 너머로 땅에 비가 긋고 사라지는 저녁 시간을 보았던가. 참 무료한 시간을 이긴 자의 앞에만 나타나는 이 완전한 홀로의 시간은 허공의 그림자를 보여주었을 것. 무정도 한 저 햇살에 기진(氣盡)하다 말고 슬퍼지는 것은 웬일일까.

두 사람이 흥미로운 도를 이야기하고 있는 중. 곧 사라질 것. 어느새 해가 이동한 하늘을 쳐다본다. 천공 한쪽의 그늘도 있지만 그들의 몸을 가릴 만한 그늘도 한쪽에 이미 져 있다. 하늘이 짜부러졌다. 도성(都城)도 멀리 지나갔다. 마음은 모든 것을 타고 넘어가지도 않는다. 그늘이 이동한다.

저 아름답고 기묘한 그늘의 기척은 보지 못한다. 불행한 자들만 보고 있을까. 그늘을 보고 문득 말을 듣는 장자는 소란과 시비와는 까마득히 멀리 있다. 만물의 배경이 되는 자연에 장자는 포위되었다. 장자는 수많은 자연의 어머니와 누이들에 둘러 싸여 있는 자연의 아이이다. 오직 그대와 나뿐이다.

나는 의지하고 기다리고 꿈꾸고 생각하는 것에 따르는 그림자의 말에 수긍한다. 나는 멈추어 있지 않다는 당신의 말도 맞다. 서고 앉고 커지고 작아지는 것 그리고 멀어지는 것은 지조가 없어서가 아니다. 자연에 맡긴 자신의 일체가 따라가는 것이다. 하루가 가고 어둠이 오기 때문이다.

망량은 지조가 있는 걸까. 빛에 따라 움직이지 않는 물체와 달리 움직여가는 그림자는 지조가 없는 것일까. 그래서 의(義)를 잊고 나의 시간을 따라오라는 말일까. 나와 멀리 가서 놀자는 말일까. 지조 없음이 자연이란 것을 즉 천변만화라는 것을 역으로 가르치는 장면이다. 인의를 버린 자에게 지조가 있을 수 있을까.

경(景)은 그 말이 두려웠을 것이다. 변해도 되는 걸까. 망량은 짓궂게 질문을 던진다. 자연의 변화에 몸을 싣고 승운기(乘雲氣)하라는 소요의 요청 같다. 대부분의 사상이란 것이 사람의 마음을 괜히 강고하게 만들고 포박하는 것이 아닌가. 내면화한 규율이 그를 염함(厭緘)에 빠트렸을 것이다.

그러므로 이 망량과 경의 비유는 거꾸로 읽어 밖으로 읽어 나와야 한다. 위험성을 지닌 이 만고의 기절문은 인간과 세계와 권력, 자연과 소요, 해방을 새로 해석한 초인(超人)의 발언이다.

장자는 가능한 한 국가권력과 정치체제보다 더 넓고 크고 깊고 높은 세계가 있다는 것을 여기서 완성했다. 망량은 자연의 도를 일성순(一成純)의 경지에 올려놓은 전대미문의 주인공이다. 〈제물론〉은 이 망량으로 어리석은 권력과 문명의 눈을 찌르는 장자의 위대한 사상의 거처이다.

그림자와 빛과 사물 그리고 사라짐

그림자는 시간과 함께 광원의 이동에 따라 움직인다. 그런데 당신은 나처럼 왜 실체가 변하는데 움직이지 않고 딱딱하게 굳어 한자리에 서 있는가. 변화무쌍한 법칙을 따라가지 못하는가. 체제나 인물, 사상에 묶여 맹신하고 따르는 그대가 오히려 어리석고 미련한 인물이 아닐까.

이 화자는 누구일까. 그는 '이상한 말'을 한다. 혼자 자중하며 소요한다. 여기서 문득 이 장자가 누구일까 하는 의문이 스쳐간다. 왜 이런 생각이 드는 걸까. 장자는 어디 있을까. 지금 잠을 자며 꿈을 꾸고 있는 것일까. 꿈속에서 망량을 보고 노는가.

저 밖의 그들은 장자의 말을 잘 읽어내지 못한다. 그들은 도덕적 인간들이며 물질과 통치 이념 아래의 학문과 체제 속에 있다. 다른 진리의 도(道)를 걸어가는 인간군이 분명하다. 그들은 이 꿈으로부터 너무나 멀고 먼 곳에 처해 있다.

문득 아득함을 느끼며 겨우 이 꿈속으로 돌아온다. 같은 꿈속의 다른 현실의 시공간. 그림자와 망량 사이로 날아가는 자신을 봉(封)한 한 존재의 이름(나비)은 무엇일까 기억이 나지 않는다. 인간만을 위한 진리인가, 인간 편만을 서지 않는 우주의 도인가.

나 그림자가 무언가를 의지하여 따른다 함은 그림자의 실체에 따라 일체의 의문 없이 움직인다는 것인데, 묘한 것은 그 그림자 경이 자신을 의문한다는 사실이다. 여기서 중요한 것은 그 그림자와 그림자의 실체의 저쪽에 태양의 광원이 있다는 사실이다.

장자가 태양을 모를 리 없을 것이다. 그 태양의 이동에 따라 그림자들이 움직인다는 것 역시 모를 리 없다. 여기 무언가 빠진 것이 있다. 그러나 그것은 아무도 알 수가 없다. 어쩜 그 태양도 어쩌지 못하고 돌아갈 저 자짓빛 어둠과 광막한 혼돈 속이 아닐까.

장주몽을 읽기 전까진 그것이 망량이며 그림자이며 꿈이라는 것을 모를 것이다. 그것을 모를 때 장자는 돌연 예상치 못한 새로운 경지에 도달한다. 어떻게 나비를 이 망량과 경 사이로 날아가게 했을까.

인간의 뱃속의 어느 거리 같은 곳일까. 우주로 나가 찾는다면 그것은 달이 이울고 있는 곳일까. 내 뱃속의 백해(百骸)가 서 있다. 늙은 주머니 같은 장기들은 그 사이에 얹히거나 돌려진 채 쿵쿵 움직인다. 나의 늙은 손은 체외 저 끝에서 무언가를 만들고 있다.

장자를 대행하는 이 언어의 미세감정과 감각의 발견은 주름진 골짜기의 정서이자 지극함조차 없어진 언어의 망(罔)이다. 그래서 여일(餘日)을 잃음은 만물을 다 얻음만 못하다 하겠다. 그곳에 쓸 수 없는 것들

즉 우제용의 사물이 와서 놀고 있다. 얼마나 마음을 놓았으면 이런 것들이 찾아왔을까.

사실 이 그림자 경(景)과 엷은 그림자 망〔罔, 혹은 망량(魍魎)〕은 언제나 장자의 주변에 찾아온 친구였다. 장자는 혼잣말처럼 이 그림자에게 말을 걸곤 했을 것이다. 가장 현실적인 존재가 이 두 존재가 아닐까. 문득 보니, 이매망량(魑魅魍魎)이 도깨비이지만 법률과 체제란 뜻도 가지고 있다.

다시 확인하는 것이지만 아이러니하게도 〈제물론〉에서 최고의 주인공은 바로 이 경과 망이라고 하면 지나친 편애일까. 그들은 두 이름을 가진 하나의 존재인 '나'이다. 만물의 그림자이다. 저것이 나라니 모든 말과 길이 없어지는 듯하다.

행지좌기하는 경에 대한 망량의 말은 새로운 상상과 해석이 필요하다. 특이한 것은 경이 자신을 의심하기 시작했다는 사실이다. 이것은 장자가 〈제물론〉에서 독자에게 주는 마지막 선물이다. 오늘도 망량에가 있는 장자의 마음은 함께 저물어서 다시 날이 새고 있는지도 모를 시간이다.

문득, 저 광대무변한 하늘에 떠 있는 해를 본다. 그것이 모든 그림자를 데리고 간다. 해는 서쪽으로 건너가고 그림자들은 아침 쪽으로 돌아가 어둠에 닿는다. 아무런 행동과 의사 표시 없이 땅 위의 그림자들은 동쪽으로 들어간다. 그것들을 보면 무엇이라 말 할 수 없는 입장에 처하게 된다. 말 없는 것들이 얼마나 많은 것인지.

어느새 망량을 지나다

이 망량은 붕비와 천뢰와 호접지몽과 함께 장자의 진경(眞境)이다.

우제용의 졸음이 찾아오는데 장자는 저 낭자행(囊子行)을 언제 보았단 말인가. 구름을 몰고 오는 바람소리를 들은 입춘의 뱀의 꿈인가. 지

난해의 그 흔적들은 어디로 날아갔을까. 무정이 저 안쪽에 눈물로 비치는 걸까.

누가 뱀의 비늘을 볼 것이며 이 한겨울에 조익을 기억할 것인가. 장자 시인의 무용한 방심은 한이 없지만 장자 범부의 느림도 한이 없다. 삶 바깥에 지구는 울음을 울고 공전하는 듯하다. 사부(蛇蚹)는 비록 허울이지만 마음에서 돋아나온 태고의 뜻이 아닌가. 그것은 나의 뱀의 옷이었다.

새의 날개와 뱀의 비늘 자체는 새와 뱀이 아니다. 인간은 생을 운전해 가지만 그 안에 무엇이 있고 무엇에 의해 움직여 가는지는 아무도 알지 못한다. 그 무엇에 의해 전체, 그 무엇의 과거에 의해 그 무엇의 미래로 정말 가는 걸까. 모름지기 그 비밀을 아는 것은 슬픈 일일 것이다. 무엇이 기다리는가. 무엇을 찾아가는가.

물질로서 갈 뿐인가. 붕(鵬)과 접(蝶)의 슬픈 날개. 북명의 바다를 깨우고 경악시킨 저 붕비의 날개에 비하면 너무나 작은 저 허허연한 날개에 의지하여 '나'는 어디로 날아가고 있는가. 무엇에 취해 있는가. 결국 허무하게 아무 답이 없는 이 화두 하나만 남는 것 같다.

희미한 그림자의 옷을 입은 망량(罔兩)이 자기 밖에 있는 짙은 그림자(영影)에게 하는 말은 나의 피부가 심장에게 하는 말 같다. 여기서 장자는 나에게 다급히 속삭인다. '조금 전, 조금 전', 그러곤 말을 잇지 못한다. 조금 전 그 그림자는 어디로 가고 없는가.

망량의 이동을 통하여 자신의 정신과 의식과 언어의 미세한 혼돈을 맛보고 있다. 상아(喪我)의 자시(自視). 망아의 마지막 흔적과 기억. 저쪽이 되어버린 나. 비존재의 마음이 보내고 맞는 짐적(朕迹)이 이 지구위 어디에 무엇으로 있고 그 안에 누가 있을까.

유심은 쓸쓸하다 말하지 않고 무위로서 그 가시투성이의 빛 속을 다치지 않고 통과한다. 기이하고도 위대한 초유의 질문을 남긴 채 장자의 〈제물론〉은 아쉬운 막을 내린다. 알 길 없는 것이 인간의 마음이며 도의 망량의 그림자들이다. 이 마지막 천예(天倪)의 전언은 하나밖에 없는 도의 시적(詩的) 표현이다.

도의 말을 인간이 아닌 망량이 해주었다. 망량이 장자를 깨우쳤다. 석양과 함께 그림자는 가고, 지금은 일체 적막의 산중과 민가, 다시 산의 나뭇가지에 문득 앉아 있음을 아는 한 마리 새는 창자를 안고 읊조릴 것이다. 장자의 새이다.

다시 묻지만, 누가 이 세상에서 감히 장자를 따를 수 있을까. 요순, 공자, 이두 모두 따를 수 없다. 〈제물론〉은 어둡다 못해 슬프다. 『남화경직해』의 말처럼 천고의 기절문(奇絕文)이다. 영겁의 대언(大言)이며 대복(大腹)이고 물리(物理)이다.

망량과 경의 대화는 장자쌍절(莊子雙絕)로 알려진 몽접(夢蝶)과 몽음주몽곡읍(夢飮酒夢哭泣)과 비견된다. 어쩔 수 없는 그림자의 존재방식과 마음. 기울어지는 어느 지구 한쪽의 이역(異域)은 측은지심이 느껴질 뿐이다.

나는 자전하는 지구의 자연 한쪽에서 살아가고 있다. 시끄러운 화성의 세상 속에서 소모적이고 쓸데없는 것들을 추종하며 매일 자신을 잃어버린다. 가까운 조상의 손자(孫子)들은 저 그림자 속에서 너무 먼 바깥에 나가버린 소외자들이다. 언어의 망량 세계, 이 지상은 꿈의 이역(異域)이다.

망량으로 우주를 삼켜버린 이 대언은 은유적 획향(砉嚮, 칼이 살을 베고 지나가는 소리)이다. 천지를 하나의 대로(大鑪)로 보고 자연 만물과 생명의 조화를 대치(大冶)로 여긴다면〔금지대치주금(今之大冶鑄金)〕 어디 있든 무엇이든 아니든 만물과 허무는 이미 해존(該存, 이미 존재하는 것)이다.

장자가 〈대종사〉편에서 말할 성연(成然)히 잠들 일이고 거연(蘧然)히 깨어날〔성연매(成然寐) 거연교(蘧然覺)〕일이다. 〈제물론〉은 상인자연(常因自然)과 천변만화의 경지로 빠져나가고 있다. 일목지지(一木之枝)의 그림자들과 함께 하루가 흔들린다. 하루는 우주이다.

어느새 망량을 지나왔다.

33. 물화(物化) 장주의 꿈인가, 나비의 꿈인가

일전이었다. 장주(莊周)가 꿈에, 나비가 되었다. 훨훨 날아가는, 나비라. 기쁨에 겨워, 스스로 도취했지만, 장주라는 것은, 알지 못했다.

홀연히 깨어났다. 깜짝 놀라, 정신을 차려보니, 바로 장주가, 아닌가.

알지 못하겠노라. 장주가 꿈에, 나비가 됐는지, 나비가 꿈에, 장주가 됐는지.

장주와 나비엔, 반드시 구별이 있다. 이것을 물화(物化)라고 한다.

원문(原文)

昔者 莊周夢爲胡蝶 栩栩然胡蝶也 自喻適志與 不知周也 俄然覺 則蘧蘧然周也 不知 周之夢爲胡蝶與 胡蝶之夢爲周與 周與胡蝶 則必有分矣 此之謂物化

* **석자**昔者 예전에, 어제. **호**胡는 나비 호蝴와 동자仝字. 나비 **접**蝶. **허허연**栩栩然 훨훨 날아가는 모습. **자**自 장주이나 나비 자신. 좋아할 **유**喻 유愉와 같은 뜻. **적지**適志 자신에 몰입하다. **아연**俄然 갑자기, 문득, 홀연히. 즉, 바로 **즉**則. 패랭이꽃, 놀랄 **거**蘧 **거거연**蘧蘧然 깜짝 놀라거나 자득自得한 모습. **즉**則 곧, 바로, 다시 말하면. **물화**物化 탈바꿈.

석자(昔者)의 장주는 누구인가

『장자』가 집필된 장자의 '그 방'은 낯설고 깊고 어둡다. 이상하게 책 속의 세상은 장자의 현실과 다른 시공처럼 여겨진다. 그곳은 전국시대도 아니고 송나라도 아닌 것 같다. 글쓰기가 꿈이며 다른 공간으로 나타난 현상이기 때문일까.

작품 속에 자기 이름을 인물로 등장시키는 것은 자신을 타자화한 의도이다. 글쓰기란 다른 방이며 세계이며 현실이고 꿈속이다. 장주의 현실이 책이란 꿈속의 바깥일 수 있다.

몇 가지 의문을 가져본다. 만약 백년 전의 춘추시대 장오자가 이 글의 주인공이라면 이 글은 백년 전 며칠 전 혹은 그 옛날의 장주란 사람을 말하는 것이 된다. 그러면 이 장주는 백 년 뒤의 이 글을 쓰는 장자일 수 없다. 그는 다른 사람일 가능성이 없지 않다. 장자가 그렇게 혼돈시킨 것일 수도 있다.

이 구성과 독법은 처음 발견이지만『장자』에선 얼마든지 그럴 수 있을 것이다. 우리가 비밀을 몰라서 단순히 받아들이고 있는지도 모른다. 의문과 부지는 이것 자체에도 있다. 사유와 소요가 현재와 만물 속에서만 이루어지는 것이 아닐 것이다. "오늘 월나라로 떠나면서 어제 도착했다〔시금일적월이석지야(是今日適越而昔至也), 9〕"를 비판했지만 사실 방일월을 하는 장자가 아닌가. 농과 진담을 구분짓고 혼돈 못할 것도 없다. 혼돈과 부지를 찾아가는 것이 더 옳을 수도 있을 것이다.

그런데 장자의 생각은 왜 꼭 거기까지 가야만 했을까. 이것은 앞으로도 밝혀지기 어려운 미궁으로 보인다. 앞에서도 말했지만 도가 사라지고 문명이 들어서는 일대 분기점에 대한 장자의 절치부심의 말이 숨어 있었던 게 아닐까. 그렇다면 이 주몽은 단순한 꿈과 나비의 비유가 아닌 것이 된다.

이 대목을 장오자의 말이 아니라고 한다면 장주는 단순한 등장인물일 수 있다. 장자가 다른 인물의 이름인 장주를 끌어들일 수도 있다. 또 필자 장자가 꿈을 꿀 때 장주란 인물이 나타난 것일 수도 있다. 꿈속에서 꿈을 꾸는 타자의 장주를 본 것. 확고한 것은 아무것도 없다. 오리무중이다.

또 이런 생각도 있다. 예전에 장주란 사람이 이상한 꿈을 꾸고 그 이야기를 했는데 그것을 들은 어떤 사람이 훗날 장자에게 전해주어서 장자가 기록한 것일 수 있다. 이 몽혼 의식은 현실을 단면으로 보지 않으려는 기묘한 수사의 장치일 수 있다. 아무것도 설명하고 있지 않은 장자의 의도를 엿보고 싶지만 불가하다.

이 의문들은 이천 수백 년 동안 베일 속에 가려져 왔던 셈이다. 이 장주의 꿈 이야기는 기획화, 논리화, 구체화되는 것을 스스로 방해하는 사유이며 붙잡아서 볼 수가 없는 소요이며 정신의 문장 같다.

만약 장주가 장자라면 이 글이 장자 자신이 꾼 꿈을 장자 자신이 기록한 것이 된다. 무엇인가 가려져 있고 숨어 있는 것이 분명하다. 장자가 실존인물이 아닐 수 있다. 그러면 모든 것이 흔들린다. 누가 장자일까.

『장자』는 장자의 저서인가

이 글의 무대는 자연이다. 자연이 천변만화한다. 한번만 행지좌기(行止坐起)하지 않는다. 쉴새없이 움직이고 자리를 바꾼다. 빠르고 느린 수많은 시간의 생명들이 교찰한다. 과거의 장자라는 거울 속에 나비가 날아간다.

그들은 현재의 글 속 저쪽에 있다. 책의 주인인 장자의 저쪽에 장자가 아닌 다른 장자가 있는 것 같다. 묘한 일이다. 모두 하나인데 장자가 장자를 몰라본다. 여럿의 장자가 나타난다.

이 글은 하나의 양면거울에 두 존재가 어른거린다. 나비와 그 꿈을 꾼 주인공과 그 말을 한 자(꿈을 꾸고 일어나는 자를 본 자, 혹은 같이 사는 부인이나 식구들)와 그 말을 다시 쓰는 자는 동일인일까. 글도 생명처럼 꿈을 꾸는 것일까.

이런 의문이 스쳐간다. 장주가 장오자(長梧子)처럼 단순한 등장인물이라면 이 『장자』는 이 장주의 저서가 아니다. 장주는 우리가 아는 장자가 아니라 다른 사람이다. 단순히 장주란 인물을 등장시킨 것일 수도 있다.

어떻게 우리가 모르는 어떤 장주가 현실의 책 속에 남게 됐을까. 동명의 다른 사람을 자신의 책 속에 등장시킨 걸까. 지금까지 나는 너무 단순하게 장주몽 혹은 호접지몽을 읽은 것일까. 왜 '나 장주는 어제' 혹은 '장주 나는 어제' 꿈을 꾸었다고 하지 않았을까. 일인칭 '나'를 자신의 이름으로 쓸 수 있지만 그 수사법에 의문과 탐암이 있다.

물론 『장자』에 장자가 등장하지만 저자로서의 자신을 '나'라고 표현한 곳은 없다. 장자는 『장자』의 진짜 저자일까. 의문이 가지를 친다. 저자가 누구이든 이 화자는 은닉되어 있다. 장자에 대해 아무것도 정확한 것은 없다. 그가 정말 존재했는지 장자가 실존인물의 이름인지도 불분명하다.

문제는 '장주란 사람'이 혹은 '내가' 혹은 '장주가 말했다' '내가 들었다'는 문장이 아니고 '장주가 꿈을 꾸었다'로 되어 있기 때문에 발생한다. 석자(昔者)와 장주란 말이 복잡해지는 까닭이 여기 있다.

〈소요유〉 끝에 등장할 땐 장자란 이름으로 나온다. 그런데 여기선 우리가 아는 장자의 본명인 장주(莊周)를 사용해서 의문은 더 복잡해진다. 장주와 장자는 다른 사람이 아닐까. 이래서 장주와 장자가 누구인지 알 수가 없게 된다.

또 석자는 단순한 어제가 아니고 아주 먼 과거가 아닐까. 이것 자체가 이미 간과할 수 없는 해구(解垢)이다. 석자가 바로 며칠 전이라면 이 며칠 전은 장주의 며칠 전이 된다. 저자 장자의 것이 아닐 수도 있게 된다.

장주가 단순한 어떤 인물일 수 있다. 이런 의문을 저자 장자가 혹시 의도하고 감춘 것이 아닐까. 장주를 사용한 것은 장자 자신이 장자가 아니라는 것을 나타내려 한 것일까. 아니면 설명을 하지 않은 채 상아를 실천한 것일까.

또 의문은 이것이다. 장자가 살아 있을 때 자신에게 자(子)자를 붙여 장자라고 부른 것 자체가 의아하다. 자신의 글에 자신을 그렇게까지 높일 수 있는 것일까. 그럼 이 『장자』는 장자가 쓴 것이 아닐 수도 있다. 그렇다면 이런 의문은 『장자』 독자들이 천 년 넘게 지금까지 발견하지 못한 것이 된다.

『남화경직해』에 '일대지박색지사(一大紙駁𢜶之辭, 수많은 독자들이 놀라움으로 읽은 나머지 일대지(『장자』)가 얼룩얼룩해졌다) 일대지고화식지사(一大紙告和息之辭, 조화와 쉼을 찾았다)라 했지만 이 의문은 찾지 못했다.

이것이 장오자의 이야기라면 장주란 사람은 분명 집필 당시보다 이전인 춘추시대의 사람이며 이 장주는 저자 장자가 아니다. 하지만 이것도 전도될 수 있다. 장자가 '오늘- 장자를 쓰던 그 오늘' 미래의 '나'가 그리워하고 추억했을 수도 있기 때문이다. 장자는 독자를 탐암에 빠트린 셈이 된다.

장주는 실존 인물일까. 가상의 등장인물일까. 장주는 장자의 본명일까. 그럼 『장자』는 누가 쓴 것일까. 확인할 수 없는 추측이지만 분명한 것은 없다. 미궁이지만 아픈 의문은 아니며 흥미롭고 재미있는 이야기이다.

'장자'는 책 『장자』의 이름이며 도가의 한 집단이 아닐까. 여러 사람이 도가의 자료를 모아 『장자』를 편찬(編纂)한 것이 아닐까. 아무도 의심한 적이 없는 이 쓸데없는 꿈같은 이야기를 나는 하고 있다. 『장자』가 개인 저술로 보기엔 너무나 방대한 도의 내용을 담고 있기 때문이다.

단순히 장자가 꿈을 깨고 나서 며칠 전을 기억하고 쓴 글일까. 그럼 장주가 장자이고 그 저자가 장자인가. 앎과 의심을 버리면 그 누군가의 한 인간과 이천년을 넘게 전해오는 하나의 위대한 책은 불변의 해존(賅存)이다.

나비는 무엇일까

이 주몽(周夢)의 문자는 하나하나가 기묘하다. 자신의 몸이, 나비의 자신이 "기쁨에 겨워 스스로 도취했지만, 장주라는 것은 알지 못했다(自喩適志與 不知周也, 혹은 '나비의 뜻에 맞아서'라고 해도 같은 뜻)"는 말은 장주의 입장에서 말하는 것이 아니라 나비의 입장에서 말하는 중얼거림이다.

의심 없는 소요, 허허연한 날기. 나비는 부지이고 천예이다. 기쁨에 겹다는 것은 인간도 나비가 되면 나비의 생에 딱 맞게 되어 있음을 말한 것. 인간은 자연에 합당한 구조와 리듬을 가지고 태어났기에 몸과 마음이 딱 맞아서 불안하지 않다. 기괴한 생을 무극(無郤, 틈이 없음)으로 살아가는 까닭이다.

백해구규육장이 육체 속에 있고, 괴이한 호흡으로 살아 있지만 몇 안 되는 간단한 구조로 날아가는 나비의 생은 인간보다 더 현묘한 일이 아닐 수 없다. 생각할수록 기묘한 풍경이며 기이한 화법이다. 서로 살아본 것처럼 표현되어 있다.

그런데 어떻게 나비가 자신이 나비인 줄은 알지만 장주라는 것을 알지 못한단 말인가. 저 방안에서 멍하니 밖을 내다보는 인간이란 것을 어떻게 알고 그렇게 말하는 것일까. 장주 당사자가 아닌 필자는 이쪽에서 저쪽의 그것을 또 어떻게 알고 이렇게 쓰는 것일까. 대체 누가 꿈을 꾸고 깨고 느끼고 말하고 쓰는 걸까.

언어와 생각의 경계를 넘어가서 저쪽의 나비가 장주라는 것을 어떻게 알며, 또 이쪽에서 내다보는 장주에게 그 느낌이 전해졌다는 것을 어떻게 무슨 근거로 말할 수 있는 걸까. 몇 개의 자아와 거울이 같이 움직이는 것 같다.

창작자가 그렇게 생각하고 쓴 것이라면 그만일지 모르지만 그렇지가 않다. 결국 갑자기 난해하고 기묘한 내막을 가진 몽사(夢事)가 되었다. 〈제물론〉은 물화의 신비와 부지에 완전히 도착(倒錯)되어 빠져나갈 수가 없는 탐암의 함정에 들어왔다.

나비로 온 이상, 나비의 자연이 되고 그 안에서 자기 생을 소요할 뿐이지만 문득 빠져나갈 궁리를 하지 않았을 리가 없을 것 같다. 스스로 자연이 되어 날개를 저 햇살과 어둠속에 파닥이는 완전한 몽유(夢遊)를 창조했다.

사물이 먼저 있었지만 나중 생긴 언어가 그것을 지배하는 전도(顚倒)처럼 현실이 빠져나갈 수 없는 꿈의 세계로 바뀌었다. 마치 나비가, 날개가 햇살의 언어 속에 걸려든 것 같다. 나비는 그것을 모르고 날아가는 것 같다. 자연천예이다. 필자는 어서 그 의도를 지워야 할 것 같다. 해방소요시켜야 할 것이다.

문득 나비가 주인공이 되어 나타났다. 저쪽에 희미하게 꿈에서 깬 한 남자 장주가 내다보고 있다. 또 다른 제 삼의 장자와 미래의 익명의 존재들이 들여다보고 있다. 그대가 아니면 나는 없다〔비피무아(非彼無我)〕는 우주 비밀의 일언(一言)이 여기 있는 것일까. 장주가 '자신이라면' 하고 타인처럼 말하지만 장자는 문득 자신이고 싶지 않았을지 모른다. 자신을 상아하고 싶지 않았을까.

점점 더 난해해진다. 이 나비 이야기는 현실과 언어의 경계를 넘어 모든 인식을 탐암 속에 던져넣는다. 부지만 남는 기막힌 소요의 사건이다.

나비와 장주를 알지 않는다

꿈속에 나비로 날아가는 자신을 보고 소리치지 못하는 장주의 모습이 저쪽에 있다. 어떤 면에서 꿈은 완전히 깨지 않았다. 이것은 육체의 한계이자 언어가 가지고 있는 경계이다. 이것은 풀 수 없을 것이다.

부지와 탐암 속에 우리는 빠져 있다는 것을 확인하게 된다. 『남화경직해』에선 저 앞의 구작자가 장오자를 찾아온 첫 구절부터 '하위화지이천예(何謂和之以天倪 천예를 가지고, 조화롭게 한다는 건, 무엇인가)'란 문장이 시작되기 전까지가 한 문단의 단락으로 짜여 있다.

'하위화지이천예(何謂和之以天倪)'를 장오자의 말로 보느냐 안 보느냐에 따라 해석은 판이해질 수 있다. 『남화경직해』에는 '하위화지이천예(何謂和之以天倪)'란 문장에서 시작하여 화접지몽의 물화까지 한 문단으로 이어져 있다. 그렇다면 이것은 장오자의 말이 아닌 다른 누군가의 말이다. 그것을 말하는 화자가 없다. 그것이 장자의 아니 저자의 지문(地文)일까. 반드시 그럴까.

이 대목의 정황을 별도의 문장으로 보면 누구의 말인지 알 수가 없다. 정(正)이 부재함을 의문한 뒤, 망량을 거쳐 탐암과 조궤 속에 빠지는 자는 누구일까. 행갈이를 하면서 장자는 여기서 고도의 수사를 이용하여 숨어버린 것이 아닐까.

장주를 필자 장자 '나'로 본다면 아무 문제가 없을 것이다. 그러나 그것은 참 재미없는 독법이다. 천신만고 끝에 망량과 나비를 발견한 〈제물론〉의 끝 치고선 평이하고 무미하다. 인간이 아닌 망량과 경과 나비의 말은 꼭 작가 혹은 한 인간의 말이어야 할까.

망량과 호접몽(胡蝶夢)이 한 문단의 두 고리라면 나비와 망량은 같은 존재가 된다. 사실 꿈에 망량이 보였고 현실은 사라져버렸다. 그러면 현실은 아예 존재하지도 않게 된 것이 아닐까. 혹시 장자의 꿈은 비로소 여기서 완전히 실현된 것이 아닐까. 작가도 사라져버린 자리가 아닐까.

이 주몽의 문장들을 '천예'에서 시작된 독립된 것으로 본다면 이 문단은 생각보다 큰 주제의 문단이다. 망량에서 나비로 건너온 그곳이 장자의 현실 즉 완전한 꿈이 이루어진 지구의 이곳이라면 결론이 되는 단락이 된다. 여기서 나비꿈에서 창작현실로 돌아오는 순간이 포착된다.

만약 남곽자기의 서사가 서부이고 장주의 나비 서사가 끝이라면 이 서부와 끝이 하나로 이어진 것으로 볼 수도 있다. 그러면 주몽 서사도 남곽자기의 말과 연결된 것일 수도 있다. 남곽의 죽음과 나비가 무관할 수 없고 남곽의 성은 나비가 즐겨 날아다니는 성(城)이니 말이다. 그럼 혹시 이 장주가 남곽자기일까.

또 꿈의 이야기 전체가 장오자의 영역이므로 방일월, 몽음주자, 대각, 정(正), 천예, 망량, 나비의 모든 서사를 이 물화에 귀결시켜 그 전체를 하나로 볼 수 있다. 그러면 이 나비와 물화의 문장은 『장자』 혹은 〈제물론〉 혹은 장오자의 결론일 수 있게 된다. 아주 복잡한 상상과 의문이 가능해진다.

문제는 저자 장자와 주인공 장주가 같은가 하는 것에 의문을 가지느냐 마느냐에 있다. 기묘한 분리이자 연결이다. 저 동시(同是, 만물이 같음으로 있음)와 독비(獨非, 자연 아닌 것으로의 홀로 있음)가 떠오른다. 또 〈양생주〉의 독맥(督脈, 등 쪽)과 연맥(軟脈 배 쪽)처럼 앞이고 뒤이고 반대이고 다르면서 하나이다.

읽을수록 난해하다. 천하 무비(無比)의 『장자』이다. 어쩜 장자 자신은 주인공이자 타자이자 청자이며 몽자이며 미래이며 저자이길 바랐던 것이 아닐까. 점점 그 어느 하나이길 거부하는 문장으로 읽혀진다.

나는 결국 여기서 『장자』를 놓는다. 그를 안다는 것은 불가하다. 앎이 싫어서 슬그머니 들어온 어둑한 방안의 저녁을 더듬는다. 오장육부를 느껴본다. 오늘도 그들은 가만히 내 몸 안에 있었다. 바로 이 저녁을 알지 않고도 그 저녁에 물들어서 저녁 속으로 사라지고 있다.

대붕과 나비의 대비(對比), 만물의 춤

모든 경계와 시비, 구분을 뛰어넘어온 장자는 〈제물론〉 끝에서 뜻밖의 발언을 한다. 즉필유분(則必有分). 하나의 도에서 나온 만물이라고 해서 모두 통일된 하나로 존재하고 이해되는 것은 아니다. 만물은 특별히 한 곳에만 있지 않고 어디에나 존재한다. 이 분(分)이 없으면 소요도 만물도 논의가 필요하지 않다.

반드시 구별이 있어서 장주조차 나비를 어쩌지 못한다. 구별이 있지만 그 안엔 뭔가 하나로 흐르는 것이 있다. 장주는 그 기세(氣勢) 같은 것에 닿은 듯하다. 존재와 운행과 성훼는 자연의 지조이며 곡조이고 소요이다. 변화이고 숙명이다.

원래부터 변화를 따라가는 것이 인간과 자연이다. 이것이 없으면 만물의 길이 없다. 길이 없으면 언어가 없고 언어가 없으면 유심과 운행이 없다. 자기 존재의 숙명 속에서 소요하는 것이 최상의 길이다. 만물은 이미 그렇게 조물되었고 그렇게 흘러간다. 이것이 시연(是然)이다.

거대하고 섬세한 저 우주의 메커니즘 속에서 장자는 사후의 어느 날 가고 없는 자신의 미래를 본 것일까. 땅 위에 살지 않고 지상 위를 훨훨 날아다니는 거처 없는 나비로서의 자신을. 왜 그런 꿈이 왔는지는 알 수 없지만 장주는 신비한 마음에 사로잡혀 있었을 것이다.

말이 사라지고 만 경지에서 왜 그런 일이 일어나느냐고 따지지 않는다. 자연의 오묘한 전개와 놀라운 작용을 그의 작은 눈의 조리개가 움직이며 볼 뿐이다. 시선은 환희에 젖어 눈부신 창공의 햇살에 가 걸린다. 층층이 쌓여 어디론가 가고 있지만 아무 그림자도 기척이 없다.

방일월하고 협우주하는 저 누옥에서 꿈꾸고 일어난 장주의 방은 썰렁했을 것이다. 아무도 그가 조금 전에 꾼 꿈을 모른다. 아무 일이 없었지만 아무 일이 없었던 게 아니다. 나비와 그 꿈만 무경 속을 건너간다. 장주는 부지와 천예에 나비 날개처럼 몸을 떨었을 법하다.

소요는 의지의 산물이 아니다. 그것은 자연으로서 아연히, 허허연히 전화한다. 즉필유분의 탈바꿈은 장자 사상의 지극한 자애(自愛)이다. 나비는 난해한 조궤의 바람 속에 날개를 펴고 접으며 훨훨 날아가는 나비가 아니다. 다른 무엇이다.

인간과 나비의 즉필유분(則必有分)

꿈속에서 장자는 놀랐다고 말하고 있다. 여기서 거거연(蘧蘧然)은 너무나 분명한 형상과 인식이다. 나비 꿈에서 깨어나 의식계의 현실로 돌아온 자신의 몸을 만져보고 마음을 쓸어내리는 장자의 모습이 보인다.

장주가 꿈에서 깨어 어리둥절해하는 모습은 인간적이다. 경계가 경계를, 언어가 언어를, 육체가 육체를 넘어간다는 것이 저렇게 수월할 수 있을까. 그러나 꿈속에서 장주에게 나비가 저쪽에서 장주라고 여기고 있는데 그 소통의 간절함이 속절없는 것이 된다.

그것보다 큰 것은 없는 것이 자연이다. 나비는 정신없이 날아가고 있고 그래서 둘은 만날 수 없고 기다릴 수 없고 말할 수가 없는 경지이다. 역시 나비도 방문 안에서 장주가 자신을 내다보리라곤 상상도 못할 것이다. 여기서 장자는 너무나 복잡한 내면의 사유와 우주 관계의 의미망에 절망했을지 모른다. 그러나 바로 여기서 천예와 생명소요는 가능해진다.

어떻게 이런 일이 벌어질 수 있었을까. 인간의 내면의 거울은 대체 무엇의 과거적인 것의 기다림과 미래적인 것의 궁구에 의해 움직이는 것일까. 그것을 정말 분변할 수 있고 안다고 '말'할 수 있을까. 장자는 만물 숭배에 빠져들지 않고 그것들을 소요한다. 즉필유분이기 때문이다. 경계란 건너가라고 있는 것이다.

이 한 마리 나비를 통하여 생사(生死)라는 한 단어가 아무것도 아니라는 것, 다른 경계가 있다는 것, 장주가 나비를 나비가 장주를 서로 느꼈다는 것을 전해주는 천기(天璣)이다. 즉 자연의 말이 아닌 말이다. 한 덩이 꿈이라는 것을 깨닫기 어려운 일이건만 장자는 허무를 껴안고 생명 물화(物化)의 바람 앞에 나와 있다.

즉필유분은 혼돈의 근거이다. 하나로 하나가 되어 있지 않고 만물로 하나가 되어 있다. 그것이 자연이다. 자연의 즉필유분이다. 즉필유분은 앞의 모든 장자의 논리를 파기하고 전도하는 것이 아니라 심화시키고 더 난해한 미궁과 혼란으로 이끌어가는 해류이자 대풍이다.

그 속에서 헤아릴 수 없는 소리와 존재들이 뒤섞여 나타난다. 사라지고 싸우고 헤어지는 성훼의 광경을 목격하고자 하는 마음이 구름처럼 일어난다. 다른 존재로 있는 꿈으로서 '이것'과 '나'의 분(分)은 사라져 다른 분으로 이동한다. 수많은 분이 대립하는 자연 속에서 생략 없이 모두 통과하고 그리고 저쪽으로 초극해 간다.

〈제물론〉의 조궤는 꿈과 나비이다. 고진인(古眞人)들이 부재하는 지구에 그 의문 독해는 풀리지 않을 것이다. 더구나 인간보다 저쪽의 나비의 꿈은 하나의 생명체로서 밀봉되어 있을 것. 그러나 다시 〈제물론〉은 광막하고 더 흐릿해졌다.

장자는 우주를 밝고 분명하게 구별하고자 온 빛의 사람이 아니다. 장자는 분석의 확정을 위한 인물이 아니며 『장자』는 편집되고 파편화한 조각들을 혼돈시키기 위해 존재하는 자연의 책이다. '나'를 더 복잡하게 보아주길 바라는 것 같다.

꿈을 꾸고 일어난 장주

망량의 그림자가 지나가고 나비가 날아가는 데는 무언가 또 없지 않다. 그것은 이곳만의 사유가 아니라 양쪽의 사유이다. 기쁨에 겨워 스스로 도취했지만, 장주라는 것은 알지 못했다.

이 기절문(氣絕文)의 의표는 장자가 꿈속의 장주를 보고 꿈에서 깬 장주를 떠나버린 데에 있다. 하지만 즉필, 반드시 그렇게 되었다. 한 번도 자신과 이 세상을 뒤돌아보지 않고 가버린 자신에 대해 놀라면서 그는 잠에서 부스스 깨어나지만, 나비는 간 곳이 없다. 장주만 덩그러니 남아 있다. 나비의 나는 없다.

모두가 환영이다. 장자가 눈을 비비며 정신을 차리자 서서히 주변 풍경과 사물들이 자기의식 속에 들어왔다. 형개(形開). 그 감각하고 있는 자는 인간이었고 장주였다. 오 인간, 대체 이게 무엇이란 말인가.

초라하기 그지없는 인간의 모습과 사람살이에 대해 면괴스러운 모습으로 밖을 내다보니 텅 빈 허공, 가옥, 나무, 길이 내다보였다. 모두 망량들이다. 인간 세상이며 장자가 사는 마을이다. 허, 꿈이었군. 장자는 일어나 물을 한 그릇 벌컥벌컥 들이켰을 것이다. 그리고 이렇게 중얼거렸을 법하다. 문득 깨어나 보니 나 장주였네.

〈제물론〉에서 이 부분은 잊히지 않는다. 꿈속의 나비보다는 깨어났을 때 깜짝 놀라는 장주의 의식의 환원이 경이롭다. 활연(豁然)한 모습이지만 아득한 추락(墜落)과 잔류와 상실 의식이 보인다. 즉 상아(喪我)가 오는 것이 느껴진다. 그것은 다시 돌아왔으나 맞아야 할 황송한 육체의 현실이다. 조금 전의 꿈속의 나비와 깨어난 자신의 격리는 대체 무엇인가.

밖에 무진장 쏟아지는 햇살. 변함 없는 방안. 오래된 토벽. 아무 동정이 없다. 여전히 혼자 중심에 나앉은 자아. 그런데 묘하게도 그 자아는 있으나 없으나 똑같은 것 같다. 아직도 망량은 경에게 항의하고 있을까. 낮잠은 가버리고 벌써 해는 멀리 기울었다. 그림자들은 간 곳이 없다. 그림자들의 말도 없어졌다.

간간히 들리던 그 화성의 말소리도 오지 않는다. 모두 어디로 돌아간 것일까. 그 화성(化聲)과 물화(物化)는 무슨 연이 있었던 것일까. 모두 그림자 끝이 동쪽 멀리 나가 있었고 사위는 서늘하다.

말할 수 없는 고독과 풍요가 함께 있다. 그것을 통째로 무위라고 하면 속이 시원할까. 가질 수 있는 것은 아무것도 없지만 사위에 있을 것들은 모두 있다. 자연과 내가 하나가 되어 경계가 없어진 텅 빈 세상이다.

너무나 쓸쓸한 시간이 지나가고 있다. 이 마음을 누구에게 전하고 싶다. 장자는 자신의 손등을 어루만지며 마치 남의 손을 만지듯 말했을 것이다. 장주구나! 나구나.

장주의 주인공은 꿈

다시 꿈속으로 돌아가고 싶다!

장주는 혼자 꿈에서 덜 깬 눈으로 허공을 향해 외쳤을 것이다. 그러나 다시 그 꿈은 꾸어지지 않았을 터. 그러나 장자는 이 쓸모없는 글을 쓰면서 그 꿈속의 세계와 나비의 끝없는 날갯짓의 천진한 그 허허(栩栩, 일체가 된 기쁨의 춤)를 그렸을 것. 그 나비가 바로 자신이었다고 말할 때, 가없는 허무의 가벼움을 느끼게 되는 것이 장주가 꿈꾼 어쩔 수 없이 슬픈 호접몽이다.

그대는 어디서 꿈꾸며 자고 있는가. 소리치고 먹고 울고 또 잠드는가. 나비는 날아가다 또 어느 꽃대에서 순명(順命)할까. 우치한 인간의 아이는 천진무구한 물아(物我)의 경계를 넘는 꿈의 여행을 따라 어느 무하유지향의 눈앞에 당도했을 것이다. 그것은 허무가 아니라 소요이다.

오후의 망량 속에 날아가는 나비의 호접몽과 저 북명의 검은 부요의 붕비(鵬飛)는 숙명과 성훼를 밀의적으로 예언하는 말의 그림자들이다. 개별적 성훼와 우주 전체의 성훼가 같이 움직인다. 그에겐 그 무엇도 따라올 수 없는 아름다움이 있고 아무도 진입한 바 없는 경지가 있다. 인간의 육체는 꿈의 유리창 같다.

나비꿈을 꾸고 일어나 망념에 잠겨 있는 장자의 그 형개는 인류 최초의 가장 예민한 촉수가 일어난 일대 사건이다. 추레한 듯한 장주. 그가 꿈의 주인공이 아니고 꿈이 장주의 주인공이다. 즉 꿈이 장주를 꿈꾼 것이지 장주가 꿈을 꾼 것이 아니다. 물화의 주인공은 꿈의 작용이었다. 만물은 꿈을 따라 간다.

나비는 간 곳이 없다. 어느 한낮 장자는 나비 날개 같은 그 얇은 결로 떨어지는 경사의 햇살에 취했을 것이다. 그 후 수많은 사람들이 음미하고 감탄할 것임을 예견하고 장자는 방에서 회심의 미소를 지었을 것이다. 여기서 장자는, 만물은 있으나 〈제물법〉은 없다는 말을 하고 있는 것 같다.

일화(一化)는 만화이며 천변만화는 일화로 돌아간다. 한 생사의 경계란 우주 만물의 눈으로 볼 때 미미(微微)한 것이 아니다. 흥미진진하고 귀여운 것들의 장난스런 화생(化生)의 곤두박질이다. 빛과 어둠이 지나가는 세계이다. 만물의 '나'는 어떤 하나가 다른 형태의 어떤 것으로 변하는 것을 받아들인다.

모든 생명의 꿈은 찰나이다. 이 모든 것이 장자에겐 꿈이다. 자연 속에선 그 무엇도 그 누구의 것이 아니며 옳고 그름이 성립될 수 없다. 이것이 물화의 사상의 본질이다. 나비에겐 무익생의 날개가 있다. 그저 표현일 뿐이다.

〈제물론〉의 주몽(周夢)은 가장 작지만 가장 큰 꿈이다. 이 작은 날갯짓은 꺼질 듯 꺼지지 않고 이 세계의 가장 깊은 곳에 있는 존재의 표상이다. 또 그것은 만물의 동적 암호이다. 내 영혼 속에 날고 있는 불가해한 춤이고 무늬이다.

날개의 만물, 사유, 언어의 꿈

소요와 제물은 상아와 물화에 연결되어 있다. 만물은 자아를 잊은 나이다. 상아 속에 물화된 대상들이 소요하고 그 소요의 주인공들이 자연 제물의 법칙 속에서 편제(編制)된다. 즉 유정무정의 만물이 상아한 자아이다. 어찌 나를 찾으려 할까. 나를 찾지 말라. 만물의 침묵 속에 나는 있다. 끝없는 부지와 광막지야의 소요를 위해서이다.

어디 있는지 모르는 무아의 이것이 제물의 지평이며 끝이고 정상이다. 장자에게 만물은 언어의 환상의 환상이다. 장자의 언어는 실로 허허연하다. 한 마리 나비에 만물의 종막이 있으며 그 허허연의 나비는 남명(南冥)의 시공으로 날아가는 어느 기항지의 꿈이 또 아닐지. 그럴 수 없음이 슬프다.

잠을 자면서 꿈을 꾸는 몽매(夢寐) 속의 인간은 현실로 복귀하는 망아의 삶을 두려워하지 않고 적극적인 숙명의 유희로 나아가길 바란다. 이것이 장자의 숙명에 대결하는 아니 동화하는 그래서 승물(乘物)하는 적극적인 물화소요이다. 제물은 승물유심의 소요이다.

궁발지로 변한 북명의 바다에서 물고기가 새가 되어 하늘을 날아오르는 화이위조(化而爲鳥)와 단신의 꿈속에서 한 마리 나비가 아연(俄然) 날아가는 필분물화(必分物化)는 동일하다. 지평 너머에 와 있는 사회(死灰)의 세계. 그 뒤에서 물화를 꿈꾸는 꿈속의 그 생명의 얼굴은 무엇일까.

소요의 반짝임과 바람의 떠돎만이 모든 구속이 꿈꾸는 '저쪽'이다. 그곳이 자연의 나라이며 장자의 자연이다. 이 증명할 길 없는 풍경은 어느 생의 나비가 과거 장자의 동네를 날아가다 그의 눈에 걸리고 꿈에 걸린 광막지야의 어느 오후였는지 모른다.

이 지상은 슬픈 꿈밭이다. 창졸간(倉卒間)에 왔다가 별밭을 거쳐 다시 돌아오는 그 물화는 슬프기 전에 아름답다. 지구의 만물은 꿈의 눈앞에 펼쳐져 있다. 위대하고 귀여운 물화의 소요자연! 장자의 언어는 상아(喪我)이며 은약(隱約)이고 홍조(鴻爪)이며 창망(蒼茫)이고 예언이다.

이 물화의 허허연은 저 〈소요유〉의 수직 붕비와는 대조적으로 낮고 세세하고 지평적이다. 몽음(夢飮)의 대각(大覺, 잠 혹은 술, 생에서 깨어남)과 깊은 관련이 있을까. 나비의 즉필한 삶이 바로 대각일 것. 혹시 거기 길 잃은 나비 한 마리가 햇살을 받으며 땅바닥의 자기 그림자를 보고 날고 있는 것이 아닐까.

'나'여 나비를 놓쳐라. '나'는 화들짝 깨닫는다. '나'는 장자도 장주도 나도 아니다. 아, 살아 있으며, 이미 죽어 있음을! 우리는 기이한 공전의 하늘 속에 있다. 현실이란 곳에 있는 것이 아니라 하늘에서 환상이 옷을 입고 그곳에서 살고 있다.

나비를 내다보는 저 '나'는 혼돈피〔混沌皮, 포의(胞衣, 태아를 싸고 있는 태반과 막)〕의 꿈이다. 그 무한 층층의 심연을 이룬 햇살이다. 시종이 없는 현재 속에서 잠시 꿈을 꾸고 있다는 것을 알 뿐. 이 물화는 만물의 아름답고 신비한 몸 바꾸기이고 마음 바꾸기이다. 꿈을 꾸는 것들은 물화로 돌아가고 돌아온다.

장주의 깨어남이 나비가 꾼 꿈속이라면 장주는 깨어난 것이 아니다. 장주는 계속 꿈 꾸어야 한다. 나비가 날아간 것이 장주의 꿈속이라면 나비는 어디 있을까. 그 어느 쪽도 존재하지 않으며 어찌 할 길이 없다.

길이 없는 다른 쪽에 장주와 나비는 처해 있다. 자연의 거울 속 어딘가에 그러나 그들은 있을 것이다.

▌종언(終焉)▐

만물이 언어가 된 그 후, 최상의 지혜는 어느 날 승물유심(乘物遊心)을 시작했다. 나의 지난 9년의 『장자』 여행은 만물을 찍고 가버린 광속의 시간 같다. 만물제동의 〈제물론〉은 현재 속에서 태허를 찾는 귀휴이자 다른 미래로 이동하는 꿈이다. 그의 문자엔 파편화한 사물의 언어를 치유하고 본래 것들을 제자리에 놓아두는 우제용의 꿈이 있었다.

그 속엔 협우주, 방일월의 소요상온(逍遙相蘊)과 천예한 물화의 그림자들이 물결치며 승기(乘機)한다. 거기 만물의 해존(該存)은 천진하며 생명은 작고 귀엽다. 자연이 품은 모든 것은 서로 부지(不知) 속에 존재하고 이용치 않으며 소요케 한다. 몽음주자와 망량(罔兩)과 경(景), 호접몽(蝴蝶夢)의 비유들은 고대(古代) 사유의 최고 경지로서 현대 비유법의 먼 원형이다.

무궁자(無窮者)의 바람과 같은 장자의 언어와 함께 걸으면 자유롭고 통쾌하다. 이 현해(懸解)한 자유를 아무 노고 없이 두 손에 가득 받고서도 아무런 채무감이 들지 않는다. 저 하늘 위의 하늘 천장을 가질 수 없다. 다만 내가 건드리고 제어하고 제조하는 것에서 불행을 나는 예감할 뿐이다. 〈제물론〉은 무서울 것이 없고 부러운 것이 없는 진인의 우주적 비결(秘訣)이다. 가까스로 무종사(無從事)와 무익생(無益生)을 얻는 것일까.

〈제물론〉을 소요하는 일은 중규의 소리를 듣는 일이다. 외최(畏佳)한 험산의 침묵과 대목백위의 규혈(竅穴)에서 터져나오는 절규는 겨우 인간을 중심에 두게 하는 장자의 우주적 상상이다. 사물의 침묵과 생명의 울음이 만물을 상통(相通)하게 한다. 장자의 언어는 인위적 편집과 통치적 체제를 거부한다. 그 노래가 자연의 용상(庸常)이다.

자연은 만물의 집이다. 인간은 만물 속의 한 존재로서 지혜와 언어를 가지고 있다. 유정무형(有情無形)이고 비피무아(非彼無我)이다. 언어가 온 곳에 도가 있고 그 언어 속에 도가 있다. 인간의 만물 통치는 위험하고 그 남용(濫用)은 곧 그대로 모욕이고 불행이다. 미래엔 자연에 대해 인간의 모든 권리를 포기해야 할 것이다. 그것이 지구의 새로운 〈제물론〉이며 저 생명소요를 축복하는 길이 될 것이다.

골의지요로 돌아가기 전에 만연의 천예가 되는 꿈을 취하는 길이'이곳'에 있다. 자연소요(自然逍遙)와 천변만화 속에 전화(轉化)하고 놀라며 기뻐하고 아파하는 존재들의 소리를 듣는다. 한편 한 마리 나비가 날아가는 햇살밭은 적막황홀이다. 가없는 존재로서의 그 '나'는 바람과 지괴(地塊)의 물화 속에 언제나 있을 것이다. 나는 너무나 오래된 화생(化生)이 아닌가.

그대의 육체와 영부에서 제물의 향기가 물씬 풍겨온다. 만물의 존재론이며 언어론인 〈제물론〉은 언제 읽어도 새롭고 쟁쟁하다. 망가진 눈으로 읽은 은약(隱約)의 글이 장자와 그 애독자들에게 누가 되지 않았을까.

늘 그 아름다운 문자 사이와 그 너머를 떠돌고 있을 이 위대한 사유의 원전(原典) 앞에서 다시 나를 여읜다. 그대가 늘 조용한 한쪽 어둠속에서 바람을 품는 한 그루 나무이길 바란다.

2013년 6월
양평 송현리(松峴里)에서
고형렬

고형렬高炯烈

1954년 강원도 속초 사진리에서 출생했다.
1979년 『현대문학』에 「장자」를 발표하면서 시단에 나왔다.
시집 『대청봉大靑峯 수박밭』 『성에꽃 눈부처』
『나는 에르덴조 사원에 없다』 『유리체를 통과하다』
『지구를 이승이라 불러줄까』 장시 『리틀보이』 『붕(鵬)새』
장편산문 『은빛 물고기』를 간행했다.
지훈문학상 대한민국문화예술상 일연문학상 백석문학상
인물대상(문예) 현대문학상 등을 수상했다.
현재 양평 지평(砥平)에서 살고 있다.

바람을 사유한다

초판 1쇄 인쇄 2013년 11월 1일
초판 1쇄 발행 2013년 11월 11일

지은이_ 고형렬
펴낸이_ 권희민
기획 · 편집_ 주수자 강의향
조판 · 디자인_ 신미란
교정_ 김현실
영업_ 윤영수
표지화_ 하동철 화백
저자 초상화_ 윤나호
펴낸곳_ 희래출판사
출판등록_ 2012년 5월 7일
등록번호_ 300-2012-74
주소_ 서울시 종로구 효자로9길 43번지
전화_ 02-733-1051
팩스_ 02-734-1061
이메일_ heeray1051@naver.com

ISBN_ 978-89-969764-2-4 93150
책값은 뒤표지에 있습니다.